湖湘文化丛书

古镇白沙

常宁市白沙镇地方史研究学会 编

湖南人民出版社·长沙

本作品中文简体版权由湖南人民出版社所有。
未经许可，不得翻印。

图书在版编目（CIP）数据

古镇白沙 / 常宁市白沙镇地方史研究学会编. --长沙：湖南人民出版社，2024.2
ISBN 978-7-5561-3449-6

Ⅰ.①古⋯ Ⅱ.①常⋯ Ⅲ.①乡镇—概况—常宁 Ⅳ.①K926.45

中国国家版本馆CIP数据核字（2024）第032364号

GUZHEN BAISHA

古镇白沙

编　　者	常宁市白沙镇地方史研究学会
责任编辑	李蔚然　石梦琦　彭天思
装帧设计	谢俊平
责任印制	肖　晖

出版发行	湖南人民出版社［http://www.hnppp.com］
地　　址	长沙市营盘东路3号
邮　　编	410005
经　　销	湖南省新华书店
印　　刷	长沙鸿发印务实业有限公司
版　　次	2024年2月第1版
印　　次	2024年2月第1次印刷
开　　本	787 mm×1092 mm　1/16
印　　张	38.5
字　　数	650千字
书　　号	ISBN 978-7-5561-3449-6
定　　价	268.00元

营销电话：0731-82221529　　（如发现印装质量问题请与出版社联系调换）

《古镇白沙》编委会

顾　　问：（按姓氏笔画排序）

王一花　王济平　王淑辉　龙显蓉　刘　华　刘开云

刘湛艳　阳　青　吴　豪　谷子丰　罗维芳　周秋光

段　鸣　秦韶峰　涂诗仁

名誉主任： 欧伯春　张　涛　陈志刚

主　　任： 吴洪轩

副 主 任： 吴文明　钟贤美　曹运才

委　　员：（按姓氏笔画排序）

王成林　王淑洪　关细林　李小华　李玉钿　吴世成

吴圣周　吴佑成　罗　荣　罗育达　徐瑞东　资道武

黄少红　黄克含　曾庆清　谢淑福

《古镇白沙》编辑部

总 策 划：钟贤美

主　　编：钟贤美

副 主 编：曹运才

责　　编：钟贤美　吴佑成　罗育达

编　　辑：（按姓氏笔画排序）

王成林　伍允湘　刘晓春　关细林　李玉钿　李泽文
李嗣宝　李遵章　吴世成　吴圣周　吴扬武　吴洪轩
陈其礼　周德武　郑　超　郑德勋　胡云中　柏满富
徐红艳　徐瑞东　资道武　黄少红　黄克含　曾生录
曾庆清

图　　片：罗　荣　徐瑞东　罗育达

凡 例

一、本书遵循辩证唯物主义和历史唯物主义原理，以习近平新时代中国特色社会主义思想为指导，坚持实事求是的原则，弘扬正能量，传承优秀地域文化。

二、本书所涉时间上限不定，下限断至2023年12月31日。

三、本书体裁采用述、记、志、传、图、表、录等形式，照片、图表随文设置。

四、本书主体部分遵循志书"略古详今、略远详近"的原则，类别按照"以类相从"和"突出地方特色"的原则设立。

五、本书遵循"兼收并蓄"的原则，收录各个方面有较大贡献、较大成绩、较大影响的人物。

六、本书资料来源于各地各类档案、图书、报刊、旧志、族谱、文物以及调查采访的口述资料，尽量标明出处及被采访人。有些史料无法搜集齐全或难以考证的，则保留本来面貌，注明出处，以待后人查考补正。数据有出入的，以常宁市档案馆史志为准。

传承古镇文明
弘扬地域文化

序

周秋光

翻阅《古镇白沙》，在我眼前呈现出一幅美丽的画卷：物产丰富的白沙盆地，连绵起伏的大义山脉，碧波荡漾的春陵河水，明清建筑众多的白沙老街……

这是一块风水宝地，汉朝时就有人在此定居农耕，采矿冶炼，宋朝时这里已形成了当时全国四大银场之一的荚源银场，明清时已成为常宁、耒阳、永兴、桂阳四县的边贸中心、湘南重镇。

这样一个山川秀美、历史悠久、文化深厚的地方，千百年来，人们口口相传着许多美丽的传说、动人的故事，代代传承着独特的风俗、周到的礼仪。

2018年初，常宁市白沙镇地方史研究学会成立后，一批有志于弘扬家乡优秀文化的文史爱好者，不辞辛劳、不计报酬，走村串户、访老问贤，查阅资料、多方求索，数易其稿，精益求精，历时六年，终于编写出了这本洋洋洒洒数十万字的《古镇白沙》。

这本沉甸甸的志书，内容有人居环境、历史沿革等11章72

节。书稿体例完整、图文并茂、详略得当，有数百篇文稿，百余幅摄影作品，还有一些表格、注释等。千淘万漉虽辛苦，吹尽狂沙始到金。能把一个千年小镇的地域文化总结梳理得如此到位，实属不易！

在全面推进乡村振兴的当下，这部专门挖掘乡镇地域文化志书的诞生可谓恰逢其时。客居异乡、投资兴业、资政育人，抬手翻阅间，一地的民风民俗扑面而来，怎能不令人感奋？

《古镇白沙》是常宁市的第一本乡镇地域文化专著，已被列入"湖湘文化丛书"，它为常宁乃至全省各地挖掘研究乡土文化、农耕文明带了个好头，具有示范作用。希望更多的乡镇行动起来，像白沙镇一样，振兴乡土文化，弘扬优良传统，建设幸福家园。

是为序。

（作者系湖南省湖湘文化研究会理事会会长）

目 录

大事记 /1

第一章　人居环境 /001

第一节　自然概况 /002
第二节　地名来由 /004
第三节　民居类型 /017

第二章　历史沿革 /025

第一节　历史溯源 /026
第二节　祖先祖居 /028
第三节　新人新居 /034
第四节　建制演变 /036
第五节　隶属沿革 /042
第六节　白沙镇历任主要领导 /043
第七节　阳加乡历任主要领导 /044
第八节　白沙镇村（居）历任主干 /045
第九节　村（社区）简介 /050

第三章　发展成果 /067

第一节　农业 /068
第二节　矿业 /075

第三节　工商业 /085

第四节　交通运输 /109

第五节　水利电力 /113

第六节　镇村建设 /122

第七节　脱贫攻坚 /125

第八节　教育事业 /128

第九节　医疗卫生 /144

第十节　其他社会事业 /148

第四章　文物胜迹 /154

第一节　历史文物 /155

第二节　寻踪访古 /165

第三节　白沙老八景 /218

第四节　白沙新八景 /221

第五节　标志性古民居 /225

第六节　白沙其他景观 /232

第五章　物产美食 /237

第一节　物产 /238

第二节　美食 /248

第六章　传统用具 /268

第一节　生活用具 /269

第二节　生产用具 /273

第七章　地方文化 /275

第一节　祭祀与祈福的方式 /276
第二节　祭祀与祈福的主要场所 /281
第三节　接"五娘菩萨" /296
第四节　接"毘帽仙王" /299
第五节　装故事 /302
第六节　蒙街 /303
第七节　舞龙灯 /305
第八节　耍狮灯 /308
第九节　唱愿戏 /311
第十节　唱影子戏 /316
第十一节　常宁汉剧文化传承基地——毘帽峰村 /319
第十二节　白沙戏曲剧团 /320
第十三节　白沙武术 /323
第十四节　传统的玩耍游戏 /327
第十五节　白沙方言 /335
第十六节　白沙俚语 /347

第八章　民风民俗 /354

第一节　白沙镇民间节日及习俗 /355
第二节　白沙婚姻风俗 /361
第三节　白沙寿诞喜庆风俗 /368
第四节　白沙乔迁新居风俗 /371
第五节　白沙办理丧事风俗 /374
第六节　白沙红白喜事座席安排 /380
第七节　产妇坐月子习俗 /383
第八节　报三、打三朝、走满月风俗 /384

第九节　偷梁树、圆垛、上栋梁风俗 /386
第十节　剃头习俗 /388
第十一节　白沙人日常生活中的传统文明礼仪 /390

第九章　慈善事业 /393

第一节　扶危济困 /394
第二节　修路架桥 /397
第三节　奖教助学 /400

第十章　知名人士 /408

第一节　革命先烈简介 /409
第二节　英模人物简介 /412
第三节　领导干部简介 /423
第四节　专技人才简介 /436
第五节　创业典范简介 /459
第六节　其他方面人物简介 /472

第十一章　歌咏白沙 /481

第一节　你是动听的歌谣 /482
第二节　你是深情的诗篇 /484
第三节　你是璀璨的华章 /501
第四节　你是美丽的画卷 /516

附　录 /523

后　记 /591

大事记

- 近年，在白沙挖掘出西汉古墓，证明西汉时期就有人在白沙定居农耕了。
- 西汉时期就有人在白沙西麓采矿。
- 西汉汉武帝元狩四年（前119），朝廷在白沙境内设立铁官营所，管理民众采矿事务。
- 唐肃宗上元年间（760—761），南北长约一公里的白沙荚源街形成。
- 北宋初期，白沙形成第一次采矿高潮。民众在白沙西边岭上采矿，规模日盛，矿工多达万余人，纵横十余里。
- 北宋天禧年间（1017—1021），朝廷派进士郑平任白沙矿业场监，并在荚源铁牯岭下建立一座有色金属冶炼厂，史称"荚源银场"，是当时北宋"四大银场"之一。
- 元至顺二年（1331），白沙闹饥荒，民食草殆尽。
- 元末明初，朝廷镇压常宁峒瑶之乱，白沙镇原居民在这场杀戮中鲜有幸存。
- 明洪武年间（1368—1398），朱元璋实施大规模移民政策，从江西泰和等地迁移大批汉人往湖南垦荒。白沙镇大部分姓氏的祖先为此时迁入。
- 明洪武九年（1376），湘粤官道上常宁与桂阳交界之湖溪水上湖溪桥建成，现保存完好，是白沙域内最高最长的石拱桥。
- 明洪武廿八年（1395），衡州卫在白沙建堡，派兵驻守。
- 明万历十五年（1587），白沙古街辟为墟场。
- 明朝时期，为加强盐业管理，官方在白沙设立盐业局。
- 清康熙十七年（1678）三月初，吴三桂在衡阳称帝，国号大周，改元昭武。派出一千余人马，分乘二百余条大船，经湘江、舂陵水到达白沙荚源银场，耗时一个多月，把荚源银场的铜料全部装运至衡阳铸造"昭武通宝"铜钱。
- 清乾隆七年（1742），知县周士适私采白沙铜盆岭铜矿，闻上峰派员勘察，深恐败露，遂解散矿工。

● 清乾隆四十一年（1776），白沙上、中、下三洲民众捐资，重修因春陵河发春潮被冲毁的白沙市场内路、桥。

● 清道光十三年（1833），官陂曹氏及附近曾、谢、李氏百姓，集资重修官陂垌至徐家湾石板路。

● 清道光二十年（1840），湘粤官道上的老女桥（在今茭河村内）建成，现保存完好，是衡阳市市级文物保护单位。

● 清咸丰五年（1855），湖南创办厘金局，在白沙设置木厘局。

● 清咸丰七年（1857），官陂曹家人曹显德奉命率团练守常宁东南，太平天国翼王石达开率太平天国军攻陷桂阳县后，欲经白沙进攻常宁，得知白沙严阵以待，便改道进攻耒阳。

● 1924年，李成蹊、周巽三在阳加创办平民夜校。

● 1926年10月，白沙、阳加成立农民协会。

● 1926年11月，中共常宁特支书记李成蹊赴北窿（位于阳加、西岭境内多个窿口的统称）指导工人运动，成立北窿矿工会，选举曹冀聘为委员长。

● 1927年，时任白沙团防局长王春荣承首（牵头），各商行及社会贤士捐资，白沙街道、巷道全部用青石板铺面，码头加固，历时三年完成。

● 1928年7月，共产党员周巽三（阳加人），被国民党当局枪杀于常宁北门桥沙洲上。

● 1928年8月，共产党员李成蹊（阳加人），被衡阳清乡督办署杀害于衡阳演武坪。

● 1929年，白沙木厘局改为衡阳统税局白沙卡。

● 1932年8月，衡阳统税局白沙卡更名为衡阳收税局白沙稽核处。

● 1936年，白沙开办兴隆庵高小，这是白沙第一所正规的学校。

● 1942年，白沙设置卫生站。

● 1944年7月14日早晨，一股日寇取道耒阳，经仁义墟至堡下谭家，穿过严家洲，从观音阁下面浅滩悄悄登陆，进犯阳加。后又窜至白沙茭源，白沙团防局立即组织民兵赶至茭源阻击，日寇沿原路退回阳加。

● 1944年9月30日，日军攻陷常宁县城，国民党常宁县政府被迫外迁。1945年1月，常宁县政府迁至白沙火石桥，后迁至白沙猴子冲。

- 1949年底，白沙兴隆庵开办公立学校白沙完小。
- 1950年，白沙成立工商联，是常宁县第一个工商联。
- 1950年3月的某天上午，有4架国民党飞机从东往西飞越白沙，在杜阳村三百石（担），投下两颗炸弹。
- 1951年，湖南省水文总站在常宁白沙舂陵河边建立湖南省白沙水文站。
- 1951年9月，常宁县供销总社在白沙设立区级供销合作社。
- 1952年5月1日，白沙召开庆祝土改胜利大会，宣告白沙土地改革顺利完成。
- 1952年8月白沙福民纺织厂建立，这是白沙历史上第一个工业企业。1954年2月，该厂搬迁到了常宁县城城郊廖家湾。1958年该厂搬进县城劳动南路东边，组建为常宁县纺织厂。
- 1953年白沙联合诊所成立，1958年转为白沙卫生院，1973年在白沙中学北面建起了第一栋门诊用房（平房）。
- 1953年1月，白沙手工业人员按行业成立了生产合作小组，1955年下半年合并成立常宁县白沙铁木建筑生产合作社（后改为白沙机械厂），属县轻工业局管辖，于2001年改制。
- 1953年3月3日，白沙镇成立（县直属区级镇），白沙镇党委、政府同日建立，首任党委书记是刘铭光，首任镇长是吴季瑜。
- 1953年夏天，3位苏联地质专家来到白沙，在黄沙窿、水霄里、白沙子岭等地进行地质普查。
- 1953年，白沙粮站试营业，1955年，白沙粮站正式建立，负责白沙及周边桂阳、永兴县部分乡村的粮食统购统销业务。
- 1954年2月，阳加联合诊所成立，1966年转为阳加卫生院，1978年在阳加枞山岭建成一栋门诊楼；1995年，撤区并乡时与白沙卫生院合并为一个医院，原阳加卫生院为分院。
- 1954年10月，阳加乡创办信用合作社，当年存款余额突破千万元（第一套人民币），位居白沙各乡信用社之首。
- 1955年1月11日，白沙气温下降至零下11.3℃。
- 1955年2月18日，阳加乡第一个互助组成立。
- 1956年，白沙镇所有的私营药店合并成立了白沙国药联，这是常宁县第一个乡镇级的国营（公办）药店。

● 1956年7月，中国人民银行衡阳中心支行常宁支行在白沙设立营业所，这是衡阳地区第一个乡镇营业所。

● 1957年，白沙遭遇大旱，4月至7月，4个月未下雨，一些水塘干枯、水井枯竭，部分百姓只好到舂陵河挑河水饮用。

● 1958年，白沙机械厂率先建立基层党支部，黄景洪任首任党支部书记。

● 1958年，白沙设立食品站，主要任务是负责3000多位城镇居民的米、油等食品的定量供应。

● 1958年，白沙公社全民土法上马大炼钢铁，在老街万寿宫和茭源牧场里建造炼炉。

● 1958年夏天至1961年夏天，白沙各个生产队兴办公共食堂。

● 1958年，白沙、阳加分别创办附中，在完小里增设初中部。1959年下学期，两个附中合并，校址在阳加，1963年，阳加附中撤并到常宁六中。

● 1962年，建邮政支局2个（白沙、阳加）网点4个，有固定电话7部。

● 1964年，白沙开展社会主义教育运动。

● 1964年10月，白沙动工修筑一条简易公路，与常荫路相接，直通常宁县城。完工后，1965年10月通货车，1968年10月通客车。

● 1965年5月10日，白沙成立了白沙青年垦荒队，在福坪山区垦荒种地，共有105人，于1969年解散。未被招工的人员再次下放到龙门、西岭等乡镇。

● 1965年7月，白沙居委会组建街道企业白沙福利厂，1967年与白沙米面加工厂合并成立了白沙综合厂，于1995年改制。

● 1966年冬天，白沙发生大冰冻，上至大路边，下至金招，沙坪、新坪、黄排的约2000亩广柑、橘子树被冻死。

● 1966年下半年，欧阳海灌区动工兴建，1970年8月1日举行竣工庆典，右干渠（耒阳）通水。1969年9月左干渠（常宁）动工，1971年8月1日竣工通水，全长52.55千米，灌溉面积12万余亩。

● 1968年6月，白沙机械厂从桂阳雷坪矿购买了一台二手的25匹马力的煤气机用来发电，这是白沙第一次用上电。

● 1968、1969、1970年，白沙镇遭受持续三年的低温冰冻，水塘全部结冰，有的水塘结冰后上面可以走人。

- 1969年，白沙所有的手工业社合并组建为常宁县白沙竹木制品厂（又叫白沙机械厂）。
- 1970年白沙、阳加建立广播站，实现了湾湾（生产队）通广播，村村（生产大队）通电话。
- 1970年起，各生产大队开始通手摇式电话。
- 1970年至1973年，福坪大队在党支部书记文仰香的带领下，开山造田，共开造梯田201亩。1973年6月，《红旗》杂志向全国推介了福坪的先进事迹。
- 1971年10月，欧阳海灌区左干渠按9个流量的要求扩大建设，1973年5月竣工通水，白沙、荫田、宜阳、柏坊、水口山、松柏等6区镇12万亩农田受益。
- 1971年，白沙公社建立水厂1个；2011年，全镇建成了3个集中供水点；2014年，完成山上6个村集中供水管网铺设。
- 1972年2月，阳加中学开办高中部，至1981年上学期，共招高中生7届15个班，培育高中生800多人。
- 1973年，白沙公社在下洲大队王家垒，建造了公社大院和一栋办公楼。
- 1974年10月，常宁县召开近千人参加的"农业学大寨"会议，与会人员来到白沙福坪大队参观学习。
- 20世纪70年代（1970—1976），白沙镇大搞田园化建设，新增水田上千亩，几乎每个生产大队、生产队都修筑了机耕路，即土马路。
- 1976年初，阳加公社农科所成立，是一个知青点。
- 1979年，白沙公社从欧阳海大坝发电站架设一条10千伏高压线路到白沙，解决了域内生产生活用电问题，首次形成供电网络。
- 1982年，上洲村王淑才勤劳致富，作为常宁首批"万元户"之一，被常宁县人民政府表彰。
- 1982年开始，白沙迎来历史上第二次采矿高潮，1992年至2004年为鼎盛时期。从西棉、福坪杨柳塘到荄源倒石湖，有矿井110多个，矿工6000余人。1992年至2004年，白沙矿业总产值达7.2亿元。2004年以后，矿业逐渐萎缩。
- 1984年，常宁无渣生姜成为湖南名优产品，被编入《中国名优土特产词典》，常宁无渣生姜产自白沙、西岭一带。
- 1984年末，经湖南省人民政府批准，白沙公社更名为白沙镇，白沙镇再次成为县直辖镇（区级）。

- 1988年，白沙镇剧院被评为乙级剧院。
- 1989年至1990年，常宁县林业局在白沙（含阳加）约3万亩山林中，进行了一次飞机播种造林。
- 1991年至1994年，白沙镇在下洲村修建了一条宽22米、长1000米的砼结构新街，至1996年新街商铺基本建成。1997年至2004年，在老街与新街之间又建成一条街道，名为中正街，老百姓称为二街。2016年，各种交易市场搬到新街，老街逐渐萧条。
- 1992年，白沙镇建立无线电视转播台（1995年，台址迁建到毘帽峰顶）。
- 1995年5月，原阳加乡并入白沙镇（全县撤区并乡）。
- 1998年底，白沙通过了湖南省"两基验收"，学校合理布局，办学条件改善。
- 2004年，春陵河白沙段出产的常宁石（彩硅石）"蓬莱仙境"，首次参加国家级博览会并荣获金奖。
- 2004年夏天，春陵河发生特大洪水，白沙古街、阳加古街及沿河村庄全部被淹没，尤其是严家洲及管钟村三组、四组的房屋基本被冲毁。
- 2005年至2008年，严家洲及管钟村三组、四组村民整体搬迁至地势较高处，重建住房，政府补助每户5000元。
- 2005年5月22日，白沙镇338锡矿中部窿口发生泥沙突出，5名采矿人员被埋身亡，其中一人系矿主。
- 2006年7月，因长期无序采矿，过度抽排地下水，白沙镇观音村塌陷100余处，塌陷面积达5.13平方公里，89栋房屋成危房，直接经济损失210余万元。
- 2006年至2020年，在国家"村村通"政策支持下，白沙镇各村发动群众筹措配套资金，纷纷把原来的土马路进行水泥硬化，有的还进行了加宽。
- 2007年，白沙镇开始实行城乡居民最低生活保障制度。
- 2008年，白沙镇将原阳加乡政府房子全部拍卖，筹资300多万元，在原戏台坪建造了一个农贸市场。
- 2008年12月18日，钟贤凤和她的兄弟姊妹在茭河联校设立泽秀奖励基金，这是白沙第一个教育奖励基金。
- 2011年8月，白沙镇利用原白沙柑橘场（原金招村内）的用房，创立了白沙敬老院。此后，又利用原阳加农科所的住房，建立了白沙敬老院阳加分院。

- 2012年开始，白沙镇实施环境卫生"城乡同治"工程。
- 2012年，王富成捐资100万元在白沙中学设立富成教育奖励基金。
- 2012年，白沙镇启动农村养老保险工作。
- 2013年开始，京东、顺丰等10多家网购平台落地白沙，给古镇白沙的实体商业带来冲击。
- 2015年7月，王济平等人捐资150万元成立阳加清溪教育发展基金。
- 2015年8月至2020年8月，国家投资近亿元，在白沙原福坪村等多处，进行环境整治、危险废弃物处置及生态环境修复，大力解决非法采矿造成的环境破坏问题。
- 2015年9月，阳加山上片胜利、井边、忠岭、观音、冲口、阳岐六个村的适龄儿童进入新建的六福联校上课，至此，白沙镇的学校合理布局工作基本完成。
- 2016年1月，白沙镇将原来的28个村合并为15个村，另辖白沙、阳加两个社区。
- 2016年，上游村（徐洲村）被住建部等七部局公布为第四批中国传统村落。
- 2016年，政府投资在春陵河白沙段修建上渡大桥。
- 为了脱贫奔小康，白沙镇实施易地搬迁安居工程，2016年完成60户255人，2017年完成48户176人，2018年完成86户372人，合计搬迁194户803人。
- 2017年5月，白沙镇茭源铁牯岭（铜盆岭）发现宋代冶炼厂"茭源银场"遗迹。
- 2018年4月10日，上游村发现单拱汉墓。
- 2018年底，白沙镇农电改造完成，并入大电网，用上了国家电网的统一供电，彻底解决了电力不足的老大难问题。
- 2018年至2019年春节期间，茭河村中洋坪湾场，举办农民春节联欢晚会，央视新闻等各级媒体予以了报道。
- 2018年至2020年，杜西村连续举办了三届黄花梨采摘节，吸引了衡阳、郴州等地的众多游客前来。
- 2018年至2020年，合并后的白沙各村（社区）在国家支持下，均新建了办公楼，办公设施进入现代化、网络化时代。

● 2019年开始，白沙镇实施农村改厕工程。

● 2019年开始，白沙镇实施拆除农村"空心房"工程。

● 2019年，上洲村、光荣村被住建部等六部局公布为第五批中国传统村落。

● 2019年5月，以白沙古街为中心的"白沙古建筑群"成为湖南省省级文物保护单位。

● 2019年8月，兴盛优选网购平台落地白沙，使古镇白沙的传统实体商业受到了更大冲击。

● 2019年10月，白沙河段、阳加洲河段春陵河岸加固整治工程开工，总投资1400余万元。

● 2019年，白沙镇将镇政府机关靠北一栋老办公楼拆除重建，于2021年3月竣工。

● 2020年5月，白沙上渡大桥竣工，同年12月两岸公路引桥完成，于2021年1月30日正式通车。

● 2020年8月，在国家政策的支持下，白沙第一个足球场在黄源村刘家湾建成。

● 2020年12月6日，常宁市发改局立项在白沙镇杜阳村兴建白沙首座污水处理厂，预计在2025年前正式启用。

● 2021年11月，杜阳村被确定为"湖南省省级乡村振兴示范创建村"。

● 2021年底，荫田水厂通往白沙镇的自来水供水管道铺装完工，白沙镇大部分居民、村民（山上村除外），有望在2025年前用上荫田水厂的自来水，从此彻底告别生活用水不便的困境。

● 2021年底开始，白沙镇实施"城乡治理标准化"工程。

● 2022年，白沙镇遭遇特大旱灾，7月至11月，高温少雨，有多天气温达41℃。田地干裂，作物枯萎，水井干枯，山中楠竹、松树、杉树成片成片地枯死，一些湾场的水井枯竭，白沙镇政府只好用洒水车从其他地方运水来保障老百姓生活用水。

第一章　人居环境

　　悠悠春陵河，巍巍大义山。千秋万载的山水交融，孕育了一块数十平方公里的长条形小盆地。在这块肥沃的土地上，有一个历史悠久、文化灿烂、物产丰饶、民风独特、人才辈出的千年古镇、边贸商埠，这就是湖南省常宁市白沙镇。

第一节　自然概况

白沙古镇鸟瞰图

白沙镇位于常宁市东南部，距市区53公里，系边陲乡镇，素有常宁东大门之称。东与永兴县及耒阳市仁义镇隔舂陵河相望，南依大义山与桂阳县桥市乡接壤，西与本市西岭镇毗邻，北抵本市荫田镇。镇政府驻地为白沙镇下洲村。

白沙，古称白沙堡、白沙邮、白沙市等。《乾隆衡州府志》云：白沙堡在县东南七十里接耒阳县及桂阳州。《同治常宁县志》载：白沙市县东南九十里，茭源市县东南七十五里。《续修四库全书》史部地理类记：乾隆初，湖南巡抚蒋溥以常宁县白沙邮为桂阳运铜要隘，委府佐一员驻邮稽查，后在其地建厂设炉。

阳加，亦作阳嘉，古称阳隔洲、阳嘉洲、阳泽洲，因东临舂陵水，北面水中有泥沙淤积一洲——严家洲而得名。《乾隆衡州府志》载：焦（茭）源市阳隔洲市皆在县东六十里，阳隔洲在县东南七十里。《同治常宁志》载：阳隔洲渡县东七十里。

常宁第二大河流春陵河，自南向北从境内东部蜿蜒流过，贯穿全境，全长302千米。白沙往南约8公里处，有著名的欧阳海水库。地下泉水矿物离子含量不多，硬度较低，属弱矿化水。春陵河水系软水且偏中性，是优质水源，适合作为农业用水和居民生活用水。

白沙镇地处南岭北侧，大义山绵亘西南部，属中低山地，海拔大部分在300米至1000米之间。属亚热带季风湿润性气候，四季分明，雨量充沛。春暖水足，夏秋期长，冬寒期短。山中多云雾，气候冷凉，湿度大，垂直差异明显，年平均气温16℃以上，年降水量1500毫米左右，无霜期226天至274天，低温极值零下11.3℃（1955年1月11日于白沙出现一次）。年平均日照时数在1500小时以上。地质地层为古生界的寒武系出露，岩石以沉积岩为主。大地构造属于华南加里东褶皱区，即华南褶皱系耒（阳）临（武）南北褶皱带的北端，衡阳盆地的东南缘。土壤中红壤最多，白沙峡谷多冲积沙砾地。

境域总面积78.4平方公里，辖区东西最大距离9公里，南北最大距离19公里，山地6万余亩，耕地面积1.2万余亩，水域3.62平方公里。

阳加洲古镇鸟瞰图

第二节　地名来由

白沙

白沙街南面约3里的南马石，有一座小山，山表层多白色沙岩石，故名白沙。

另一种说法是，白沙街西面约10里的大义山脉中，有一座山，山表多白色沙岩石，故叫白沙子岭，白沙因此得名。

锣鸣滩（罗家滩）

在白沙上洲河道里，有一个较大的滩涂，其上布满鹅卵石和河沙，因河道水急，每当夜深人静，急水冲击鹅卵石，发出如敲击铜锣般的响声，故名锣鸣滩。

另一种说法是，白沙与对河过渡，最早是一户罗姓人家划船渡人，故对河后命名为罗渡乡（现属仁义镇），处于上洲的沙砾滩涂又被称为罗家滩。

张家塘

白沙上洲街街口处有几口水塘，古时有一户张姓人家在附近居住，在塘里养鱼，故名张家塘。

半边街

张家塘南边有一条短街，靠西有10间（栋）铺屋，街道东面是田土，故称半边街。

塘锣背巷

上洲"康记"处，原是一口水塘，形似铜锣，明清时期建街后，把塘填平建铺屋，铺屋前的一条人行巷道，即称塘锣背巷。

到塘里

由丁字街往西，有一口水塘，因水源不足，旱季常用水车从河里抽水反流到塘里，故称为到塘。靠塘北面有一条半边街（巷），取名到塘里。

三荫亭

到塘里与街后人行道交接处，古时有一座凉亭，由当地三位善人出资捐建，故名三善亭。当地百姓因口误，习惯称之为三荫亭。

井边街

苏家巷的西边有一条街道，街道中段一侧有一口吊水井，井口有青石护栏，附近居民生活用水都在这井里取用。这口水井边的街道被叫作井边街。

王家垒

王家湾位于厚家桥水圳北岸，湾场东面与白沙老街相接。王家湾的王姓是白沙较早的姓氏，王氏公厅建于清康熙五十三年（1714）七月，至今已有300多年的历史。王家湾西北面有一缓坡山峦，故名为王家垒。

蟑蛛织网

白沙下洲有一条巷道，此巷道与街后人行道交接处有一块小坪，形似蟑蛛。其交会处，形似蛛网，故称此地为蟑蛛织网。

湖溪

白沙南麓常桂交界处有一山谷，由西向东延伸。谷底有一条溪流，沿这条溪流往春陵河方向延伸4里许，有一块长约300米、宽约8米的小盆地。每当下雨，山洪汇集，小盆地便成为一个小湖泊。故当地人称这条溪水为湖溪，称这个山谷为湖溪冲。

三牛垒水

从春陵河畔沿湖溪往山谷里约6里处，湖溪北面（常宁境内）有三座山峦，形似水牛，牛头皆朝向溪水，像三头牛追水，故此地名为三牛垒水，又名三牛滚水。

十里长冲

白沙西南与桂阳接壤区域，有一狭长山谷，长约10里，故名十里长冲。

竹山岭

在原石湾村南边，有座小山，因山上多竹，故名竹山岭。

黄泥滩

湖溪桥往下游约1里许，靠河畔有一村庄，周围多是黄土坡，因村庄靠近河边滩涂，故名黄泥滩。

另一种说法是，原是房姓人家最早在此地居住，后搬迁至野鹿滩，人们称这里为房泥滩，久而久之，叫岔了，就叫成了黄泥滩。

牛角湾

从黄泥滩往下游约1里许，河畔有一村庄，靠村旁有一条通往野鹿、桥市的古道，路在此处沿山形转了个弯，形似牛角，故名此湾场为牛角湾。

太路边（大路边）

白沙街南向约3里许，有湾场建在通往野鹿滩、桥市的大路（白沙土话习称太路，是盐茶古道，石板路）两边，人们称这里的湾场为太路边或大路边。

黑山背

位于大路边南边约2里的地方，以前这里古树参天，树荫蔽日，即便白天也显得阴暗，且曾有土匪出没，故称此地为黑山背。

黑山背的衡桂古道旁建有一座亭子，名为黑山背亭，至今仍保存较完好。

盖百垌

南至黑山背，北至伍家山，东至舂陵河，西至衡桂古道，约500亩的一片田垌，叫盖百垌。

南马石

白沙街南面约3里都是山岭，且山上多麻石，故名南麻石。时间久了，当地百姓因谐音而称之为南马石了。

猴子冲

白沙镇西南边陲约9里的山区，原是深山老林，传说曾有猴子出没，故名猴子冲。

冲天岭

白沙西南山区（原西棉村内）有一座山，雄伟矗立，直插蓝天，故名冲天岭。

风家台

白沙上洲村往南1里许，有一谢氏湾村，村子北面有一块黄土坡，好比一个台子，靠舂陵河，四周略低，自然比周边的地方风大些，所以称风刮台，后来慢慢演变，因音近而口误，叫成了风家台。

荷叶塘

上洲村西南的黄土坡下有一口大塘，此塘清澈见底，终年不枯。古时塘里种有很多莲藕，每到夏季，荷花鲜妍，满塘荷叶如翠盖，美景怡人，人们称这里为荷叶塘。

石湾

石湾地势平坦，土地肥沃，山清水秀，因此处靠西面山脚有2块巨石叠加在一起，被叫作石湾垌，湾场便叫石湾。石湾有王家、谢家、郑家、罗家等姓氏共居于此。

笋山里

白沙西棉山区（原西棉村八组）多楠竹，每到春季，遍山都是春笋，故名笋山里。

新屋陈家

原西棉村山区有一个湾村，皆为陈姓人族居。因人口增加，原来的老湾村已无处建房。20世纪初，族人另择一块较平坦的山地，建了一个新村，该村便称为新屋陈家。而原来的陈家湾村被称为老屋陈家。

马鞍岭（马架岭）

白沙西面有一座大山，像马背上的马鞍（头北尾南），人们根据山的形状，称这山为马鞍岭，后来老百姓也俗称其为马架岭。

亭子岭

从马鞍岭山背再往西，有座大山，山高路陡，为便于行人休息，当地善人在山边建了一个亭子，后人称亭子所在的这座山岭为亭子岭。

号山窿

白沙西棉山区，亭子岭往西，有一座山。山上多蒿树，并有一个窿口（岩洞），附近有一个王氏湾村。人们称这里为蒿山窿，久之因同音而误，叫作号山窿。

铜口里

马鞍岭地下有多种矿藏，尤其铜矿藏量丰富，古时人们曾在这里开采铜矿，现马鞍岭上采矿废石遍布。山脚有一邱氏村庄，因处于矿区，此村庄故名铜口里。

五垒击鼓

离号山窿约2里处，有一座山峦，形似一面大鼓，四周还有5个小山丘，状如击鼓，根据地形，人们称这里为五垒击鼓。

棉花冲

杜家坪的西面山区（原西棉村一、二组），有一个小山冲，周围山上多野棉花树。每到春季，白花漫山遍野开放，宛如棉花腾浪，人们便称此地为棉花冲。

排排岩

白沙西边有一山岭（位于原西棉村），岭上多岩石，有几个天然岩洞，基本呈排列状，故名排排岩。在此曾有一个小湾场。

乌龟岭、蛇山

杜家坪西面水库边，有一座圆形山峦，形似乌龟，故名乌龟岭，又称龟山。对面有一群山峦，如带状起伏，形似蟒蛇，故名蛇山。龟蛇二山相对，形成龟蛇对峙的景观。

杜家坪

白沙老街西面地势平坦，是一片宽阔的田垌。南至上洲，北至杜阳，东起王家垒，西至山脚，有良田数千亩。最早有一户姓杜的人家在此居住耕种，故名杜家坪。

三百石（担）

马鞍岭下有一个小村，村前有一块田垌，面积约三百石（每六石为一亩），故称这里为三百石。

牛背岐

白沙福坪山区，有一座小山，形似牛背。这里有一个湾村，就建在"牛背"山上，像骑在牛背上，故名牛背骑，又名牛背岐。

猫崽坪

白沙老街往西北10余里的山区，有一块较大的山间坪地，古时是深山老林，常有老虎出没。当地人称老虎为"太（大）猫崽"，故称这里为猫崽坪，又称虎坪。这里有个湾村，为图吉祥，新中国成立后，取"虎坪"谐音，更名为福坪。

麻石岭

猫崽坪北面不远处，有山，山上多麻石，故名麻石岭。此处有一个湾村。

杨泥塘

福坪西北面有一块山地，低洼处有一口水塘，四周植有杨柳树，故名杨柳塘。后由于人们口误，称之为杨泥塘。此处曾有一个湾村。

千甲锅

明清时期，牛背歧往东北500多米的山上，开办了几个砒灰矿。矿井附近建起了几十个砒灰灶，每个灶有10来口铁锅子罩住炉膛，提炼砒灰。千甲锅的地名由此而来。

盘龙形

白沙医院的西北面，有处山坡，由西北向东南倾斜，东、北、西向的山岗将这块低洼地围住，好比一条青龙盘踞于此，故名盘龙形。

狗公塘

杜阳村李家湾前面有口大塘，塘里水清见底，塘中央底部有一块巨石。每当上午艳阳高照时，由于阳光的折射，塘底的巨石就像一条狗弓（弯）着身子侧卧在塘里，故人们称这口大塘为狗弓塘。久之，人们把塘边的李家湾也叫作狗弓塘了。后来叫成了谐音，人们俗称为狗公塘。

拱（凸）茅垒

狗公塘西南向约300米处，有一座不高的黄土坡，山坡呈圆形，中间高四周低，长满茅草，故名拱（凸）茅垒。

炼厂

白沙是有色金属之乡，荬源银场停办后，有色金属矿石都要运到外地冶炼。古时交通运输不便，给矿业发展带来了很大阻碍。为了解决这一难题，清朝中叶，人们在杜阳村张家园东面的河边建了一个冶炼厂。该厂建了一个高约20米的大烟筒（人们俗称为"分金炉"，20世纪70年代因杜阳大队建养猪场需要取砖而被拆除），白沙当地和桂阳绿紫坳的有色矿石都在这里冶炼。人们便把这个地方称为炼厂。

樟木太王

黄排西边约3里的山岭上，原有很多樟树，附近有个湾村场，湾场里的樟树比周边山中的樟树更大，就被称为樟木太王。

黄土墰、排排山

黄排（黄土墰和排排山）靠山一带有刘、管、谢姓几个湾场，靠西有一座黄土岭，人们称之为黄土墰。另有两排山峦，一排在上，称排上山；一排在下，称排下山；两排合称排排山。20世纪60年代，这几个湾场合并为一个大队，取名为黄排大队。

沙坪（砂坪）

杜阳村往北，是一片平坦地带，但土地中多沙，故名沙坪，也有写作砂坪的。沙坪湾场里以曾姓为主，另有黄姓、罗姓、黎姓等。

中洋坪

荬河村靠常白公路的东边，地势平坦，有一个较大的湾村。传说，曾经是凌姓最早在此开基，因此，这个湾场最初叫凌家坪。后来，钟姓又来此开基，发展较快，到钟姓人口多于凌姓人口时，人们又叫此湾场钟家坪。现在，此湾场是以张姓为主，除钟姓、凌姓外，还有郭姓、刘姓等。为了各姓和谐相处，在21世纪初，湾场百姓共同商议，把湾场更名为中洋坪。

窑厂里

20世纪50年代前，原管钟村五组地带，有一个砖瓦窑，常年烧制青砖、青瓦，人们便称这里为窑厂里。

塘脑上

原管钟村四组，有一个管姓湾场，坐北朝南，房屋呈"一"字形排列，位于舂陵河西岸、原衡桂古道东侧。湾场前有一口长方形的大塘，让人感觉这个湾场就像建在这口塘的北面塘坎上，人们便叫此湾场为塘脑上。为避洪水冲淹，该湾场10多年前已迁至常白公路边。

土木滩

原管钟村三组（此湾老地名叫肖家湾），湾场后面的舂陵河中有一个沙砾滩。此滩东南角是耒阳原罗渡乡羊乌村的一个大沙洲，洲上土质松散，常有泥土冲到滩上，把滩掩埋，但是遇涨大水，又会把新淹的泥土冲刷走，现出沙砾本色。久之，人们称此滩为土蒙滩，后因口误演变为土木滩。

荧源

《同治常宁县志》云：新宁有舂江（《水经注·湘水篇》）。焦源江，县东南六十里，源出于蓝山，流与湘合（《隋书·地理志》）。这些古文献认为舂江（舂陵河）又名焦源江或焦源河。焦，其本义是物体经火烧变成黑黄色并发硬、发脆。因舂陵河西岸有体现冶炼的地名——焦源，故此段舂陵河又得名焦源河，"焦""荧"同音转读而形成新地名荧源河，荧河则是荧源河的简称。因为焦源、招源音近，招源由焦源转读而来。所以，在李家铺往北约1里的舂陵河西岸，曾经出现的一条古街，就叫焦源，又称招源，今称荧源。

李家铺

宋朝时期，荧源一带山岭上有成千上万的人采矿，荧源街应运而生。靠河边有个李姓湾场，从荧源到李姓湾场逐步形成一条贸易街（商铺多为厂棚）。湾场附近也有很多商铺，故这个湾场被称为李家铺。

八分石

在荧源西边大山脚下，有一片山间小盆地，盆地中多大小不一的石灰石，给人感觉，八分是石，只有两分泥土，故此地名叫八分石，也有误称为八百石的。

牧场里

荥源西边靠山处，地势平坦，土为黑沙土，青草茂盛，曾经有人在此建牧牛养羊场，后来人们称这里为牧场里。

倒石湖、水霄

荥源西边约3里处，有一个山坳，古时，因附近的矿窿多，窿口里抽出来的地下水都泄到这个低洼处，便慢慢形成了一个较大的湖泊。后来，附近的矿窿将残次锡矿石等石料，也往这个湖里倾倒，人们便把这个因办矿而形成的湖泊称为倒锡湖（又名倒石湖）。如今，湖水已干涸，但留下了这么一个与办矿有关的地名。

倒石湖下面有一个平井，一股地下水从井口喷涌，常年不断，故名水霄。

猪婆窿

离倒石湖约1里许，这里曾经矿井遍布，两平方公里的范围内就有10多个窿口子。这些窿口子排列在一起，状若猪婆肚子上的乳头，人们形象地称这里为猪婆窿。

白水岩

高登桥西约1里远，有一座石山。石山耸立，有一岩壁垂挺，岩壁中间有个大溶洞，溶洞里有钟乳石，有地下河（白沙人称之为阴河），洞口约3米宽，里面宽大，最高处约10米，最宽处约15米。地下河水从溶洞流出，长年不断。每逢大雨过后，有山洪从岩壁顶上飞流直下，形成白色瀑布，蔚为壮观，故名白水岩。

高登桥

白水岩山区，有一条溪水流入舂陵河，溪水两边是山坡。沿山坡由南向北有衡桂石板古道，在古道与溪水交汇处（现在的公路桥往西约20米处），有座石拱桥，称为高舂桥，桥面宽4米、长6米。桥西北边曾经用青砖砌了一座茶亭，茶亭旁的栋树上写着"高舂桥"三个字。老百姓把"舂"误读为"春"，称作高春桥，时间久了，因口误称为高登桥，此名沿用至今。

保安堂

高登桥往北数百米，在舂陵河西岸有一片葫芦形的坪地。靠近山边有一口水塘，塘边生长着一棵高大的苦楮树，人们把这个水塘叫作苦楮塘，久而久之，人们把苦楮塘边这片坪地，也叫作苦楮塘。

清同治年间（1862—1875），阳加洲李孟魁的儿子在苦楮塘替人打工干活，其携带的家犬每次都在塘边等候主人日落同归。儿子便和父亲讲起这个有些神奇的事情，其父孟魁好奇，特地到苦楮塘，察看，发现此乃风水宝地。便在此塘边买地开荒，修路建房，迁居于此。后又有姚姓、徐姓、贺姓、刘姓等陆续迁入。此村人丁兴旺，人才辈出。尤其李孟魁之孙李成廉，学医精湛，悬壶济世，名甲一方，门楣横额隶书："保安堂"。堂号声名远播，渐渐地人们把苦楮塘的地名改称为保安堂，并沿用至今。

茅坪

阳加洲街头南向，舂陵河畔，有一块数平方公里的坪地，这是一片冲积平原，土壤肥沃。很久以前，这里长满了冬茅，春绿如毡，夏花若雪，人们便称之为茅坪。首批迁居此地的是王姓氏族，后来又有李姓、谢姓、贺姓等氏族搬迁至此，分块割居。

黄岭上

茅坪垌西北角有一个长满油茶树的黄土山包，一条土路由阳加洲古街后面延伸过来（现为常白公路）。这个山包上住着数户李姓人家，村名叫黄岭上。

阳加洲

毘帽峰面东，谓之向阳，舂陵河中有一沙洲，故名阳隔洲。辛亥革命后，为图吉利，改"隔"为"嘉"，更名"阳嘉洲"，后简写为"阳加洲"。阳加洲是舂陵水路的重要河港之一，也是湘粤古道上的重要驿站之一，还是乳香贸易之香风驿道的西向起点和东向终点。古时，桂阳州泗洲山下的香风镇盛产香茅草，需用人工挑至舂陵河边的阳加洲码头，再装船外销。香风镇与阳加洲间隔30里左右，刚好是一天的脚程。因此，往来香风镇与阳加洲之间的商人、挑夫基本上要在阳加洲街上歇脚休息或落火铺。因此，当地流传一句谚语："早呀阳嘎（加）洲，亚（晚）呀阳嘎（加）洲。"

糖糕岭（青龙山）

阳加洲西南，曾经有一座龙形山，此山由毘帽峰南向一脉经茅栗岭、太灶塘而来，山上曾经草木茂盛，古树参天。从毘帽峰上俯瞰此处，犹如一条青龙奔腾而下，伴街而伏，故此地叫作青龙山。

大约从宋代开始至民国时期，山上的树木被砍伐殆尽，取而代之的是高炉林立。由北窿、棕树窿、桃花窿等矿山运来的矿石，在此冶炼成铜、锡、银、砒。整个山头被一层厚厚的炉渣覆盖。炉火熄灭了一段时间，到了1958年大炼钢铁，阳加洲这座青龙山又是人欢马叫，炉火熊熊。等到炉火熄灭之后，那黑色的、锈色的、白色的钢渣凝固成坨，宛如农家用薯糖、薯丝、冻米花、黑豆等食材做成的糖糕子。因此，青龙山便被人们叫成了糖糕岭。

燕窝形

青龙山东面是阳加洲古街，西边山脚有一凹处，住着几户华姓、王姓人家。因地势而建的湾场像个燕窝，所以小村以形命名。村前南向田边有一口水井，此井出水量大，水质甘甜爽口，也叫燕窝形。以前，岭上来阳加洲街上卖凉粉的人，必到这个井里打水用来制作凉粉。

虾公井

昆帽峰东面右腰处，有一股山泉从石灰岩洞穴中汩汩流出，形成了一个清澈的水井。非常神奇的是，泉中有很多米白色的大虾、小虾成群结队在井水中嬉戏游玩，因此，人们称此井为虾公井。向北30余米，有一个住着20多户百多名陈姓人氏的村庄，人们将此湾场也叫作虾公井。

矮里坪

从虾公井亭子背后流出来的泉水直下山谷一个洼地，该洼地四周环山，地势相比四周较矮，里面住有10多户人家，湾名便叫矮里坪。

井边

蒋氏始祖为蒋应祐、蒋应祚两兄弟。他们开始住在冬茅坪，后迁住岭上。当两兄弟要把年迈的父辈接到岭上一起居住时，其父说："你们那里没有井，我要住在井边，有水恰（吃）。"于是，两兄弟便在附近找到一处山泉，砌石为井。有了这口石井后，人们便把石井边的这个蒋姓湾场叫作井边。

忠家岭

因湾场建在大义山脉中间位置，被叫作中间岭，后因口误笔误演变成忠家岭。

黄泥坳

黄泥坳是大义山脉东西两侧居中、由北向南的数片黄土地构成的横断山梁。南面脚下山坳里住有几户人家，因周边尽是黄土山，湾名就叫黄泥坳。

柑树下

黄泥坳西面山脚处，生长着一簇百余年的柑树。树林边有一个住着20余户人家的小村，村名就叫柑树下。

观音峒

因其后山有一尊形似观音的大青石，在其下又有一块像莲花盛开一样的石头，当地人称"观音坐莲台"。观音石前面，有将近400亩的肥沃平川，人们称此地为观音峒，峒中有大大小小几个湾场。20世纪中期，曾经兴旺一时的大义山有色矿（俗称棕树窿）就坐落在这里。

铜坪岭（铜坪里）

观音峒向南，有一个四面环山的谷地。由棕树窿、椿树窿、桃花窿开采出来的矿石，曾经大部分运到这块谷地冶炼。因此，此谷地叫铜坪岭，又叫铜坪里。

金塘

从观音峒北面穿过一个长满树木的小山包，有一块绿林环绕、南北呈条状形的谷地。谷地中间有一口大水塘，这是以前露天采矿挖掘形成的一个大坑，很多的金属、非金属矿石从这个坑里被挖出来。之后，这个大坑被涌出的地下水填满。后人将这个大穴称为金塘，散住在这个谷地的几十户人家的湾场，亦称金塘。

梽木山

与桂阳县辉山村一水（山溪）之隔，有一座红土山，山上长满了梽木（一种开红花或白花的灌木）。花开之际，漫山遍野都是梽木花。此山，便叫梽木山。山南一村，也被叫作梽木山。

燕子窝

昆帽峰西边靠山顶处，有十几户徐姓人家。他们贴山而居，如燕子含泥飞梁筑巢，湾名便叫燕子窝。

塔下杨家

杨氏始祖兴佩公，于明正统年间（1436—1449）由宁远迁徙到阳隔洲。杨氏有后人来到土质肥沃、气候适宜栽种无渣生姜、牡丹、芍药、尾参等经济作物的昆帽峰半山腰安家立业。传说，杨氏屋后曾建有一座塔，从此，杨氏湾场名便叫塔下杨家。

鹅婆翅

有一支徐姓人氏，从新屋徐家搬迁到昆帽峰山峦，其居住的地方形如大鹅展翅，故名鹅婆翅。

炭山窝

百年之前，这里杂木茂盛，古树成林，野兽成群。陆续有烧炭人踏入这片大义山中的原始丛林，伐木烧炭。木炭运至铜坪岭、北窿、阳隔洲等地用于冶炼。后山中树木被砍伐殆尽，部分烧炭翁和脚夫留下来，在此垦荒耕作，故此地取名炭山窝。

严家洲

阳加洲段的春陵河中央有一沙洲，洲上树木参天，古宅隐蔽其中。在600多里长的春陵河中，此洲最大，也是唯一有人居住的沙岛。最初登洲开垦土地、建设家园的是严姓人氏，洲名便叫严家洲。近代居住在上面的均为曾姓。

董家湾

一董氏分支于清乾隆五年（1740），由耒阳永济百里渡迁至常宁，乾隆七年（1742）前后，由常宁某地迁至阳隔洲北面1000米处的土丘上安家落户，其湾场便叫董家湾。或许与其遗传基因有关，董姓男子大多高大威武，个子矮的也粗壮结实。因此，坊间流传一句话："董湾人，不要田，不要土，担担挑得二百五。"

百步桥

清宣统年间（1909—1911），徐氏荣国、荣勇两人，来到严家洲尾西面河畔一片荒野开垦土地，置家立业，逐渐形成湾场。从董湾方向的万斤塘流出的一条溪流经过湾场前，从小水北水库流出的一条溪流也从村前经过。徐姓村民为了方便盐茶古道上南来北往的过客通行，便在两条溪流上各砌了一座石桥，二桥相隔约100步远，故称百步桥。

曾家湾

曾氏开基始祖为一对夫妻，祖籍山东，从江西泰和迁至常宁罗桥大枫树。其子放鸭至阳隔洲，先在烟山（现在的砖厂）落脚，是夜，家禽都到现在的湾场（原来是一片树林）处歇息。有人认定此地是福地。始祖闻讯，索性由大枫树搬迁过来，大兴土木，修路造房定居。此后，果然子孙发达，五畜兴旺。此湾便叫曾家湾。

鲇鱼塘徐家

一徐氏分支于明洪武四年（1371），由江西泰和县迁到常宁东乡。后来端甫公率一家老小，辗转来到鲇鱼塘。此间有一口30余亩、形同鲇鱼的水塘，塘中有百余平方米的土丘，上有多株古树，四季常青，风景优美。相传，开湾始祖端甫公放鸭时，鸭子每晚都在塘中央的小树林里过夜。徐氏故在塘边80米处建湾定居，湾场名就叫鲇鱼塘徐家。

杉树塘

湾前有口塘，塘边杉树茂密，故名杉树塘。坊间传言，明洪武年间（1368—1398）朱元璋"血洗湖南"，唯独杉树塘李姓数十人，躲过了这场大屠杀。因此，杉树塘人被称为"原居民"。

官陂曹家

曹家一世祖吴氏太婆，携二子以流动养鸭为生，后流落到原来有人搭棚关鸭的地方。曹家的鸭子将驻地的蛇蛋抓破吃掉，而蛇虫并未因此攻击鸭群，反而鸭子长得出奇的肥壮。吴氏母子认为这是一块福地，便在自己的牧犬和鸭子蜷缩歇息之处，建房立家，繁衍至今。曹家前有官陂垌，西侧有官陂塘，故称官陂曹家。

岭下吴家

吴氏第13代世伸公，于清康熙五十九年（1720）迁来梅陂塘西岸定居。此地依山傍水，视野开阔，土地肥沃，经历300多年的发展，现繁衍至500余人。因湾场背靠大义山峦，村子便取名岭下吴家。

滨家岭王家

清乾隆年间（1736—1795），始祖兴二公由王家渡口搬迁至梅陂塘西山半山腰一山坳中，置家立业。该湾场边的山岭石头多泥少土，下大雨时，山体易滑坡，即产生崩塌现象，便被人们叫成崩塌岭，后演化成崩家岭，再后来被写成滨家岭。历经300余年的生息繁衍，现王氏有500多口人。他们在梅陂垌种有水稻及其他农作物，收获之后要一担一担挑上山去，很不方便。20世纪80年代初，他们开始另建家园，搬迁到山下梅陂塘头的常白公路旁。至1987年末，按规划搬迁到位，并在湾边常白公路旁竖一巨石，上刻"滨家岭王家"。

第三节　民居类型

　　白沙镇历史悠久，西汉时期就有人定居。先民结草为庐，用以栖身，后逐渐发展为用黄土抖墙，用土砖建房，再发展到用土窑、茅柴烧制青砖建房。1970年后，用煤炭烧制红砖砌屋。1990年后，普遍采用砖混结构，用钢筋混凝土捣制梁、柱、楼面，用红砖砌墙。

　　白沙民居建筑经历了茅草屋、抖墙屋、土砖屋、青砖屋和具有特色的古街吊脚楼、红砖木材屋、钢筋水泥红砖屋等发展时期，结构形式不断革新和完善。民居建筑是一种建筑文化，白沙民居建筑兼具湘南传统风格和地方特色，是住宅与自然环境的融合、结构与艺术的结合，蕴藏着人与自然和谐相处、和平共处的大道至理。

一、抖墙屋

　　白沙镇是丘陵地带，处于春陵水西畔峡谷平地，西边为大义山脉，地表多是黄色黏土。1970年以前，很多湾村的住房以黄土为墙体建筑材料建造抖墙屋。抖墙可以就地取材，节约建筑成本。抖墙用的黄土要提前几天挖好，就坡挖土，既平整了地基，又取得了建材，黄土要挖散，剔除其中的草根、树根等杂物，并适量加水润湿。

　　为了防潮，在抖墙屋的大方脚上要砌1—2层石头，高出地面0.2—0.4米。事先要做好

两套墙板（抖墙用的模板），墙板的内框，宽0.4米，高0.4米，长2米，一头有端板，端板与长侧板用穿榫连接，并用竹栓配牢，另一端则用木方做成活动箍筒。砌抖墙屋的师傅，都有专用抖墙模板。抖墙时，两个师傅操作一副模板，负责墙板安装，分层用木槌夯实，小工负责挑土。黄土的湿度要掌握好，太干燥则黏性不好，太湿润则容易走样，经验丰富的师傅一般都是用手测试，手抓泥能捏成团，丢地上又有点散，最为合适。为了使墙体结构牢固，抖墙时会在墙体中放一些竹片或桎木条当作墙筋（作用类似钢筋），起到加固和牵连作用。施工中，有一个师傅专门修整墙面，用一个以竹片做手柄的木拍掌将墙体拍得平整、光滑。

抖墙屋的门、窗框与墙体同厚度。一般建两层，第一层高3米左右，第二层檐口离楼面2米左右。树木楼枕，木板楼面。山墙要安装几根牵树。

抖墙屋隔热性能良好，冬暖夏凉，居住舒适；缺点是防水性能较差。挡雨的外墙采用茅草席、杉木皮等遮挡。现在白沙的铜口里邱家湾、石湾、大路边等湾场及山上官坪、和谐、毘帽峰等村，还保留有少量的抖墙屋。

二、土砖屋

土砖屋是以土砖为墙体材料建筑的住宅。制作土砖一般都是在夏季收割早稻以后，一则天晴，二则气温高，土砖容易晾干。做土砖一般用田泥，因田泥柔和、黏性好。在稻田里把泥控好（一般控个圆形），再加水将泥巴浸透湿润，泥浸透以后牵牛去踩泥，在泥中加入适量的2寸长短的稻草以增加牵力（有条件的还加入少许鹅卵石）。把田泥充分搅和均匀（以不再产生气泡为准）后即为备料。做土砖有专门的土砖模具（以木板做成的框架），头

号土砖一般是长11寸、宽7寸、高5寸，二号土砖一般是长10寸、宽6寸、高4.5寸。做土砖时，将模具浸湿，在模具板上撒些谷壳（便于松模），把泥筑在模具内，用脚踩实，再刮平松模，砖坯自然晾干。土砖晾干后把砖码堆。第一凼（dàng）泥用完后，再往下挖第二层泥。到一定深度时泥土黏性变差，则另取土。根据情况，有些是直接取用黏性较好的山土，搅拌均匀后成为泥坯，也可以做土砖。土砖做完后，挑山土将土坑填平，恢复原样。

土砖屋建筑时，为了防水，在地面先砌约1米高的青砖墙（平窗框下沿）。有些人家第一层房皆用青砖，第二层房才用土砖；有些人家外墙用青砖，内墙用土砖。砌墙的灰浆就是泥土浆。土砖屋一般为两层，木板楼面，山墙要安几根牵树。农村土砖屋一般是一栋三间的形式，内外墙粉刷好以后，也美观大方。

土砖房建筑，造价较低，施工效率较高，还有冬暖夏凉的优点。现在农村还保留着部分土砖老房子。土砖屋大都是1975年以前建造的，1975年后农村有些杂屋也还采用土砖砌墙。

三、青砖屋

青砖是古代建筑中墙体的主要材料。白沙青砖的规格一般是高3寸、宽6寸、长9寸（习惯称为"三六九"砖）。制砖材料一般选用沉积有些年头的黑色塘泥。将塘泥挑出水塘，倒在空坪地晾干，去除杂质，制成碎颗粒后过筛（不能含有任何木屑、草屑、石头、砖块等）。加适量水混合均匀后，用模具制成砖坯，自然晾干。按适当间距放入砖窑，用茅柴烧制，必须控制火候、温度、时间等。达到一定火候则熄火，用冷水从烟囱口灌入，如打铁时淬火般，使其迅速冷却降温。成砖呈青灰色，故名青砖。青砖

有普通砖和标准砖之分。标准砖是在普通砖的基础上磨制而成，要求大小均匀，厚薄一致，毫厘不差。据传，一般磨制标准青砖，一个人一天最多只能磨制五块。标准青砖一般用于高档建筑，其价格远高于普通青砖。

白沙的青砖屋都采用湘南传统设计，一栋三间两层的砖木结构较多。有些湾村的宗祠和一些富裕人家也有一栋三间两进或三进的形式，还有一栋五间两进的形式。乡村住宅一般是山墙出檐的青瓦屋面，宗祠和大户人家的宅第是硬山墙青瓦屋面。青砖屋一般是清水墙，有些住房内墙用白灰粉刷。砌墙的灰浆一般是石灰浆，富裕人家有的会在灰浆中掺入糯米，以增加黏性与强度。

有一定规模或建筑比较规范的青砖建筑，在白沙有多栋。

如傅家巷（亲仁巷）罗臣烈的宅第，是一栋具有代表性的湘南传统民居。宅第以青砖为墙体，一栋三间，三进两层，硬山墙，青瓦屋面，吞口式大门，条石门框，檐口灰框雕刻人物故事、花鸟图案。建筑物前厅的木板屏风、采光排水的三个天井、宽敞的厅堂以及配套的厢房等，使整栋房屋显得布局合理，大气典雅。

还有邓彝午大院、王悦和大院、衡清公馆、江西会馆、"康记"药材行等，都是规模较大、以青砖为墙体的特色民居建筑。

官陂曹家、老屋徐家、火石桥李家湾古民居和宗祠、石湾王家一排四栋宗祠等，也是以青砖为墙体的古民居建筑群，具有浓厚的湘南建筑风格，有较高的研究价值。

四、吊脚楼

白沙古街靠河边的商铺纵深是12—15米，前进从河畔砌青石护坡与街面齐平，再填土夯实。后进采用吊脚楼的形式，底下用约1米高的青石方柱作为基柱，石柱上再立木柱，都是柏树和杉树，到一层平面时，用较粗的树做梁，一头砌在护坡墙内，一头用木榫与支柱连接，木梁上架设楼枕树，再铺木板。两边山墙，靠街第一进从地面用青砖砌墙，靠河第二进则用树木装成框架，框架嵌木板装成隔墙。如是一栋两间或三间，也是用木梁、木方做框架，用木板装成隔墙。有些面积较大的商铺为了坚固，两边山墙为青砖墙，中间为吊脚楼形式。每个商铺临河都有一个宽1—1.2米的廊楼。

站在河边展望，两里多长的吊脚楼群，像一道绚丽的风景线，透露出古色古香的淳朴风味。

1990年以后，有些木制吊脚楼因年久失修导致木材腐朽，户主便把吊脚楼拆除进行改建或重建。改建的，为了增加房屋面积，都往河边延伸了5—10米，采用砖混结构，用钢筋混凝土捣制梁柱和楼面，用红砖砌墙。木柱吊脚楼变成了砼（tóng）柱吊脚楼。

五、红砖屋

白沙的红砖屋始建于20世纪70年代初。

烧红砖技术的引进是在1971年前后，白沙南陵村的谢高富、谢扬富、谢扬湘、谢扬照，跟着耒阳市长坪乡的黄诗礼，在耒阳市仁义乡的党田村圆门冲铅锌矿烧红砖，学会了烧红砖的技术。白沙第一窑红砖是在南陵村的风刮台湾场烧的，师傅黄诗礼亲自到现场指导，第一窑红砖烧得很成功。谢高富和谢扬照等人先是在本村义务传授烧红砖技术，后来在全镇传授，还在其他乡镇义务传授烧红砖技术。荫田区的衡头街上张氏一家，因刮风下雨房子倒了，南陵村的谢氏兄弟义务帮张家打红砖坯烧红砖并建起房子。由于这些师傅的义务传授，后来村村都会烧红砖，烧的都是"三六九（三寸厚六寸宽九寸长）"的大砖。

老百姓建大砖红砖房的风气，兴盛于20世纪70至90年代，之前多为土砖房、抖墙屋，少量的青砖房。20世纪90年代后期开始兴建钢筋水泥和小红砖房。

小红砖为厚6厘米×宽12厘米×长24厘米砖，白沙的小红砖最早出现于1970年

前后。在现南陵村与向阳村之间的白沙至欧阳海灌区公路的东侧，建有五七红砖厂。红砖厂属白沙镇办企业，鼎盛时有五六十个工人，有手工打的砖坯，也有机压砖坯。白沙医院、中心校，包括白沙镇原办公楼的建房红砖都来自该红砖厂。该厂后因管理不善和市场营销不旺，关闭了。现在建房的红砖都是小砖了，来自集约型经济的民营企业。

1975年以后，白沙的民居建筑基本采用红砖砌墙了。杜阳村（大队）狗公塘李家湾和张家园里的大部分村民都烧制大红砖。这两个湾村，四周都是黄土坡，有烧制红砖的最佳材料，常白公路从这里经过，交通方便，距白沙街又近，所以这里逐步成为白沙镇的红砖基地，两个湾的村民每年烧制大红砖达28万块。1975年至1994年，民居建筑大部分采用狗公塘的大红砖砌墙。砌墙的灰浆一般是石灰浆。用这种砖施工，工效较快，减少灰浆用量，可降低基建成本。砌墙一般都是单砖墙（厚18厘米），适宜一至两层的建筑。

最早修建的红砖屋都是砖木结构，农村一般是一栋三间两层。有些民房前面有一条走廊，宽约1.5米，用小红砖砌墩柱，用大红砖砌墙，二楼安装楼枕树再铺楼板，走廊用树做横梁，上面架设楼枕树，再铺楼板。用木制楼梯上下，个别的也用木制板梯。山墙安几根树作为牵木，以增强墙体的稳定性。有些民居前面不设走廊，中间一间采用吞口式大门。屋面盖青瓦，前后檐及山墙均出檐约0.5—0.6米，门窗全部为木制。

经济条件好点的，内墙全部用砂灰粉刷后，再用白石灰浆盖面，使房间整洁美观和明亮。

六、钢筋水泥屋

1990年以后，白沙民居建筑都采用砖混结构，用钢筋混凝土捣制梁、柱、楼面和屋面。农村大部分仍然采用传统的一栋三间形式，多数为两层楼房，也有建三层的。第一层有一条宽1.5米的走廊，第二层采用封闭式，悬臂梁突出一层前墙1.5米。二楼前墙砌在悬臂梁上，突出一层1.5米（增加了使用面积），三楼与二楼平齐。设有专门的楼梯间，用钢筋混凝土倒制或预制楼梯踏板。屋顶面也用水泥倒制，为了便于晾晒物品，屋面一般没有隔热层。有些在屋面上用钢材作框架另外搭设敞篷，盖透明塑料瓦或铁皮顶（中间一部分用透明塑料瓦）。砌墙灰浆一般是水泥与石灰按3:7比例配制的混合灰浆。内墙全部粉刷，厨房用瓷砖贴1米高的墙裙（有的贴到顶，以便于搞卫生），卫生间的瓷砖贴至楼面。前墙全部贴瓷砖，以白色、淡绿色、淡黄色为主。

有很多新建房屋，在大门的上部贴一幅毛主席像，毛主席像是瓷砖烧制而成。有的在二楼窗檐下，贴两幅对称的瓷画，一般是福禄寿喜等内容。白沙的民居还有一个特点，在正厅屋的正中，墙上砌有一个吞口神龛，神龛内供奉祖宗牌位，两旁有联，上部有"祖德流芳"的横额。离地面1尺左右还供奉一块"土地公公"牌位。

有些民居建筑，采用框架式结构，先把柱、梁、楼面全部搭建完成，再从顶层开始用砖砌隔墙和安装门窗，逐层往下施工，隔墙砌好后再进行粉刷、装修。

七、小洋楼

随着时代的发展和国民收入的逐步增加，民居建筑的形式、结构也在不断发展。2010年后，白沙镇有些条件较好的人家开始兴建别墅式小洋楼。

小洋楼建筑面积每层120—150平方米，一般是两层半楼房（即后面为三层，前面为两层），其房间设计更科学、合理，外观更漂亮，使用更方便，居住更舒适。前后中部都有一个约3米宽的过厅，过厅有两根水泥柱一直到顶，一般为圆形，是中国传统建筑与西欧风格建筑的结合。

现在白沙镇靠西边的山麓边或水塘边，坐落着一些小洋楼建筑，秀丽的风景加上新式的建筑，构成一幅绿色、自然的美丽画卷。

第二章　历史沿革

　　白沙有大山有大河有小平原，山上有树有柴有矿藏，水中有鱼有沙有航船。小平原属舂陵河冲积平原，数万年的春夏洪涝，从上游桂阳、嘉禾、蓝山，从西边的大义山脉，冲刷下来大量的泥土、砂石、草木，年复一年地沉积、淤塞、堆浸，从而形成了南起黑山背、北至官陂垌、东临舂陵河、西靠大义山的长条形冲积小平原或称之为小盆地。该盆地南北长约19公里，东西最宽处约3公里，自古就有人类在这样一块风水宝地和宜居家园上生存繁衍。

第一节　历史溯源

远古时期,今白沙镇所在地谷深林密多溪峒,蛮猺处其间。《元和郡县志》云:"(晋)怀帝分荆州湘中诸郡置湘州,南以五岭为界,北以洞庭为界,汉、晋以来,亦为重镇。今(元和年间)按其俗,杂有夷人名瑶,自言先祖有功,免徭役也。"《皇宋通鉴长编纪事本末》载:"(北宋)庆历三年(1043)九月丁丑,湖南转运言:桂阳监蛮猺内寇。蛮猺者居山谷间,其山自衡州常宁县属于桂阳,郴、连、贺、邵四州环行千余里,蛮居其中,不事赋役,谓之猺人。"南北朝时,常宁县瑶族先民被称为三洞蛮和黄洞蛮。《元和郡县志》云:"宋元徽中(473—477),三洞蛮抄掠州县。移就江东,因蛮寇止息,……天宝元年(742)改名常宁。"

宋代,在盛产铜铁的地方各州、县普遍设置铸钱监,衡州盛产铸钱的原材料。因此,朝廷派官驻衡州监守,严禁百姓私自炼铜。白沙镇矿产资源丰富,现已探明的矿种有金、银、铜、锡、钨、铅、锌、砷等28种,已经开采的有锡、钨、铜、铁、铅、锌等。其中锡矿储量和采掘量均居常宁第二位。《同治常宁县志》载:"县东九十里,地产锡砂,坑夫聚众淘沙,多壅废民田,明时设官把守。"

北宋庆历初年有吉州人黄捉鬼精通巫术,自言能呼风唤雨,纠集百余人藏身今桂阳县与常宁交界的大山之中啸聚为寇,同时引诱数千峒民贩卖私盐,反抗政府,截杀官军,成为宋王朝的心腹之患。桂阳与常宁交界参与叛乱的溪峒包括奖中、白水、钦景、石碌、华阴、水头、孤浆等。庆历三年(1043)初,衡州知州陈执方假借招安之名设计捕杀了黄捉鬼叔侄,余党走匿山中,官军进山追剿,《皇宋通鉴长编纪事本末》中言:"推其致死之因,莫猺之俗,衣服、言语,一类正蛮。黄、郑初起之时,捕贼官吏急于讨击,逢蛮便杀,屡杀平人,遂致莫猺惊惶。"庆历三年十月,北宋朝廷任命杨畋提点荆湖南路刑狱,专事讨伐湖南蛮猺。杨畋采用坚壁清野的战术,他将接近猺峒的民户,包括没有依附猺人的农户,尽数驱逐至两广,使敌人失掉巢穴,但这些农户大多没有积蓄,失去耕地,就失去经济来源,加之讨伐的兵士等贪图厚赏,枉杀平民，使得近山的莫猺、生猺、平民被迫上山为寇，激起常宁全面反抗。欧阳修为此奏称："……窃闻常宁一县，殆无平民，大小之盗，一二百火。……恐迫之大急，则潭、郴、全、邵诸寨向化之'蛮'，皆诱胁而起，则湖南一路，可为国家之忧。"他力主安抚。庆历桂阳监猺乱历时五年，杀戮数万，使桂阳监及周边人口骤减。今白沙镇原土著民，正处战事前沿，在本次猺乱中或死或逃，所剩无几。

元末明初，"湖以南，丁洪武杀运，扫境空虚矣。洪武二十八年（1395）又遭奉满虎、夏奇结峒瑶为乱。朝廷命杨景来讨……（常宁多地）遂至血洗，玉石俱焚，前代文献，罕有存者。"（摘自《常宁嘉庆志》之《敬业斋日记》）白沙镇原住民在这场杀戮中鲜有幸存。

明初，朝廷调江西户口于衡，至者，各插标为记，谓之安插户。明《嘉庆衡州府志》载：衡州卫驻军共6861名，常宁一县就分驻了2637名。直到明永乐二年（1404），皇帝才下令要军丁垦民间荒地为田，分屯四乡，垦荒自给，叫作军屯户。时安插户、军屯户，军民阡陌，杂错不睦。后来有军籍户不能参加科举考试的条令，军籍户为争取仕途，便纷纷转为民籍，成了常宁永久居民。

江西泰和县境内的鹅颈大丘，在赣江刁子角渡口，地势平坦开阔，是水陆交通要道。南宋末年，庐陵人文天祥等起兵勤王，这里成了宋室南渡时的一个避难之地，北方许多大家世族纷纷进入。鹅颈大丘是一个中转停留之处，也可以说是大多数家族留下命脉之地，所以明代这里又成为移民的集中营地。道光《宝庆府志·武功录》记载，明洪武年间，朱元璋采取大规模移民政策，将大批汉人从江西泰和、安福等地迁往湖南等地垦荒。白沙镇大部分姓氏的祖先，为此时迁入，或军屯，或移民。

第二节　祖先祖居

白沙平原土地肥沃，特别是近河部分土地，基本为黑沙土，土质松肥，适宜种植水稻、小麦、红薯、萝卜、白菜等作物。近山部分土地，基本为黄土地，适宜种植水稻、红薯、玉米、高粱等作物。中间部分土地，为沙石土地，较贫瘠，可种豆子、花生、黄花菜等耐旱作物。

大义山脉靠白沙小平原的山麓部分，也基本上是白沙辖区。山中地下蕴藏着金属和非金属类多种矿石，地上生长着杉木、楠竹、松树及亚热带各种阔叶杂树。地表田土上种植水稻、小麦、玉米、高粱、红薯、花生、大豆等农作物及生姜、白芍、丹皮、尾参等药材，还种植猕猴桃、桃、李等水果。

白沙气候属亚热带季风性湿润气候，四季分明，降水充沛，光照充足。夏天热，但一般不会超过40℃；冬天冷，但基本不会低于零下5℃，是适宜动植物生长和人类居住的好地方。

一方水土养育一方人，一方人建造一个家园。白沙这块山川秀美、土地肥沃、交通便利、气候宜人的风水宝地，很早就有人发现并在此生存繁衍。促使外乡人从东西南北来到白沙，在此安家落户、开枝散叶的主要因素有两个：一是矿业，二是商业。通俗地说，一部分人的祖先是为了开矿来到白沙，另一部分人的祖先是为了经商来到白沙。也有因其他原因来到白沙生存、发展的。

白沙的大义山中，有金、银、铜、锡、钨、铅、锌、砷等多种矿石。勤劳聪慧的先祖很早就在白沙附近的山上开采矿石了。《常宁县志》中记载：早在汉代，境内居民已掌握简单的采矿和炼银的技术。银铜原料多来自白沙茭源白水岩一带。这就说明，在2000多年前的汉代，白沙就有人类活动，此时就有人在这里生产、生活了。我们常常说，白沙历史悠久，文化厚重，是有历史依据的。

白沙的商业，是由矿业催生、引发的。在杜西村马鞍岭附近的土地中，在茭源铁牯岭山上（茭源银场冶炼遗址），现在还可看到大量冶炼后废弃的矿渣。这说明，在古代，白沙西边，山上开矿山下冶炼，规模庞大，热闹非凡。茭源银场的建立、兴旺，矿老板的增加，矿工的聚集，数百、数千，甚至数万人的生活之需，给白沙带来很大的商机。因此，在茭源银场附近，在春陵河边，形成了一个为矿工供应生活必需品，如家畜、家禽、蔬菜、大米、食用油、布匹、鞋帽等的集贸市场——茭源街。初为泥巴、砂石街，后由富商捐资，铺造为青石板街。商业街南北长约1公里（唐肃宗上元年间最兴旺时，北起茭源桥，南至李家铺），街东西宽30米左右。东西两边为商铺，商铺初为茅棚，后逐渐改建为青砖瓦房，徽派建筑风格。鼎盛时期，茭源街有九街十八巷的宏大规模，买卖十分兴隆。因为矿业的兴旺，在南起今杜西村的乌龟岭，北至今阳市村的白水岩，长约4公里的山边曾出现一个类似现在乡镇农贸市场的自由市场，各种生活物资在矿山边出售，传说每天卖肉的案桌就有72个之多。传说，因为矿业的兴旺，在原福坪村麻石岭湾场东边的城门口，古代也曾出现过一个小市场，每天有10余个案桌卖猪肉，还有很多人卖蔬菜、山货，不少卖家是来自周边各村落的村民。这也可能是那个地方叫"城门口"的重要原因。那里曾经有一个较大的湾场，现在片瓦无存。

到北宋时期，白沙矿业逐渐衰落，矿井大量关闭，矿工越来越少，由矿而兴的茭源街，慢慢地没了市场，走向萧条。

到了明洪武年间（1368—1398），近卫大臣聂武纲奉皇命南巡。沿春陵河乘船南行至现白沙古街地段时，见河西岸有天然青石固岸，河岸形似弯月，水流平缓，岸上地势平坦开阔，认为此地乃天然良港，便命人停船靠岸歇息。后留下谢姓、郑姓两个副将，在白沙安家。洪武二十八年（1395），衡州卫在白沙建堡开市，将其命名为白沙堡。经数百年发展，白沙河港因地处常宁、耒阳、桂阳、永兴四县交界之地，而成为300多公里长的春陵河中物流最繁忙、货物吞吐量最大的河港。又因其所在河段地理位置特殊，往北河面较宽阔，水较深，可通航较长较宽、吃水较深、载货较重较多的大船（名叫草禾船），而往南则河面渐窄，水渐急渐浅，尤其是今欧阳海水库大坝位置，过去叫太河滩，河道狭窄，乱石突出，水流湍急，所以，白沙往南上行，只能行窄长的小船（名叫嘉禾船），而且有些河段必须由人拉纤。因此，白沙自然而然成为一个物资转运站，从长沙、衡阳等城市用大船运来的工业品，必须在白沙港口上岸储存，再改用小船运往春陵河上游的桂阳、永兴、嘉禾、蓝山等地。而桂阳、嘉禾、蓝山、永兴、常宁、耒阳等地的农产品、矿产品等，必须运到白沙存放，再上大船运往衡阳、长沙、汉口等地。

白沙航运、物流的兴旺，带动了客栈、饭店、手工业、特色小吃等各业发展。四面八方的生意人、手艺人、劳工纷纷来到白沙经商、做艺、务工，逐渐地，其中一部分人在白沙安家落户。

白沙人，是什么时候到白沙来的？是从哪里来的？要说清这两个问题，是很难的。但大致可以如此总结归纳：早在西汉时期就有人来到白沙了，明清时来到白沙发展的人最多。白沙人的先祖是从东西南北四个方向来到白沙的，主要是从北边衡阳一带和东边耒阳一带过来的。

一、从北边来

在古代，交通主要走水路，乘船致远，舂陵河是白沙与外界交往最主要的通道、最重要的路线。因此，今天白沙人的先祖，有很多是乘船由北而南，从衡阳、衡南（清泉）及常宁水口山、烟洲、荫田等地来到白沙安家落户的。如白沙洞里王家（荷溪王姓），其始祖是绍冕太公，第19代王端在公，于康熙四十四年（1705），从衡阳（今衡南县车江镇龙泉村荷叶坪）迁徙至白沙竹山湖（即白沙的洞里王家）定居，子孙繁衍已有29代，在白沙生息300多年。白沙荷溪王姓，现分散在白沙镇向阳村、杜西村、黄源村，现有人口300多人。

李姓在白沙分布较广，主要聚居在杜西村、杜阳村、南陵村，其先祖来自今常宁市水口山镇独石村。

白沙官陂曹家是个古老的大湾场，整个湾场均为曹姓，现有2000多人。他们的始祖是明朝万历年间（1573—1620），从常宁田尾（现属蓬塘乡）平田湾迁居至此。

白沙古街、阳加古街上的前辈多是做手艺的，如做烧饼、做豆腐、做衣服、织篾货、做家具、做棕绳、做鞭炮、打铁、补锅等等，基本上是从衡南、衡阳等地过来的。

新中国成立以前，在白沙古街、阳加古街上卖南杂、开药铺的都是江西人，他们中有一些人在白沙留下了后代。

不少江西人来到白沙，与明朝洪武、建文、永乐三任皇帝数十年间实施的大移民政策有关。据史料记载，元至正二十四年（1364），朱元璋派大将徐达攻打长沙。由于当时长沙为陈友谅旧部和元王朝残余势力所控制。明军血战4年，损兵折将，最后才于洪武元年（1368）夺得胜利，确立了明王朝在长沙的统治。元末明初连年战乱，战后的长沙乃至整个湖南，田园荒芜，百姓亡散，庐舍为墟，许多地方渺无人烟。长沙城明初尚存多少户虽无明确记载，但长沙府所辖有的县却有记录，如"湘潭土著仅存数户"，"醴陵古老相传土著亦仅存十八户，余皆无复存在。洪武初召集流亡，皆来自他省，而豫章（今属江西）人尤多"。明王朝就近从江西大量移民至长沙等湖南部分地区，并允许"插标占地"，形成了历史上有名的"扯江西填湖南"的局面（相传强制移民的范围不只在湖南，广东、四川、湖北等省也有不少。因此，又有"扯江西填湖广""扯湖广填四川"的说法）。移民到湖南的江西人，多少还有些亲戚在江西，比如姑姑、姨娘、舅舅等。湖南人去江西看亲戚，就是看表哥表弟、表姐表妹，江西人来湖南，当然也就是老表来了。这就是湖南人称江西人为"老表"或"江西老表"的缘由。

在白沙鲇鱼塘一带，有老屋徐家、新屋徐家等众多徐氏后人，他们的先祖就是明洪武四年（1371），由江西省泰和县迁徙而来，至今已有600多年，发展了23代，现有3000余人。

据白沙管氏第16代孙管志善撰文称：白沙管氏，在清乾隆四十八年（1783）进行过一次族谱修缮。谱中记载，白沙管氏始祖为彦敏公。彦敏公携兴斌、兴赞二子，于明成化年间（1465—1487），从今江西省吉安市的庐陵县田公祠，坐船到达常邑东乡白沙堡土木滩（原管钟村三组肖家湾后春陵河中一沙滩），睹其水之清澈、沙之洁净，莫不流连驻足，叹曰"今之白沙，其即古之桃源镜湖也"。遂停船上岸，见岸上地广人稀，土地肥沃，便在土木滩（后称肖家湾，又叫管钟，有原管钟村的三、四、五组三个组，三个临春陵河的自然湾场中多数人姓管，少部分人姓钟，也有极少数的他姓人）安家落户。兴赞公在土木滩居三世，后子孙迁至祁阳白水。兴斌公生三子（长仲翱、次仲翎、三仲翊），枝繁叶茂，已历20多代，后代主要分布在今苓河村、黄源村、南陵村、杜阳村、杜西村及白沙社区，现有1300余人。

二、从东边来

白沙与东边的耒阳、永兴，隔着一条只有一两百米宽的春陵河，两岸的人们在千年之前就有密切的来往。白沙的方言属南方官话，是耒阳西乡话和永兴北乡话糅合而成。白沙的风俗，如传统节日，红白喜事，都与河对岸的耒阳罗渡基本相同。今天的白沙人，有不少人的祖籍在东边的耒阳、永兴。白沙的大姓——谢姓，目前主要分布在南陵村、向阳村、上洲村、下洲村、杜西村、黄源村、阳市村等村。主要是由谢必昭公、谢必聪公、谢必俊公三位先祖于明代时由耒阳罗渡（现耒阳市仁义镇）迁徙至白沙后发展起来的，目前已有23代，共2000多人。

李姓在白沙分布较广，人数较多，其中有一脉就是从耒阳过来的。其先祖德二公从耒阳罗渡迁常宁白沙狗公塘，之圣公由狗公塘迁金公塘，之升公由金公塘迁陈家岭，再迁上洲张家塘等地。

白沙的黄姓，目前分布在杜西村、茭河村等地，其先祖也是从今耒阳市长坪乡迁徙而来的。

贺姓在白沙伍家、杜西、下洲等村都有分布，亦是从耒阳长坪乡迁徙过来的。

白沙的忠家岭、井边等湾村，以蒋姓为主，现有数百人。他们的祖先来自耒阳市仁义镇十里垌，至今已有13代人。

罗姓在白沙有多处分布，其中最大的一脉来自耒阳。明正统十三年（1448），耒阳美兴乡栗梓村人罗进偕弟罗连来到白沙，定居在白沙石湾（石湾罗家）。

三、从南边来

白沙的南边是桂阳县、永兴县和嘉禾县、蓝山县的北部地区，更远一点的是广东省。白沙有一脉李姓主要分布在今向阳（火石桥等湾场）、杜西、杜阳等村。据《李氏族谱》记载，白沙李氏是明成化年间（1465—1487），由桂阳县桥市乡筱塘村李家迁徙而来。开基公是李友相公，他携独子必选公于明景泰六年乙亥（1455）迁到火石桥定居，至今已500多年，已传20多代，现有200多户，逾1000人。

王姓在白沙现有数千人。今向阳村石湾王家、下洲村王家湾（水口山王氏）、杜西村排排岩及黄砂窿王氏、黄源村茭源王氏等，都是从南边的桂阳县野鹿滩迁入，至今已有500余年的历史。

白沙沙坪曾家，同样来自南边，是从郴州市宜章县迁入。先祖是曾参（一世），54世曾公汝材元至顺元年（1330）出生于江西吉安，中年时出外游学，后定居湖南郴州宜章县平和乡枧坪村。其后嗣69世毓任、毓仁兄弟俩来到白沙，定居沙坪。毓任公中年去世，未留下子嗣。毓仁公生六子，六子又生子，现已繁衍到79世，有曾氏族人300多人。

尹姓主要分布在杜西村（原西棉村棉花冲等湾场）。其先祖便是明代从嘉禾县迁徙过来的，在白沙"买得山林坑场数处"（据其族谱）而定居于此。最初落脚在茭源古街，后一部分迁居到樟木大王的后家湾及棉花冲等地。

钟姓，在白沙有两支：一支分布在白沙老街，由衡南迁过来，目前人数较少，只有几户人家。另一支分布在今茭河村，即原管钟村一、二、三组中。一组的叫哈百（下面）钟家，二组的叫上百（上面）钟家，三组的叫河边钟家（土木滩肖家湾）。茭河钟姓的先祖是清道光年间（1821—1850）从今广东省广州市从化区太平镇屈洞村（老地名叫龙腾里）迁徙而来。一说是先祖挑南盐而来，在此地成家生根；一说是因广东打仗（鸦片战争）逃难而来。茭河钟姓先祖为钟家辉公，清道光初年来到茭河村中洋坪哈百钟家开基，生三子，名振富、振华、振兴。振兴公定居在中洋坪哈百钟家，振华公定居在中洋坪上百钟家，振富公定居在河边钟家，至今已近200年，发展到第9代，现有100多人。

四、从西边来

白沙的西边是巍巍大义山脉，它是南岭余脉，最高处是桂阳县的泗洲山，白沙人称此山为金牯岭，海拔1428米。白沙有不少村民世代生活在大义山东麓。从南至北，原有西棉、福坪、观音、忠岭、井边、胜利、阳岐7个村，3000余人。2016年1月合并为4个村，从南至北分别是杜西村（西棉村与山下的杜家村合并）、观坪村（观音村与福坪村合并）、和谐村（忠岭村与井边村合并）、毘帽峰村（胜利村与阳岐村合并）。这几个村的先祖，有一部分是从西边毗邻的桂阳县桥市乡辉山村及常宁西岭镇青竹、铜排、新棕等地乃至永州迁徙而来，多为古代到白沙办矿而定居下来的。

从大义山脉西边来的，目前后人最多的一姓是白沙鲇鱼塘曾氏，现有1400多人，其先祖是明永乐年间（1403—1424）从常宁罗桥大枫树村迁徙过来的。

第三节　新人新居

日月轮回，斗转星移。千百年来，一代又一代的各姓氏百姓，从白沙的东西南北，或走水路，乘风破浪而来；或走山路，翻山越岭而来，会聚到白沙这块风水宝地，开枝散叶，繁衍生息。截至2021年12月，白沙镇户籍总户数9928户，总人口37310人。其中男性19980人，女性17330人；18岁以下9656人，18岁至35岁10261人，35岁至60岁12239人，60岁以上5154人。非农业人口6534人，未落常住户口人员41人。

2016年1月，白沙镇将原来的28个村合并为向阳、南陵、上洲、下洲、杜阳、杜西、茭河、黄源、阳市、阳兴、观坪、和谐、昆帽峰、徐洲、光荣15个村，另辖白沙、阳市两个社区。

1950年，中央人民政府颁布了《中华人民共和国土地改革法》，实行土地改革，彻底废除了地主阶级封建剥削的土地所有制。土改后，白沙镇的居民、村民在居委会或生产大队（村）里生产、居住，走上了集体化的道路。

1978年，党的十一届三中全会后，国家实行改革开放政策，积极发展非公有制经济，鼓励一部分人先富起来，然后带动群众共同致富。在党的富民政策、开放政策鼓励下，一批又一批敢闯敢干的白沙人，走出白沙，到常宁县城、耒阳市区及广东省的中山市张家边等地打工、经商、办厂。也有不少白沙人开始在白沙附近的大义山脉中开矿，办选厂、冶炼厂。到20世纪80年代末90年代初，白沙山上形成办矿高潮，最多时，有大大小小的矿井100多个，相关从业人员近万人。

在外出打工、经商、办厂及本地办矿过程中，大多数白沙人，脱离了贫穷，过上了小康或较富裕的生活。不少人在广东中山、深圳、惠州、广州和湖南的长沙、衡阳、常宁、耒阳等城市里买房定居，一些人甚至把全家的户口迁到了新居住地。特别是在广东省中山市张家边街道办事处，那里有个火炬经济开发区，百业兴旺。白沙籍务工、经商的人有上万人集中在那里。走在大街小巷里，碰到的人基本上是讲常宁白沙话。这是一波庞大的人口迁徙潮，有数千人因此离开了老家白沙，世世代代成为他乡人了。

没有离开白沙居住的人，也有很多离开了原来的老湾场、祖居地，在另外的地方建新房、组新湾。这种情况有四种类型：

一是进镇。到白沙新街、老街（包括阳加新街、老街）买地建房或买屋居住。

二是下山。居住在白沙山上（大义山东麓）的原西棉、福坪、观音、胜利、井边、忠岭、阳岐等村及原黄排村樟木太王组的村民，由于居住地附近开矿造成环境污染或饮水断流，不得不搬到山下居住。如樟木太王的村民共10多户人家，全部下山，搬到了现茭河完小北侧村道边（此处是原黄排村的地），重新建房、建湾场。2017年开始，全国开展精准扶贫工作，白沙镇把以杜西村（主要是原居住在山上的西棉村民）为主的无房户、危房户集中安置在白沙医院西侧的黄土坡上，设立了易地扶贫集中安置点，建楼房两栋，共43套住房，按每户每人25平方米的面积安排，有7种户型，从50到150平方米不等。安置户以杜西村为主，有28户，所以叫杜西村安置点。另外，向阳村有13户、观坪村有2户。

三是整体搬迁。2004年春夏之交，春陵河发生特大洪水，洪水淹没了严家洲，冲毁了沿河的一些民房。洪水退却后，在政府的支持下，严家洲上的79户村民整体搬迁到了阳市村原阳加公社农科所（后为敬老院）的位置。同期，原管钟村三组、四组的村民共72户，政府补助每户5000元，整体从春陵河畔往西搬迁到了茭河完小东侧地势较高处。他们原来的老湾场肖家湾、塘脑上，因被洪水基本冲毁，从此被废弃。

四是沿路建房。改革开放后，各家各户经济收入逐步增加，常白公路由砂石公路改造为柏油马路之后又硬化为水泥马路了，村道、组道也基本上完成了水泥硬化，一些家庭还买了汽车。因此，很多村民在交通便利的常白公路或村道两边，新建住房。从白沙新街往南至黑山背，往北至官陂曹家，常白公路东西两侧，新房如雨后春笋般涌现，已基本形成了15公里长的新居带。

第四节　建制演变

明朝，常宁县内编户七里，亦称七保：斛林保、枯江保、石羊保、西阳保、东塘保、官板保、曲潭保（《嘉靖衡州府志》），今白沙镇属东塘保。

清康熙年间，今白沙镇属务本乡白沙保。

嘉庆时常宁县改设为八都，白沙镇属东塘都。

咸丰二年（1852年），县分东南西北四镇，白沙属东镇，东镇辖8团：栋、拨、英、豪、报、奇、庸、登。

民国十六年（1927年），全县设14区，辖32团12隘。白沙属第四区，区辖白沙隘、8个团。

民国二十年（1931年），县改设为5个区，区下设77团。白沙属第二区，区驻荫田同福村，辖15个团。

民国二十七年（1938年），今白沙镇属茭河乡。

民国三十六年（1947年），白沙属第四区德和乡，区驻衡头。

1949年，沿用旧制。

1949年10月12日，常宁和平解放，属湘南专区。

1950年3月，取消乡、保、甲制，8月，常宁县设10区174乡。其中，在今白沙镇域内设立白沙、白渡、茭源、阳加、鲇鱼、官陂六乡。

1952年7月，常宁县调整为13区276乡。今白沙镇隶属第五区，设置白沙、白渡、茭源、火石、阳加、鲇鱼、官陂、毘帽、曹家九乡。

1952年12月，常宁县机构拟编为11区2镇172乡。

1953年7月，原白沙境内9个乡调整为一个白沙镇和白渡、茭源、阳加、鲇鱼、官陂五个乡。

1955年6月，常宁县区、乡体制又一次调整，白沙镇调整为区级镇，其他五乡调整为茭源、阳加、官陂三乡。

1956年撤区并乡，常宁县改设2镇45乡，在今白沙镇域内设置白沙镇与白渡、阳加二乡。

1958年，实行政社合一，常宁全县设15个人民公社，原白沙镇、白渡乡、阳加乡合并为前进人民公社。

1960年3月，撤销前进人民公社，分设白沙人民公社和阳加人民公社。

1961年9月，恢复区级建制，常宁县设9区2镇。白沙、阳加两个公社属衡头区。

1961年11月，白沙、阳加两个公社隶属荫田区。

1981年，常宁县进行地名普查，1982年恢复白沙、柏坊二镇。

1984年，撤人民公社管理委员会，设立阳加乡，仍隶属荫田区；以原白沙乡的区域建立白沙镇。

1995年5月，撤区并乡，撤销荫田区，将阳加乡并入白沙镇。

清嘉庆年间（1796—1820）的常宁地图

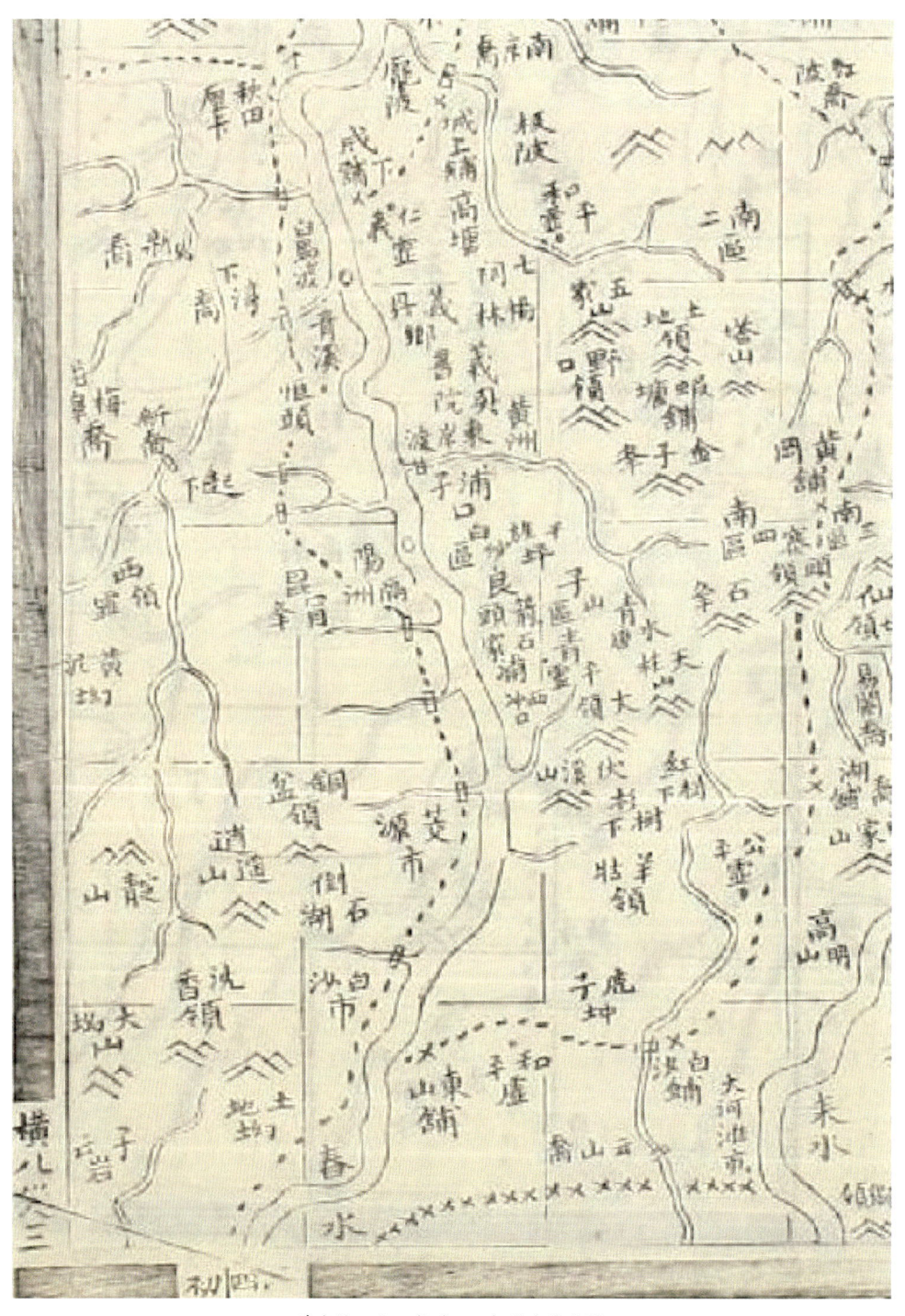

清光绪二十三年（1897）的白沙地图

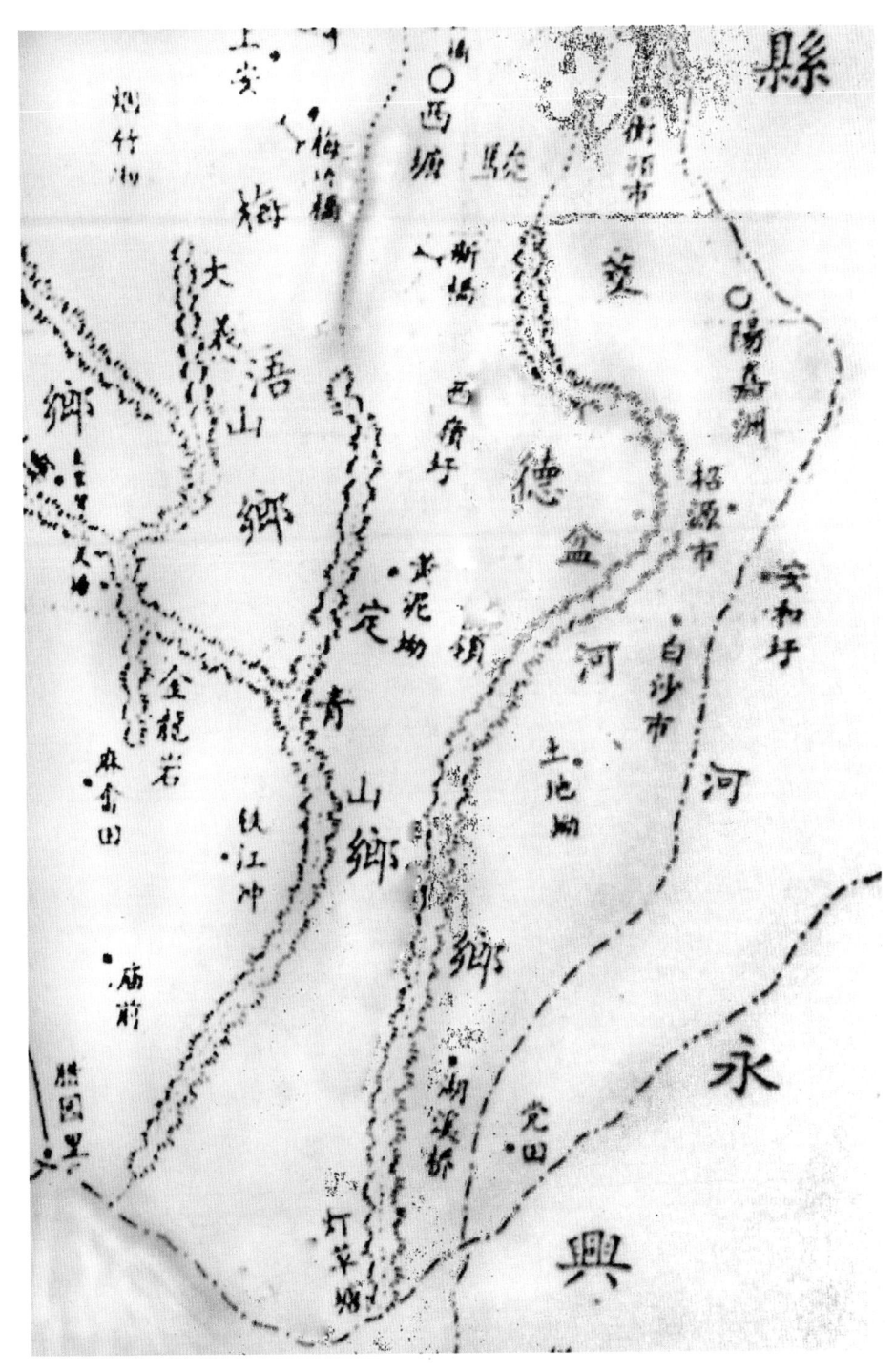

民国二十八年（1939）的白沙地图

1989年的白沙地图

2016年的白沙地图

第五节　隶属沿革

	1950.8		1952.7	1953.7		1955.6		1956.6		1958.9
白沙	属第五区	白沙乡 白渡乡 茭源乡	属第五区 白沙乡 白渡乡 茭源乡 火石乡	属第五区	白沙镇 白渡乡 茭源乡	属第五区	白沙镇 茭源乡	属第五区	白沙镇 白渡乡	前进人民公社
阳隔洲		阳加乡 鲇鱼乡 官陂乡	阳加乡 鲇鱼乡 官陂乡 昆帽乡 曹家乡		阳加乡 鲇鱼乡 官陂乡		阳加乡 官陂乡		阳加乡	

1960.3	1961.9	1961.11	1982	1984.5	1995.5		2016.1—2023.12
白沙人民公社	白沙人民公社 属衡头区	白沙人民公社 属荫田区	白沙镇	白沙镇	白沙镇	上洲居委会 中洲居委会 下洲居委会 上洲村 大路村 下洲村 南马村 伍家村 石湾村 杜家村 杜阳村 福坪村 西棉村 砂坪村 管钟村 黄排村 金招村	白沙镇	白沙社区 南陵村 向阳村 上洲村 下洲村 杜西村 杜阳村 茭河村 黄源村
阳加人民公社	阳加人民公社	阳加人民公社 属荫田区	属荫田区	阳加乡	属荫田区	阳加乡	阳阳居委会 阳市村 观音村 茅坪村 董湾村 徐洲村 上游村 红卫村 星光村 荣华村 阳岐村 冲口村 胜利村 井边村 忠岭村		阳市社区 阳市村 昆帽峰村 和谐村 观坪村 光荣村 阳兴村 徐洲村（上游村）

第六节　白沙镇历任主要领导

白沙镇党政机关大院

任职时间	党委书记	镇长（主任）	人大主席	政协主任
1950—1962	刘铭光　潘桂生 邓和金　段富生 陈启元（1958年任书记，一年后调任白沙镇企业办主任）尹为荣	吴季瑜　袁金保　段茂元		
1963—1995	尹为荣　晏崇意（"四清"期间，工作队临时任命） 阳敦郊　何远雨　徐芝和 廖伦瑞　刘仁良　欧诗伯 唐建国　刘铁石　唐绍雍	李朝开　董长青　张振优 李怡文　邹月生　易街芳 尹太文　吴德礼　刘明月 曹良春　廖常国　李支农 唐绍雍　吴建政	王如安　廖世秋	
1995（白沙公社与阳加公社合并）—2013	吴建政　刘仁荣　江月华 李支农　张志斌	王林生　吴洪进　陈杰 张志军　袁立明　雷金荣	詹辉云　陈杰 雷金荣　李主平 雷爱平	詹辉云　徐富孚 张志军　袁立明 陈东位　谢元德 何晖
2013—2023.6	邓清华　欧伯春 张涛　陈志刚	雷金荣　吴煜斌 陈志刚　罗鹏志	谢元德　刘定军 陈凤顺	何晖　段国刚 陈凤顺　刘志平
2023.7—12	陈志刚	罗鹏志	贺林贵	（岗位不再设置）

第七节　阳加乡历任主要领导

1949年11月，常宁县以序数命名设立7个区，采取区委负责制。1956年6月，遵照上级党委指示精神，全县撤区并乡，撤销原设立的11个区，将109个小乡合并为45个大乡，设3个镇。各乡、镇成立党总支委员会，设正副书记。1958年9月，全县先后撤乡，建立政社合一、五位一体（工、农、兵、学、商）的人民公社。全县共建立15个人民公社。1968年9月9日，经县驻军支左领导小组批准，成立阳加人民公社革命委员会，原阳加人民公社管理委员会相应被撤销。1984年4月，设立阳加乡人民政府。1986年9月，湖南省开始设立乡镇人大常设主席团并选举了常务主席。1995年5月阳加乡撤乡并入白沙镇。

名称及存在时间		党委书记	乡长（主任）
1956.6—1958.9　中共常宁县阳加乡委员会		吴德理　黄立朝 邓发茂　刘春桂	柏贤文
1958.9—1960.3　前进（阳加）人民公社委员会		邓发茂　李春发 彭寿光　袁金保	黄立朝　柏贤文
1960.3—1961.3　中共常宁县阳加人民公社委员会		袁金保　唐积贵	黄立朝　柏贤文
1961.3—1968.9　常宁县阳加人民公社管理委员会		唐积贵　阳武成　李泽民	谭孝泽　曹显松
1968.9—1976.10　常宁县阳加人民公社革命委员会		李泽民	李泽民
中共常宁县阳加乡委员会	1976.1—1980.12 阳加人民公社革命委员会	李泽民 吴凌风 刘先良 张见祚 尹志雄	李泽民 吴凌风
	1980.12—1984.4 阳加人民公社管理委员会		曹义德 徐运虎
	1984.4—1986 阳加乡人民政府		曾四成
	1987—1995.5 阳加乡人民政府	尹志雄　吴喜福 李志成　肖齐兴	李书斌　唐春林 肖贻成　段国亮 周建明

第八节　白沙镇村（居）历任主干

一、1950—2015

村(居)名	党支部书记	主任	秘书
大路村	蒋圣贤　谢扬章　谢扬夫 蒋圣荣　谢元宝	谢扬夫　曹德明　蒋圣荣 谢扬章　谢元宝　王淑爱 谢军	谢高山　曹德明　王集武 谢扬松　廖常章
南马村	罗建春　罗建升　李显成 李朝仕　李廷耀　李杜斌 谢先武　李龙财	李朝珍　罗建春　罗建升 李廷开　王淑虎　李显成 李廷凡　李廷福　李春廷 李龙财　罗安春	管代松　李朝珍　李显列 李廷耀　李廷开　王淑超 曹东才　李振球　罗治通 李生成
伍家村	伍辉康　伍尤就　伍国成 贺玉祥　谢立珍　谢扬西 谢立才　谢扬友　谢林宝	谢立才　伍尤就　阳运善 伍国章　谢林保　伍义文 伍江元	伍永年　贺玉祥　余若夫 谢立夏　谢扬保　伍尤信 伍玉卿　贺东雄　余建湘 谢先福
石湾村	王书华　王长书　王淑恩 邱邦怀　王淑永　王集华	邱邦云　谭纯早　罗建义 黄顺夫　王长书　谭正义 黄桂桃	王诗美　王长书　邱邦怀 王淑亮
上洲村	李志成　谢主德　段长庚 王淑梧	贺尊淇　段长庚　李先甲 王志成　谢楚友	黄景南　邓继富　谢淑亮 王淑梧　刘国军　李志荣
下洲村	王淑保　肖早银　宁安生 王增红　王新华　王富成	肖早银　王集亨　宁安生 黄昌志　刘书坤　曾凡富 王勋炳　王增红　王新华 肖高虎	黄昌志　张克文　宁安生 王勋炳　王增仪　张传华
杜家村	阳本皇　谭纯炳　李先仲 贺承定　王集成　黄少红 李泽武　谭庆忠　王方武 杨清元　李庆林	贺承定　王集成　谢扬连 蔡贤珍　黄少荣　黄少建 李泽武　王方武　杨清元 王国集　蔡宝财	王集成　王书奉　李先仲 谭庆忠　王增禄　贺化龙 李庆林　黄少龙
杜阳村	管志军　段茂元　阳能集 李主赞　李孔球　吴圣仁 吴圣洪	李世顺　李世昌　李主恒 魏厚福　王方成　李孔球 吴圣仁　李选金　杨如栋 李主芳　段仁礼	李世顺　吴孔葵　李选树 李主赞　李洪光　吴圣仁 李选金　李孔桂　李康银 贺遵洪

续表

村（居）名	党支部书记	主任	秘书
西棉村	陈万远　邓贻教　邱金香 尹兴荣　王增聪　邱邦龙 李代荣　王钜群　王钜亮	王增志　周洪刚　李代荣 王增荣　王钜群　詹昌爱 陈年文　邱邦家	尹兴荣　王方伦　李代荣 邱邦龙　王浩刚　李代富 邱邦家　邬四容
福坪村	崔才宝　文仰香　陈启达 胡贞南　王继成　董三圣 吴孔才	吴圣佑　陈启达　胡贞南 陈万富　王淑才　吴成忠 吴孔才　文仰锡	胡贞南　吴孔泉　王淑宝 吴国银
砂坪村	王际良　周四英　李主淮 黄　树　欧良甫　曾凡桂 曾凡进　曾祥宝	黄以功　李主淮　黄　庶 王际良　欧良甫　黄崇益 李主友　曾凡进　曾凡立	黄崇益　黄振南　欧开云 曾凡顺　李佐林　欧运富
管钟村	管志乾　钟香归　管秀开 张仁开　管志利　阳正龙 张仁成　郭少军	魏嗣杰　钟香归　管秀顺 管志利　张仁原　张仁成 管秋顺　刘佑军	魏嗣春　魏嗣杰　张仁开 钟国其　钟贤荣　管秀顺
黄排村	谢扬发　谢扬春　刘典金 管秀冬　管文品　管秀云 谢扬彪　管品洪　聂群富	谢扬春　管秀冬　廖茂春 王淑连　刘典龙　刘谭贵 谢扬彪　管品洪　谢桂生	刘典圣　管秀冬　管品顺 冯秀仁　刘谭贵　谢先华 聂群富　谢桂生
金招村	罗先楚　柏贤坤　谢高仁 王淑湖　冯少全　李遵龙 王国光　邓玉金	柏贤坤　王书业　王淑湖 谢高仁　罗先楚　李遵龙 邓玉金　王志龙	王淑湖　谭祖顺　王集树 邓国华　王淑东　邓玉安 邓玉金　王志龙
茅坪村	李选财　谢清富　姚希告 王书贵　王书奏　谢国才 李遵华　谢淑荣　谢淑彪 谢交易　贺升财　谢淑良 谢顺成	谢清旺　谢国才　姚孔荣 姚希告　贺明成　谢淑彪 谢淑荣　李遵华　谢淑泉 王书桂　谢交易　谢正春 谢顺成　刘生禄	王书奏　姚孔荣　何承林 谢淑彪　谢久成　谢淑顺 李选金　贺升财　左展祥
阳市村	陈同恒　何承财　李家庆 李孝宇　刘友琪　谢淑良	李成秀　李家庆　何承财 刘传义　李遵禄　刘友琪 周德荣	尹荣昌　李成前　刘传义 周德荣　田解俅　王洪任 左展祥
董湾村	董三财　董三桂　董三秀 董三福　董孝华　董策略 董三楚　董三坤	董武办　董三桂　董三秀 董三峰　董三多　董三朝 董三坤　董策良　董桂实	李主孝　董三朝　董训保 董三坤　董三峰　董三荣 李佐才
徐洲村	徐和众　徐和年　徐昭治 徐运星　徐富国　国爱	徐和连　徐昭章　许和还 徐祥初　徐瑞银　徐昭普 徐春保　徐昭爱　徐文才	徐昭佑　徐昭定　徐昭普 徐昭禄　徐昭普　徐国国 徐国才　徐瑞忠　徐国富

续表

村（居）名	党支部书记	主任	秘书
上游村	徐显德　徐和友　徐运才 徐荣汪　徐和忠　徐荣轩 徐三富　徐运富　徐和夫 徐本国　徐无富　徐和从 徐爱国　徐昭华	徐荣轩　徐和忠　徐和高 徐和夫　徐元富　徐和从 徐青元　徐昭阳　徐利军 徐昭华	徐荣渊　徐明康　徐和忠 徐本国　徐求解　徐国虎 徐爱国　徐青元
红卫村	曾昭德　曾庆财　曾昭普 曾国洪　曾庆秋　曾玉龙 曾国志　曾志易　曾生才	曾凡松　曾庆秋　曾昭普 曾玉龙　曾庆和　曾国志 曾生才	曾广德　曾庆友　曾宪中 曾凡明　曾安富　曾玉兰 曾凡升　曾祥祝
星光村	曹礼海　曹朝纲　曹生辉 曹二生　曹良清　曹华成 曹南球　曹生朝　曹廷用 曹社良	曹生辉　曹朝任　曹朝纲 曹社美　曹华成　曹建华 曹良清　曹南球　曹朝良 曹廷用　曹社良　曹书凡	曹朝夫　曹朝春　曹二生 曹华成　曹仲荣　曹开成 李林美
荣华村	吴开章　王敏时　吴开意 吴告才　王冬友	王敏时　王诗讲　吴德珍 王国才　王冬友　吴生华	王书通　王敏桥　王长运 吴开道　王朝社　吴告才 王诗讲　王如爱
阳岐村	曹朝梓　曹义条　尹国民 曹廷芳	曹义条　曹朝阶　尹国民 曹廷芳	尹国民　谢荷贞　曹廷芳 尹朝保　曹廷秋
冲口村	徐祥栋　徐生成　徐国定 徐社洪　徐生成　吴小建	曾宪文　徐银友　徐祥才	徐卫华　吴名德　吴立生 徐社红　徐生成　吴显友 曾银友
胜利村	徐和林　王书成　徐和芝 邓承平　徐和德　周汉金 杨继东　杨继业　董三龙	李业香　杨代琼　杨良益 杨继东　董三龙　董国兴 蒋先善　郑朝飞　杨继成 王继国	徐和德　杨代琼　董三训 徐玉明　徐昭胜　陈运喜 杨继业　徐玉松　王继国 陈康友
井边村	周常锡　蒋楚善　李先林 蒋洪善　蒋少云　蒋良红 李先优	周常满　李先林　蒋礼善 蒋洪善　李先优　蒋军善 蒋良洪　蒋贱生　蒋少荣 蒋良红　蒋良奇	郑后福　陈其美　蒋少荣 蒋洪善　李先优　蒋良勇
忠岭村	董位山　蒋长恒　蒋国荣 蒋慈善　蒋金荣　曹二生	蒋长恒　蒋鹏贤　蒋良富 蒋国春　谢朝秋　蒋良南 蒋良忠	董桂仁　吴开华　蒋金龙 徐下生　蒋良富
观音村	柏贤武　王济云　徐秋红 柏才龙　柏贵明　柏玖明 满少文　柏下生　柏运生	满义成　刘国成　满少文 柏下生　柏运生　满义相	柏玖明　朱山胜　易少文 易明玉　蔡峰
阳市居民委员会	刘传光　刘忠林　王洪任	周少达　刘友伟　周宗端 王洪任	王洪任

续表

村（居）名	党支部书记	主任	秘书
上洲居民委员会	徐麟祥　阳时云　郭如英　管志铜	张光绿　李主荣　倪本之　徐麟祥　倪南云　郑朝鼎　郭如英　王淑云	高峥嵘　洪义和　谢勤俭　张淑云
中洲居民委员会	阳时云　郭如英　管志铜	王淑义　王钜湘　谢高升	肖早善
下洲居民委员会	徐麟祥　郭如英　管志铜	徐麟祥　管志铜　王国洪	倪南云　李先武
白沙社区（2015）	王国洪	王淑云	谢楚成
阳市社区（2015）	王洪任	王洪任（兼）	

二、2016.1—2023.12

村（社区）	任职时间	总支（支部）书记	主任	副书记	秘书
白沙社区	2016—2017.4	王国洪	谢楚成		王淑荣
	2017.4—2018.9	王国洪	谢楚成		王意华
	2018.9—2021.1	谢楚成	谢杨利		谢建佑
	2021.1—2023.12	谢楚成	谢楚成		谢建佑
向阳村	2016.1—2023.12	王集华	王集华		王淑亮
南陵村	2016.1—2018.11	谢林保	谢元宝		谢先福
	2018.11—2021.1	谢先福	谢元宝		
	2021.1—2023.12	谢先福	谢先福		伍相珍
上洲村	2016.1—2018.9	王淑悟	谢楚友		李举荣
	2018.9—2023.1	谢先泉	谢楚友		李举荣
	2023.1—2023.12	谢楚友	谢楚友		肖春红
下洲村	2016—2021.1	肖高虎	肖高虎		张传华
	2021.1—2023.12	王孝君	王孝君		张传华
杜西村	2016—2017	李庆林	王炬亮		黄少龙
	2017—2018	李庆林			黄少龙
	2018—2021.1	李庆林	黄少龙		黄少龙
	2021.1—2023.12	李庆林	李庆林		黄少龙

续表

村（社区）	任职时间	总支（支部）书记	主任	副书记	秘书
杜阳村	2016—2019	吴圣洪	段仁礼	李主方	贺遵红
	2019—2021.1	吴圣洪	贺遵红	李主方	段仁礼
	2021.1—2023.12	吴圣洪		段仁礼	贺遵红
茭河村	2016.1—2021.1	欧运富			管秀顺
	2021.1—2023.12	李勇国	钟飞虎		管品美
黄源村	2016.1—2017.4	邓玉金	谢桂生		聂佳群
	2017.4—2023.12	谢桂生	谢桂生	王斌	聂佳群
阳市社区	2016.1—2017.3	王洪任			何金秀
	2017.3—2021.1	王洪任			李金华
	2021.1—2023.12	李金华	李金华		王齐英
阳市村	2017.6—2020.6	谢顺成	刘生禄		左展祥
	2020.6—2023.12	刘生禄	刘生禄		李孝冬
阳兴村	2016.1—2017.4	董三坤	曾凡鹰		李佐才
	2017.4—2021.1	曾凡鹰	李佐才		曾祥喜
	2021.1—2023.12	曾凡鹰	曾凡鹰		李香凤
上游村	2016.1—2021.12	徐富国	徐昭华		徐国富
	2021.12—2023.12	徐富国	徐富国		徐国富
观坪村	2016.12—2018.12	柏运生	满义相		蔡锋
	2018.12—2019.10	满义相	吴孔财		
	2019.10—2023.12	蔡锋	蔡锋		
毘帽峰村	2016—2017	董三龙	吴小建	曹廷芳	陈康友
	2017—2021.1			曹廷芳	陈康友
	2018—2021.1	吴小建	董昭杰		
	2021.1—2023.12	董昭杰	曹廷芳		尹玉明
和谐村	2016—2017.4	曹二生	李先优	蒋良棋	蒋良勇
	2017.4—2018.8	蒋良勇	蒋良勇		蒋良棋
	2018.8—2023.12	蒋良水	蒋良水		蒋良棋
光荣村	2016.1—2021.1	曹书凡	王冬友	李林美	吴生华
	2021.1—2023.12	曹书凡	曹书凡	李林美	吴生华

第九节 村（社区）简介

一、向阳村

向阳村由原石湾村、南马村合并而成，因位于南阳垌南面而得名。

向阳村位于白沙镇西南部，距白沙镇2公里，东邻南陵村，南邻桂阳县桥市乡野鹿村，西北与杜西村相邻。

全村共有16个村民小组，678户，有户籍人口2694人，其中约75%的户籍人口在外打工、求学等，约25%的户籍人口留守在村里，多属老人及孤幼儿。

全村土地面积约9.6平方公里，其中耕地1048亩（含水田200亩），油茶林800亩。生态效益林350亩，杉树240亩，油茶和枳壳110亩，生态公益林5700余亩。

动植物资源：鸡、牛、羊、油茶、黄花菜、黄豆、花生、葵瓜子等。

基础设施建设：硬化公路3公里，绿化道路2公里，安装路灯80盏。

二、南陵村

南陵村由原伍家村、大路村合并而成，因位于南阳峒东南面而得名。

南陵村位于常白公路末端，东抵舂陵河，南抵桂阳县桥市乡野鹿村，西抵向阳村，北抵上洲村。

全村共有16个村民小组，由13个自然湾场组成：风家台、傅家园、伍家湾、贺家湾、阳家湾、王家园、羊古塘、大路边、王家湾、蒋家园、新屋谢家、黄泥滩、牛角湾。全村有662户，有户籍人口2960人。其中，常住人口约900人，外出流动人口2060人，外出流动人口约占全村人口70%，主要去往广东、浙江经商和务工。

全村土地面积约7.54平方公里，有耕地1502亩，其中水田919亩，旱土583亩。

村11组至14组（磨陀岭及虎形山地段）已探明有花岗岩等大量建筑石材，其中纳入常宁市矿产规划的备选面积有1.5平方公里。

森林资源：共有山林地3780亩，森林覆盖率达90%，是县级生态村。其中生态公益林1100亩，杉、松、杂用材林2200亩，经济林180亩，竹林300亩。

动植物资源：本地山羊、茶山飞鸡、土黄牛、松树、杉树、茶油树等。

土特产品：油茶、柑橘、冬笋、春笋。

历史文化：村内有明清古道凉亭一座、与桥市乡接壤青石拱桥一座。

传统习俗：村内有两座福主庙，供奉的是地方神祇儒林尊王。一座祭祀香期为每年农历七月二十日，另一座为农历七月二十五日，祭祀香期均有小型庙会活动。

基础设施建设：全村通村道路硬化并安装有路灯，通水、电、有线电视、广播。

三、上洲村

白沙老街分上中下三洲，因该村位于上洲而得名。

上洲村位于白沙镇东南部，东邻春陵河，南与南陵村交界，西邻杜西村，北与下洲村交界。

全村共有9个村民小组，430户，有户籍人口1638人，其中约80%的户籍人口在外打工、就读等，约20%户籍人口留守在村里，多属老人及孤幼儿。

全村土地面积约2.5平方公里，其中耕地400亩，山林2200亩（含油茶林160亩）。

基础设施建设： 全村道路硬化2公里，安装路灯30盏，修建水塘1口。

四、下洲村

白沙老街分为上中下三洲，该村因位于下洲而得名。

全村共辖8个村民小组，286户，有户籍人口约1100人。

全村土地面积约1平方公里，其中耕地376亩，山地林238亩。

五、杜西村

杜西村由原杜家村、西棉村于2016年初建制合并设立。

杜西村位于白沙镇西部，东邻下洲村，南界向阳村，西与桂阳县桥市乡辉山村交界，北邻杜阳村。

全村共辖18个村民小组，686户，有户籍人口2702人。其中约75%的户籍人口在外打工、求学等，约25%户籍人口留守在村里，多属老人及孤幼儿。

全村土地面积约6.5平方公里，其中山林9441亩、油茶约2006亩、耕地1435亩（水田839亩、旱地596亩）。

旅游资源：辖区内有一座300多年的龙华庵，山上有奇石景观"十八罗汉"。

动植物资源：山羊、藏香猪、黄牛、黄花菜、油茶树、楠竹等。

土特产：黄花梨、柑橘、红薯酒、干笋、甜高粱等。

基础设施建设：全村道路硬化约4.1公里，安装路灯108盏，修建水渠4公里、水塘1座。

六、杜阳村

杜阳村位于杜家坪，20世纪60年代命名为杜阳村，沿用至今。

杜阳村位于白沙镇政府北面，与白沙镇政府机关、杜西村、茭河村、下洲村、白沙社区为邻，常白公路穿村而过，东抵春陵河西岸，交通便利。

全村共有9个村民小组，14个自然湾场，486户，有户籍人口1739人，其中约60%的户籍人口在外打工、求学等，约40%户籍人口留守在村里，大部分属于老幼病残。

全村有旱地约500亩、水田340亩、林地约1300亩（含生态林210亩）。

动植物资源：猪、牛、鸡、鱼、羊、鸭、水稻、油菜、柑橘、花生、大豆、玉米等。

基础设施建设：全村道路硬化3.5公里，安装路灯约90盏；水渠硬化2公里、新建0.5公里；修建机耕道路3公里；完成旱地改水田约60亩。

2021年11月，杜阳村获评"省级乡村振兴示范创建村"。

2021年底，村"两委"带领村民在村水渠上建起了一座长10米、宽3米的木质结构凉亭，为过往行人提供了一个舒适的休息场所。

七、茭河村

茭河村由原沙坪村、管钟村（新坪村）合并而成。因境内有所茭河完小，故取名茭河村。2020年新建村部，从沙坪曾家搬迁到茭河小学东边。

该村位于白沙镇中部，东濒春陵河，西接大义山，南达老女桥港子，北至大小李家铺湾前田垌。全村536户，有户籍人口2168人。

全村有水田536亩、旱地798.7亩、山林地约2000亩、经济林约2600亩。

动植物资源：黄牛、山羊、土鸡、水稻、黄豆、柑橘等。

特色种植业：枳壳1000亩。

基础设施建设：硬化通村通组公路6公里。

八、黄源村

黄源村由原黄排村和金招村合并而成，因金招村有个著名的湾场叫茭源，故与黄排村合并时，取名黄源村。

黄源村位于白沙镇中部，东临春陵河，西接大义山，北抵高登桥水圳，南连茭河村。

全村共有15个村民小组，686户，有户籍人口2763人，其中约70%的户籍人口在外打工、求学等，约30%户籍人口留守在村里，多属老人及孤幼儿。

全村土地面积约8平方公里，其中耕地1994亩，山林地7627亩。

动植物资源： 猪、牛、羊、鸭、柑橘、油茶、黄花菜等。

土特产品： 油茶、柑橘、黄花菜、油菜、花生。

基础设施建设： 全村道路硬化5公里，安装路灯108盏，完成旱地改水田约80亩，新建引水工程1处，新打机井2口，修复废井1口。

九、阳市村

阳市村由原阳市村、茅坪村合并而成。

全村辖有15个组，在籍人口2450人。

全村有耕地1000亩、山林2000亩、水田600亩、水库2座。

主要农作物： 水稻、红薯、土豆、凉薯、生姜、花生、玉米、白菜。

主要经济作物： 油菜、牡丹、芍药、地苇、百合、柑橘、枣子、桃子、梨子、黄花菜、无渣生姜。

特色食品： 阳加洲的炸豆腐、毛芋豆腐、糯米酒糟酒、湖之酒。

主要风景： 观音阁，建于明万历年间，1953年改建为阳加完小。庐山庵，1958年拆建为阳加中学。

本地历史上的大工程： 金门神支渠，1974年左右开始修建，历时1年建成。

茅坪王家、陈家： 茅坪王家、陈家位于常宁市东南部约45公里处，北距阳加洲约两三百米。依山傍水，东边是舂陵河。村西是一片田垌，田垌的最西边是毘帽峰。

祖籍渊源： 茅坪王家始祖为王基德，原籍苏州昆山，后迁江西省吉安府泰和县鹅颈大洞，生兴一郎、兴二郎、兴三郎和兴四郎。宋末时兴一郎偕兴三

郎、兴四郎隐居于湖南桂阳，其后裔陆续迁徙至今衡阳之耒阳、常宁等地。

茅坪陈家始祖为陈延海，字静涵，号金墩，本籍福建兴化府莆田县，宋授宁海军节度使、检校太保，后在湖南耒阳东之平陵琉塘茅坪陈家由26代陈克圣，于耒阳新市天花岭迁入现址。

新中国成立后，茅坪王家、陈家隶属原常宁阳加乡茅坪大队一队，"大跃进"时改为跃进大队一队，改革开放后又改为茅坪村一组。1995年5月撤区并乡时，再改为白沙镇茅坪村一组。2015年底，茅坪、阳市两村合并后，改为白沙镇阳市村九组。

茅坪王家、陈家与南边的姚家、贺家、唐家、周家合称下茅坪。村民以务农为主，主要种植水稻、红薯、花生、白菜、萝卜、黄瓜、苦瓜、冬瓜、南瓜、茄子、辣椒、豆角等。因土质优良和精心种植，其生产的白菜柔软可口，黄瓜不苦，萝卜脆爽，南瓜粉甜，吸引了白沙、西岭、阳加和耒阳、桂阳附近村民购买，被誉为"茅坪菜园"。

茅坪王家、陈家重大事务均一同合作处理。如婚丧喜庆，不分王姓陈姓，每家每户都派代表参与。加之两家通婚越来越多，王中有陈，陈中有王，王陈两家无论是血缘还是文化已融合在一起了。

茅坪谢家，包括新老两个湾场。清朝初年，由耒阳仁义镇石家堡迁入。始祖是友义公，族称"友义公过河"。经过数百年的发展，现已繁衍了14代、400多人。

十、阳兴村

阳兴村由原红卫村、董湾村合并而成。

红卫村即原红卫大队，就是曾家湾。新中国成立前称为鲇鱼塘曾家，属于阳市大队。新中国成立后称为曾家湾，辖有4个组，1958年属阳市大队（曾家大队），1967年称红卫大队，1995年撤区并乡后称为红卫村，包含龙塘李家、太屋董家（马路以东）、细屋董家（马路以西）等湾场、组。

董湾村在新中国成立前称为鲇鱼乡第四保，又称董家湾，辖有两个组，包含董家湾、龙塘李家等。新中国成立后称为董家大队，辖有5个组，包含董湾4个组、龙塘李家（群英大队）1个组等村组。1994年撤区并乡后称为董湾村，辖有5个组，包含董家湾、龙塘李家等湾场，现有人口800多人。

龙塘李家：龙塘李家的湾前有口名为龙塘的大池塘，又因全湾皆为李姓，故得此名。龙塘李家始源于耒阳市余庆乡南桥高码头宾公房春标世系。清嘉庆年间，李三麟第三子开亮自立门户，携妻子落户于常宁阳加冲口上，并在此修建房屋约180平方米，置田地150余亩，开油茶林200多亩，购水田若干亩，其中水田主要分布在鲇鱼塘曾家小坡洞。由于耕作管理不便，开亮之子万科于清道光十六年（1836），全家搬至今龙塘李家老湾场，携六子设六房开基，在搬入后次年修建一栋面积约为160平方米的四舍三间的土瓦房（即为老太厅屋雏形），后又从鲇鱼塘曾家购得后龙山，从鲇鱼塘徐家买了10亩龙塘的一半产权，从而形成了如今依山傍水之景象。

龙塘李家从李万科开基至今，已经有10代，目前在世辈分最高的为选，最小的为衢，为五代同堂。分老湾、新湾和李家背三处居住，现有户籍人口260余人。

阳兴村现辖12个组，476户，有户籍人口2419人。

全村有耕地840亩、山林2200亩、水田680亩、水塘180亩。

主要农作物：水稻、红薯、土豆、凉薯、生姜、花生、玉米、白菜、萝卜。

主要经济作物：油茶、油菜、桐油、芝麻油、牡丹、芍药、地苇、狗牙齿、百合、尾参、柑橘、枣子、桃子、黄花菜、无渣生姜。

特色种植业：油茶100多亩。

特色养殖业：小波水库，养鱼70亩。

矿产资源：春陵河段锰矿、锡矿。

本地历史上的大工程：通电照明，1986年至2015年，总投入30多万元，2015年并入国家电网。小坡塘水库，1954年左右修建，1958年加修。水库水深约4米，水面面积约100亩。

十一、上游村（徐洲村）

上游村，新中国成立前称为鲇鱼塘徐家，辖有15个组，包含老屋徐家、新屋徐家、严家洲等（湾场、组）；新中国成立后称为鲇鱼乡。1995年撤区并乡后称为上游村。2018年，常宁市地名办专门下文将"上游村"恢复为"徐洲村"。

徐洲村，辖有15个组，现有户籍人口2508人，包含上游（原老屋即鲇鱼塘）、徐洲（新屋徐家和鲇鱼洲上）等湾场。

全村有旱地700亩、水田1308亩、山林700亩。

主要农作物：水稻、红薯、花生、萝卜、黄豆等。

主要经济作物：油菜、黄花菜。

特色食品：麻仁子（芝麻红薯混合晾干）、红薯条（干）、糖谷子（芝麻、米花、薯糖、花生米、黄豆等混合成团）。

特色手工艺：有雕花木匠、传统工艺农村信香（茶籽壳碾成粉、野生香叶晒干磨成粉，两者混合后串以竹条制作而成）、弹棉花、手工织布（土织布机）。

矿产资源：春陵河段锰矿、锡矿。

主要风景：

菖蒲塘：新屋徐家进湾口有一口塘约30亩，中间有100平方米的小坡，上有

多株古树，风景优美。相传，开湾始祖端甫放鸭时，鸭子每晚都要在塘中小坡休憩，故选此地定居。

重阳木：此树位于上游村公厅西侧，紧邻鲇鱼塘嘴，树龄300多年，树直径约1.8米，树高约20米，树冠覆盖面积约200平方米。

本地特色风俗礼仪：当地白喜事，出门当天的午餐要办酒席。嫁女时，前一天过礼，中午女方办酒席，出嫁当天男方办酒席。

本地历史上的大工程：红旗水库，1958年修建，水面面积约80亩。1974—1976年，"农业学大寨"时期，在阳加公社的领导下，全公社上万群众参与旱地改水田工程，整个工程历时1年左右完成。

十二、光荣村

光荣村由原星光村和荣华村合并而得名。

居民主要姓氏如下：

1.曹姓，明万历年间（1573—1620）从田尾落乐井搬迁至此，现有人口约2000人。

2.王姓，清代由官陂王家搬迁过来，现有人口900多人。

3.杉树塘李家，现有原住民400多人。

4.塘下姚家，从耒阳衡头搬迁至此，现有人口约100人。

5.岭下吴家，从荫田吴家搬迁至此，现有人口500多人。

6.滨家岭王家，现有人口约400人。

7.盘龙形王家，从荫田官陂王家搬迁至此，现有人口140余人。

8.半岭王家，始祖从荫田镇官陂王家大屋搬迁至此，原址坐落于现址右边半山腰处，故名半岭，现有人口360多人。

9.竹嶂阳家，主要姓欧阳，搬迁到竹嶂年代不详，2000年又从竹嶂搬迁到常白公路边。

1958年时，光荣村含姚家、岭下吴家、滨家岭王家、半岭王家、盘龙形王家、竹嶂阳家。"大跃进"以后分开，官陂曹家、杉树塘李家、姚家三地属星光村，其他几地属荣华村。2016年，上述这些地方又合并为光荣村。目前有户籍人口约5000人，水田1680亩，旱地3760亩，山地3600多亩，水塘面积240亩。

主要农作物：油菜、棉花、水稻、油茶。

非物质文化：正月初一到十五舞龙灯、狮灯。岭下吴家唱灯（地方戏）。官陂曹家主要唱戏，其中《夏侯渊》比较出名，20世纪80年代演出的《定军山》曾获常宁市二等奖。

现存有由青石板铺成的茶盐古道，古道从滨家岭延伸至丛宝凹岭，长约一公里。

本地特色风俗：

清明节祭祖：以姓氏为主，敲锣打鼓，将活猪活羊抬到山上当场宰杀。

嫁女：出嫁前哭嫁，用土砖或稻谷压轿。

吃张酒：村里人生小孩，满月后，亲朋好友、左邻右舍会相继登门道喜吃张酒。客人前来道喜原则上不带礼金，只是拿几个鸡蛋或一两斤白糖或一两瓶酒，亦可空手而来，仅进门前点一封鞭炮即可。主家招待前来道喜吃张酒的客人，男的喝酒吃菜，女的喝茶（配以瓜子、花生、饼干、糖果等）。主家招待客人不用花费钱财特意准备，基本上是家里有什么，客人就吃什么。吃张酒持续时间长短，也跟主家亲朋好友多寡有关，短则一天或几天，长则十几天或一个月。

名特物产：本地以沙土和黄土为主，适合红薯种植。本地主要产秤砣薯，淀粉含量高，用于制作"荷折"（薯粉条）。

本地历史上的大工程：2016年，投资20多万元修建礼仪广场（占地1000平方米）。2017年，投资近20万元修建民间戏台；投资共40万元完成旱地改水田120亩和修水渠2公里；投资55.68万元安装路灯220盏；投资40多万元绿化环境。

十三、观坪村

观坪村由原观音村、福坪村合并而得名。

观坪村，新中国成立前称为观音垌，辖有12个组，包含烟洲湖、观音垌、铜坪岭、金塘湾、姚家背、梽木山、满家河、上龙形垌、下龙形垌、柑树下、靛王岭等。新中国成立后，1957年至1976年称为红旗村，后改为观音村，2016年，合村后称为观坪村。

并村后，辖有17个组。现在有户籍人口2980人，包含原观音村12个组、原福坪村5个组（牛背岐、猫崽坪、麻石岭、杨柳塘、张家冲）。现有耕地450亩，山林10345亩，水塘4亩，有幸福水库和金塘水库两个水库。

主要农作物：红薯、惊蛰芋、凉薯、生姜、花生、玉米、白菜、萝卜。

主要经济作物：油菜、牡丹、芍药、地芐、百合、玉竹、狗牙子草、柑橘、枣子、桃子、梨子、板栗、猕猴桃、黄花菜、无渣生姜、黄豆、竹笋。

特色种植业：红心猕猴桃43亩。

特色养殖业：黑山羊约200头。

特色手工艺：铁匠，尹启福、王秀天；篾匠，唐纯升。

主要厂矿（含厂矿变迁）：

棕树窿、桃树窿、椿树窿，后建有铺子街将三个地方连成一体，最高峰时有矿工上千人，后因暴发瘟疫而衰落。

1967年，国有大义山有色金属矿在原棕树窿老矿口重新开采，后于1995年关闭。

常宁县瓷厂于1970年开办，1972年迁至西岭镇的火箭铁厂。

本地特色节日风俗：黄溪庙祭祀，每三年一祭，参加祭祀的人员需先吃斋5—7天，当天午时将黄溪菩萨等抬到各湾场游行，祈祷一年风调雨顺。

本地历史上的大工程：2011年至2018年，自筹资金450万元，将到组道路全部用水泥硬化。2000年，观音村1—7组，修建了水池，用上了自来水。

十四、毘帽峰村

毘帽峰村由原胜利、冲口、阳岐三村合并而成，因境内有著名的毘帽峰而得名。

1949年称为鲇鱼乡二峰村，1950年改为毘帽峰乡第五保，辖有四桂平、塔下杨家等湾场、组。新中国成立后，称为二峰社，辖有4个组，包含燕子窝、塔下、二峰上、坳下等湾场、组，后改为胜利大队。1994年，撤区并乡后，称为胜利村，辖有8个组，包含炭山窝（分上炭山窝、下炭山窝）、唐家窝、塔下杨家、二峰、邓家、新码头等湾场、组。2016年，合村后称为毘帽峰村。

并村后，辖有16个组，现有户籍人口2430人。

全村有耕地580亩、山林6294亩、水田180亩、水塘10亩。

主要农作物：水稻、小麦、红薯、土豆、凉薯、生姜、花生、玉米、白菜等。

主要经济作物：油茶、油菜、桐树、牡丹、芍药、地苇、百合、柑橘、枣树、桃树、黄花菜、无渣生姜。

特色养殖业：山羊约100只。

特色食品：红薯仔、板栗、糖谷子。

特色手工艺：竹制产品，棕垫棕绳棕扫把。

矿产资源：北窿铜矿、阳岐铁矿、北窿铁矿。

主要风景：毘帽峰、静乐庵。

主要民间传说故事：毘帽仙王。

本地特色节日风俗：正月初一耍龙灯、打拳；农历六月牵尝新船（师公牵船），接毘帽仙王；端午送

"端节"；中秋划龙船。

本地历史上的大工程：唐家窝水闸工程，1966年至1967年修建，主要用于抗旱；塔下杨家饮水工程，1968年左右修建。

十五、和谐村

和谐村由井边、忠岭两村合并而成，因姓氏众多，为求团结和谐，故取名和谐村。

和谐村居民主要姓氏如下：

1.蒋氏，自清嘉庆二十三年（1818）由耒阳十里垌搬来，在井边村居住，现繁衍13代，最小的辈分为"国"字辈。

2.董氏，主要居住在矮岭上，始祖为董祝辉、董祝耀，已繁衍10代，现有人口约200人。

3.陈氏，主要居住在虾公井，始祖为陈龙茂、陈兴俊，从白马渡搬来，已繁衍9代，现有人口170人。

和谐村有577户居民，有户籍人口2173人。现有耕地1387.2亩（含水田64.8亩、旱地1322.4亩），林地5880亩（含油茶林700.5亩），水塘7口，水面面积为1.6亩。

主要农作物：水稻、红薯、花生、黄豆、萝卜。

主要经济作物：油菜、黄花菜、油茶树、杉木、玉竹、牡丹、白芍、生姜、垂盆草、板栗等。

特色种植业：黄花菜、玉竹、牡丹、白芍、无渣生姜、垂盆草、杉木。

特色食品：

苦槠豆腐：苦槠果富含淀粉，浸泡脱涩后可做豆腐，颜色呈淡红色，称"苦槠豆腐"。每年10月，苦槠果成熟，当地村民采籽晒干后除壳，用井水浸泡24小时后，再用石磨把浸泡好的果肉磨成浆汁，筛掉粗渣。煮一锅水，待其稍滚时倒入苦槠果磨的浆汁，并搅拌均匀，等变稠凝固后，取出摊晾，切成块状即大功告成。

玉竹干：把生玉竹挖出来后洗干净，上蒸笼蒸熟，晒干，如此反复3次后就可制成玉竹干，但是九蒸九晒的玉竹干为最佳。九蒸九晒的玉竹干呈金黄色，食之清爽甘甜，有嚼劲，具养阴、润燥、清热、生津、止咳等功效。

黄金片：黄金片是惊蛰芋的一种吃法，即将惊蛰芋煮熟后切片，晒干呈金黄透明状，故名黄金片。

矿产资源：锡矿。

主要风景：虾公井。井水冬暖夏凉，清冽甘甜，富含矿物质。

本地特色风俗礼仪：

偷栋梁：当地新建房屋的栋梁必须是前几天晚上从别人山上"偷偷"砍来的。在砍栋梁树时有讲究，不能落地，在树快要被砍倒时，由几个人用肩膀扛住，慢慢放倒去尾，抬到主家，用架子架好备用。在山上"偷栋梁"时，要用红包装好钱放在树桩处，同时鸣放鞭炮，让所属林地的村民知道是别人晚上在自家林地"偷栋梁"，天亮后去林地取红包。按照当地风俗，对被"偷栋梁"的村民来说，是一件大好事，说明自家的树长得好，表示家里运气好。

架栋梁：人们提前选好吉时，由造栋梁的木匠主持架栋梁仪式。架栋梁时，由木匠坐在栋梁上杀鸡，撒盐茶米谷。主家要在盐茶米谷中放入事先准备好的硬币，在撒盐茶米谷时，以引起前来祝贺的村民小孩一起抢硬币，抢的人越多越吉利，说明主家家道兴旺。

十六、白沙社区

白沙社区位于白沙镇老街，上从江西会馆（万寿宫）起，下到兴隆庵止，包括上、中、下三个居民组。截至2019年底，有户籍人口1798人，其中，男1000人，女798人，有中共党员29名。

白沙老街位于春陵河畔，是常耒永桂交界之处，名冠湘南的"百日市场"，水运便利，河畔建有17座青石码头，便于货船装卸和渡船停靠。街道居民大部分是明清时期从江西、衡南、耒阳、祁阳等地迁来白沙，并建店铺从商或从事手工业。新中国成立时就有居民2600多人，王姓、谢姓较多。

1953年成立了上洲、中洲、下洲三个街上的居委会（另有伍家、石湾两个

农村居委会），上洲居委会从江西会馆至傅家巷，包括丁家街、苏家巷的居民户；中洲居委会从傅家巷到厚家桥，包括傅家巷、井边街的居民户；下洲居委会从厚家桥到兴隆庵，三个居委会直属白沙镇政府领导。1964年，成立了党支部（三个居委会为一个支部），属白沙镇党委领导。

为适应改革发展需要，2016年，上洲、中洲、下洲三个居委会合并为白沙社区。随着社会的发展和变迁，白沙社区居民有1000多人到常宁城区、耒阳市区、衡阳市区，乃至广东部分城市安家落户。社区现在的青壮年大部分在广东、浙江等地务工。

十七、阳市社区

白沙镇阳市社区的前身是阳加乡居民委员会，简称阳市居委会。阳市居委会于1957年成立。1995年，阳加乡并入白沙镇，更名为白沙镇阳市居委会。2016年，并村后，更名为白沙镇阳市社区。

白沙镇阳市社区现有200多户居民，户籍人口约500人，其中共产党员20人，在外参加工作的约有200人，整户外迁的有200多户。

第三章　发展成果

新中国成立前，白沙号称"小香港"，是常宁、耒阳、桂阳、永兴四县的边贸重镇，商业、手工业、航运业、采矿业等发展得较好，其他行业则较落后。依靠春陵河这条天然的航道，大船小舟南来北往，人员物资交流频繁，成就了原白沙老街、阳加老街的商运之埠。但由于缺水及耕作方式落后，粮食产量很低，多数农户家庭在上半年青黄不接之时，往往要东赊西借、采摘野菜，甚至逃荒要饭以维持生计。

新中国成立后，在中国共产党的领导下，白沙人民兴修渠道、水库等众多水利设施，建设常（常宁县城）白（白沙）公路及所有通村通组公路，开荒劈山造田造土，办矿办厂办园办场，农林牧副渔齐头并进。难能可贵的是，在农业发展过程中，产生了福坪大队——一个全国"农业学大寨"的先进典型。2021年1月30日，上渡大桥的顺利通车，圆了春陵河白沙段常耒永两岸三地人民上千年的梦想，从此两岸自由行。小城镇建设、村村通工程、引水工程建设、生态防洪堤建设及环保治理、扶贫搬迁、村居整治、改水改厕等一系列"乡村振兴"项目全面实施，乡村面貌日新月异。

第一节 农业

一、基本概况

白沙镇属盆地、丘陵、高山结合地区。西南部为山区，东北部为小型盆地，地势西高东低、南高北低，其中光荣村海拔最低，仅250余米。属亚热带季风湿润性气候区，四季分明，年平均气温18℃左右，年平均降水量1498.7毫米。曾发生过旱涝、冰冻、地震等自然灾害。土壤有水稻土、潮土、红壤土、黑色石灰土4大类，有亚类土壤10种。土地肥沃，水利资源丰富。

白沙镇辖区总面积78.4平方公里，耕地面积22337亩，其中水田12623亩。

现辖15个行政村：南陵村、向阳村、上洲村、下洲村、杜西村、杜阳村、茭河村、黄源村、阳市村、阳兴村、上游村、光荣村、昆帽峰村、观坪村、和谐村；2个社区：白沙社区、阳市社区。

茭源辣椒基地

白沙镇各村基本情况表（2021年统计）

村名	总人口	村民小组	耕地面积（亩）	水田（亩）	旱土（亩）	山林面积（亩）	土特产品
南陵村	2956	16	1502	919	583	3780	油茶、柑橘、杉树、松树、茶树等共2200亩，经济林160亩
向阳村	2701	16	1088	987	101	5700	油茶、黄花菜、黄豆等，油茶林800亩
上洲村	1657	9	400			2200	油茶林160亩
下洲村	1098	8	376			238	
杜西村	2549	18	1435	839	596	9441	黄花梨120亩，柑橘100亩，黄花菜70亩，花生150亩
杜阳村	1709	14	840	340	500	1300	柑橘、花生、大豆、猪、牛、羊、鱼
茭河村	2063		1335	536	799	2000	柑橘、黄豆、黄花菜
黄源村	2741	15	1994	530	1464	7627	油茶2800亩，柑橘500亩，黄花菜180亩
阳市村	2440	15	1000	600	400	2000	生姜、红薯、土豆、花生、白菜
上游村	2508	15	2008	1300	700	700	花生300亩，油茶400亩，个体猪场年出栏100头
观坪村	2980	17	450	220	230	10345	无渣生姜、黄花菜、黄豆、猕猴桃43亩、牡丹、芍药
阳兴村	2419	12	840	680	160	2200	油茶、油菜、桐油、芝麻油10亩、牡丹、芍药
光荣村	5000		5440	1680	3760	3600	水稻、油菜、棉花、牛、羊、鱼等
昆帽峰村	2430	16	580	180	400	6294	油茶1000亩，无渣生姜
和谐村	2173		1387	65	1322	1580	油茶100亩，无渣生姜

二、种植业、养殖业、林业

（一）种植业

境内以种植水稻、红薯、大豆、中药材、无渣生姜、黄花菜等为主。1953年，辖区粮食平均亩产150多公斤，较1949年增加50公斤。1963年后，公社号召社员大搞水利建设，扩大双季稻种植面积。1975年开始推广杂交水稻，到1978年，辖区粮食平均亩产295公斤。1983年，实行家庭联产承包责任制，辖区粮食平均亩产提高到400多公斤，创历史新高。2014年，全镇农作物播种面积1923公顷，粮食作物播种面积1023公顷，其中粮食总产量约618万公斤。

1971年，白沙公社在原金招大队创办了面积约300亩的柑橘场。

1974年，白沙公社在原石湾村三木桥创办了面积约500亩的白沙茶场。

（二）养殖业

2011年，境内饲养生猪3830头，年末存栏2012头；饲养牛432头，年末存栏269头；饲养羊1500只，年末存栏998只；饲养家禽25900羽；放养鱼水面面积139公顷，水产品总量约37万公斤。2014年，扶持杜阳、星光等村发展山塘淡水养殖，支持红卫村养猪场发展壮大，是年，全镇肉类总产量达220万公斤。近年，境内黄牛、山羊、麻鸭、山地鸡等养殖业有较大发展。

（三）林业

境内以杉木、柑橘为盛。民国时期，林木一直由山主自由种植，自行采伐，私营购销。1950年后，县政府发动群众植树造林。1972年，辖区福坪大队、大路大队造杉木林66.7公顷。1972年至1974年，辖区内先后创建了十里长冲林场、冲天岭林场、白沙子岭林场等三大林场，总面积约700公顷。20世纪80年代初，山林所有权归还村民，境内林场解散。1984年至2014年，辖区先后连片种植水果林56.4公顷，其中种植无核蜜橘、鸭梨等果树15万株，平均年产柑橘65万公斤，产梨12.5万公斤。辖区阳岐、忠岭、石湾、西棉山区村，种植棕树466.7公顷，平均年产棕片50余万公斤。胜利、忠岭、阳岐、石湾、福坪等山区村种植丹皮、

麻石岭猕猴桃基地

白芍历史悠久，平均年产丹皮5万余公斤，白芍7万余公斤。杉木育苗有100公顷。后柑橘种植面积进一步扩展，达到108.5公顷，产量达27.6万公斤。2015年以来，大力发展油茶产业，规模种植油茶约130公顷。

三、农业发展历程

（一）远古时期

白沙镇属丘陵山区，古时，到处都是原始森林，先民用树枝、茅草搭棚以栖身，垒石为灶，铺草为床，伐木拓荒，垦地耕种。先是在旱土上种小麦、红薯、大豆等农作物，逐渐开辟少量水田，种植水稻，自种自给为生。这种较原始的农垦时代延续了几百年之久。

（二）宋朝至民国时期

宋朝时期，随着白沙矿业的兴起，来到白沙定居的人逐渐增多。他们既开荒种地，自种自给，又到矿山做工，使舂陵河畔这块沉睡的河谷盆地逐渐兴旺起来。明代是各地迁居白沙的高峰时期。如鲇鱼塘徐家，于明洪武四年（1371）由江西泰和迁至常宁白沙鲇鱼塘定居；石湾罗氏进公、连公兄弟于明建文四年（1402）由耒阳余庆来到白沙石湾定居；石湾王氏在清乾隆年间（1736—1795）由耒阳王屋山（原名羊乌山）搬到石湾定居；曾家的贯公之后辈选公于明洪熙元年（1425）迁至鲇鱼塘；曹家约在明正德年间（1506—1521）迁至鲇鱼塘官陂；火石桥李氏于明成化年间（1465—1487）从桂阳筱塘卜迁居火石桥；王氏、谢氏等也在明朝时期来白沙定居。他们在白沙定居后，开荒垦地，辛勤耕耘，世代繁衍。经数百年努力，逐渐形成了一定规模的产粮区。如石湾田垌、南马田垌（直到河边）、杜家田垌、杜阳田垌、管钟田垌、茭源田垌、茅坪田垌、董家田垌、鲇鱼塘田垌（包括徐家、曾家、曹家）等。山上有一部分梯田，但面积不大。那时水稻的种植每年都是一季稻。农民一旦遭遇天灾人祸，为渡过难关，迫不得已将田土出卖，以后只能租田种，按年付租，这种现象在清末至民国时期较为普遍。

（三）中华人民共和国时期

在中共地下党员的积极推动下，1949年10月12日，中国人民解放军第46军285团自祁阳进驻常宁县城，常宁成为衡阳境内唯一和平解放的县（区）。新中国成立后实行土地改革，把地主、富农的土地分给贫苦农民，使耕者有其田。

这个翻天覆地的变化，给白沙的农业带来了生机。农民在自己的土地里日出而作，日落而息，自给自足，自得其乐。

1953年开始建立农业互助组。1955年2月18日，阳加乡第一个互助组成立。董武进从正同乡考察回来，热情很高，4天走访了10多户农民，动员建立互助组。但农民思想顾虑重重，为了说服大家，董武进毅然用刀切断手指以表决心。消息传开，农友纷纷前来看望慰问，他的断指行为更是感动了蹲点的第五区副区长唐新民及乡长何庆财。他们以阳加乡政府的名义发出通知，农友董武和、李先云、李先圣、李成意、彭家友、彭清镜响应号召，在乡政府大厅开会，决定成立"董武进常年互助组"，董武进任组长。

1956年实行"农业合作化"，从此，自古以来的农业个体种植走向集体化道路。1958年建立了政社合一的人民公社，农村按自然村划分为大队和生产队。1961年分田到户耕种，实行联产计酬。1965年起又实行集体化，除留少量自留地归农民种蔬菜外，其余田土全部收归生产队统一耕种。

1983年起，白沙农村实行家庭联产承包责任制，把田土再次分到户耕种，直到现在。

20世纪70年代前，农民保持传统的耕种方式，用耕牛犁田、人工播种、插秧、施肥、收割等，都是用有机肥（如大粪、小便、草木灰、草皮发酵肥、家禽家畜肥等）；20世纪70年代开始，在农业生产中使用化肥（氮肥、磷肥、钾肥、尿素等），有机肥逐渐减少使用。20世纪60年代开始推广双季稻，当时的要求是"莳完早稻过五一，莳完晚稻过八一"。国家提出了"土、肥、水、种、密、保、管、工"的农业"八字方针"。由于实行了双季稻和合理密植，粮食产量倍增，特别是20世纪70年代中期开始推广"杂交"水稻优良品种后，粮食亩产提高更多更快。

20世纪60年代初，党中央、国务院发出了全国"农业学大寨"的号召，白沙镇积极响应。福坪大队处于山区，只有一些旱土，水稻田很少，粮食只有靠政府返销。当时没有公路，只有一条蜿蜒曲折的石板小道上下山。社员们靠人挑肩扛，翻山越岭把粮食运到山上。为响应"农业学大寨"的号召，解决山区群众吃粮难的问题，1970年，在时任大队党支部书记文仰香的带领下，全大队社员艰苦奋斗，凿石造田，在这个"山高石头多，自古以来不种禾"的地方创造了奇迹。开山凿石，非常艰苦，全大队男女齐上阵，用手锤钢钎打炮眼爆破，用石头砌护坡，一丘梯田一道护坡墙，最高的护坡墙达3米高。经过2年的奋战，终于开出了梯田201亩，成功地插上了双季稻，并同时兴修水利，开渠引水。1973年，全大队粮食产量达到10多万公斤，比1970年增加了1.5倍。药材种植面积也由原来的130亩扩大到204亩。福坪开山造田的先进事迹，党中央机关刊物《红旗》杂志在1973年第6期向全国进行了典型推介。

20世纪70年代，白沙镇凿石开山造梯田达300多亩，旱土改成水田约800亩，新开水田达千余亩。大搞田园化建设，将旱土改造成水田，将小田合并改造成大田，将坡田改造成平田。此举又给全镇新增水田上千亩。与此同时，在每个大队、生产队修筑机耕路，即土马路，铺些沙石，约3米宽，以备拖拉机等农业机械出入，迎接可能到来的农业机械化时代。大规模开田修路之后，接着进行了数年的水利设施建设。每年秋冬季节，各大队、生产队全员出动，没日没夜地大修水利。短短几年新修了很多水渠、山塘，整修了所有水库。为了提高工效，从80年代起，逐步推广农业机械化。到21世纪初，犁田机、插秧机、收割机等农业机械已经基本普及。

1978年底，党的十一届三中全会作出了全国改革开放的重大决策，以经济建设为中心，建设有中国特色的社会主义。从1983年开始，常宁再次把田土分到户耕种，实行联产承包责任制。农民的积极性大为提高，农忙时把责任田耕种好，农闲时就务工、经商。特别是20世纪80至90年代，白沙迎来了历史上第

福坪梯田

二次矿业开发高潮，大部分农民除农忙外，其余时间都到矿山上做工，或几人集资实行股份制办矿。从此以后，很少有人种双季稻，大部分人都种单季稻，基本上只种中稻了。

进入21世纪后，白沙矿业逐渐萎缩，大部分青壮年劳力到广东、江浙一带务工，还有少数人随着资金和经验的积累，办起了小型公司、工厂。留在家里的一般是老人和小孩。据不完全统计，白沙镇约70%的青壮年劳力在外务工，约15%的土地流转，用以种植经济作物，如大豆、红薯、果树等。约10%的土地闲置，特别是山区的耕地闲置尤为严重。政府对这一现象非常重视，近年加大了对荒地、荒山的改造力度，实行补贴等惠农政策，支持有实力的公司或个人发展规模化种养业，土地闲置的状况已有明显好转。为了解决劳力短缺的问题，使耕地不闲置，有些村、组探索新出路、闲置耕地由一些种粮专业户承包，发展种粮大户或创办家庭农场。

观坪中药材基地

第二节　矿业

一、矿产资源

常宁市境内自古生界的寒武系到新生界的第四系，除新生界第三系外，各地层均有出露。白沙镇西部至西岭镇一带地层属锡矿山组。春陵河自白沙经阳加，河段长约15公里，河流两侧由灰褐色石、黄褐色石、亚黏土和砾石层组成，局部地段由矿物富集形成砂矿，主要有砂金、砂锡等。

据相关史料记载，早在汉代，常宁白沙就出现了矿业生产的足迹。在《常宁县志》有这么一段描述：汉代境内居民已掌握简单的采矿和炼银的技术，常宁白沙有"茭源银场"，铸造钱币的银铜原料多来自白沙茭源白水岩一带。

唐至德至上元年间（756—761），茭源银场颇有规模，到宋天禧年间（1017—1021）更为兴盛，虽名为银场，但其金、钨、铜、锡等矿产资源同样丰富，尤以铜黄亮、成色好。

据记载，清康熙十七年（1678）三月初，吴三桂在衡阳称帝，国号大周，改元昭武，其派出1000余人马，分乘200多条大船，从湘江一路拉纤逆水而上经春陵河到白沙茭源，耗时一个多月，把茭源银场事先准备好的铜料装运至衡阳铸造"昭武通宝"。

白沙镇现已探明的矿种有金、银、铜、锡、钨、铅、锌、砷等28种，已经开采的有锡、钨、铜、铁、铅、锌等。其中锡矿储量和采掘量均居常宁第二位。铁牯岭（铜盆岭）遗址位于白沙镇黄源村茭源的铁牯岭东部、南部缓坡上，东距春陵河约600米。2019年5月通过现场调查，在遗址东部、南部缓坡上发现大量冶炼渣，总面积达9万平方米。从现场采集到的瓷片、陶片判定，该矿冶遗址年代为宋代。

白沙是先有茭源银场，再有茭源街，后才有白沙古街。

白沙镇观坪村的瓷泥品质优，全国闻名。

二、第一次采矿高潮

白沙东傍春陵河畔，西依大义山脉。白沙是有色金属之乡，地下有丰富的铜、锡、铅、锌、金、银、砒等矿藏。

汉代，民众便在白沙西麓山脉采矿，后来规模逐渐扩大，至唐宋形成高潮，东起春陵河，西至杨柳塘、麻石岭，南起马鞍岭，北至白水岩，纵横10余里，矿井遍布，矿工常年多达万余人。北宋天禧年间（1017—1021），朝廷派进士郑平到白沙矿区任场监，管理开采事宜，在如今的黄源村茭源铁牯岭下建了一座有色金属矿冶炼厂。冶炼厂占地面积约3平方公里，史称茭源银场，是当时全国"四大银场"之一。现在在银场遗址处还可见堆着的许多炉渣。为了解决冶炼用水，在附近平地上开了一个大水塘，水塘较深，与地下水相通，一年四季水涌不断。因水塘形似一个猪腰子，当地人称为腰子塘，至今尚存，终年不枯。古时候虽然冶炼技术较差，但还是可以从有色矿石中分别提取铜、锡、银等金属。

宋朝末年，随着采矿规模逐渐萎缩，茭源银场（冶炼厂）随之停办，但白沙沿河两岸的矿业一直在不断开发。为了解决冶炼问题，清朝初期，在兴隆庵往下约500米处（张家园河畔）建了一个冶炼厂，人们称之为炼厂，并用青砖砌了一个高20多米，底部直径约3米的烟囱，老百姓称之为分金炉，可冶炼生铜、银、锡等多种金属。1976年，杜阳大队为了取砖建猪场，将分金炉炸毁。

从茭源湾场往西约三里，有一山坳，附近开矿的废石都倒在坳里，老百姓称此坳为倒石湖。倒石湖下面有一个平井（矿井），一股较大的地下泉水常年从井口流出，百姓称这里为"水窨"。

从茭源往西爬山约四里许，这里矿井遍布，废石漫山遍野。因矿井星罗棋布，人们形象地把此地叫作猪婆窿（意指窿口多如猪婆身上的乳头）。猪婆窿是古时开矿的中心矿区，约2平方公里的范围内就有窿口子10多个。从窿口子进去，地下采矿巷道条条相通，互相交错。矿井里的水不多，最底层的矿井才有一个水池。猪婆窿里还有一个竖井，上部与一条平巷连通到地面。这个竖井约20米深，连通多条采矿巷道。竖井与每条巷道的相接处都装了一个平台，每个平台之间有一个木梯。这个竖井是运输矿石的通道。矿工们口含一盏桐油灯，肩背一个装矿石的竹篓，两手握住木梯，一步一步往上攀爬，其艰难程度可想而知，如稍有不慎，就会从木梯上摔落。

传说马鞍岭有个金矿，地下有匹金马，经多年开采还只挖了甲（个）马脚。现在马鞍岭上还到处堆放着废矿石。

从猪婆窿到麻石岭、牛背岐，从杨柳塘至马鞍岭，整个山脉都有矿井。

古时，开矿条件差、技术落后，都是土法上马。离地表浅一点的矿，开采时就用木材堆在上面，点火焚烧，矿石受到高温的煅烧则开裂，再用钢钎插在石缝里，把矿石撬开。有些规模大点的矿石，则用手捶打钢钎开出炮眼，然后装填火药放炮，其运输则全靠人扛肩挑。

牛背岐一带有丰富的砒灰矿（含砷，剧毒，制作砒霜的主要原料，故称"砒灰"），而且品位相当高。明末清初，在牛背岐往北1里路左右的山上，开采了几个砒灰矿，在矿井附近建起了10多个砒灰灶，每个灶有10来口锅子。古时都是土法提炼，炉膛里放砒砂，锅下用煤炭烧，灶口用一个铁锅罩住，通过高温，砒灰结晶凝结在锅中。冷却后，再从锅里把砒灰刷下。因为此地有很多铁锅子罩砒灰，因而得地名"千甲（个）锅"。至今砒灰灶的遗迹依稀可见，还有很多炉渣。土法炼砒，从明末起至20世纪40年代，在白沙沿河两岸的山岭上时断时续，一直未停。

随着开矿人员的日益增多，生产、生活物资的需求也随之增加，沿河两岸的农民便扩大种菜面积，每天清晨挑着蔬菜到荄源卖。一开始没有市场，菜农沿路席地为摊，也有些菜农和卖米、油的商家将农副产品直接送到矿区。从白水岩至马鞍岭，卖肉的案桌沿矿区而设，多达几十个，号称"七十二甲（个）案桌"。

为了适应矿业发展，保证物资供应，四面八方的生意人赶来荄源，荄源街应运而生。传说，荄源街北起荄源港子南至李家铺，沿春陵河岸而建，逐步扩建到两里多长（大部分商店都是搭厂棚），几条主街道沿河岸并列，另有数条横巷，号称"九街十八巷"，市场非常热闹。

南宋时期，矿业萎缩，荄源街也逐渐萧条，并随着白沙古街的兴建，最后被废弃。

南宋时期，大规模的采矿萎缩以后，历史上有很多老板和一些富户仍在沿河两边的山岭上断断续续投资办矿。自古以来，白沙的商业和矿业就密切相关，相辅相成。矿业依靠商业投资，商户经营矿产品和按股分红获利。开矿办窿一般都实行股份制，按股分红。投股的人中，有发大财的，有发小财的，也有亏本的，甚至有血本无归的。如王悦和在"泰兴窿"占股，"点石成金"发

白水岩选矿厂

了大财。

  白沙还流传着一个"三莫料，王冬发骑马又坐轿"的故事。王冬发是下洲街一个生意人，从事南杂行业，经多年努力积蓄了一些钱。民国时期，他一人投资办了一个矿，请了10多个劳力。可是运气不佳，年初开工，打了快一年的窿未出一点矿石。他把家里的钱全部用光后，把值钱的家具、物品都变卖，还是欠了很多账。到了腊月中旬，所请劳工一年来的工钱一分都未发，眼看快要过年了，怎么办？他实在没法，在12月15日这天，把窿上看厂的一条狗杀了，买了几斤酒，办了一桌"狗肉宴"招待矿工。王冬发手举酒杯对大家说："各位师傅，实在对不起，因我财运不济，大家辛苦一年未领到一分钱工钱，心中深感愧疚。我现在是一无所有，只有看厂的一条狗了，今天把它杀了请大家喝杯酒。请大家放心，只要我王冬发有朝一日时来运转，工钱一定如数奉还。"说罢伤感落泪，向大家深深鞠躬。矿工们听后非常感动，席上小议后，为头的矿工站起来说："王老板，我们没领到工钱，这不怪您，您平时待我们如兄弟，处事诚信，我们很受感动。大家商议吃了饭后，到窿里打最后一槽炮，如能打开洪门，我们就干到年底再回；如仍不出矿，只好认命，我们就回家。"王老板表示同意。饭后，焚香祷告天地、财神。矿工们鼓足干劲，在窿里掌子面上打了几个炮眼，装上炸药放炮。炮烟刚散，矿工就赶到窿里用火把一照，满窿的铜矿石光彩耀目，矿工们欣喜若狂，立即赶到地面向王老板报喜。王老板到窿里一看，合掌作揖："真是谢天谢地！"矿工们决定干到年底，昼夜轮班作业，10多天出了几十吨铜矿石。王老板卖了矿石，给每个矿工发了几个月工钱回家过年。第二年年初开工，打了一年旺火，把所有的工钱、欠款全部还清，还赚了一大笔钱。从此，"三莫料，王冬发骑马又坐轿"的故事就流传开来了。

三、第二次采矿高潮

（一）开矿初期，小打小敲

1982年至1988年，白沙有些村民在西棉八组（笋山里）开始小打小敲采矿。起初靠人工用大锤、钢钎打炮眼，人工挑运矿石。沿矿脉打到矿藏后，再用柴油机打风钻，用小型卷扬机运输，逐渐形成小规模矿井。

（二）鼎盛时期，人山人海

1992年至2004年，为白沙矿业鼎盛时期。从西棉、福坪的杨柳塘到荻源的倒石湖，共有矿井110多个，矿工达6000多人。周边几十里的农民都赶来做工。白沙电站架设了供电专线，每个矿都用风钻打炮眼，用卷扬机从井下运输矿石。大部分的矿都有选厂，用破碎机把矿石压碎，再用摇床进行初选。运矿砂、运材料的汽车昼夜不停。有些较偏僻的矿井，暂未修公路，则靠人力挑运材料、矿石。每到晚上，整个西边山岭上灯火通明，好像无数条火龙在翻腾，非常壮观。杨柳塘是中心矿区，有大小矿井几十个。在杨柳塘矿区路口坪地处，饮食店、烟酒店、小百货店、日杂用品店、烧饼店、牌馆、理发店、卡拉OK店、按摩店等大大小小店子几十个，一应俱全。还有小五金店、摩托修理店、机械电器维修店也紧跟而来。每到夜晚，整个杨柳塘灯火通明，熠熠生辉，真是山区的"不夜城"。矿井的机器声，人群的叫声、歌声、笑声、吆喝声等汇成一曲矿山交响乐，在山区的夜空回荡。

随着矿业的发展，白沙各行各业也蓬勃发展。白沙新街及周边的磁选厂就有20多家，从事收购锡砂的人员达100多人，他们把收购的锡砂进行加工精选后，再销售到全国各地的冶炼厂。用纤维包装袋子从银行提款或存款的现象司空见惯。

此时，全镇有矿山机电材料供应店15家，选矿药剂店4家，矿山机械修造厂1家。修造厂的老板是谢立定，这个厂规模较大，有2个车间、1个门市部，可制造打砂机、螺旋分级机、卷扬机等。白沙还有矿山机械修配厂1个（老板是钟楚保），变压器、电机修理专店3个（老板分别是朱宗华、胡仲达、王国开），汽车维修厂3个，运输矿砂和机电材料的汽车60余台。其他服务行业同步发展，烧饼店有20多个，还供不应求。

鼎盛时期全镇矿业产量、产值（不完全统计）：

1.年最高产量、产值

锡（金属量）：800吨×10万元/吨＝8000万元

铜（金属量）：400吨×2.5万元/吨＝1000万元

铅锌（金属量）：250吨×4万元＝1000万元

年最高产值：1.2亿元

2.1992年至2004年产量、产值

锡（金属量）：4800吨

铜（金属量）：2400吨

铅锌（金属量）：1500吨

产值合计：7.2亿元

砷（砒灰）提炼厂：

牛背岐一带有丰富的砒矿，20世纪80年代末至21世纪初，在牛背岐往南1公里左右的白沙子岭，建起了10多个土灶提炼砷。还有些资金较充足的老板投资建了4个洋灶，实行股份制，每个洋灶由几个股东组成。洋灶是采用较先进的技术设计，把砒矿放在高温炉内煅烧，最后化为烟尘的砒灰附粘在管道壁上。

砷（砒霜）是一种剧毒物质。自从炼砒以来，白沙子岭方圆几里的草木、竹子等植物全部枯萎，山上寸草不生，田土里再也长不出庄稼，整个地表蒙上了一层白灰，连突出地面的岩石也变成了白色。水不能喝，地不能种。据山区老百姓反映，清晨站在马鞍岭上远望，从大路边一直到白水岩10多里的山岭上蒙罩着一层白雾，可见环境污染的范围之大。凡是在砒灰厂做工的人，工作时只戴了个纱口罩，没有防毒面具等劳保防范设备、设施，工人不同程度地都得了职业病，一般是矽肺病，有些更是得了肺癌。整个牛背岐组中，原有近百人，环境被严重污染后，村民被迫外迁，现在已空无一人，湾场被迫弃用。

在当地群众及社会有识之士的强烈要求下，常宁市政府组织相关部门对该地砒矿多次进行整顿，将提炼砷的矿灶全部炸毁。近10年来，中央、省、市各级政府一直在对白沙子岭地区进行环保治理，投资数千万元实施生态修复，现已初见成效，山岭的表皮由白色渐渐变成了绿色。

四、采矿规范期

为了整治非法开采，保护矿产资源和生态环境，常宁市人民政府多次组织执法力量进入白沙镇，对无序开采的矿业进行整治，关停炸毁了很多窿口子。与此同时，指导和帮助白沙镇人民政府加强对矿区的管理。白沙镇企业办成立了"常宁市白沙大众矿业有限公司"，对全镇矿产资源、矿业行为予以统一规范和管理。

根据省市有关部门的授权，白沙大众矿业有限公司拥有白沙地区黄沙窿工区6.3平方公里、麻石岭工区1.97平方公里、忠家岭工区1.4平方公里的矿产资源管理和开采权。

2016年3月，白沙大众矿业有限公司进行了改制，将集体制公司卖给了吴建洪、王富成等人，变成了私营股份制公司。

（采访对象：冯秀仁、邱邦伟、王书华、王淑湖、黄少红、吴建洪）

五、白沙奇石（常宁石）

白沙山峻水美，人杰石奇。白沙奇石的天然性、唯一性及它的千姿百态，让藏石赏石者爱不释手。

对于白沙奇石最早的收藏和交易，已不可考。自赏石新理念提出后，舂陵河白沙段呈现石界奇珍，即舂陵河常宁石。舂陵河常宁石矿脉源出常桂交界之太平山区，属大义山脉，由两市县交界线湖溪之山溪水冲刷至舂陵河中，经水沙洗礼终成瑰宝。常宁石中玉化好的又叫常宁玉（彩硅玉石、彩碧玉），其石质地细密，形象逼真，色彩丰富，纹理清晰，其莫氏硬度在7—7.5之间，形状有人物、动物、山水等，色彩有红、黄、紫、绿、蓝、黑等。矿物成份主要含二氧化硅，故又名彩硅石。常宁石与中国十大名石之一的华安玉（福建九龙江九龙璧）为同一种石，物理性质和化学成分一致。某些区域所产的常宁石，其所含硅的质量还超出华安玉。常宁石在唐朝已开始作贡石，清乾隆年间（1736—1795）尤盛，现北京御苑尚存"茶贡石"，因此又名茶贡石。

湘南大义山脉矿产丰富，奇石荟萃，品种齐全，如彩硅石、彩碧玉、黄蜡石、墨石、黑珍珠、彩砾、矿物晶体等。奇石划分有山石、山流水石、水石。赏玩奇石以水冲石为最佳，因通过山水急冲，再经过河水细磨、润浸，成为了艺术精品。一方奇石必须配座，为了追求艺术品位，白沙石友都是到桂林做雕花座，到柳州、永州配创意座，使奇石与石座浑然一体、灵韵天成。

白沙奇石的开发利用经历了4个时期：

（一）初始期

1996年，时任衡阳市财政局局长侯金池赴白沙觅石，后来侯金池又带领耒阳奇石爱好者罗武春以及耒阳火电厂职工欧阳荣、耒阳铁路职工肖春冬等到白沙觅石。1999年，白沙街上青年沈华生开始与各处觅石人接触，学习其理念，

参与捡石、购石。当时河流水量大，河流难见枯水期，美石大都淹没在水中，且外来觅石者大多为单位在职干部职工，时间有限，对资源采集力度不大。

（二）盛行期

2000年，随着经验的增加，对奇石知识的积累，以及与外界广泛接触后对信息的把握，沈华生开始疯狂搜集资源，发动沿河各村男女老少捡石，自己收购，当时顶多50元即可收获一方高品位奇石。2001年，沈华生的父亲沈洪忠受奇石之美所感，亦大力支持并参与收集。2001年下半年，多位有眼光的白沙本地商人参与收石，白沙当地开始拥有一支采石购石队伍。由于信息传播及外来觅石人的竞价影响，收购奇石价格开始飙升，由刚开始的5至50元一方涨至100至几百元一方。2002年下半年，沈洪忠父子在耒阳市仁义乡党田郑家购两方奇石花了2800元，开创白沙本地单块奇石上千元的交易首例。2003年，觅石人开始在春陵河中挖沙、捡石，白沙民众捡石水平不断提高，家庭石馆市场渐成气候，奇石市场进入高峰。衡阳刘德云至白沙购石，大大推动了白沙石市价格的提升。当时，白沙家庭石馆已有10余家之多，藏品较多的，除了沈华生，还有谢楚成、谢楚友、谢杨秋、王国生、王勋瑞等。刘德云至各家收购美石，石品略好的皆以破千元收购。在当时的经济情况下，千元价格如同激素让人疯狂，至最高峰期，捡石、购石之人在河滩每天有百人以上。2003年，沈洪忠父子抓住时机，筹集20万元资金，入乡铲摊收购，最多时一天用农用拖拉机拉回家5车之多，从而成了当时湖南省彩硅石收藏数量最多的奇石藏家。

（三）高峰期

2006年，春陵河白沙段挖沙船数量暴增，由一艘增至六七艘，河内各类美石大规模出水，市场得以全面开发。是时，沈华生在长沙开奇石馆，引来大批游客至白沙捡石觅石。作家李渔村在和他夫人游白沙捡石购石后，写下美文《湘南觅石记》，此文章发表后被多本刊物转载。得益于众多杂志的宣传，白沙常宁石的对外认知度大大提升，市场价格随之逐渐攀升，耒阳石友罗某收藏的白沙奇石"楼兰遗韵"被北京一爱好者28万元收购，白沙当地石友一件"石与寿"被韶关一石友18万元收购。三五万元收购的多得很，如"远古壁画""蓬莱仙境"都以4万元易手，"墨子"以8万元易手，等等。在2010年前，这样的价格在一个小乡镇是令人震惊的。其中"远古壁画""蓬莱仙境"在2004年代表常宁石首次参加国家级博览会并荣获金奖，"楼兰遗韵"后来多次参加国家级博览会并获奖。

（四）延续期

2013年起，受气候影响，舂陵河白沙段逐渐进入长期性枯水期，更方便挖石、觅石了。各沙场使用大型挖机彻底挖取河床内砂石，常宁石进入最后的大规模出水时期。常宁石亦走进了最后大规模交易时期，此时白沙又增加了几位收集奇石的石商，如伍国章、王淑梧、邓承贵、王荣等。时至2019年，白沙河滩皆成深水区，河床内已难觅常宁石踪迹了，资源各归各家，有的深藏其闺，有的广结客户，白沙常宁石已流入全国各个藏家商家手中，名声广传石界，白沙美名亦随之远播。

近年，白沙常宁石精品多次在省内外参展中获大奖。如，在全国观赏石精品展（长沙首届）中，王国生收藏的"天作之合"常宁石获金奖，邓承贵收藏的"百年好合"常宁石获金奖；在全国观赏石精品展（长沙第二届）中，谢楚成收藏的"中华航母"常宁石获金奖。

注：

白沙镇舂陵河段奇石命名为"常宁石"原由：

①1984年，衡阳市地质大队217队向国家地质部递交的勘探资料中，便将常宁县大义山区所产矿玉命名为"常宁玉"。

②基以石稳，稳即长安。宅有石即祥，石（时）来运转、祥和安宁。产于常宁市境内的奇石，取名"常宁石"，意为常安常宁、平安吉祥。

（资料来源：沈华生、王淑梧、谢楚成）

第三节　工商业

一、新中国成立前的商业手工业

民国年间，白沙水路方便，周边集镇以白沙街最为繁华，被称为"小香港"。白沙街上又以商业和手工业发达为特色。

（一）木工业

民国初年，长沙人刘明高父子在白沙下洲街阳家码头对面开木工作坊，做家具及寿器。因白沙矿业发达，桂阳雷坪炼砒霜（俗称信石）需要信桶，刘家又做信桶。刘家做信桶需要人手，衡南人符方桃、符云生在民国十四年（1925）来到白沙帮刘明高做信桶。几年后，符方桃、符云生在白沙江西会馆（万寿宫）也开了家木工厂，叫森茂小木厂，带领符氏家族及亲属符云贵、张长久、刘国芳、刘家柱、李作容等在白沙做木工手艺。森茂小木厂手艺好、质量好，家具、农具都深受周边群众欢迎，供不应求。白沙周边有桂阳鸿泰矿业，当时开矿技术水平低，主要炼砒霜，需要信桶包装后用船运往外地。符方桃的信桶生意越做越大，资金越来越雄厚，雇工达几十人，符方桃在白沙周边、桂阳买青山。木材除自用外，还用木排把木材运到衡阳、长沙、武汉等地销售。

1956年，符方桃的木工厂转入白沙手工业社，其手艺传给儿子符云德、孙子符武生及白沙本地多人。符方桃和符云生是白沙木工手艺的开拓人，两人勤劳正派、忠厚老实，受人尊敬。优秀的木工还有长于小木的段基洪和长于木雕的邱显球。

（二）建筑业

新中国成立前和新中国成立初期，白沙建大房子的匠人都是外地人，所砌房屋主要是土砖房和抖墙屋；街上以木结构架子屋为主，几个木工、几个泥工就可砌一栋屋，层数不超过三层。20世纪50年代及60年代搞土建，以砖木结构为主，工种以木工为主。20世纪50年代后，祁阳人罗春生、罗声章兄弟，湘潭人谭献忠、谭献渭兄弟等泥工和在白沙做木工的衡南人刘家柱、符云生，在白沙培养了一批泥木工人一起搞基建。1956年，这批人转入白沙泥木建筑社，在西岭给417地质队建厂房，在白沙打牛窿建厂房，后到周边地区及郴州地区雷坪有色矿建房多年。1964年至1970年，在衡阳地区大义山有色矿搞基建及在周边乡镇建粮站、食品站、供销社、药材站等。1968—1970年，因工作量大、人手不足，经县轻工局批准，把荫田手工业社原基建人员，包括技术员唐云安，泥工唐礼文、袁培安等及大堡石灰厂剩余人员，加上白沙原有泥木工20多人，组建为荫田区基建队，在周边厂矿搞基建，负责人为符云生和谭献渭，轻工业局派会计和出纳人员。1974年，经上级研究决定，把荫田区基建队迁入城关镇，组建常宁县基建队，在轻工业局侧边办公。1976年，招了一批下放知青和社会青年，队伍扩大了，在县城内搞基建。1979年，在城关镇尹家洲建办公楼和职工宿舍。1982年，常宁县基建队和经委工交工程队合并，叫常宁工交工程队，人员由原来几十人加工程队几十人，扩充到近百人；工种在单一的泥木工基础上，增加钢筋工、水电工、安装工，由上级配备国家干部多人，段怀生任队长，殷春生任党支部书记，工程师和施工员也由上级配备，而且还配给了一辆汽车。工程队主要负责经委各厂矿的工程建设和政府各部门办公用房建设。1984年，工交工程队解散，工程队原人员安排到经委各厂矿，基建队人员则原地不动。1990年后，常宁县二建公司成立。2000年，改制停办。

（三）航运业

常白公路通车前，白沙航运业很发达。白沙本地有私家船主10多户，如街上的李代富、谢承富、谢立德、谢立周、房新玉、王有喜、何武先及今茭河村肖家湾的钟书全、邓承章、钟香金、钟香银等，他们以船为家，以航运为业，南到嘉禾、蓝山，北到衡阳、长沙、武汉等地。当时，除了白沙本地船外，在白沙河段还有嘉禾船、衡阳小驳船、耒阳草河船。白沙街畔17个码头一派繁忙，上货、下货的搬运工都是白沙本地人，这些人带有白沙本地特色，分上、中、下三洲脚会。脚会的性质是：白沙红白喜事、各种帮忙之事，包括航运时船上的上货、下

春陵河航运

货，车运时车上的上货、下货，都由脚会出人力、物力。

1970年后，欧阳海大坝及亲仁大坝修成，白沙河段的船运随之终结。私船主有的转入常宁县航运公司（公司驻地常宁松柏），有的上岸另谋营生，部分搬运工转入常宁县搬运公司（公司驻地常宁松柏），部分人后转入白沙街道综合厂。

（四）造船修船业

民国年间，白沙因水运繁忙，船运业务量大，造船和修船也发展成了一个行业。衡南人阳希武和龙彪家族，在白沙下洲街"蟑蛛（即蜘蛛）织网"地段开店，造船、修船、做寿器。造船、修船作坊，就地取材，搭上一个简易棚子，雇几个木工、修理工，就在河边造船、修船，所造船式样以白沙本地渡船为主。阳希武技术好、为人好，白沙街邻及船主有业务都找他做，人们尊称其"阳五嗲"。1956年，阳希武的造船作坊转入白沙手工业社，转入后仍继续造船、修船，后来把造船、修船技术传给了其孙阳运湘。

（五）木屐业

新中国成立前，老百姓贫穷，一般人穿不起皮鞋、雨靴，只能穿木屐、布鞋、草鞋。白沙古街铺上青石板后，木屐盛行，每个家庭都有几双木屐子。衡南人彭肇碧、彭清恩家族在白沙专营木屐，到子辈彭俊植手上，木屐生意鼎盛，既做木拖板鞋，还做皮革生意，开铺子，有员工10多人。1956年，转入白沙手工业社。皮鞋、雨靴多起来后，木屐生意不行了，彭俊植便改行修鞋、修锁。

（六）面条业

新中国成立前和初期，白沙有做面机子几十台，加工面条。那时农民种水稻外还种小麦，面粉自磨，面条自做。白沙有水磨坊几十间（包括水磨、榨油坊），建在山涧水溪边，几条大小水溪边都有磨坊。白沙做面生意特别兴隆，农民们拿几斤小麦、几个小钱就能换几斤面条，方便又省事。面条业的老板有谢优芝、王咸集、管生阶、周云华、李伟、贺焦子父、谢吉阶、谢金阶、李四元、贺洪贵等，做面食加工的有10多个铺面，一般集中在下洲街。

（七）鞭炮业

新中国成立前，白沙镇鞭炮业很发达，白沙人罗长盛家族在白沙独营，招牌"罗荣茂"。他有4个儿子都从事鞭炮业，上、中、下三洲都有罗氏鞭炮店。白沙有句俗话："走上是我家崽，走下是我家崽。"说的就是罗氏鞭炮垄断了民国初期至新中国成立初期白沙的鞭炮市场。

（八）纸马业

白沙有制作纸钱线香、纸人纸马、金山银山等焚化给先人逝者使用的习俗，这个行业现在还存在。白沙纸马业铺面不多，只有几家。曹朝运家族是白沙下洲街生意最好的一家。侯道生、上洲谢飞朝孙子铁拐子做纸马的手艺最好。白沙每年正月十五"装故事"都是铁拐子、邱显球等人化装、设计、出台。现在从事纸马业的还有张书凤。

（九）理发业

管代昌、吴朝海开理发店，为人和蔼，街邻关系好，技术好，受人尊敬，还有阳日生等。

（十）照相业

一般是外地人来白沙开照相馆，本地人也有学习照相的，但没有专店，外地照相师傅在白沙租门面开店。

（十一）打铁业

新中国成立前，白沙有铁匠铺10多间，以衡南人经营为主。衡南人阳时洪在桥边，刘康生在上洲，温立志、封英才之父在下洲。本地人郭玉云、李主元在下洲。新中国成立初期，有衡南人张国友、王承笋、黄寿生等，再后来有张长栋、李少桂等。打制家用铁具、农具以阳时洪为佳，打制船用和矿山设备以刘康生为佳。1956年，所有铁匠铺转入白沙手工业社。改革开放后，铁匠铺被淘汰了，现在，白沙街上只剩下一家铁匠铺了。

（十二）小手工铁业（铜匠）

新中国成立前，耒阳人徐诗贵在白沙下洲开铺子，带徒弟赵义龙、赵义凤兄弟俩，主要做铜锁、铜壶等铜器，生意一直很好。1956年，徐诗贵师徒一起转入白沙手工业社。

新中国成立前，白沙有家招牌银匠铺叫天兴楼，在下洲米码头边。老板姓谢，后传艺儿子谢玉金。谢玉金又传艺给儿子谢国荣、谢文财，主要制作银器、金器，品种有装饰用的项圈、手圈、脚圈。1956年，谢国荣转入白沙手工业社，后转基建队。谢文财一直当农民，现将手艺传其子谢国成，谢国成在白沙中学边开店，招牌仍叫天兴楼，传承银匠手艺至今。

（十三）篾业

白沙山区，盛产楠竹。白沙航运发达，船上的竹制品使用量大，诸如船篷檐、竹篙、日用竹器等。一般家庭用竹制品及农用竹制品使用量也大，诸如竹椅、竹床、竹捞箕、竹耙、竹簸箕、竹箩、装茶油籽桐油籽的竹篓等。竹制品需求量大，所需的篾匠就多，所以白沙的篾工手艺人很多。白沙本地有李作福四兄弟，有门面铺子，周边农村还有篾工。衡南人尹启交三兄弟在王家祠堂开篾匠铺，做油篓子及竹器，生意好、销量大。后张光录也改行从事篾工，另有刘忠信、贺仁聪、罗醒世等人，1956年，他们都转入了白沙手工业社。1980年后，篾工基本淘汰，但篾工手艺还有传人。

（十四）纸伞业

新中国成立前，白沙就有纸伞业，上洲苏家井对面有衡南人张辉贤、张辉德、张辉作在白沙以做纸伞出名。传承二代张发堂、张桂英、张兰英、张光录，并在白沙带徒弟。20世纪50年代，雨伞业是黄金时代，几十人生产都供不应求。1956年，他们都转入白沙手工业社。1960年后，纸伞便没有了市场，关门停业，制作纸伞的技艺已经失传。

（十五）缝纫业

新中国成立前和成立初期，白沙缝纫业发达。有10多个裁缝开了铺面，下洲有肖一全、肖一生、肖一林三兄弟和王勋富、廖代谦、廖世君、李汉文、李主荣，中洲有彭绍凡、彭武才、洪启富（衡南人）。1956年，他们转入白沙手工业社，后来老裁缝带徒弟，裁缝师傅很多。白沙街道综合厂也有一个缝纫厂，10多人。一直到20世纪90年代，人们的消费模式发生了巨变，都到商店买制作好的成衣了，很少再有人去找缝纫师傅定制衣服，白沙手工业社的缝衣厂和白沙街道缝纫厂便改制破产。

（十六）印染业

新中国成立前，白沙人因穿着都是土布，床上用的被套、床单、蚊帐等一般也都是手工纺织的，所以土布、丝绢的印染业很发达。王悦和家族以染布为主，后做屠宰业。耒阳人黄彝银在白沙下洲街衡清公馆边开印染行，前门面后作坊，红极一时。后来，还有挑箩挑担搞印染的，一直到1970年后这个行业才消失。

（十七）织布和弹棉花

新中国成立前，耒阳人雷国保家族一直在白沙从事弹棉花和织土布行业，班子很大。20世纪40年代，雷氏就在白沙定居，耒阳家族手艺人弹匠和织匠在白沙汇集有几十人的队伍。除雷氏家族外，还有本地人黄训丁、刘邦银等人也在白沙弹棉花、织土布。1956年，雷国保和黄训丁转入白沙手工业社，其他人继续在周边地区做弹匠和织匠。1990年后，这个行业在白沙基本消失。

（十八）棕业

白沙地处山区，新中国成立前后棕树遍布各个山头。过去，农民需要蓑衣和箩绳，船上需要风篷绳和拉绳，人们生活中需要很多粗细不等的绳子。民国初期，衡南人倪隆德（倪本发祖父）就来到白沙学棕业手艺，后传子孙三代，并带徒倪氏族人倪本子父子等。当时，江常元、江双发父子几代人在白沙做棕业手艺，后有罗成元、罗成章兄弟，耒阳人陆可春、陆可址兄弟也在白沙做棕业手艺，棕业队伍发展到百余人。1956年，这支队伍转入白沙手工业社。

19世纪70年代初，白沙铁木、绳缆、雨伞、竹器、缝纫、修配、小铁等手工业大合并，转入白沙手工业社。改革开放后，各种新式的机械化生产的现代工业日用品，迅速替代了传统的纯手工、纯天然日用品，白沙手工业社很快就产品滞销，工人无事可做，工资发不出。到了2001年，白沙手工业社正式解散。

（十九）豆腐业

在白沙，中大型豆腐店的经营者有谢顺阶、谭明正、徐林祥之父、李主贵、李主财、王学文、王连诗、倪本寿、管代华、胡本超、王秋桂、陈长林、张仁国等，下洲张二园、王增申、张书泰、程正直，上洲邱声瑞已传三代。

（二十）客栈（旅社）业

白沙在新中国成立前和初期，有瑞云客栈、廖伦的金华记客栈、黄翠南的新生客栈，上洲贺洪军之父的贺三斤客栈等10来家客栈，其中瑞云客栈开的时间最长，从民国时期一直开到20世纪末期。

（二十一）酒业

白沙比较大的酒铺（包括烤酒、卖酒）有何承基（何武先）酒铺、廖本卫的一海酒酒铺、资顺昌酒铺、金玉和（肖功明）酒铺、贺万球酒铺、新胜酒铺、新码头谭之和酒铺及李主贵、王怡凤、何头崽、王美崽、王凤山等共20多家酒铺。

（二十二）饮食业及特色小吃店

在白沙，王陆顺面馆，张春兰米豆腐店，程功发糍粑肉包饺粑，廖世琳烧饼，蔡世勋、蔡世杰、蔡世涛三兄弟制糖、月饼、烧饼出名。此外，管猪崽的卤制品糖糍粑、阳发开的米粉及老三元饮食店、王怡凤饮食店、谢高运饮食店等都是当时生意比较好的店子。

（二十三）油行

油行专门收购白沙本地茶油、桐油，做下河生意——将这些油品运往下游的衡阳、长沙、武汉等地销售。白沙有10余个油行店铺，店主有王淑福、李选魁、阳昌泰、欧迪茂等，都生意兴隆。

（二十四）药铺

白沙药铺最出名的是"杨怡顺"（招牌），老板叫杨玉文，江西樟树人。杨氏家族在清光绪年间就来白沙开药铺，已有几代人，1953年转为公私合营。康记叫振湘药栈，股份制，邓国器父亲是主要股东，杨玉文在其中占有股份，收购、批发药材，生意做到衡阳、长沙、武汉、上海等大城市，在周边县市，更是市场份额独大。生意一般的药铺有益记（沈九峰与刘正亮合伙开设，位于上洲街）、长春堂、天和林、胡永泰等10余家。新码头有一个药店，叫同仁泰，与"杨怡顺"齐名，老板姓名不详，桂阳县人，其夫人是白沙人谢氏，其药房先生叫王学书，药店一直开到新中国成立后，老板后来回桂阳县定居了。开个体中医诊所的有王振宇、管世元等。

为加强药品药材的营销管理，常宁县于1956年成立了国营药材公司。在县药材公司的主持下，把白沙所有的私办药店合并，成立了白沙国药联，是常宁第一个乡镇级国营（公办）药店。药店位置在中洲街原杨怡顺药店原址，于20世纪70年代初在原址重建扩建。21世纪初，白沙国药联改制，把固定资产转卖给了个体经营户。

（二十五）屠宰业

新中国成立前，白沙街上有案桌10多个。桥边有肖功化、肖行保、谢冬生，凤刮台谢氏兄弟谢阶华、谢年胜，还有肖开开、阳公义、蔡贤宝、黄伍雄、宁俊杰（宁保仔）、张书泰等从事屠宰业。

（二十六）南杂百货

白沙著名的百货老板，在白沙并没有开门面做生意，而是专做收购、批发生意，在衡阳、长沙、武汉、上海及广州、澳门、香港等地都有庄屋。他们是：下洲的阳南山及其子阳忠其、阳忠恕（湖南省政协原副主席）；"源泰和"（招牌）老板刘岳南，耒阳雅江人；邓彝午（官僚资本家），白沙本地人；"朱源昌"（招牌），老板姓朱，其子朱明卿，常宁松柏镇朱陂村人。他们的生意包罗万象，南杂、布匹、日杂、百货，包括白沙本地农产品和矿产品如锡、铜、砒、茶油、桐油等都收购批发。"王悦和"（招牌）老板叫王怡杰，白沙对河耒阳罗渡后背冲头人。民国初年，他在白沙街上打短工，后开染布行，又开屠宰店，在洪泰隆上占股份发大财，在白沙上洲建屋（现保存），后买地700石（音同"担"，约100亩），做锡砂和砒霜生意，带动全家兄弟子侄在白沙发大财。

商号"长盛"，老板邓保荣，白沙本地人。经营南杂、日杂、海鲜等，质量上乘，童叟无欺。他在中洲街有铺屋一栋，苏家巷有"邓家石禾坪"，新中国成立后全家迁衡阳从商。

商号"王义利"，老板王诗爵，百姓习惯称之"湖北佬"。清光绪年间（1875—1908），他随父王贵惠来白沙经商，从事南杂生意，批发零售，有子5个，在中洲街有铺屋5间。

白沙做土特产收购和批发生意的还有下洲街的谢楚保、谢牛保、钟高发、王诗财，上洲街的李孝邦、李孝安。

管祥光、易起文在白沙有铺面做生意，经营百货、南杂、布匹、棉花等。桥边下邵阳人龚楚林、龚国栋、肖功应，经营瓷器、铁器、日杂、五金等生意，此三人分别经营的3家店铺最出名。桥边下陈官仪父子做棉布生意，王冬成做饮食生意，张克贵做南杂、日用品生意。

（二十七）熬豆油

曹家保（秀林）用拖泥豆熬的豆油最香、最受欢迎。

（二十八）木榨粉

谢孝崽是最早做木榨粉的。木榨粉要先浸米，再推粉，再磨粉成浆，再榨成粉丝。20世纪70年代，白沙街上厚家桥边还有木榨米粉店，是居委会办的集体食品店，有店员10多人。

（采访对象：许正式、倪本发、罗振球、邱显球）

二、白沙竹木制品厂（白沙机械厂）

新中国成立前，白沙手工业者都是个体户或几个人合伙办加工厂。新中国成立初期，在政府"组织生产闹革命"的号召下，手工业者积极响应。1952年

12月，倪本子牵头组织动员倪世顺、倪世清、江常之、倪诗庚等36位从事棕业加工的手工业人员，于1953年1月1日正式成立白沙棕业生产合作小组。每人出资200元现金和提供棕业加工工具一套作为入股基金，并推选倪本子担任理事会主任，江生禧、李代鸾担任副主任，谢玉碧任会计。生产作坊设在原洋油（煤油）公司。

棕业生产合作小组成立后，经过大家的努力，取得了很好的成效，给白沙其他手工行业极大的鼓舞，树立了样板。1953年陆续成立了多个手工生产合作小组。泥木建筑生产合作小组由左荣华任理事会主任，谢娥英任会计。铁木生产合作小组由张长栋任理事会主任，尹孝忠任会计。缝衣生产合作小组由张忠云任理事会主任，邓惠任会计。雨伞生产合作小组由张光禄任理事会主任，龚庆凤任会计。鞭炮化工生产合作小组由罗镇定任理事会主任，王集英任会计。

1955年初，常宁县手工业社（后改为轻工业局）张永露、段长瑞率领整改工作组来到白沙，召开手工业生产合作小组管理人员会议，全面进行整顿。经过摸底清理，于1955年3月把原来自发组织的手工业生产合作小组按行业全部转为生产合作社。1955年下半年，为了便于管理，做到铁木建筑一体化，经县社同意，将白沙铁业和泥木建筑业合并为常宁县白沙铁木建筑生产合作社。厂房设在下洲街原王家祠堂，由左荣华任主任，谢娥英任会计，符云德任出纳。1957年，左荣华被调走，县社调老吴同志代理主任，当时已发展到有职工145人。后把封英才调来主管生产，黄景洪任党支部书记兼管生产（老吴在该社监管一段时间后调离）。1956年高峥嵘任会计，1957年邓秀云任会计，后经县社安排由陈官仪任会计。

1957年，棕业社的倪本子与化工鞭炮社的罗镇定商议，经县社同意，将两社合为一体，取名棕化生产合作社，为了加强领导力量，调罗建兴担任党支部书记。1961年免除倪本子棕化生产合作社主任，由时任铁木建筑社会计的谢春生代理主任（谢于1964年调往其他单位）。1965年从铁木建筑合作社调倪本发担任棕化生产合作社主任，会计龚庆凤，出纳廖秀珍，保管员管代喜，采购员罗成元、倪本子。

1966年，棕化和雨具两个合作社合并为综合生产合作社。1969年，经县社规划，把白沙所有的手工业社合并为常宁县白沙竹木制品厂，原来的棕业、木工、铁工、缝衣、建筑、机电、翻砂等分别为生产车间，由厂领导统一调度安排。

1978年，经县社研究决定，从白沙和央田两个手工业社抽调30多个泥木工，组织成立了常宁县手工业局基建队，并招收了一批泥木学徒。县社任命符云生为队长，负责木工技术指导，唐荣安任会计，负责工程结算。

为了发展农业机械化，1976年成立了农机车间，1977年经县委安排，所有农机厂全力支持农机一厂。白沙机械厂分配了165柴油机12个零配件的制造任务，由胡云中和谢立定负责。大家共同努力，保质保量完成了上级分配的任务，得到了领导和同行的好评。至1978年，白沙机械厂生产犁田机配件已获利4万多元。后因犁田机生产过剩，1979年接上级通知而停产。

随着社会的发展和技术进步，很多塑料制品代替了竹木制品，家具行业也有很多成品家具店，导致手工行业业务逐年下滑。1986年开始，该厂的加工业务一年不如一年。

为了扭转困局，根据白沙砷砂资源丰富的条件，厂领导研究决定"炼砷"，由厂长黄景洪负责。1986年开始筹建，炼砷炉建在本镇白沙子岭，1987年正式投产。由于是土法炼砷，没有先进的环保设施，使周边环境污染严重。为了能长期炼砷，1990年，该厂向县轻工业局和衡阳市二轻局提交了一份年产三氧化二砷3000吨和副产品亚硫酸钠5500吨的可行性报告，计划投资351.5万元，配套流动资金247万元。经上级有关部门考察批准，常宁轻工局在白沙镇原金招村的荒山野岭无人区兴办了一家化工冶炼厂。

原在白沙子岭炼的金属砷卖到桂阳，其款用来还账抵债。1991年，炼砷厂搬迁至原西棉村棉花冲建厂炼砷，1994年，该炼砷厂因资金问题停办。

白沙竹木制品厂（白沙机械厂）从20世纪50年代建厂到1994年，发展职工近200人，厂房建筑面积1100多平方米，固定资产约80万元（当时价值）。1994年后，全厂处于停产状态。为了还债和解决下岗职工部分安置费，陆续把厂房和设备卖出。2001年，该厂实行改制，兴办40多年的手工业综合厂从此倒闭。

该厂是属常宁轻工局管辖的一个企业，是白沙区域一个重要的、上规模的手工业生产联合企业。几十年来，为给白沙镇及周边老百姓提供生产生活用具以及解决当地城镇居民就业作出了积极的贡献。

（采访对象：倪本发、封英才、胡云贵、李代鸾、肖芝武、张兰桂）

三、白沙福民纺织厂

1952年，人民政府为了改善人民生活，号召人民"组织生产闹革命"。此时，阳湘卿、阳少卿、罗浩东等积极响应，决定在白沙办一个小型布匹纺织工厂，以实际行动响应政府号召。

阳湘卿等三人就当时当地情况作了一番分析：新中国成立前至1952年，白沙及周边地区，没有一家工业品生产厂家，都是单一的个体经营户和手工业生产者。尽管白沙是一个四县交界之地，并且交易中心在白沙，市场交易商品多、货源广，但基本来自外地，本地根本就拿不出自己生产的工业品投入市场，这是创办工厂的有利条件；况且，厂家直销比商家经销价格低得多。根据以上实际情况，他们选择了深受广大群众欢迎，而且用途广泛、销售量大、有较大利润空间的棉织"官布"和"花格子被布"作为生产经营的主要项目，进行批量生产。通过讨论、磋商，制定了全面的办厂计划，如厂址的选择、设备、原材料的购置以及生产工人、炊事员的招收，师傅、会计的聘请等，把所有准备工作在开工前全部做好。

为了尽快把厂办起来，阳湘卿、阳少卿二人很快筹集了足够的资金，阳湘卿、罗浩东随即前往衡阳，购买了10台人力操作织布机和8台人力纺织机，以及原材料（织布专用纱）等有关生产用品及维修工具。用船运回白沙时，请来的两位师傅唐碧林、阳师傅也同船来到。厂址选择在下洲街原地主阳南山的房屋（新中国成立后没收为财政公房了）。设备搬进厂内，两位师傅立刻进行安装。10台人力操作织布机安置在前厅，分两排安装固定；8台人力纺织机安置在第二进厅内，同样分两排安装固定；第三进两边房，分别设立为会计、出纳、经理、主管室、仓库保管室和师傅住所；最后一间设为厨房。厨房两边空地设置两个漂洗池，池内用"红毛泥"（即水泥）构结粉刷，上面用木材搭一个敞篷。

1952年8月中旬，福民纺织工厂在白沙下洲街正式建成，这是白沙有史以来第一个工业企业。

管理人员和生产的分工：主管阳湘卿，经理罗浩东，会计谢玉碧，出纳阳元卿，保管阳少卿，两位师傅负责技术指导工作并兼任织布作坊、纺织作坊、印染作坊正副主任。

每台织布机，按正常生产要求，只需两人操作，一人坐前面操作台上操作机器，另一人站在后面全神贯注观察每支布纱的运动，一旦断纱，立即停机换纱。厂里安排了4个人，分成两个班，一个班工作，另一个班则休息，待第二天接班，每天只开一个白天班。如果布匹畅销，需求量增大，便扩大生产，增加一个晚班，两个班连续生产，确保市场供应。鼎盛时期，全厂10台织布机，共安排了48人。

8台纺织机，共安排8个女工，除假期外，每天按时上班，并兼做漂纱、洗纱工作。漂洗工作要求非常严格，布纱经过漂白粉漂浸1个小时后，要立即在流动的清洁河水中清洗干净。无论烈日炎炎还是下雨落雪，清洗工作都照常认真进行，否则，将严重影响产品质量。

印染工人把织布作坊织出来的白官布搬至印染作坊（作坊设立在中洲街谢礼街的铺屋），印染成各种不同颜色的布料和各种不同花式的花布。印染出来的布料要清洗、晾干、成匹，工作十分繁忙，一套流程均由3个印染工人负责完成。

一个工厂能够长期维持正常生产和发展，必须建立健全严格的规章制度。因此，主管和经理召集工人代表一起拟订了一套完整的、适宜于本厂工作和维护工厂运转、发展生产、保护职工利益的规章制度，并且严明了奖惩条例。

开工后一切顺利，全厂所有人员信心百倍，劲头十足。生产中，工人在师傅的教导下，边做边学，在摸索中前进，生产操作技术普遍提高，逐步减少了生产故障，赢得了宝贵的生产时间，提高了生产效益，增加了产值。

1952年底，为了扩大销路，阳湘卿、罗浩东二人前往衡阳，与有关部门取得联系，签订了布匹供销合同，并把现有库存的布匹一起销售给衡阳某商家，当即购回原材料，用船运回白沙，做好完成合同的准备工作。但是，当时厂里每天只能生产100多米布料，月产量仅在3000米左右，远不能满足合同的需求量。鉴于这种情况，全厂掀起了一个提高生产技术和生产效益的新高潮，进一步深挖深研，一定要赶上同行厂家的技术和生产效益。经过两个多月的努力，成功地突破了生产技术关，终于达到了月产6000多米优质白官布的目标，产生了很好的经济效益，顺利完成了本厂开办以来的第一份合同，为以后的发展奠定了良好的基础。

1954年2月，福民纺织厂从白沙搬迁到县城郊廖家湾（此时该厂的日常工作由阳湘卿一人负责），在这里，整整生产了4年多。

1958年，该厂搬进了县城劳动南路东边。不久，厂里所有人员、设备等，被县里全部整体接收管理，组建为常宁县纺织厂。

白沙福民纺织厂从1952年8月至1954年2月，在白沙开办了约一年半。在白沙建厂的时间虽然不长，却给白沙人留下了一个深刻的印象，尤其是给白沙人一个新的启迪。白沙历来是个没有任何工厂的古老地方，能兴办一家规模不小、拥有20多台生产机器、工人达60多人的布匹纺织厂，在当时来说，是一件十分了不得的事，是一个很大的创新和有益的尝试，对白沙日后发展工业生产产生了很大的影响，起到了一定的引领作用。

（采访对象：阳丽珠、王集庭、谢青云）

四、白沙综合厂

（一）白沙福利厂（综合厂前身）

白沙街位于舂陵河畔，是常、耒、永、桂四县农贸中心。新中国成立前，街上大部分人都做生意。新中国成立后，白沙是全县城镇居民最多的乡镇。

为了解决白沙居民的就业，在白沙镇领导的支持下，居委会于1965年7月组织成立了福利厂。厂长是阳启斌、资寿田，会计是邓述德。开始只有32人，有两个车间：综合车间24人，缝衣车间8人。因白沙盛产柑橘、药材、南竹，资源丰富，综合车间主要加工柑橘篓子、药材篓子。安排一些妇女编织稻草床垫，用锯木粉加"六六六"药粉做蚊香，组织几个青壮劳力锯木板等。因没有厂房，一开始暂借大礼堂，1966年初租用衡清公馆（属财政公房）。缝衣车间租用私人的门面屋，主要是为当地老百姓做衣服（来料加工）。

1955年，粮食实行统购统销。白沙粮站下设一个米面加工厂，厂子设在二圣祠。该厂1965年初下放到白沙居委会管理。由阳时云任厂长，高峥嵘任会计。

原白沙综合厂用房

（二）白沙综合厂

为了扩大规模，便于统一调度，拓宽就业门路，1967年初，福利厂与米面加工厂合并为白沙综合厂。由阳时云任厂长，王勋富任政治指导员，高峥嵘任会计，沈洪忠任出纳。职工约80人。下设综合车间、加工车间、缝纫车间和一个理发店。

综合车间约40人，主任是谢运梅。主要业务是编织药材、柑橘包装篓子，做蚊香，编织稻草床垫等。

加工车间20多人，主任是谢生崽，主要业务是为粮站碾米，加工米、面等。

缝纫车间有职工16人，主任王书凤，主要业务是为当地老百姓做衣服（来料加工），当时市场上很少有现成的服装卖，老百姓都是凭布票到供销社买布，再到缝纫店加工。缝纫车间的裁工有康美英、肖功秀、肖定英。后来居民缝衣店合并到缝纫车间，裁工增加了伍尤香。

理发店有4人，由吴朝海负责。

1967年下半年，高峥嵘调镇企业办，综合厂由沈洪忠任会计，肖早善任出纳，周芝、王巨湘负责供销。

白沙综合厂干群同心同德，艰苦奋斗，白手起家。为解决厂房问题，1967年下半年购买衡清公馆和王勋生的住宅作为综合车间，购买二圣祠（财政公房）作加工车间，购买老街新码头上首靠河边两间门面屋（面积约160平方米），一间作缝纫车间，一间作理发店。

周芝负责供销工作，他好钻业务，肯动脑筋。白沙地处山区，小竹子（笔杆竹）资源丰富。他想，如果能用笔杆竹为毛笔厂加工笔杆，发展前景一定可观。这个设想得到了厂领导的大力支持。他立即到处打听信息，走访武汉、衡阳等毛笔厂，几经努力，签订了第一批笔杆竹供应业务，并聘请一位师傅来白沙指导加工。通过精心试制，第一批笔杆竹火候适度，色质均匀，金黄美观，合乎质量要求，得到了用户厂家的好评。综合厂抓住这一契机，扩大加工业务，严把质量关，逐渐发展起来与本省衡阳、湖北武汉及河南等地的毛笔制造厂签订长期供货合同。综合厂从此大有起色，职工逐渐发展到150多人。

1978年至1980年，阳时云、王勋富调白沙居委会，阳时云担任居委会党支部书记。李少英接手当综合厂厂长（约半年时间）。1980年至1984年，沈洪忠任综合厂厂长，谢杨冬任会计。1984年以后，王巨湘任厂长，肖早善任会计。

白沙综合厂是白沙街道骨干企业，从1968年开始加工笔杆竹到1988年这段时间为其鼎盛时期。由原来白手建厂，到拥有流动资金10多万元，年销售收入达70多万元（资金、收入均为当时的货币价值），厂房面积1100平方米，职工150多人。

随着改革开放的深入和市场经济的推行，有些毛笔厂缩小了生产规模，有些厂子陆续改制。1988年以后，白沙综合厂业务逐年减少，于1995年改制，除白沙镇建设新街时将二圣祠拆除外，其余厂房全部卖给了个人。

白沙综合厂从1965年建厂到1995年解散，历经30个春秋。它对解决白沙街道居民就业起到了重要的作用，也是街道企业白手起家、艰苦奋斗的典范。

（采访对象：沈洪忠、肖定英）

五、白沙供销社

（一）基本情况

白沙位于湘南四县交界之地，白沙老街傍春陵河岸，水运方便，是湘南的一个重要的物资集散地，也是常、耒、永、桂四县农贸中心。

常宁县1949年10月解放，白沙是常宁县第一个成立了工商联的乡镇。1951年，各区成立了供销合作社，白沙隶属第五区（衡头区）。

黎定邦任第五区供销合作社负责人，因家庭出身问题于1952年7月被免职，1985年10月落实政策并办理了退休手续，1999年12月病故。

新中国成立后，白沙、阳加片区有5个乡（白沙、白渡、茭源、阳加、鲇鱼），1956年撤区并乡，5个乡合并为白沙镇和阳加乡。白沙和阳加各自成立了

老街上的原白沙供销社大楼

供销社。1958年实行政社合一，白沙和阳加属前进人民公社。1961年3月，撤前进人民公社，设白沙、阳加公社。1965年，属荫田区。1985年12月设立区级白沙镇。1995年撤区并乡，将阳加并入白沙镇。供销社组织机构和业务属常宁供销总社领导，行政属当地政府领导，随着行政区划的变动，供销社行政所属单位也随之变动。

白沙供销社成立初期，社址设在老街附近，由靠西一个上下两层旧铺面改造而成，一层做门市部，木楼梯上二楼就是办公室。阳云初任财会股长，杨光祖任业务股长，合计只有10来个门市部。经营范围很广，有百货、布匹、棉纺、南杂、饮食业、生资、书店、旅社等项目，其中白沙新华书店于20世纪50年代初设立，是常宁乡镇级第一个公办书店。1965年，白沙供销社从荫田区分列出来，只有8000多元资本金，固定资产2万多元。在总社和当地政府的大力支持下，供销社全体同志经过几年的努力，固定资产达到了150多万元，门市部柜台30多个。改革开放后，推行了柜台承包制，按年度上缴承包款，年承包上缴款达到12万多元。

供销社在为农业、农村、农民服务方面做了大量工作，如购销化肥、农药、农机、种子等，保证农业生产需要。在发展农业生产方面，在技术、资金上下了血本。还对白沙本地农产品的推销作出了贡献，如白沙的柑橘、黄花菜等远销广东、安徽，阳加的棕片、白芍、丹皮、无渣生姜等销量很大，无渣生姜还参加了北京全国农副产品展销会。为了方便人民群众购物，曾在大路、福坪、沙坪、新坪、金招、荣华、星光等大队（村）设立了代购代销店。

在购销旺季，供销社组织干部、职工挑货郎担下乡。阳加的井边、忠岭、阳岐等村，是经常去的地方。"挑货郎担下乡"是供销社的一大亮点，既把农民需要的生活物资送下去，又把农民要卖的土特产收上来。

（二）发展变化

1.白沙供销社曾出现领导班子不团结、互不服气现象，使管理工作不协调，造成一定影响。1984年，黄运保担任阳加分社主任，杨如敏任分社会计。一天，县社领导雷受康、陈玉善来阳加分社，晚上召开职工大会，摸底选举领导班子，第二天通知分社全体职工到区社开会，实行民主投票选举白沙供销社领导班子。结果，黄运保当选为白沙供销社理事会主任，杨如敏为副主任。当时在全县供销行业是首例。新的领导班子产生后，团结奋斗，使供销社经营管理不断完善，工作上大有起色。当时化肥，特别是尿素供应紧张，而且运输途中哄抢严重。为了解决这一问题，黄运保主动向白沙镇领导汇报，在领导的支持下，向银行贷款，并亲自去韶关，几经曲折，找熟人，找货源，在王集华、张泽国等人的帮助下，采购50吨尿素运回白沙，保证了白沙、阳加农业生产的需要。

2.随着改革开放的逐步深入和市场经济的发展，个体工商户不断增加，给供销社的经营活动造成了巨大冲击，白沙供销社的工作也非常被动。1993年4月，常宁县社领导把当时在罗桥供销社担任业务主任的黄运保调回白沙供销社担任主任。黄运保经过市场调查了解后，召开负责人会议，采取措施，将白沙老街的针棉布匹门市部、饮食店临街的窗户统统拆除，改为大门。将店内一些间墙拆除贯通，扩大规模。实行柜台承包制，内部职工积极承包。这样一来，把白沙百日市场的客流引进了供销社购物商场，供销社门市部立马热闹起来。同时，还在街中心建了购物货亭，增加柜台5组，使供销社经营活动开展得有声有色。

3.白沙老街街道窄，交通不便。为了改变这一状况，适应经济发展，1994年，时任白沙镇党委书记的唐绍雍同志决定在白沙老街后面建一条新街。为了开辟新的经营场地，供销社主任黄运保召开会议，经研究决定，在新街建一栋供销大厦。为筹集资金，将老街中不属于旺铺的门市部拍卖变现。还采取招工集资措施，共筹集资金几十万元，于1995年建成了一栋三层楼的供销大厦。大厦占地面积1100平方米，建筑面积每层550平方米，三层合计1650平方米。一层为10个双门面的门市部，二层为办公室，三层为住房。

4.为了盘活资金，在征得市联社领导的批准后，1994年把阳加分社生资仓库院子拆除，进行对内公开拍卖集资，克服种种困难，将原生资院改建成了商业铺面。

5.2002年至2005年，白沙供销社根据上级有关精神进行了改制。把原来的门市部按每间铺面进行估价拍卖，内部人员可优先购买。卖门面的钱除偿还贷款外，为职工缴了社保金。

2005年，白沙供销社撤销，已达到退休年龄的职工则办理退休，暂未符合退休条件的职工，由单位办理了养老保险手续。

白沙供销社虽然已不存在了，但从成立供销社到改制的50余年中，为当地人民群众生产、生活物资的供应及农产品的流通销售等作出了积极的贡献。

（三）白沙供销社历届领导班子成员

职务	姓名	任职起止时间
指导员	吴席珍	1965.1—1969.8
副主任	李振兴	1970.6—1980.9
支部书记、组长	徐瑞安	1973.1—1979.2
副组长	尹玉德	1975.12—1976.12
支部书记、组长	尹玉德	1977.1—1980.9
副书记、副主任	阳楚南	1977.1—1979
	周跃田	1980.1—1983.4
副主任	易泽文	1981.1—1983.4
理事会主任	周天昇	1983.5—1984
副主任	易泽文	1983.5—1984.12
监事会副主任	周跃田	1983.5—1986.11
理事会主任	黄运保	1984.11—1987
副主任	杨如敏	1984.11—1987
监事会副主任	廖书林	1985.2—1987
理事会副主任	柏冬生	1987—1988.1
理事会主任	柏冬生	1988.1—1992.2
理事会副主任	洪义和	1989.12—1996.10
工会主席	甘宗信	1992.2—1997.4
理事会副主任	周跃进	1992.2—1996.3
理事会副主任	刘忠喜	1994.3—1996.3
理事会副主任	曹贤新	1995.4—1999.12
理事会主任	黄运保	1995.5—2002.1
理事会副主任	刘传福	1997.4—2002.1
理事会副主任	杨祖华	1999.12—2005
理事会主任	刘忠喜	2002.1—2005
工会主席	蔡贤高	2002.1—2005

（采访对象：黄运保、刘忠喜）

六、中国人民银行白沙营业所

1956年7月，中国人民银行衡阳专区中心支行划分出中国农业银行衡阳中心支行，实行"两块牌子、一套人马"。组建了常宁支行白沙营业所，这是中国人民银行衡阳中心支行在乡镇率先派出的分支机构。首任常宁支行白沙营业所主任是郭涤臣，湘潭人，后在衡阳市

原中国人民银行白沙营业所大楼

农行退休，1999年1月病故。郭涤臣老人生前说，白沙营业所成立初期只配有一匹马、一条枪、一个算盘、一个布袋子，就开始办理存款、放款等业务了。

据《衡阳市志》记载，白沙地理位置独特，有通往湘江的春陵水道，是湘粤盐茶古道的必经之地。新中国成立前，称白沙为"小香港"，客商云集，市场繁荣，又是常宁、耒阳、桂阳、永兴四县交界之地。听老人讲述，最多的时候河边停泊大小船只近千只，几里路长的街上人挤人，商品交易，支付结算，非常活跃，这就是中国人民银行衡阳中心支行当时在乡镇派出唯一机构，成立中国人民银行白沙营业所的主要原因。1979年后，中国农业银行常宁支行白沙营业所管辖2个公社的农村金融业务，还承担了对农村信用社的管理职能。全所6名同志，3人为内勤人员，分别担任会计、出纳和复核员，3名外勤中，除所主任外，2名为农金员，其中1名还兼任信用合作辅导员。

中国人民银行白沙营业所成立以后历任23位主任，历经人民银行和农业银行三次合分，为助推白沙经济建设发展作出了较大的贡献，直至2007年3月撤销。旧址仍存，现为私人购买所有。

七、白沙粮站

1953年粮食实行统购统销，当时用白沙上洲街"康记"后栋作仓库和加工厂，租用上洲街河边一间住宅营业。由李正章、王勋富负责管理，粮食加工请临时工。因白沙水运方便，桂阳桥市、辉山，永兴老鸦石等地的公粮都送到白沙来集中，再用船转运出去。

1955年，白沙正式建立粮站（隶属县粮食局），在下洲大队王家湾后背山里建造了营业部和仓库，给镇直机关单位、街道居民颁发了粮油供应证，实行按月定量供应。第一任粮站主任是李成元，保管员是唐安平，营业员是朱元哲、吴春梅。

1955年在二圣祠建立了米面加工厂，隶属粮站管理，加工厂第一任负责人徐义兴，第二任周芝，加工人员有胡才礼、谢生恩、王春梅、谢攸芝、曾秋运、周英华等10余人。1965年，加工厂下放到白沙居委会管理，1967年，二圣祠（财经公房）转卖给白沙综合厂作厂房。

1996年，粮油管理放开走向市场。白沙粮站及阳加粮站于2003年实行改制，女性40岁、男性50岁以上职工由单位缴纳养老保险金，不符合此条件者按工龄每年补助1000元买断劳动关系。

改制后，白沙粮站营业部和仓库卖给了西棉村民王汉桃（王汉桃后把屋拆除，改建为一栋商住楼）。靠新街一栋办公楼房卖给了下洲村民王新华（后又转卖，由几户人改建成住宅）。

八、白沙食品站

白沙食品站设立于1958年，当时白沙有城镇人口（吃居民粮人口）3000多人，城镇人口的粮油等食品都是由国家进行定量供应。

白沙食品站初建站时在老福民工厂后面（现倪本发家后面），员工有白沙的老屠夫肖功化、肖行保、蔡善保，县里派了一位站长叫李桂章。当时还未凭票供应，随到随买。2年后因场地窄，搬到肖功昌家后面空坪地。此时站长是唐武荣，后增加员工肖功相等。

1965年，白沙食品站在县商业局拨款支持下，建设新食品站，地点在现新街尾，占地200多平方米。新任站长叫彭云湘，同时阳加食品站受白沙食品站管理。10多年换了几任站长，有张继群、何运国、潘运来、曹桂桥等。1990年，猪肉买卖完全市场化了，白沙食品站便撤销了，最后一任站长是肖高贵。

在改革开放之前，国家有鼓励农民养猪的政策。农民送交给食品站宰杀的生猪分为四类：毛重181斤以上的猪为甲等，161斤至180斤为乙等，141斤至160斤为丙等，131斤至140斤为丁等。不同等级的生猪价格不同，另外每一斤生猪补6两购买稻谷的指标，有时还有化肥指标补助。

在改革开放之前,食品站的猪肉卖价是0.78元一斤,此价格维持了20多年。价格虽然便宜,但由于猪少,供不应求,加之猪肉是凭票供应的,没有"肉票"不能买猪肉,那时普通百姓家平时很难买到猪肉吃,往往是过年过节时,才会买点猪肉改善生活。

九、阳加乡信用社

1954年10月,常宁县农行白沙营业所主任邬传书和外勤阎孝忠专程来到阳加乡,指导阳加乡信用社建社工作,彭清镜在白沙营业所接受简短业务培训后,陪同两位领导一起回到阳加,灯盏窝的吴开华也加入了筹备工作。乡领导给予了大力支持,将参与人员分成山上和山下两个组,深入自然村发动和鼓励农民积极入股。宣传内容是开展"三大讲",即讲信用社的性质、讲信用社的作用和地位、讲信用社的服务宗旨与对象。宣传效果很好,仅6天时间,集股572股,收到股金266元。局面打开了,当年11月1日挂牌营业,吴开华任信用社主任,彭清镜任会计。这两个人工作配合很好,立誓要把信用社办好办活。信用社不断吸收社会闲散资金,扩大存款余额。当时,山上的斋公塘、忠家岭、矮岭上、灯盏窝、吊水冲、井边一带的白芍、丹皮走俏,农民比较富裕。信用社两个工作人员除了三、六、九赶圩的日子在乡政府办工外,其余时间都在岭上湾里做群众的思想工作,请他们把暂时不用的钱存到信用社来,个人得利又支持了生产建设。农民兄弟积极响应,不到3个月,信用社存款余额突破1000元大关,位居白沙、火石、杜阳、荄源、鲇鱼、官陂等七乡信用社之首,得到了领导的表扬。

信用社为发展农业生产,帮群众排忧解难作出了积极的贡献,收到了很好的效果。如董武进互助组缺钱买肥料,通过申请并获得乡政府批准后,放给该组20元贷款,解决了他们购买豆饼肥的燃眉之急。秋收时他们户户增产丰收,卖粮后如期偿还本息,还送来感谢信。特困户董武和的爱人患病无钱医治,但他不是社员,经乡党总支书记柏贤文审批后,信用社给他发放5元贷款,治好了他爱人的病。为及时还清贷款,夫妻二人到老山里捡柴卖,偿清了"救命钱"。

信用社坚持勤俭办社的方针,从不乱花一分钱,算盘是借李振家先生的,装钱的箱子是彭清镜读书时用过的旧书箱。

十、白沙商业模式的变革

1949年前,白沙镇所有商业、商圈同全国各地一样,商号、商铺比邻,都以个体经营模式自营自销。20世纪50年代初至60年代,为适应社会主义经济发展之需要,成立了乡级供销社,实现票、钞合一的国营商业模式。后集体商业白沙商店、阳加商店相继加入,形成了以供销社为主导、集体商店为补充的乡镇商业运行体系。其中,粮站、食品站等专营机构也先后运营。总之,当时的商品供销与运营,全部以国营或集体的形式出现。

20世纪80年代末至90年代中期,随着全国改革开放的步伐,仿佛一夜间,个体私营企业如雨后春笋般产生。此时,古镇白沙的商业,国营、集体、私营、个体各展所长,一派欣欣向荣的景象。此后,在全民经商的大潮中,国有食品站、粮店、供销社先后退出古镇商业历史舞台,被个体私营的超市或门店代替。

随着时代的发展变化,网购、电商悄然而至。京东购物、淘宝网购风靡全国,古镇居民亦不甘落后,先后加入网购行列。2013年后,京东、顺丰、申通、圆通、中通、百世、天天、韵达等10余家快递商家落地白沙。实体店营销一体独营模式被打破,超市一体全方位采购营销受冲击。一些观念更新快的人,利用电商渠道,不仅网购还网销,开始在网上销售无渣生姜、柑橘、梨子、猕猴桃、黄花菜、牛肉、烧饼等白沙特产。

2019年8月,兴盛优选落地白沙。兴盛优选开创了一个购物、选物、退货足不出户的全新商业模式,又一次改写了古镇消费的商业模式。兴盛优选电商平台的铺入,极大地方便了古镇人民的生产生活。平台中粮油副食、日杂百货、蔬菜果品、畜禽水产、海鲜农产、衣帽鞋袜、家居用品、数码科技等,应有尽有,开启了百姓日常生活消费新模式。

第四节 交通运输

一、航道与官道

清中期以前,白沙的交通运输主要依赖舂陵河航道。舂陵河西岸白沙段从北到南的码头渡口依次有曹家渡口、徐家渡口、严家洲渡口、阳加洲渡口、保安塘渡口、茭源渡口、李家铺渡口、沙坪渡口、白沙街渡口等。20世纪70年代初,一方面,随着欧阳海大坝的建成,上游来水减少,流速减缓;另一方面,随着植被的日渐破坏,水土流失日益严重,舂陵河航道逐渐淤塞。尤其是1973年常宁烟洲镇的亲仁河坝建成之后,船只上下不便,舂陵河航道从此退出历史舞台。

清中期以前,辅助舂陵河航道的交通要道是基本沿河岸修筑的湘粤青石板官道。湘粤官道从衡南车江进入常宁松柏,沿途经过烟竹、荫田、衡头等驿站。白沙境内,经官陂曹家东侧、老屋徐家西侧、新屋徐家南侧,穿越阳加洲

春陵河边的小船

老街，经过茅坪王家、谢家，跨过高春桥，再穿越茭源老街、郭家亭子、老女桥、白沙老街，跨过火石桥、湖溪桥，进入桂阳县野鹿滩，经桥市直至桂阳县城。湘粤官道在清中期以前尚是泥土夯成，清中期以后，随着沿路居民财力的增加，才陆续覆以石板。官陂曹家路段的石板完成于清道光十九年（1839）。记载这段历史的路碑至今保存在曹氏宗祠。湘粤官道的石板铺好之后，与春陵河航道共同担负着沿岸交通重任，直至20世纪60年中期常白公路建成。20世纪70年代以后，常白公路成为交通要道，航道与官道逐渐废弃。湘粤官道在白沙境内现今保存完好的只有官陂曹家、阳加古街、白沙古街三段了。

在没有常白公路之前，如果把湘粤官道比作一级干道，白沙通往常宁县城，还有一条可称之为二级干道的石板路，也是一条官道。这条二级干道从常宁县城往东，经盐湖的花亭子，西岭的六图、西塘、新桥边，荫田的喜石、印花塘，进入今白沙境内，沿昆帽峰余脉东面山脚，经半岭王家、官陂吴家、官陂塘西侧、小水陂西侧，再经过鲇鱼曾家、新屋徐家，与湘粤官道相汇。此外，各湾场之间也有支路相连，有的支路修得较好，覆有石板。20世纪90年代以后，随着村村通公路，原来各湾场之间的石板路便渐渐废弃或销毁了。

过去人们建房讲究前有水、后有山（俗语"前有照、后有靠"）。湾场前面一般比较平坦，道路一般从湾场前面经过。湾后一般是山，不适合修路。但是20世纪70年代之后修筑的公路一般是沿山脊从湾后进湾的。久而久之，湾后公路两边房子越修越多，成了新村，而原来的老湾场由于交通不便，反而越来越破败了。20世纪90年代起，在常白公路上修建了阳加、白沙新街，阳加老街、白沙老街便日渐衰落。

为了便于路人休息，古人在道路交叉口一般建有凉亭。如湘粤官道上过去有曹家亭子，建在官道与通往曹家渡口的道路交会处；徐家有龙凤亭，建在新屋徐家以南100米处的百步桥边；高春桥头建有高春亭；茭源渡口岸边建有茭源亭；中洋坪（钟家坪）湾东的古道旁建有郭家亭子；火石桥湾场东建有响钟亭；今向阳村石湾王家南建有黑山背亭子，亭边有一口古井，至今井水甘甜可口，是白沙南部居民重要的饮用水取水点。通往常宁的官道上，曾家大屋以西100米处的小水陂建有曾家亭子；半岭王家、官陂尹家、印花唐家各建有一个亭子，号称"一里三亭"。阳加洲通往观音垌的路上有新亭子、虾公井亭子、灯盏窝亭子；阳加洲通往昆帽峰的路上建有百步梯亭子；阳加洲通往忠家岭的半路上建有矮岭亭子；曾家通往冲口的山路上建有半山亭。另外，原黄排村通往原福坪村的半山腰小石板路上建有一个亭子；原杜家村通往原西棉村的山路上有一个马鞍岭亭子。

二、公路与汽车

1964年10月"社教运动"时，动工兴修常宁至白沙简易公路；1965年10月，通行货车；1968年10月，通行客车（常宁县城往返白沙客运班车）。常白公路修成以后至1995年，一直是沙石公路，白沙境内设有白沙、阳加两个养路工班进行养护。1995年在沙石公路之上铺设了一层薄薄的柏油。2010年以后才分段陆续改造成水泥双车道。

20世纪70年代中期，在"农业学大寨"、田园化建设过程中，各生产大队组织劳力，开始兴修村组级机耕路，都是简易的泥沙路，主要是为了通行手扶拖拉机。这种简易公路，一到雨雪天气便泥泞不堪，通行不便。2019年开始，在国家村村通政策支持下，各村发动群众自筹一些配套资金，把原来的机耕村道按3.5米的路宽标准，进行水泥硬化，也有极少部分是在新修的路基上进行村道硬化。近两三年，又在国家加宽村道至4.5米宽标准的政策支持下，各村水泥村道基本上予以加宽硬化。许多自然湾场也在国家支持、群众协力的情况下，修通了通组、通湾场的水泥公路。从此，镇、村、组之间公路网络基本形成，人们出行十分方便。

汽车作为现代交通运输工具在白沙出现，经历了一个由拖拉机到汽车、由货车到客车、由大客车到小客车（家用面包车、小轿车）的过程。

1971年，白沙镇镇办企业五七工厂购买了白沙镇史上第一台手扶拖拉机，用于工厂作业运输。司机是许周生、刘书春。

"农业学大寨"时期，1974年，衡阳地区奖励白沙公社福坪大队一台"东方红"牌725型盘式拖拉机，这是白沙公社大队（村）第一次拥有现代运输工具。司机是吴孔荣、郑秋成。

1975年，白沙公社社办企业铜锌选厂购入了本公社第一辆货车，该车为"解放"牌4T车。司机是许周生、林文胜。

白沙镇最早拥有私家汽车的人是下洲村村民肖高国，他于1987年购入了一台"解放"牌运输货车（二手车）。同时，肖高国也是白沙镇最早购买私家小车的人，他1990年买了一台二手的"北京"吉普车。

白沙镇最早购入新款小汽车的，是下洲村村民王新开。他于1995年购买了一辆"广州本田"轿车，供自家出行用。

20世纪90年代，常宁客运公司对外承包，白沙下洲街居民谭冬云个人承包了一辆客车运营，开创白沙镇私营客运业先河。

三、上渡大桥

上渡大桥，跨越白沙镇上洲村舂陵河，对岸是耒阳市仁义镇罗渡村。该项目是当地两岸人民期盼已久的民心工程，是改善两岸群众出行和生产、生活条件，促进当地经济发展，构建和谐社会的富民工程。

该项目是2013年渡口改为桥梁的新建项目。该项目原设计全桥总长246米，上部结构为预制预应力T梁桥，桥梁宽度8.5米。鉴于项目设计与正式施工时间间隔较长，耒阳河岸的接线位置因村民建房不肯拆迁导致原设计方案无法实施，经设计院重新计算复核和专家再次评审，桥梁第八跨由原设计30米预制T梁调整为17.148米现浇钢筋混凝土简支单箱双室异型箱梁，8号桥台由桩柱式桥台调整为组合式U型桥台，桥长变更为234.108米，同时将桥梁纵坡度由0.5%调整为2.6%。其他技术指标及设计方案不变。

该项目建设总投资为1357.8万元，其中建安费为1170.1万元，变更设计拟增加360万元，资金来源为省级补助资金627万元，耒阳市人民政府出资268万元，其余资金由常宁市人民政府配套兜底。

上渡大桥

第五节 水利电力

一、水库水渠

白沙大部分区域处于冲积小盆地，白沙盆地中水塘较多。这些水塘历经千百年的沧桑和变化，可能是天然形成，也可能是先辈挖开的。这些水塘有些还取了很好听的名字，体现了白沙先辈们的聪明智慧。如在白沙下洲街97号房屋后面有一口水塘，约3亩，叫做"金塘"，现在塘坝虽垮，但塘体还在；在下洲街110号房屋后面，也有一口3亩左右的小塘，与"金塘"相映生辉，被叫做"银塘"，至今还在蓄水。

总体来讲，白沙镇山多、地少，旱地多、水田少。新中国成立前，白沙镇种田人靠天吃饭，一遇天旱，只能用脚踏、手摇水车，车水灌田；尤其是下片田多是台子田，除用水车外，还用扶斗扶水润田。新中国成立后，在共产党的正确领导下，大修水利，改造部分山塘水塘，新修水塘水库，增修部分渠道。

乌龟岭水库

还建立了三个机电排灌站：第一个是保安堂排灌站，灌溉了茅坪、保安堂、阳市村上片农田；第二个是新屋徐家百步桥排灌站，灌溉了下阳市、新屋徐家、老屋徐家的农田；第三个是曹家杉树塘排灌站，灌溉了曹家大部分农田。

（一）水库

1954年至1975年，白沙人民修建了小型水库10座，改造中型山塘5口、小山塘和渠道若干。主要有：

1.**猴子冲水库**：水来源于狮子窿、老猫湾及村后山泉。从坝前二百石，流经寨下灌溉石湾、南马、伍家。丰水时可灌800亩，从伍家流入舂陵河。

2.**太塘边山塘**：山泉蓄水。可灌溉三百石、林家、上洲，流经曾家山汇入王家湾前水塘，流入舂陵河。

3.**乌龟岭水库**：水源于亭子岭、棉花冲、石山岭。灌溉刘家、杜家、谭家、李家，汇入下洲港子，从王家湾前过水塘汇入舂陵河。

4.**火石冲水库（老水库）**：水来源于桎山桥，流经螃蟹岭，汇入水库。灌溉大李家湾、转砂坪李家、上下曾家、狗公塘、金狗塘、师公山、欧家、张家园、莫家、塘脑上、窑场里，从窑场里小港子汇入舂陵河。

5.**黄排水库**：水源自大皂里、水溪里。灌溉黄土堪、排上山、排下山、冯家、廖家、中洋坪、肖家湾，由肖家港子汇入舂陵河。

黄排水库

6.幸福水库：水源于山泉。灌溉杨柳塘、麻石岭、猫崽坪，流入白水岩，经高春桥港子汇入春陵河。

幸福水库

7.文革水库：水源于水溪里。灌溉牧场、茭源、大小李家铺。经杨家港子、李家铺港子流入春陵河。

8.保安堂山塘：水源于白水岩。灌溉保安堂前垌、茅坪、阳市部分农田。

9.群英水库：水源于山泉。灌溉曾家、新屋徐家、董家、龙塘李家。经徐家百步桥汇入春陵河。

10.小坡水库：水源于山泉。灌溉曾家、新屋徐家、老屋徐家全部农田。汇入徐家长塘，从老屋徐家港子，流入春陵河。

11.官陂水库：水源于大小水皂。灌溉官陂垌全部农田。

官陂水库

12.梅陂塘：水源于大小水皂。灌溉官陂垌部分农田、尹家及荫田龙洲村。

梅陂塘

水库修成后，机电排灌退出了历史舞台，原来农田干旱缺水问题得到了很好的解决，基本达到了旱涝保收。尤其是1970年后，欧阳海大坝建成，左右干渠修成通水，水流自流化后，基本解决了农田干旱问题，做到了旱涝保收。水库蓄水在环境保护、水土保持、人们生活用水供应等方面发挥了重要作用。

白沙镇水库和主要水塘情况表

水库水塘名	修建年月	原有面积（亩）	现有面积（亩）	蓄水量（立方米）	灌溉面积（亩）	其他说明
猴子冲水库	1954	10			300	未进级水库
大塘边山塘	原有	26	26			山塘
乌龟岭水库	1958.3	75	60	25万	600	小二型水库
火石冲水库	1953—1956	90	50	44.8万	1000	小二型水库
黄排水库	1954.1	45	26	14.6万	300	小二型水库
幸福水库	1966.9	45	35	14万	400	小二型水库
文革水库	1965	15	15		350	未进级水库
保安堂山塘	原有	15	10		150	面积已缩小
群英水库①	1957.10	75	75	24.3万	550	小二型水库
群英水库②	1957.10	姊妹库	姊妹库			小二型水库

续表

水库水塘名	修建年月	原有面积（亩）	现有面积（亩）	蓄水量（立方米）	灌溉面积（亩）	其他说明
小坡水库	1957.1	90		21.6万	500	
徐家长塘	原有	40	40		600	
官陂水库	1959.1	126.27	126.27	21.6	1500	小二型水库
梅陂塘	原有	40	40		750	

（本表资料提供：李勇国、黄少红、王敏时、曹运才）

（二）水渠

1966年，经湖南省革委会决定，在春陵河中游大滩处（桂阳县桥市乡境内），兴建世界上第一座双曲线拦河拱坝。该工程以桂阳县英雄战士欧阳海的名字命名为"欧阳海灌区"。1966年至1970年，衡阳地区每年都要出动数十万民工修建欧阳海灌区。1970年6月，欧阳海水库大坝竣工蓄水。1970年8月1日，灌区工程通水。1971年7月，完成了枢纽配套工程。

欧阳海水库大坝高58米，总库容4.24亿立方米，流域面积5409平方公里。建有右总干渠、东支干、西支干、左干渠等四条干渠，长291千米，可灌溉耒阳、衡南、常宁和衡阳市郊区的72.74万亩农田，是湖南省第二大水利工程（第一大水利工程是韶山灌区）。

流经白沙镇的欧阳海灌区左干渠是1969年9月动工兴建的。左干渠设计全长52.55公里，从欧阳海水库左岸分水，流入常宁境内。常宁县的荫田、水口山、宜阳、柏坊、河洲、松柏、城关等区镇共上劳力2万余人，4个月即完成了土石开挖任务。修左干渠时，每天傍晚工地上放炮哨声过后，便会传来地动山摇的隆隆炮声，震耳欲聋。1970年2月至7月，组织专业队伍建设大小附属建筑物。

欧阳海水库大坝　　　　　　　　欧阳海灌区左干渠

1971年8月1日，左干渠竣工通水。之后，对工程进行扫尾，完善配套设施。1971年10月，按9个流量的要求扩建左干渠。整个左干渠，共投资1099万元（当时货币），投工650万个，可灌溉白沙、荫田、宜阳、柏坊、水口山、松柏等6区镇16乡的12.06万亩良田。

欧阳海灌区左干渠通水后，首先得益的是白沙，从此，白沙告别了缺水灌田的历史。为了将左干渠的水引入白沙农田，从1970年至1975年，白沙公社党委组织全公社劳力，在白沙境内兴修了与左干渠配套的排灌干渠5条、支渠数十条，总长度近百里。

在这个过程中，涌现了福坪大队这样一个全国闻名的"农业学大寨"先进典型。福坪大队地处"清明不断雪，谷雨不断霜"的山区，全大队共5个生产队，80多户400多人。过去，这个地方叫"老虎坪"（白沙土话叫猫恩坪，"虎""福"谐音，后取名福坪大队），是老虎出没的地方，乱石林立、荆棘丛生，没有一丘水田和一处水利设施，只有260多亩旱土，历来以种植丹皮、白芍等药材为主，吃粮长期靠国家返销。1970年开始，该大队在全公社其他大队大修水利设施的干劲鼓舞下，学习大寨改天换地的精神，在大队党支部的带领下，修建了两座小水库，打通了8华里长的渠道和15华里长的盘山公路，凿石开田230多亩，还办了林场、药材场、集体猪场和农副产品加工厂。1974年，福坪大队被树立为衡阳地区"农业学大寨"的先进典型，同年10月13日至18日，常宁县委召开950人参加的"农业学大寨"会议，并组织部分与会人员乘客车到福坪大队参观学习。

时任常宁县委书记唐盛世在福坪大队参加劳动时与知识青年促膝谈心

二、白沙水文站

春陵河是湘江的一级支流之一，全长302千米。白沙镇位于春陵河中游，为了掌握春陵河的水文资料，1951年，湖南省水文总站就在白沙建立了水文站，名称是"湖南省白沙水文站"。水文站地址设在白沙中学后面，使用新中国成立前白沙盐业局的房子（约200平方米）。1953年有水文工作人员3—4人，负责人叫王明，双峰县人。第二任负责人为邓礼彪。1958年后，水文监测设施扩充完善，增加了天文观测台，建立了气象园，添置了水文观测船。为了洪水期不受影响，随时观测，在河两岸树立了索道铁塔，观测船的钢绳在索道上来回滑行。

1966年至1971年，水文站进一步新增了地震监测业务，在站内安装了地震仪。负责人是施书卷，常宁大堡人。拆除原盐业局用房，新建了办公用房，为多间的青砖青瓦平房。设立了财务、业务、技术、情报等股室，有电台、发电设施，每天将天文、水文、地文等资料数据向省水文总站上报。欧阳海灌区修成后，1976年，白沙水文站搬迁到欧阳海大坝管理局附近。

20世纪70年代末，白沙水文站的房子卖给了白沙学区作办公用房，90年代中期，白沙学区拆除了原用房，在原址重建了办公楼。

三、生活生产用电

1970年以前，白沙公社机关、学校、居民、村民都是用桐油灯、煤油灯、汽灯照明，亮度低、污染大、不抗风。

1968年6月，白沙机械厂从桂阳雷坪矿购买了一台二手的25匹马力的煤气机，用来发电，燃烧木炭产生蒸汽作动力带动发电机。白天解决本厂生产用电，晚上解决厂内照明用电，这是白沙有史以来第一次用上电。

1971年，白沙公社和阳加公社联手合作，投资建设白水岩水力发电站，历经两年多时间，于1973年建成发电，供应附近几个村的照明和碾米用电。由于水流量小，机型也不是很大，供电量明显不足，曾有过白沙一晚、阳加一晚的轮流供电历史。

1979年，白沙镇决定，在今杜西村石山岭下建水电站。1981年完工后，由于所购入的电力设备差，加上水流量小，不能发电，成为废弃电站，没有达到改善白沙用电的目的。

几乎同时,有一个村民自建的小水电站却发出了耀眼的光彩,那就是猴子冲微型水电站。由当时的白沙镇石湾村猴子冲生产队筹建,于1979年建成供电。此微型水电站的建成,解决了猴子冲自然村10多户70多人的照明用电及碾米、榨油之需。该水电站使用时间达20年之久,直至1999年全湾住户全部搬迁下山,才完成了它的历史使命。猴子冲自然村也是白沙镇后来唯一未架设高压线路的村庄。

1979年底开始,白沙镇域内全面完成欧阳海大坝高压线路建设。欧阳海大坝水电厂的电力引入镇内街道乡村,家家户户的照明和日常生产开始用上了大水电。1980年后,电视机、冰箱等家电开始进入部分较富裕家庭,人们的生产生活进入一个全新的时代。

由于生产的快速发展,电力需求愈来愈大,欧阳海大坝的电力跟不上时代的需求。在党和政府的重视及电力部门的大力支持下,从2017年开始,白沙镇进行大规模农电改造,历时两年完成,2018年底全镇所有乡村及企业都由国家电网统一供电,彻底解决了电力不足、时断时续的"老大难"问题。

四、春陵河岸坡整治

春陵河发源于蓝山县人形山,流经嘉禾、桂阳、耒阳、常宁,于常宁市水口山镇注入湘江,全长302千米,其中常宁市境内河流长度约为52千米。常宁市荫田镇、烟洲镇、白沙镇龙狮堂、阳加洲及原白沙镇段均位于河道凹岸,岸坡冲刷垮塌严重,杂乱无章,河道存在严重安全隐患,不但与规划的镇区环境不协调,还严重危及周边群众的生命财产安全。

为了加固河道岸坡,减少水土流失,消除安全隐患,促进沿河乡村经济可持续发展,常宁市水利局于2019年起对春陵河重要河段岸坡实施整治工程,初步设计经衡阳市水利局以衡水许〔2018〕50号文批复。本工程初步设计概算总投资2533.22万元,其中龙狮堂段344.03万元、阳加洲段608.23万元、原白沙镇段848.21万元。龙狮堂段岸坡整治工程主要包括:新建格宾护脚、雷诺护坡、草皮护坡,一共1649米,新建下河踏步2处,整治支流入河口2处共40米;阳加洲段岸坡整治工程主要包括:新建格宾护脚、雷诺护坡、草皮护坡,共730米,新建下河踏步7处,整治支流入河口4处共20米;原白沙镇段岸坡整治工程主要包括：新建格宾护脚、雷诺护坡、草皮护坡，共2416米，新建下河踏步8处，整治支流入河口6处共120米。

该工程于2019年10月份开工，截至2023年12月，已完成光荣村至阳加中学段、黄源村至杜阳村段、上洲村至南陵村段生态河堤护砌工程。

春陵河岸坡整治工程

第六节　镇村建设

笔直宽敞的新街贯穿白沙街区

　　明万历十五年（1587），白沙设立墟场。清代时为湖广水陆交通咽喉之一，1936年粤汉铁路通车后，水上运输减少且日趋萧条。1952年12月，白沙镇成立，为当时常宁县三个区级镇之一。白沙镇政府机关，从组建到20世纪70年代中期，一直在逃港大财主邓彝午大院办公。1973年下半年，白沙公社党委书记阳敦郊决定择址建设公社党政机关办公场所。经研究，选定白沙古街西边的下洲村王家垒。1974年下了基脚，1975年开始建房，建了一栋坐北朝南的2层办公楼，砖木结构，有30间房屋（办公兼住房），共450平方米。虽然当时公社干部只有10多人，但这是基于长远发展考虑的。1981年，欧诗柏任白沙党委书记时兴建了第2栋镇政府办公楼，约400平方米，有一间大会议室。到了20世纪90年代，又分别兴建了镇司法所、派出所、计生办、财税所等小办公楼。1985年，首次作出白沙集镇建设规划。1991年至1994年间，投资153万元，建成一条长1000米、宽22米的新街。部分镇直单位及百姓便在新街边购买门面建铺建房。至1996年，街道两边的房子基本建成，新增商铺100余个。

阳加乡（公社）政府坐落在阳加洲街西，是一栋砖瓦木质结构、一字形的建筑物。房屋为两层两进，长80余米，纵深20余米，坐北朝南。房子西边紧靠一个古戏台，戏台前面是一个大土坪，1956年6月阳加乡政府启动运作后，这个平坦的草坪得到扩展。阳加乡（公社）历史上召开的数次镇压反革命宣判大会、"农业学大寨"动员大会（号称"万人大会"）均在这个坪里举行。20世纪60年代之前，乡政府旁边的戏台上，经常耍灯唱愿戏，这个坪里挤满了来自四邻八乡的戏迷票友。

1956年6月至1958年8月，"中共常宁县阳加乡委员会"开始在这座大楼内办公。1958年8月至1960年3月更名为"前进（阳加）人民公社委员会"。1960年3月至1968年9月更名为"常宁县阳加人民公社管理委员会"。1968年9月至1976年10月更名为"常宁县阳加人民公社革命委员会"。1976年10月至1980年12月更名为"阳加人民公社革命委员会"。1980年12月至1984年4月更名为"阳加人民公社管理委员会"。1984年4月至1995年5月更名为"阳加乡人民政府"。

2008年，以张志斌为首的新一届镇领导班子为了解决阳加洲以常白公路为墟场阻塞交通的问题，将阳加片计生站撤回了白沙镇。房子腾出来后，与阳加其他几处镇固定资产打包拍卖，筹得300多万元的资金。在戏台坪建造了一个农贸市场——常宁无渣生姜交易市场，结束了阳加洲交易无市场的历史，疏通了常白公路阳加段的"肠梗阻"。

能容纳"万人"的戏台坪（或公社坪里）已不复存在，替代它的是一座钢筋水泥结构笼罩的建筑物，室内是摆设各种商品的摊位。每当三、六、九赶圩的日子，家禽的啼叫和顾客讨价还价的声音混合在一起，回荡在充满各种土特产芳香的空间里。当年雄踞在北边的阳加乡（公社）政府办公大院，如今被一排数层高的私家商铺楼所"占领"，店老板们个个喜笑颜开，日日添财，岁岁接福。

20世纪五六十年代，各村（大队）社区（居委会）都没有专门的办公场所，直到70年代中期才建造了一批大队部，大多数生产大队才有了固定的办公场所，但都比较简陋，一般为两层砖瓦房，内外未粉刷。21世纪初，在国家财政支持下，各村、居委会又重建了一批办公场所，一般投资4万元，大多为一层的混凝土结构房子，面积不大，只有60平方米左右。2016年并村后，办公条件得到进一步改善。2020年，在上级党委政府的高度重视下，通过给予项目、资金支持，白沙镇新建9个高标准村级综合服务中心，提质改造7个村（社区）服务中心，白沙社区租用白沙镇文化站办公楼，解决了一门式服务无阵地的问题。各村（社区）服务中心还进行了绿化、美化、亮化，配备了电脑、电视、空调、宽带网络等现代化办公设施。

阳加洲街景

第七节 脱贫攻坚

白沙镇有省级贫困村2个——观坪村和昆帽峰村，贫困人口百人以上非贫困村9个，有扶贫驻村工作队11个，驻村工作队员29人，其中，衡阳市公安局派驻工作队员9人，常宁市公安局等单位派驻工作队员13人，白沙镇派驻工作队员7人。2020年12月，白沙镇顺利通过了省市县三级脱贫攻坚验收。主要做法：

一、不折不扣完成减贫任务

2019年来，严格执行减贫计划，实现144户470人成功脱贫，截至2020年底，已累计实现823户2956人脱贫。

二、全面落实落细扶贫政策

通过实施"五个一批"扶贫举措，严格按照"村村过关、户户过关、人人过关"的工作要求，突出抓好"两不愁三保障"问题清零，确保扶贫政策措施落实落细。一是发展生产脱贫一批。积极动员全镇建档立卡贫困户投入市委托产业扶贫项目，按人均2000元的标准，投入股金591.40万元，2017年实现返本分红128.63万元，2018年实现返本分红151.40万元，2019年实现返本分红143.12万元，2020年实现返本分红130.28万元。强化产业带动，建立"村社合一"的扶贫农业专业合作社15个，吸收823户贫困户参股分红。2019年观坪、向阳、杜西、茭河、昆帽峰、光荣、和谐等村实现产业分红200元每人，实现贫困村和非贫困村贫困户参股分红全覆盖。二是安居扶贫脱贫一批。全镇累计投入资金3300余万元，完成易地搬迁196户811人，2020年清退2户8人，实际搬迁194户803人。其中2016年完成易地搬迁60户255人，2017年完成48户176人，2018年完成86户372人。先后完成54户易迁户旧房拆除复垦复绿，对113户共墙户实施封存、断水断电措施，全面实现易地扶贫搬迁"入住率、拆旧率、复垦率"三个100%；同时对全镇所有"四类重点对象"房屋进行了全覆盖房屋危险性鉴定，对A、B

级进行挂牌标志，C、D级实施危改。累计完成危房改造任务276户，其中2016年49户，2017年119户，2018年19户，2019年75户，2020年14户。三是生态补偿脱贫一批。通过发放生态补偿资金，帮助贫困群众增加收入。结合镇森林防火工作，选聘8名有劳动能力的贫困户为护林员。四是发展教育脱贫一批。2019年全镇贫困户子女享受教育扶贫补助677人，其中小学340人、初中164人、高中71人、大专21人、幼儿园81人。五是社会保障兜底一批。由白沙镇中心卫生院组建家庭医生服务团队，实现建档立卡贫困人口签约服务达到100%。支持建设13个建制村卫生室，"空白村"问题全部解决，县域内贫困户住院报销比例为85.7%，贫困户受益巨大。经统计，2019年健康扶贫投入为402.7万元。

三、加大基础设施建设投入

积极向衡阳市、常宁市两级帮扶单位争取扶持资金，2019年白沙镇累计投入基础设施建设资金300万元，新修水泥公路6公里，改造加宽13公里，水塘水井维修加固15口，镇财政投入资金80万元对白沙水厂进行管网改造，实现了全镇2956名贫困人口饮水水质清洁化、水量供给正常化，群众反映良好。2020年下达104万元扶贫资金，重点分配到全镇100人以上非贫困村，扶持产业发展和基础设施扶贫。

四、多措并举强化社会帮扶

一是实施消费扶贫。出台《白沙镇2019年消费扶贫实施方案》，动员全体机关干部购买贫困户土特产，全年累计帮助贫困户销售无渣生姜、鸡、鸭、鱼、牛、羊等农副产品60万元，2020年结合工会"七节一生"相关要求，组织镇机关干部职工购买26000元扶贫农产品。二是开展"社会扶贫日"活动。表彰5名脱贫示范户，每人奖励3000元，树立了脱贫致富的正面典型；表彰3名最美扶贫人，为脱贫攻坚工作树立典型标杆；开展"我想有个家"扶贫助学公益募捐活动，镇机关单位共组织捐款5600元，为全镇贫困户提供就学和住房支持。三是加强与中国社会扶贫网的对接。开展"户帮户亲帮亲、互助脱贫奔小康"活动，全镇审核上报"户帮户亲帮亲"重点帮扶对象77户，明确"一对一"帮扶责任人77人，帮扶责任人每月实现一次线下对接帮扶贫困户，及时帮助解决贫困户的实际困难，加强中国社会扶贫网宣传，完成中国社会扶贫网爱心人士注册1536人。

从2021年开始，白沙镇根据上级的安排，实施乡村振兴战略工程。按照"产业兴旺、生态宜居、乡风文明、治理有效、生活富裕"的奋斗目标，在市直部门各驻村工作队的支持下，白沙镇村干部带领人民群众真抓实干，各项工作都稳步推进。

白沙镇易地搬迁安置点

第八节　教育事业

白云缭绕大义山钟灵毓秀孕才俊，沙金闪耀舂陵水玉液琼浆育英豪。白沙教育氛围浓厚，文化底蕴深厚，教育事业蓬勃发展。截至2023年上学期，有初中2所（白沙镇中学、白沙镇阳加中学），完全小学3所（白沙镇中心小学、白沙镇阳加完小、白沙镇茭河完小），村小4所（白沙镇南阳小学、白沙镇六福小学、白沙镇鲇鱼小学、白沙镇星光小学），学前班5个（白沙镇中心幼儿园、白沙镇南马学前班、白沙镇双凤幼儿园、白沙镇阳加幼儿园、白沙镇六福学前班）。现有教职工138人，在读初中生943人，小学生1934人，学前班学生377人。白沙教师敬业爱岗，开拓进取，积极参加教研教改，教学成绩稳步提升。近年来，教师有近300人次在各级教学比武、教学论文比赛中获奖，学生有近400人次在各级各科比赛和市级学生运动会上获奖。1977年国家恢复高考以来，白沙有1500余人考上国家各级大中专院校，他们学成后，在国内外各条战线建功立业。

一、办私塾（1950年以前）

白沙教育，始于私塾。私塾，亦称书塾、学塾、塾馆、蒙馆等，是我国旧时私人开办的学校，一般只开展初级教育。作为一种独特的教学组织形式，私塾的历史源远流长，在中国传统教育体系中占有重要地位。白沙的私塾，自明代白沙形成街市时开始，第一家白沙私塾创办人是高国梁。

白沙的私塾规模一般不大，学生往往从十几人到几十人不等。私塾学生的入学年龄没有规定，可以是七八岁的儿童，也可以是20岁左右的青年，一般在七八岁至十四五岁之间。私塾老师靠学生所缴学费（多为粮米油食物）维持生活，往往比较贫困。

私塾老师多为古代科举的落第秀才或老童生。他们大多是下层的读书人，迫于生计，不得不边读边教边应科考。到清代后期，白沙出现了很多私塾和私塾先生。杜家村的王勋庄，上洲村的王尼书、吴名禄、黄怡早，上洲街的王桂栋、肖凤念，中洲街的谢多宾，下洲村的管光魁，伍家村的伍法律，曹家村的曹慕贤、曹紫照，金堂（观音）私塾的蒋文成，曾家的曾昭日，徐家的徐文治，忠家岭的蒋值勋等，都是当时比较有名气的私塾先生。

白沙火石桥，与私塾同时期，由李氏族人兴办了义学会，校址在李氏祠堂里，称为敦睦堂，招收李氏学子。义学会有田地发租，租金作为义学会先生报酬和用来资助李姓贫困学子，有专人管理。在敦睦堂任教的先生有蒋文成、伍际川、徐洪业等。

民国二十五年（1936），白沙在兴隆庵开始办兴隆庵高小（私立学校）。学生大多数是白沙本地人，也有阳加、耒阳县罗渡、桂阳县青兰、永兴县马田等地的学生在此就读。

白沙私塾的教材与我国古代通行的蒙养教本一样，学生初学时学习《三字经》《百家姓》《千家诗》《千字文》，以及《女儿经》《教儿经》《童蒙须知》等，进一步则学习《四书五经》《古文观止》等。其教学内容以识字习文为主，也十分重视学诗作对和书法教习。

私塾对学生的入学年龄、学习内容及教学水平等均无统一的要求和规定。学生入学不必经过入学考试，一般只需征得先生同意即可，并在孔圣人（孔子）的牌位或圣像前恭立，向孔老夫子和先生各磕一个头或作一个揖后，即可取得入学资格。

私塾教育主要是一种应试教育，其教学内容的选择、教学方法的运用、教学效果的检查以及教师的选择等一切教育活动都围绕科举考试展开，宣扬从小要勤奋学习，以考取功名为学习目的。《千家诗》中就有许多这样的诗句，如"天子重英豪，文章教尔曹；万般皆下品，惟有读书高。""少小须勤学，文章可立身；满朝朱紫贵，尽是读书人。""白马紫金鞍，骑出万人看；借问谁家子，读书人做官。""学乃身之宝，儒为席上珍；君看为宰相，必用读书人。""玉殿传金榜，君恩赐状元；英雄三百辈，随我步瀛洲。""一举登科日，双亲未老时；锦衣归故里，端的是男儿。"

二、开学堂（20世纪五六十年代）

常宁是1949年10月12日和平解放的。新中国成立后至1952年底，积极实施改造私塾的政策，到1952年底农村私塾基本绝迹，私塾改造取得了很大成效。

新中国成立后，国民经济落后，还没有较多财力和物力建设新的学校，只能利用"破四旧"后空荡的庵子、会馆、祠堂和地主的大厅堂来办学校，所以那时的学校被称为"学堂"。

白沙早期在天主堂、兴隆庵、二圣祠、万寿宫、衡清公馆等处开办了私立学堂。1949年底，在白沙兴隆庵开始办公立学堂——白沙完小。1949年至1950年肖公龙任校长，1952年郭威祥任校长。只有初小和高小，相当于现在的小学教育。当时由于经济和社会条件的限制，人们对教育的重视程度不高。到了入学年龄，家长不愿意送小孩上学，老师往往要到各家各户去劝学。

火石桥的敦睦堂义学，1952年由李柏荣改名为火石小学，成为公办小学。1963年祠堂改建时，更名为南马小学。

1952年在原管钟村春陵河边的管家祠堂里创办公办茭河小学。

1952年在徐家湾的祠堂里开办公办鲇鱼小学，如今仍在办学，但学校用房已于21世纪初重建。

1952年在曹家祠堂开办公办曹家小学，1973年改名为星光小学，并择地址新建了校舍。

1952年在曾家厅堂开办公办曾家小学，1970年建新学校，更名为红卫小学。

1952年在阳加的观音村开办公办黄泥坳小学，学校只有两栋泥巴抖墙屋，4个教学班，教师有李铁、李敬祈等。1958年黄泥坳小学解散，分别办起了观音小学、忠岭小学和井边小学。

1954年，由清溪学堂总务曹惠然建议，在曾庆财（时任鲇鱼乡乡长）和何承才（时任阳市村党支部书记）支持下，清溪学堂从衡头的下马岭搬到阳加的观音阁（现在的阳加中学位置）和庐山庵（现在的阳加完小位置），开办公办阳加完小。清溪学堂（新创办的阳加完小）面积很大，总共有几十间房屋，两个四合院，均为三进，能容纳数百名学生，当时办的是高小。清溪学堂从衡头搬到阳加，主要原因是阳加有水利交通之便，便于搬迁教学用具。

扫盲从1956年开始，到1958年达到高潮，几乎每个较大的湾场都开办了农民夜校。村小、祠堂、村民稍宽点的厅屋，到处是夜校的临时校舍、课堂。夜校有半强制性，不认识字的人都被要求参加。教师由公办教师或村里稍有文化的人担任，教材由各村自编。

1956年至1958年，农村又兴办保育班，招收6—8岁的孩子。谢兰芳、王娥容在石湾村部办班，学生有20多人。郑田桂在火石桥李家大厅里办班，王淑容在杜家原白渡乡公所里办班。

1958年，白沙和阳加分别创办附中，在完小里增设初中部。1959年下学期，白沙附中和阳加附中合并，校舍在阳加，叫阳加附中。1963年下学期，阳加附中撤并到常宁六中（校址在龙门樟树下廖家祠堂）。1969年，政府提倡"社社办初中"，白沙和阳加分别恢复办初中，一直到现在。

1958年，在白沙上洲街老卫生院处，办了一所农技中学（简称"农中班"），以培育农村基层干部为目的。招生对象是白沙、西岭、衡头、阳加等地有一定文化基础的青年人。初期，老师有耒阳的谢少康和欧阳兴，开设一个班，40多人。1959年上学期，农中班搬迁到杜家原白渡乡公所，学生已有70多人，开设了2个班。时任老师为罗治民、邓述仁。到1959年下半年，学生不断增加，学校已初具规模。1959年底，前进公社撤销，阳加公社成立。农中班搬到阳加的白水岩，更名为阳加公社农业技术学校，开设2个班，80多人，男女各半。罗治民、邓述仁任教师，阳加附中校长刘人主兼任校长。老师每月工资30元，由当地公办学校发放，学校运转经费自筹。学校开设食堂，学生自带口粮，蔬菜肉食副食则由学校解决。当时学校教学体制是半工半读。学校利用白水岩周边山地自己开荒种菜、种粮、种果树，基本能自给自足。因为半耕半读，学校有些收入，农村学生免费，吃居民粮的学生则交半费。学习教材是全日制中学教材，毕业发给初中毕业证书。1961年，阳加与白沙再度分设管理后，因建制的改变，农技学校停办。

1965年，农村兴办耕读学校，主要目的是扫盲。白沙办有上洲、下洲、南马、石湾、红旗、杜阳、茭河7所耕读学校；阳加办有茅坪、徐家、曾家、曹家、董湾5所学校。学员年龄偏大，目不识丁，上午上学，下午出工。耕读学校的教师除少部分由公办中小学教师兼任外，大部分由村里有点文化的村民担任。这些在耕读学校任教的农民老师是民办教师的前身，他们由所在生产队记2分工分，年终生产队分粮，并发8元的月工资，这部分教师后来多数转为公办教师。

1966年毛主席的"五七指示"发布后，全国教育系统掀起"学工学农学军"高潮，各中小学逐步建立起学农基地。白沙中学的学农基地设在金招大队，20世纪70年代改到福坪大队（麻石岭组）。阳加中学的学农基地在胜利大队。学农基地一般有50亩土地，种植大豆、花生、红薯等农作物。学生分班轮流到学农基地劳动，每学期一周至一个月。改革开放后学农基地就停办了。

三、学校办到家门口（20世纪70年代至80年代前期）

20世纪70年代，国家提倡学校办到家门口，读小学不出村，读初中不出乡，读高中不出区，大力发展基础教育。村村普遍办学，高峰期是70年代，不少村小延续到了90年代。后来，因为生源少、教师少、校舍差等原因，村小被陆续撤并。白沙各村校具体创办和撤并的时间不一，粗略统计如下：

学校名称	创办时间	撤并时间	备注
南马小学	1972	2008	
石湾小学	1972	2008	南马小学前身是1952年创办在李家祠堂的火石小学，1963年祠堂改建，更名为南马小学。2009年9月由石湾、南马、大路、伍家四个村在南阳垌靠近白鹿公路联合建新校舍，四村小学合并。该校得到了明日中华教育基金会的支持，后命名为明日中华南阳联校，简称南阳联校。
猴子冲教学点	1972	1992	
大路小学	1972	2003	
红旗小学	1972	1993	
上洲小学	1972	1993	
下洲小学	1972	1993	1993年下学期，撤销上洲、下洲、居民、杜阳四所小学，合并创办白沙镇中心小学。
居民小学	1972	1993	
杜阳小学	1972	1993	
福坪小学	1972	2012	
西棉小学	1972	2006	
杜家小学	1952	2016.9	
沙坪小学	1972	1997	
茭河小学	1952	现在	1997年下学期，沙坪、黄排、金招三所小学撤并到茭河小学，校址搬迁到常白公路旁（原管钟村四组的梨子山里），更名为茭河联校，2009年升格为茭河完全小学。
黄排小学	1972	1997	
金招小学	1972	1997	
星光小学	1952	现在	
荣华小学	1972	2016	
红卫小学	1972	2016	

续表

学校名称	创办时间	撤并时间	备注
鲇鱼小学	1952	现在	
董湾小学	1972	2012	
阳市小学	1972	1986	
茅坪小学	1972	1986	
阳岐小学	1975	1993	
胜利小学	1975	2014	
观音小学	1975	2014	2014年9月，阳岐、胜利、观音、井边、忠岭、冲口六个村联合建新校，命名为六福联校。新校竣工前，学生合并在井边小学上课，2015年9月搬入新校。
井边小学	1975	2014	
忠岭小学	1975	2014	
冲口小学	1975	2014	

1972年，南马小学在保留小学部的同时增设了初中部。校长是李年春，初中部教师有李年春、李显鹏、李佐育三位。初中学生每学期要到学校学农基地竹山岭学农一个月，学生自带粮食和铺盖，吃住在山里。半天学习文化，半天开荒种地，摘茶叶。1976年下学期，南马小学初中部撤并到白沙中学。

1972年开办的猴子冲教学点，由于地理位置偏僻，交通不便，条件艰苦，1992年下学期撤并到石湾小学。

1972年2月，阳加中学在有初中部的同时，开始筹办高中部。截至1981年上学期，共招高中生7届15个班，为白沙、阳加、衡头、西岭、荫田五个公社培养高中生800多人。阳加中学高中部在1977年恢复高考后，先后有数十名学生考上北师大、湖南大学等高校，在常宁享有盛誉。阳加中学能出人才的一个重要因素，是有一批爱岗敬业、爱生如子的好老师。阳加中学高中部停办后，当年在阳加教高中的曾中和、谭雪松、李江青、李孟龙等老师，都被选调到了常宁一中、二中任教；吴洪轩、谢爱华老师后来提拔为学区主任；周贻志、谢桂阶、谭庆胜等老师成为中学校长或学区专干。

1984年8月，刚成立的白沙镇学区为解决白沙教师严重缺编问题，经常宁县政府批准，面向全县招聘20多名编内代课教师，充实了教学点和山上学校的教师队伍。这批代课教师虽然是统一招聘的教师，其实是民办教师身份，待遇很低，生活艰辛。后来，这批代课教师大多数通过考试进入正规教育院校深造，成为正式公办教师。

1985年，白沙学区在金招村养猪场开办白沙农校，招收农民学员，学习种植和养殖技术，一直到2012年停办。李元洪、管品舜、谢扬华先后任该农校校长。

20世纪70年代，白沙教育的特点：一是学校多，每个村不但有小学，而且还有中学。二是教师多，主要是民办教师和代课教师，一个学校难得见到公办教师。教师大多学历低，文化水平低。很多人是小学毕业教小学，读过初中教初中。三是办学条件差，大多数校舍是老旧的祠堂、庵子和地主的大厅堂。四是教师待遇低，民办教师和代课教师靠生产队计工分生活，是半农半教老师，上午在学校教书，下午到生产队出工。五是学前教育缺失。

四、通过"两基"验收（20世纪90年代至21世纪初）

"两基"验收是教育部的一个重要的教育发展行动，以贯彻《国务院关于进一步加强农村教育工作的决定》，进一步推进西部大开发，实现西部地区基本普及九年义务教育、基本扫除青壮年文盲（以下简称"两基"）为行动目标。

"两基"国家评估验收（简称"国检"），包括普及程度、师资队伍、办学条件、教育经费、教育质量、学校管理、扫盲工作等7大内容，共31项指标。

根据国家的统一部署和常宁的实际情况，白沙各校"两基"验收工作始于1993年，1997年10月通过了湖南省"两基"验收。

当时，白沙镇接受验收的学校有19所。其中初中2所，即白沙镇中学、阳加中学；中心小学1所；完小1所；村级小学15所，即南马小学、石湾小学、杜家小学、茭河小学、福坪小学、阳市小学、董湾小学、鲇鱼小学、红卫小学、星光小学、观音小学、井边小学、忠岭小学、冲口小学、荣华小学。

为迎接"两基"验收，1996年，白沙镇上片在时任白沙镇党委书记唐绍雍、镇长吴建政的支持下，广泛集资，大搞建设，学校办学条件得到很大改善。铲平了高低不一的白沙中学校园，重建了校门、围墙，修建了运动场和3个水泥篮球场。拆除学区老办公楼，新建了学区新办公楼。白沙中学新建了一栋建筑面积1600平方米的四层教学大楼和一栋教师宿舍楼。阳加片新建了阳加中学教学楼。茭河小学进行了整体搬迁重建。

通过"两基"验收的推动，白沙的办学条件得到了较大的改善，办学风气也有了明显好转，人们的重教意识大为增强，抓教育必须从娃娃抓起的理念逐渐被大多数人接受。白沙的幼儿教育，从无到有，从弱到强，从民办到公办，逐步发展起来。

早在"两基"验收之前的20世纪80年代，白沙就有了幼儿教育的萌芽。白沙街上女青年关意林，于1984年2月，率先在自家办起了白沙第一所新式学前班。同年9月，教师家属陈明丽在居民小学、唐姣爱在杜家小学各办起一个新式学前班。到1985年，全镇各村小都办起了新式学前班。1994年8月，陈明丽购买了原白沙镇工商所办公楼，兴办白沙镇第一所私立幼儿园——小神童幼儿园。张丽于2004年在原阳加乡财税所旧址内兴办小天使幼儿园，2007年停办。张金凤和张银凤两姊妹于2007年在管钟村兴办双凤幼儿园，至今仍在办学。黄荣凤于2009年8月在上洲村兴办福娃幼儿园，2019年8月停办。2009年，张为攀在原阳加红砖厂内兴办阳加幼儿园，2013年停办。2014年8月白沙镇学区购买了小神童幼儿园，兴办白沙镇中心幼儿园（公办）。

五、建设合格学校（21世纪以后）

21世纪初，白沙只有3万多人口，24个自然村，却有近20所村级小学。各校学生人数不一，多的有200多，少的只有几个人。校舍大多是人民公社时期建成的，基本已成破烂不堪的危房。特别是山上片的福坪、西棉、石湾、胜利、井边、忠岭、观音、冲口等村校，都分布在大义山脉上，海拔高，道路陡，安全隐患多。石湾村的学生上学要走10多里山路，途中要经过4座简易木桥，在欧阳海灌区左干渠道1.5米宽的堤岸上要走200多米，家长很不放心。福坪村有3个自然组的学生，上学要走几里远的深山无人小道；有2个自然组的学生上学要经过一条300多米的陡坡，一到下雨、下雪天，稍不小心，学生就有可能从坡顶滑到坡底，非常危险。西棉村的学生上学要经过一条2100多级台阶的亭子岭，道路坡度大、急弯大，没有人烟，学生只有成群结队上学，偶尔一个人迟到了根本不敢去上学。胜利村的学生更是分布在海拔近千米的10个小村庄里，冬季和阴雨天气，大雾迷茫，10米之内都难看清人影，学生行走在山路上很危险。

村村建学校，读书就在家门口，当时办学目的是扫盲。而如今，我国农村人口出生率降低，农村义务教育阶段生源日渐萎缩。学生多的村校有三四个年级，三四十个学生，三四个教师；学生少的一所村校只有几个学生，一个教师。那些长年坚持在村小任教的老教师逐年退休，新毕业的大中专学生又不愿到村小任教，导致师资力量得不到补充，村校师资严重不足。村校体育、音乐、美术没有专任教师上课，英语和信息课根本无法开设。村校布局不合理、教师严重缺编是白沙教育发展的短板，补齐短板已成为白沙教育的头等大事。

为从根本上改变白沙教育落后现状，提高教育教学质量，通过认真调查、精心评估后，白沙学区领导班子拟对辖区内的村级小学布局进行大刀阔斧的调整。

白沙的学校优化布局工作得到了白沙党政的大力支持。白沙镇党委、镇政府很快就审议通过了《白沙镇村小合理布局方案》。《方案》明确了具体发展目标：石湾小学、南马小学、杜家小学、董湾小学、鲇鱼小学、星光小学、荣华小学，按计划有步骤撤并。通过多方努力，投资数百万元，白沙上片石湾村、南马村、大路村、伍家村等4个村新建了南阳联校（得到了明日中华教育基金会30万元的支持，故学校全名为明日中华南阳联校），2013年秋季6个村新建了六福联校，2014年秋季学生进入新校舍上课。至此，白沙镇的学校合理布局工作基本完成。

白沙镇的学校一边进行合理布局建设，一边迎接国家合格学校的验收，建设好一所，申请验收一所，合格一所。

南阳联校

六福联校　　　　　　　　　　　　　　茭河完小

为迎接合格学校验收，建设合格学校，白沙镇各校进行了充分的准备工作，并按照合格学校要求改善硬件设施。

白沙镇中学：2003年，购买了原白沙工商所办公楼，用作学生宿舍。2006年综合楼竣工，配备了多媒体教室、电脑室、语音室、图书室、阅览室、书画室、健身室、音乐室、舞蹈室、实验室、会议室，新建了2个篮球场、1条200米的环形跑道。

阳加中学：1999年新建了教学楼，2003年新建了教工宿舍，2013年新建了师生食堂和修建了一条200米的环形跑道，2017年新建了教职工周转房。

白沙镇中心小学：2012年，投资300多万元新建了教学楼。2016年，投资200多万元新建了教职工宿舍。图书室藏书13775册，多媒体室、电脑室、语音室，设施齐全。

茭河完小：1997年搬迁校址，新建教学大楼。1998年新建运动场、篮球场，绿化校园。2005年，新建了综合楼等配套用房，图书室、电脑室、音乐室等功能齐全。

2011年9月，白沙镇中学通过合格学校验收。2013年10月，阳加中学通过合格学校验收。2014年11月，白沙镇中心小学和阳加完小通过合格学校验收。2015年10月，茭河完小和南阳联校通过合格学校验收。

近年，社会各界有识之士为助力白沙发展教育，多出人才，纷纷伸出援手，多个奖励基金会成立。

2008年，茭河联校校友钟贤美倡议，他和他的四个兄弟姊妹每年共出资1万元，以其母张泽秀老孺人的名字命名，在茭河联校设立奖励基金，每年年底给学校优秀教师、学生颁奖。

2012年，白沙镇富成教育基金会成立。由白沙镇中学校友王富成先生捐资

100万元，每年奖励资金不少于4.75万元。

2015年，阳加清溪教育发展基金会成立。由阳加中学校友和各界爱心人士共捐资150多万元，设立清溪奖励基金。目前，该基金总额已超过200万元，每年拨出10万元左右的资金，奖励该校的优秀教师和优秀学生。

2020年，经阳加中学校友李佐立牵线，阳加中学挂牌成为"长沙麓山外国语实验中学城乡共建单位""长沙麓山外国语实验中学常宁研学基地"。

六、主要教育机构及主要负责人

（一）白沙镇教育管理机构及班子成员

机构名称	主任（校长）及任期	班子成员
白沙镇学区	徐光荣 1984—1986	李敦军 尹国汉 陈康运
白沙镇学区	李敦军（代） 1986—1988	尹国汉 陈康运
白沙镇学区	黄瑶生 1988—1990	尹国汉 陈康运
白沙镇学区	谢爱华 1990—1992	谭庆胜 林文彪 陈康运
白沙镇学区	龙启元 1992—1993	谭庆胜 林文彪 陈康运 易湘群
白沙镇学区	谢爱华 1993—1995	谭庆胜 林文彪 陈康运
白沙镇学区	李洪利 1995—2002	谭庆胜 林文彪 徐建雄 蒋清红
白沙镇学区，2006年改为白沙镇教育办	王淑国 2002—2012	徐建雄 蒋清红 吕前章 欧鹏奎
白沙镇教育办	廖启林 2012—2014	徐建雄 欧鹏奎 资道武
2016年白沙镇教育办和白沙镇中学合并称白沙镇中心学校，开始设立党总支部	校长资道武 2014—2020 书记王凤生 2016—2019 资道武校长兼书记 2019.10—2023.12.26 刘振军任总支书记 管品芳任校长 2023.12.27—	徐建雄 欧鹏奎 袁旭东 董立军

（二）白沙镇中学历任校长和党支部书记

职务	姓名	任期
校长	钟琼玉	1969—1982
校长	廖　群	1982—1983
校长	徐玉申	1983—1984
校长	周保运	1984—1987
校长	谢爱华	1988—1989
校长	谢桂阶	1989—1990
校长	易湘群	1990—1992
校长	李洪利	1992—1995
校长	曹小平	1995—1999
校长	周国仕	1999—2000
校长	王淑国	2000—2002
校长	唐小青	2002—2011
校长	姚解东	2011—2015
校长	王志成	2015—2016.8
执行校长	王志成	2016.9—2018.8

（备注：1969年前叫白沙完小，1958年起，完小里办初中；1969年起独立办初中。1952—1954年，郭成祥任校长；1955—1960年，廖安凡任校长；1960—1961年，周治湘任校长；1961—1966年，吴兴华任校长；1966—1968年，徐龙章任校长。）

白沙镇中学

（三）阳加中学历任校长和党支部书记

职务	姓名	任期
校长	刘人主	1958—1962
校长	刘 书	1969—1979
校长	吴洪轩	1979—1986
校长	周贻志	1986—1991
校长	谢爱华	1991—1992
校长	董三尧	1992—1995
校长	王淑国	1995—2000
校长	周国仕	2000—2003
校长	董三尧	2003—2004
校长	徐国强	2004—2005
校长	姚解东	2005—2011
校长兼书记	董立军	2011—2020
校长兼书记	徐昭孝	2020—2023

阳加中学和阳加完小

（四）白沙镇中心小学历任校长和党支部书记

职务	姓名	任期
校长	谭咸勋	1987—1990
校长	管志和	1990—1993
校长	曹廷云	1993—2002
校长	徐国强	2002—2004
校长	资道武	2004—2009
校长	邬金华	2009—2018
校长	郑 兴	2018—2023
书记	王成林	2016—2023

白沙镇中心小学

（五）阳加完小历任校长和党支部书记

职务	姓名	任期	备注
校长	李振衡	1954-1956	1958年下学期，阳加完小升格为附中，校名更改为阳加附中。保留小学部，增设初中部。1963年下学期，阳加附中撤并至常宁六中，至1969年阳加中学恢复办学。1963年下学期至1969年上学期，阳加只有完小，没有中学。1969年下学期，阳加中学恢复办学，阳加完小并入中学。1987年下学期，初中、小学分校办学。
校长	徐瑞彩	1956-1958	
校长	钟琼玉	1963-1969	
校长	吴洪轩	1987—1991	时名荫田区阳加中心校
校长	徐富章	1991—1992	时名荫田区阳加中心校
校长	李年春	1992—1994	时名荫田区阳加中心校
校长	罗法生	1994—1995	时名荫田区阳加中心校
校长	董三尧	1995—2000	时名白沙镇阳加学校
校长	董三尧	2000—2004	更名为白沙镇阳加完全小学
校长	徐国强	2004—2005	白沙镇阳加完全小学
校长	满少鹏	2005—2009	白沙镇阳加完全小学
校长	董立军	2009—2011	白沙镇阳加完全小学
校长	刘振军	2011—2018	白沙镇阳加完全小学
校长	夏生平	2018—2023	白沙镇阳加完全小学
书记	尹勇德	2016—2023	白沙镇阳加完全小学

（六）芝河完小历任校长和党支部书记

职务	姓名	任期
校长	徐章荣	2004—2012
校长	郑 兴	2012—2018
校长兼书记	徐昭孝	2018—2020
校长兼书记	李广荣	2020—2021
校长兼书记	贺小华	2021—2023

（2009年下学期，芝河联校升格为芝河完小）

（七）白沙镇中心幼儿园

职务	姓名	任期
园长	黄朝晖	2014—2023

白沙镇中心幼儿园

（采访对象：罗育达、王淑国、资道武、徐玉申、黄克舍、曹石林、曹廷杰、吴中和、徐建雄、曾生录、周乐、汪继金、伍允湘、尹勇德、李显禄、李显鹏、王书华等）

第九节　医疗卫生

白沙历史悠久，市场繁荣，人口集中，处四县交界之地，流动人口络绎不绝。因此，发展医疗卫生事业，保障人们身体健康相当重要。新中国成立之前，白沙以中医为主，都是个体行医。中药店有"杨怡顺""康记"等10余家，业务量都比较大。

1953年，白沙成立了联合诊所，医务人员有王振宇、肖功旻、管世元、黄景章、李先应、王芳等。王振宇、管世元、黄景章、李先应都是中医师，肖功旻中西结合，王芳为中药药剂员，负责人是黄景章。

1958年，联合诊所转为白沙卫生院，尹衡任首任院长，并增加了几个医生。从1960年起，以西医为主，中西结合。白沙卫生院没有房子，一开始在中洲街租赁私人的铺屋，后来又租上洲的铺屋及万寿宫等作为营业场所。为了改变这种状况，1973年，白沙公社调集各大队的泥木工，在白沙中学北面约50米的地方建起了白沙卫生院第一栋门诊部用房。门诊部坐北朝南，建筑面积300

白沙医院

平方米，单层，砖木结构，青瓦屋面，中间是过道，两边为门诊室。因资金困难，只有内墙进行了粉刷。从此，白沙卫生院有了固定的诊疗场所。

因工作需要，1975年，又在门诊部的东面建了一栋两层楼房，坐东朝西，建筑面积200平方米，前面有一走廊与各个房间相通，中间一间为楼梯间。第二层是木板楼房，为住房和病房。

随着医疗条件的改善，医务人员也逐渐增加，设立了内科、普外科、妇产科、中医科等。1985年，经县卫生局批准，扩编为区镇级医院，当时医务人员有15人。

为了改善医疗条件，于1992年动工新建了一栋门诊大楼。当时担任院长的尹兴贵克服重重困难，动员本院职工集资，发动社会人士积极赞助，采取边施工、边集资的办法，于1993年建成了一栋三层楼的门诊大楼，建筑面积1000多平方米，坐北朝南。第一层为门诊部，第二层为住院部，第三层为办公室和会议室。从此，医院大为改观，购置了常用的检验、放射设备，增加并培训了医护人员。1995年，全院已有医护人员50多人，其中共产党员8名。设立了内科、普外科、妇产科、放射科、检验科、中医科等科室，并在白沙老街、新街设立了3个门诊部。

1997年，尹兴贵调往县城中医院，肖高武担任院长兼党支部书记。医院各科室进一步完善提高，特别是妇产科能做剖腹产手术了，白沙对河的耒阳市有很多病人都来白沙医院治疗，很多产妇都来白沙医院分娩。2004年3月，肖高武调往县城三医院，由肖高军任院长兼党支部书记。2004年至2005年增建了一栋三层楼的住院大楼，建筑面积1000多平方米。住院大楼设有病床40多张，中型手术室一个。

2012年，把原来靠东边的一栋老房子拆除，建造了一栋八层楼的综合大楼，于2013年竣工，建筑面积2000多平方米。现在，白沙医院房屋建筑面积达5000多平方米，门诊、住院、手术、理疗设施配套齐全。有医务人员80多人，其中共产党员20名，是常宁乡镇医院中规模最大的医院。

1954年2月，在阳加洲街上开中药铺的谢隆祥、蹇爱容和开西医诊所的曾庆康合并成立了阳加联合诊所。经营场所设在上洲街靠舂陵河岸的对冲巷尾（又名龙家巷子）罗文基的房子里。这栋房子四扇三间，建筑面积约150平方米。不久，阳加联合诊所更名为阳加卫生院，曾庆康出任第一任院长。

1966年9月，根据中央有关文件精神，公私合营性质的阳加卫生院转变为社会主义全民所有制企业，医务人员个体身份得到置换。

1967年初，全国范围内暴发了一场流行性脑膜炎，阳加亦陷入疫情当中。院长曾庆康沿街挨家入户，从包包里掏出白色的药粉撒进水缸消毒。个别家庭认为药粉"气味难闻"，将缸盖捂紧不让撒，还因此发生争吵。那段时间卫生院每天都派人去阳加洲的新井边、燕窝形、庙井边、大桥边等数口饮用水井撒药消毒防疫。与此同时，阳加卫生院的医务人员还背着药箱，跋山涉水，走村串户，分发预防药品。老中医谢隆祥倾尽毕生经验，研制出一剂中药汤头，大锅熬煎，人服一碗，防疫效果奇佳。当疫情被控制后，这位老先生因劳累过度，于当年5月无疾而终，享年74岁。

随着形势的发展和人们的需求增多，地处龙家巷子的这个卫生院因场地狭小，房屋老化，瓦檐滴漏，已经不适合作医疗场所之用。1975年，阳加人民公社革命委员会研究决定：阳加卫生院搬迁至戏台坪南端铁木业社的一间大房子里作短期过渡，且在阳加洲街尾的枞山岭上，将阳市3队、5队、6队所属地段约600平方米的旱土，划拨给阳加卫生院建设新医院。

新医院于1978年建成，是一栋两层的青瓦红砖楼房。

阳加卫生院在撤区并乡后，与白沙医院合并为一个医院，保留为分院。阳加片的病人可到阳加分院就诊，重病需住院的再转到白沙医院。近年，阳加分院拆除了老旧的用房，在原址新建了一栋7层的门诊大楼，医疗设施设备有了很大的提升。

白沙医院从无到有，从小到大，从几个人的诊所发展到一个一甲区镇医院，为白沙镇人民的医疗、保健、卫生事业作出了重要贡献。

阳加分院

附：白沙医院历届负责人

姓名	职务	任期
黄景章	联合诊所所长	1953—1956
尹衡	白沙卫生院院长	1957—1958
王芳年	白沙卫生院院长	1959—1961
刘同祺	白沙卫生院院长	1962—1964
陆良军	白沙卫生院院长	1964—1969
李太文	白沙卫生院院长	1970—1972
李玖	白沙卫生院院长	1973
刘中华	白沙卫生院院长	1974—1976
刘锦章	白沙卫生院院长	1977—1978
白加升	白沙卫生院院长	1978—1979
关石生	白沙医院院长、党支部书记	1979—1982
王芳年	白沙医院院长、党支部书记	1983
李少成	白沙医院院长、党支部书记	1984—1986
曾善忠	白沙医院院长、党支部书记	1986—1988
尹兴贵	白沙医院院长、党支部书记	1988—1997
肖高武	白沙医院院长、党支部书记	1997—2004
肖高军	白沙医院院长、党支部书记	2004—2022
黄彦德	白沙镇中心卫生院院长、党支部书记	2022—2023

第十节　其他社会事业

一、农技推广

1970年，白沙设立白沙农业植保站和阳加农业植保站，有植保员4人。1986年，植保站改为农业技术推广服务站，村设农业技术推广服务组，广泛开展推广应用农业技术和科研成果活动。1992年，常宁县成立科技兴县工作领导小组，各乡镇配备科技副镇长。1995年撤区并乡后，原白沙、阳加农业技术推广服务站合并为白沙镇农业技术推广服务站，有农业技术服务员4人，并将辖区内2个农业合作经济组织（成员40户）列为科技服务重点示范对象。至2021年底，全镇农业技术服务机构有4个，从业人员17人。全镇有家庭农场3个，有实际经营活动的农民专业合作社55个，合作社成员达385人。

二、文化体育

1965年，白沙公社建立民办公助文化站1个。1974年，文化站配备文化辅导员，1982年后，辖区各大队相继建立文化室。至1984年，全镇共有文化室15个。至2021年，全镇有文化站、图书馆各1个，村级文化活动中心28个，农家书屋28处，藏书5万余册。

1970年，公社始建广播站，逐渐架通了广播专线，安装了高音、舌簧喇叭。在20世纪70年代，白沙便实现了湾湾通广播，村村（大队）通电话的目标，公社驻地周围安装了4个大高音喇叭。

1992年，白沙镇首建乡镇无线电视台，功率覆盖白沙镇及对河耒阳几十个湾村。1995年撤区并乡后，阳加与白沙合并，同年底，白沙无线电视台便转建到毘帽峰山巅，功率加大，覆盖范围增大到方圆15平方公里。那时，兴起有喜事时到电视台点歌、点剧播放的做法。百姓家逢乔迁、庆寿、婚娶、升学等喜事时，到镇里电视台来点歌、点剧播放予以祝贺的络绎不绝。2004年，开始发展有线电视。至2020年底，有线电视已进入全镇每一个村（社区）。有线电视用户达2000余户，入户率达20%。

辖区内居民有习拳、耍刀、舞棍等尚武的传统，在20世纪70年代以前，白沙民间还有逢重大节日，民间举行武术表演或武术比赛的习俗。至2020年底，境内学校有田径运动场2处。2000年以来，境内不少村（湾场）建起了篮球场或安装了健身器材。2020年7月10日，境内第一个足球场，在黄源村刘家湾开建。该足球场是国家为了发展群众体育运动而支持的项目，是常宁市第一批由中央财政资金支持建设的乡村足球场。常宁同批共建13个，主要由国家投资的只有白沙镇和大堡乡的足球场。白沙足球场坐落在黄源村原黄排片六、七组，占地面积3500平方米，实际用地面积2520平方米，为7人制足球场，铺设的是人工草皮。该足球场于2020年7月15日动工，8月6日竣工，已经通过湖南省体育局的验收。总投资65万元，其中中央资金支持50万元，白沙镇政府支持15万元。后期维护、管理由白沙镇及黄源村负责。

白沙足球场

三、邮政通信

1962年，辖区建邮电支局2个，网点4个，有固定电话7部。到1970年后，辖区内各大队都通了电话。尤其是原福坪大队，衡阳地区的领导在此蹲"农业学大寨"的点，电话能保证日夜畅通。1994年，数字程控交换设备取代电话自动交换设备。1997年，境内交换机实占容量192门，有电话用户192户。1998年后，邮政、电信分营。到2020年底，境内有邮政所1家，网点2个，投递点28个，通邮率100%；有电信企业3家，服务网点6个；有固定电话用户251户，移动电话用户1.54万户，互联网用户516户。

四、财政金融

1984年7月，建立镇财政所，有工作人员2人。同年，全镇完成财政收入60余万元。2011年，全镇财政总收入达502.5万元，其中矿产资源税达100万元。2021年，全镇地方一般公共预算收入1683.8万元。

新中国成立后，白沙辖区内有白沙、白渡、火石、茭源、阳加、鲇鱼、官陂7个乡，每个乡都设立了农村信用社，后来，7个乡合并组建为白沙、阳加乡，2个乡又成立新的农村信用社。1995年撤区并乡后，白沙、阳加2个农村信用社合并组建为白沙信用社。

五、饮水安全

1970年前，境内村民、居民饮水，均是饮用井水或河水、溪水。1971年，白沙公社建立水厂1座，仅供机关单位饮用。2012年，争取国家投资600多万元，以猴子冲水库为水源，在其附近兴建了白沙水厂，解决了全镇机关、居民、村民3000多用户的用水问题。山区部分农户拦截山溪水建滤水池，用胶管引水直供饮用，山下盆地村民则打压水井，提地下水饮用。2014年，为了解决原阳加片山上6个村饮水问题，国家投资300多万元，在原胜利村建设了阳加水厂，惠及7000余名山区村民。2018年3月，常宁市实施农村饮水巩固提升工程PPP项目，该项目投资近亿元，在荫田镇烟塘背（从春陵河取水）建设了服务东部片区的荫田水厂，满足原荫田区各乡镇群众生活用水，至2023年底，已完成主管网工程。目前，白沙通自来水的村（社区）已达13个，自来水用户已发展到5514户。

六、社会保障

1961年至1983年，辖区五保户由大队、生产队分散供养，每人每年发放生活费300元、口粮250公斤、食油4公斤。1983年后，辖区五保供养由镇统筹，每人每年发放生活费350元、口粮300公斤、食油6公斤。2007年后，辖区五保户开始享受低保待遇。2011年8月，在原白沙柑橘场（原金招村内），利用原柑橘场的办公楼，装修改造，占地2亩多，新建了院子，创办了白沙敬老院，此后又利用原阳加农科所的住房装修改造,创办了白沙敬老院阳加分院。部分五保户入住敬老院,予以集中供养,也有部分五保户在家居住,予以分散供养。到2020年底,全镇共有集中供养的五保户36人,分散供养的五保户50人。

2007年,辖区内实行城乡居民最低生活保障制度。至2021年末,全镇享受城乡居民最低生活保障的有1076人。

2012年,全镇启动农村社会养老保险。到2021年末,全镇参加社会养老保险的有31165人。

2005年,全镇启动居民大病救助工作。2006年至2011年,辖区内享受大病救助195人次,接受民政部门资助509人次,资助资金共计30.7万元。到2021年末,全镇参加基本医疗保险的有23274人。

2008年,全镇核定五定补助人员,伤残抚恤、在职伤残保健人员,优抚对象共计130人,发放补助55914元。截至2021年12月,全镇现有事实无人抚养儿童45人,孤儿17人,低保579户1076人。特困供养134人,享受重度残疾人护理补贴对象458人,残疾人困难生活补助对象243人,临时救助对象244人,现有高龄补贴对象70人。

七、环境治理

20世纪80年代开始,一些人在白沙镇原福坪村白砂子岭上非法炼砷(俗称砒灰),鼎盛时期多达50余处。生产过程无任何环保措施,曾造成

白沙镇推进矿山生态修复后的美丽家园

白砂子岭及其周边寸草不生，当年在非法炼砷中打工的人，后来大多都患有矽肺病等疾病。

为了对白砂子岭上因非法炼砷而遗留的废渣进行妥善处理，降低其对环境的危害，恢复福坪的生态环境，白沙镇党委、政府和衡阳市生态环境局常宁分局，在国家专项环保资金的支持下，分两期对福坪地区的环境予以整治、修复。其中，一期投入3600万元，2015年8月动工，2018年底完工；二期投入3030万元，于2019年12月动工，2020年8月完工。两期工程涉及的整治范围包括现在的观坪、杜西、杜阳、黄源、茭河、南陵6个村数十平方公里的土地、山水。重点是对福坪8处共11.06万平方米的遗留砷冶炼废渣进行集中填埋处置，其中0.26万平方米的危险废物经稳定化处理后单独分区填埋。填埋场底部铺膜防渗，封场采取顶部铺膜防渗覆土绿化，建设截排洪沟等措施。封堵3个矿洞，对原堆渣区域进行生态恢复。

2021年，先后筹资270万元，完成了茭河村、杜西村及白水岩等8个点位共计530吨砒灰渣的科学处置。该工程的实施有效消除了项目内含重金属废渣的持续性污染，治理了重金属废渣对周边生态环境的破坏，改善了地表水、地下水及土壤的污染现状。

2012年开始，白沙镇在常宁市的统一安排下，实施环境卫生"城乡同治"工程，每个村（社区）添置了很多垃圾桶，配备了环境卫生保洁员，定点收集居民、村民的生活垃圾，再集中处理。从此，白沙镇各村（社区）脏乱差的问题得到了有效的解决，环境卫生状况大为改观。

2021年12月开始，白沙镇按照常宁市的安排部署，在"城乡同治"的基础上，升级实施"城乡治理标准化"工程，全镇的生态环境得到进一步恢复，卫生状况得到进一步改善。

2019年开始，白沙镇按照上级的政策要求，实施拆除农村"空心房"（即无人居住的危旧房屋）工程。截至2021年底，全镇已拆除"空心房"50余栋，共计8000多平方米。

为了净化人居环境，尽可能地消除蚊蝇滋生源，白沙镇从2019年开始，实施农村改厕工程，把传统的旱厕（茅室）改为水冲厕，加砌化粪池。截至2023年底，全镇已改厕863户，建农村无害化公厕7所，累计拆除旱厕587间，共计6000多平方米。铺设农村生活污水主管网2300米、支管网3600米，建人工湿地3个。

为了收集、净化生活生产污水，进一步提升舂陵河水质，进一步改善人居环境，2020年12月16日，常宁市发展和改革局下文，决定在白沙镇等乡镇兴建污水处理设施及配套管网。该工程总投资14607.37万元（包括其他几个乡镇同类工程），全部由县级以上政府分担。届时，白沙镇各村（社区）的生产生活污水，都可以通过管网输入白沙污水处理厂，进行净化处理，再加以利用。

至2023年底，白沙污水处理厂已建好，污水管网已铺好。

白沙镇污水处理厂

第四章 文物胜迹

　　白沙镇是一个文化底蕴厚重的千年古镇，这里文物古迹众多，有古街、古巷、古码头、古村落、古民居、古道、古桥、古亭、古碑、古塔、古阁、古庵，数量之多，保存之好，在常宁及周边县市中是不多见的。白沙镇也是一个山清水秀、鸟语花香的美丽乡镇，四季有美景，是旅游观光、户外休闲的好地方。

第一节　历史文物

一、中国传统村落

（一）上游村（徐洲村）

2015年，老屋徐家民居群被公布为衡阳市市级重点文物保护单位。2016年，被住建部、文化部、文物局、财政部、国土资源部、农业部、旅游局等七部局联合发文，公布为第四批中国传统村落之一（建村〔2016〕278号）。

传统村落上游村老屋徐家民居群，始建于清代，坐北朝南，建筑面积10433.75平方米。

不同年代的古建筑风格，在老屋徐家房屋上留下显著的分野，许多古巷、宅院仍保存着原始面貌，有非常高的历史文化价值。经统计，这里现保存有明、清、民国时期的古宅共35栋，青石古巷85条，古井4口。这里有一种"洞口屋"独具特色。它的正面外墙内陷，看起来如洞穴入口一般，正门留有前檐却无廊柱，普遍形制为面宽三间、进深三进。这类形制的古建筑，在衡阳其他地区非常少见。

老屋徐家民居群以鲇鱼塘祠堂为中轴线，两排房屋由北向南纵向对称排列，另两排房屋则自东向西对称排列，整体上形成了闭合的大型"四合院"。在最外围建有坚固的院墙和槽门，东西向留有偏门各4座；内部巷道纵横交错，主要巷道的出口均设有槽门。

徐家祖先的设计非常缜密，有着系统性的考虑，古民居群俨然就是一个易守难攻的"大城堡"。规整如棋盘的"大城堡"里，风格相近的独栋大屋或小四合院组合在一起，既与整体相连，又自成独立门户。

历史上，正是这种严密的堡垒式防御设计，拯救了徐氏族人的身家性命。徐家族谱记载：道光十二年（1832），瑶匪滋害，合境出敌，他姓无不丧命，我族人等并无半点损伤。

晨雾缥缈的徐洲村

显然，防守严密的徐家"大城堡"与欧洲城堡是不一样的。它是一个以血缘为纽带，邻里相望、院墙相接的家族聚居村落。

数百年来，能工巧匠们精心营造的坚固院墙庇护了徐家族人的安全，也让现代人有幸目睹了古代建筑艺术的精湛。

（二）上洲村

2019年，上洲村被住建部、文旅部、文物局、财政部、自然资源部、农业农村部等六部局联合发文，公布为第五批中国传统村落之一（建村〔2019〕61号）。

上洲村处于白沙古镇南端，东隔舂陵水与耒阳市相望，西、南与杜西村、南陵村接壤，常白公路自北向南在其西边蜿蜒而过。

据《常宁县志》记载：明万历十五年（1587）辟为圩场，清代为湖广水陆交通咽喉。它南接郴州、广东、广西、福建沿海地区，北连湘江可达长沙、湖北、四川等地，广州至湘北的1000多公里的茶马古道从这里穿过。且由于它处于舂陵水中游，交通四通八达，自古以来为湘南通往各地的重要关隘，地理位置十分重要。

上洲村传统古村落村庄占地6.8亩，村域面积5平方公里，位于白沙镇新街东南侧，东部紧邻舂陵水，地势处于舂陵水三级台地上。村落整体坐东朝西，

上洲村古民居

有部分坐南向北，平面呈长条状，村落之间各大石板路形成分支，呈东西分布。白沙古街有主街1条，总长2公里，有东西古巷25条，南北与中洲、下洲相连。古村落建筑群依古街西侧辟出的近10条小巷依地势而建，分祠堂、会馆、私宅、公厅屋、民居等。各小巷以各姓氏聚集居住划分，如傅家巷，苏家巷、管家巷等。这些古建筑群与周边南马、伍家、石湾、大路等地四周扩展且连成一体。

上洲村传统村落民宅房屋建筑设计高大，砖木结构，小青瓦，硬山顶，进深三进、面阔三间，呈"金子屋"形制，临街商铺整体建筑为砖木结构的二层小楼，小青瓦覆面，铺面均为活动木制板门，均为一厅一室布局，角柱石雕刻精美。

上洲村传统建筑大多依地势而建，选址讲究，民居、商铺规律分布。这里汇集了从清康熙年间至民国时期的民居20多栋、古商铺20多家、公厅屋5座，祠堂、庙宇、古代会馆各1座，还有新中国成立后的近现代地标，如中国人民银行、供销社等共计50多栋传统建筑。建筑特色集徽派建筑、江西建筑和客家建筑于一体，既具有典型的南方建筑特色，又包含特有的地域文化特色。

现古村落整体风貌保存较为完好，商贸气氛浓郁，至今仍是白沙与耒阳、永兴、桂阳等地的集贸重地。民居、公厅屋、祠堂、会馆等建筑多为独立的天井式住宅院落，凸显古朴、庄重。砖木结构、面阔三间，青砖砌筑清水墙，小青瓦覆面，双坡屋硬山顶，部分建筑屋面还设精美瓦当滴水，石雕、木雕、泥塑、彩绘技艺精湛，精美绝伦。临街商铺位于白沙古街东西两侧，东侧商铺临水而建，每个家族自有码头，为供用水和渡船过河之用。面阔均为三间，进深因区域较窄，东侧商铺多为二进，而西侧商铺则有二进、三进、五进、七进的布局。多为砖木结构的二层小楼，小青瓦覆面，铺面均为活动木制板门。

据调查，这里居民多为从明初到清乾隆年间，由周边及全国各地来此经商迁来居住的居民，均为汉族。来此地经商的商人半工半农，姓氏较杂，以王、李、管、谢、罗、刘等为主。现今上洲村有户籍人口1600人左右。

（三）光荣村

2019年，光荣村被住建部、文旅部、文物局、财政部、自然资源部、农业农村部等六部局联合发文，公布为第五批中国传统村落之一（建村〔2019〕61号）。

光荣村传统古村落位于白沙镇的北部，东邻春陵水，西接大义山脉，南临广袤的田垌，北依西岭、荫田，常白公路由北向南穿村而过，水陆交通便利。

村内有曹氏宗族管业袁家堰，又称钟鼓岭，此山地由人形山发脉蜿蜒数里，夹于两垌之间，江水环绕，左有狮山，右有大岭，门前田塘（曹姓大山塘、水口塘）水源不竭，山清水秀。

村中有中型官陂塘水库，占地100亩。当地农业灌溉主要以水库分水及地下水为主，水质硬度较低，一般属弱矿化水。地下水系软水，呈中性，适宜于农业用水和居民生活用水。周边土质为亚砂土质。

光荣村村域面积约为14平方公里。其西有人形山，旁有虎形山，此二山皆为祖山。南边为农田，与红卫村、上游村交界。这里水塘随处可见，除水塘之外有水库两处。视野开阔，地势平坦，农田、村庄、小桥流水自然相辅，整个村落风景如画。

光荣村古建筑群规划整齐、无檐有廊，多为砖木结构，单栋建筑属三进式院落组合，为一字墙屋布局的深宅小四合院，具有完整的排水设施。整体建筑屋面设计简单古朴，檐口叠涩出檐，前低后高，面宽三间，穿柱、穿斗式梁架，硬山顶，木质、石质门框，石质门墩。门楣上方多有砖雕门楼装饰，为标准的清代建筑风格。

光荣村境内星光古民居群已由衡阳市政府公布为衡阳市市级文物保护单

位。现存明清文物建筑包括祠堂、公厅、民居等33栋，保存均较为完整。其中最具代表性的建筑有曹氏宗祠、相国世家、保盖楼和曹春廷民居。

曹氏宗祠： 始建于清嘉庆年间（1796—1820），原为私塾学堂，曹孟贤为私塾先生，现保存较为完好；

相国世家： 始建于明末清初，又名大公厅，位于光荣村村庄中部，为曹氏始祖建村时兴建，因其族人均为西汉开国元勋曹参后裔，遂取名"相国世家"，建筑保存较为完好；

保盖楼： 始建于清代，位于相国世家西侧，现保存较为完整；

曹春廷民居： 始建于清代，位于村庄中部，现保存较为完整。

光荣村古民居群整体坐北朝南，选址讲究，东西有山脉守护，南边为田地，视野开阔，衡桂古道穿村前而过。古民居群自西向东呈长条状分布，形似北斗，与周围山水相互映衬。村庄内由青石板铺成的巷道有10来条，纵横交错，排列整齐，古建筑屋顶马头墙高低起伏、错落有致。

今天的光荣村是2017年由星光村、荣华村两村合并而来，光荣村传统村落原属星光村管辖，为官陂曹家等家族聚居地。据《曹氏族谱》记载：始祖曹惠系安仁浦阳一都人，明洪武末因军务有功封千户侯，调镇常宁建衙城东厥后，解官落业邑北田尾平田湾……自惠祖而仕荣公而义公，义生六子，曰铭、曰诚、曰道、曰通、曰聪、曰忠，诚与道、通、聪、忠五公分居他乡，惟铭公守桑梓，生伦、俸、仲、仁四公……。现今村内有户籍人口2120人，常住人口2000人左右。

二、湖南省省级文物保护单位

（一）三处农民协会旧址

1925年，毛泽东在《中国社会各阶级的分析》中提出，农民是中国无产阶级的最广大和最忠实的同盟军。随后，由中国共产党推动引领的农民革命运动在湖南大地上蔓延。大革命时期，湘南地区的农民运动在中国共产党的领导下蓬勃发展，1926年秋至1927年6月间，常宁地域共成立了13个农民协会，会员激增到数万人。常宁农民运动旧址群充分展现和诠释了中国共产党早期发动和领导农村农民革命的光辉历史，见证了风起云涌的湘南农民运动，具有重大革命纪念意义。2019年2月，湖南省人民政府公布"常宁农民协会旧址群"为第十批湖南省省级文物保护单位。

白沙镇所辖共有3处农民协会旧址入选"常宁农民协会旧址群",分别是:常宁县第七区十一乡农民协会旧址——官陂曹氏宗祠,常宁县第八区农民协会旧址——火石桥李氏宗祠,常宁县第九区农民协会旧址——新屋徐家祠堂。

官陂曹氏宗祠:位于常宁市白沙镇星光村,始建于清初,清嘉庆年间(1796—1820)重建,占地面积380余平方米。坐北朝南,砖木结构,合围式进深三进、面阔三间,小青瓦、硬山顶、风火墙,无檐无廊,正门上部设木制飞檐楼。1926年下半年,常宁县第七区十一乡农民协会在此成立,曹礼谅任委员长。

曹氏宗祠

火石桥李氏宗祠:位于常宁市白沙镇南马村,始建于清乾隆年间(1736—1795),清咸丰年间(1850—1861)重修,占地面积40平方米。坐北朝南,砖木结构,进深三进,面阔三间,硬山顶,小青瓦,跌落山墙,金字屋形制,布局精巧,雕刻精美,门额上方为木构件装饰,雕琢精细,多有吉祥称谓,目前还保留有确切年代的砖刻铭文,为典型湘南地区传统祠堂建筑。1926年下半年,常宁县第八区农民协会在此成立,李伯荣任委员长。

新屋徐家祠堂:位于常宁市白沙镇上游村(原徐洲村),始建于清代晚期,含"龙凤世家"和"龙凤家声"两房祠堂,占地面积800余平方米。坐东朝西,两栋祠堂并排而立,三进三开间格局,砖木石结构、双坡瓦面、小青瓦、硬山顶,跌落山墙,前挑檐无廊柱,有通天柱梁架和穿柱造梁架结构及七字孔梁架结构。大门额上分别有

新屋徐家祠堂

"龙凤世家""龙凤家声"字样，整体建筑保存完整。1926年下半年，常宁县第九区农民协会在此成立，徐令卿为委员长。同时成立第九区二乡农民协会，徐祥明为委员长。

（二）白沙古建筑群

白沙古建筑群是白沙镇历史遗存精华最集中的代表。白沙古建筑群规划整齐，规模宏大，依水而生，因街市而盛。白沙古街道南起上洲村到塘里，横跨白沙社区，北至下洲村兴隆庵，西至白沙新街，东至春陵水西岸。民国十一年（1922）改建，现存主街道宽约2米，街面由青石铺设而成，下部开有排水沟，与白沙古街道内其他众多生活排水沟组成了较完善的排水系统，街巷总长约5000千米，总面积约30万平方米。白沙古建筑群遗存有古码头16处，古井4眼，庙宇2座，古桥3座，古街巷12条，古塘6口，古会馆、公馆2座，近现代地标建筑3座，古商铺70余间，古民居30多栋。生活区的古祠堂公厅及民居错落有致，传承有序；分立街道两侧的商铺与繁忙的码头组成了商贸区，米铺、烧饼铺、茶油铺、豆腐作坊、棉麻铺、染坊、裁缝店、铁匠铺、伙铺（旅馆）、杂货铺、理发店、药号、茶馆、饭馆等一应俱全。

白沙古街古民居

2015年底，"白沙古街道"被衡阳市人民政府认定为衡阳市市级文物保护单位。2016年3月，白沙镇以白沙古街道上洲村为代表成功申报国家级传统村落。2019年5月，湖南省人民政府公布"白沙古建筑群"为湖南省省级文物保护单位。

（三）星光民居群

星光民居群位于常宁市南部的白沙镇星光村，始建于明末清初，清嘉庆年间（1796—1820）形成规模，占地面积约1.3万平方米。现保存有清代古建筑16栋、古井2口、古碑刻1通，古驿道1条。民居群自西向东整齐排列，坐北朝南，砖木结构，小青瓦、硬山顶、风火墙、无檐廊。

星光民居群以民居院落为单元，以纵横交错的青石古巷为纽带，勾连形成了星光民居群的整体样貌。民居建筑按照年代分类为清代早、中、晚期和民国四个时期，建筑类型分为洞口屋、锁头屋形制。民居内木雕精美，分山水、花木、飞禽、走兽四大组，镂雕花窗上分布有琴棋书画、寿桃蝙蝠、鲤鱼跳龙门、松鹤图等图案，形象逼真，惟妙惟肖。

星光民居群整体环境格局基本保持完整，保留有较多的清代建筑，雕刻装饰精美。为研究清代民居建筑提供了实物资料。是湘南地区保存较为完整的古村落之一。2015年被衡阳市人民政府公布为市级文物保护单位。

星光民居群

星光民居群中曹氏宗祠宽敞大气，高大深邃，因常宁县第七区十一乡农民协会在此成立，见证了轰轰烈烈的湘南农民运动，于2019年2月公布为湖南省省级文物保护单位。

（四）火石桥民居群

火石桥民居群位于常宁市白沙镇西南的南陵村，古时称火石桥，始建于清乾隆年间，占地面积约4000平方米。现保存有清代古建筑12栋、古井1口、古塘1口、古树2棵。古民居群坐北朝南，砖木结构，形制统一，多是面阔三间，进深三进的传统民居，硬山顶，小青瓦，跌落山墙，金字屋形制，前檐廊分无檐廊式和龙骨卷棚式。

火石桥民居群是典型湘南地区建筑特色的古建筑群，是研究当地古建筑史重要的实物范例，具有珍贵的艺术研究价值。2015年被衡阳市人民政府公布为市级文物保护单位。

火石桥民居群

火石桥民居群中的李氏宗祠建筑布局精巧，雕刻精美，因常宁县第八区农民协会在此成立，具有革命意义，湖南省人民政府于2019年公布其为湖南省省级文物保护单位。

（五）荼源矿冶遗址

2017年5月，白沙镇铁牯岭发现宋代冶炼炉遗迹，揭开了宋代文献中记载的常宁荼源银场的神秘面纱，也为矿冶历史研究提供了重要实物资料。

通过现场调查，在遗址东部、南部缓坡上发现大量冶炼渣分布，总面积达9万平方米。从现场采集到的瓷片、陶片判定，该矿冶遗址年代为宋代。

铁牯岭冶炼遗迹

在遗址一断面处发现了一条长2米、宽0.7米、残高0.3米的红烧土遗存，推测为冶炼炉遗迹。通过扫描电子显微镜及能谱仪对采集到的炉渣进行检测，初步推测该遗址与炼铅、银有关。该次考古调查为进一步探索宋代文献中记载的荼源银场提供了重要线索。

2021年，湖南省人民政府公布了第十一批省级文物保护单位名单，位于常宁市白沙镇黄源村、观坪村，年代为宋代至清代的荼源矿冶遗址位列其中。

三、衡阳市市级文物保护单位

砂坪老女桥位于常宁市白沙镇荼河村，建于清道光二十四年（1844），是半圆拱单孔石桥。南北走向，东依春陵水，横跨砂坪村河溪，桥全长20米，宽6.25米，为青石质长方形条石纵联砌置，两侧建有石栏。

砂坪老女桥处于古时衡阳至桂阳的官道上，是当时粮食、盐业等商贸交流的必经之路，南北陆路交通的重要节点，为研究常宁水陆交通走向提供了重要的实物资料，是研究常宁古桥梁建造史的珍贵实物资料。

砂坪老女桥

砂坪老女桥整体结构坚固，桥身线条流畅，是白沙境内最大的一座古桥，是湘南地区珍贵的道路交通文化遗产。2015年，被衡阳市人民政府公布为市级文物保护单位。

四、未定级的文物

2018年4月10日，白沙镇原上游村村民徐生国、徐夏春在村边建房挖运土方时，发现了一些坛坛罐罐，经文物部门现场初步鉴定属于汉代器物。陶器9件，大小不一，是东汉时期典型的成套器具，包括陶缶、陶罐、鸡埘等陪葬物品。陶器纹路简洁，造型简单，有的保存完好，这种纹饰砖是典型的单拱汉墓，距今已有2000多年历史了。

白沙镇古墓较多，但这种叠压式的单拱双墓非常罕见。

汉代墓群

第二节　寻踪访古

一、白沙古街古巷古码头

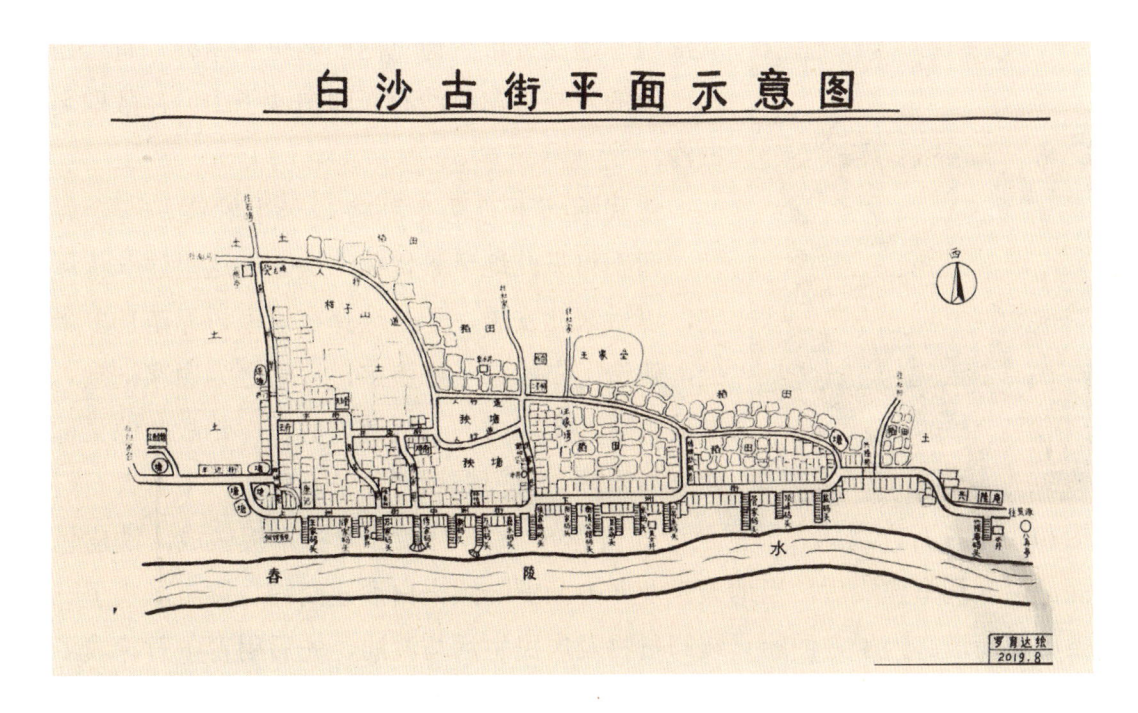

白沙古街平面示意图

（一）古街

1.古街的形成

千年古镇白沙，处常、耒、永、桂四县交界之地。东傍春陵河畔，中间是一块约3000米宽的狭长坪地，春陵河由南向北浩荡而去。东西两岸群岭起伏，状若龙腾凤翥，宛如两只巨臂把白沙这块风水宝地抱在怀中。白沙土地肥沃，矿藏丰富，水运便利。西汉时期便有人定居，先民结草为庐，广袤田园，耕耘岁月，世代繁衍。

白沙因矿而兴，因水而盛。北宋初期，民众在西麓山脉采矿，规模日盛，矿区纵横10余里，矿工多达万余人，采、选、炼齐全。北宋天禧年间（1017—

1021），朝廷派进士郑平来白沙矿区任场监，管理开采事宜，茭源街应运而生。南宋时期，矿业逐渐缩小，茭源街也随之萧条冷落。

相传，明洪武年间（1368—1398），近卫大臣聂武纲奉命南巡。沿湘江、春陵水一路南来，当行至白沙地段时，见春陵水横贯中间平坦地带，周围高山环绕，形似土围墙围出一个天然之城堡，而靠河西畔，天然岩石突出地表，河岸坚固。聂武纲认为这是开府建市之宝地，故安顿下来，号召当地民众沿河畔建堡开市。他见南面两里多路处，有一山峦，山的表层多白色沙石（即白沙子山），故取名白沙。

聂武纲部下有两个副将，一个姓谢，一个姓郑。谢副将见此地风景优美，决定在这里建一栋屋宇，以后来此安居，于是选择在厚家桥靠南10多米处，建造了白沙第一栋屋宇，后称之为谢家祠堂。屋前曾有一个较大的石板铺成的禾坪，故此地又称谢家石禾坪。大门框用青色条石砌成，下有青石门槛和两个青石方墩，大门框至今保留完好。大门由2寸厚实木板做成，铁皮包面。谢家祠堂建成后，当地人氏及四方商贾陆续来白沙建商铺，逐步形成了一条商贸街道。为了方便船只装卸货物及居民生活与渡河，先后用青条石建成了17座码头。

白沙古街原是沙砾铺面，每逢下雨，街道泥泞，行走不便。民国十六年（1927），时任团防局长王春荣先生倡议承首，推举几位社会、商会贤达组成一个修街会首。白沙各商行及社会人士踊跃捐资，当时白沙最大商行"源泰和"为主要捐资单位。后期工程老街后面的人行石板路主要由王悦和承担费用。石材是从嘉禾县订购的。为了解决石材量大、运输困难的问题，白沙修街会首和船行老大约定，凡是

从春陵河上游运货到下游来，中途需在白沙停靠的船只，每条船必须带两块青石板到白沙才能靠岸。为了取石，整整挖掉了一座石山。老街街道、巷道都用青石板铺面，对河边的码头进行了整修和加固，历时三年完成。从此，市场面貌焕然一新。

2.古街的街道分布

主街： 白沙古街由南向北，傍春陵河西岸而建。南始江西会馆（万寿宫），北至兴隆庵，主街道总长1248米，其中，上洲街（江西会馆至傅家巷）422米，中洲街（傅家巷至厚家桥）168米，下洲街（厚家桥至兴隆庵）658米。横街和巷道合计1047米。白沙街道、巷道总长2295米。

街道全部用青石板面铺成，街面宽2.4—3米。按一横两纵形式铺设，横为行道石，长1米，宽0.4—0.6米不等，石板厚0.1—0.15米。行道石下面（街道中部位置）砌一条排水沟，沟宽0.6米，深0.5米。行道石两边各铺一块石板，为护道石，护道石长度一般是0.8—1米，宽度0.3—0.6米不等，护道石与铺屋阶基相接。街道排水沟与巷道、码头排水沟贯通，形成了一个较完整的排水系统。从此，白沙古街再无积水，整个街道、巷道路路相通，结构严谨，美观大方。

白沙镇至今流传着一首古时的歌谣："阳隔洲，在门前，上走八里是茭源；茭源妹仂笑哈哈，恰斗烟，到白沙；白沙街上人挤挤，一卖豆子二卖米；湖溪桥，两搭界，男人妹仂不怕晒，不打胭脂桃红色，不打水粉也看得。"这首歌谣形象地表达了白沙古街的地域范围、白沙的风土人情和白沙古街的热闹场面。

横街：白沙横街及巷道总长1047米。它与上中下三洲街道相辅相成，组成一个完整的四县农贸圩场，是主街道的通道和附属街道。

丁字街：长220米，宽2米，因街道形似一个"丁"字而得名。靠街一侧，用石头砌有一条排水沟，白沙富商王悦和的府第就坐落在丁字街转弯处。清朝末年，天主教堂靠丁字街而建。

井边街：长103米，宽2.5米，北门入口处有一砖砌拱门，南与丁字街相接。街中段有一水井，深约3米，井口有一圆形青石护栏，高约0.5米，由于水面较低，须用水桶吊水。井边街因此水井而得名。肖氏公厅、李氏公厅均坐落于此。肖氏公厅大门上部书"相国第"三字，李氏公厅大门上部书"鸣凤世家"四字。井边街南端有一栋王氏住宅，住宅前有块约50平方米的坪地，青石板铺面，当地群众称这里为"王家石禾坪"。

3.古街的商铺商行

白沙有史以来就是"百日市场"，四面八方商贾云集，一年四季天天营业。近有常、耒、永、桂、嘉禾、郴州、衡阳、长沙，远有江西、湖北、上海、广东的商客，以春陵水为纽带，长期在白沙从事商务活动。周边几十里的农民都赶到白沙来卖土特产，再购买日用品回去。真可谓"生意兴隆通四海，财源茂盛达三江"，享有"小香港"之盛名，有"金归阳、银白沙"的美誉（归阳属祁东，是湘江边的一个重要河港）。

白沙古街共有商铺346间（栋），其中，上洲街78间（栋）、半边街10间、

井边街古井

中洲街90间（栋）、下洲街168间（栋）。

　　白沙大部分商铺的大门为活动的木质门板，可自由插装取卸。一般大门分为4扇门叶或6扇门叶两种。白天将门板取下，进行营业，夜晚将门板装上，并用长方条木质门杠横向闩拦。大门的位置按两边墙体约缩进0.4—0.5米，空出的青砖墙头刷白粉，用黑墨书写商铺行号。有些老商铺的行号至今依稀可见。商铺一般是单栋两层建筑，砖木结构。二楼都是木质楼板，前后开窗。门面是1间或2间，大商铺也有3间的。靠西边的商铺纵深15—20米，个别商铺也有25米深的，中间用砖墙间隔成两间或数间，前面为铺面，后面作住房和仓储。靠东（河边）的商铺纵深12—15米，前一进从河畔砌青石护坡与街面齐平，再填土夯实；后一进采用吊脚楼的形式，用方形青石柱立墩（也有用青砖砌墩），上面用较粗的杉树做梁，木梁一端安在青石柱上，另一端砌在护坡墙里，木梁上架设楼枕树再铺楼板。为了坚固，两边山墙采用砖砌，中间采取吊脚楼形式，临河都有一个宽1—1.2米的走廊。如坐船顺流而下游览白沙古街的吊脚楼和码头，别有一番诗情画意。

　　白沙古街的商铺，百货齐全，有粮、油、棉、布匹、南杂、日杂、饮食、酒业、旅馆、茶馆、药材、五金、电器、家具、农具、竹木制品、金银首饰等。另外，街两边还有200多个临时摊位，叫卖鸡、鸭、鱼、猪、牛、羊、野味、土特产、各种蔬菜、水果等，无所不有，应有尽有。数百年来，白沙及周边一直有句口头禅："白沙冇得买不到的货，冇得卖不出的物！"

　　白沙古街热闹非凡，人头攒动，每逢过年过节，街道更是车水马龙，拥挤不堪。两岸卖蔬菜的农民因无处摆放蔬菜，只好摆在中洲街几个码头两边叫卖。卖肉的，除当地屠夫原来占有摊位的，外来的只能将案桌摆在巷道横街。市场每天凌晨开始营业，晚上十一二点才关门，有些店铺到凌晨两点才歇业。白沙古街的夜晚也特别热闹，整条街灯火通明，酒店的划拳声、牌馆的吵闹声、饮食店的呼叫声、街道上的吆喝声，加上码头装卸工的号子声，响成一片，彻夜不息。

4.古街的变迁

　　历史的车轮滚滚向前，1949年10月1日，中华人民共和国成立。1953年，进行了工商业改造，各类商行、商店走上了合作化和集体化道路。中药行业组成了"国药联"。1951年9月正式成立了白沙供销合作社，南杂、布匹、百货、农资、饮食业等统一由供销社经营；粮油由粮站管理供应。凡是手工业者，如泥、木、铁、绳缆、制衣、篾工等都转入白沙铁木社。

1964年下半年，白沙修筑了一条简易公路，与常荫路连通，从此有些物资由汽车运输，船运量渐减。1967年至1970年，欧阳海灌区修建了右干渠（耒阳），1969年至1971年，修建了左干渠（常宁），为了储水、灌溉、发电，大坝以下河水量锐减。1972年，常宁修建了亲仁河坝，下游的船路受阻，自此，白沙结束了船运的历史。改革开放后，白沙大办矿业，沿河两岸有多家冶炼厂和选矿厂，废水、废渣等废物都往春陵河排放，生活垃圾也往河里倾倒，致使春陵河污染严重。加之，在河里采矿、采沙，使河道坑坑洼洼，散乱不堪。往日碧波荡漾、百舸争流的春陵河景象一去不返，成为历史。近年来，国家加强环境治理，提倡"绿水青山就是金山银山"，治理虽有成效，但全面恢复尚需时日。

白沙石板古街道除部分缺损外，基本保持原状。17座码头除兴隆庵码头、豆子半节码头被废外，其余15座码头基本保留完好，靠河边部分码头还用水泥进行了修补加固。白沙商铺有部分进行了改建，靠河边的铺屋改建时为增加面积，往河边方向延伸5—10米。20世纪80年代，为了交通方便，中洲街开通了一条3米宽的巷道，与街后公路相接。衡清公馆于1967年卖给了综合厂，1995年综合厂解散，公馆房子被卖给了几户人家，现在，除第一进保持原样，二、三进

全部改建。江西会馆因年久失修，无人管理，部分房屋倒塌，倒塌的地方已有当地人在其地基上建房，房屋残存部分已经破败不堪，从外部看，只有大致轮廓尚存。

为适应乡镇发展需要，1994年，在老街西面修建了一条新街；21世纪初，在老街与新街之间又修建了一条街，老百姓称为二街。2016年后，市场基本上都搬到了新街，白沙老街逐渐萧条。

(二) 古巷

财神殿巷：此巷因靠近财神殿而得名。巷长46米，接老街处有一过亭，亭长15米，宽3米，两边安放方形条石作为石凳，供人们休憩。附近老百姓经常在此就座闲谈，休息聊天。过亭上面是一层楼房，两边是街道铺面。

到塘里：到塘里长200米，因湾场前面有一口大塘名叫到塘而得名。丁字街与到塘里交接处，上5级石阶，有一道拱门，青砖砌筑。湾前到塘，水清见底，游鱼悠闲，附近居民都在这里洗衣、洗菜。到塘里西端与街后行人道交接处的路旁有一凉亭，是由三位当地善人出资捐建的，名叫三善亭。时任团防局长的王春荣家族就在到塘里居住。三善亭旁曾有一株古樟树，树干直径约1.5米，围长约4.6米，树龄应在300年以上，绿叶叠翠，犹如伞盖，过往行人，常憩树下。可惜现已不存。

塘锣背巷：位于上洲"康记"侧面，巷道长38米，宽1.5米，与财神殿巷相接。此巷是人行巷，便于人们出入。古时，这里是一口塘，形似铜锣，"塘锣背巷"因此而得名，后建街时把塘填平。

财神殿巷

塘锣背巷

苏家巷： 白沙上洲街往西有一条巷道，因最早有一户姓苏的人家在此居住，故名苏家巷。正对苏家巷，有一座青石码头，故称此码头为苏家码头。靠河边码头旁，有一块白色大理石，从石缝中涌出一股泉水，泉水清冽甘甜而长年不断，围而为井，取名苏家井。

傅家巷： 长98米，宽2.5米，西连井边街，东接古街道。最早有一户姓傅的人家在此巷居住，故人们习惯称此巷为傅家巷，又名亲仁巷。白沙著名人士邓彝午的府第坐落此巷，邓府建筑面积约600平方米，占地面积约800平方米，硬山墙砖木结构，上下两层，庄严大气。另外有一户管氏人家（管鹤年、管鹤龄兄弟，管光明等）的宅第也在此巷，前后两栋，一栋三间，两层砖木结构楼房，建筑面积约260平方米，占地面积310平方米，后有一个花园。傅家巷还有一户罗氏（罗承烈）的宅第，上下三进，砖木结构，两层楼房，建筑面积约390平方米，占地面积约460平方米。其大门框、门叶都是木质结构，有一青石门槛，两边各有一个青石方墩。

苏家巷

傅家巷

大门上部书"湘中琳琅"四个大字。大门两边书有对联：枝江源发洪波远，耒水分流基业长。

厚家桥巷：厚家桥跨度2米，宽约4米，桥为用青石块砌成的拱形桥。马鞍岭及杜家坪的水汇合，有一条排水圳经王家湾南面，从此桥下流入春陵河。因最早有一户厚姓人家在此桥附近居住（称厚家厅屋），故名"厚家桥"。从厚家桥往西，是一条2米宽的街道，房子沿街北而建，靠排水圳边有一口水井，靠水圳秧塘边还有一棵古樟树，直径约1.5米，今尚存，树龄应有300多年了。此街经王家湾南边至二圣祠。离二圣祠西边约50米，有一个大戏台，砖木结构，青瓦盖面，白沙唱愿戏都在这台上唱。1954年，因建学校取砖，将这个戏台拆除。

厚家桥巷

蟑蛛（即蜘蛛）织网巷： 长54米，宽2米。巷道与街后人行道交接处有一块小坪，形似蟑蛛；巷道以及往南往北的人行道与这块小坪交汇，形似一张蟑蛛织的网，故名蟑蛛织网巷，此名称一直沿用至今。街后人行道约1.2米宽，石板铺面，从下洲街巷口至三荫亭全长691米。

蟑蛛织网巷

（三）古码头

20世纪60年代以前，因没修公路，生产、生活物资全靠水运。为解决货物的装卸和搬运问题，白沙古街先后修建了17座码头，沿河畔排列有序，组成一个完整的水运装卸系统。

王家码头： 上洲第一座码头，因附近王姓人家捐资修建而得名。码头从街口到河边全长26米，宽2.15米，青石砌成，共52级台阶。河里船多时，一般用来泊船和装卸货物。

谭家码头： 位于上洲街中部，由一户在这里居住的谭姓人家捐资修建。码头长15米，宽2.8米，共29级台阶。上洲街中段商店的货物一般在这里装卸，如"康记"药材批发行等。

苏家巷码头： 是上洲街的一个主要码头，因正对苏家巷，故称。长21米，宽2.4米，共47级台阶。河畔码头旁有一口水井，泉水涌出，清亮甜润，四季不枯，即苏家井。传说喝了苏家井的水能强身健体，避疫驱邪。端午节划龙船的水手们，首先到这里喝几口井水，再进行龙舟比赛。整个上洲、中洲的居民都在这里挑水用。苏家巷码头的船运装卸量很大，一年四季都有船停靠。白沙最大的商行"源泰和"的货物一般都在这个码头装卸。

傅家码头：因码头正对傅家巷而得名。是中洲街第一站码头，全长28米，宽2.1米，共51级台阶。中段有一块约3米宽的休息台，靠河边有一个半圆形的月光台。夏秋季，附近居民晚上经常在月光台上乘凉，聊天、讲故事。附近商铺的货物都在这个码头装卸。

王家码头

谭家码头

2019年9月19日电视台在苏家巷码头取景拍摄

傅家码头

新码头

新码头：又名渡船码头。自古以来，白沙沿河两岸靠渡船载人过河。为了加强对渡船的管理，保障渡河平安畅通，白沙成立了渡船会。当时，有7艘渡船正常摆渡，当有船需修理时，另有1艘渡船备用代班，如逢年过节，过河人多，备用船只也参与摆渡，故称"七个半渡船"。白沙社会贤士将靠码头（南边）的一栋铺屋买下，赠送给渡船会，用作管理场所。渡船码头建于明代，因年久失修，有些台阶缺损，清道光二十四年（1844），码头被重新修建，重建后的码头宽敞坚固，面貌一新，故称新码头。码头靠河边一带，都是白色天然大理岩，码头左右两边各有一堆岩石突出，参差雄奇。右边（南面）的岩石似猴子盘树，故名猴子石；左边（北面）的岩石似狮子下山，故名狮子石。两边岩石护卫着码头，使码头显得雄伟壮观。为了保护河边岩石不被破坏，清同治三年（1864），河边立了一块禁碑，碑文曰"白沙河岸石头系当地风龙，永禁损坏"。

万代码头：杨万代是白沙中药行的代表人物，招牌是"杨怡顺中药店"，清朝时期就来白沙经营药店。为了药材调出运进装卸方便，杨万代承首捐资修建了这座码头，故称为万代码头。码头长34米，宽2.2米，下段向南弯到河边，靠河边砌了一个半圆形月光台，便于货船装卸和渡船停靠。

嘉禾码头：自古以来，就有很多嘉禾县人氏把土特产运至白沙销售，再从白沙调日用品、南杂百货等运往嘉禾。因白沙是四县物资的集散地，货运量大，货船经常在河边排队装卸。嘉禾县地处春陵河上游，河道较窄，所以嘉禾造的货船船身窄、两头尖，形同梭子。每当涨大水，嘉禾船就停靠困难。为了嘉禾船只停靠、装卸货物，嘉禾商人就商议并捐资，在万代码头与厚家桥码头

万代码头 　　　　　　　　　　　　　嘉禾码头

之间，专门修建了一座嘉禾码头。码头长18米，宽2.2米，共29级台阶，为嘉禾人在白沙的商贸活动提供了很大便利。

厚家桥码头：因建在厚家桥边，故名。码头长22米，宽2米，共33级台阶。处于中洲街与下洲街的交界处，农副产品一般在此码头装卸。

阳家码头：码头附近原有一户姓阳的人家（或由阳姓人捐资修建），故人们习惯称此码头为阳家码头。码头长23米，宽1.3米，共36级台阶。小型货船和捕鱼船一般在此停靠，附近居民到河里洗菜、洗衣都由这个码头上下。

厚家桥码头 　　　　　　　　　　　　阳家码头

衡清公馆码头：明朝时期，今衡南县、衡阳县及今衡阳市部分市区统称为清泉县。明清时期，很多衡阳人与衡南人在白沙从事商贸活动，贸易量大。为了办事方便，加强与各地商贾的联系，明朝时期在白沙下洲街靠西建了一栋衡清公馆，后因年久失修，衡阳、衡南商会负责人决定重建公馆，在嘉庆十四年（1809）开工，于嘉庆十八年（1813）竣工。明朝时期，在公馆对面河畔修建了一座码头，即衡清公馆码头。码头长27.5米，宽3.5米，共53级台阶。码头全部用青石砌成，面积宽敞，是白沙古街建筑最规范的码头，至今保留完好。衡阳、衡南到白沙运进运出的货物一般都在这个码头装卸。

米豆半节码头：位于衡清码头与米码头之间。因衡清码头与米码头装卸量太大，货船经常排队等候。为了解决这个问题，满足商贸需要，在两个码头之间又建了这个半节码头。码头长13米，宽2.2米，共24级台阶，上部有一条宽1.5米的石板横路与衡清码头、米码头相接。20世纪末，因老街有些房子改建，并往河边延伸加长，豆子码头的横路被截断废除，码头也因此而废弃。

米码头：长30米，宽2.4米，共36级台阶。用石块砌筑。是白沙粮食类船运装卸的主要码头。货运量大，经常昼夜不停。

衡清公馆码头　　　　　　　　　米豆半节码头

豆子码头：因粮食类货运量大，一个米码头应接不暇，故另建一码头，称为豆子码头。码头长28米，宽2米，共32级台阶。主要是装卸粮食作物。

在米码头与豆子码头之间，靠河边有一口泉水井，水井上部和井两边皆自生岩石，恰似一个女人平卧，故名美女井。美女井河边曾经有18坨石头，排列有序，在水位较低时石头会露出来，石头光润圆滑，像罗汉头，当地人称之为"十八罗汉"。20世纪90年代，因建房取石，这些奇石被人毁损。

管家码头：因附近有管姓人家居住，并出资捐建，故名。码头长39米，宽2.3米，共59级台阶。河边有一块由青石砌成的半圆形月光台，便于货船装卸和居民洗衣、洗菜。

顶峰码头：古人云"万般皆下品，惟有读书高"。因此，古人将文化用品称为"顶峰之物"。笔墨纸砚书籍等各种文化用品均从此码头上岸，故此码头取名顶峰码头。码头边还开了一家顶峰商店，专营文化用品。码头长19.5米，宽1.9米，共43级台阶。

米码头

豆子码头

管家码头

顶峰码头

盐码头　　　　　　　　　　　　　　兴隆庵码头

盐码头：白沙是湘粤盐茶古道上的重要驿站，又是常耒永桂四县的物资集散地，为了加强盐业管理，明朝时期官方就在白沙设立了盐业局。清朝时期，由白沙盐行捐资筹建，故名。码头长28米，宽2.7米，共49级台阶。白沙运进运出的食盐都在此装卸。粤汉铁路未修通以前，白沙人沿着盐茶古道，跋山涉水，经桂阳、过嘉禾、蓝山到广东连州去挑盐。起早摸黑，往返700余里需要10多天时间。将盐挑到白沙集中，除部分在当地销售，其余均从盐码头装船运往衡阳、长沙等地。粤汉铁路通车后，挑盐停止，反而由衡阳船运食盐到白沙销售。抗日战争时期，日军占领长沙、衡阳后，控制了铁道线，食盐无法运进白沙。1944—1945年，白沙又只有靠人力到广东挑盐，直到抗日战争胜利，才结束挑盐活动。

兴隆庵码头：兴隆庵是白沙镇第一大佛教场所，建于清雍正年间（1723—1735），占地总面积3000多平方米，前面是戏台、戏坪，后面是三进佛殿。因20世纪50年代初改建为学校，将兴隆庵拆除。因码头建于兴隆庵东侧河畔，故名。码头长16米，宽2.4米，共29级台阶。码头旁边有一口水井，兴隆庵和附近居民在这里挑水和洗衣、洗菜。20世纪末，白沙街上的生活垃圾都从这里往河里倒，致使码头被垃圾、渣土掩埋而报废。

白沙古街共17座码头，全部用青石块砌筑。除米豆半节码头、兴隆庵码头被废外，其余15座码头至今基本保留完好（春陵河白沙镇段，除白沙老街、阳加洲老街边有不少泊船的码头外，其他地方还有几处泊船过渡的码头，都是由青石板铺砌的，这些码头是沙坪师公山码头、李家铺码头、茭源码头、曹家码头等）。

（采访对象：罗振球、邱显球、管代喜、谢楚成、徐麟祥、胡云贵、倪本发　实地考察调研：罗育达、黄克含）

二、阳加洲的四街八巷

阳加洲坐落在大义山脉东边，昆帽峰脚下，距常宁市城区45公里，距白沙老街8公里，今有居民2000多人，58个姓氏和睦相处，舂陵水自南向北傍街而过。为何此地叫阳加洲？昆帽峰面东，谓之向阳，舂陵河中有一沙洲，故称为阳隔洲。辛亥革命以后，为图吉利，改"隔"为"嘉"，后来人们为图简便，把"嘉"字简写为"加"，沿袭至今。阳加洲曾经是舂陵河边重要的、繁华的河港和商贸圩场之一，街巷纵横交错，商铺鳞次栉比。

（一）四街

阳加洲正街（老街）：长500余米，宽处3米，窄处2米多。街面两侧青条石直铺，街中央青石板横嵌。石板下用长条石砌有宽4尺，深5尺的下水道，从街头颜家屋场入洞，由街尾三圣祠出口，坚固牢实的涵洞可供行人穿行。其间还有很多叉洞与屋场相连，因此，无论下多大的雨，街上从未发生过积涝成灾的现象，网状的地下排水系统发挥着巨大的作用。街道两旁的房屋为两层砖木结构，小青瓦盖顶，共墙搭梁，紧密相连。共有208个门面，沿河呈带状分布。

阳加洲人恋旧惜古之情浓厚深重，新建牌坊在古街南入口处，牌坊额横书"阳隔洲"，内外楹联由刘传义先生所题。外联："承前启后千秋古市千秋旺，继往开来万代儿孙万代兴"，内联："山清水秀风光美，虎踞龙蟠今胜昔"。

河街：又称半边街，从中洲街王氏大宅后门南侧曾家码头上的石禾坪起，至颜家码头候渡亭止，长约200米，房屋两层，砖木混合结构，人字形屋顶铺盖小青瓦，房子面东，住着尹、张、刘、颜、邓等20多户人家。开门即见白帆绕雁、跃鱼戏舟的舂陵河，与耒阳市堡下谭家隔河相望。半边街上尹姓人以打鱼为生，河边皂角树荫下经常停着四五条渔划子，这就是打鱼人谋生的工具。渔划子两旁的横竹篙上，有时挂着麻线织作的渔网，有时站着十几只鹭鸶，它们或梳理羽翅，或伸长脖子听主人训导。颜姓人以驾船、放排为生，张姓人开酒店、伙铺，接待渡河而来的老板商贾，为远客提供周到的服务。其他的有木工、篾匠、铁匠，他们混合杂居，和睦共处，从事的行业各不相同，但却有着一个共同的愿望，那就是祈祷风调雨顺，这会给他们带来好的收获。要是天旱水涸，抑或涨水溢岸，河街人的生计就会受到影响。

后街：又名塍上（意思是地势较正街略高六七级台阶）。这段由周家巷子中段南侧起，至龙家巷口新井边止，全长150米的后街，房屋门面一律向东，朝向正街西面的"屁股"。后街住着曾、阳、廖、丰、龙、董、李、谭等20余户人家。曾姓以理发为业，谭姓砌墙造屋，董姓龙姓人做山货生意，其他人有刷漆补锅的，有酿酒做豆腐的。从毘帽峰山峦下来赶圩的人，扛着或抬着数丈长的杉木楠竹进正街很困难，便架在丰家巷子和后街墙上待售。这条街虽然比不上正街热闹，却也叫卖声不断。

新街：20世纪70年代初，舂陵河上游，桂阳境内的欧阳海灌区大坝建成。不久，下游常宁境内亲仁河坝又拦河截流，昔日河面百舸争流、木排竹排奔腾而来的盛况不再。常白公路的贯通又改写了依靠航运长途载货的历史。依河而生、伴水而存的阳加洲人，陆陆续续告别河边旧宅古街，在与老街西面伴行的常白公路两旁另起炉灶，如今已形成一条450米长、178个门面相连的新街。

新街上的房子，抛弃了古街那种共墙搭梁，你中有我，我中有你的砖木结构，采取钢筋水泥混合框架成型模式，既互相紧靠，又独立成栋。赶墟的日子依旧是"三、六、九"，来自永兴、耒阳的客人依旧乘船渡河，不同的是，以木橹长篙为动力的渡船，已换成机动铁船，平稳快捷地穿梭于常末两岸。他们走过古街老巷，来到以公路为"街"的新街购物。新街占常白公路为市，形成马路市场，每逢赶墟日，大车小车被迫在拥挤的人群中移动。

（二）八巷

颜家巷子：从茅坪峒入街头第一巷，巷道向东，长101米，宽1.5米。巷道两壁青砖到顶，砖缝黏层为糯米浆勾缝，方纹密实紧凑。巷道青石板嵌垫，通往春陵河岸颜家码头候渡亭，外运而来的米、盐由此码头登陆，经该巷子入街。

肖家巷子：肖氏在阳加人丁占少数，但该姓人乐施行善，睦邻友好。巷子面东，长90米，宽1.5米，巷道铺垫青石板，直通河街上段。

龙家巷子：又叫对冲巷，因街东西各有一巷而得名。是老街的一个十字路口，东巷穿过河街与龙家码头衔接。巷道长136米，宽1.5米，路面铺垫青石板。20世纪中下叶，阳加人民公社唯一的卫生院就设在该巷中段左侧。

街西的对冲巷（龙家巷）：巷道长128米，宽1.5米，巷尾左侧有一口水塘，塘边有一口青条石镶边的方形水井，井底石缝中泉水汩汩而溢，两米多深，清澈见底，水质纯洁甘甜，名为新井。河街、后街、正街周家巷子以上的居民均饮用这个井的泉水。

周家巷（又名余家巷）：面西，长81米，宽2.5米，青石板铺道。巷子南边为曾氏大户人家，北面是周氏家族连栋屋场。曾氏这边在巷道中段建有一间嵌入式的厕所，是阳加洲老街唯一的公厕。在墟场闹市寸土寸金的地段，曾氏舍弃10余平方米"房屋"行善，难能可贵。周氏这边靠壁，沿巷而行建有一条宽0.5米，深约0.8米的排水明沟。雨季里，有小鱼小虾从街心底下的排水涵洞成群结队游入这条沟渠。

刘家巷子：巷道长50米，宽1.5米，直通河岸的刘家码头。刘氏在阳加洲是人口较多的大姓，巷子上下数十米居住的人均是刘姓人家。刘家巷子是中、下洲街通往春陵河的要道，停靠在太码头至此河段洄水区等待装卸货物或休息的航船杉排上的船老轱和水手，均在这条巷子上下往来。尤其是夏天日头落岭的时候，一群群半裸或全裸的孩子们到河里去洗澡玩水，来来去去，如过江之鲫。

陈家巷子：巷道长60米，宽1.5米，通往戏台坪。新中国成立前唱愿戏的时候，从长沙或衡阳请来戏班子，这些戏班子里的师傅与本地的艺人有很深的交往。阳加洲唱戏的后起之秀，很多人都是在这些师傅指导教诲下功成艺就的。远来的贵客食宿安排在三圣祠内，名家旦角登台演戏亮相，需经过这条巷子。因此，有些票友戏迷为了靠近一睹自己崇拜的偶像，往往会在这条巷子等待。

丰家巷子：介于周家巷与龙家巷中段的后街巷子，该巷子长30米，宽3米，巷子南壁是丰氏人家，北面是阳姓住宅。巷道延伸至糖糕碴子岭上的北脚。与周家巷的出路呈人字形汇合，衔接从森亭子、宛子山田垌延伸而来的青石板盐茶古道。

三、阳加洲的老码头

（一）颜家码头

颜家码头，又称米码头，与对河耒阳市谭家村隔河相望。码头为青石结构，阶梯宽2.5米，登上50米长的台阶，右边建有一座凉亭。凉亭坐西朝东，青石筑墙，高约2.5米，小青瓦盖顶，亭子长约5米，宽约3米，南北西向长条青石为凳。这个亭子不但可以歇脚候渡，也是商贾行客的交易场所。自从阳加洲开埠以来，大宗的水路货物交易很多都在这个码头进行。来自永兴、耒阳、桂阳、衡阳等地的南杂、百货、日用品、柴米油盐，均在这里上岸。

在《常宁市地名文化故事》里有述："有些伙铺甚至会做'无米之炊'，家无存米时，为稳住顾客，事先生火将蒸笼蒸得热气腾腾，待顾客预付食宿定金后，店主立马拿钱去米码头交换油盐菜米，其节奏之快，行为之诡秘，很难露出破绽。顾客离店结算，其剩余价值便是店家老少的生计。故伎重演，周而复始，拮据的日子也过得有滋有味。"由此可见，颜家码头（米码头）在它的兴旺时期，货源充足，物资丰富，交易简便，为阳加洲的生存和发展起到了很大的作用。

（二）龙家码头

龙家码头由聚居的龙姓人氏所建，码头宽2.5米，青石结构阶梯50米。建筑结构与其他码头大同小异，该码头贯穿"三街"。登岸是河街，俗称半边街，居住在这条河街的几十户人家，大门朝东，面向舂陵河。河街从曾家码头上的石禾坪起，至颜家码头上的亭子为止，长约300米。半边街常住人口虽然不多，但因为上下过往的船只都在这一河段驻足、卸货、装载，所以昼夜行人络绎不绝，人气十分兴旺，财源不断。沿着龙家码头的石板路穿过半边街的夹巷子往前20米，就是阳加洲唯一的卫生院，再往前就是龙家巷子，进入正街。

（三）曾家码头

曾家码头由曾氏家族独资建成，坐落在阳加洲河段的中游，河沿垂柳如丝，翠鸟唱鸣如铃。从曾家大院出后门，是一块长4米、宽10米，用青石铺垫的禾坪，阳加洲沿河仅此一块。曾氏和附近杂姓居民共享，晒谷、晒茶籽，夏夜乘凉观星，和谐共处，其乐融融。下河阶梯宽2.5米，两边用青条石嵌框，中间阶梯青石镶接，延伸到河沿50米。河沿用青石砌成方形平台，河水略低于平台数寸。河水清澈见底，漂洗菜叶或油腻的食材时，一群群的鱼儿就会游来争食撒欢，洗菜人站在水中的脚背会被鱼嘴撞得痒痒的。

龙家码头

从曾家槽门进入后院，一座深庭大院赫然在目，天井连大厅，大厅又接天井。厅为走廊，两边厢房一直连贯到临街。曾先生有一子两女，子好学上进，20世纪60年代初期研究生毕业，分配到贵州冶金研究所工作；次女与革命烈士杨开慧的堂弟结缘，生三女一子。

民国三十三年（1944），曾先生以低微的租金将曾家大院租给徐姓人氏、李姓人氏、刘姓人氏入住，给这座寂寥冷森的府第增添人气和活力。土改时，各姓租赁合同更换为"产权所有证书"。

史上历次风霜雨雪，曾府人丁安然无恙。四邻都说曾家码头是块福地。

（四）刘家码头

刘家码头由刘氏族群修建，大青石镶嵌成新月形，结构紧凑完美，石面光滑平坦，可以同时容纳数十人洗濯。从河沿登数级台阶，上面是一个面积为10多平方米的长方形平台，再登石阶向前30余米，就是刘家巷子。这里是中、下洲街唯一的码头连巷子进正街的通道，因此过往的行人很多，在码头上洗洗刷刷的人流不断。夏天每到日落时刻，男孩女孩们在这里像下饺子一样跳水游玩，掀起的水花打湿了在码头边洗红薯涤杂物的人的衣裤。骂声，笑声，惊叫声，融合在一起。

到了晚上八九点钟，在河里闹腾的孩子们已经散去，劳动一天的男人们开始登场。他们占据了码头，有的扑在水里慢游，有的坐在河沿洗浴，有的从家里提来半桶热水，掺和进来"凑热闹"。整个码头洋溢着和谐、舒适的氛围。

刘家码头不但是个很好的洗濯之所，还是一个话古述今的"社交"之地。

（五）阳家码头

阳家码头为阳氏族群独建自用，挨近水面青石结构的码头平台约3平方米，由平台登石阶而上是阳家屋场的后门，这座宽2.5米，长约40米的"天梯"横立在河岸凸起。进入后门是一个20平方米的后院，后院左有厨房，右有厕所。从后院再登数级台阶，就是数十米纵深的阳家大屋场。临街大门条石为框，门框花纹缠绕，门楣龙凤呈祥，大门造型雄伟气派，彰显当年阳氏家族的富贵荣华。

1949年末，阳氏家族去向不明，新中国成立后，这栋屋场成为国营阳加供销合作社的总部和营业商场，左边一条长柜卖百货文具南杂，右边卖布匹服饰鞋袜，二楼是合作社的办公场地和职工宿舍。

1953年11月5日，财政部工作组《对常宁县阳加乡土特产白芍产销情况的了解报告》里提到：忠家岭、斋公塘、灯盏窝、麻石岭在出售白芍得到大宗收入后，于当年七、八月间不到20天的时间里，那些脚穿笋壳叶草鞋，腰缠萝卜丝白帕子的岭上人，在阳加供销社这个大商场里抢购胶鞋230双、海带500斤，消费如此之多的"奢侈品"，在阳加乡轰动一时。

阳家码头见证的不仅仅是族群兴衰，更是社会的变迁。

（六）太（大）码头

春陵河流过茅坪险滩，进入阳加洲段宽阔的河面，由于受到水流的冲击，部分河水因为下游石狮子脑的阻挡，在太码头形成一片倒流回旋区。太码头的青石阶延伸到三圣祠右边的街檐，长60米，宽2米，路面块石结构。河水在这片区域缓缓流动，平静如镜。石狮子脑是一道天然的安全屏障，所以，这里成了竹排、杉排、船只的歇息港。太码头右边是三圣祠，根据周氏族谱记载，该祠建于明朝末年，数百年以来，祠内香火不断。祠侧是阳加洲街的下水道出口，沟水清澈，鱼虾穿梭其中。太码头左边河沿，数十块宛若狮兽的巨石伫立在河水中，形成一个连岸的"半岛"。

（七）观音阁码头

观音阁码头距离太码头约800米，有民谣流传："观音阁下观音潭，一对鲇鱼游出玩；龙王罚它守潭口，鱼虾积洲成险滩。"观音阁码头就坐落在险滩和深潭的交汇处。舂陵河在这里东西分叉，一个树木茂密、炊烟袅袅、鸡鸣狗吠的河洲屹立在观音潭下面的河水之中，这就是严家洲。观音潭水深浪急，绿宝石色的潭水深邃莫测。

上水船经过鲇鱼滩时，须有十几个人拉纤方能渡过。因此，观音阁东面屋角的大青石，被纤夫的纤绳勒出一道道光滑油亮的深槽。

四、荄源古街

荄源古街位于今白沙镇黄源村，南面是尹家峒，北面是杨家峒，东临舂陵河，西接铁牯岭；北起杨家港子上的杨家桥（衡桂古道上的古桥之一），南至李家铺，有1公里左右长。

荄源古街始建于唐朝初期。传说，最兴旺时是唐肃宗上元年间（760—761），达到了九街十八巷、长达1公里的街道规模。

早在汉代时，便有民众开始在荄源西边山上土法办矿，用木柴、木炭烧开矿石来分离其中的锡、银、铜、铅锌、硫铁、砷等矿砂；到了北宋，白沙山上办矿形成了高潮，每天有万余名矿工在大大小小的矿井中开矿，在荄源银场选矿、冶矿。

这么多人集聚于此，吃、穿、用等生活、生产用品的供应必不可少，这是一个很大的需求，于是慢慢地就在临近铁牯岭（铜盆岭）冶炼厂（即荄源银场）的舂陵河边，形成了一个专门为矿工提供后勤供应的自由市场。

荄源古街，起初就是荄河（舂陵河）西岸边的一条泥巴街，街两边临时搭起简易棚子，买卖布匹、鞋帽、粮食、蔬菜、油米茶盐等生活用品。慢慢地做生意的人发了财后，便集资把泥巴街铺成了青石板街。在铺这条青石板街的过程中，可能得到建造衡桂古道的资金支持，因为这条古街是衡桂古道（青石板路）的其中一段。

荄源古街，街宽20米左右，长1000米左右，铺成青石板街后，市场更加繁荣了，舂陵河对岸耒阳的百姓都来这里赶圩，做生意。为了他们的来往方便，也为了衡阳等地的日用百货及来自嘉禾、蓝山、桂阳等地的土特产装卸的需

要，商家们集资在杨家港子入河口往北10米处，用青石条、青石板修建了一座宽大的码头。码头临水处是一个约20平方米的石圆盘，方便船只停靠码头卸货；码头石台阶有20来级，台阶宽3米，从台阶上到岸上就是衡桂古道。与此码头相对应，河对岸耒阳的张家湾河边也建了一个青石码头。当时有两条木船，轮流摆渡。茭源和张家湾都成立了渡船会，爱心人士捐资保运转，百姓坐船不要钱。

在茭源码头岸边，还有人捐资建了一个茶亭，是东西两面各有3个石柱的长亭，上盖小青瓦，亭内有青石长凳，供人短暂休息。还有爱心人士捐资成立了茶亭会，专门安排人在亭内烧茶，免费提供给在亭内休息的路人饮用。

茭源古街遗迹

茭源古街遗迹

在离这个茶亭不远处，还有一座节孝亭，节孝亭建在杨家桥（茭源桥）的北端、衡桂古道的西侧。茭源彭氏24岁不幸丧夫，终生守身未嫁，辛辛苦苦拉扯大两个儿子。其儿子王贵民、王贵志长大后，为感谢母亲的养育之恩、守节之情，便出资建了这座节孝亭。该节孝亭用青砖青瓦建造，亭顶四角扳爪，高2米左右，占地10平方米左右，亭南面上刻有"节孝亭"三个大字。

在节孝亭的南面是杨家港子，杨家港子上有一座石拱桥，全部由青条石、青石板建造而成，桥宽4米、长20米、高5米左右。这座桥既是衡桂古道上的一个接点，也是茭源古街的起点（北端）。此桥至今保存完好，仍在发挥作用。

杨家港子桥往南约200米，茭源古街的西边，有一座茭源寺，坐西向东，占

荄源古桥

地面积200平方米左右，阔面三间，前后两进，砖木结构，硬山墙，上盖小青瓦，大概建造于清代中期。历经百年风雨，已严重破败。20世纪70年代，金招大队建大队部时，为取砖瓦，将荄源寺拆除，原屋基已被改造成良田。

传说，荄源古街辉煌时期有九街十八巷的宏大框架，街边房屋大都是青砖青瓦高两层的徽派建筑，雕梁画栋，气势恢宏，不少人家还建有后花园。

北宋天禧年间（1017—1021），在白沙办矿的鼎盛之时，朝廷派进士郑平来荄源银场任场监，管理白沙矿产开采、冶炼、运输等事务，郑平及其随从便居住在荄源古街上。

荄源古街西边沿杨家港子南岸修了一条500米左右长的青石板路，通向铁牯岭山边的荄源银场。

荄源古街，到了南宋时期随着矿业的萎缩便逐渐衰败了。

明洪武年间（1368—1398），近卫大臣聂武纲奉命南巡，乘船到达白沙后，见临春陵河的现白沙古镇位置，天然岩石突出地表，河床牢固，岸上地势平坦，地域开阔，认为此处是建堡开市的好地方，便率民众在此大兴土木，修街建码头，命名为白沙堡。白沙街建成后，便取代了荄源街，成了白沙沿河两岸、东西南北十余里新的交易集市，新的物资贸易中心。

茭源古街作为交易市场退出历史舞台后，街上还有人居住，街上百姓主要姓王、杨、尹、罗、谢等姓氏。到了20世纪90年代，便有20多户人家在茭源古街的西面新建了红砖瓦房，离开了老街上已经破败，即将倒塌的老屋。到了21世纪初，又有20多户人家在连通茭源古街与茭源银场的常白公路旁，建了钢筋水泥外贴瓷砖的两三层楼房。从此，茭源古街上便再无一户人家居住，房屋基本倒塌或被拆除，剩下的只有少许残垣断壁，昔日人潮如涌的闹市成了草木茂盛、虫鸟和鸣的荒野；也有勤劳的百姓在自家原来的屋场地基上种了蔬菜或栽种了果树，使老屋场变成了新菜地、新果园。

（采访对象：王书华）

五、古道古桥古亭

（一）白沙古道

白沙境内的青石板古道可分四个等级，一级是湘粤古道白沙段；二级是常白古道白沙段；三级是原白沙及阳加洲坪里通往大义山上各湾场的道路；四级是各湾场之间的小道。这些古道基本上是用石板、石块铺砌而成的。

湘粤古道（其中衡州至桂阳州段为衡桂古道）

白沙之于常宁的特别，在于其特殊的地理位置和特别的资源禀赋，处于连接长江水系和珠江水系、岭北与岭南陆上驿道的交汇点，盐茶贸易的骑田岭道、春水道与香料贸易的香风驿道交汇点。

商周时期骑田岭道渐渐成形。

公元前219年，秦始皇发动百越战争，其中路军由主帅屠睢亲自率领，走的就是骑田岭道。从长安出发，渡长江溯湘江，经骑田岭道至连州。

东汉建武年间（25—56），桂阳太守卫飒"凿山通道五百余里，列亭传，置邮驿"。此路由郴州经宜章抵广东乐昌坪石，为骑田岭东道。东汉建初八年（83），大司农郑宏奏开"零陵、桂阳

官陂垌中现存的湘粤古道

峤道","自是夷通，遂为常路"。东汉延熹年间（158—167），周憬任桂阳郡太守。令桂阳郡官吏招募大量的石匠民工，开凿镌石。《光绪湖南通志》载：凡有十八滩皆是周憬率众疏通也。

郴乐路南段大瑶山至乐昌的武水水路，滩多流急，险恶异常，故此水路古代不常使用，而是从宜章或坪石转道，并入骑田岭道郴连路南段。

经骑田岭山系的古代干道有4条：

一条为骑田岭东道郴乐路。此路由郴州经宜章穿越骑田岭，抵广东乐昌坪石，大体沿武水，今称"骡马古道"。一条为骑田岭西道。从连州的星子埠（今星子镇），经临武，又从桂阳方元镇的锦里古村方向，过嘉禾、蓝山、到道州（道县），史称"峤道"。一条为骑田岭中道耒水道。从连州，经顺头岭，穿越临武境内，过桂阳荷叶镇的鉴塘村、北湖区的华塘镇，经郴州城、永兴、耒阳，下耒水到衡阳。一条为骑田岭中道舂水道。从连州星子埠起，经顺头岭、南天门、凹头铺、荒塘坪，过临武的九泽水、武士桥、龙口山，穿越桂阳的新塘、荷叶、鉴塘，到达桂阳州城的盐行街，再从北门过接官亭、麦子坪、舍人渡、筱塘、大富口、关口上、野鹿滩、过湖溪桥进入白沙境内，经黑山背、大路边、火石桥到三善亭、水口山、白沙后街、兴隆庵、灵官庙、师公山，经过河边管家3个湾场（窑厂里湾场中间、塘脑上湾场西侧、肖家湾西200米），过郭家亭子、荽源峒入荽源古街，经高春桥，进入保安堂李家、茅坪谢家、茅坪王家，穿过阳加洲古街，到鲇鱼塘徐家新湾老湾，到官陂曹家，再往北进入荫田镇境内官陂王家，后经衡头、荫田、烟洲、松柏（今水口山）、车江等驿站进入衡州府（今衡阳市），此为陆上石板官道（驿道）。湘粤古道衡州至桂阳州（今桂阳县）段，亦称衡桂古道或衡桂官道。也可以从白沙舂陵河边的码头乘船，经舂陵河入湘江，顺流而下达到衡州府，此为水路，即舂陵水道或叫舂水道。

湘粤古道在白沙境内从官陂曹家至湖溪桥长约15千米，路面宽约1米，路面石料规整，路基坚牢。其中田垌中路基一般用石3层，路高约0.8米。石板铺于何时已不可考，在今白沙中学的靠河边围墙上，砌着一块石碑，字迹已模糊不清，但依稀可分辨出"乾隆丙申四十一年（1776）之夏重修衡桂古道白沙市路桥"的字样。200多年前修的石板官道还是重修的，最早是什么时候修的呢？无从考证了。现保存最完好的是官陂曹家湾东垌中石板路，也是重修的。它长约1千米，由三层青石板叠砌而成，宽1—1.3米。据曹氏族谱和保存在曹氏宗祠中的《重修路碑》记载，重修石路始建于清道光十三年（1833），竣工于道光十八年（1838）。募款主要人物为曹正身和曹正琏。据保存在曹氏宗祠中的《新修路碑》记载，古道杉树塘李家西边的铁驴塘段，为道光十九年（1839）新修，资金来源于官陂垌石路重修募款余资，以及李学道、曾开韧、谢大恒牵头续捐。

古道连接湖南与广东两省，历经千年沧桑，极大地促进了当地的民族融合和社会经济的发展。

常白古道

常白古道即常宁县城通往白沙街的古道。古道从常宁县城出发，往东跨过回水湾石桥，经过西岭镇六图、西塘，跨过清溪，经过喜石、印花塘后，进入白沙境内。大致沿昆帽峰山脉东部山脚，经官陂吴家，穿越官陂塘、小水陂，经过龙塘李家、大屋董家，再至阳加古街北门桥，与衡桂古道交会。常白古道白沙段，由于与后修的常白公路多处重合，今大都已毁弃，难觅原貌。

上山古道

在民国及之前，白沙盆地之间与大义山之间各湾场，有数条青石铺就的小路，既方便山下坪里的人往西上山走亲访友及采矿、砍柴，又方便山中村民下山走亲访友和到白沙街、阳加洲街上买卖东西。

这些小石板路形成于何时，已难查证，估计主要形成于明清或民国时期，相传都是由做生意、办矿发了财的富人捐资修建的。

百步梯

这些石板路所用的石板，大多不规则，都是就近在山中打制的石材，以青石板为主，也有麻石，大小宽窄厚薄也不相等，铺成的石板小路总体上看1米左右宽。

阳加洲通往昆帽峰山上各湾场的古道主要有3条。一条从阳加洲古街南门出发，经茅栗岭，通往矮岩岭董家、忠家岭蒋家。一条从阳加洲中部出发，往西经过新亭子、百步梯、二峰上，可直达昆帽峰顶。这条石板路由于是徐、曾、谢三姓迎送昆帽仙王的古道，经过多年不断重修，至今保存完好。石板大多用一米宽的规整石板铺面，有的道路两旁砌有石块，其中尤以百步梯路段最为规整。这条古道还有一条分支，从二峰上出发，经过翻龙坳、高家大坪，可通往西岭墟的石板路。一条从阳加洲中部出发，往西经过矮底坪、虾公井、井边、黄泥坳、铜坪，可至桂阳桥市的五马归槽。

旧时阳加洲垌中各湾场都有小石板道与山上同族各湾场相通。其中质量较高、石路较规整的有官陂王家通往上半岭、滨家岭的石路；官陂曹家通往山上阳岐、楼梯背的小石板路；鲇鱼曾家通往山上冲口的小石板路。

白沙上片（原白沙镇范围）坪里通往西边大义山的石板路主要有6条：

荠源街上山的石板路　荠源街至牧场里，往西上山至亭子堪（现在的欧阳海灌区左干渠西边100米左右，有个石头砌的亭子），再往西上山至水霄，再往西至喜岭（这里有条水沟，沟上有石板桥，桥侧有石亭子）。

从喜岭亭子又分出3条岔路，一条往西北方向，去忠家岭到铜坪岭（原大义山有色矿位置）；另一条往西南方向，到石湖转向西，再到城门口，到麻石岭；还有一条往北去，往白水岩至高春桥，上衡桂古道，再北行可去阳加洲。

河边管家至亭子墈的石板路　从河边管家（今荠河村）的肖家湾西的衡桂古道，往西北方向，经钟家坪（今中洋坪）湾中间，至谭家到八分石，再到亭子堪。

黄排上山的石板路　从黄排刘家湾至半山岭，经半山亭到猫崽坪。

砂坪上山的石板路　从砂坪曾家至火石冲水库北边，往西北上山至马鞍岭过樟木太王亭子到樟木太王湾中，再往西北方向上山至猫崽坪湾中。

白沙街上山的石板路　从白沙街往西至杜家坪太塘边亭子，再往西上马鞍岭过谢高金屋侧上亭子岭，过亭子岭石亭子至号山罅，再往西至太坪里，此处有一块人工打制的路碑，上面写着"左走太坪山，右走桃花冲"。左边过新屋陈家，至烂亭子到柏树岭再至百步蹬去往桂阳太坪山。

泉塘边上山的石板路　从杜家坪的泉塘边至杜家坪李家，到段家至乌龟岭水库，到石山岭至棉花冲朱家后面再到亭子岭。

乌龟岭水库至三间田至桎山桥到棉花冲，也有一条石板路。

（二）白沙古桥

衡桂古道白沙段沿途跨过古桥10座，分别是新屋徐家以东的百步桥、阳加古街北门桥、高春桥、荠源桥（杨家桥）、陈家港子桥、窑厂里桥、老女桥、兴隆庵桥、火石桥和湖溪桥。

老女桥

清道光年间（1821—1850），在古镇白沙域内今杜阳村蛇形岭下阳家湾，有一阳姓人家，家庭殷实富足。其生之小女，自幼喜静好幽，喜读诗经，研习佛文。长大后更是热衷礼佛悟道，立誓一生不嫁，遁身佛门，皈依佛道。其父母双亲苦劝多年无果，见其意弥坚，其心至诚，遂就其心愿，请来外地大师，择地建庵。历经3年多时间，在今杜西村的碧玉冲，依山傍水之清幽佳地，建起一座一式三进占地500余平方米的观世音佛堂，取名碧玉庵，后改名悲仁庵、龙华庵。此庵现已大部分垮塌，只余少部分房舍。

碧玉庵建好后，阳氏女即入庵住持，虔诚礼拜观世音菩萨，终日研习佛文。远近善男信女也纷至沓来，络绎不绝，据传，在其鼎盛的十数年间，香客在此庵用素餐每天达10来桌。由于善男信女日众，香客所捐香信钱也日渐积多。阳住持善念又起，数十年间在当地修路架桥多处，其中最大的一座就是程家溪上春陵河边的老女桥。

老女桥立于春陵河边，白沙古街之北1000米左右的程家溪水圳上，衡桂古道经此而过。此桥坐东北朝向西南方，桥长20米，高6米，是半圆形单拱石桥，单拱内径约6米，桥面宽6.25米，全部由青石条块砌筑，桥面东西两边有条石护栏。桥拱东侧最高处外侧嵌有两块大小相同、文字相同、文体（楷体）相同的石碑，碑文为"清泉县东乡黄石，何惇信同男建造，道光甲辰年季冬谷旦"（意为今衡南县廖田镇黄石村何惇信同其儿子建造，公元1844年农历十二月吉日）。此桥的修建，极大地方便了来往客商的过往。历经数百年，依然保存完好，2015年被衡阳市人民政府列为市级文物保护单位。在大约相同的时间段，春陵河对岸也建起了一座规模相当的石拱桥，取名老男桥。与老女桥隔河相望，遥相呼应，自成一景，传为佳话。

湖溪桥

湖溪桥始建于明洪武九年（1376），已有600多年的历史，位于常宁、桂阳交界之湖溪水上，曾是衡桂古道上的一座重要桥梁。全桥由花岗岩石料砌成，桥高8米，桥面宽5.8米，桥长40米，单拱，桥的石拱跨度内径约8米，高大雄伟。桥南有一株600余年的古柏，苍翠挺拔，守护此桥；桥北有一座石砌"惜字炉"，造型古朴，拱卫陪衬。此桥为白沙古镇域内单拱跨度最大、最为雄伟的石拱桥。桥拱东侧最高处嵌有一小块石碑，碑文为"程智沪妻李邓氏求子"。当地百姓说，当年为修建湖溪桥，很多乡亲捐了款。在桥边曾竖立着6块功德石

湖溪桥

碑。可能程智沪妻李氏、邓氏二人捐款较多,所以特意为她们在桥中嵌了求子的许愿碑。

(三)白沙古亭

旧时古道旁每隔若干里,一般建有亭子,供路人停歇。亭子都是由条石砌墙,条石做门,上盖小青瓦,亭内有供行人坐下休息的条石长凳。亭子一般是建在石板路上,骑路而建。两侧的亭墙,基本未砌满,只用条石砌到三分之二高的样子,上面中空,用石柱撑起顶棚。亭子一般占地20平方米左右。在白沙上片,原有的山中古道中,曾有10来个亭子,数百年风霜雨雪的自然摧毁,办矿修公路的人为损毁,使得这些古亭,在白沙上片基本上难觅踪迹了,有的还留下些石基或石柱,有的只留下一个"亭子塝""亭子岭"等有点痕迹的地名了。在白沙下片(原阳加乡),由于后人的不断维修,一些山中亭子还保存得较好。如衡桂古道白沙段从北往南,除龙凤亭外,依次还有高春桥亭(在高春桥北端)、茭源桥亭(在茭源桥北端)、郭家亭子(在钟家坪陈家港子桥北端)、欧家山亭(在老女桥北端)、凤凰亭(在凤凰桥北端)、三善亭(在上洲)、响钟亭(在火石桥北端)、伍家山亭(在伍家山东侧)、黑山背亭(在黑山背北侧,现保存基本完好)、黄泥滩亭、湖溪桥亭(在湖溪桥北端)。

一路三亭和小水亭

常白古道白沙段著名的古亭是一路三亭和小水亭。

一路三亭位于阳加洲以西昆帽峰山峦。从下往上依次是新亭子、虾公井亭子、黄泥坳亭子，此三亭分别坐落于今欧阳海左干渠边。

新亭子

在阳加洲至昆帽峰这一路中分布着三座凉亭——新亭子、虾公井亭、头码头亭，而新亭子距离阳加洲最近，约500米。

新亭子起始建造年代不详，重修于清道光十二年（1832）冬月吉日，三修于20世纪90年代。

新亭子建造在长约7米，宽约4米的一块小坪地上，东、南、北三面悬崖，只有西面稍缓，南面有一股小溪。新亭子紧挨欧阳海灌区左干渠，路人从左干渠到新亭子，需爬79级近乎垂直之石阶。

新亭子内空长6.46米，宽3.6米，由6根石柱支撑，柱高2.17米，在石柱上部再续1.42米高的水泥柱，亭顶三修时由木瓦结构改为钢混结构。

亭东面立着重修路碑，碑有序文。东面条石，光滑鉴人，可见来亭休息、参观、朝拜之人众多。亭南面为出入处，只有一块长约4米、宽不足1.5米的更小坪地，来人多时，亭外亭内显得拥挤。亭西面以总碑和功德榜为亭墙。清晰可见"重修三亭一路总碑"。亭北面以条石垒就，中间镶嵌一石板，内上文字已不可辨。正中下方为一平安符，祝愿来亭之人"出入顺畅，一路平安，回家幸福"。

虾公井亭子

亭子左侧石壁有个1米高、2米宽的洞穴，从洞穴中流出来的泉水里，小虾成群，故名虾公井，亭子以此共名。

凉亭傍山而筑，坐西朝东。亭子长7.4米、宽3.7米，亭外建有一个青石坪，也是一个十字路口。往北30余米是虾公井湾场，住有40余户陈姓蒋姓的村民。由阳加洲经新亭子而来的驿道，从石坪东面拾级而上，穿过石坪往西，这是一条通往桂阳县境内的石板古道。从石坪往下坡，则是通向茅栗亭子去昆帽峰的香客之路。据亭中"重修三亭一路总碑"刻记，嘉庆己巳年（1809），由乡绅蒋光义、蒋学仕倡导重修。

黄泥坳亭　　　　　　　　　　　　小水亭

黄泥坳亭子

黄泥坳亭子坐落在和谐村辖区西面，因南面山坳里住着几户人家的湾场叫黄泥坳，亭子因此得名。

亭子坐北朝南，四墙为空，南北石墩柱旁原以长条青石为凳。清咸丰七年（1857）岁在丁仲秋月下浣日谷旦始修，公元2019年9月复修。复修后，东北西各设机切花岗岩石为凳，亭内及路径用砂石水泥硬化。

小水亭

小水亭位于今常白公路小水陂东边坡下，亭边有水井。20世纪初尚可为路人遮风挡雨，今仅存石柱。

茅栗亭

阳加洲至忠家岭古道上有茅栗亭。因亭子坐落在茅栗岭，故名。始建于何时已不可考。从亭内两碑可知，有两次重修。一次是光绪九年（1883），重修承首人为蒋玉珀、黄明顺、李孟元，另一次重修时间为民国十八年（1929）。该亭至今保存完好。

头码头亭子

阳加洲至昆帽峰古道上有头码头亭子，因坐落在百步梯顶端，路人爬完陡峭的百步梯后必须休息的第一个码头，故名。因亭子坐落于燕山，又名燕山亭，至今保存完好。

望风亭和半山亭

鲇鱼曾家通往冲口的古道上有望风亭和半山亭，皆为曾氏族人集资所建。

其中望风亭位于五斗岭山顶，距冲口约1公里，至今保存完好。

望风亭建于清乾隆五十七年（1792），为鲇鱼曾氏族人捐资修建。鲇鱼曾家为白沙镇内曾氏发祥地，古时，此路为鲇鱼曾家与冲口上、芹菜塘、斗坪岭等地曾姓往来的必经之路。亭内空长6.76米、宽3.3米，由6根石柱支撑，南北各3根，石柱间距为3.1米，柱高2.53米，柱上方梁厚0.3米，方梁上还有2根横梁，横梁距亭顶1.5米。亭上木梁，南北各6根，加上正梁共13根。南北横躺石条各一，供路人休憩。

据凉亭碑载：因曾氏族人虑及"客商往来担负者苦之""跋涉维艰不堪承受"，会族捐修凉亭于五斗岭上，"有避南风之熏，可乘北风之凉"。后又在五斗岭山腰建亭一座，号"半山亭"，亭侧有泉，现亭已颓毁。

黑山背亭

黑山背亭坐落于白沙镇南陵村域内黑山背，是衡桂古道白沙镇段唯一一座尚保存基本完好的古亭。亭子坐西面东，傍山而建，以花岗岩石做基，四方以条石为角，青砖砌墙，青瓦盖顶。亭南北向各设有石拱门，盐茶古道穿亭而过。东面敞开，西面青砖砌实，墙体嵌镶2块石碑。碑文详记有常宁、耒阳、永兴、桂阳四县市之捐资捐物芳名录，具体内容因石碑年久风化而模糊不清，不可辨读。亭内设有石条凳，供行人落座歇息。

黑山背亭

黑山背泉水历史悠久，甘甜清冽，水质优良，无异味，无杂质，可供过往行人随时饮用。2011年，经社会人士捐资筹款，进行改扩建，并立石碑，铭文纪念。改建后的泉水井，极大地方便了本地群众和过往行人。现白沙老街及周边居民多桶装车载，以备家中饮水之用。

候渡亭

除古道旁有古亭外，在阳加洲的舂陵河畔，曾有一座千年古亭，是一座候渡亭。此亭耸立在颜家码头旁，面东背西，歇亭与街东的颜家巷相连，码头石阶与亭前道路衔接。亭子南北两边各竖3根方形石墩柱，亭口有2根雕刻花鸟祥云图案的石柱。柱头分别搭3根柏木叠成的三角形横梁，南、西、北三向嵌碑为半墙，沿墙脚设长条青石为歇凳，亭中摆放一尊河礁石为桌，亭门敞开。此亭已倒塌20余年，仅剩几块古碑，被人竖立在龙家巷口菜园边，当作菜园围栏。

2022年6月29日，乡贤李小华回家乡参加公益活动。了解到此亭被毁，便与阳市村党支部书记、村主任刘生禄商议重建。当年9月，李小华从常宁市政府争取到了5万元建设资金，刘生禄筹集了部分善款，便合力在古候渡亭地段，重建了候渡亭。2022年底，重建的候渡亭竣工启用，改名为"念乡亭"，并立碑铭记。亭高4米左右，占地25平方米，有4根圆形立柱，上盖琉璃瓦。亭内有供人落座歇息的灰麻石条凳。

候渡亭

六、古碑古塔古阁

（一）白沙古碑

在白沙古街、阳加洲古街上及古道、古亭、古桥、古庵边，曾树立着很多石碑，这些古碑主要是记载某项建筑建设的过程、承首人（牵头人）、捐资人等信息，是为了表彰为公益事业作出贡献的人士。但在阳加老街的河岸一码头边，却集中树立着几块刻录古时市场交易规矩的警示碑，是难能可贵的文物。

白沙古街道的碑记石刻

白沙古街道处于白沙社区，由上洲街、中洲街和下洲街组成，从明代开始，这里一直是春陵河的要津，是常宁、耒阳、桂阳、永兴四县边境上的重要集镇，素有"常宁东大门"之称。驿道与水道通达湖广、赣南，连接着嘉禾县、蓝山县、新田县、永兴县、耒阳县、桂阳县、常宁县、道县的水陆交通货运，享有"衡阳货不齐，白沙有八分"的美誉。白沙古街号称"百日市场"，自开市以来，每日都是人来人往。每逢年过节和有重要活动时，来往人流多到需9条渡船同时轮渡。繁华的商贸活动使这里人潮沸腾，人文交流蔚然兴起，清代至民国达到顶峰，留下了许多珍贵史迹和美丽传说。石刻由于其本身坚固耐久的物理特性，成了历史的最佳传承人，述说着发生在时空中的过往。

古街道内的石刻主要包含两方面的内容：一是文字石刻碑碣，二是建筑石刻装饰。碑碣石刻以记事和纪念为主,如"流芳百世碑"和"重修路碑"。

流芳百世碑刻是嘉庆十八年(1813)为纪念衡清公所而建立。碑体青石质,碑首左边残损,碑体下部右角局部脱落,保存基本完整。高195厘米,宽95厘米,厚12厘米,现存于衡清公所内。碑面楷书,字体圆润,周正华丽,刊刻刀锋犀利毕现,是一块集书法艺术、雕刻艺术和历史人文于一体的精美文物。

从碑刻所刊内容可以推断出:衡清公所原系祷祀神农氏和炎帝的场所,于嘉庆四年(1799)创立,为了方便永久祷祀,划拨了公所内两间铺面所得的佃税香灯。白沙市是桂阳州的关津,商贸繁华,公所又为来往客商提供休息和议事场所。嘉庆十六年(1811)成立了灯油会的管理机构,公所日渐繁盛。嘉庆十七年(1812),公所在临河购置土地修建码头方便行人,却不想造成了亏空,于是和灯油会达成了协议,灯油会代为结清拖欠工费,而补偿就是公所右边一间铺面所得佃税交灯油会,另还规定其余各店佃税交首士领取。

流芳百世碑刻洋洋洒洒近千字,除了记述建立公所和码头的经过,还记录了管理祷祀的灯油会组织,这个有60余人的组织在四大总会首的带领下,为建立码头、管理祷祀作了不小的贡献。也从一个侧面反映了清中期白沙圩市的商贸繁华,以及商贾氓庶为祈祥纳福,寻求祖先神灵庇护而产生信仰需求的精神世界。

重修路碑石刻是乾隆四十一年(1776)为纪念修理白沙被春陵水冲毁的驿路桥梁而刊刻。碑体青石质,由于暴露室外,经风吹日晒,风化较严重,碑体断为两截后被人用胶粘接,保存基本完整。高约130厘米,宽68厘米,现保存于白沙中学东围墙外行道旁,嵌于围墙内。

碑刻内容简明扼要,就是为了纪念乾隆四十一年(1776)重修白沙市路桥而作,起因是春陵水春潮汹涌冲垮了市场内的路桥,于是兴隆庵的僧人、化缘信士和香客,一起捐资重修了路桥。从碑刻中可以查到捐款信众有百余位,姓氏达到30多个。白沙市作为一个五湖四海客商组成的大墟市,其人口的繁杂程度可见一斑,而人们带来的各地风土人情和文化差异又在此交流融合着。此块碑记中出现了"厚"姓,在以往的调查和命名中,曾有人提出过异议,应是"侯"姓,厚家桥、厚家井、厚家巷应该为侯家桥、侯家井、侯家巷,殊不知历史往往在不经意间掀起的面纱,就能解开心中的疑惑。

除了这两块碑记石刻,古街道内还有道光二十四年(1844)的万代码头碑刻、同治三年（1864）的"河岸系风龙严禁损伤"碑刻、万寿宫江西会馆碑刻等。

新建路碑

在官陂曹家公祠，现保存着一块青石碑，名为"新建路碑"，是清朝道光十三年（1833），官陂曹家人筹资金修官陂垌至徐家湾石板路的铭记。

碑文如下：

首事曹大荣敬撰并书

且天下事不为其大，虽美弗彰；不要其全，虽善弗备。余族以官陂洞石路之苦于倾颓也，倡修于道光癸巳年。捐化鸠工，越戊戌冬而告竣。筹画数载，费金约数千。俾遐迩行人，咸皆熙来攘往，全无彳亍之忧者，其功可不谓大欤？但相距里许，名曰铁铲塘，径窘路颓，上临深下沿（浅）。无论风雨晦明，过者厥多戒心焉。倘不为販修，将见废。平车者不旋而（止）抱履水之（畏）惧乎？由是以思，向之所谓功大者，难言乎其大。而又曷敢言乎其全哉！顾或者曰："天下之路无尽，而缺陷者赤无尽，安得处处而修之？大尤可说，全非易言也。"余曰："好善之心，尽人而有之。人人於所能为者力为之，何事而不可揽乎其全？况道途之利人尤切也。"因是有此增修铁铲塘之举。以修官陂洞募款之余赀，復行捐竹。命匠核石新修於塘下田间。越数月告成。用力少而成功多。匪敢云大，以力之能大者为其大。匪敢云全，以为之能全者要其全耳。是为叙。

新建路碑

续捐首事　李学道

曾开韧

谢大恒

道光拾九年岁次己亥年季冬月上浣吉日立

（原文为文言文，无标点，现由曹运才先生断句，以便阅读）

（二）白沙古塔

七层塔，又名魁星楼（老百姓习惯称为八角楼），位于兴隆庵往北约50米的河边，建于明朝末年，底部直径约4.5米，上部直径约3.5米，高约14.5米，呈八角形，坐北朝南，砖石结构。第一层南北向各开一拱形门洞，一、二层安有楼枕树，上铺楼板，楼面留有一个空洞，可以由此用木梯上下。上部几层，每层安装3根牵树，以连接并牵制墙体，南北墙留有气孔。塔身外部，每层之间用砖砌成飞檐，上盖青瓦，屋檐转角处用琉璃瓦扳爪，显得棱角分明，分外庄重。塔顶也是青瓦屋面，八角用琉璃瓦作脊，顶部安装一个土黄色的陶瓷葫芦。

七层塔，雄伟瑰丽，是白沙的标志性古迹。老百姓中曾流传民谣，反映白沙人对此塔的赞颂和自豪，说："江南有座塔，离天一丈八；白沙有座魁星楼，一节耸在天里头。"

塔侧边（西面）是衡桂古道，路过的人们，常常会情不自禁地停下脚步，欣赏这座古老的七层砖塔建筑，对先民靠人挑肩扛、土法上马所创造的奇迹，无不产生敬仰之情。

1958年大炼钢铁，为了取砖砌制炼钢炉，将这座七层塔拆除，致使保留几百年的名胜古迹毁于一旦。

（三）白沙古阁

观音阁：从北面鲇鱼徐家跨进阳加洲的地盘，看到的第一座古建筑物就是观音阁，耸立在严家洲西边河岸。寺院气势雄伟，西面青砖砌墙，东壁用两尺余正方形的青条石砌至屋檐。寺院三进，大雄宝殿坐佛观音高一丈，青铜铸造。古刹前后翠柏参天，寺前两棵镇禅古柏600多岁，树腰围9尺有余。寺院蜡烛香火数百年不间断。暮鼓晨钟伴着寺北长滩潺潺的流水之声回荡在春陵河两岸，春夏秋冬不绝。"观音阁下观音潭，一对鲇鱼游出玩。龙王罚它守潭口，鱼虾积洲成险滩。"流传的民谣又增加了这块福地的神秘。不幸的是，20世纪40年代坐佛被毁，寺院周围古柏在1958年大炼钢铁时被砍伐殆尽。之后，阳加完小靠寺而立，大雄宝殿成为学校的礼堂。"文化大革命"中，整个寺院被拆除，全部建成教室。

七、古村

（一）鲇鱼塘徐家

昆帽峰山脚往东北方向一侧，与春陵河西岸间有一地势平坦、水土肥美的河谷盆地。这里遍布着大大小小的村庄、集镇，其中就有白沙镇内最大的徐姓村庄鲇鱼塘徐家。鲇鱼塘徐家有新老二湾，全湾皆姓徐。村里整体地势西北高东南低，故村周边大小溪流都自西流向东，最终汇入春陵河。

1953年以前，以鲇鱼塘徐家为中心设有鲇鱼乡，辖今鲇鱼塘徐家、鲇鱼塘曾家、龙塘李家、董家、冲口、斗坪岭、燕子窝等湾场。由于徐家湾场较大，很长时间内，被划分为两个行政村，老屋徐家湾称上游村，新屋徐家湾与严家洲并为徐洲村。虽然行政上被一分为二，但徐家新老二湾呼吸相通，血脉相连，同为一体。2016年，新的行政区划使新老二湾在行政管理上合并，称白沙镇徐洲村。

鲇鱼塘徐家源于明洪武四年（1371），是由江西泰和迁至常宁东乡染山坊鸭婆树下之端甫公一脉。据成书于1995年的《徐氏六修族谱》记载：明景泰年间（1450—1457），端甫公之孙朝阳公携妻儿落户于鲇鱼塘附近80米处院子

鲇鱼塘徐家

里，勤劳耕耘，繁衍生息，距今近600年。朝阳公子女长成后，为宏开基业，长子隆受公携家室移居至今菖蒲塘旁，开辟新屋徐家。次子启受公随父母仍居于鲇鱼塘旁，是为老屋徐家。从朝阳公算起，鲇鱼塘徐家（新老二湾）至今已繁衍23代，共计3700余人，今天仍在此定居者约2500人。现存最大字辈为荣字辈，最小字辈为教字辈。

鲇鱼塘徐家依山傍水，人杰地灵。鲇鱼塘，形似鲇鱼，由此得名。经测算，水塘最长处68米，最宽处54米，总面积达3500平方米。因其在湾门口，又叫大门塘。不仅如此，老屋徐家湾场和周围多处田地都形似鲇鱼。村里流传着一个美丽的传说——七鲇上水①。七条鲇鱼从耒阳方向沿大路往西过春陵河，游至此处，见水流平缓、风景秀美，竟不愿再离去，游在最前面的三条鲇鱼掉头与伙伴们商议后，七条鲇鱼遂化身成为守护这一方的七块宝地，这七处分别是今天的鲇鱼塘、老屋徐家湾场、南边垌、北边垌、茶园、麻冲和长垌，其中鲇鱼塘和老屋徐家湾场仿佛一对恋人，他们双唇相触，相濡以沫，阴阳相和，永世相依。老屋徐家湾场村头南北两方各有一口古井，至今仍在，井水终年不涸，相传这是古湾场所在鲇鱼的双眼。往前50米，左右两边各有一株古老的重阳树，相传此为鲇鱼的两须，其中右边一棵重阳古树至今生机盎然，枝干虬曲，枝繁叶茂，非常壮观，已有400多年的树龄。老屋徐家公厅屋就建造在湾场鲇鱼的头部正中。鲇鱼塘尾部有几眼泉水，终年喷涌，清澈冰凉，即使干旱年景，此处的水也从未干涸，是湾里蓄水灌溉、浣衣洗物的重要水源。

2015年，老屋徐家老湾场被评为衡阳市市级文物保护单位，取名"老屋徐家民居群"。2016年底，又被列入第四批中国传统古村落名单。老屋徐家民居群始建于明景泰年间（1450—1457），至2010年尚存明清至民国时期的建筑46栋，至今保存较完好的有"院子里"古宅、公厅屋、上厅屋、横厅屋、成厅屋、南州别墅、南州第等，部分古建筑至今仍有人居住。

老屋徐家古民居群布局错落有致、合理科学。主体房屋坐东朝西，以鲇鱼塘和公厅屋为中轴线，由西向东延伸百余米。南北两边的房屋分别朝北朝南而建，对称排列，每方各两排，俨然四队卫兵戍守着古村落。整体上形成了闭合式的大型"四合院"。

湾场中间的主体建筑为东西向，共5排18栋房屋，前3排都为明清时期的建

---

① 七鲇上水：另有"九鲇上水"的传说。

筑，越往后的房屋修建的时间越晚。明清时期建筑多采用堡垒式结构，除四方各开一门[①]外，没有窗户。现在人们看到的窗户都是20世纪50年代以后新开的。室内采光多来自天井。四面高墙楼上楼下都设有箭眼，可用来对外攻敌。房屋大都以1米长的长条石为基，四面高墙都由青砖建造，覆以青瓦。房与房之间无共墙，墙顶皆高于屋顶，轮廓呈阶梯状，被称为马头墙，两阶和三阶居多，也有四阶的。高高的马头墙不仅雄伟美观，还能在相邻民居发生火灾的情况下，起着隔断火源的作用，故又称之为封火墙。房屋四角各有两块转角石，可以防止过往行人背负的物件碰坏屋角。房屋分两进和三进，两进房屋内有一个天井，三进房屋内有两个天井。天井两边的耳房不用砖，都是木结构。每个天井皆由青石板砌就，天井下方挖有排水沟。雨天时，屋顶四周雨水汇流于此，真可谓"肥水不流外人田"。凡二进式房屋，进大门后首先遇到的是两根木柱夹木制屏风，屏风两边各有小门。屏风后为天井，天井两头为耳房。过天井往里为正厅，正厅两边为厢房，正厅尽头又有木制屏风。凡三进式房屋，二进与三进之间都有木隔断，后面为第二天井，天井后面又有一厅两厢房。

南北向共4排20多栋房屋，为清末至民国时期陆续修建，采用吞口式结构，房屋已装饰窗户，人字形屋顶，保留部分马头墙式的屋檐，房顶雨水向外流，房屋内部不再设天井。内部巷道都由青石板铺就，东西方向共4条巷道，两条主干巷道分别在太厅屋两侧，两条辅道分别是南北两侧前后两排房屋的通道。主干巷道宽1.5米余，长100多米。同向辅道略窄，长度相同，延伸至村尾。南北向巷道数十条，与主巷道纵横交错，构成了村庄的道路网。石板路旁设有排水沟。为进一步加强防御，村庄最外围还建有一圈坚固的青砖围墙，围墙四周开四门，西面正对公厅屋设槽门，也就是村庄的大门，东面有后门，南北面各留一侧门，也称耳门。正是这种严密的堡垒式防御设计，曾经拯救了徐氏族人的身家性命。徐氏族谱记载："道光十二年，瑶匪滋害，合境出敌，他姓无不丧命，我族人丁无半点损伤。"

据考证，村庄现存最早的建筑并不是居于古村落核心的几排清朝建筑，而是位于距鲇鱼塘东南方向80米处院子里的一栋坐北朝南，始建于明朝早期的古宅，青砖黛瓦，房屋长7.4米，宽11.5米，吞口式屋檐，屋檐宽1.85米。正门一面墙壁有别于其他房屋，是人字墙，全由木板和木柱搭建，木板上雕花设窗。屋内用木板

[①] 四方各开一门：朝西方向为正门，南北方向为侧门，也称耳门，东面为后门。

隔为上下两层，下层高6米余，上层高3米余；两边厢房各隔三间。房屋右侧靠西建有一排马房，当时的主人应该家底殷实，是一大户人家。徐家老湾建筑最早是坐北朝南，不过，后来徐氏族人面向鲇鱼塘头陆续修建新舍，先后修建了成厅屋（坐东朝西，三进式，长30米，宽13米）、上厅屋（仿成厅屋而建，坐东朝西，三进式，长25米，宽13米，最多时住有13户人家）、横厅屋（位于村庄南边，坐南朝北，两进，长12米，宽16米）等分房系居住的厅屋，以及一些私宅。后又集资修建各房系公用的公厅屋，又称太厅屋，坐东朝西，前后两进，宽9米，上进长7.2米，下进长4.4米，下进为民国时期扩建而成，外宽19.2米，两边设耳门。大门上方用颜体书写"龙凤世家[①]"，气势雄浑，丰厚饱满。

新屋徐家老湾场位于老屋徐家古湾场南面，与南边田垌相隔。新屋徐家老湾场的建筑整体布局与老屋徐家古民居群类似，但朝向不同，坐北朝南，以槽门和太厅屋为中轴线，南北延伸，东西展开。民国二十一年（1932）在太厅屋右侧建新公厅屋（两进式，宽11.2米，上进长14.5米，下进长7.5米，上进两边设厢房，宽3.2米），太厅屋和新公厅屋两大厅屋以1.6米宽的石板路隔开，两大厅屋两旁各有一条石板路，构成了新屋徐家湾的3条主巷道。两侧路旁建有居民房屋，又称耳房，分别朝东和朝西，面向厅屋。

新屋徐家湾太厅屋（公厅屋）始建于明末清初，一厅两房。民国二十四年（1935）扩建，呈现如今的两进式房屋，上进长12米（不含神台），宽5.6米，两边设厢房，厢房宽3.2米。下进长6米，宽12米，由6根周长1米的株木柱支撑，屋顶人字架由方木制成，榫卯结构。四墙都是三阶马头墙，由青砖堆砌。太厅屋大门上方书有"龙凤世家"。太厅屋内悬挂着"齐眉寔昌"和"坤凝延鳌"两块牌匾，太厅屋前坪铺有青石板，今已用水泥沙石硬化。距太厅屋正门约22米处，建槽门，上书"东海郡"，槽门是新屋徐家湾场的大门。每逢村里发生大事件，或祭祀或升学或庆寿或嫁娶，村民们都要从槽门进入太厅屋去行礼。农闲之余、傍晚时分，村里老翁稚童也最爱聚集于此，话谈家常，嬉戏玩闹，一派祥和。

新屋徐家有一房人丁兴旺，读书风气犹盛，多人高中功名，被钦赐五、六品翎顶。这房人约在清康熙年间（1662—1722）修建了三厅屋，又称官厅屋，至今已300余年。三厅屋属三进式，长26.8米，宽11.5米。上厅屋（上进）长8

[①] 龙凤世家：相传徐茂公辅佐唐太宗李世民称帝建有奇功，故当时徐氏被许可打龙凤旗，号龙凤世家。也有言徐氏以龙凤为图腾；徐字繁体字像龙又像凤，尚未考证。

米，中厅屋（中进）长6.4米，下厅屋（下进）长6.8米，三进皆宽4.3米，两边设厢房。下厅屋和中厅屋用1米宽的巷道隔开。上厅屋和中厅屋之间用木屏隔断，内有一个天井（长2.1米，宽1.1米），上厅屋（正厅屋）尽头又有木制屏风，设神台，供奉祖先。

槽门东南方向70米处有一水塘，名菖蒲塘，因原先塘内长满菖蒲而得名。今呈不规则的菱形，周长500多米，面积10余亩，塘中有一块直径12.5米的圆形小岛，岛上树木林立，郁郁葱葱。隆受公初迁此地时，菖蒲塘还只是一个水浅泥多的小洼地，中央有一天然沙丘，有人在此处放养鸭子，每晚鸭子都留宿沙丘不愿离开，后在扩建池塘时也就保留了中间一块，成为现在的圆形绿岛。从高空俯瞰，新屋徐家湾场形似鳄鱼，菖蒲塘中心的圆岛犹如鳄鱼向外突出的眼睛。

湘粤古盐道从西面和南面绕新屋徐家老湾场而过。湾场南面有两条小溪，古盐道经过小溪时建有两座石桥，两桥之间步行约一百步，故名百步桥。北面石桥10米处建有一亭，名曰龙凤亭，又名麒麟亭。龙凤亭，跨盐道而建，供来往行人临时歇脚。徐氏族老以公田支持两户本湾人在龙凤亭边为往来休息的客商施茶、施火，广行善举。后这两户人家子孙兴旺，遂定居于此，形成一个小湾场，村里人习惯称这为百步桥。龙凤亭的修建时间已不可考。1984年左右，为修建村公路，需拓宽原盐道的路基，龙凤亭被拆迁。

鲇鱼塘徐家新老二湾原建有徐氏宗祠，位于老屋徐家湾村东南面（今鲇鱼小学校址），坐北朝南，始建于清嘉庆二年（1797），历时三年建成。前后两进，大厅元堂以奉神明，东西厢房以为学宫，办私塾，培养优秀的徐氏子弟。民国元年（1912），族公徐荣发牵头修缮宗祠，并新建宗祠前进，开三大门庭，上下三进，进深27.8米，宽21.6米，建筑面积600多平方米。中为天井，天井中央有石坪，一对2000余斤的石狮镇守于此，石狮原为荫田乡民为感谢鲇鱼塘徐家徐公显墀（徐玉陔）独立募资帮助他们修建荫田墟福荫桥而赠送，饱含情谊。原宗祠还设有义仓，粮食来自村里的公田。饥荒年景，开仓救济村民，所以即使再困难的时候，徐家子弟也没有赴他乡乞讨之人。新中国成立后，宗祠其他功能渐失，专办学校，为鲇鱼学校。因年久失修，房屋出现多处裂缝，房顶瓦片掉落无常，被上级部门鉴定为危房，为安全考虑，2005年新老两湾村干部、党员及族老开会并召集群众商议，一致同意拆除祠堂，在常宁市教育局和全村干部群众的支持下，在原址上建起今天的鲇鱼小学新校舍。

鲇鱼塘徐家尊崇文化，敬惜字纸，新屋徐家湾菖蒲塘头西北角原建有一座字炉，字炉呈六菱形，共七层，基座三层，往上是中空的炉体，设有焚烧门，五、六层呈瓦檐状，最上面由葫芦形石封尖，高4米，炉底直径1.5米。字炉专门焚烧写有文字的纸张。新屋徐家湾所有人家的写有文字的纸或物件不能随便损毁，若要处理，一定要拿到此字炉来焚烧，体现了徐家人对文字的敬畏，对文化的敬仰。另外，优秀的书法作品也随处可见，新屋徐家太厅屋上门匾"龙凤世家"四字由徐氏祥楚公执笔书写，字体圆浑流畅，厚重健实。另外短联"南州望重，东海名高"以及两边的长联"龙爱东海龙生子人财两盛，凤喜南州凤育儿富贵双全"、新厅屋的"龙凤家声"、三厅屋的"南州第"等等，无不显示了徐家先人深厚的书法功底和浓郁的文化气息。

（座谈人员：徐荣轩、徐牛生、徐和高、徐德之、徐贵才、徐令生、徐国树、徐家和、徐和秋、徐现就、徐和炎、徐昭伊、徐昭银、徐昭葵、徐昭枝、徐昭性、徐攸昭、徐昭安、徐富国、徐昭华、徐国富、徐文才、徐青元、徐满才、徐国来、徐红艳、徐瑞东）

（二）鲇鱼塘曾家

鲇鱼塘曾家，一因鲇鱼塘（本湾称之为后背塘）居湾之北，由东至西从湾后环绕；二因湾里所居男性皆姓曾而得名。

分房字辈

鲇鱼塘曾姓鼻祖贯公，生于元惠宗至正六年（1346），后择居常邑南乡甲山，再迁常宁南路大枫树之鲁塘湾。贯公之后辈选公于明仁宗洪熙元年（1425）入鲇鱼塘曾家现址，繁衍至今，已23代，人口4000人左右，居住在鲇鱼塘曾家的有1400人左右。由于先辈当时所管之田土山离鲇鱼塘曾家有数十里不等，加之当时生产力水平低下，为了便于管理，先后派遣先祖迁往严家洲上、冲口上、塘家窝、垫鹅墈上、郑家塘以及西岭斗坪岭、下院子（因无资料，搬迁顺序无法考证）。

鲇鱼塘曾家的族房名称别有韵味，即细屋场房、楼厅房、上厅房、塘边房、半房，这些族房名称根据当时的特征来区分。

细屋场房居村东北一角，人口较少，故名细屋场房。

楼厅房，20世纪70年代，本房人口大多居住在一栋上下四进的大房子里，前低后高，似楼梯，步步高升，故称楼厅房。

鲇鱼塘曾家

上厅房，20世纪70年代，本房人口以一栋上下四进的青砖房为主聚地，最上厅堂为木质鼓皮，富丽堂皇，故曰上厅房。

塘边房，因当时湾前有一口大水塘，叫芋子塘，此房人围绕水塘而居住，故谓塘边房。

半房，因本房人口占整个村子半数以上，故叫半房。

至现在，各房人口相互交错居住，团结和睦。

祖居宅第

鲇鱼塘曾家的古民居多为山字垛，大门两侧为石柱，门上方书"三省第"或"武城家声"或"忠恕世家"，左右各一石墩。现保存完好的仅剩一栋，其他两栋只剩残垣断壁。

鲇鱼塘曾家的太厅屋，长18米，宽12米，上下两进。上进为墩柱结构，木柱四根，每根直径30厘米左右，虽历经数百年，仍保存完好。下进为砖混结构，东西厢房各一。大门、侧门两边都为石柱，大门左右各一石墩，21世纪之前，由于村民劳作之余都坐在石墩、地坎上，石墩、地坎均光滑油亮，大门上书"忠恕世家"，前墙左右龙凤图案各一，惟妙惟肖。至20世纪末，凡逢结婚之日，男娶妻，先到大厅屋朝拜天地、列祖列宗，再迎娶到家；女嫁夫，先到大厅屋作揖，辞别先祖，再去夫家；如出远门，或求学，或经商，或工作，都要到大厅屋朝拜，祈祷保佑平安，心想事成。

鲇鱼塘曾家的古槽门，四根木柱支撑，东西各一长木，用榫与木柱相连。木木相榫，根根相连，可惜未及时修缮而摇摇欲坠，于2005年在原址另建钢筋水泥槽门。

槽门旁边有一公石狮，离槽门150米远另有一母石狮，石狮高2米左右，两两相视，相亲相爱，守护湾村，保佑平安。

（三）官陂曹家

南岭又称五岭，五岭之一的骑田岭有余脉大义山。大义山有峰名虎形岭。虎形岭往东有片绵延两公里长的坡地。坡地东端一公里处坐落着一个居住着2000人左右的自然村，村名官陂曹家。由于古人一般逐水湾而居，为便于与行政村相区别，当地人一般称自然村为湾。官陂曹家全湾都姓曹。虎形岭东面山脚下有口至今仍面积达150余亩的水塘，塘名官陂。其名称来历已不可考。自官陂塘往东直至舂陵河边的河谷平原，当地人称官陂垌，面积约3000亩。

官陂曹家的湾名即来自湾侧的官陂塘和湾前的官陂垌。1953年以前，以官陂垌为中心设有官陂乡，其管辖范围包括今属白沙镇光荣村的官陂曹家、吴家、李家、姚家、滨家岭王家、半岭王家、竹皂阳家；今属荫田镇的印塘村和烟塘村所属各湾场；今属西岭镇的五门村和清冲村所属各湾场。

官陂曹家始祖是云正公、云盖公及其母亲吴氏三人。据成书于清道光年间（1821—1850）的《官陂曹氏一修族谱》记载：约于明嘉靖年间（1522—1566），原籍今常宁市蓬塘乡蓬田村乐井，谱称平田湾乐井的吴氏母子三人本

官陂曹家

以沿春陵河上溯流动养鸭为生。当他们来到官陂峒的时候，随行的牧鸭犬竟不愿意再往前行，他们遂在犬蜷宿地搭棚落脚，开垦土地，定居生活。从吴氏算起，官陂曹氏至今已繁衍18代，共计3000余人，至今仍在此定居者约2000人，为七世同堂的大家族。

官陂曹氏宗祠于2002年被常宁市人民政府定为县级文物保护单位。因2015年之前行政上属白沙镇星光村，官陂曹家古湾场于2015年被衡阳市人民政府定为市级文保单位时取名"星光民居群"。

官陂曹家"星光民居群"始建于明嘉靖年间（1522—1566），至2010年尚存明清建筑40余栋，至今保存完好的有21栋，天井近30个，古塘5口，古井6口。其中保护最完整的有曹氏宗祠、曹氏祖堂"相国世家""忠信第"等。

官陂曹家"星光民居群"布局科学。整个古湾由坐北朝南排列整齐的四排房屋和坐东朝西的三排房屋构成。这些房屋主要是在明至清中叶以前陆续修建的。每排房屋前面都有青石板砌就的宽约1.5米至2米的阶基，共计6条。每两栋房屋之间都有一条巷子，除一条被称为大巷子的约有3.5米宽以外，其余皆为宽约1米的小巷，共计近40条。所有房屋横直对齐，阶连阶，巷对巷，整个古湾俨如棋盘，通风良好。整个湾场地势是西北高，东南低。古湾东北两面直至20世纪80年代仍是植被茂密的后山。湾前有3口水塘，东西排列。东面一口最大，人称太门塘，呈肾形，当地人称腰子形，面积10余亩。紧靠水塘南堤有一条天然小溪环湾流过，溪水源于官陂塘，所以3口水塘的水都是活水。溪水再往南就是一马平川的官陂峒。祖堂坐落在古湾第一排的中心，祠堂坐落于古湾前东南方向，祠堂前有青石板路与古官道相通。祠堂东北方向的房屋为清代中期以后陆续建造。站在湾场南面山坡，北观湾场全貌，整个官陂曹家如一支飞翔的雁群，祠堂宛如领头雁。

官陂曹家"星光民居群"建筑精美。六阶四十巷都是青石板砌就，阶沿都由近2米的方条石砌成，阶面都由长约1米、宽约0.5米的石板砌就。3口大水塘四周都用长约1.5米，宽、厚约0.4米的长条石硬化。所有水井或方或圆都用青石围口并铺有井坪。所有房屋都以1.5米长条石为基，有的地上部分基础达4层。四面高墙都是青砖建造，覆以青瓦。房屋四角都有转角石3块。整个湾场正房没有一栋土砖或泥巴房，没有一栋盖以茅草。每栋房屋都有4条青石门，东西向排列的4排以南门为正门，东西各有侧门，北有后门；南北向排列的3排，以西门为正大门，东门为后门，南北也各有侧门。所有大门上都有斗拱式门檐，檐下有匾如"曹氏宗祠""相国世家""忠信第"等。正门左右青石门框上各顶以刻有龙头的青石，门框一般配以"福、禄、寿"等文字和图案，图案或人物或动物或植物。房屋或两进或三进。两进房屋都是进深20米，宽12米，内有一个天井，三进房屋多数都是进深30米，宽12米，内有2个天井。天井两边的耳房都不用砖，全是木结构，木结构上刻有各种图案。图案以寓意福禄寿禧的动植物为主。也有人物图案，有的人物图案反映了农、商等生活场景。每个天井皆由青石板砌就，有的青石板长达3米。湾中的阶基、巷子随处可见长达3米的青石凳。所有正房皆宽约10米，为三开间。凡二进式建筑，进大门后首先遇到的是两根木柱夹木制屏风。屏风两边各有小门。屏风后为天井，天井两头为耳房。过天井往里为正厅，正厅两边为厢房，正厅尽头又有木制屏风。有的木制屏风至今挂有各种木制题匾和对联。凡三进式房屋，二进与三进之间都有木隔断，西风东渐以前，古人待客都在第二进的大厅。木隔断后面是第二天井，天井后面又有一厅两厢。

　　官陂曹家"星光民居群"的建筑防火性能好。每栋房子都是独立成栋的小四合院，四向都无共墙。所有墙头都是山字马头墙，没有人字马头墙。任何一栋房屋失火都不会蔓延到四周其他建筑。建湾500年来，从未发生过大的火灾。

　　官陂曹家"星光民居群"同时具有很好的防盗性能。每栋房子四周都是青砖砌成的高墙，屋顶积水全部流入室内天井，由天井通过地下水道流入湾前水塘。房子四周都不开窗户，室内采光全部来自天井。现在人们看到的窗户都是20世纪50年代以后新开的。四面高墙楼上楼下都设有箭眼。箭眼外宽约0.15米，内宽约0.4米，高约0.6米。每栋房子既是一座小型四合院，也是一座小型碉堡。整个湾场前有水田，后有靠山，只有祠堂前一条石板路与官道相连。祠堂西侧设有槽门，也由石头做成。全湾房屋前栋后门对着后栋大门，左右侧门与邻房侧门相对，方便互通信息。

　　官陂曹家祖堂被族人称为太厅屋，由始祖吴氏三人始建，后逐渐扩建而成。祖堂为三进式，进深30米，宽12米，四墙皆青砖，室内由12根直径约0.3米的株树为柱支撑。屋顶人字架由宽、厚达0.3米的方木制成，榫卯结构。地板由0.6米见方的青石板铺就，十分少见。祖堂前坪亦铺以青石板，伸入水塘部分呈弧形。祖堂大门上刻"相国世家"，原因是据族谱记载，该支曹姓源于三国曹子建。曹子建被后世文人称为"文宗绣虎"，所以官陂曹家自称绣虎堂。子建祖上曹参、父亲曹操皆为大汉丞相。子建后代宋初第一名将曹彬亦出将入相。

祖堂正面墙上有八仙浮雕，左右各四。

官陂曹家的曹氏宗祠始建于清嘉庆十二年（1807），有屋顶房梁刻字为证，亦有石碑为证。祠堂也是三进式，进深35米，宽12米，室内有两天井。祠堂第二进坐落于湾前的小溪上，溪水从第二天井穿过。大门上的"曹氏宗祠"四字为颜体，遒劲有力。大门上方的防雨檐下天花板刻有太极图。屋顶亦由12根直径约0.3米的株树支撑，但比祖堂柱子高出约2米，使得整个祠堂建筑更加雄伟壮观。

（四）火石桥李家

火石桥位于白沙镇南端，东临南陵村，西接向阳村，北连上洲村。坐北朝南，北面后垅山巍峨挺拔、古木参天，像一条巨大的盘龙。后垅山高于村子地面十几米，冬天能阻挡北来的寒风，夏天则是避暑乘凉的好地方。村中大道贯穿东西。村东、村西两条由北向南的公路穿村而过。

火石桥原名火烧桥。以前从衡阳往郴州桂阳的石板官道上有一座木桥，不知何年何月被一场大火烧毁，之后，此桥此地被称为火烧桥。不久，一些热心人士出资出力，在原址上用石板将桥修复，火烧桥便改称为火石桥了。

李仁昭公的第六世孙李友相公，在明成化年间（1465—1487），从桂阳筱塘卜居此地。500多年来，已发展到20多代200多户人家。

火石桥李家

火石桥是一个古建筑群，坐北朝南，北高南低，冬暖夏凉，视野开阔，环境优美，交通便利，土地肥沃，是安居乐业的世外桃源。经有关部门联合考察，火石桥民居群被列入衡阳市市级文物保护单位和湖南省省级文物保护单位。

火石桥古民居建筑群的特点是：大门用石头雕刻而成，配有石墩，大门上方分别书写有"龙门第""陇西第""鸣凤世家""青莲第"的牌匾。

"鸣凤世家"大门左侧刻有"咸丰十年李鸿卿造"的字样，两边墙垛呈"山"字形，青砖青瓦。地面是清一色的青砖，磨砖砌地，平滑成行，有如方阵。古建筑民居群，房屋呈"二"字形平行相对排列，中间用青石板砌成的村中古道，平坦、整洁、宽敞。古道前方有一口船形的大水塘，清澈见底，鱼儿欢畅，供生活洗涤之用。每幢古建筑内设有天井采光、暗沟排水，每栋房屋之间相隔两米多宽的小巷设有侧门相连，形成纵横交错、行人方便的通道。无论暴雨还是雪霜天气，在整个建筑群内行走，衣服鞋帽不会淋湿。

官厅屋是按规制建造的府邸。分为三进，大门是采用汉白玉条石雕刻而成，门框上刻有"青莲第"，大门两边用角石砌成，呈喇叭状。雕刻有"龙盘虎踞""凤起蛟腾"等条幅。横幅上雕刻有"八仙过海"、"游龙戏凤"、鹿、兔等图案，寓意着吉祥如意、人寿年丰。

进入官厅屋大门为第一进，中间设中门。古时候有朝中官员和乡绅等有身份的人物来访或家有大喜事时，才大开中门，以示隆重其事。两边为侧门，供家人日常出入。第一进与第二进之间是天井，天井中央有4块汉白玉雕刻的各式吉祥物图案，约2米宽、3米长。

过第一进天井，就进入中进大厅。厅内非常气派，4根腰围粗的木柱高耸，左右两层楼房。

越过中进，两边是两个小天池，中间是进入第三进的通道。第三进厅正中是神龛，装饰华美，雕刻有寓意吉祥、平安、长寿的图案。

第三进是供奉祖先及家庭议事、接待朋友宾客的地方。

官厅屋东边是新厅屋。新厅屋的后面是横厅屋。横厅屋是东西延伸的，祖辈们用横厅屋给家中佣人居住及做马厩。

官厅屋与新厅屋、横厅屋的后面有一棵大槐树，历经200多年的沧桑，树干已空洞，枝叶却繁茂翠绿，守护着古老的官厅屋。

"龙门第"三字是用镂空的手法精雕而成，虽然岁月流逝，久经风雨，木板失去了原有的颜色，但那遒劲的笔力和高超的雕刻技艺仍令人赏心悦目、叹为观止。

火石桥历代有重教兴学的优良传统。清嘉庆年间（1796—1820），大兴土木，在湾里建了一座面积约500平方米的宗祠，两层、砖木结构，两边墙垛呈"山"字形，青砖青瓦，分前后两进，中间有一个大天井，天井下为花池，两边有排水沟。花池中栽有芍药、芙蓉、葡萄等花木，中间有一棵枝繁叶茂的桂花树，每逢八月，桂花盛开，香飘四邻。

祠堂内厅堂中间，有6根粗大的木柱竖立在石墩上，柱上刻有楹联。厅堂的正面设有神龛，神龛木雕华美、精巧，有麒麟、狮、象、八仙过海等图案，栩栩如生。神龛上方和左右两边悬挂有金字匾额及对联，苍劲隽秀，正中供奉着"大成至圣先师"孔子牌位。

新中国成立之后，祠堂曾被用作小学。20世纪六七十年代，原南马、石湾、红旗、大路、上洲等大队的学童齐聚在这里读书，同时开设了6个大班。那时，神龛中间挂着一幅巨大的毛主席画像。神龛前的空地被改造成土戏台，长约10米、宽6米，供学生文艺演出、开会之用。第一进第一层有6间房，可供老师办公和住家。祠堂门前有一排杨柳树、柏树形成的绿色长龙，特别是最大的那棵柏树，苍翠挺拔、直插云天，使祠堂显得更加庄严。

李氏宗祠经历几百年的风雨，年久失修，终成危房。为了师生的安全，在1982年被拆除，李氏宗祠从此消失了。为方便孩子们读书，在原址上建了一栋两层砖木结构的教学楼。

村中有一口甘甜可口、清澈见底的水井，水质优良、夏凉冬温，孕育着一代又一代的火石桥人。水井分三池，一池为饮用水，二池供食物洁净，三池仅洗涤之用。

村南有一条200多米长的船形水塘，清澈见底，犹如一条护城河。村前，是一片广阔的田野。有一条发源于桃子冲、寨背由西往东而来的溪流，灌溉村中近千亩良田。村口竖有2副石夹板，按朝廷规制，共4块，高4米、宽0.7米、厚

0.2米，碑顶凿有4寸见方的小洞，这是官级的象征。在当时，来往的官员见此石，文官下轿、武官下马。

村西，又名窑厂里。发现有几处烧青砖瓦窑的遗址，故称窑厂里。

村东邻近春陵河。往南曾经有一条从白沙街至桂阳，用青石板砌成的平坦官道，也是一条南下广东连州星子埠的盐茶古道。

火石桥人为方便在古道上长途跋涉的来往行人歇脚避雨，清道光六年（1826）孟夏，先祖安秉公首倡集资建亭，捐钱捐粮，各方商绅富豪纷纷响应，在村东头修建了一座砖石结构、占地面积200多平方米的凉亭。内设茶房、居室、马厩和茅厕等，形成院落。凉亭有人居住，专人管理茶室，供路人歇脚、喝茶、聊天等。

亭内四方竖立功德碑，凡捐钱物者，铭刻石碑，彰显楷模。为使碑文千秋永在，石碑上方平盖一块大石帽，80厘米见方、飞檐走角，为石碑遮风挡雨。四块石帽中的一块，用物敲击如同钟鸣，轻击声小，重击声大，其声清脆悦耳，优雅动听，回声嘹亮，故名响钟亭。响钟亭，南北大门敞开，南大门石框上刻有门联曰：

响音回旋清风宜人凭君驻足不必挥扇；
钟声优雅香茗沁肺任客小憩何须望梅。

清末，常宁编纂《常宁县志》，把响钟亭貌以及奇观载入。

亭内，墙上题有不少有趣的诗词、对联，有人抄录而题宋朝诗人翁卷的诗句："绿遍山原白满川，子规声里雨如烟。乡村四月闲人少，才了蚕桑又插田。"

响钟亭东边开设了一家"龙门第"酒坊，铺面整洁，窗明几净，门旁书有一副对联，曰：

才十盏，唐王红光透龙体，贞观盛世，神威震天下；
过百杯，青莲正气冲霄汉，文曲临凡，挥毫惊高丽。

酒坊往北30米处有一小山坡，路边设一座路师公婆殿。过路行人到此顶礼膜拜，以求路途平安。书有一联曰：

捷足分道处，仔细分辨，须认清岔口；
临高观望时，思量再三，必赶超前人。

响钟亭往东30米建有一幢积谷仓，年年收租积存，青黄不接时期，低息租贷给本村和邻村村民，遇大旱荒年，必放粮赈济灾民，也有一联曰：

> 积天下俭朴粮谷，祈年年风调雨顺；
> 济世上饥寒劳苦，祷岁岁永乐升平。

紧接积谷仓，有座小庙宇，叫大兴祠。常年香火缭绕，烛光不断。庙门书有一联曰：

> 大智若愚，惟仁德兼备，理应济人济世；
> 兴利废弊，须善恶分明，切莫亏众亏心。

响钟亭、酒坊、路师殿、积谷仓、大兴祠等建筑群后面，松柏苍翠，古木参天，古建筑群与松柏交相辉映，形成一道自然屏障，把守着火石桥村东的下首。西边是太平岭，北面是后垅山，村前有大水塘，把火石桥紧紧环抱，有如左青龙、右白虎、前朱雀、后玄武四方护卫。

第三节　白沙老八景

一、瀑布岭头悬

白水岩位于白沙镇内高春桥西约500米处。石山耸立，有一岩壁垂挺，一股泉水从岩洞流出，终年不断。每逢大雨过后，倒石湖山脉的山洪汇集于此，水从岩壁上飞流直下，形成白瀑，银花四溅，故名白水岩。遥看气势磅礴，非常壮观。

白水岩

白水岩洞是一个自然洞穴，岩洞空间较大，奇形怪状的钟乳石琳琅满目，令人叹为观止。

1969年，欧阳海灌区修建左干渠，左干渠从白水岩下面经过，从此以后，白水岩的水直接流入左干渠。

二、四柱高擎天

白沙镇被高山环绕，四周有四座高山矗立。东有燕子窝，在逶迤起伏的群岭上拔峰高耸。西有牙牙山，白沙镇西麓由南向北呈带状起伏蜿蜒，山峰如锯牙齿状，故称牙牙山。南有冲天岭，峻峰直插蓝天而得名。北有毘帽峰，此峰凌空卓立，状若毘帽。明正德皇帝游江南时赐名"毘帽峰"，并御书楹联"乾坤都到眼，日月正当头"和"果是名山"四个大字。东、西、南、北四座高山，好比四根擎天柱，将白沙的一片天空撑起。

三、下马塘谈古

位于常桂交界处的湖溪水上游处，奇石嶙峋，森林茂密，人迹罕至，幽深隐蔽。清康熙十二年（1673），康熙为巩固清朝统治，在铲除鳌拜及其党羽势力后，意欲撤藩，撤藩旨下，爆发了"三藩之乱"。三藩之首的平西王吴三桂拥兵自重，在云南起兵伐清，打起"反清复明"旗号，从西南一直打到湖南境内。但在清军的穷追猛打下吴三桂一败涂地，一路南逃。传说，他带着几个亲信最后逃至湖溪冲，见这里人迹稀少，山深隐蔽，便在此下马，改名换姓，隐居下来。后人称此地为"下马塘"。

四、真武降龟蛇

传说，古时候白沙杜家坪西麓有一条巨蟒和一只巨大的乌龟，为了争地盘和争食物，自恃其能，互不相让，经常厮斗，搅得天昏地暗，使附近庄稼受损，老百姓不得安宁，此事惊动了真武大帝。一天，雷鸣电闪，大雨倾盆，巨蟒和巨龟为了争夺避雨洞穴又厮斗起来。真武大帝立即赶到，只见巨蟒在北，巨龟在南，虎视眈眈准备再斗。真武大帝张开双手收取空中雷电之火，一手撒向巨蟒，一手撒向巨龟，蟒龟顷刻焚化为两座山，北边的山由巨蟒焚化而成，形成蛇身起伏状，故名"蛇山"；南边的一座山由巨龟焚化而成，呈圆形，故名"龟山"。两山之间有一个狭窄山口，一条人行小道从此通过。从此以后，四境安然，人们安居乐业。

五、杜坪赏秋月

白沙老街西面是一块泥沙冲积的小平原，千百年来，勤劳的人们在此开垦出了一片宽阔的田地，有田土数千亩。最早是一户姓杜的人家在这里居住，故名杜家坪，现在有10多个自然村坐落其间，风光秀丽。特别是到秋季，天高气爽，晚上群星灿烂，皓月当空，银辉洒向大地。村民坐在禾坪上乘凉赏月，有些农民敲起渔鼓，自编自唱，洋溢着丰收的喜悦，整个杜家坪在皎月的照耀下，陶醉在欢乐的海洋中。

六、凤凰舞翩跹

白沙对河的东边岭上（耒阳境内），距离白沙约3里路，有一处山峦形似凤凰的身子，两边各有一山如同凤凰的翅膀，故名凤凰山。此山林深茂密，严禁砍伐，远观树林就像凤凰展翅，如诗如画。

七、桥庵两相对

白沙地段沿河两岸基本上是桥庵相对。如白沙中洲与下洲相接处有一座厚家桥，附近有二圣祠；对河渡口有一座溪水桥，附近有个观音堂。白沙下洲街尾有座跨水而建的凤凰桥，往下出街口有个兴隆庵。对河相对应有一座廻隆桥和一座廻隆庵。从兴隆庵往下一里许有座半圆石拱桥，称老女桥，对河靠近王屋山（原名羊乌山）便有座桥叫老男桥。

春陵河碧波荡漾，两畔桥庵相对成趣，风景独特。清晨禅钟梵音此起彼伏，傍晚暮鼓相闻，渔火对眠，令人陶醉。

八、飞山惩顽仙

白沙福坪山区往西，有一处山岭名为飞山（现名辉山，属桂阳桥市乡），这里群峰起舞，林深气清，风光秀丽。山中有两个小村落，自古村民自种自给，过着安然舒适的山民生活。这里山泉潺潺，长流不断，村民长期喝山泉水，个个身康体健、皮肤光滑。相传古时候有一个还未修成正果的野仙从这里路过，见这里的姑娘个个长得水灵灵的，顿生邪念。他躲在树林中偷窥，当看到有姑娘到田土里做事时，就偷偷尾随其后，口吐妖气，使其立即昏迷，再把姑娘背入树林里奸污。几天时间，连续奸污了几个姑娘，吓得村子里的女人不敢出门，人心惶惶。巡查凡间的天兵得知此事后立即上奏玉帝，玉帝大怒，立即下令吕洞宾将此妖仙严惩。吕洞宾赶到飞山，捉住这个妖仙怒斥，手握镇妖宝剑，放出三昧真火将妖仙立刻焚化，变成一块巨石立于飞山地面，上部前倾，好像在低头认罪。从此以后，这里的山民安居乐业，平安无事。

第四节　白沙新八景

一、毘岭晴云

晴云缭绕壮高峰，翠岭环依景色浓。公路盘山游客乐，偶闻禅寺响金钟。

毘帽峰位于阳加洲，一峰突兀，凌空矗立，"如卓笔插天，状若毘帽"。顶上有一座古寺，又称元帝庙，香火旺盛。寺前有双层观景平台，视野极为开阔，东北可及耒阳城，西北可眺常宁城。近观群峰连绵、舂陵蜿蜒、白云缭绕、池塘散落、村庄棋布。为观日出、赏银河星空的绝佳之处。

毘帽峰

二、阳加芍药

芍花四月吐奇芳，国色天姿着艳装。锦绣山区悬丽景，游人如织赞声扬。

阳加西边山麓为大义山系，典型的喀斯特地貌，适合芍药、丹皮等中药材的种植，主峰毘帽峰下毘帽峰、观坪等村从20世纪50年代就被定为湖南中药材种植基地。每年四月中旬，漫山遍野的芍药花开，整个山区成为迷人的空中花园。阳加芍药以种植规模大、花色品类多、花期集中、花石相依、层次感强著称，衡阳、耒阳等周边游客慕名云集，经月不息。

阳加芍药

三、严洲鸟欢

严洲长岛卧江中，绿树荫凉景色浓。百鸟和鸣昌胜地，莺歌燕舞沐春风。

阳加古街下游，春陵水被一长沙洲一分为二，是为严家洲。洲上绿树环合，百鸟齐聚。岛上先有严姓居民，后为曾氏繁衍地。因居水中，常有水患，后居民整体搬迁到陆岸，洲岛便成鸟的天堂。

四、古街深巷

古镇临水枕南湘，石板长街古色香。岁月悠悠多少事，留痕市道话沧桑。

依托春陵水古航道，茭源、白沙、阳加成了商贾云集的通商口岸。目前保存较为完整的是白沙和阳加古街。青瓦青砖，平整完好的青石板街面，沧桑商铺，悠悠深巷，引发人们对农耕文明中商业文化的遐思和追寻。

五、大桥曙照

一桥飞架卧茭河，晨沐金辉泛赤波。漫步人流车似梭，笑声阵阵荡欢歌。

白沙古镇位于春陵河西畔，两岸数万民众聚居，千百年来靠木渡船载人过河。改革开放，惠政仁风，百业俱兴。上渡大桥2013年立项，2016年动工，2020年仲夏竣工，同年12月两边引桥完工并通车。这是白沙镇有史以来第一座大桥，百姓夙愿成真。大桥飞架，天堑通途，气势雄伟壮观，是白沙一道亮丽的风景线。特别是清晨，曙光初照，白发老人，休闲游客，桥上漫步，谈笑风生；俊男靓女倚栏放歌，激情奔放。各种车辆往来如梭，鸣

笛伴奏。旭日东升，春陵河金波荡漾，人们陶醉在美丽的画卷里，流连忘返。

六、观坪石林

石林矗立景巍雄，百态千姿舞碧空。点缀山峰添秀色，风光无限在其中。

白沙西麓多喀斯特地貌，有奇异的石林与溶洞，观坪村尤为集中。从观音洞至福坪城门口一带山脊，怪石嶙峋，峻峭百态，蔚为壮观。

七、春陵礁石

春陵绿水碧波扬，礁石千奇突底央。散布河床星排阵，风光无限韵流长。

春陵水上游皆以全石（石灰岩）为底，多连绵石岸，水质清澈，礁石嶙峋。凡滩头，尤其枯水季，礁石更为显露，形成颇为壮观的礁石群。著名处在湖溪桥黄泥滩、上洲锣鸣滩、高登桥滩、茅坪滩，最为雄奇处为阳加古街尾至阳加中学码头段，潭深石奇。

八、罗汉镇山

罗汉云游到马坪，风光秀丽景迷神。菩萨十八盘山坐，不恋仙乡恋俗尘。

白沙马鞍岭山脊背面，本为平坦地带，其中央凸显数十巨石，如菩萨聚会商议，形态各异，古人尊之为"十八罗汉"。

第五节 标志性古民居

一、江西会馆

江西会馆又名万寿宫，明清时期，很多江西人来白沙做生意。为了办事方便，使来往商人有地方住宿、有些中转货物有地方存放，也为了加强与四面八方客商的联系，江西（白沙）商会几个负责人协商，决定在白沙建一所江西会馆。在白沙社会贤达支持下，商会选择了离半边街几十米的一个水塘边为馆址，于明末（具体年月失考）建造了一所江西会馆。会馆宽40米，纵深26米，占地面积1040平方米，坐西朝东，四周墙体平檐，硬山墙，砖木结构。

从石框大门进去就是大厅，大门上部有一个戏台，戏台两边有两间小屋与戏台平齐，左边一间为化妆室，右边一间为演员休息室。如举办重大喜庆活动，或接待贵宾，就请戏班来唱戏。大厅内有四个大木柱支撑着青瓦屋面。大厅后面有一个佛殿，佛殿里供奉着九尊佛祖菩萨，称为"九皇宫"。大厅右边（北）为几间储物间，其中有两间专门停放白沙"棺木会"的棺材，有些私人的棺材没地方存放也寄存于此。左边（南）为生活、办公用房，有办公室、住房、客房、厨房、小作坊等。主栋后面另有一排杂屋，杂屋与主栋之间有一条2米宽的露天巷道，用来采光、通气和行人。

白沙如有重大喜庆活动，如接五娘菩萨、装故事等，都在这里集合，准备好后由这里出发。

新中国成立后，江西会馆收归为财政公房。现在，因年久失修，有部分房屋倒塌，附近有几户居民在废墟上建造了住房。仅存的一部分（约一半）也已经破败不堪，有两户铁木社的退休老职工在此居住。从外表看只有个大致模样，内屋已面目全非了。

二、衡清公馆（所）

白沙乃湘南重镇，位于常宁、耒阳、永兴、桂阳四县交界之处。傍春陵河畔，水路运输方便，是以上四县乃至嘉禾、蓝山、新田等县农贸、生活物资及土特产的集散地。四方商贾云集，客商往来络绎不绝，衡阳、衡南等地的客商最多。

为了加强同乡友谊，促进团结互助，在白沙经商、开店的衡阳、衡南人决定建立商会并且兴建商会办公场所。衡清公馆，又叫衡清会馆、衡清公所，建于明朝（具体年月失考，位于白沙下洲街靠西）。因明朝时期，今衡阳县、衡南县及部分衡阳市区属于同一县治，称为清泉县，所以如此命名。衡清公馆年久失修，清嘉庆年间（1796—1820），衡阳、衡南商会负责人周士正、宁步云、唐圣金、杨朝保、廖本卫等人倡议并积极筹资，邀请乡尊陈世美、李道山等人商议重建衡清公馆，这一义举得到了白沙人民和社会贤达的大力支持。于清嘉庆十四年（1809）秋正式开工，历时四年，于嘉庆十八年（1813）竣工。建筑面积840平方米，一栋三间，前后三进，砖木结构，青瓦屋面。第一进建筑面积315平方米，中间一间有一条石框大门，大门下方有一块青石门槛和两个方形石墩，大门上部书写"衡清公馆"四个大字。两边两间是商铺，上下两层，木板楼面。每间商铺又间隔为前后两间，前间面积大些为门面，后间面积小些为仓库和楼梯间。从大门进去，靠大门上方有一个戏台，戏台有5米宽、4米深，木板台面，上盖青瓦。第一进中间一间除戏台外，其余为露天坪，用来行人、采光和排水。每有喜庆、联谊活动，即在戏台上举行仪式。如招待省、州、县或大商行贵宾，请剧团在戏台上唱戏。

第二进地平面比第一进高0.8米，建筑面积255平方米。从前进中间露天坪上5级石阶进入二进。二进中间为正厅，两边两间为住房，上下两层，木板楼面。住房配有床铺、桌凳，用以招待客人。正厅用来开会议事和接待客人。清代和民国时期，白沙没有固定学校，都是租借私人房屋办私塾。为了解决教育场地问题，民国时期，贤达人士捐资购置了一些桌凳，把衡清公馆二进正厅改作了私塾学校。

衡清公馆

三进为后院和杂屋，面积270平方米。有厨房、杂物间和厕所，建筑面积约100平方米，其余为院子。

新中国成立后，衡清公馆收归公有，列为财政公房。1967年，白沙组织成立了居民街道企业——综合厂，综合厂把衡清公馆买过来做厂房，二进楼上做办公室。1995年，综合厂解散，衡清公馆的房子分别卖给了几户人家。现在，二、三进已全部拆除改建，一进还基本维持原状。

三、王悦和大院

王悦和大院坐落于丁字街转角处，建于民国初期，建筑面积610平方米，其中主栋570平方米，仓库40平方米。楼高约10米，坐北朝南，砖木石结构，两层楼房，硬山墙，青瓦屋面，通面阔五间，前后两进。大门采用传统的"吞口式"形式，大门、门框用实木做成，下部是一块条石门槛，两边各有一个方形石墩，门扇是2寸多厚的实木板，并以铁皮包面。正面外墙粉刷白灰，大门

王悦和大院

上部堆塑"风高两晋"四字门额，字体苍劲有力，门额两边各绘一尊"加官进爵"像，似为"福禄"双星；门额上部是一幅"渭水访贤"（周文王姬昌访姜子牙）的彩色画，给整栋府第增添了儒雅气息。大门两边外墙檐口下，每边粉刷七格横长条形粉框，框格以红彩勾边，每个框格内塑有浮雕，有"桃园结义""三顾茅庐""刘海戏金蟾""赵颜求寿"等人物故事，还有山水风光、花鸟虫鱼等。外墙墙脚都用条石砌成，条石上刻有龙凤、麒麟、鹿等吉祥动物，烘托出房屋的祥和安宁。

从大门进去是前进厅屋，两边各有两间厢房。前进厅屋进去是中间过道，两边各有一间耳房，耳房边各有一口天井，上部露天采光，底部设有排水沟排水。天井四周均有过道，回环通畅。

后进是正厅，正厅前是3米宽的横向过道，两边各有楼梯间，木板制成的楼梯通往二楼。楼梯间有门与外面相通。正厅屋墙面正中砌有神龛，供奉着历代先祖神位；两边各有小门通往后面。正厅靠前有两根方形大木柱，四周用木板装修，直达顶部；木柱上部采用方木穿榫结构组成两个屋架与墙体相连，承载着邮亭的青瓦屋面。邮亭四周有廊楼与二楼相通。正厅的二楼比前厅楼高1.2米，上9级木踏板登上正厅二楼。邮亭四周廊楼装有木护栏，用实木做成框架，前后方护栏框架各间成15格，左右方护栏框架各间成5格，每格内装木板，木板上均雕刻图案，有梅兰竹菊、虫鱼鸟兽等。正厅墙角都砌有护角石，条石上雕刻有仙鹿、金猴、松鹤等瑞兽及云纹、水纹、花纹等祥瑞图案。

主栋西北角处连接一栋约40平方米的仓库，大门面向丁字街。前墙全部粉刷白灰。大门上部书"罔川裔庄"四字门额，两边对联为："三槐世泽；两晋家馨"。

王家大院，建筑工艺讲究，工程由衡南匠人盛承高带领泥木班子承担施工。建筑用的木材从嘉禾县购买，分三个木排由舂陵河放排运到白沙。墙体全部是清水墙，青砖是定制的标准青砖，大小一致，价格比普通青砖要高得多，墙面平整，灰缝均匀。建筑布局合理，错落有致，庄重大气。前厅后厅相连，中间有亭，四周走廊迂回，是江南传统与欧式风格相结合的建筑精品。

新中国成立后，人民政府把这栋大院分给了当地几户农民居住。至今，这栋大院仍基本维持原样，是保护较好的古建筑。

四、邓彝午大院

邓彝午大院是白沙民居中面积最大的建筑，坐落于傅家巷（又名亲仁巷）的中段，坐北朝南，建于民国初年，占地面积860平方米，建筑面积720平方米。砖木石结构，两层楼房，硬山墙，青瓦屋面。大院前面有一块100平方米的平地，由围墙包围。正面右边是主栋，左边是次栋。

邓彝午大院前门

主栋通面阔三间，中间一间采用江南吞口形式，正中开一扇大门。大门门框用实木做成，下面是青石门槛，两边各有一个方形石墩，门扇是2寸多厚的实木板。次栋也是通面阔三间，大门开在靠右边一间，左边两间都是厢房，大门的结构形式与主栋相同。外墙转角处都砌有约1米高的护角石，条石上雕刻有龙

邓彝午大院

凤、麒麟、鹿等瑞兽。外墙全部粉刷白灰，屋檐下粉成数块画框，框内雕塑有"渭水访贤""三顾茅庐""桃园结义"等人物故事，还有梅兰竹菊、鸟兽虫鱼等图案，装饰美观，大方典雅。

从主栋大门进去，中间为前厅，两边各有一间厢房。前厅进去，是一个封闭式天井，天井屋面全部盖明瓦，用来采光。天井两边是横行过道和楼梯间，楼梯用木板做成，装有木扶手，直通二楼。二楼是木板楼面，房间与一楼相同。天井四周都有廊楼，并装有木栏杆，栏杆用木方装成数格，每格中间有木板，木板上雕刻各种花鸟图案，美观大方。后进大厅为正厅，正厅两边是厢房，后墙正中砌有神龛，供奉着祖先神位。靠左边有一小门通往后院。后院约30平方米，右边是三间杂屋，为马房、厕所、杂物间。后院围墙有一扇后门，通向街后横路。

从次栋大门进去有两个天井，用来采光和排水，天井之间是一条过道，与主栋过道相通。次栋每层有四间厢房，二楼木板楼面，房间同一楼一样设置。

从过道西边门过去是第三套房。第三套房有一扇中门面向井边街，这套房每层有三个房间、一个厅屋、一个天井。靠北边有一间碓屋，附近百姓逢年过节都在这里舂米粉。

整个邓家大院，建筑布局合理，结构紧凑，中西结合，华丽大气。三栋房屋既可自成一格，又能连为一体，栋栋相通，相辅相成。前厅后厅相连，显得宽敞气派，楼梯间设在大厅西侧，封闭式天井四周楼廊迂回，是典型的传统民居与西欧风格相结合的连环套房建筑。建筑工艺讲究，墙面平整，都是用标准青砖砌成的清水墙。采光充足、通风良好、排水畅通。马房、碓屋、厕所、杂物间等，设施配套，功能齐全，方便实用，是一处既大又全的民居建筑，具有极高的文物保护价值。

1950年，邓家大院收归为财政公房，作为白沙公社及派出所的办公场所。1974年，白沙公社在王家垒建造了一栋新办公大楼，公社搬迁，邓家大院移交给白沙信用合作社，作为办公营业场所。1998年，白沙位于新街的农业银行搬回县城，邓家大院移交给白沙信用合作社。此后，邓家大院的主栋和次栋转卖给几户当地百姓作住房。

白沙属山区，解放前土匪猖獗，解放初期，解放军到太平山剿匪，白沙人刘诗义为解放军做向导有功，政府将邓家大院靠井边街的一栋（即第三套房）住宅分给他作为住房。

五、石湾王家公厅屋

在石湾王家湾中，有四栋大小规模差不多的公厅屋，呈"一"字形并排建在一起，每栋公厅屋之间相隔一条2—3米宽的小巷子。

四栋公厅屋都是坐北朝南的，每栋占地面积300平方米。建筑结构相同，都是上下两层，前后两进，青砖砌墙，小青瓦盖顶，梁树楼枕全部是优质杉木。公厅屋的建筑风格属徽派建筑，有山字垛和风火墙。

最早的一栋是王建浣公所建，至今已有170多年的历史，另三栋分别是王良祚公、王良林公、王廷清公所建。这四栋公厅屋，起初都是建房人的住房，后来开枝散叶，历经数代之后，这四栋房子便成了供奉先辈灵位、遗像和举行祭奠仪式的公厅屋了。

这四栋公厅屋屋历经风霜，多有损败。近年，王家子孙们共同出资，对几栋公厅屋进行了维修，使这几栋珍贵的古屋得到了保护。

第六节　白沙其他景观

一、白沙子岭

白沙子岭坐落于白沙镇西陲，距镇政府大院及白沙古街约4公里之遥。此山呈扇形，南北向逶迤成岭。山顶裸露部分为风化白沙，阳光下白光闪闪，熠熠生辉，远观犹如夜之星空，星光点点，清亮耀眼。（据县志记载，白沙镇因此而得名。）山腰处，山石嶙峋，花岗岩与石灰岩参差交错，石色奇，形貌殊，各呈异彩。山脚为石灰岩，森林茂密，所谓"三里不山"当不为过也。

白沙子岭为白沙镇与桂阳县桥市乡辉山村之分界岭。据考，在20世纪50年代以前，为白沙镇原始森林区域之一，古树古木多而杂，其中杉木、松柏等腰围上100厘米的数不胜数，楠竹30厘米以上的，比比皆是。原始森林中老虎、野山牛、野山羊、野猪、獐、鹿、兔、麂等珍禽异兽多种多样，在此繁衍生息，相生共存。

在20世纪50年代大炼钢铁时，原始森林遭遇第一次大规模砍伐，许多的古树古木变为冶炼之燃料，化为灰烬。20世纪八九十年代，白沙镇居民开发矿业，无序作为，树木彻底从人们的眼中消失，加之金属砷的违法冶炼，植被破坏殆尽，山体完全裸露在风雨雪霜中，风化严重，几成面目全非状，实令人痛惜。

好在，白沙镇人民及时认识到环境污染及植被破坏所带来的严重后果，强烈呼吁，积极作为，关闭了所有的炼砷厂，清理了污染源，历经10余年的风雨冲洗，一座山岭才又见初绿。目前，已有数位私营业主承包了此山，封山造林，已初现成效。

二、城门口

　　观坪村麻石岭湾场坐落在猫崽坪北边的一个山间小盆地中，东西北三面环山。东边山峰南低北高，其中有一个断裂缺口，似一道巨大的山门，山门宽约20米，南边高约10米，北边高约15米。20世纪80年代以前，从山门处往山下去，曾有一条小石板路通往高登桥，连接衡桂古道。

　　此山门南北两边的山峰，巨石耸立，怪石嶙峋。尤其是山门北边石山上，奇石、怪树、溶洞共生，风景独特。近年，有热心人士出资从山门南侧修了一条窄水泥路通往山门北边的山头，并在山门上架起了铁索桥，使整个城门口片区成了一个小小的游园，常有游客来此登山观景。

　　此山门为什么叫城门口？可能有两个缘由：一是山门两边的巨石伟岸，像一座山城；二是古代此山门东边是水霄里等采矿区，曾经人山人海，热闹如繁华的小城。

三、严家洲

严家洲原居民为严姓人氏，因此以姓为洲名。

严家洲头与阳加洲下游的观音潭相衔，洲尾与徐洲村隔水相望，东面与耒阳市下家堡谭家为邻，西与百步桥田垌伴水相依。严家洲长1200余米，宽520米，河中正常水位距洲面最高处7米，低处两三米不等。这个镶嵌在春陵河碧波中的沙洲，属冲积泥沙形成。土地肥沃，草木茂盛，绿荫遮蔽，气候宜人。沙洲上生长着樟树、枫树、槐树、杨柳、垂柳、大柳、橘子树等几十种灌木、乔木。

在302千米的春陵河中，严家洲是最大的沙洲，也是唯一曾经有人居住的沙洲。

严家洲1950年属阳加乡徐洲村管辖，1958年属前进人民公社徐洲大队管辖，洲岛居民划分为第8、第9生产队，之后乡、社、镇等称谓轮番登场，其隶属管辖实质未变。

从毘帽峰往下俯瞰，严家洲镶嵌在春陵河中，流水宛若玉带，在洲头开了个叉，分东西两股滔滔而去，在洲尾又合二为一浩浩向前。它像守卫在阳加洲下游的中流砥柱，让放荡不羁一路勇往直前的河水在这里踩了一下"刹车"，被阻挡的激流在阳加洲河段变宽、变缓、变深，成为航船、杉排、竹排的天然良港。因此，千百年以来，阳加洲不但因严家洲而得名垂史，还因洲的存在而受益。

明正德九年（1514），严家洲遭遇了一场大灾难。大雨先是在阳加洲上空肆虐倾泻，然后一路向南，往白沙、湖溪桥过境至桂阳、嘉禾、蓝山，无数的房屋在洪水中崩塌，一棵棵树木在激流中被连根拔出，夹在满河漂浮的杂物和动物的尸体间往下游漂来。据传，当暴雨下到第五个昼夜时，洪水已经漫到严家洲面。村中长老预感大势已去，作出弃洲保人的决定。洲上八九户人家40余口人在长老的疾呼下，全部集中到严家洲码头的高地上，登上渡船，横渡到东岸下家堡避险。

这次水灾从涨到退，前后差不多一个月，虽然春陵河慢慢地恢复了她原来温顺的模样，但严家洲的房屋和田园已不复存在。严氏家族的几十口人离开洲岛以后，再也没有回归这块家园，他们散居在耒阳市下家堡谭家、湾头等地。

100多年之后，大约在康熙年间（1662—1722），附近曾家湾两兄弟重新

登洲垦荒，造屋安居。他们以种植红薯、花生、玉米、甘蔗、橘子，养殖猪牛羊、鸡鸭鹅为生，在沙洲上度过了300余年的漫长岁月，由第一代兄弟俩为开基始祖的"申"字辈，繁衍到"德"字辈，共12代人。1990年第四次全国人口普查，严家洲共有79户408人。

从曾姓开基始祖起至今，严家洲上流传着这样一个雷打不动的习俗：每岁大年初一早晨，放过鞭炮开了"财门"之后，洲上人不像街上和其他村里人一样，三五成群入户登堂拱手拜年，互致祝福，而是按照老祖宗的规矩，每家每户捐献一只新谷箩（多者不限），装满一筐泥沙，箩里种上一株大叶柳，扛到洲头的沙滩上，成行列队栽种。这种独特的植树造林习俗代代相传。大柳适应性强，生长速度快，树形高大，冠幅宽广，其发达的根系宛如一层铁丝网，将沙洲抓牢固定，对沙洲起到了良好的保护作用。除此之外，在整个春季植树季节里，严家洲人会在自己房前屋后、洲边空地栽樟插柳，这是年年岁岁的惯例。因此，"水涨一尺，洲长三尺"的传说，也离不开他们的努力"造势"。

20世纪80年代末90年代初是严家洲发展的鼎盛时期。田地家庭联产承包责任制走向成熟，洲上大力发展种植业、养殖业，取得了丰硕成果。农闲时节，洲岛上的剩余劳动力外出打工创收，为严家洲的生存补充了新鲜血液。全洲有

30多户人家的老旧房屋得到翻新改造，湾场内的泥沙道路得到硬化，生活水平显著提高。沙洲上的名优特产花生更是连年丰收。严家洲的花生籽粒饱满肥大，糖分油脂含量丰富。种子撒在地里不需要太多的施肥和管理就有喜人的收获。秋季采挖时，将地里的花生菟拔出来，然后扒20厘米左右厚的土倒入篾筛，筛掉泥沙，留在篾筛里的都是一粒粒白色饱满的麻脸花生。一整块花生地就这么刮一层土过筛，收获满满，这是洲上人独特的花生采收法。

但自从1970年以来，严家洲累遭水患。尤其是2002年和2004年的两次洪水给严家洲造成了毁灭性的打击。2004年灾后，当地政府决定将严家洲住户整体搬迁。2008年，常宁市政府的决议开始实施，规划阳加洲北面的枞山岭上为严家洲灾民的新住址。至2012年底，79户人家全部迁出严家洲。有61户在阳加洲枞山岭上安了新家，另外10多户投靠亲戚朋友，在阳加洲新街、老粮站等地段建房落户。

现在，严家洲已成为一个动植物的乐园。每到冬季，大量迁徙的候鸟，如白鹭、野鸬鹚、大雁、灰鹤等都会在这里驻足觅食。尤其壮观的是数千只白鹭像云朵一样飘来，一下撒满洲岛，瞬间全岛的树枝和草地仿佛开满了洁白的花朵，美不胜收。

第五章　物产美食

　　白沙镇土地肥沃、气候适宜、水源丰足、日照充足,是动植物生长的好地方。白沙镇人的祖先因商业矿业,从外省外县外乡来到这里从业创业,同时带来了丰富多彩的饮食文化,使白沙镇的美食独具特色、源远流长。

第一节　物产

一、白沙的地质与物产

关于舂陵河畔的物产，自古流传着"衡头萝卜阳加姜，白沙豆腐嫩泱泱"的顺口溜。

白沙镇的管辖范围，北起光荣村，南至向阳村，南北长约15公里，东西宽2至9公里不等。面积不大，但东靠舂陵河，西依大义山，地貌地质气候条件差别较大。大致说来，可分为山上、河畔和中间过渡带三个部分，但白沙片和阳加片又有所区别。

衡头的萝卜得益于河畔的沙土。河畔的土质以沉积沙土为主，沙质土约占80%，红壤占20%，土质松软，对水旱灾害毫无抵抗力，往往大水一来庄稼全淹，天旱时却望河生叹。过去受自然条件的限制，河水难以上岸，所以河畔往往以旱土为主，种植花生、红薯和蔬菜等旱作植物，尤其适合种萝卜。衡头地处清溪江与舂陵河交汇处，含沙比例更大，土地更为疏松，萝卜既大又甜，所以更为有名。传说茭源在古代曾长期种植茭白，一是因为常被水淹，二是因为土质疏松。舂陵河又名茭河，即来源于此。

阳加的生姜主要产自昆帽峰一带山区，山上以昆帽峰为中心的各个湾场，土质以石灰石风化土为主，这种石灰石以碳酸钙为主要成分，易溶于水，所以土质疏松。各湾场海拔在300至500米不等，阴凉潮湿天气多，适宜种植生姜、牡丹、尾参等植物。一般来说土层深的地方如灯盏窝、炭山窝等洼地以种植牡丹、白芍、尾参等根深的

植物为主。而土层浅的忠岭、冲口等湾的坡地石隙间以种植生姜为主。生姜又分两种，土质稍深的地方种植的是无渣生姜，土质较浅的土地种植的生姜有时含渣。经过多年的栽培，如今的毘帽峰周边各村农民都积累了丰富的生姜、牡丹、白芍、尾参生产经验。2008年，常宁无渣生姜已获得国家地理标志证明。每年清明前后，前来观赏牡丹、白芍花开的游客络绎不绝。

在山地与河边沙土的过渡地带，土质以红壤为主，黏性重，透水性不如沙土，经过多年的改良，有水的地方形成了今天的水稻土，以种植水稻为主。旱地种植的萝卜不如河畔沙土种植的个大味甜，种植的生姜不如山上的鲜美无渣。

白沙豆腐嫩泱泱主要得益于流经白沙阳加的舂陵水。福坪山上的石灰石与毘帽峰村周边的石灰石略有不同，其石质土质含硫酸钙比例高，肉眼看去，毘帽峰周边的石灰石砸开后颜色灰黑，越往南红色白色越多，这是含硫量增加的缘故。硫酸钙是石膏的主要成分，不溶于水。用富含硫酸钙的水制豆腐，有利于豆腐凝结成块，豆腐口感也更鲜嫩。多次比较之后才知除却白沙水，便无白沙乳。所以白沙豆腐久负盛名。

福坪往西的山就属桂阳管辖了，桂阳的山石质已逐渐不属石灰石，而是以砂岩为主，舂陵河的砂石主要来源于风化砂岩。砂岩的主要成分是二氧化硅，白沙河段里出产的奇石自古就小有名气，被业内称为彩硅石，其主要成分也是二氧化硅。彩硅石因内含的微量元素不同而呈现不同颜色。舂陵河白沙段的沙石，越往上游质量越好，含泥量越少，也是这个缘故。砂岩土地下水和土质中含有微量的铅砷。

二、白沙物产概述

白沙镇东临舂陵水，沿河西岸地势平坦，土质肥沃，水源丰足。西傍南岭余脉，树高林密，森林覆盖率高达90%以上。境内整体地势西高东低呈阶梯状，形成了多样的气候，适宜多种动植物在境域内生长与繁殖。

（一）农作物

白沙境内主要农作物有水稻、红苕（红薯）、玉米、高粱等粮食作物。其主产区为沿河岸傍西山之带状平坦地域及丘陵山谷之连接间凹陷丘块。主产水稻，历史悠久，米质优良，栽培面积位居所有农作物之首。其次为红薯，因其块大味甘，粮饲兼用，产量奇高而倍受农家喜植。

红薯品种主要是白心红薯和红心红薯，因为产量高，是主要的粮饲来源。很多农家都会在自家住房内或后垅山中开凿一个薯窖，用来存放红薯，防止冬天低温时烂薯，以备来年春夏食用。薯窖有竖窖和横窖两种模式，白沙平地的百姓打竖窖，大义山中的百姓在屋旁的山中打横窖。薯窖一般入口直径为1.5米左右，纵深5米左右。底部有主储藏室和两侧厢储藏室，底部储藏室面积一般有5平方米左右。

玉米种植面积仅次于红薯，高粱又次之。其他粮油作物如小麦、荞麦、黄豆、花生、油菜、向日葵等也多有栽培。蔬菜瓜果类，因生活所需，不可或缺，栽植品种颇多，主要有冬瓜、南瓜、西瓜、丝瓜、苦瓜、菜瓜、香瓜、大小白菜、豆角、茄子、西红柿、辣椒、芹菜、苋菜、空心菜、娃娃菜、莴苣、莲藕等。

（二）经济作物

主要栽植品种有柑橘、板栗、黄花梨、生姜、黄花菜、油茶、油桐、桃、李、枳壳、棕树、山苍子、茶叶、猕猴桃、葡萄等，品种之多，数不胜数。

柑橘主产区为房前屋后，也有连片连块种植的，其产量居境内农经作物之首。鼎盛时，曾在20世纪五六十年代车载船装，出口创收。

生姜主产于原福坪、观音、忠岭、胜利、阳岐等镇西高寒山区，以其块大、无渣、质脆而被录入《中国名优土特产词典》。

油茶主产区在辖区内半山地带，其产量与产值有过辉煌历史，后由于社会的发展和时代变迁，曾一度凋敝。经过白沙镇人民近几年的努力，有望在未来成为白沙富民强镇之支柱产业。

黄花菜曾是白沙镇居民创收的一个重要的农产品种，但近30年来种植面积逐渐减少。

（三）药用植物

由于气候的多样化，药用植物更是品种繁多。种植的药用植物主要有白芍、牡丹、杜仲、尾参、黄姜、百合、枳壳等。野生药材有厚朴、七叶一枝花、白芨、土茯苓、天南星、石菖蒲、香附、淡竹叶、蒲公英、钩藤、夏枯草、首乌、南蛇藤、木芙蓉、鸡血藤、虎杖、贯众、苦参、细辛、鱼腥草、青木香等，品种与科属上百种。

（四）森林资源

白沙镇山区、丘陵地较多。据考，森林面积占全镇总面积的60%以上，加之所有自然村落都依山傍丘而居，其森林覆盖率更是高达90%以上，除人工种植的经济林及果树类外，主要林木有杉木、楠竹、樟树、松树、柏树以及适宜生长的各种杂木与灌木，其林场原有白沙长冲林场、笋山林场、冲天岭林场、麻石岭林场、义山林场等。

（五）畜牧业

畜牧业在白沙镇经济发展中占着举足轻重的份额，其中尤以生猪、黄牛、肉羊、藏香猪、鸡、鸭、鹅、番鸭（洋鸭）等养殖更盛。曾经盛行时，农户家家养猪、鸡、鸭以备过年过节不时之需。而现时，因膳食结构的发展与需求，养殖黄牛、肉羊、藏香猪、蜜蜂等特色产业已趋专业化、规模化发展势头。白沙的畜牧产品因质优、物美、价廉而远销省内外。

（六）野生动物

野生动物也呈多样性，其中野猪、野兔、野鸡、野鸽数量最多。境内山区及半山区，生存着野山羊、獾、麂、獐、果子狸、竹鼠、黄鼠狼等数十种兽类。野禽类有翠鸟、白鹭、锦鸡、斑鸠、野鸭、杜鹃、乌鸦、麻雀、八哥、猫头鹰、竹鸡等。两栖动物有青蛙、泥蛙、山蛙、虎纹蛙。爬行类有乌龟、鳖、蜥蜴、壁虎。软体动物主要有螺、蚌、蜗牛等。

（七）水产与野生鱼类

白沙地形地貌先天条件好，境内水塘、山沟、水库星罗棋布，这就为水产养殖提供了发展空间，也为人们的生活所需提供了极大的便利。水塘、水库、低陷泽地成了人们水产养殖的好场所。人工养殖主要为四大家鱼及鲤、鲫。野生鱼类有鲶、鳊、鲴、鳜、泥鳅、黄鳝、白鳝等数十种之多。

（八）农副产品加工类

人们在长期的生产生活中，积累了丰富的生存生活常识，也就衍生了农副产品的加工与储存，日积月累，不断完善创新，形成了具有地方特色的农产品与品牌。豆类产品主要有水豆腐、酿豆腐、油炸豆腐等；麦类有面粉、面条、面包、油条、烧饼、眉毛酥等；薯类有红薯干、红薯米、红薯丝、红薯片、红薯粉条、红薯酒等；稻谷类有稻米、米粉、米酒、谷酒、焖缸酒等。

三、白沙名特物产

（一）无渣生姜

白沙镇栽培无渣生姜已有2000多年的历史。

1984年，常宁无渣生姜被列入湖南名优产品，并编入《中国名优土特产词典》。白沙镇无渣生姜协会于2008年成功申报了"常宁无渣生姜"国家地理标志证明商标。此姜外表淡黄，姜芽为紫红色，地下茎一般有4—5级分枝，多的可达6级分枝。其特点是：姜块外形肥大，姜瓣粗壮，肉质脆爽，姜质细嫩，姜味柔和。此姜嚼之无渣，故有其美名。经湖南省农产品质量检验检测中心多次检测，无渣生姜的重金属含量、农药残留量等检测值均低于国家标准或未检出。

白沙镇（及西岭镇）山区，一部分属于喀斯特地貌，土壤中有机质含量高，富含钙、磷、镁等多种营养元素，加上该地属于亚热带季风性湿润气候，年均温度18.9℃，多云雾，年均日照1340小时，年均相对湿度70%以上，造就了该山区出产的生姜有别于其他地区。

近年来，白沙无渣生姜产品多次被省级博览会推介，已远销北京、上海、广州、长沙、衡阳等地。

（二）茶油

茶油，俗称茶籽油，又名山茶油、山茶籽油，是从油茶成熟种子中提取的纯天然高级食用植物油，色泽金黄或浅黄，品质纯净，澄清透明，气味清香，味道纯正。

白沙镇自古以来有种植油茶的习惯，过去山民大都以茶油作为主要食用油，男婚女嫁用茶油作为彩礼。

20世纪90年代后，由于茶树老化，结籽少且小，产油量不高，被人们日渐冷落，加之疏于管理，本地茶油越来越少。近年来，由于茶油价格上涨，不少村民在政府的扶助下，承包山地创办油茶基地2009年—2016年，白沙镇开辟了8000多亩荒山种植油茶树、柑橘树等经济林。

（三）黄花菜

黄花菜，又名金针菜、柠檬萱草，属百合目百合科多年生草本植物。

黄花菜耐贫瘠、耐干旱，对土壤要求不严，地缘或山坡均可栽培。对光照适应范围广，可与较为高大的作物间作。白沙镇属中低山地，山区、丘陵地较多，大部分自然村落都依山傍丘而居。因此，黄花菜是白沙镇乡间广泛种植的一种经济作物，是人们日常生活中的美味佳肴。

（四）苎麻

苎麻，又名青麻、白叶麻，荨麻科，苎麻属，多年生宿根草本植物，是重要的纺织纤维农作物。春秋战国时期就有印花麻布，距今已有2700余年。白沙大部分土地属小平原冲积砂壤土，土质疏松肥沃，有机质含量高，排水性良好，是种植苎麻很好的土地。白沙种苎麻取纤维纺织的历史已经很久。当地传说：主妇"搓织"（制麻线），家犬拖拽不动，衔线团而离，妇追之，地震突袭房塌，妇幸免于难。《常宁县志》载：明弘治四年（1491）常宁发生地震。这个传说附带了一个重要的信息，即530余年以前，阳加洲就开始"搓织"纺麻了。

20世纪80年代以前，供销合作社大量收购苎麻，市场上也有苎麻买卖交易。有的人家将收获的苎麻自行加工织成苎布，一亩地左右的苎麻可以养活一家人。由于科学技术的发展进步，苎麻渐渐退出了历史舞台，阳加洲曾经随处可见的苎麻植物，如今几乎无处可寻，已经成为50后、60后遥远的记忆。造成苎麻逐渐消失的主要因素是制作工艺烦琐复杂，需要经过十几道工序，如浸泡、剥麻、绩麻、成线、漂洗、绞团、梳麻、上浆、纺织、晒白等，每一道工序都需要投入大量的时间和精力，而效益却日渐甚微。时间一长，苎麻便不再受到重视，种植自然也就减少了。

（五）棕树

棕树，又名拼棕、扇棕，株形高大，常绿乔木，属山棕科，棕榈属。棕树分布很广，白沙镇内许多地方有植，但成片成林种植的主要在大义山脉和阳加洲昆帽峰山峦一带。棕树在过去被岭上人称为"摇钱树"，这种"年年摇树"岁岁有，经济效益产出达半个世纪之久的常青树，能使种植者数代人获利。

（六）芍药

芍药，又名别离草、婪尾春、五月花神，多年生草本植物。白沙镇主要产地为观坪村、昆帽峰村、和谐村及光荣村的半岭吴家、王家等地，栽培历史悠久，经济价值较高。1953年，财政部工作组到达阳加洲，对本地芍药产销两旺创历史最高水平作了专题调查报告，将白沙镇种植芍药受益的情况作了详细的记录。

（七）牡丹

牡丹，又名百雨金、富贵花，毛茛科，芍药属植物，为多年生落叶小灌木。白沙镇主要产地为昆帽峰村、观坪村、和谐村、光荣村等地，种植的均为药牡丹，花瓣二至三层，观赏价值略低于园林复瓣型品种，药牡丹主要价值在其根部。

1975年，湖南省委宣传部的领导陪同八一电影制片厂的同志，在原福坪村，以《牡丹盛开的时候》为题拍摄纪录片，介绍牡丹的种植和应用，宣传福坪村"农业学大寨"的典型事迹。

（八）梨子

梨子树在白沙镇种植历史悠久，尤其是20世纪五六十年代，荙源坪里、钟家坪里的青皮梨美名远扬。

梨树属山果类落叶乔木，梨又叫快果、果宗、玉乳、蜜父。梨树二月开花，一般为白花，也有白里带红、黄的，果子颜色主要有青、黄、红、紫四种。白沙镇种植栽培的传统梨树品种主要是青皮梨、黄皮梨。青皮梨果皮呈青绿色，其优点是果皮薄肉脆汁多味甜，为优质品种之一；黄皮梨，果皮呈黄褐色，表皮稍厚，其肉较粗糙，嚼之有渣，已逐渐被淘汰。

黄花梨是近年大力推广的优质新品，它首先由杜家村（现叫杜西村）于2004年、2007年两度从长沙引进栽植。黄花梨，皮薄肉脆，甘甜多汁，属梨中上品。此梨树开花白里透红,所以又叫红花梨。该品种果实成熟早(农历六月成熟),属早熟梨,果肉清甜、爽脆多汁,颇受消费者青睐,是白沙镇除柑橘外另一畅销水果产品。现已发展种植面积近300亩,亩产产值上万元。

(九)广柑

据《常宁县志》记载:民国二十二年(1933),常宁送省农产品展览会品种有白沙广柑、橘子各一盒。省《农展记实》称:常宁柑子品种亦佳。民国三十二年(1943),县农业推广所吴启契在《常宁之农业》一文中写道:橘子,普通以广柑为柑子,其皮附着表上,不易脱离,以荽河乡白沙产量多,品质佳……橘子,普通以果实容易脱下者称为橘子,亦以白沙出产为最多,品质为最佳。

为何称为广柑?据当地老人说,白沙的广柑是祖先在广东挑南盐带过来的种子。白沙的土质、气候适合广柑生长,因此产量高,果肉酸甜适度,果皮芳香浓郁。

白沙有很多的老橘树,品种以广柑为最多,黄皮柑次之,还有少量的红皮柑、皱皮柑。白沙柑树种植面积大,产量多,成为全县柑橘主要产地。据《常宁县志》记载:1955年初,县内出现特大冰冻,柑橘主产区白沙1月11日遭遇极端低温(零下11.3℃),柑橘遭到严重冻害,当年产量大减。20世纪60年代以后,白沙镇以下洲、杜阳、杜家、沙坪、黄排、伍家等村的柑橘最多。柑橘远销衡阳、株洲、湘潭、长沙和武汉等地,为白沙镇人民创造了很好的经济效益。其中,60年代初期,沙坪大队一个拿十分工分的劳动力每天分一块七八角钱,是其他地方的五六倍之多。

白沙镇的柑橘为什么会有这么好的收成呢?主要是柑农管理柑橘树的技术好,诀窍就是"培土"。培土就是给柑橘树保暖防冻,一般一年培一次,有的柑农培两次。1968年,白沙将柑树培土这一技术作为种植管理经验在省农业厅进行交流推广。

1966年以后,由于"文化大革命""农业学大寨"等运动的影响,强调粮食生产,大搞去林开荒造田,很多柑橘树被砍伐铲除。剩下的果树也放弃了精细的培养和管理,再加上1968年、1969年、1970年连续三年遭遇较强的低温冰冻天气,果树受到严重的灾害,白沙镇这一传统的经济作物受到了毁灭性的打击。

20世纪70年代中期以后，特别是党的十一届三中全会以来，白沙镇老果园焕发生机，逐渐恢复和壮大，新柑园不断增多。抗寒能力强、适应性能高、品质优良的新品种陆续从外面引进，柑橘种植业得到空前的发展。

（十）橘子

白沙的土地里微量元素含量高，适合种植各种水果，其中橘子是白沙的名优特产，种植历史悠久。曾经从上片大路边一直到下片茭源，全部都是春绿秋黄的橘林。现在种植橘子的有杜阳村、杜西村、黄源村、茭河村等。

白沙种植的橘子品种现在得到了更新，早熟的有宫川、宫本、国庆一号、南柑二十号，迟熟的有尾张、皇帝橘、丑橘等。

白沙橘子品质优良，在20世纪50年代，中苏关系友好时，白沙橘子曾作为礼品，挑选个头均匀无虫害的大量外运，馈赠给苏联老大哥。白沙橘子广为人知，求购客户多。20世纪70年代以前都是用船装，运往衡阳、长沙、武汉等地销售。之后至今，由汽车装运销售各地。橘子开园上市之际，有很多的私家小客车和大货车鱼贯而来，满载而去。

第二节　美食

一、白沙烧饼

烧饼，由衡南的手艺人传入白沙，清代时最为鼎盛，白沙两条老街上出售烧饼的店铺达到50—60家。白沙现有烧饼制作坊30多个，至今一直沿袭着传统的烧饼制作工艺，制作技艺以师徒间口口相传为主。

白沙烧饼，现在已成为常宁、衡阳两级的非物质文化遗产保护项目，贺国华、谢高群、王成是常宁市级白沙烧饼"非遗"传承人，李爱清是衡阳市级白沙烧饼"非遗"传承人。

李爱清，女，白沙上洲村人。在2016年的湖南省旅博会上，李爱清亲眼看到白沙烧饼在会场黯然无光，无人问津，她决心振兴白沙烧饼。同年10月，李爱清回家乡常宁，注册了公司，创立了品牌。2017年，她又办起烧饼加工厂。通过两年不到的时间，结束了白沙烧饼百年来有饼无品牌、无包装的落后局面。

李爱清通过细心的市场调研，开发了很多让消费者喜欢的新口味，改变了白沙烧饼口味单一、形状单一的传统格局。由于她的传承和创新，白沙烧饼产业近年得到了快速发展，年产值已达数百万元。

南陵村刚过而立之年的谢先虎，从15岁就跟着父母学做烧饼，近年他也将传统的白沙烧饼作了大胆创新、改造。他开发了板栗馅、香芋馅、紫薯馅、莲蓉馅、白糖黑芝麻馅等多种更香更脆更好吃的新式烧饼。每个烧饼都有真空包装，改变了过去烧饼冷却后梆硬难吃的老大难问题。

2019年中央电视台在白沙拍摄纪录片

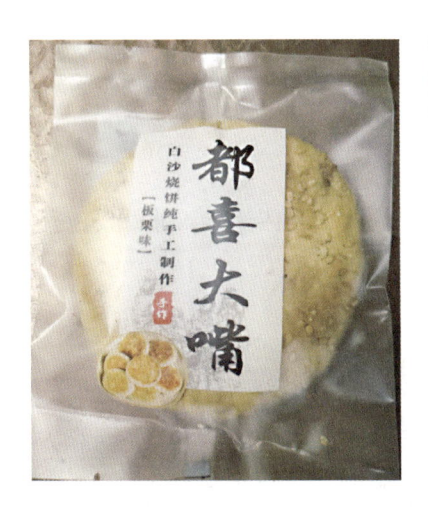

二、白沙豆腐

白沙豆腐的美名，与白沙古镇的历史一直伴随传承至今。

水豆腐嫩如凝脂，柔软光滑，入口即溶。油豆腐心空细腻，食之余味无穷。外地有人说："这么好恰的豆腐，是得益于白沙的好水及本地产的好豆。"此话不假，但倘若缺少白沙人的"人和""心诚"，美名岂能千古流传？

水豆腐

制作豆腐的最佳原料是产自本镇黄源、茭河、杜西、杜阳等村的"六月黄"（农历六月进仓的豆子）。用"六月黄"做豆腐时，按计划秤出原料，清除杂质，用石磨盘稍碾脱壳。去掉他的外衣，将其浸泡在泉水里。白沙的井水里有益矿物质含量丰富，是制作这种美食得天独厚的自然优势之一。根据气候温差，将豆在汤泉里泡澡七至八小时。然后把这些体态膨胀的黄豆捞出来，上磨推碾。一勺一勺从上块磨眼里塞进去，白色的琼浆从盘中间沥出来，汇进槽沟，流进豆浆桶里。注入适量的开水"闷浆"两刻钟，用葫芦瓢掏出"筛浆"，过筛之后又"榨浆"。"六月黄"被榨干最后一滴精华，在白布袋里剩下一堆豆腐渣。

（一）豆浆

装在木桶里的豆浆四分之三倒入铁锅"烧浆"，柴火灶火候不大不小恰到好处，浆温升至95—98℃熄火，与预留的四分之一重新融合均匀。第一个豆制品产生了，这就是原汁原味的美味豆浆！

这种略为浓稠的白色液体，其营养价值无与伦比。如果是专制豆浆，工艺流程到此结束。

（二）豆腐脑

流程继续：石膏放在火灰里烧熟变白，夹出冷却捣碎，用擂煲研磨成粉过筛，按十斤原豆一两八钱的比例将部分粉剂撒放桶底，剩余的用豆浆调和，待锅中烧浆倾进木桶，用竹选帚把石膏剂刷入桶内浆面，再用搅棍拌匀。接着用木盖将桶盖实，二十分钟内"请勿打扰"。

时间到了，将凝固了的晶体搅碎，就成了豆腐脑。

这是一种老少都喜欢的软体美味，舀一碗细腻柔滑的豆腐脑，喜欢甜的加一勺糖，喜欢咸的撒点盐。喝到嘴里"落口相融"，让人回味无穷！

（三）水豆腐

制作水豆腐要进入下一道工序，木模具贴好垫布，把豆腐脑倒入模具，四角多余的垫布折拢来遮蔽，将木盖盖紧，用河卵石压盖，榨出多余的水分。稍等一刻，启石揭盖，把箱模反扣过来，用木盖托着，一方馥香扑面、洁白如玉、水汪汪的水豆腐便制作成功。水豆腐可以切坨、撒椒，做成麻婆豆腐；可以切丝、拼盘，做成豆腐花。

（四）油豆腐（又名茶豆腐）

油豆腐是在水豆腐的基础上炸制。将三两一块的水豆腐切成四丁，沥干水分，将油烧开。然后把切成丁的水豆腐下进油锅里炸，炸的时间长短全凭经验和感觉。如果是打算做油豆腐吃，待豆丁在沸腾的油锅里膨胀变圆，外皮呈金黄色，即可用漏勺捞出来，将油沥去，往佐料碟里浸一下，趁热食用味道更佳。如果是打算做酿豆腐皮，略微炸久一点，使膨胀变圆的豆腐"白内障"尽量在高温中气化，等豆腐成为一只黄金球在沸油中漂浮即捞出。

（五）酿豆腐

酿豆腐的包皮是油豆腐。把炸空心的豆腐沥干油，自然冷却，为了保持它的原味，不得与其他汤水接触，海绵状的豆皮有很强的吸附力。圆球般的豆腐在存放期间，自身会吸收空气中的水分而逐渐软化。制作酿豆腐时，按计划配备馅料，选择新鲜的五花猪肉剁成肉末，配以四季葱（提香）切成小段，嫩笋尖（爽口）切为米粒般大小，添加少许淀粉（凝固馅料）、食盐、姜末等，再将上述食材混合搅拌均匀，直至泥状方可。将油豆腐撕开一个小口子，把馅料从裂口塞进其腹充实。为了遮蔽创口，达到美观的效果，可调一碟浓稠淀粉，将撕裂部位在淀粉液中沾一下抚平，再往热油锅里将创面刷一下，熟淀粉将创口凝固复合如初。把酿制好的豆腐一颗一颗排列放蒸屉里，熏蒸一刻钟左右，揭盖出笼，一枚枚香喷喷的酿豆腐即成。

（六）霉豆腐

根据气候和地理位置，白沙人制作霉豆腐是在农历十月至开春为止，其他时段气温偏高，容易腐臭变质，不宜制作这种美味。将出木模框的水豆腐用篾篮或篾箕装着，沥水3—4天，将水沥干。然后拿出来切成方丁，并摆放到稻草垫制的容器里，上面再盖一层稻草即可。如果气温略高，让其在窝巢里"睡"七八个

| 油豆腐 | 霉豆腐 | 酿豆腐 |

昼夜，如果气温低，就让它做十一二昼夜的梦。适时察看，豆丁长满了像白兔绒毛般的霉菌沾着微粒水滴时，可以出窝了。将炒熟的盐、辣椒粉、八角粉、陈皮粉、姜粉等数味配料混合均匀，然后夹着这些美梦未醒的小宝贝往配料里打个滚，沾一身花里胡哨的粉剂，装进陶瓷坛里。加一点高度白酒或湖之酒，淋一些烧熟的茶油。先用小碟遮盖坛口，然后用配套的坛盖封坛，用烧熟的食用油代替水，将坛檐与坛盖接触缝隙处填满以阻断空气进入。嘴馋的24小时之后即可食用，一个月以后上餐桌味道更浓更香。保质期可达两三年之久。

（七）豆腐渣

白沙每一个做豆腐的手艺人都有点"渣"为宝、化腐朽为神奇的技巧。生火架灶，将废弃物——豆腐渣倒进锅里不停地翻炒。炒成不干不湿沙粒状态时，将其倒进竹篮盘里，稍微冷却。把碾磨成粉的酒曲撒进炒货里，搅拌均匀，捏成鹅蛋大的圆球，放进稻草窝里发酵数天。适时察看，等到圆球长满乳白色的绒毛时，豆腐渣身价倍增，脱胎换骨成为美食。配肉末打汤，开胃口化积食；伴棋子肉红烧，比主菜味道更胜一筹。

三、眉毛酥

形似蛾眉，弯若新月，色泽金黄，入口酥松香甜——这就是白沙名点、面制品眉毛酥，也有人叫成油麻酥，深受当地人的喜欢。此物流传民间历史悠久，制作工艺是：

1.和面。将面粉放入盆中，加入适量清水，搅拌均匀并揉和成不粘手的面团，再让其自然发酵8小时以上待用。

2.制作馅料。白砂糖或红砂糖、芝麻、五香粉，搅拌均匀即可。

3.擀皮。将发酵后的面团分成大小适宜的小坨，用木擀杖或圆形空酒瓶将面坨擀成圆圆的、薄薄的面粉皮。

4.包馅成型。取擀好的面粉皮，加入馅料，对半折叠，弧弯处掐成锯齿状的半月形半成品。

5.过油。将包好的油麻酥半成品逐个放入热油中，炸至两面金黄时，用漏勺捞取出锅，滤油冷却后即可食用。

四、肉包饺粑

这种用米粉制作而成的椭圆形的大饺子是白沙特有的小吃。制作流程：

1.按各人所喜的软硬程度取相应比例的粳米粉、糯米粉，拌和米粉，然后加入适量清水，揉至不粘手、不粘容器时待用。

2.取猪前肘部肥瘦适中的带皮猪肉，先用刀切成小块，后剁成肉末。加入适量食盐、少许胡椒粉，拌入切成小段的香葱，和拌均匀，以容器盛之待用。

3.把和好的米粉团先分成小坨，再用手按压成0.5—0.8厘米厚的薄米粉面皮，加入适量的已加工好的肉末馅，掐包成饱满的大饺子状。

4.把包好的饺粑投入滚沸水中煮熟透或用蒸笼蒸熟透，即可食用。

这样做出来的，叫白肉包饺粑。近年流行加"枪"（土话，是一种春季常见的可食野菜，叫清明菜），把"枪"草切碎抖溶，与糯米粉拌和。这样做出来的饺粑呈青色，带清香味，更可口，叫枪肉包饺粑（枪是方言，青色的意思）。

五、薯八嘎

白沙人在立冬前把红薯挖回来后，变着花样把红薯加工成各种美食，如干薯丝、干薯米、干薯崽、干薯片子等，其中之一的炸薯八嘎特别美味。尤其是

过年时，家家户户都要炸薯八嘎。有的人家炸几谷箩薯八嘎，少的也要炸一团箱或一簸箕。

薯八嘎主要原料是红薯。上午把红薯洗干净，削掉薯蒂巴和薯皮，刨成薯丝，刨好以后放点盐，用盐水把薯丝泡软。下午在薯丝里加点糯米粉，拌匀，捏成中间大而圆两头小而尖的薯八嘎放入盆子里。锅里的茶油或菜油烧开了，将八嘎一个一个放锅里炸。薯八嘎刚放锅里面是沉下去的，炸一会儿就会慢慢浮上来。薯八嘎变黄色了，用筷子把薯八嘎一个一个分开。再炸一会儿捞出来，冷却后就吃，又脆又香。

六、糯米圆子

过年时，白沙人家家户户要炸糯米圆子。糯米圆子全部用糯米粉，不能掺一点粘米粉。糯米粉放团箱里或脸盆里，加点水，放入点盐，搅拌均匀，把糯米粉反复揉来揉去，变成糯米粉团，再分成一小点一小点的，双手将一小点揉搓成小丸子。锅里的茶油或菜油烧至八成熟放生丸子。丸子刚放锅里是沉下去的，炸一会儿锅里的丸子会结成一个大圆盘慢慢浮上来，然后把这个圆盘翻过来炸一会捞起来，冷却就吃，十分香甜、软糯可口。

白沙人大年初一早餐一定会煮一碗糯米圆子吃，期盼在新的一年里万事圆满。

七、薯粉丝

薯粉丝是白沙的土特产，当地人称"荷折"（音），是一种既营养丰富，又绿色健康的食品。

制作绿色纯手工、爽口、筋道耐煮的荷折，要经过精选红薯、洗净、打浆、沉淀、过滤、蒸煮、晾半干、切丝、晾干透等繁杂工序。

1. 精选红薯，洗净，打浆，红薯浆静置6—7天，过滤后，便可着手制作荷折。

2. 烧火，支锅，上蒸屉，蒸屉上抹油，再抹红薯浆。蒸的火候是，白色的红薯浆成为墨绿色即可出锅。

3. 将结成块的熟皮一张张分别铺于竹竿上，自然晾半干，约晾半天。

4. 待荷折晾干到不粘手时就可切丝。先将荷折皮在木板或簸箕上摊开，由一端合拢卷折起来（因此叫荷折），用菜刀切成细丝。

5. 将切成细丝的荷折条再次铺开于竹竿上晾晒，完全晒干燥后，收集包装，贮藏或食用。

八、姜片糖

姜片糖，由本地所产优质无渣生姜经炒制加工制作而成。因其色泽晶莹剔透，食之甘中带辣、香脆无渣，四季咸宜，并具有开胃佐食、驱寒祛湿之作用，备受人们喜爱，又因易保管收存、携带方便而成为古镇地方特色食品系列之馈赠佳品。制作流程：

1.清洗除皮。选用块大质优之无渣生姜，清洗干净泥沙杂质，用竹片或小刀刮除外皮。

2.取清洗除皮后的块姜，切成均匀薄片，放入容器中加水浸泡一昼夜。

3.把浸泡过的生姜片捞出，沥干水分，倒入热锅中，加入白砂糖。不停翻炒，掌握火势火候。炒至白砂糖熔化、起泡、断丝后，再炒十几分钟，至生姜片色呈棕黄、片片散开不粘连时，出锅。以簸箕摊晾，即为姜片糖，包装待售或食用。

九、阳加洲的酒糟酒

甜酒糟，又名甜酒酿，源于汉代，盛于清，是我国民间的一种传统食品。据阳加洲《何氏族谱》记载，其家族制作甜酒糟已有上千年的历史，阳加洲其他数十户酿酒人也是承前启后，数代传承。因此，在已有1000多年历史的古盐道上，阳加洲的美酒，芳名广为流传。

60多岁的何以亨自己种糯稻，收谷子，用原始的木风车去杂质，土推子碾磨剥壳，米粒完整无损是最佳的酿酒原料。发酵用的酒饼店铺有售，但何以亨自制自用，他妻子李秀梅每年初夏都会去寻找酒饼草、辣椒草、猫崽草、桑叶等十几味草药。浴净晾干，与糯米混合，用石臼舂为泥状，捏成元宵般大小的丸子，晒干就是秘制酒曲。

糯米在上蒸笼之前，要淘洗两次，再用燕窝型的甘泉浸泡一夜，第二天捞出，用篾箕漏干水分，就可以放到木甑里蒸煮。蒸煮的火候和时间要把握好，否则糯米饭不是太粘就是米粒没有熟化，无黏性。何氏夫妇将热气腾腾的糯米饭倾倒进竹篮盘里，用竹筷扒散自然冷却。冷却的时间随天气季节而定，饭粒温度太低难以发酵，太高化成酒糟后有酸味。酿酒用的荷叶缸要擦洗干净，不能沾水。饭团必须揉碎成粒，磨成粉末的酒饼撒进糯米饭里，调和均匀。酒饼的多少和适当的操作非常重要，全凭经验和感觉，这是酿酒的关键所在。糯米饭放进缸里堆成旋涡形，将缸安放于稻草特制的窝巢里，夏天盖上木盖即可，冬天加盖棉被，任其发酵24至48小时，"甜酒"就制好了。

十、焖缸酒与红薯酒

古镇白沙号称"小香港"，其繁荣热闹自不必说，丰富的物产也难以胜数。单就酒水来说，最具特色的当是焖缸酒与红薯酒了。

（一）焖缸酒

焖缸酒以其甘甜醇厚、气味香浓的特点，曾在20世纪八九十年代风靡一时。那时的白沙古镇，酒坊一个连着一个，街头巷尾，处处飘溢着酒香。焖缸酒制作的简易流程：

淘洗糯米——上甑蒸煮——摊晾候温——拌甜酒曲——装缸发酵——勾兑米酒——封缸酝酿——成酒

（二）红薯酒

红薯酒是以红薯为主要原料酿制的酒，当属水果酒系列，酒精度数较低，只有20度左右。此酒甘冽绵醇，具红薯特色香味，饮时满口留香，有驱湿寒、壮腰筋的药理作用，极具营养保健价值。

红薯酒的制作方法：

1. 原料选取。选取刚挖回的无病虫害、无破损之新鲜红薯，清洗干净。
2. 切块蒸煮。把红薯用刀切成均匀的小块，上锅蒸煮熟透。

3. 摊晾捣烂。出锅后，用门板或簸箕摊晾红薯片，待常温后用舂具捣烂成泥。

4. 拌曲发酵。在薯泥中加水、酒曲搅拌均匀，然后装入缸内，密封发酵。

5. 蒸馏成酒。把发酵完全的薯酒糟装入蒸酒器中，烧火烤制出酒。以酒精计测量酒精度，达到所需酒精度者为头酒，用器皿装盛，是为成品酒。剩余的酒尾另外存放，待下回蒸酒时加入，一起再烤制。

十一、黄牛肉

古镇白沙，地处半山区半丘陵地带，山坡连绵不断，水源充足，植被丰盈，草料繁茂，最宜食草动物如牛、羊的放牧养殖。

养牛在白沙历史悠久。起初，作为农耕工具，牛肩负着犁地耕田的繁重劳役。由于时代的发展变迁，役牛完成了它们的劳役使命，演变成了人们餐桌上的美味。

白沙的肉牛主要来自本地黄杂牛，山坡原野放养，不加精饲料。肉质细密紧致，闻起来清香扑鼻。白沙牛肉声名远播，远近闻名。

白沙牛肉能远销他乡各地，吸引外地客商纷至沓来，原因主要有两个：一是取材本地放养之黄杂牛，肉质好；二是本地商贩不使假灌水，保持了牛肉原有的肉质黏度，牛肉肉色好。

十二、白沙牛肉全席

（一）牛血脑花汤

原料：新鲜牛血、牛脑花。

调料：香茶油、生姜米、葱花、胡椒粉、味精。

制作：新鲜牛血一份兑水三份，待其自然凝固后用刀横竖划成小坨，焯水后捞出用流水冲干净浮沫待用；牛脑花改刀切小片焯水后冲水淘干血水备用。

烹饪：锅烧热，放入茶油烧至八成熟，加入少许清水烧沸，依次倒入牛血坨、牛脑花、生姜末，沸腾到牛血块透心后，加入胡椒粉、味精，装入汤煲撒点葱花。

牛血脑花汤，汤水清亮，味道鲜美滑嫩。

（二）红烧牛蹄筋

原料：新鲜牛蹄。

调料：大茴、桂皮、胡椒粉、干红椒、味精、酱油、食盐、湖之酒、红椒油。

制作：牛蹄清理干净切块，焯水后待用。

烹饪：锅烧热，加入植物油烧至八成熟，一次性倒入水洗后的大茴、桂皮、干红椒，快速翻炒至出香味，倒入牛蹄花煸炒，依次加入料酒、酱油、食盐，翻炒均匀，然后加入清水焖煮至烂熟，最后加入胡椒粉、味精出锅，出锅后把干红椒、大茴及桂皮选出弃之，加入少许红椒油调色上碗。

一碗红烧牛蹄筋，劲道耐嚼，色红味鲜，浓香四溢。

（三）爆炒牛三样

原料：牛心、牛舌、牛耳。

调料：八角粉、胡椒粉、料酒、大蒜茎、鲜红椒、食盐、味精。

制作：牛心切片、牛舌切片、牛耳斜刀切片，清水洗涤，沥干水分，容器盛装，加入料酒、食盐、胡椒粉、酱油、八角粉拌匀腌制半小时。鲜红椒切开切寸段，大蒜茎斜刀切片。

烹饪：锅烧热，加植物油烧至八成熟，倒入腌制好的牛三样和鲜红椒，煸炒至熟透，加入少许猪肝，下蒜茎片、味精、红油，拌匀出锅装碗。

炒出的牛三样，红、灰、白三色分明，鲜嫩清香。

（四）红椒炝牛黄金

原料：颈椎部牛肉适量。

调料：鲜红椒、鲜青椒、八角粉、胡椒粉、料酒、酱油、味精、芹菜。

制作：鲜红椒、鲜青椒切段成圈，芹菜切段，牛肉切大拇指大小薄片装碗，拌入味精、酱油、料酒、大茴粉、胡椒粉腌制会儿。

烹饪：锅烧热倒茶油，烧至八成熟时加入少许盐，倒入辣椒圈及芹菜段煸炒出香味捞出，把腌制好的牛肉片倒入热锅中，快速翻炒几下，加入辣椒圈，翻匀出锅。

牛肉鲜嫩入味，色、香、味俱全。

（五）牛鞭膳食汤

原料：牛鞭一条、枸杞适量、人参一棵、当归一棵。

制作：牛鞭用剪刀从中间剪开，清洗干净后焯水去血沫切片，人参、当归浸软后切斜片。

烹饪：紫砂煲中倒入清水，加少量湖之酒焖炖牛鞭片至熟，加入食盐、人参片、当归片，让其低温慢炖至烂熟，加入枸杞子焖会儿。

汤汁浓白鲜香，食补尽在其中。

（六）卤汁牛肚丝

原料：牛肚适量。

调料：秘制卤汁水、蒜蓉、生姜末、葱花、红椒油。

制作：牛肚洗净切寸长丝备用。

烹饪：锅烧热，加入植物油烧至八成熟时，倒入切好的牛肚丝煸炒加盐，后倒入卤汁水大火烧沸后，改为细火慢炖至熟透，拌入蒜蓉、姜末、葱花、红油，和匀上碗。上碗后淋少许生茶油。

卤汁牛肚丝，麻辣香俱有，劲道十足。

（七）干锅牛排

原料：牛排。

调料：料酒、大茴、胡椒粉、干红椒、味精、青蒜苗、桂皮、花椒。

制作：牛排清洗干净剁长条待用。

烹饪：锅烧热，倒入植物油烧至八成熟，倒入牛排加盐料酒煸炒，加入桂皮、花椒、大茴、干红椒，翻炒出香后，加入清水大火焖煮至沸，再改细火慢炖至松骨，选出大茴、桂皮片，调入少许酱油调色，入味精、蒜苗段，翻炒均匀出锅。

干锅牛排，浓香四溢，松软可口，汁浓味美。

（八）爆炝牛百叶

原料：牛百叶。

调料：干红皱皮椒、大茴粉、胡椒粉、红油、味精、食盐、料酒、芹菜。

制作：牛百叶用食盐搓洗干净切丝，装碗拌入大茴粉、胡椒粉、食盐、料酒、酱油味精和匀腌制，干红皱皮椒切小段，芹菜切段。

烹饪：锅烧热，加入香茶油烧至八成熟，倒入所有原调料爆炒，快速翻炒几下，调入红油，出锅。

炝牛百叶，脆爽鲜嫩，别有风味。

（九）牛皮蒸豆豉

原料：水煮发牛皮一块，豆豉适量。

制作：牛皮斜切薄片。

烹饪：切好的牛皮与豆豉拌匀装碗，上蒸笼隔水蒸热，撒入少许葱花即可。

豆豉清香，牛皮劲道。

（十）清水炖牛尾

原料：牛尾一条。

制作：牛尾斜刀剁成薄片，焯水后待用。

烹饪：紫砂锅加清水入牛尾片，加食盐、湖之酒，焖煮至松骨，汤汁白稠，调入少许胡椒粉及味精，拌匀即可。

牛尾汤白浓稠，清香味鲜，强筋壮骨。

十三、白沙"十荤"

"十荤"是白沙菜系中最经典的套餐，它是传统红白喜事的标配，配料、制作、上菜顺序都有约定俗成的严格规矩。十大碗，碗碗都是荤菜，不上素菜，体现了白沙人热情好客、实在、大方、舍得的禀性。"十荤"如下：

（一）心肺汤

原料：猪心、猪肺、猪肝、瘦肉、猪小肠、西皮（猪皮）、蛋片等。

制作烹饪：猪心、猪肺、猪肝、西皮切片。烹饪时放适量猪油，加清水烧开，放入切好的原料，再调入食盐、胡椒粉、生姜末及葱花。

心肺汤

（二）太斗（大凑合之意，又称包圆）

原料：鸡蛋片、鸭蛋片、包圆片、猪耳朵、猪舌子、猪肝、瘦肉、黑豆（或粉丝）。

制作烹饪：用黑豆加白糖煮熟打底（也可以用粉丝打底），菜碗周围排放8个鸡蛋（鸡蛋煮熟剥壳后油炸一下），另用一个中碗把加工切好的原料分层摆好，第一层鸡蛋片、第二层包圆片（瘦肉面粉拌和后揉搓成圆柱形状蒸好后切片）、第三层猪耳朵、第四层鸭蛋片、第五层猪肝片、第六层猪舌子片。把分层摆好的碗罩在底菜碗上，入蒸笼里蒸好则可上席。

太斗

（三）圆子

原料：瘦肉、小粉等。

制作烹饪：把瘦肉剁碎，加入适量小粉，揉搓成丸，每碗16粒（过去做酒席用的是八仙桌，每桌坐客人8个，每个客人食用2粒圆子），用清汤烹饪，加入少许葱花、胡椒、豆油等。结婚酒宴用"雪花圆"，里面是瘦肉丸子，外面粘一层白色蒸米。

圆子

（四）糊[①]

原料：米糊粉、鸡杂、鸭杂等。

制作烹饪：粳米加少许橘子皮、大茴烧炒再碾成粉，鸡杂、鸭杂切碎，烹饪时放油加水烧开，再放入原料煮熟，并调入适量胡椒粉、豆油等。

糊

（五）猪脚

原料：猪脚。

制作烹饪：把猪脚刮干净放锅内加水焯好，再切成块，烹饪时加入大蒜、酱油、大茴等。

猪脚

（六）扣鸡

原料：鸡肉、糯米、板栗等。

制作烹饪：锅里入油，把糯米饭、板栗、白糖（适量）等放锅里炒拌均匀，把炒好的糯米饭、板栗放在碗里打底，把炒好的鸡肉放在另一个碗里，再倒扣在糯米饭碗上，再上蒸笼蒸熟，故称"扣鸡"。

扣鸡

[①] 在办红喜事酒宴时这道菜一般用肚片。

（七）棋子肉

原料：五花肉。

制作烹饪：把五花肉切成大四方形块状入锅焯煮，另用一锅入植物油烧沸，在焯煮后的块状肉的肉皮上抹上湖之酒，入油锅炸至金黄色，捞出焯水，约十分钟后捞出切成四方成棱的棋子肉，放入锅中加盐翻炒，然后依次加入大茴、桂皮、干红椒、料酒和酱油，再翻炒上色后，倒入清水用大火烧开后改文火焖煮至烂熟又不倒角，出锅后选出干红椒、桂皮、大茴弃之，上碗入席。

棋子肉

（八）鸭肉

原料：鸭肉、生姜等。

制作烹饪：鸭肉切成小块装入盆内，调入大茴粉、胡椒粉、料酒、酱油、食盐拌匀腌制，生姜切片（或切丝），锅烧热加植物油烧至八成熟时，倒入生姜片（丝）、干辣椒段翻炒出香味，倒入拌好配料的鸭肉翻炒至熟透，再加入芹菜段和味精，拌匀出锅。

鸭肉

（九）三丝

原料：油豆腐、胡萝卜、猪耳朵、猪舌、墨鱼等。

制作烹饪：把原料全部切成丝，锅烧热放入植物油（20世纪60年代前一般用茶油）。油烧至八成热后，将备好的菜丝放入锅内加盐翻炒，炒熟后加入芹菜（切段）、酱油、豆油、干辣椒（切段）翻炒，炒熟拌匀后出锅。

三丝

（十）黄炸鱼

原料：鱼（一般是草鱼）、面粉等。

制作烹饪：将鱼切成条块，加适量面粉和盐拌好，再用油炸成金黄色备用，烹饪时锅内加适量清水，放少许盐，水烧开后将炸好的鱼放入锅

黄炸鱼

内，再加入芹菜（切段）、豆油、少许香醋，即可出锅装碗。

说明：

1. 以上是20世纪80年代前，白沙红白喜事大众化的菜谱。新中国成立前少数富裕人家做寿宴、婚宴，有用羊肉（羊提前从外地买来），也有用海鲜做菜的。

2. 酿豆腐是白沙一道传统名菜。红白喜事因席口多，酿豆腐加工制作麻烦费时，所以红白喜事一般不用酿豆腐。每逢过节过年，大多数家庭都做酿豆腐。

3. 20世纪80年代后，白沙红白喜事在传统"十荤"的基础上有所改进和调整，有些用羊肉、黄牛肉的，有些用团鱼（水鱼）、大虾的。第一道菜"心肺汤"用的原料也更灵活丰富，有些加入鹌鹑蛋、新鲜香菇、平菇、小瘦肉丸等。

十四、白沙传统坛子菜

白沙人聪明智慧，在长期的生产生活中创造和积累了很多的生活技能。农家特色菜之一坛子菜，就是经过数代人的经验总结、口传心授而传承下来的一类极具地方特色、便于长期储存、食用方便的可口菜肴。现把几种主要的传统坛子菜（白沙土话叫"扎菜"）的制作方法作简要的介绍。

（一）霉豆腐大头菜

原料：水豆腐、大头菜。

调料：辣椒粉、食盐、八角粉。

制作：首先把水豆腐沥干水分，24小时后划成小坨摆在铺垫有干净稻草的托盘或团箱内，然后放入农家谷仓中让其自然发酵生霉。一般要半个月至一个月，视气温而定，气温高则时间短，气温低则时间长。

把大头菜从地里扯回，和菜叶一同晾晒一天，然后去叶只取大头菜块根，铺于室内任其自然风干部分水分，需时半月至一月。待其变软后切片，盛入容器内，加食盐腌制一个晚上，沥干盐水待用。

容器内倒入辣椒粉、精盐适量、八角粉拌和均匀，用竹筷一坨一坨把发酵好的豆腐坨放入拌好的调料中，使其四方沾上调料，然后一层霉豆腐一层大头菜入坛封存，大约半个月后，大头菜自身麻辣味尽失，而霉豆腐已入味大头菜中，可随时取之食用。

（二）香脆生姜（生姜扎）

原料：新鲜生姜。

配料：食盐、农家剁红椒、白糖、高度粮食酒。

制作：首先把鲜嫩生姜块清洗干净，去皮，切大小合适小片，室外晾干表层水分，然后盛入容器内，撒入适量精盐腌制，8至12小时后取出，再次晾干表层水分，另入容器，拌入农家剁红椒、少许白糖，淋入适量高度粮食酒，拌和均匀，入坛或玻璃容器中，密封保存。

腌制好的生姜片，香脆麻辣，乃佐酒下饭之佳品。

（三）霉豆豉

原料：黄豆。

配料：食盐、辣椒粉、大茴粉、生茶油、湖之酒。

制作：首先泡发黄豆，择去虫豆、瘪豆等，剔除泥沙。把泡发好的黄豆入锅煮熟煮透，然后沥干水分，待其自然晾干后入容器，拌入适量甜酒曲，拌和均匀，再用簸箕散开均匀入农家谷仓中自然发酵。待发酵好后，加入精盐、辣椒粉、大茴粉，淋少许生茶油、湖之酒或高度白酒，拌和均匀，也可加入晒好的萝卜丁或生姜片，入坛封存。过十天半月即可食用。

（四）麻辣刀马豆

原料：刀马豆。

配料：剁红椒、大茴粉、花椒粉、食盐。

制作：取成熟的刀马豆用刀划成梳子状，室外暴晒至干，然后取干刀马豆用温开水泡发一下。捞出后拌入剁椒、大茴粉、花椒粉、食盐，搅拌均匀，入坛封存。麻辣刀马豆，麻、辣、脆、爽，劲道十足。

（五）烂茄子、丝瓜扎

原料：鲜茄子或丝瓜。

配料：蒜籽、鲜红椒、食盐。

制作：鲜茄子或丝瓜用刀从中破开，一分两半，再用刀纵向划条，不断皮以便于晾晒，室外暴晒至干。蒜籽剁成泥，鲜红椒剁成小块，加入食盐。干茄子或丝瓜用蒸笼隔水蒸熟，待凉后拌入蒜泥、剁椒、食盐，一同拌和均匀。装坛封存，一段时间后即可食用。

（六）农家剁椒（剁辣椒）

原料：鲜红椒或鲜青椒。

配料：蒜籽、食盐、湖之酒、生茶油。

制作：取鲜椒用清水清洗干净，室外晾干水分，剁成小块。蒜籽剁成蒜泥，一同入容器内，加入食盐适量及少许湖之酒，淋点生茶油，拌和均匀后入坛封存，可随时取用。

（七）香脆萝卜条（萝卜扎）

原料：白萝卜。

配料：白糖、高度白酒、农家剁红椒、精盐、大茴粉。

制作：白萝卜清洗干净，切条，装入容器内撒入食盐腌制一个晚上。沥干水分后晾晒至半干，再入容器，拌入白糖、高度白酒、农家剁红椒、大茴粉，搅拌均匀入坛或玻璃瓶中封存，一个昼夜后即可食用，香辣可口，脆爽甘甜。

（八）香辣藠头

原料：刚出土的藠头。

配料：农家剁红椒、白糖、食盐、甜酒（湖之酒）。

制作：把鲜藠头清洗干净，室外晾晒一天，然后划一刀（好进盐味），装容器内，用食盐少许腌制一个晚上。腌制好的藠头第二天室外晾干盐水。再次入容器，拌入白糖、农家剁红椒、甜酒，密封一个昼夜即可食用。

（九）腌芋头、芋荷

原料：芋头、芋荷。

调料：食盐、大茴粉、辣椒粉。

制作：取老熟芋头切坨晒干，芋荷茎除叶切段晒干，待干后入锅蒸熟，散开于簸箕中晾晒至半干，入容器中拌入食盐、大茴粉、辣椒粉，拌和均匀，装坛封存。芋荷煮鱼，味道鲜美。

（十）酸菜

原料：豆角、白萝卜、红萝卜、风菜茎、鲜青红椒等。

调料：食盐。

制作：泡制酸菜，最主要的就是泡菜水的制作。农家风俗，一般在每年的端午节午时，直接取来井水装坛，撒入适量精盐，就是自然的泡菜水了。也有用凉开水制作泡菜水的。还可以直接取农家烤酒后的酒尾用作泡菜水。当然，不管用哪种方法，都必须加食盐才成。

泡菜水制作好后，可以浸泡豆角、白萝卜、红萝卜、风菜茎、鲜青红椒等。一坛泡菜水可从年头用到年尾，中间只视情况加盐即可。

（十一）腌菜

原料：大白菜、小白菜、风菜、大头菜叶、萝卜菜茎叶等。

调料：食盐。

制作：把原料择去黄叶、烂茎叶，室外暴晒至干后，收回放至室内地面，待菜叶回润变软后放入簸箕中，撒入适量盐，在簸箕中双手用力揉擦菜叶，使其入盐均匀而变得更软，然后一小支一小支地捆成小束，入坛密封发酵，即成腌菜，又叫盐水菜。腌制好的腌菜，可蒸肉，可爆炒，可煲汤，味道特佳。

（十二）酒糟渍菜

原料：大白菜、小白菜。

配料：酒糟。

制作：把大白菜或小白菜，择去老黄茎叶，放入大盆中。取烤酒后刚出锅的糟水，浸泡白菜，待其茎叶变色后捞出，用清水清洗干净，另用清水浸泡，可食用多天。酒糟渍菜菜色金黄，酸甜可口，实为佐餐之佳肴。

十五、白沙美食香飘四方

常宁的传统饮食属于湘菜，受周边县市的影响，渐渐形成了四种各有特色的菜系，即白沙菜系、罗桥菜系、官岭菜系、水口山菜系。白沙菜系与耒阳仁义及桂阳桥市等地的菜系基本一致，其主要特点是用料扎实，分量足，荤菜多。主要特色菜是红烧棋子肉、酿豆腐、太斗、扣鸡、牛肉等。白沙镇较有名的老厨师有刘诗和、谢百多、江双发、谢生阶、张恩禄、王集龙、肖功昌、谢高运、何笃宝等。改革开放以后，商业繁荣了，白沙人纷纷走出白沙，把白沙的特色饮食、特色食品推广至常宁县城及广东中山张家边等地。

沈小秀1999年开始在常宁市交通路经营白沙排档。刘运斗2000年在常宁交通路经营白沙姐妹排档。两家排档经营了20多年，均以白沙菜名扬常宁。2010年以后，来常宁开餐馆的有谢扬幸、谢贵平、李忆国、李喜庭、欧运友、李勇国、段丽丽、谢扬福等20余人，都是以白沙传统菜而闻名。

谢德强在常宁市南一环与砚池山路交汇处开了一家夜宵店。顾客一进店就点白沙的棋子肉、酿豆腐、白沙牛肉、羊肉、土鸡、土鸭等，再加上他的特色烧烤。

白沙人贺小雄等十来人在常宁城区沿河风光带、西门夜市等处开夜宵店。

白沙杜阳村的李佑军和李鹏辉2018年来到常宁市青阳南路开了常宁城区第一家杀猪粉店，资德元2017年在常宁市东方水岸明珠小区旁开了一家杀猪粉店。

现在，白沙人在常宁城区开的排档、菜馆、夜宵、早餐店有30多家。

白沙人段茂姣、王小玉等多人，近年以实体店和网上销售相结合的方式，在常宁市区专门制作、销售白沙的酿豆腐、肉包饺粑等传统特色食品，也为白沙美食香飘四方作出了贡献。

2016年，白沙上洲村人李爱清注册成立了公司，创新开发了多种口味的白沙烧饼，在常宁市城区福乐家超市租赁柜台，专营白沙烧饼，还在常宁市、衡阳市各项大型比赛、农产品展销等活动中，将白沙烧饼作为常宁特产展销。同时，她还通过互联网向全国各地推销白沙烧饼。

现在，白沙烧饼已经成为常宁市重要的旅游伴手礼和馈赠佳品。李爱清及其团队三次登上了中央电视台的屏幕：2017年5月参加CCTV-7《乡土》栏目在白沙老街的拍摄，2019年9月参加CCTV-10《中国影像方志》在常宁的拍摄，2020年12月参与CCTV-3《喜上加喜》节目在常宁庙前街印山广场的拍摄录制。2020年6月13日是我国第15个"文化和自然遗产日"，湖南省非遗直播活动在长沙举行，李爱清应邀出席。通过她的努力争取，白沙烧饼已被湖南省商务厅授予"湖南省老字号"荣誉。

中央电视台在白沙拍摄电视节目

第六章 传统用具

　　用具是人类生活生产中必不可少的助手。人类从300万年前的旧石器时代开始,便开启了制造和使用用具的历史。白沙镇是数县交界的边陲重镇,不同地域的人们在此生存、融合。自然而然,这里的生活生产用具也格外丰富,别具多样性、创造性。

第一节　生活用具

储柜：立式，四开门，有圆脚款和方脚款，内有两个抽箱，高约5尺，宽约3.6尺，厚1.7尺。用来放衣服、棉被等，柜架一般用杉木、梓木制作，隔板为杉木。

庭柜：长方形立柜，高约5尺，宽约3尺，厚约1.7尺，分上下两部分，上为两开门，门框中装有画镜，下为两开门，用来放衣服被褥等，用杉木做成。

大立柜：长方形立柜，高约5.4尺，宽约3.8尺，厚约1.7尺，三开门，用来放衣服、挂衣服。框架用杉木、梓木做成，隔板用杉木做成。

书柜：长方形，长约3.6尺，高约3尺，厚约1.6尺，上部有三个抽箱，用来放书、笔及小物件，下部为两开门，用来放衣服，一般用杉木做成。

雕花床：豪华型传统床架，正面上部有五格横花板，雕刻图案有梅、兰、竹、菊等花卉，两边靠床柱有三格鉴花板，鉴花板与上部横花板转角处配有弧形藤花。床架有圆柱和方柱，用杉木做成，花板均是樟木。

三弯床：床两头框架用松木或樟木做成一个三弯形，并配有木葫芦，四个床柱子一般为圆形，其余均为方料，用杉木、松木、樟木做成。

马蹄桌：方形，高约2.6尺，宽2.6—2.8尺，桌脚为方形，下部（2寸高）做成马蹄形，故名。桌面用松木板或樟木板做成，脚、横方用杉木、梓木做成，马蹄桌摆放在厅堂中，用来吃饭或办酒席。

太师椅：方形木椅与马蹄桌配套，两张太师椅摆放上席，太师椅背部配有木雕花板。

高凳：木制板凳，长约2.9尺、高1.6

储柜

太师椅

尺，凳面用松木板、樟木板做成，脚用杉木、杂木做成，配马蹄桌，每方一条凳。

水桶：圆形，杉木做成，有方器子（提手）和圆器子两种，到水井挑水或盛水用。

木甑：圆形，大小不等，杉木做成，平时家用木甑直径为1—1.2尺，办喜宴用的木甑直径为1.5—1.8尺。用来蒸饭、蒸酒。

马蹄桌与高凳　　　　水桶　　　　木甑

洗脸盆架：用来放脸盆，洗脸洗手用。有简易型和豪华型两种，简易型四个脚（前面两个矮脚，后面两个高脚），豪华型五个脚（前面三个矮脚，后面两个高脚），高脚格子中嵌有花板和一面镜子。用杉木、樟木（花板）做成。

马蹄碗柜：分上下两部分，下部为台板，用来洗碗、切菜，长约3.2尺，宽1.8—2尺，高约2尺，前面两个脚用松木或樟木做成马腿状。上部为碗柜，分成两格，下格两块花格推门，用来放饭碗，上格两开门，用来放菜碗等。碗柜高约3尺，宽与台板相同，厚1.3尺。用杉木做成。

马蹄碗柜

抬盒：又称抬花，办喜事过礼用具。用株树、樟树或杉树做成框架，两头及两侧上部嵌有雕木花板（图案有八仙、龙凤、花鸟等），抬盒底部配置三格长方形木箱，用来放礼品。抬盒全部漆成枣红色，花板图案另配彩色。

抬盒

神台： 敬奉祖先牌位的神龛，分上下两部分，下面为香案台柜，有箱、柜用来装纸钱香烛，上面为神龛，中部摆放祖先牌位，正面上部和靠柱两旁雕刻有花板和对联。正面顶部雕刻"二龙抢宝"图案。用杉木、樟木做成。

香桌： 长方形，置于神台前面，用来摆放敬神祭祀用的菜肴、酒果、香烛等。

木屐： 用木板做成鞋底，下钉铁钉，上用皮革做成鞋套。古时没有胶鞋，下雨天穿在脚上可避免雨水打湿鞋袜。

神台

纸伞： 圆形，用竹篾做骨架，骨架上糊皮纸，再上油上色，中间有一伞把，伞可收折，用来遮雨避阳。

麻箩： 圆形，竹篾织成，稻田收割后装谷和晒谷用。

米箩： 圆形，较小的箩，竹篾织成，装米、豆类用。

背篓（背累）： 扁圆形，竹篾织成，装有背带，农村摘茶籽、扯笋崽等用。

操箕： 半圆形，竹篾织成，用来盛蔬菜、葱、蒜等。

捞箕： 圆形，竹篾织成，有一个竹柄，用来捞米、捞菜过水用。

簸箕： 圆形，竹篾织成，用来晒米、豆、花生等。

篮盘： 圆形，竹篾织成，直径约6尺，用来晒谷、米、玉米、豆类等。

蓑衣： 用棕织成的一种披篷防雨衣，雨天农民干活常用雨具。

斗笠： 圆形，把竹篾织成两层网格状，中间夹放粽叶或笋壳叶，中部有一

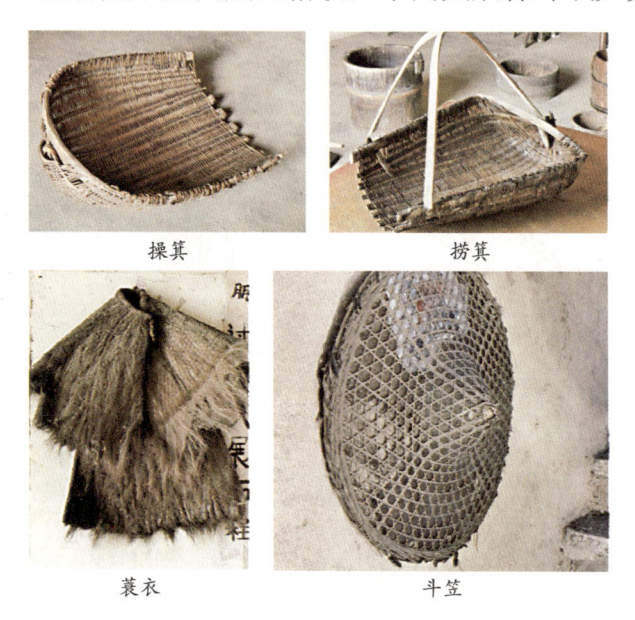

操箕　　捞箕

蓑衣　　斗笠

凹顶，戴在头上可避雨、遮太阳。

竹刷（选竹）：取一节尾部竹，把竹子破成竹丝，用来洗刷铁锅等。

擂巴：用以研磨食物的陶制品。

油篓子：把竹篾织成桶状，内外用皮纸糊好，再上油，用来装茶油、桐油，以便挑运。

鸡笼子：长方形，把竹片织成格子状，用来关鸡、养鸡。

团箱：圆形，用细篾织成，有大、中、小几种规格，小团箱用来盛花生、豆子、薯片等招待客人；大、中团箱用来盛米、豆等农产品。

水缸：陶土烧制而成，有大缸、小缸，盛水用。

坛子：陶土制品，大小不等，用来盛腌菜、榨菜、酸菜等，口部周围有一水槽，盖子套在槽内，加水密封。

米筛：圆形，用来筛米的用具，用竹篾织成。筛子中篾片之间有小方孔。

扎斗：用来斩碎辣椒、萝卜等食物的圆形杉木制品。

棺材：棺材属于生活用品中的丧葬品。白沙棺材以杉木做成，头高脚低，成双弧形，内刷红色涂料并刷桐油，外刷黑色油漆。

擂巴　　　　　团箱　　　　　水缸

米筛　　　　　扎斗　　　　　棺材

第二节　生产用具

渊箕（粪箕）： 竹篾织成，用来挑运黄土、沙、砾等。

淤桶（粪桶）： 圆形，杉木做成，用来装小便和到茅坑装大便挑到田土里施肥。

犁： 弯木做成，犁底装有铁犁，有木护手，用牛牵动犁田。

耙： 有木齿耙和铁齿耙，用牛牵耙把犁好的田泥梳碎，耙均匀，以便插秧。

推子： 用竹篾织成围子，用细黏土扎实，土中嵌以较硬的杂木片做成木齿，分上下两部分，上部分中间有孔以便放谷，用弯木把手推动上部转动，使谷脱壳。

风车： 用杉木做骨架，用杉木或空桐树板装成斗状，中间装一木轴，木轴上用薄板做成风扇，把碾好的谷米倒入风车斗里，手摇风扇转动，使谷壳、米、糠分类。

弹棉弓： 用来弹棉花的手工用具，用杉木做成弓状，用牛筋做弦，用木槌弹弦，把棉花弹散。

纺纱车： 杉木做成架子，装有纺车架和一根小铁棍，用来把弹好的棉花纺成棉纱的手工纺车。

水车： 农村常用的抗旱用具，水车是长方形（约4米长），杉木板装成水槽，水车头装有木轴，木轴上装有木桩和脚踏板，人工脚踏带动木方链条（链条上装有方木片）转动，把水引上来。

织布机： 用杂木做成的一种土织布机，用双手推动织机，木梭带动棉纱来回张织，土布便织成了。

水榨坊： 靠近溪水边建一榨油房，利用水的冲力使水木鼓转动，带动榨坊的滚子把油茶籽碾碎，油茶籽碾好上蒸后再榨油。

土油榨： 用一段粗大樟木树干，中部挖空做成油榨，把碾碎蒸好的油茶籽用稻草环包铁箍箍好，放入油榨中，用大木槌把硬质木楔打入茶籽杯中，不断挤压，把油榨出，一般需要两人操作。

水磨坊：靠近水州边建水磨坊，利用水的冲力使水木鼓转动，水木鼓带动磨坊的石磨转动，把小麦磨成面粉。

碓（石臼）：将一块方形石头中间凿成圆凹形，用来舂米、豆等食品。分手碓和脚碓两种，手碓是用双手握住长形木槌往石臼舂米；脚碓是一根木方，一头装有木槌，一头为踩脚板，用脚踏踩脚板进行舂米。

石磨：用石头做成的圆形磨子，分上下两块，相合处开有刻槽，上部有一圆孔进米，人工握住把手推动磨子转动，用来磨米粉或者豆浆。

二齿耙、三齿耙、四齿耙：齿耙都是铁的，连接木柄，是农民挖土的常用工具。

锄头：约3寸宽、9寸高的铁件农具，装有木柄，用来刨草皮和挖土。

渔网：用苎麻煮软搓成细线，织成网，网脚用锡或铝制作坠子，可在河里、塘里撒开捕鱼。

搬罾：用苎麻线织成方形渔网，用两根带弹性的小竹交叉连接方网四角，起开合作用。用一根较粗较长的竹竿作杠杆起上下搬动作用。

捞蔸：三角形网蔸，连接在三角形的支架上，小型捞鱼工具。

刮网：用小竹做成弓形固定渔网，连接一根较长的手柄，一般在涨大水时，在河边刮小鱼小虾用。

量米斗：20世纪50年代以前，用来量米、谷的木制衡器。

推子 　　　　　　犁 　　　　　　土油榨

水榨坊 　　　　　石磨 　　　　　量米斗

第七章　地方文化

　　边贸重镇白沙，其得天独厚的地理位置，以及发达的商业矿业吸引了大量的外地移民，他们带来了各地的宗教信仰和文娱活动方式。经过千百年的融合，白沙镇形成了多样、丰富、独具特色的地方文化。

第一节　祭祀与祈福的方式

白沙镇地处湘南要塞，春陵河畔，是商贸重镇且人口众多。居民来自五湖四海，不同的文化在此融合。自古以来，白沙人的宗教信仰不仅有本土的"五娘菩萨"，更多的是儒、道、释"三教"，还有外来的天主教（基督教）等。其中，儒教属于操办红白喜事礼仪时所信奉，道教属于超度亡魂、逢灾驱邪时所信奉，信奉佛教的人较多，有出家的比丘与比丘尼，也有在家的居士，至于天主教，由于是后来由外国传入的，信奉的人数较少。

宗教文化其实是一种祭祀与祈福的文化，是中国传统文化的一部分，其基本教义大都立足于劝善。虽然带有一定的封建迷信色彩，但在劝人修身、行善积德、孝敬父母、促进社会和谐等方面起到了一定的积极作用。

一、白沙图腾

图腾是古代原始部落把大自然的某个事物，作为主宰自己命运的神灵，进行崇拜、祭祀的一种文化现象。白沙人在古代的时候，喜欢把某个传奇人物乃至把大山、大地、大树作为图腾，予以祭拜。因此，就有了独具地方特色的五娘菩萨、毘帽仙王（毘帽三王）、冲天太王、樟木二王及土地公土地婆的信仰和传说。

离白沙古街4公里左右，原西棉村黄砂窿南侧有座高山，叫冲天岭，也被称作"冲天太王"，海拔约800米。山顶曾有一座古庵，庵内有和尚住持，当时香火旺盛，不知何时何因庵子倒垮，现杂草丛生，仅存残砖破瓦。

从白沙原砂坪村上山3公里左右，有个小村庄叫樟木太王湾场，湾场前有抱河岭，后有后家岭，这两座山上生长着很多樟树，其中一棵需要数人合抱，特别大，人们认为这棵树已经成精成仙，便尊称为"樟木太王"（又称"樟木二王"），予以膜拜。

从阳市村西面上山5公里左右有一座毘帽峰，海拔509米，山顶建有一座元帝庙，古时阳加的徐氏、曾氏、谢氏共同雕塑了三尊"毘帽仙王"菩萨像，安放在元帝庙内。每年农历六月,徐家、曾家、谢家轮流接送菩萨,活动非常热闹、隆重。毘帽仙王又被称为"毘帽三王",这种说法可能有两种来由:一是因为元帝庙中供奉着三尊仙王菩萨;二是从南至北,人们已经把冲天岭称作"太王",把樟木太王称作为"二王",所以依顺序把毘帽峰称作"三王"。

其实,在古代,白沙人不仅崇拜山神、树神,还崇拜地神,至今在不少的村庄边仍可以见到土地庙,庙中供奉着土地公、土地婆塑像,供村民在土地庙中顶礼膜拜。

"五娘菩萨"详见第七章地方文化《接"五娘菩萨"》一文。

"毘帽仙王"详见第七章地方文化《接"毘帽仙王"》一文。

二、儒教

白沙人(包括大多数常宁人)信奉儒教,不仅信奉其在思想、文化、学术等方面的成就,而且信奉其在操办红白喜事时的一套有固定模式的仪式。

白沙人信奉的儒家思想,主要体现在天、地、君、亲、师与仁、义、礼、智、信等核心内容上,提倡"忠恕""孝悌"。明清之际,白沙人开办的私塾,其教材多采用"三百千"(即《三字经》《百家姓》《千字文》)、《弟子规》、"四书五经"(即《大学》《中庸》《论语》《孟子》与《诗经》《尚书》《礼记》《周易》《春秋》)等,使青少年从小就受到儒家思想的影响,"忠孝节义""三纲五常"等思想深入人心。1950年以前,白沙人为男孩取名,多用"忠、孝、节、义、仁、义、礼、智、信"等字。

白沙曾出现过一大批儒学之士,如高继高父子、罗真武、伍发禄、谢卓斌、罗辉如、伍仲安、李善芝、管玉轩、管光魁、蔡干人、王盖湖、李伯荣、肖功昆等。

古时,白沙的丧葬事务大都是请和尚(佛教)念经拜忏或请师公(道教支派)举办法事来进行操办。罗真武为了弘扬儒学文化,带动白沙文化事业的发展,在他40来岁时(民国中期)成立了"白沙文坛",以儒家思想为指导,宣传儒教文化,为百姓操办红白喜事。罗真武通过朋友关系,从耒阳儒家班子引进了有关红白喜事礼仪活动的全套资料,并高价请衡阳春华剧团几个有名气的师傅为文本唱词谱曲,其中有花鼓戏曲牌、湘剧曲牌,还有高腔。谱曲与教唱历时月余。在罗真武带领下,"白沙文坛"成员通过几个月的学习和训练,基本掌握了念、唱、打、吹、拉、写等全套技能，并各有所长。

"白沙文坛"成立后，白沙镇及邻近乡村的白喜事，大多数是请"文坛"班子操办丧礼活动。其丧仪虽然有一定的封建迷信色彩，但始终贯穿着儒家思想，弘扬了正能量。

丧礼活动（俗称"做福事"）一般持续两天，即出殡送葬的前一天和送葬当天。少数孝家也有做三天或四天福事的。白沙是以送葬当天的中餐为正宴，中餐后再送葬。

如果做福事的主家是新房子或有其他原因，送葬后还要履行谢龙神（谢土）。

"家奠"是白沙丧礼中较重要的一环，是孝家儿女晚辈对亡者的祭奠（相当于追悼会）。家奠文（追悼词）包含着儒家忠恕孝悌的思想，起到了既祭奠亡者，又教育后人的作用。

如果做三四天福事，要游"九曲黄河图""八卦图"，过"奈何桥"（有些做两天福事的也游"黄河图"）。有些立神主盒的，要履行点主仪式，其丧礼更为热闹。如果做五天以上福事的，要立道场、树幡、游"洛书图"等。

如果是婚庆或寿诞喜事，有些主家为了更隆重、热闹，也请"文坛"班子举办喜庆活动。"文坛"安排一套锣鼓响器、喇叭，有司仪。婚庆，则要履行迎接新娘、拜堂等仪式；寿诞，则要履行接寿匾、挂匾、拜寿等仪式。

白沙儒教班子，既是红白喜事礼仪的操办者，也是文化事业的传承者，更是文化事业进步的推动者，对白沙文化事业的发展起到了一定的积极作用。

附录："白沙文坛"人员

第一代：罗真武、罗辉如、谢卓斌、伍仲安、钟胖子、黄贻藻、谢玉碧、管鹤年

第二代：阳时行、谢文阶、王诗容、王仁书、邱德守、王淑湘、王汉文

第三代：王尼书、谢高武、王集继、管志铜、肖功任、王集洋、阳运舒、王文书、王龙书、王尚书、胡云忠、王勋银

第四代：邓仰贤、李显鹏、罗育达、刘友鹏、谢朝银、谢扬春、李选金、李显禄、李宝利、李祖善、王振兴、王淑信、吴圣云、吴圣周、王九如、黄贵华、贺圣乾、刘书清、谭赛云、管志银、管志华、王增顺、王增仪、刘坛伦、刘坛超、刘坛云、曹国生、王元成

三、道教

白沙的道教流派是道教支流，称为"师公道"。

清光绪年间（1875—1908），白沙就有师公从事法事活动，至今已有百余年历史。师公主要为民间丧事做法事，他身穿法衣，口吹海角，为亡者超度亡魂，打灯解过，拜阎王忏，开路盖棺等。有些人家风水不顺，也请师公手持桃木剑，驱邪扶正，谢土安神。有些屋场、湾场为了平安吉庆，请师公驱邪镇妖，祈保平安。

白沙的师公主要来源于两个派系：

（一）上洲谢氏兄弟派系

清光绪年间（1875—1908），上洲谢富成、谢竹成兄弟从事师公法事活动达数十年。谢竹成传艺其子谢立芳，贺生财师从谢氏兄弟。贺生财、谢立芳从事师公行业达几十年直到寿终。谢氏派系除做法事外，还擅长法事挂屏绘画，如十殿阎罗、菩萨形象等。贺生财在文墨方面见长，传艺其子贺芳，并在白沙沿河两岸授徒多人。

（二）耒阳罗渡桃园冲头王氏派系

桃园冲头王氏有多人从事师公行业，至今有百余年历史。清末，王淑南从事师公行业，一直到老，中年时期定居白沙，传艺其子王集炎。王集炎从事师公行业数十年直到寿终，并带徒多人。

王梁洪是个老师公，两个儿子王金贵、王兴贵都随父从事师公行业；王梁洪的侄儿王秤砣、王康南均拜王梁洪为师。王康南在白沙定居，从事师公行业几十年，带徒弟多人；其子王书道（王民安）继承父业。王金贵之子王诗燕、王兴贵之子王诗杨均子承父业。

王淑湘师从其父亲王书芝，从小时候识字开始就读师公的书。受父亲影响，王淑湘件件皆能，尤其擅长司鼓和吹喇叭。

新中国成立后至21世纪初，贺生财、王淑湘、王康南、谢立芳等是白沙师公行业的代表人物，现在的师公班子中的人大部分都是他们的徒弟。

（采访对象：邱显球、罗振球）

四、佛教

白沙佛教信士主要信奉观音菩萨。白沙几乎所有的宗教场所都可以参拜观音菩萨。所以，在这里必须对观音菩萨作简要介绍。

观音菩萨全称大慈大悲救苦救难观世音菩萨，唐朝避太宗李世民讳，略去"世"字，称"观音"。

民间传说，观世音菩萨有三个生日，分别是农历的二月十九、六月十九和九月十九。其实，这三个生日都有其来历，即：

诞辰（农历二月十九），是她生而为人的生日，这天她成了三公主。

成道（农历六月十九），是修成正果的日子。

出家（农历九月十九），是出家的日子。

这三个纪念日中，妇女们结伴前往观音殿烧香，顶礼膜拜。《金陵岁时记》载：善男信女，于此三月茹素，曰观音斋。茹素即忌荤食素，俗称"观音素"。

信众一般初一、十五吃"花斋"（吃素食）、点烛、焚香、烧纸。吃斋念佛的目的其实也很简单朴素，一为修己身，二为保佑后代子孙。

佛教经文一般是念诵《摩诃般若波罗蜜经》《金刚经》《观音心经》等。

五、天主教（基督教）

清光绪三十年（1904），意大利人（名字失传）将天主教传入常宁。光绪三十一年（1905），由衡头传入白沙，并在丁字街修建了一座天主教堂，名"天主堂"，发展教徒20余人。光绪三十二年（1906），天主教在常宁烟洲设立总堂，下设亲仁、独石、金水、松柏、湾阳、衡头、阳加洲、白沙八个分堂。1950年，意大利教主柏长青离开常宁。1953年，天主教会全部解散，教会停止活动。

（参考资料：《常宁宗教》）

第二节　祭祀与祈福的主要场所

从明末开始，白沙就有固定的佛教场所，清代中期发展较快，先后建造了兴隆庵、龙华庵、五福庵、昆帽峰庵、静乐庵等10余处庵寺。当地群众及沿河两岸周边的信士，每逢初一、十五，观音菩萨生日（二月十九、六月十九、九月十九）都到各庵寺敬香礼佛，祭祀祈福。

这些庵寺，有的至今保留完好，有的因年久失修、无人管理而倒塌废除，有的因种种原因，被人为拆除，后又在当地群众和社会贤达的努力下恢复重建。现在，白沙境内具有一定规模和较为完整的庵寺尚有6处。

一、元帝庙（铁瓦寺）

昆帽峰，南岳72峰之一，主峰海拔509米，峰顶古时建有元帝庙（又名铁瓦寺），此庙乃湘南道教名观，山腰、山脚有庵，碑刻有"洋洋大观"等数块。明正德皇帝游江南时，曾攀昆帽峰，观其山势逶迤，雅兴大发，亲笔题下"乾坤都到眼　日月正当头　果是名山"14个字。

元帝庙，又名正觉寺，位于昆帽峰村之昆帽峰巅，相传该庙始建于明代。历史遗存"洋洋大观"碑刻称：建于清道光十五年（1835）。坐北朝南，砖木结构，上盖小青瓦。因山高风大，清同治六年（1867），将青瓦拆除，屋面四周檐口、屋脊全部换成铁瓦，仅中间部分盖琉璃瓦，此后又称为"铁瓦寺"。

元帝庙（铁瓦寺）

相传，公元前395年，元始天尊为探寻太清圣人太上老君在大义山主峰牛迹石留下的足迹，来到了大义山。恰逢昆帽峰附近山中的群妖作怪，于是元始天尊施法降牛，群妖见势不妙，纷纷逃向春陵河，其中一头犀牛妖怪逃至山腰时，被道术点中，化为一块岩石，但身体仍倾向春陵河方向，被当地人称为"犀牛望月"。当地村民为感激元始天尊之恩德，便在峰顶建起了"元帝庙"，香火盛行，方圆百里的百姓纷至沓来，络绎不绝，成为当时湘南道教名观。

而在元帝庙里，还供奉着三尊菩萨，这三尊菩萨便是当地有名的"昆帽仙王"了。

1958年，全民大炼钢铁，将道观屋面全部拆除，把铁瓦拿去炼铁，把部分墙体拆除取青砖砌成炼铁炉，把道观里的神祇塑像捣碎烧毁，仅剩下残垣断壁，百余年湘南道教名观毁于一旦。

元帝庙被毁后，当地信众极为痛心，都有恢复道观旧貌的愿望。1972年，阳凤娥、蒋玉林、徐和鸣、曾凡湘等人为首倡议，当地村民积极响应、大力支持，各位善人、信士积极募捐、出钱出力，大家克服重重困难，终于将元帝庙恢复重建。并陆续雕塑木制神祇（元帝、昆帽仙王）塑像，使道观重新恢复香火，成为当地群众朝拜的宗教场所。

2008年，在大殿东面增建了一栋观音殿，使元帝庙成为道教、佛教和谐共存的宗教场所。还扩宽了大殿前的坪地，修建了护坡。现元帝庙占地面积540平方米，建筑面积380平方米。

从昆帽峰村山边登上昆帽峰山顶，要走一条约2里长的石级小路，此路沿主峰西南面蜿蜒而上。这条石板小路共有800多级石阶，号称"千级石阶上峰巅"。

主峰的半山腰有一亭，名"半峰亭"，靠亭左墙后有一小庙，曰"包公庙"，小庙里供奉着一尊庙王菩萨。

沿石级上行，离峰顶约50米处，路边有一水井。传说，元帝庙香火旺盛，山上却无井水，翻山越岭而来的乡民无解渴之水。元始天尊怜众生疾苦，于是施法，将春陵河的水引上山，泉涌成井。井水清澈见底，夏不干涸，冬不冰冻，清凉甜润，百姓将这口泉称为"神仙泉"。凡来此乡民、香客、游人等，到此必虔诚饮水一瓢，以谓"上善若水"，附近庵寺的生活用水，皆取于此。

沿石级登上山顶，西面入口处有砖砌飞檐牌坊，上书"昆帽峰"，有联曰："峰耸苍穹攀日月,仙居宝殿望乾坤。"牌坊上面亦书"毘帽峰"三字。

从牌坊门进入,再登几级石阶,即至庵寺前坪(俗称"观景台")。坪地之东、南、西三面皆有石砌护坡,护坡足有2米高,坪地先以泥土填实再用水泥结面。站立观景台前,凭栏远眺,顿觉胸怀开阔,心旷神怡。东边春陵河宛如一条玉带,弯弯曲曲,浩荡北去。毘帽峰凌空矗立,峰巅古寺更显庄严肃穆,气势恢宏。身处其境,有飘飘欲仙之像,生陶然忘返之心。

前坪北面,正中有一照墙,中间镶嵌着一块"洋洋大观"古碑,古碑上部横嵌一块长方形青石,上刻明朝正德皇帝朱厚照亲笔御书"果是名山"四字。

照墙后面是元帝庙。庙门两侧各有一座塔式香炉,用以焚化纸钱;门前靠照墙有一横式长方形香炉,供香客插香点烛。庙门为青石门柱,上部有"毘帽峰"三字,左右有联曰:"乾坤都到眼,日月正当头。"皆为明正德皇帝手书。

步入大门进前殿,殿右悬挂一口大钟,殿左架设一只大鼓。殿内上首是毘帽仙王神位,供奉着三尊身高一米多的毘帽仙王塑像,常年固定供奉。另有三尊较小的木雕毘帽仙王,此三尊小神由附近村庄之曾、徐、谢三姓及茅坪村民在每年农历六月一日,举办隆重仪式迎接回去敬祀,以求消灾护佑,轮流敬祀一个月后,再送回庙里安位照常供奉。仙王神龛内,还有一尊开路先锋、哼哈二将。仙王神龛的右边是灶王菩萨神位,左边是财神菩萨神位。

从前殿进入后殿,是正殿,正殿上部悬挂一块"南天一佛"横匾。正殿上首是"三宝台",供奉三尊神像,为道教"三清"。正中为元始天尊(即元帝),右为灵宝天尊,左为道德天尊。"三宝台"右边是"注生地母"神龛,左边是"送子娘娘"神龛。正殿两边靠墙各设置双层长条形神位,上层是二十四诸仙(一边十二尊),下层是十八罗汉(一边九尊)。

在正殿东面,有一栋"观音殿",是2008年增建。大殿上部悬挂两块横匾,一为"慈航普渡",一为"福满乾坤"。大殿上首正中,为一尊观音坐像,千手观音趺坐于莲台之上。观音台对面是弥陀佛(即俗称的"阿弥陀佛")塑像。

毘帽峰上的元帝庙,四季香火旺盛,四面八方来的香客、游客络绎不绝。

(采访对象:杨良义、黄少红、释慧恩)

二、静乐庵

静乐庵位于常宁名山昆帽峰山麓，坐落在阳加六脚（阳加境内山上村庄的统称）中心地段，且庵东侧有六脚公馆，故当地人习惯称之为脚庵。

静乐庵始建于明初。传说，湖南临武有一侯爷慕名游览昆帽峰时休憩于山脚，见环境幽雅，令人身心舒畅，突然福至心灵，盛赞此处乃风水宝地，于是大发愿心，独资兴建一座庵堂，名曰静乐庵。

据残存碑文所载，清雍正六年（1728），六脚民众集资修复扩建，将前进改为后进，三进连为一体，四逢三间，中开天池（天井），占地约200平方米。正殿塑有三宝佛祖（释迦牟尼）、千手观音、真武祖师、文昌帝君、十八罗汉等40余座神像。

静乐庵自明初建庵，历300余载，因山高风大，年久失修，至清代中叶已破败不堪。

白沙西棉人氏尹景沂，字可人，乐善好施，见静乐庵破败倒塌，决意重建静乐庵。清嘉庆二年（1797），尹景沂出资，请人清理场地，购买木料、砖瓦，在当地贤士及各方善人的大力支持下，于原庵旧址上重建静乐庵，并将佛像重新装裱镀金。为褒扬他的无私奉献，善男信女们合议，在静乐庵前立以石碑，铭记其义举。

静乐庵牌坊

尔后，静东庵在清咸丰、同治、光绪等年间屡次修缮扩建，由各地善士捐款，不断完善设施，环境日益美化。静乐庵逐渐成为历史悠久、气势磅礴、香火旺盛的名庵宝刹。那时山中还有元帝庙、公馆、戏台、凉亭等，同掩映于松柏修竹之中。

1958年秋，因建土高炉冶炼钢铁，庵被拆毁，片瓦不存，仅留残基。

1999年冬，阳加山上六村主干及信士聚集，决定重建静乐庵，恢复名胜古迹，促进旅游事业发展。翌年春，重建理事会成立，由45人组成，蒋润身任理事长，徐秋红任副理事长，配备有会计、出纳。理事会立即向常宁、耒阳、桂阳、永兴等县市的群众宣传发动，送发"重修静乐庵募捐书"，捐钱捐物的非常踊跃。因原址周围已建新村，只好另择新址。经多方协商，就近选择胜利村塔下组新村北面一坡地（离原址80余米，地形高50余米）为新址。

2001年秋，新庵建成。新庵系砖混结构，前后两进，上下两层，有大殿及生活用房计19间，占地面积360多平方米，建筑面积200多平方米。大殿正面中座为三宝佛（如来佛），左座为真武真君，右座为文昌帝君，均高3米。正殿两边墙上为十八罗汉，每尊约1米高。第二进新设立"玉皇殿"，有玉皇大帝、毘帽仙王、送子观音等。

现静乐庵大门，上部横匾书"静乐禅林"，门侧联云："静坐禅林心向佛，乐弘般若寺传经。"

静乐庵牌坊，为三门飞檐式牌坊。正面上部横书"静乐庵"三字，外侧联曰："静以修心空门净土无凡俗，乐于觉路毘帽孤峰有洞天。"内侧联云："静气静神一点菩提护古刹，乐山乐水三声佛号萦毘峰。"背面上部横书"阿弥陀佛"四字，外侧联曰："静悟禅机居梵宇，乐遵佛法念弥陀。"内侧联云："看毘帽神笔倒写天上文字，听静庵雅琴横弹人间福音。"

后门（小门）上书"静乐庵"三字，门侧联云："山望毘帽峰灵气袅袅观太平景象，门镶静乐庵梵呗悠悠诵盛世福音。"

2009年9月，在静乐庵建"诗词碑林"，有诗词碑刻共66块，静乐庵又添胜景。

（摘自《常宁宗教》刘友仰 文《静乐庵》）

三、观音阁

观音阁是一座气势宏伟的寺院，坐落在严家洲西面河边，舂陵河依寺北下。此寺院建于北宋天圣九年（1031）左右，寺西面大青砖砌墙，东壁用两尺余正方形的青条石垒至屋檐，寺院三进，建筑面积约800平方米。大雄宝殿坐佛观音高1丈余，青铜铸造。古刹前后翠柏环绕，寺前的两棵镇禅古柏，900多岁，树腰围8尺有余。前来进香的善男信女，多来自常、耒、桂三县，在观音菩萨膝下许愿祈福。寺院人气旺盛，蜡烛香火数百年不间断。暮鼓晨钟伴随着寺北长滩流水之声回荡在舂陵河两岸，春夏秋冬不绝于耳。"观音阁下观音潭，一对鲇鱼游出玩；龙王罚它守潭口，鱼虾积洲成险滩。"附近村子中流传的民谣又增加了他的神秘和灵气。

大概是在抗日战争后期，国家物资匮乏，尤其是制造枪炮武器的材料稀缺，寺内大观音菩萨雕像丢失，传闻是被国民党军队偷拆运走了，因为铸造观音菩萨的青铜是制造子弹壳的优质材料。到了20世纪50年代初，寺内大小菩萨被毁，寺院周围古柏在1958年大炼钢铁时砍伐殆尽，作炼钢能源之用。后来阳加完小靠寺而立，大雄宝殿曾经是学校的礼堂。"文化大革命"中，整个寺院被拆除，全部建成了学校教室。

四、庐山庵

观音阁西边约200米，屹立着一栋两层的走马楼。这座深庭大院小青瓦盖顶，翘檐出爪，硬山墙为壁。登三级台阶进入房内，两边竖楠木圆柱，中间是个大天井。天井后面是雕花大屏风，两旁各有厢房、耳门。进入耳门是第二进的正厅屋，厅屋靠壁设有一个大神台，台上安放陶氏家族列祖列宗的牌位和画像。后进是厨房、卫生间、臼屋、储藏室等。后院有假山流水，天鹅绒草坪，花池里栽有牡丹、玫瑰、杜鹃。大院西南角有两口水塘，由阳加洲街尾延伸过来的石板路在塘头分叉，一条向东从二塘中间穿过，经陶氏屋场至观音阁；另一条往北的石板路，是下行广东、上入衡州的盐茶古道，川流不息的客商经陶家后墙远行。

陶家原为江西庐陵县庐山区人氏，于明正德十六年左右（1521）辗转迁至阳加洲做买卖。首先是小本经营，之后遇到一个友人牵线融资，做淮盐生意。

因为胆大运气好而发财，富甲一方，当地人称陶家老板为员外。陶员外家中有坚船数艘，水手佣人二十几个。据传，陶员外家的银子用仓蓄斗量，遗憾的是膝下只生一女。陶小姐成年后，员外在阳加洲相中一李姓后生，名真吾，将其招郎入赘，改姓"陶"。陶真吾不负期望，头脑灵活，处世为人甚好，敬奉高堂，夫妻恩爱。陶员外为了将自己做生意的人脉关系和秘诀传授给贤婿，便携带其踏上了"黄金无足走天下，淮盐自古天下香"的长途贩运淮盐的航道。

这年初夏，陶员外的货船溯长江入洞庭，突遇狂风暴雨，洞庭湖恶浪滔天，很多大船小舟被汹涌澎湃的巨浪掀翻或解体。陶员外的盐船在风浪中苦苦挣扎数日，侥幸在湖边一小港停泊避难。翁婿俩上岸到湖畔一个被狂风揭去半个屋顶的破庵子里过夜，员外拉着女婿跪在一尊菩萨面前许愿，祈求菩萨保佑，让其货船平安渡过洞庭湖返家。并发愿，倘若菩萨显灵，陶家必在阳加洲修建一座庵子供奉尊神。

果然，晨曦出时，云开雨停，风息浪平。翁婿二人惊喜，呼众水手叩拜菩萨，然后将遭到雨淋风刮的菩萨小心翼翼抬进船舱。一路张帆顺风，平安抵达阳加洲。陶员外将请来的菩萨暂时安放在家中神台上，便着手为还愿而筹划建庵。

再说真吾之妻，寻遍八方神医，煎服数担良药，但催生无果，膝下无后。陶员外郁闷成疾，辞世时嘱咐女婿，将陶氏大院辟为"庐山庵"，冠以此名寄托乡思，慰藉游魂。陶员外葬于阳加洲宛子山田峒西边坡地，那山坡后来就叫陶家园。

送走陶员外之后，真吾请法师铸神雕仙，将陶家大院改建为"庐山庵"。夫妻俩看破红尘，夫剃头为僧，妻削发为尼，双双成为出家人而不出"家"门，青灯线香伴其在庐山庵度过余生。阳加洲李姓人氏为其安排后事，并接管庐山庵。烛火岁岁不断，香客络绎不绝，延续400余年。直至1964年社教运动时，二进正殿被拆除，木雕菩萨劈碎为薪，槽门条石放倒补路，两边厢房改作阳加完小教室。1976年全部拆除，改建为阳加中学用房。

五、兴隆庵

兴隆庵始建于清雍正年间（1723—1735），坐落于白沙下洲街尾。庵院共四进，一进为戏台、戏坪，二进是财神殿，三进是真武殿，四进是观音殿。占地面积3000多平方米，建筑面积700多平方米。庵院坐西北朝东南，四周是6尺高砖砌围墙。前门为三门式设计，中间为正门，门框青石刻花；两边为侧门，东侧门进入为一间碓屋，内有石碓用以舂米成粉；西侧门则直通院内。

由大门而入，第一进为木质结构大戏台。戏台正对殿堂，台面高6尺余，戏台背面和檐口下用木板装成隔板，木板上雕刻着各种图案，如八仙过海、太公垂钓、三顾茅庐、梅兰竹菊等，戏台顶面刻有龙凤呈祥，飞檐四角是鳌鱼搬爪。戏台后面有一条走廊，既是过道，又是化妆室。戏台前面是一块可容纳上千人的坪地，地面用鹅卵石嵌成二龙戏珠的图形，大气美观。每年春节期间，当地及邻县的狮灯武术在台上表演；每逢大型庆典活动或文艺汇演，剧团在戏台上唱戏等，是白沙人民文化娱乐的好地方。为了绿化美化，兴隆庵院墙内栽了6棵大樟树，其中戏台两边各有1棵，庵院西边和东边各有2棵，枝叶繁茂，状如伞盖，可遮阴乘凉。后因各种原因，有5棵古樟已被砍伐。至今，白沙中学操坪上还保留着一棵古樟，树龄应在300年左右，树围最大值为9.5米，树高30米左右。

佛殿与戏台坪地由一道围墙相隔，围墙正中有一道门，门旁有棵大柏树，树高数丈，枝繁叶茂。穿门而入，即第二进财神殿，6尺高的财神菩萨立于中间。越过财神殿，第三进是真武殿，大殿四角均挂小铜铃，风吹铜铃发出悦耳的铃声；殿顶有木雕的盘龙，殿中间真武神像庄严威武，其两边站立着6尺高的龟蛇二将，也很雄伟。真武殿背后是弥勒菩萨像，隔天井就是观音像，天井中间有座铸铁香炉，炉中香火四季不断。

第四进是观音殿，两块金字匾额高挂大殿正中上方，"南天一佛""一尘不染"8个大字金光闪闪。大殿正中，千手观音身高一丈二尺，隔天井与弥陀相

原兴隆庵内的古樟树

对，恰似观音戏弥陀之像。殿左大钟300余斤，殿右大鼓6尺方圆，每天晨钟暮鼓，声传四方。还有十八罗汉、二十四诸仙分列两边。

财神殿至观音殿两边都有通道，两边靠围墙各有一栋一层式砖瓦房，用作宿舍、厨房等。新中国成立前，白沙没有独立的学校，便在这两排平房中安排了两间做教室，为当时白沙的教育事业提供了场所。

20世纪50年代初，菩萨全部被烧毁。后白沙学校需要扩建，逐步把佛殿拆除，扩建校舍，建设现在的白沙中学。

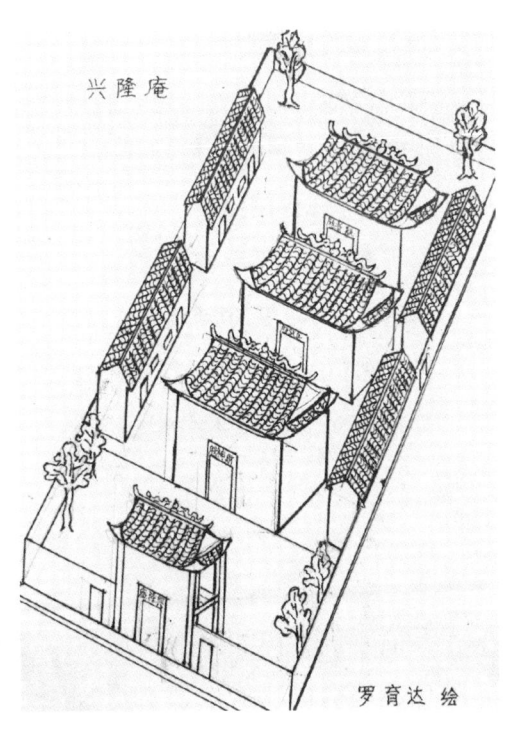

1993年初，在当地群众的大力支持下，在白沙周边方圆几十里各位善士、信士的热情帮助下，兴隆庵在原址往下80多米靠河边处选址重修，同年8月主体工程竣工。第一期工程完成了主殿、天王殿和南向两间住房的建造，砖木结构，上盖小青瓦。新建兴隆庵坐西朝东，建筑面积330平方米，占地面积约400平方米。1994年至1996年先后完成了三宝台佛祖、十八罗汉、千手观音、四大天王等神佛的雕塑。

佛殿大门上方书写"兴隆庵"三个大字，大门两侧墙壁嵌着记事石碑。走进大门，前进是天王殿，四尊9尺高的天王形态各异，高大威猛，象征着"风调雨顺"。中间为一尊弥勒佛，手捻佛珠，敞口大笑，憨态可掬。第二进是正殿，正中是三宝台，三尊6尺高的坐式佛像，只见佛祖慈颜微笑，慧目察世；侧立一尊地藏王菩萨。三宝台前是千手观音，金童玉女侍立两侧。神龛两边嵌着一副红底黑字对联："兴业旺丁，宝殿一求如愿；隆仪虔意，佛堂三拜必偿。"三宝台上方悬挂匾额，"大雄宝殿"四字熠熠生辉。佛殿两边是十八罗汉。佛殿大门左边是财神菩萨，上方是弥勒佛与观音菩萨相对。庵院前面是一块几十平方米的坪地，两边各有一座2米多高的香炉。

兴隆庵东临春陵水，南靠白沙街，设施配套，交通方便，烧香拜佛者络绎不绝。

附：兴隆庵题记

常宁白沙古镇有兴隆庵，春陵水经于此数步，怀德尼师创建，尼师参学二十余年，古稀复还居于此，尼师何人？衲之法眷矣。庵居此岸，隔河耒阳，衲与怀德尼师，耒阳人也。偈曰：

客居春陵岸，隔河望乡关。

吞尽三湘水，泥牛始度还。

戊戌（2018）春三宝弟子一念堂圆慧熏沐敬书

（采访对象：释怀德、管代喜、邱显球，参考资料：《常宁宗教（2006）》）

六、五福庵

五福庵位于白沙茭河村原肖家湾场北边、肖家港子北岸，东傍春陵河，是一处历史悠久的佛教场所。五福庵始建于明末清初（具体年代失考），因年久失修于清咸丰年间重建，清咸丰八年（1858）竣工。据《重修五福庵》碑文记载，五福庵的名称出自周武王访箕子的典故，《尚书》记载：汝者，箕子汝王也，传君上至从化。正义曰：凡人皆有善性，善不能自成，必须人君教之，乃得为善。君上五福之教，故名"五福庵"（五福即长寿、富贵、康宁、好德、善终）。

昔日庵院占地约500平方米，上下两进，高两层，青砖青瓦，青条石的大门框前后有两个大厅，中间有天井。前大厅内有四根粗大的柏木柱子，支撑屋顶人字架；后大厅东西两侧各有两间厢房。坐北朝南，环境秀美。佛家僧尼拜佛诵经，梵乐禅音回荡河畔，香客信士往来频繁。

1975年，因建新坪大队队部（大礼堂）而将此庵全部拆除，以取砖瓦等基建材料，致古庵荡然无存。后经群众商议重建庵院。1980年，在当地村民的大力支持下，于庵院原址上建成一栋约85平方米的砖瓦房。一进三间，中间为佛堂，左边一间做住房，右边一间做厨房。

改革开放后，在当地村民和四方善士的大力支持下，于1994年开工，1995年上半年竣工，新建了一栋约90平方米的正殿，砖木结构，上盖青瓦，与1980年建的一栋相接，形成前后两进。1995年至1998年，先后雕塑了三宝菩萨、观音菩萨、十八罗汉、弥勒佛等神像。

从大门进入，第一进正中是弥勒佛，弥勒佛祖胸露肚，敞怀大笑，大殿右角挂一口大钟，左角架一面大鼓。进入第二进，为正殿，上首正中是三宝台，三尊大佛祖慈眉善目，侧立地藏王菩萨。三宝台前是观音菩萨坐莲台。三宝台上方悬挂着一块匾额，"大雄宝殿"四字苍劲有力，金光闪闪。正殿两边靠墙是十八罗汉，形态各异。

2021年，因所建的庵堂墙体开裂已成危房，四方善士拆除危房，筹建新的五福庵。

新建的五福庵占地面积508平方米，挑高两层，为外廊内柱式钢筋混凝土结构建筑，上盖玻璃瓦，总建筑面积880平方米。大殿改以前的坐北朝南为坐西朝东，前依悠悠春陵水，后靠巍巍大义山。新五福庵资金全部来自善男信女的捐助，用地由茭河村三组（肖家湾）无偿贡献。新庵于2021年12月18日奠基动工，预计要花2年左右的时间才能竣工启用。新庵内供奉观音菩萨、地藏王菩萨、送子娘娘、三宝菩萨、如来佛祖等神仙。

七、湖溪冲庵

湖溪冲庵坐落在湖溪桥往西约1公里处的山脚下，占地500平方米左右，庵子前后左右的山上全部是合抱以上的杉树、松树、樟树，号称"十里长冲"。庵子是一层两进，有8个大木柱子支撑屋顶人字架。青石大门，坐西北朝东南，东、西、南面各有一扇大门，都是青条石砌的门框，门上均有龙凤图案的石雕。1958年大炼钢铁时将此庵拆除，将其砖瓦运到白沙茭源牧场里建炼钢炉。

八、悲仁庵

白沙马鞍岭下，山峦间绿树成荫，青翠欲滴，名碧玉冲，有个庵子名悲仁庵，又名碧玉庵、龙华庵。庵院前方开阔，其余三面由山峦环抱。庵前洞开，有块几十平方米的坪地。大门前2米多处，设置一个3尺多宽的坐式香炉。庵院左侧20多米处，有口水塘，塘水清澈见底，塘里鱼游虾戏。

据传，悲仁庵始建于清乾隆年间（1736—1795），一栋两进，砖木结构，坐北朝南，建筑面积230平方米。前进，中间是一尊弥勒佛，手捻佛珠，张口大笑；右边悬挂一口铸铁大钟，左边摆放一个大鼓。二进与前进间有天井，用以采光和排水，两侧为过道。二进为正殿，大殿由两根大木柱支撑着青瓦屋面，殿中供奉三宝佛祖。正殿右侧（东向）为三间房屋，前后与佛殿齐墙，昔日用来做厨房和宿舍。整个殿宇遗留着历史的痕迹，古色古香。

悲仁庵历史悠久，环境幽雅，风景秀丽，是一处修心养性、虔诚礼佛的理想场所。

（采访对象：肖金容、林文姣）

九、观音寺

石板塘内原本有座福兴祠，祠内有观音、庙王等菩萨塑像。1955年，为发展农业，兴修水利，把石板塘修建为一个水库，故而将福兴祠拆除。

为了让附近有一个佛教场所，1962年，在村民的倡议下，在离刘家湾百多米的土坡上建成了一栋70多平方米的灶王殿，内塑灶王、观音、财神、关云长等神像。

2004年10月，为了扩大寺院规模，在原灶王殿后面建成一栋三间，约200平方米的佛殿。与原来的灶王殿连成一体，形成前后两进，取名为观音寺。中间一间为正殿，正中为三宝台，台上雕塑三尊佛祖，三宝台前是观音坐莲台，两侧立着金童玉女。观音神龛两边悬贴一副对联："虔心叩拜，有求必应，得财得子千祥降；诚意鞠躬，如愿能兴，保泰保安百福臻。"佛殿两边靠墙是十八罗汉。整个殿宇佛光普照，庄严肃穆。

为了完善观音寺配套基础设施，在理事会的倡议下，于2015年上半年在正殿北面又建了一间约90平方米的房屋。前后与原殿齐墙，前面一间为地母殿，后面一间为库房。观音寺占地面积500平方米，建筑面积合计300平方米。

观音寺环境幽雅，风景秀丽，交通方便，设施配套，香客络绎不绝。

（采访对象：管秀山、冯秀仁、刘典洋、徐云虎、谢秀兰）

十、二圣祠

白沙二圣祠位于下洲王家湾西面约50米处，据传，始建于清朝时期。建筑面积约260平方米，一栋三间前后三进，坐北朝南，砖木结构，硬山墙，青瓦屋面。大门门框用条石砌成，上方书写"二圣祠"三个大字，门框两边是一副气贯长虹的对联："忠魂昭日月，武圣定乾坤。"门前有块约100平方米的坪地，地面用石块铺成。坪地南边是一条水圳，马鞍岭、杜家坪的雨水均由此圳排入春陵河。大门口两侧安放一对石狮，石狮威武凶猛，直视前方。

二圣祠每进都是三间，中间是殿堂，东、西两边是厢房，可住人、放物。每两进之间有一道隔墙，两边是过道。从大门进去，第一进是城隍庙，城隍菩萨靠隔墙中间摆放，左边是送子娘娘。第二进是岳王庙，中间安放宋代武穆王岳飞塑像，岳武穆气宇轩昂，忠勇可敬。第三进是关帝庙，汉寿亭侯关羽塑像傲立殿中，左手捋须，右手紧握青龙偃月刀，大气凛然，忠义威武。关帝右边是三尊五娘菩萨塑像。

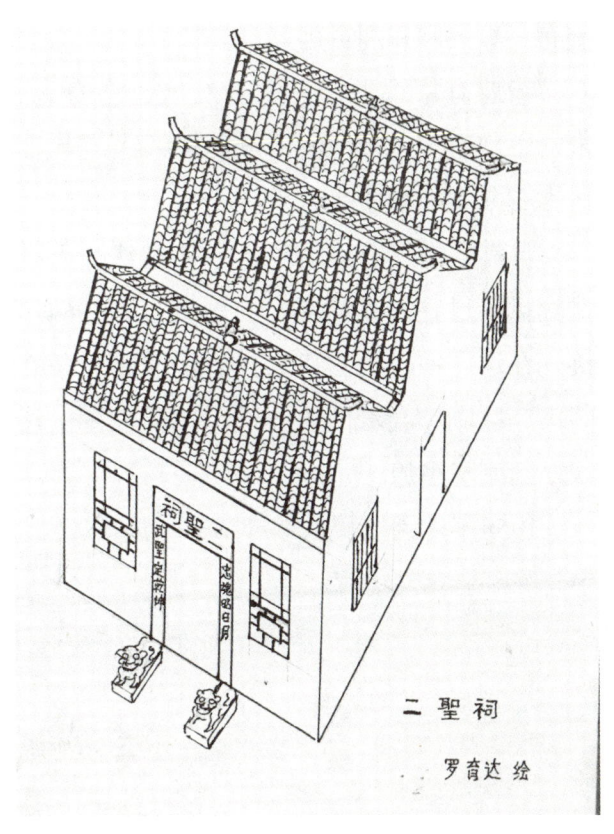

新中国成立前，教育落后，白沙没有正规学校，于是，在二圣祠两边厢房设立了两间教室办私塾。私塾门口对联曰："学而知之，校者教也。"

1955年，实行粮食统购统销，将二圣祠改为粮食仓库和米面加工厂。

1994年，修建新街，因二圣祠位于规划区内，而将二圣祠全部拆除以建新街铺屋，至此，二圣祠彻底被毁。

十一、灵官庙

白沙苳河边、老女桥往下约200米处，原衡桂古道旁，有座灵官庙。建成年代失考。

庙为古迹，一栋三进，坐北朝南，砖木结构，青瓦屋面。建筑面积约200平方米。前进靠近大门处，两边各塑一尊天王。天王后面则是十殿阎罗，分两边排列，每边五尊，中间是过道。第二进是财神殿，左边是财神，右边是弥勒佛，中间是过道。二、三进之间有个天井，用以采光和排水。第三进是正殿，塑有三尊大佛和观音坐莲台。

庙前有块坪地，左侧有石塔，塔身为正八角形，底部直径2米多，高约3米，下部有一方形门洞用以焚烧纸钱，上部有4个小孔用以通气排烟，顶部是一块大石凿成的塔顶盖。

灵官庙右侧有座凉亭，以便过往行人歇息。当地有村民经常烧制凉茶，免费提供给过往行人解渴。白沙镇直到1964年才修建了一条简易公路与常荫路相接，在这之前，自古以来只有沿河畔一条石板路，是白沙人通往阳加、西岭、荫田、盐湖、县城的主要通道。所以，过往行人从这里路过，都要到灵官庙参观，到凉亭小憩。

1958年，因全民大炼钢铁，为了取砖砌炼钢炉，将灵官庙全部拆除，致庙宇与凉亭皆荡然无存。

（采访对象：管秀开、魏嗣春、曾凡贵、谢桂生）

十二、茭源寺

在茭源与李家铺之间（茭源往南约200米）有一座寺院，名茭源寺。坐西向东，位于石板古道旁。阔面三间，前后两进，砖木结构，硬山墙青瓦屋面，占地面积200平方米左右，建于清代中期（具体年代失考）。寺院前有一块坪地，坪地左侧有一个约2米高的石砌香炉。

寺院大门用厚实木料做成，大门框立于青石门坎上。从大门进去，左边悬挂一口铸铁大钟，右边架设一个大鼓。前进为庙王殿，一尊雕塑的庙王菩萨坐落中央。一进与二进之间有一个天井，用来采光和排水，两边为过道。二进为大雄宝殿，三尊高大的佛祖菩萨塑像靠后墙位于中央，三圣台前有一尊观音坐莲台，左立金童，右立玉女。一年四季香火不断，特别是观音菩萨生日（二月十九、六月十九、九月十九），附近及周边的信士、香客络绎不绝，农历每月的初一、十五日，本寺院的居士及周边香客都来这里诵经朝佛。

1974年，因所在的金招大队建大队部，为了取砖、瓦等建材而将茭源寺拆除。

（采访对象：王书华、王书湖）

十三、三圣祠

　　三圣祠建在阳加下洲街口右侧，临街门楣以青条石为框，两边石墩上安插桃花木大门。寺院宽13米，纵深40米，四进。第一进中间是天井，两侧是耳房，跨过天井是梨花木屏风，两边是厢房，转入屏风是第二进的天井和正厅，刘、关、张的塑像身长八尺，栩栩如生。寺院为两层砖木结构，二层三面走马楼环绕，整个寺院有各种歇房20余间，寺院建于明朝万历年间（1573—1620），距今已有400多年。辛亥革命以后，寺院的塑像被拆除，这里成为一所私立学堂，街上的富商和贵人偶有赞助。在外学业有成的新文化青年，有回乡助教的，如阳加洲著名人士李成蹊、周巽三，就曾经在这里举办平民夜校。这所学校读书收费低廉，是贫寒家庭青少年求知上进的摇篮。新中国成立后，政府在观音阁旁边建起了公立学校，这个私立学堂不再存在。当地政府将三圣祠这座大院划分给了无住房的贫苦人居住。

第三节 接"五娘菩萨"

"游江五娘",是南楚地域各类祭祀活动中所供奉的一位水神,白沙人称五娘菩萨。相传她是轩辕黄帝的第五个女儿,与地祇湘水童神掌管各地江湖之事。白沙濒临春陵河,过去人们出船远航,必定到码头旁边的五娘菩萨前焚香礼拜,祈求平安。每逢大旱、天灾或流行瘟疫,则举行仪式,接"五娘菩萨"消灾驱瘟。

清朝时期,经上中下三洲管事的人和群众代表商议决定,按照"游江五娘"的形象用樟木雕塑三尊五娘菩萨。每逢大旱、天灾或流行瘟疫,则举行仪式,接五娘菩萨消灾驱瘟。这一决定得到了白沙人民的赞成,大家积极捐资,在较短的时间就把三尊五娘菩萨雕塑好了,安放在二圣祠上进关帝庙的左边。

上洲(包括上片南马、大路、伍家等)、中洲(包括杜家等)、下洲(包括杜阳等)三洲各推选出几个德高望重,对公益活动热心的人组成"接五娘菩萨"理事会。经理事会商议确定每年农历八月十五日接五娘菩萨,三尊五娘菩萨敬奉在每洲的头会首家里。提前10天(农历八月初五日)召开筹备会议,并发动大家捐款赞助。每洲捐款最多者为头会首,次之为二会首,再次之为三会首。

农历八月十五日早晨8点左右,三洲接五娘菩萨的人员全部到二圣祠集合。每洲事先准备好一张方桌,两边绑好两根竹竿,桌子四角扎一根小立柱,四周用红布条牵好。首先,由三位头会首焚香化纸、祭拜天地、二圣(关公、岳王)、五娘菩萨。祭拜

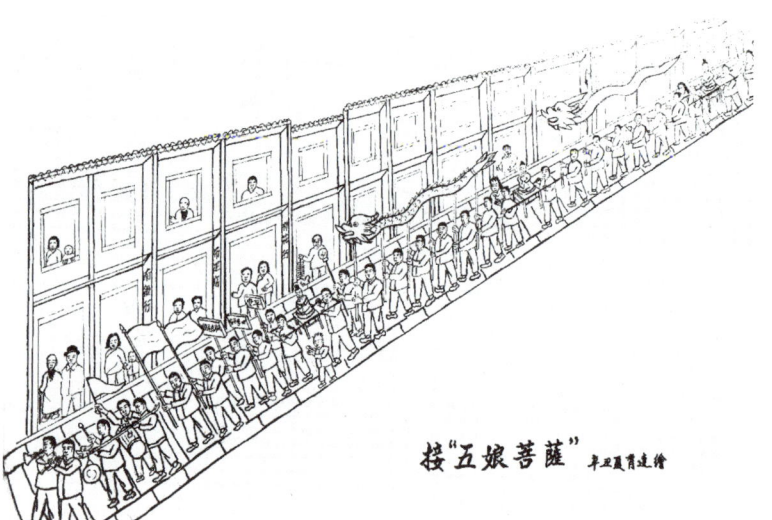

毕，每尊菩萨由两人托起安放到抬桌上。准备好后，鸣炮启程，大鼓大锣前面开道，大旗迎风招展，几套锣鼓响器间插队伍之中，人群簇拥着三尊五娘菩萨有序慢行。长长的接神队伍足有一里路长，鞭炮声、锣鼓声、呼喊声响彻云霄，真是庄严隆重，热闹非凡。

接五娘菩萨的队伍从二圣祠出发，沿街后石板路到兴隆庵横路进入老街，再沿老街而上。家家户户在大门口点烛焚香，以示迎接。有些人家在门口摆一张小桌，陈列茶水果品等表示迎接菩萨，并放鞭炮。每洲的头会首事先已做好准备，屋舍打扫干净。五娘菩萨抬到门口时，放鞭炮迎接五娘菩萨进屋，把两根抬杠解开，把安放菩萨的桌子摆放在厅堂上首正中，再摆一张小桌，放好敬茶、果品，点烛焚香，全家人跪在菩萨前奉拜。并准备宴席，请亲朋做客。迎神队伍沿街而上，直到把三尊五娘菩萨全部送到头会首家中，迎接仪式才算完成。安放菩萨的人家，每天早晨敬粉、面，中午敬饭菜，晚上敬茶、水果等。

八月十五日接五娘菩萨，一个月后，到九月十五日送菩萨。九月初五就召开三洲理事会，研究送神事宜。送菩萨的仪式也非常隆重，如果打算"装故事"，则安排专人负责提前准备服装，确定"装故事"人员和剧目，用桌子抬起走的"装故事"人员，一般是5—12岁的小孩。剧目一般是《桃园结义》《三顾茅庐》《渭水访贤》《空城计》《李逵闹江》《刘海砍樵》等。"装地故事"的一般是成年人。丑角表演"莲花落"，花旦表演"采莲船"等。负责扎龙的人员要准备两条软花龙、两条管芯龙，还有豆子龙、牌灯等。

送神要举行游街活动，第一天（九月十三）、第二天（九月十四）组织龙灯、牌灯等游街。早晨8点左右，全体送神人员都到上洲万寿宫集合，安排、准备好后，龙灯队伍从万寿宫出发，沿老街而下，大鼓大锣开道，大旗飘舞，各种形式的龙灯五彩纷呈，人流涌动，炮声震天，非常热闹。龙灯队伍到兴隆庵沿横路再走街后石板路，到二圣祠为止，则算当天结束。

九月十五日送五娘菩萨是最隆重、热闹的一天。清晨早餐后，上中下三洲所有参加送神的人员全部到万寿宫集合。"装故事"人员进行化妆，抬桌子的把抬杠捆绑好，舞龙灯的、举牌灯的、打锣鼓响器的各司其职。全部准备好后，上午约9点多钟，鸣炮启程。送神队伍从万寿宫出发，沿老街而下。前面大鼓大锣、喇叭鸣锣开道，接着是红旗、彩旗、龙灯、牌灯间隔排列，多套锣鼓响器穿插其中。"装地故事"的走在"抬故事"的前面，丑角在街上边走边表演，真是"丑态百出"，引人捧腹大笑。采莲船的花姑娘分外妖娆，彩船随着莲步的移动一起一伏，风情万种。"装故事"的小孩站在桌上神气十足，表情各异。各种彩龙、布龙起伏翻腾。

上中下三洲送神队伍各有特色。上洲以谢章朝为首组织送神队伍，上洲的"装故事"特别出色，另有管芯龙、龙门牌坊、长号等。另准备一张小方桌，上垫红布，红布上摆放一个六角形的玻璃球，玻璃球银光四射，是一个"稀世珍宝"，两人抬着走在五娘菩萨前面。中洲以灯著称，有六角形布灯、玻璃灯、牌灯。还有一个造型奇特的蜡烛灯座（平时由资仕甫保管），灯座可插九支蜡烛，灯座放在小方桌上，也由两人抬着走在五娘菩萨前面。下洲因街道长，人员多，除龙灯外，有几套锣鼓响器。所以白沙流传着几句口头语："上洲故事，中洲灯，下洲锣鼓打不清。"

供奉五娘菩萨的三个会首，九月十五日清晨就点烛焚香，摆上供品敬祀，率领全家人在五娘菩萨面前虔诚膜拜。当送神队伍来到家门口时，由事先安排好的两人抬着五娘菩萨加入送神行列。送神队伍足有2里路长，石板街两边人群簇拥，沿河两岸十多里路外的人都赶来看热闹，鞭炮声、锣鼓声响彻云霄，整个白沙沉浸在一片欢乐的海洋中。送神队伍到兴龙庵再转道街后石板小路，一直送到二圣祠。事先安排人在二圣祠前焚香点烛，燃放鞭炮迎接，由两人托着菩萨放到原来的神位上，并敬祀安位。

如果当年送神未安排"装故事"、耍灯，则送神活动只有一天，即九月十五日，用锣鼓响器、龙灯队伍送神。

接五娘菩萨的活动每隔一年或两年一次，如果要耍灯、"装故事"，那要看会首和当地贤士、群众捐资情况和大家的热情而定。一般是三五年一次，有时隔七八年一次，这种接五娘菩萨的风俗沿袭了100多年，直到1955年，国家实行粮食统购统销，把二圣祠改为粮食仓库和加工厂，这种活动就此终止。虽然接五娘菩萨的风俗早已停止，但"游江五娘"的故事在民间广为流传。

第四节 接"毘帽仙王"

毘帽峰，海拔509米，是南岳72峰之一。一山矗立，直插云霄，北瞻衡岳，南望九嶷，景观独具。晨观日出，暮看日落，皆有奇趣，周围群山起伏，四时各有景色，故冠此景点名"毘峰山色"。

毘帽峰顶古时建有元帝庙（又名铁瓦寺），此庙乃湘南道教名观。山腰、山脚有庵。明正德皇帝游江南时，观其山势逶迤，雅兴大发，亲笔题"乾坤都到眼，日月正当头，果是名山"门联。碑刻有"洋洋大观"等数块。

自古以来，毘帽峰每逢农历六月初一，周边三个姓氏（徐氏、曾氏、谢氏）的村子就要把供奉在元帝庙里面的菩萨——毘帽仙王接到村子里面祭祀一番，可以说是当地隆重的节日。

一、"毘帽仙王"的传说

相传，明末有三位瑶族义士，结拜为异姓兄弟，在毘帽峰周边山脉、永兴和桂阳接界地带活动，锄强扶弱、劫富济贫。他们行侠仗义，给毘帽峰山脉附近一带的老百姓留下了深刻印象。后来，三位义士浪迹天涯，不知所踪。

当地老百姓为了纪念他们三人，由鲇鱼塘老屋徐家（今徐洲村）为首牵头，以"公应定"为娘家，再与曾家（今阳兴村）、茅坪谢家（今阳市村）的老人协商，一致同意，募捐资金，在毘帽峰上建造了寺院，雕塑了三位义士的圣像，命名为毘帽仙王，还雕刻了一位开路先锋和两位喽啰，一起塑像立位，

长期供奉，享受烟火。三个村的老人家商定，为了保佑村民的平安，每年农历六月初一，由徐家、曾家和谢家轮流接毘帽仙王下山，祭祀供奉一个月。

二、接送风俗礼仪

这个传统仪式流传了数百年一直延续至今。在接毘帽仙王前的农历正月或先年十二月，轮值迎接湾村的族老就开始召开会议，按族房选出会首（主持迎接毘帽仙王事宜），会首有头名会首、二名会首至十名会首、福禄寿喜会首、总督会首、副督会首、总吉会首、副吉会首、吉缘会首及拈香会首。鉴于会首的重要性，各个会首需捐助一定的资金，作为接毘帽仙王的活动资金。为了做好前期的准备工作，三个村均规定在农历二月初一敲锣打鼓送报条（会首职责分工），给会首预报祯祥。五月份主要是扎龙、做花、做衣服，准备相关道具用品。五月三十日前，在外务工的人均要赶回来，轮值村的妇孺老少都在期盼六月初一的到来。

轮值村在五月三十日下午，安排人员上毘帽峰，在峰上吃晚餐，上峰的人与村里的人仍然使用几百年前的传统联系方式——火药铳。当晚凌晨3点钟，第一铳准时响起，巨大的爆炸声让整个毘帽峰周围方圆20里感到震撼，这是起床的讯号；3点半钟，第二铳响起，这时候，头名会首要在公厅屋门前准备活猪活羊；4点钟，第三铳响起，这时，村里的会首同步宰猪杀羊。完成后，山下村里也发火药铳作为信号，当信号一响起，毘帽峰上的师公（主持仪式的道长）开始作法，请毘帽仙王上轿，迎接的仪式正式开始。整个队伍最前面是红旗、接着是龙、毘帽仙王居中、后面是乐队。队

伍从毘帽峰东面头码头下来（如是茅坪，从茅里亭下）。到阳加洲后，因为是大清早，先将毘帽仙王暂放在阳加中心校（如是茅坪轮值，则放在茅坪），整个队伍各自回家吃早餐。

早餐后，7点钟左右，轮值村安排人员集合，在村里列队出发，到阳加洲会合，集合好之后，意味着盛大的游行仪式开始了。整个队伍最前面的是龙凤旗，随后就是排灯、执事、龙灯、香亭、开路先锋、香案、毘帽仙王老大、师公、乐队、香案、毘帽仙王老二、师公、乐队、香案、毘帽仙王老三、师公、乐队、香案，轮值村几十个穿白长衫的70岁以上的老人手持信香，最后是两条21拱的长龙押队，每条长龙后面又有一座"古亭"，里面有12人吹奏乐器，整个队伍长达500余米，每次游行，声势浩大。游行从阳加洲老街至茅坪，从茅坪谢家至阳加洲新街、董湾、曾家、新屋徐家，再到上游村鲇鱼塘老屋徐家（每年各轮值村路线有所不同）。游行，象征着毘帽仙王下山，已回娘家，巡游查事，普度众生，沿途的老百姓都会准备好三牲酒礼、祭品、香烛纸钱，仙王路过时，放鞭炮迎接！

游行结束后，基本是晌午时分，70岁以上的老人家都要在大会首家吃中餐；其余的人员在公厅屋吃饭，大的湾场像徐洲村有100多席面，热闹非凡。

将毘帽仙王迎放至公厅屋后，由十大会首轮流作为代表祭祀供奉一个月，其间，周边信众均可前来烧香朝拜，祈仙显灵，庇佑风调雨顺，国泰民安。25天后，请师公做5天道场。一个月期满，由轮值村在湾里的人举行仪式，将毘帽仙王送回毘帽峰。相对迎接，送回的仪式要简单得多。

接毘帽仙王的仪式，已经成为常宁市市级非物质文化遗产保护项目，目前有徐青元、徐富国、徐瑞锟三位传承人。

第五节　装故事

20世纪60年代以前，每逢重大喜庆活动，重要商贸活动，白沙（阳加也是如此）都会组织"装故事"游街。如果当年蒙街或接五娘菩萨，会首及各商行、商店捐资较多，也会"装故事"游街。这是一种丰富多彩的艺术表现形式，也是一种别具特色的地方文化。

如果蒙街或接五娘菩萨打算"装故事"，会首和负责人会提前一个月进行商议，并贴出广告，凡是愿意自己的小孩"装故事"的，提前报名。小孩年龄一般是5—12岁，根据报名人数的多少统一安排，关系较好的人家或亲戚也可自行组合一台"故事"。一般两个小孩一台"故事"，最多三个小孩一台，年龄稍大的小孩也可一人一台。

接五娘菩萨和蒙街都是在秋季进行。当天清晨，"装故事"的小孩由家长带领到江西会馆（万寿宫）集会，方桌（马蹄桌）和抬杠由理事会事先准备好。每张桌子由两个劳力抬，抬桌子人员的工资由"装故事"小孩的父母负责。服装道具从当地剧团借用，有些小孩身材小，服装用不上，由主家提前准备。从剧团请两个师傅化妆，民国末期和新中国成立初期一般是上洲的邱显球帮小孩化妆。

"装故事"的戏目是《桃园结义》《渭水访贤》《天官赐福》《刘海砍樵》《打渔杀家》等。

"装故事"的桌子侧面捆一根杉木棒，再用红布条把化好妆的小孩绑在杉木棒上，每次"装故事"一般是6—8台"故事"。为了安全起见，小孩的父母在桌子两边行走，进行保护。

"装故事"游街的当天，上午10点左右，会首焚香化纸，祷告天地神灵，再鸣炮启程，自江西会馆沿老街往下游街。大锣大鼓鸣锣开道，大旗招展，接着是几条长龙欢腾，长龙后面便是"装故事"的队伍，各种牌灯、锣鼓响器穿插其间，还有采莲船、丑角边走边表演。周边几十里的人都赶来看热闹，整个白沙老街人山人海，热闹非凡。

"装故事"的队伍行进到兴隆庵桥边时，由横路沿街后石板路走到二圣祠，至此，"装故事"活动圆满结束。

第六节　蒙街

　　白沙蒙街兼具传统特色和浓厚的地方文化风味。从清代开始就举行此项活动，每隔三五年或七八年举行一次，一般是有重大商贸活动和喜庆活动时才举行。蒙街的时间是7—10天，在秋季进行。如打算今年蒙街，白沙商会负责人会提前召集各商行及三洲负责人开筹备会，确定时间，分工负责。印好蒙街捐资邀请函，发送到各商行、商铺及企业老板手中。根据集资情况组成蒙街会首，捐资最多的为头会首，次之为二会首，再次之为三会首，其余捐资者均为福缘会首，并用大红纸张榜公布。写好的"海报"张贴在要道、渡口等处，邀请各方人士来白沙参加蒙街盛会。

　　白沙蒙街从苏家巷起到衡清公馆止，在尾檐下悬吊与街道等宽的白布将街蒙住，使街道显得格外优雅。两头入口各扎一牌楼，贴上对联。各商铺张灯结彩，有些人家在大门口摆一小方桌，桌上供奉观音菩萨，点上线香，并放一碗清水，一面镜子，一则避邪，二则寓意清如水、明如镜。

　　蒙街的第一天清晨，众位会首及商行负责人到苏家巷口集合，在牌楼前摆一张方桌，焚香化纸，敬祀天地、春陵龙神，祈求保佑四境平安、生意兴隆、风调雨顺。礼毕燃放鞭炮，龙灯队伍开始游街，两条黄布龙舞动欢腾，还有各种形式的牌灯，锣鼓喧天，鞭炮齐鸣。沿街到兴隆庵桥边止，从街后石板路返回。如捐资较多，资金宽裕，还组织安排"装故事"游街，则更为热闹。蒙街期间，周边几十里的老百姓都会赶来看热闹，老街人山人海，人潮如织，大大带动了白沙的营销生意，衡阳、长沙、郴州等地的一些商贾也赶来白沙从事商贸活动。

　　蒙街最后一天下午，众位会首和商会负责人仍到苏家巷口举行祭祀礼仪，焚香化纸，燃放鞭炮，致谢各路神灵。龙灯队伍仍进行游街活动。礼毕即进行"收宫"（拆除蒙街布、牌楼等），蒙街活动即圆满结束。

　　蒙街的时间长短不定，代代相传，花样变化翻新。街两头的牌楼扎上了五颜六色的纸制花鸟虫鱼，街上家家户户张灯结彩、喜气洋洋。其间有老板、财主"还愿"的，请街上戏班子唱一两天愿戏。经过很多年的自学和"参师"，阳加洲自己的戏班子会唱《仙女下凡》《杨门斩子》《穆桂英挂帅》《刘海砍樵》《毛国金打铁》等大小剧目。但蒙街期间最重要和必不可少的活动，是请茅坪的师傅来唱灯影子戏镇邪，剧目是《封神榜》。在戏里姜子牙收妖降魔无所不能，最后姜子牙在"封神台"封神，无意间把自己的老婆封为"瘟猪鬼"，他自己被封为"屋檐童子"，刚好是收降"瘟猪鬼"之类的神灵，可谓大义灭亲，为民除害。傍晚时，几张方桌搭个戏台摆在街心，台子用黑布围着，布帘两边挂满硬纸或兽皮剪刻的各种故事人物。台内点一盏较亮的灯，师傅在灯前操作小人物，影像映在前面的纸屏上，观众挤坐在纸屏前的街道上看灯影子戏。唱灯影子戏是件非常严肃的事情，开场时，师傅焚香点烛，叩拜天地。

蒙街期间，有时还会请打油鼓的艺人"唱故事"。听众围一圈，艺人中间坐，艺人左手腋下搂着油鼓，手里握着竹板，配合右手拍打鼓面，用悠长的唱腔，讲述唐朝皇帝李世民被贼寇追杀的故事："哪个救了我李世民""嘀嘀嘀，梆梆！""你当皇帝我为臣""嘀嘀嘀，梆梆！""哪个救了我唐天子呀！十万江山平半啊分！""嘀嘀嘀，梆梆！"

第七节 舞龙灯

舞龙灯是民间的一项大型文艺活动，参与的人员较多，队伍庞大，非常热闹。每年农历正月初一春节至正月十五元宵节，是耍龙灯的佳节，各洲及湾村组织龙灯队伍到白沙街上或在本村举行贺新年、庆新春活动。

一、龙灯的历史与传承

耍龙灯起源于汉代。龙的形象是古人为了寄托美好愿望而创造的。相传，古人把龙、凤、麟、龟称为四灵，其中龙的造型尤为优美矫健、昂扬奋发、绚丽多彩，线条刚柔相济，在历史长河中闪耀着独特的艺术光彩。

龙灯又称龙舞，是一种古老的中国民俗舞蹈，反映了古代中国人民对龙的崇拜。龙灯长20米左右，直径60—70厘米，内用竹丝做成圆形，安上灯泡或蜡烛，外用纱布包裹涂色而成。其形象按颜色不同，可分为"火龙""青龙""白龙""黄龙"。舞龙者由数十人组成。一人在前用绣球抖龙，其余全部举龙，表演"二龙戏珠""双龙出水""火龙腾飞""蟠龙闹海"等动作。龙灯是汉族和部分少数民族节日传统灯彩。相传龙是吉祥的象征，因此，民间每逢春节、元宵节、灯会、庙会及丰收年都举行舞龙灯的活动。

二、价值

龙灯的制作展示了木匠、篾匠和其他民间艺术的智慧，集文学、绘画、雕刻、剪纸、刺绣、音乐、戏剧于一体，综合了各种艺术元素，并完善地统一在整个迎龙活动之中，具有较高的民俗学价值、审美价值和教育价值。

龙灯体现了人民群众的智慧和民间艺术的魅力，具有很强的艺术性和观赏性。迎龙活动的过程不仅是娱乐的过程，更是凝聚人心的过程。

三、白沙舞龙灯的一般程序

1.发送贺年片的两人走在最前面。如果是街道,则每人发送一边店铺,以免混淆。红色贺年片上写着"恭贺新禧""××龙灯队拜"等字样。

2.大锣大鼓走第二。拿大铜钹的人走前面,自行敲打;由两人抬着一个大鼓,一面大锣挂在抬杠前面,抬前头的人负责敲锣,抬后面的人负责打鼓。

3.四个横短竖长的长方形牌灯由4人双手扛举,长方形牌灯高约1尺5寸,宽约1尺1寸。牌灯下面有一根约3尺长的木柄,可双手扛举。牌灯上写着姓氏、郡名或湾村名。

4.一个人拿着一个球形龙珠,此龙珠以竹条编成,中空,内置响铃,下接木柄,连同木柄约5尺高。

5.两条龙灯,龙头、龙尾用竹篾扎成笼子状,用皮纸糊好再着色,绘画出眉、眼、鼻、口、龙须等,龙身一般是用黄布或红布包裹。龙灯有长有短,较短的9节(每节一个木柄,又称为"把"),还有11节、13节、15节的,均为单数(古人以单数为"阳",双数为"阴"),较短的均称"软龙"。最长的有100多个把的,全部用竹篾扎成笼子并连接,用布包裹严实,龙身上绘鳞片,龙身下方呈齿状,称为"硬龙"。

6.锣鼓响器及其他龙灯队伍的人。

四、舞龙灯与接龙谢龙

龙灯队伍进入街道或湾村，除发送贺年片外，舞龙头的在途经各家的大门口时舞一下（一般点三下头），表示拜年，各家各户燃放鞭炮表示迎接。

沿街道、湾村走一圈后，选择一个比较宽敞的坪地进行舞龙表演。四个拿牌灯的在四方站定，两条龙围着牌灯走一圈后，再按四门（东南西北）开始舞龙。排舞（两龙并排）时，拿龙珠的站在两条龙前面；对舞时，拿龙珠的站在两条龙中间。舞龙的节目有"四门""二龙戏珠""海里寻珠""蛇褪皮"等。四周围观的群众则燃放鞭炮助威，锣鼓响器紧敲不停，非常热闹。舞毕，家族或亲友赠送香烟、红包致谢。

舞龙结束后，龙灯队伍按原路返回，两个发送贺年片帖子的人则挨家收回帖子，各家用事先包好的礼金相送。

按照习俗，兴龙灯必须连续兴三年才能算完美告一段落，否则不吉利。到正月十五日下午，上中下三洲或白沙街附近的龙灯，敲锣打鼓沿三洲走一路，再到河边焚香化纸，称为"谢龙"。谢龙后，则把龙灯收藏。乡下的龙灯则到水塘边谢龙。

五、白沙有多少条龙灯

新中国成立前，石湾罗家、伍家村、排排山、狗公塘各有一套龙灯，正月里或重大喜庆活动要耍龙灯。"文化大革命"期间中断了一段时期，20世纪70年代末，丁字街置办了两条布龙，组织了龙灯班子，请耒阳王家塘的王集玄、王集刚当师傅，排练舞龙技巧及套路。1996年，杜家李家湾置办了两条龙，师傅是对河东边岭上的。1996年，石湾罗家置办了两条龙，组织了耍龙灯的班子，于1997年正月出动到白沙新街耍龙。2003年，在常宁市的白沙同乡会置办了两条龙，2003年至2005年的正月，连续耍龙三年，组织拜年活动。

第八节　耍狮灯

白沙人直率彪悍，有尚武精神，古时候为了保家卫村，经常开展武术活动，而耍狮灯是主要的武术表演、交流活动。

一、狮灯的表演形式与内容

狮灯是以耍狮子的形式进行的武术表演，模仿狮子的动作、行为进行夸张表演。其表演又分为单狮子与双狮子两种。单狮子是一个人身披狮布、手舞狮头的小狮子表演。双狮子是两个人披一张狮皮，一人舞狮头，一人舞狮尾，两人相互配合的大狮子表演。双狮子表演时，两个人耍一个大狮子，一人在前面手舞狮头，另一人在后面双手叉住前面人的腰部，俯身背弓充当狮子的后半身，撑起前面的人进行摇摆、舞动、跳跃、翻滚等动作。

耍狮灯的场地，必须选择一块空旷较宽敞的地方，以方便施展。在场地中间摆放一张马蹄桌，单狮子一般先在地上表演"四门"（象征东南西北四个方位）后，再纵跃到桌上欢腾跳跃，表演"海底探珠""瞌睡""捉虱蚤"等动作。双狮子在地面表演，表演"高空夺宝"，动作要领是前面的人舞狮头，站立在后面的人的肩头直立舞狮；表演"狮子过桥"，动作要领是前面舞狮头的跃到桌上，舞狮尾的还在地上，舞动一阵后，舞狮尾的也跃到桌上，两人在桌上又舞动一阵后，狮头跳到地上，狮尾还在桌上，如是又舞一阵，狮尾也跳至地上。当狮子舞动时，四周的群众燃放鞭炮助威。

舞狮表演后，接着表演梭桌子、拳术等。梭桌子有跨越、倒立、翻筋斗等。拳术一般是"八仙过海""大马步""小马步"等。最后耍兵器，如大刀、茅、棍、叉、双刀、连尺（三节棍）等。表演时，鞭炮声、锣鼓声、喝彩声不断，场面非常热闹。表演完毕，事先联系好的家族、亲友等封红包、奉香烟，表示酬谢。

二、狮灯表演班子的行进顺序

每年正月,狮灯班子即到白沙街上和湾村进行贺年表演,其路途行进的顺序为:

1. 一名长者或负责人手提灯笼走前面,灯笼上写着姓氏、湾村名;
2. 狮子走第二;
3. 狮灯队中进行武术表演(含拳术与兵器)的带兵器走第三;
4. 一套锣鼓响器走最后。

三、历史上的狮灯记载

白沙历史上曾涌现出一大批耍狮灯的优秀武把式。

最有名气的是民国时期的上洲人钟咸成,他所耍的单狮子,蹦、跳、盘、舞等动作,稳健有力,除基本功夫外,还有许多高难度动作表演。归纳起来有三大特长:一是他耍单狮子腾空一跃,头朝下双腿缠柱,双手悬空舞狮,这点一般耍狮子的人无法做到;二是耍连尺(三节棍),十八般兵器中,连尺最难学,且要耍好则更不容易,他耍连尺,将连尺旋转舞动,只见一轮弧圈光影,而看不清连尺;三是耍躺叉,他耍动躺叉时,躺叉沿着手臂、双腿、背部滚动,游走自如,叉随身动,若有灵气。这三种特技表演令人叹为观止,在狮灯界享有盛誉,凡是外地来的狮灯,都慕名到他那里拜会。

另外，还有一大批优秀狮灯武把式，如上洲的汤治武、黄景章等，下洲的王南集（单狮子，谢老五的徒弟）。石湾有一台双人狮灯以王诗升为代表。土木滩管家有一台狮灯，当家师傅是管世丁。排上山、排下山也各有一台狮灯。

狮灯对民间武术活动的开展、发扬、传承及武术界相互间加强联系、切磋、提高技艺都起到了很大、很好的作用。

第九节　唱愿戏

　　为了确保白沙四境平安，风调雨顺，消灾祛瘟，从清代开始白沙就有许愿"唱愿戏"的风俗。也有富裕人家因人丁不旺，向神灵佛祖求子，并许愿唱愿戏以致谢。新中国成立前，白沙由社会贤达组织了一个"唱愿戏理事会"，推选两位德高望重的贤士为正副会长，上中下三洲三个会员代表，石湾南马片、杜家杜阳片、砂坪至茭源片、福坪西棉片各推选一人为理事会成员。

　　白沙每隔三五年唱一届愿戏，每届为期七天，一般在农历八九月进行。提前一个月理事会开会研究，写好大红帖子发往各片区、各湾村，并在要道口、码头张贴海报，公布唱愿戏时间和发动大家捐资赞助，出钱最多的为头会首，次之为二会首，再次之为三会首，还有经缘会首、福缘会首等。如是个人还愿唱愿戏，则以还愿者为头会首，其他自愿捐资的为福缘、经缘会首。

　　唱愿戏在二圣祠西面戏台。二圣祠往西约50米有一块坪地，可容纳几千人。北面和东面为缓坡山峦，南面洞开，面对田垌。戏台靠北坡而建，砖木结构，青瓦屋面，后面为砖墙，后台有化妆间；前面左右角各立一根大木柱，两边缩进约1.5米又有两根木柱，戏台庄严，气势雄伟（1954年因建白沙完小取建筑材料，将戏台拆除）。

　　筹备工作做好后，提前半个月联系剧团（一般是请衡阳湘剧团）。唱戏的前一天把戏坪、戏台打扫干净，在戏台立柱上贴好对联，并请几位德高望重的老戏迷点戏。七天愿戏分两个阶段，第一天头场必须唱《天官赐福》或《龙凤呈祥》，前四天一般唱《渭水访贤》《张公百忍》《打金枝》《三顾茅庐》《包公审案》等，后三天则是唱愿戏的正戏，戏目是《窦娥冤》或《沉香救母》。

　　唱戏第一天清晨，理事会成员和还愿者全部到齐，在戏台前摆一张方桌，桌上设立玉皇大帝、众位佛祖、观音菩萨、关圣大帝、本境庙王土地诸神牌位，由理事会会长主持敬祀行礼，焚香化纸，礼毕鞭炮齐鸣，把牌位焚化，放火铳九响。第一天上午开戏前，戏班班主带领主要演员在戏台上祷告天地和梨园历代先师，点香化纸鸣炮，四个戏台角撒盐茶米（镇煞），并将盛盐茶米的碗砸碎，再开台唱戏。

唱愿戏期间正是深秋季节，秋高气爽，天气晴朗。附近百姓及常、耒、永、桂四县周边几十里的人都会赶来白沙，有些人一是来看戏，二是把一些农副产品挑来卖，再买些日用品回去。这期间是各行生意的最佳销售时机。老街各商行、店铺会配齐备足各类商品，整条老街人山人海，非常热闹，昼夜不息，码头渡口人流如潮。

戏台坪从早晨到深夜12点，场场人员爆满。戏坪四周摆满了各种美食摊子和烟酒摊子。搞杂耍的（如踩高脚）、耍魔术的也来戏坪献艺。离白沙较远的人有些找亲戚、朋友家住下，也有些人住旅店。唱戏期间比过节还热闹，整个白沙昼夜沉醉在欢乐的海洋中。

从第四天到第七天，这三天戏是正戏，也是气氛最紧张的三天。后三天白沙一般是唱《窦娥冤》。窦娥因蒙冤被判死刑，扮演窦娥的人是戏班中最沉着机智的旦角，扮演行刑杀叉的演员是戏班中武功高强，沉着冷静的武生。把窦娥绑在左边的木柱上，锣鼓紧敲，个个心情紧张，全场鸦雀无声。审判官手执朱笔，掷下杀牌，行刑的武生手执钢叉，沿台马步疾走三圈亮相后，在戏台右角站定，先杀"三阴叉"，以鼓点为号，五尺钢叉从手中飞出，杀在窦娥的两大腿之间，叉钉在木柱上。行刑武生将叉拔出，再杀第二叉、第三叉。第二步是杀"三阳叉"，紧锣密鼓，一惊一乍，非常紧张，行刑武生走台亮相后，随着鼓点，钢叉从手中飞出，直对窦娥头部杀去，窦娥立即将头部往下缩一点，钢叉紧挨头顶插在木柱上，紧接杀第二叉，杀第三叉最为惊险，钢叉飞出，穿过窦娥头发插入木柱，窦娥头往下垂，眼睛紧闭，意为已被杀死。戏班班主、会首、还愿者立即在戏台前焚香化纸，砸碗避邪，撒盐茶米。四个小兵把窦娥解绑抬入后台。理事会负责人立即封三个红包，戏班一个，杀叉武生、窦娥演员各一个，以示避邪接运。

第七天是唱戏的最后一天，一般是唱《郭子仪上寿》或《张公百忍》，以图吉利圆满。戏毕，将玉皇大帝、天地神灵、佛祖、关圣等牌位焚化，并燃放鞭炮送神。再封一个大红包酬谢戏剧团，七天的愿戏则圆满结束。

杀叉场面太惊险，所有演员、观众都很紧张。为安全考虑，愿戏会首有时也会与戏班班主商议，本届愿戏取消杀叉场面，也可更换其他剧目，如《铡美案》《狸猫换太子》等。

阳加洲街上唱愿戏与白沙街上的唱法、做法略有不同。

为确保平安康泰，社稷昌盛，阳加洲人以唱愿戏的方式来取悦五谷大神、玉皇大帝等诸神。在唱愿戏之前，街邻、商会合议，推荐德高望重的长老为头会首，自荐或推举经缘会首、酬恩会首，福、禄、寿、喜会首。各会首选拔出来以后，用红纸写好喜报，用扎着红绸的抬盒抬着，众人敲锣打鼓，送至各会首家里。当选的主家率领全家老小在厅屋迎接，将大红喜报贴于正面墙上，向送喜报的人敬烟献茶。会首们组成筹备小组，根据唱愿戏的各项开支做出预算，由各会首主动认筹承担，不向民众摊派一文钱。当然会首捐资也不会吃亏，有如现在举行大型活动，企业老板有冠名权，活动所需物资由他们优先供应，有偿服务由他们优先提供。款项到位后，确定请长沙还是衡阳的湘剧班子来演出。在大岐岭上的观音庙设撞钟台，演出期间报时，用竹篾扎一尊咸灵菩萨，确保这届大型演出活动平安无事。在三圣祠开设厨灶，供艺人、经管、会首和服务人员免费用餐。戏台打扫干净，重新布置，柱子贴好对联，戏台东西两侧搭棚，摆放长椅条桌，为阔佬、达官贵人、远来的客人和戏迷提供"雅座"。

戏台坪对面糖糕磋子岭旁的区域，划为商品展销区。地方特产、洋货洋物、面食便餐、特色小吃、茶饮酒水，琳琅满目，方便戏迷就近购物和享用。愿戏演出临近，会首上大义山庵子，请来法术高强、德艺双全的和尚，做三天道场，驱散孤魂野鬼，为唱愿戏扫除潜在的威胁和障碍。

为期三十天的唱愿戏正式拉开序幕，头三天由戏班子唱送戏，班里自选一些轻松欢快的折子暖场，调观众的胃口，但第一出戏必须演《天官赐福》，图个吉利。最后三天为结圆正戏，中间二十四天的演出曲目由阔佬、贵人、戏迷挑选演出，选剧用红纸写上贴于台前。可容纳数千人的戏台坪或站或坐挤满了观众，为监视戏班角色的唱腔、举手投足是否符合剧情，服饰是否到位，专门有几个内行票友在西向观戏台仔细察看，唱到好处带头鼓掌叫好！反之就喝倒彩，台下观众会往台上扔草鞋。一次，演朱买臣落难乞讨，演员忘记取下结婚戒指，遭到票友起哄，要求重唱，直至唱到戏迷满意为止。

最后三天的结圆正戏，一天踩高脚，一天杀叉，一天勾愿。所谓踩高脚：两根丈余、六七寸围的杉木，在尖端两尺左右，钉一根横桩，艺人脚站横木上，扮演地府无常鬼，头戴一顶一尺五寸的高帽，用红布制作一只五寸长的舌头，粘在下唇，形状吓人。扮演判官、小鬼的一干阴兵跟随于后，在街头巷尾游行一圈，返回戏台卸妆。此寓意是大鬼收罗游魂散鬼，押回阴曹地府，免得犯案。倒数第二天的杀叉戏，是三十天愿戏当中最精彩也是最危险的大戏。剧情述说：沉香的母亲刘四娘即将修成正果，脱凡登仙夺位，王母娘娘自觉座位难保便心生一计，派一仙子下凡，诱使刘四娘吃牛肉喝肉汤，大开五荤，震惊天下！玉帝降旨，派遣天兵天将用阴叉、阳叉杀死刘四娘。在这场戏中，扮演刘四娘的是戏班里一名最佳的武打小生，身手不凡，扮演天将的是一名最佳净角。在演出杀叉时，乐队击鼓手又是总指挥，演员听鼓点行步与出叉、接叉。首先是"三阴叉"，天将站在杀台高处，背朝刘四娘，长叉从天将头顶飞出，正中刘四娘大腿之间，接连三叉，叉叉呼啸而来，惊心动魄！杀"三阳叉"时，天将与刘四娘面对面，刘背靠柱头，叉手一叉抛出，朝刘喉咙飞速而来。刘脚不动，身不摇，只把头偏摆几度，钢叉杀在木柱上，刘毫发无损，这样连杀三叉。在杀叉过程中，整个戏台坪看戏的人鸦雀无声，全神贯注盯着那把飞来飞去的五尺钢叉，惊险一刻，唬得心脏都要从胸腔里跳出来！听老辈人传说，在数百年几百届的愿戏中，曾经发生过一次"刘四娘"被当场叉死的悲剧。会馆虽然和戏班有约在先，但出于同情和人道，也赔偿了数百两银子。所以此刻，最担惊受怕的是头会首，他不停地叩头跪拜，焚香点烛，砸碗驱邪，唯恐邪魔小鬼从中作梗，闹出人命，一场戏下来，全身都汗湿了。最后一天唱勾愿戏，台上金碧辉煌，天宫玉皇大帝登殿，各路神仙依次而坐；本土神灵、灶王菩萨、屋檐童子、路师公公、土地婆婆、财神爷爷、舂陵龙王、昆帽仙王等，驾云进殿，呈奏玉帝：祈求国泰民安，降福黎民百姓，年年风调雨顺，岁岁五谷丰登……玉帝一一准旨。愿戏大功告成，会馆各会首和乡党，身穿长衫布鞋，登台鞠躬道谢，为期三十天的愿戏在烟花爆竹声中圆满结束。

　　来自桂阳、永兴、蓝山、嘉禾、耒阳、衡阳的戏迷，享受了一场视觉盛宴，吃遍了阳加的美味佳肴，带走了阳加的山珍河味。商会和地方当局则利用唱戏为媒，提前数月就向两广、吴越商贾发出邀请。名为看戏，实则广开财路，贸易通商，引进吴越的粮棉丝帛，两广的水果盐酱，输出本地的土特产，一举数得。

　　愿戏演出期间，阳加洲圩场所有店铺摊位爆棚，有借机谈婚论嫁的，有洽谈田土易手的，有议架桥修路的，有拜师学艺的，有续缘结义的，有苟合偷情的，有买空卖空的，有醉卧戏场的。酒喝高了去饮茶，茶品够了去看戏，悠哉游哉，不亦乐乎！

　　阳加洲的酒也起到了锦上添花的作用，这种糯米蒸煮发酵的东西，装在碗里像米饭，扒进嘴里如甜食，吞进胃里是美酒，度数不高，后劲不低，可以当饭吃——饱肚，可以当酒饮——醉人！唱愿戏期间，仅这一种商品就要卖出四五万斤。戏迷被这种柔软可口的酒弄得躁动难安，唯有入戏赏曲才宁。舂陵河商船来往桅杆如林，三街九巷人头攒动水泄难通，毘帽峰山峦之间，条条道路夜夜火把如龙，犬兽鸟雀难眠，整个大义山区陶醉在阳加洲的愿戏里。

（阳加洲唱愿戏系根据彭清镜搜集考证的资料整理）

第十节　唱影子戏

影子戏学名叫皮影戏，传说，它诞生于汉代一个美丽动人的爱情故事。

据《汉书》记载，汉武帝刘彻的爱妃李夫人去世后，他悲痛欲绝，不理朝政，群臣很是担忧。一天，大臣李少翁见孩童拿着布娃娃做游戏，影子倒映于地面上栩栩如生。李少翁心中一动，用棉帛裁成李夫人的模样，在灯光下进行模拟表演，发现非常神似，于是，他禀报皇上称有办法让陛下晚上见到爱妃。晚上，汉武帝将信将疑，来到方帐前，但见灯影之中、格子窗前，李夫人的影子在屏幕上活灵活现，不禁龙颜大悦。就这样，一场虚幻的表演让汉武帝精神大振，重理朝政。这就是皮影戏的由来。

影子戏利用灯光的投影，将艺人操作舞动的皮偶投影在幕布上，是一种原始的"动画片"。在电影、电视还未发明、普及的漫长岁月里，人们的文化娱乐生活相对贫乏，影子戏深受广大民众欢迎。

唱影子戏一般是两个人，一台大戏就凭着"一张嘴，一盏灯，几个菩萨闹翻天"。台子简单，工钱少，成本低。一般是用四张方形马蹄桌搭成台子，四周扎好设计好的架子，左右方和后方挂上布幔，前方有一个用皮纸糊好的木框架。木框架呈长方形，下边离台面约70厘米高，灯箱架下面用布挡好。灯框架下方设置好一块刻有三角槽的撑板，用来撑住连接菩萨的竹棍。左右两方各拉一根挂菩萨的绳子。点上灯，闹台一打，就可唱戏了。

坐前台的师傅一个人负责舞菩萨、道白、唱腔。坐后台的师傅一个人负责锣鼓响器，右手指夹两根木棍，可打鼓和敲锣，左手带钹。有唱段时，后台师傅就放下锣鼓拉胡琴或吹喇叭伴奏。前台手、口、脑并用，后台紧密配合。

唱影子戏需要熟练掌握操作技艺，并且要记住剧情，特别是人物名称、故事情节、时间地点等大体过程要一清二楚。至于道白和唱词可根据剧情的发展临场发挥。唱腔一般有花鼓戏、湘剧曲牌，也有地方小调。

影子戏的主要道具是"菩萨"，其雕刻和使用都有讲究。分为"男菩萨"和"女菩萨"两大类。"男菩萨"又分为"文星"和"武星"，"文星"是袍衣身段，"武星"是魁甲身段，还有普通平民身段。"女菩萨"分为贵妇人和一般妇人身段，服饰图案、花纹根据不同身份而定。四肢和头部分开雕刻，用线连缀而成，能随意摆动。一尊菩萨可换不同脸谱的头像。菩萨的高度一般约30厘米，不同身份高度也有区别。

　　菩萨的制作技艺非常细致，要经过做皮、画稿、镂刻、熨平、缀给、合成等工序。材料一般是牛皮，牛皮要经过浸泡、脱硝、切削等制作工艺使皮质变薄。新中国成立后，随着塑料工业的发展，也有用薄塑片制作菩萨的。

　　白沙的影子戏在清末和民国时期较为盛行。民国时期，白沙唱影子戏最有名的是荽源的王秀诗、王进诗两兄弟。王秀诗唱前台，王进诗唱后台。王秀诗靠着两只手可同时操作七八个菩萨，他戏路清楚，道白有轻重缓急，不同人物采取不同声调，并可用男声、女声道白、演唱。王进诗搞后台，一个人两只手打一道锣鼓，还会拉胡琴、吹喇叭。兄弟俩配合默契，影子戏唱得非常精彩。到一个村子一连要唱几个晚上，这个村子还未唱完，另一个村子就来接担子了。每到夏、秋季节，基本上是连续唱，很少有间歇时间。他们有五六十个菩萨，头像则更多。

　　影子戏的剧目有《薛平贵征东、征西》《五虎平南》《罗通扫北》《二美图》《五美图》《八美图》《天宝图》《薛刚反唐》等。

　　如果遭遇自然灾害和瘟疫，则唱《封神演义》，起到驱瘟消灾作用。唱戏前要在湾村四角焚香化纸敬神，做简单的法事封村。唱到戏中每死一个神，要烧几张纸钱祭奠一下。最后，唱到封神的时候，姜子牙往封神台一坐，锣鼓紧摇，语速急骤。一打一唱，一惊一乍，搞得场子阴风瑟瑟，气氛严肃恐怖，据说这样就可达到震撼瘟神的效果。封完神，艺人在村子解除封锁，在村口烧很多纸钱打发诸神。唱到最后一个晚上，家长会让小孩回避，以免受到惊吓。唱全本《封神演义》需要半个月时间，不是特殊情况，一般不唱。

　　王秀诗、王进诗年老后，把这门民间技艺传给了他们的儿子王书松、王贱珠。他们继承父辈的技艺，在乡村继续演唱影子戏。

　　荽河管家的管志义、管志廉也是有名气的影子戏演唱者。管志义唱前台，管志廉搞后台。他们紧密配合，影子戏也搞得有声有色。

　　下洲的李三崽与儿子李孔国的影子戏也唱得精彩，李三崽唱前台，李孔国搞后台。

　　新中国成立后，还有不少影子戏班子活跃在乡村。如新坪肖家湾的管志元、管铁墩，黄排的熊秀发，他们各有所长，演唱各具特色。还有沙坪的李主槐与儿子李佐群，李主槐唱前台，李佐群搞后台。李主槐可根据剧情，随演随编唱段，既押韵又通俗易懂。

杜家的王芳周、王芳武兄弟也唱影子戏，王芳周唱前台，王芳武搞后台。他们的父亲王继茂是白沙有名的渔鼓手，他打渔鼓情节清楚，演唱带有感情，引人入胜。王芳周兄弟受父亲的影响，影子戏唱得精彩。

影子戏这一特殊的戏曲表演形式，曾深受群众欢迎。随着电影、电视的发展普及，影子戏逐渐走向衰落，这个"非物质文化遗产"有可能失传。现在，有些山区乡村在夏秋季，偶尔请唱影子戏的班子唱几晚，但在人口较集中的乡镇、街道，基本上不唱影子戏了。

第十一节　常宁汉剧文化传承基地——毘帽峰村

汉剧是中国地方戏曲剧种之一，旧称楚调、汉调（楚腔、楚曲），民国时期定名汉剧，俗称"二黄"。汉剧是湖北传统戏曲剧种之一，也是陕西省的第二大剧种，主要流行于湖北省境内汉水流域，以及湖南南部，陕西、四川和广东部分地区。

常宁汉剧始于清末民初，现保存较好，如今还在演绎的尚有20余个剧目，包括《铡美记》《刘海砍樵》《双凤山》《平贵别窑》《黄鹤楼》等。

改革开放初期常宁汉剧复苏，迄今40余年，服饰、道具仍保存完好。2006年，汉剧入选第一批国家级非物质文化遗产名录。汉剧中的二黄唱调，是现代京剧唱腔的主要组成部分，所以汉剧又有"京剧唱腔之祖山"的美誉。

毘帽峰村唐家窝人董策清、徐生成师承谭宝成、蒋善崽，是常宁汉剧非遗传承人。他们以保护、传承中华传统文化为神圣职责，跨区域发展壮大汉剧骨干力量，延伸到西岭石山村等地，组织演出乐观向上、健康有益的孝道文化汉剧剧目，如《郭子仪拜寿》等。

2021年10月18日，毘帽峰村被常宁市授牌成为"常宁汉剧文化传承基地"。

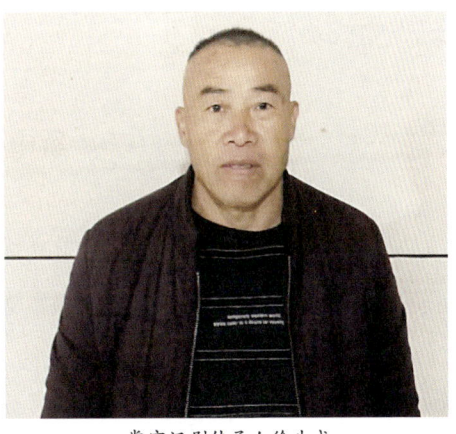

常宁汉剧传承人董策清　　　　　常宁汉剧传承人徐生成

第十二节　白沙戏曲剧团

白沙是一个文明古镇，有着深厚的传统文化和地方文化底蕴。自古以来，各种不同形式的文艺活动开展得非常活跃，特别是湘剧、花鼓戏，受耒阳十里垌"谭家班"的影响，新中国成立前就有基础。白沙原来有兴隆庵、二圣祠、衡清公馆三个戏台，万寿宫算半个，号称"三个半戏台"。

一、白沙"娃娃班"剧团

为繁荣白沙文艺事业，培养文艺人才，新中国成立前社会贤达把爱好文艺的青少年组成了一个"娃娃班"剧团，人员有王勋锡、蔡贤书、王勋银、江生民、谭甲文、邱显球、谢阶皇、周芝、谢高运、江生国、谢高坤、郑朝鼎、王诗逊、尹兴荣、尹兴华、管代喜、谢扬春、谢扬夏、谢高荣等，还有司鼓贺三财、左唱王勋锡。聘请耒阳黄银发、十里垌蒋善崽为师傅。团员们认真学习，非常努力，发挥长处，生、旦、净、末、丑角色齐备，通过几个月的排练，能演出多个花鼓戏剧目。"娃娃班"的部分成员后来都是白沙戏剧界的主要演员，如王勋锡、王勋银、蔡贤书、王诗逊等。新中国成立后，常宁县每年组织一次乡镇文艺汇演，白沙剧团连续四年得奖，参赛演员中有一部分就是"娃娃班"的成员。

二、新中国成立后的金星剧团

新中国成立后，白沙镇成立了以白沙人为主体的常宁金星剧团。该团团部设在白沙，但经常到县城、乡镇及相邻的县乡镇演出，如桂阳县桥市乡。

金星剧团以王勋锡、胡观俊为团长，剧团成员有谢宝发、蔡贤书、贺生财、朱春崽、王诗逊、张克顺、王勋银、江生民、江生国、贺三财、贺才春、肖功任、谭甲文、刘花凤、邱显球等。这些成员技术全面，前台后台配合紧密，前台精彩、后台热闹，生、旦、净、末、丑角色齐备，唱、念、做、打件件皆能。谢宝发是衡阳湘剧团（原春华班）的名角罗真诚的徒弟，贺才春、王勋银等都曾在耒阳十里垌"谭家班"从师学艺。他们演艺精湛、动作规范、唱腔准确、声情并茂，具备专业演员水平。在白沙剧团的代表作《黄鹤楼》演出中，谢宝发饰刘备，王勋银饰赵云，他们俩的演绎得到了各县及衡阳市戏曲界的高度评价。谢宝发、王勋银、贺才春、朱春崽等曾在沿河两岸方圆几十里收徒传艺。

金星剧团既演湘剧，也演花鼓戏，主要剧目有：《黄鹤楼》《打金枝》《杨子荣过五关》《刘海砍樵》《沉香救母》《张公百忍》《草堂磨媳》《南继子打砖》《夫妻观灯》等。

新中国成立后，国民经济处于困难时期，金星剧团没有政府资金扶助，仅靠自筹资金和剧团收入难以维持，于1956年解散。

剧团解散后，蔡贤书、贺才春于1956年加入郴州地区永兴县花鼓剧团，蔡贤书后来当上了团长，贺才春也是该团女主角。

三、1956—1966年的临时组合性剧团

金星剧团解散后，戏剧服装、道具等用箱装好封存，交个人保管，用时随时提取。逢年过节或有什么庆典活动，或参加各级会演、文艺宣传等，公社提前通知，临时召集人员编排剧目。参加演出的主要人员有谢宝发、贺才春、王勋银、朱春崽、贺生财、王淑湘（左唱）、王诗逊、谭甲文、江生民、张克顺、刘花凤、肖功任、邱显球等老演员，为了演新剧，又增加了黄景红、郑朝鼎、邱声华、谢洪儒、王金春等新演员。除传统戏剧外，又编排了《三里湾》等新剧目。1958年，在中洲街建了一栋大礼堂，内设舞台，可容纳近千人，一般的演出都在此进行。那时候没有电视，电影一个月也难放一场，每当演戏，大礼堂被挤得水泄不通，有些人在下午5点钟就从家里搬凳子去占地方。

20世纪60年代初，由王诗逊、刘花凤主演的自编古装剧《双下山》参加常宁县会演，荣获一等奖。

南马村、黄排村也组织了业余花鼓剧团，逢年过节或寿庆，临时搭台演出，丰富了农村文娱生活。

四、"文化大革命"时期的"毛泽东思想宣传队"

1966年,全国开展了轰轰烈烈的"文化大革命"运动。为了配合政治运动,宣传毛泽东思想,白沙居委会、上洲大队、下洲大队、白沙学校等都成立了"毛泽东思想宣传队",采取不同形式,如三句半、快板、歌舞等,在会场、田头、湾村进行宣传演出。另外,从居委会、各大队挑选一些人组成了公社"毛泽东思想宣传队",编排演出宣传剧目,如《学毛选》《送肥忙》《逛新城》等,并代表白沙公社参加常宁县或荫田区会演。

五、改革开放后成立的花鼓剧团

为繁荣白沙文艺事业,管志铜承首,于2004年3月成立了白沙花鼓剧团,并通过常宁市民政局登记发证。管志铜任团长,主要成员有管志银、黄新华、谢盛荣、尹金莲、胡秀华、阳运舒、邱声豪、谭晒云等。该团自筹资金置办服装、道具,主要表演形式有花鼓戏、歌舞,也有京剧清唱。在重大节日或集会、喜庆活动时进行演出。

2009年8月,管志铜率白沙花鼓剧团16名团员,代表常宁市参加衡阳市演出,荣获二等奖。

2009年10月,在常宁市首届民间文艺会演中,白沙花鼓剧团参演的京剧清唱《龙凤呈祥》被评为二等奖,参演的民间器乐联奏《民间小调》被评为一等奖。

第十三节 白沙武术

一、基本情况

白沙人尚武，在20世纪80年代以前，凡白沙男人大都会几路拳脚。究其缘由，当与白沙地理历史有关。第一，白沙镇行政上虽属常宁市管辖，但地处四县交界，东与耒阳市仁义镇以春陵河为界，南面、西面与桂阳县桥市镇为邻，东南面与永兴县相距不远。历史上不仅四县边界百姓纠纷时有发生，而且各村、各姓之间山林争权纠纷也时有发生。第二，白沙镇周边多高山，历史上曾有土匪出没，村民为了自保，大多集中居住，不仅房屋建设得如同堡垒，而且普遍聘请拳师练武护村。第三，白沙矿产丰富，矿工来自四面八方，有的是江湖人士，矿工大多练武护矿。

武术界有南拳北腿之说。白沙武术按特点当属佛教南拳，以手上动作为主，虽有步法变换，但腿法不多。各村各姓武术套路大同小异，按师承不同，阳加片大致可分为九个武术班子，分别是官陂曹家、鲇鱼徐家、忠家岭、灯盏窝、毛家氹、矮里坪、柽木山、炭山窝、冲口上。原白沙片按师承不同主要有两个派系，衡阳派和耒阳派，衡阳派以罗真武为代表，耒阳派以王贵会为代表。

白沙历史上的武术名人，官陂曹家有曹礼蒙、曹岳礼，阳加洲有李泰家，鲇鱼徐家有徐和生、徐和茂、徐祥球，忠家岭有蒋积仁，灯盏窝有蒋贤济，矮里坪有李先宁、周崇光、周常栋，毛家氹有蒋仁甫，冲口上有吴明仁，柽木山有罗球发、罗得发。

白沙武术，拳、棍、刀、叉、剑、凳、耙、尺，都有套路相传。其中拳术套路流传至今的主要有：八仙过海、小马步、一十八个、天下太平、鹭鸶过江、丁仁多分、文氏刁戈、狐狮仿生、大马步。棍术套路主要有：一十八下、纸糊棍、六步脚、海底捞丝。刀术套路分大刀、单刀、双刀。叉又称南洋叉。凳、耙就是利用农村的长凳、农耙当武器，健身防身。尺，旧称铁尺、连尺，现称二节棍、三节棍。

白沙武术，不仅用来强身健体，防御敌人，也用来娱乐。白沙习俗，每逢节日喜庆，如恭贺新春、建新房、庆新婚、添子孙、考功名、进行家族友好往来等，不仅要请戏班唱戏，俗称文灯，还要进行武术表演，俗称武灯。武灯表演的程序是：开场白、舞单狮子、八仙过海、拳棍刀叉凳耙表演、大马步、梭桌子。同一套路，往往多人表演，同台竞技。

二、基本套路

（一）八仙过海

行将军捧印礼，起势开弓，拦花赶马，三太花补掌冲拳，双杠，沉拳，马步秋风，上左脚反秋风，拦花提拳，拦花赶马，三太花补掌冲拳，双杠，沉拳，马步秋风，上左脚反秋风，拦花提拳，拦花赶马，三太花补掌冲拳，收势。

（二）小马步

行将军捧印礼，起势开弓，拦花赶马，太花上步捞右脚补掌冲拳，后滑步天炮，上左脚交叉分手，拦花提拳，拦花赶马，上劈下斩，太花上步捞右脚补掌冲拳，后滑步天炮，上左脚交叉分手，拦花提拳，拦花赶马，交叉跳步上前孔明关心，后跳步右膝跪地双斩手，右脚前滑弓箭手挑手，左脚后滑马步斩手，拦花赶马，收势。

（三）狐狮仿生

发桩——双脚并立，两手撑腰，从两侧压下，左右脚同时向前一步并立。

双手上抬至胸前（掌心朝上），变为掌心朝下往前压下，原桩双手开弓，左脚向左开步。排步变为左弓步右冲拳。右转身成右弓步左手一挑，左脚向前一步，斜蹲下，左手随地一勾起身大脚一蹬，左脚落地马步左一纠，原桩站立。左转身左弓步右冲拳，右脚向前拗步一挂，右脚后退一步，右手一抖，右脚向前一步身左转180度斜身蹲下，双手捞脚起身右弓步一揪风，原桩左转180度左弓步，右手一提，原桩右转身90度马步一赶马，左脚向下前方一步成排步，右脚左移成右虚步一角钉，右脚向右开一步，左脚右移成左虚步一角钉，左脚向左开步，马步蹲下双手捞脚后，双手随右脚向左转90度，右脚落地，右弓步一揪风。左脚向右前方一步成排步，左弓步右冲拳。右脚向左拗步一挂，原桩左转180度捆纠，原桩马步一反抱，左转90度左弓步又冲拳，右脚向左前方一大步，转身180度马步双手捞脚后立身一揪风，左脚向右前方一步成排步，马步双手向上一拦花，左脚向右拗步斜身一拦花，原桩右转180度，右弓步双手一角。左脚斜向前开一大步，右脚跟上成右虚步，右手一抖，右脚向后斜退一大步，左脚跟上成左虚钉步，右手振地，全身跳起，左蹬脚后落至中心，正马步左手一补纠，原桩站立左弓步右冲拳，右脚向前拗步一挂，原桩左转180度一梱纠，立身马步一反炮，再立身左转180度，左弓步一揪风，左脚向左退一步成排步左弓步右冲拳。

（四）大刀

发桩——双脚并立，双眼平视前方，左手掌垂直于左侧下方，掌心向内，右手齐腰握刀。

右手将刀提起，左手向前向右将刀把握紧，右手将刀往右侧下压，左手将刀把收至左侧用力往下一压。右手将刀往左前方用力一提，右手将刀压下收至右侧后方，右脚向前一步成马步。右手将刀由右后方向前方划弧往右前方一砍刀，起身往右一拗刀，右脚向左一步成排步。刀随右脚移至右侧下方，左手将刀把往左侧下方用力一压。右手用力将刀把往左前方一提成一挑刀。右脚向左前方一挖刀，右手将刀收至右侧后方。左手用力将刀把往右前方推出，成右一刀把，接着左手将刀把收至左侧下方。右手将刀往左前方用力推出，成一左扑刀，右脚向右一步成排步，身转90度刀随右脚移至右侧下方。左手将刀把往左侧下方用力一压，右手用力将刀把往左前方一提成一挑刀。右脚向前一步成马步，同时右手将刀由右后方向前方划弧，往右前方一砍刀，原桩起身一挖刀，左脚向右移步一挑刀，右脚向右移步一挖刀，两动作连续四次，左脚向前向右拗步，同时蹲下，双手平握，刀上举至额上，接着右手将刀收至右肩上，左手将刀把往前往右推出，左脚退回原处成排步。起身，左手将刀把收至左下方，右手将刀往前往左用力一提，成左挑刀，右脚后退一步，右手将刀收至右侧下方，落地成半蹲步收桩，立身左脚往前往左大跨一步刀点地，成半蹲步，双眼平视前方向观众致敬。

（五）南洋叉

发桩——双脚并立，右手齐腰握叉立在右前方，左手五指伸直垂下。

右手提叉向上，左手将叉下端握紧。左脚向前一步，右转身成左虚步，右脚尖点地，叉尖同时点地，接着左右脚同时起跳，向右前方一平叉，向左一扑叉，叉尖随右脚向前一步转身180度，左右脚起跳。双手握叉将叉尖虚转一圈，向前一平叉，再向左一扑叉，右脚向前一步成排步，身转90度，右手将叉尖收靠右侧，左手用力向右一横叉把，接着向左一扑叉，右脚向前一步成排步，身转90度，右手将叉尖收靠右侧，左手用力向右一横叉把，接着向左移一扑叉，再向右一拗叉。将叉尖虚转一圈向地随右脚向左前方一大步，身转180度，向右一平叉，接着向左一扑叉，再向右一拗叉，将叉尖虚转一圈，叉尖向地，右脚尖点地，成左虚步，将叉尖向地向左侧杀马脚。右脚向左前方一步成排步，身转90度，右脚点地，成左虚步，叉尖向地向左侧杀马脚。接着向左一扑叉，再向右一拗叉，原桩双手将叉收回胸前向上托举至额上，原桩右手将叉尖收至右侧下方，左手用力将叉把往右前上方推击一叉把，左手将插叉把收至左下侧。右手用力向左前上方推击一左侧叉。右脚向左方一步，身转90度，马步向右一平叉，右脚向右后方退一步，右手将叉尖收至右侧下方，同时左手用力将叉把往前上方推击。接着左脚向左后方退一步，左手将叉把收至左下侧，同时右手用力将叉尖推向前上方。（两个动作连续四次）。右脚向前一步成排步，马步向右一平叉，右脚向右后方退一步，脚尖点地，成右半蹲步，同时双手将叉随身收至右侧下方，叉尖落地，双眼平视前方向观众表示敬意。

（六）大马步

发桩——双脚并立，三拦花，拖英标。

蹬一脚，马步三拦花。右脚向前一步晒叶。左趟手，右趟手，左脚向前一步，右手一提，原桩三拦花。右脚向前一步马步冲拳，马步一挡，右脚向后退一步，一扎拿，左脚向后退一步一杆马，（拦花上）左脚向前拗步，一拦花。右脚向前一步一杆马，（连续七次）接最后一杆马。马步一大花冲拳，一挡，一扎拿。右脚向后退步一扎拿，左脚向左退步一拦花（连续八次）左弓步右一补纠，左脚向前右转身一削。左脚向后退步，左转身马步一杆马，左脚并立下子（右手拳右下，左手立掌左上）原桩一扎拿，右脚向前马步一扎拿，左脚向前并立下子（连续七次）右脚向后退半步弓步一扎，左脚向后退半步弓步一扎（连续四次）最后四扎时，左脚向前并立一补纠，原桩一拦花。右脚向前一步马步一扎拿，左脚向前并立一补纠（连续七次），原桩左转身一英标，右手一补纠，原桩左手从右上方向下一压，右脚向前拗步，左脚向前弓步一提，右转身原桩一反炮，右脚向前马步右冲拳，左手一抓，左脚向左转半步排步一横拳，左手一抓，右手一抓，左手一抓，右手一侧拳，起跳右转身180度，马步三拦花，左脚向前一步弓步右手一提，左右脚同时向右侧退步，马步八扎拿。

第十四节　传统的玩耍游戏

20世纪80年代以前，文化娱乐生活较贫乏，湾场、学校都没有什么娱乐器材。孩子们便因陋就简，就地取材，用些简单的玩具和方式进行玩耍取乐。当时，在白沙一带主要流行下列一些玩耍游戏，玩耍这些游戏的人基本上是16岁以下的少年、儿童。

一、跳房子

跳房子也叫跳梯房子。在厅屋或室外平地上，用粉笔灰或石灰画成一间几格的房子（如图）。用几粒算盘珠子或几粒去肉后的虾螺子（塘里的螺蛳）圈成一个圆形的手圈。几个小孩轮流进行跳房玩耍，把放在地上的圆形珠子或螺蛳壳圈圈踢着玩。跳房时把一只脚弯曲悬空，用另一只脚跳房。按画好的房子逐间跳进，不能踏线，到半圆顶后再逐间跳回。如踏线或悬空的脚落地则算失败，再由另一个小孩跳房。连跳三轮，完成较好的算优胜者。这个游戏主要是女孩子玩，可锻炼人的平衡支撑能力及跳跃能力。

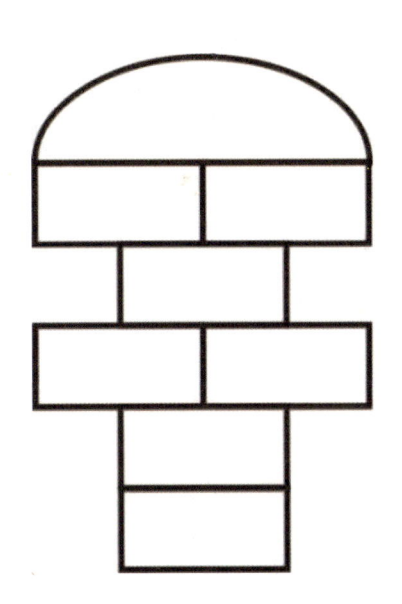

二、打晕猪崽

打晕猪崽即打陀螺。用一根竹竿或杂木条（长约1.5尺）作手柄，一端用一根细麻绳或棕绳固定在木条的一端（绳长约1.8尺），用杂木削成上圆下尖的晕猪崽（直径1.5—2寸，高约2—3寸）。玩耍时用手柄上的鞭绳把晕猪崽绕几圈，放地上后用力抽出鞭绳，晕猪崽便旋转起来，再不断地用鞭绳抽打，晕猪崽则旋转不倒。这种游戏基本上都是男孩子们玩。

三、踢正子

找一枚铜钱，用钉子在铜钱的方孔四周打四个小孔，用长长的公鸡毛插入小孔再弯进中间方孔固定，就成了一个玩具（有些用布把铜钱包住），叫正子。玩耍时，用脚板侧把正子踢到空中，边踢边数数，正子落地为止，踢的次数多的为优胜者。踢正子有很多花样和技巧，有正踢反踢等招式。这种游戏基本上是女孩子们玩。

四、打香棍

打香棍由两人玩耍，在屋门前阶级或平地上放一块砖，每人在砖上放相同数量的香棍（一般20—30根，敬神的线香燃后剩下的棍子）。在距离砖墩约3米处划一道线，人站在线外用一块扁平的砾石向砖墩投掷，把香棍打下来，谁打下来的就归谁。打完后再放，先后轮流进行，这种玩法可锻炼人的目测能力和手法。这种游戏主要是男孩子们玩。

五、打啪

打啪有打纸啪和打泥啪两种方式。纸啪是用几层书纸折成长宽各2寸左右的正方形纸板，由两人玩耍，双方各拿数块纸啪，一人先把一块放地上，另一人用纸啪尽力拍下，如将对手的纸啪掀翻，则纸啪归他，如未掀翻则要放一块由对方去打，轮流进行。泥啪是用黏性强的黄泥加水揉成烂泥，搓成长圆条，再掐成一团一团的泥巴，每一团泥巴都可以拍平，捏成圆形的泥窝，手掌托着泥窝朝地，用力摔打，便会听到泥窝"啪"的炸裂声。这种游戏基本上是男孩子们玩。

六、垒圈圈

垒圈圈即滚铁环、滚铁圈。游戏前需要准备一个箍木桶用的铁箍，再用一根长约1尺8寸的小竹子作手柄，用铁丝弯成一个U形，插入竹子的一端固定，作为推动器。玩耍时，先使铁圈滚动起来，再立即用推动器继续滚动铁圈。可在石板路、街道、坪地玩耍。可以一个人玩耍，也可以多人玩耍，进行比赛，铁圈倒地为输。这个游戏基本上是男孩子玩。

七、跳绳

由三人以上玩耍，找一根麻绳或棕绳，由两人各执一端把绳抛空旋转（每转一下绳子要着地刮过），由一人或多人进行跳绳。能锻炼人的灵活性和对时间、空间的准确掌握能力。这种游戏基本上是女孩们玩。

八、打子

这个游戏一个人可以玩，两个人以上也可以比赛着玩，一般是女孩子玩。具体玩法：

1.捡子，把五粒大小差不多的小石子撒在地上，再一颗一颗地捡起来放在手掌里（先捡起一颗抛向空中，再捡一颗，随后马上接住空中落下的那一颗，依次把地上的五粒石子全部抛、接到手掌里）。

2.第二次把五粒石子全部撒在地上，先捡一颗抛向空中，再从地上扫起两颗，同时接住空中落地的那一粒，依次把地上剩余的石子全部接到手掌里。

3.第三次把五粒石子全部撒在地上，先捡一粒石子抛向空中，接着又捡起一粒石子并把另三粒石子同时扫入手掌里，再马上接住空中落下的那一粒石子。

4.第四次把五粒石子撒在地上，再捡起一粒石子抛向空中，再一把扫起地上的四粒石子，同时马上用手掌接住空中落下的那一粒石子。

5.第五次把五粒石子全部撒放地上，之后先捡起一粒石子抛向空中，再从地上抓起一粒石子，同时马上接住空中落下的那粒石子，接着又从地上抓起一粒石子抛向空中，同时从小指中吐出一粒子，再接住空中落下的那粒，依次完成，再把吐出的石子扫起来抓到手掌中。

6.第六次把五粒石子全部撒放地上，左手扫地，五指并拢形成一个窝状，右手捡起一粒石子抛向空中，再用右手将地上的四粒石子一粒粒扫到手窝里，再接住空中落下的那粒石子。

7.第七次把五子撒地，之后捡起一粒抛向空中，再用食指和中指手背挟子，一粒一粒地挟起来。

8.第八次把五粒子同时撒地上，先捡起一粒子抛向空中，再用食指和中指背缝接住从空中落下的那粒子，再用拇指和无名指、小指一起从地上抓起一粒再接住手背那粒，依次完成。

9.第九次五子撒地，先捡起一粒再连抓二粒，接连两次完成。

10.第十次五子撒地，捡起一粒抛向空中，再捡起一粒，两粒子同时抛向空中并接住，再捡一粒，三粒子同时抛向空中并接住，再捡起一粒把四粒子同时抛向空中并接住；再捡一粒，五子放在手指背上，叫"称称"，再把五子同时抛向空中，用手背接住，再用手指背缝夹住，这叫"五子五斤"。

九、斗鸡

这种游戏可以两人玩耍也可多人同时玩耍。具体玩法：一条腿立着，另一条腿用双手搬着，搭在立着的腿膝盖上方，再跳跃着前进，用被搬着的腿的膝盖去冲撞他人的膝盖，在互撞过程中谁站不稳，被搬着的腿落地则为输。这种游戏基本上是男孩子们玩。

十、撞牛

多人手挽着手均侧身靠墙，形成一股合力与另一方同样侧身靠墙手挽着手的一组人相向互撞、较劲，被合力推着后退的一组为败。活动中双方往往会齐声喊着"嗨""嗨"的号子，鼓劲加油。也会有其他的孩子在一旁为双方呐喊助威，场面热闹非凡，笑声震天。这种游戏主要是男孩子们玩。

十一、当氹（diàng tàng）

一群小孩，往往是男孩子，在外扯猪草时，会玩当氹的游戏。先挖一个碗口大小的土坑，白沙话叫小氹古。参与者每人放一小把猪草在小氹古边上。在离小氹古数米或十多米远的地方，用树枝在地上划一根线，参与者每人手拿一颗小石子或小瓦片，站在线外往小氹古里抛掷、投掷，叫当氹。当进氹里了为胜，否则为败。胜者取败者的一小把猪草作为奖励，败者如要再参与，须重新在氹古边放一把猪草。这种游戏主要是男孩子们玩。

十二、躲磅

躲磅即捉迷藏。往往是在月明星稀的夏夜，大人们坐在屋前和坪里乘凉，小孩子则闲不住，常会玩起躲磅的游戏。数人商议以后，便留下一人或两人在原地等待，其余的小孩则分别在湾场里找地方躲藏起来，如躲在管草堆中、门后面、牛栏里，或爬到树上。一般是过了十分钟左右，留在原地的人便开始去寻找躲藏的人了，被寻找到的人为败者，作为下一轮去寻找的人。这种游戏男孩女孩都喜欢玩。

十三、丢手帕

找一块干燥的坪地，十多个小朋友面对面围坐，形成一个圆圈。之后，由一个人拿着一块小手帕（手绢），在坐着的人后面，围着这个圆圈跑圈。在跑的过程中，会把手帕悄悄地放在某个人的背后，然后返回自己的位置坐下。如果被放了手帕的人未发觉，则要站起来去跑圈，做下一个丢手帕的人，游戏照此依次进行下去。这种游戏男孩女孩都玩。

十四、老鹰抓小鸡

数个或十几个小朋友成竖排站着，后面的人双手拉住前面人的衣服下摆，形成一个多只小鸡跟着母鸡的队形。这个竖队的前面第一个人像母鸡张开双翅一样，张开双手，做阻挡老鹰捉小鸡的样子。由一个人充当老鹰，在竖队前相向站着。开始游戏后，充当老鹰的孩子要往两边跑动，要想方设法去抓住这个竖队最后的那个人。而整个竖队，在最前面的那个人的带领下，随着老鹰的跑动而快速移动脚步，防止小鸡被老鹰捉走。如果充当小鸡的人被充当老鹰的人捉住了，则要去扮老鹰，而先前扮老鹰的人则站回竖队中去，重新开始新一轮游戏。这种游戏男孩女孩都玩。

十五、旺叉

先取三根杂木，在一块空旷的较为平坦的地上，将三根杂木上端交叉搭在一起，下面呈三角形，让三根杂木立于地上，这便是叉。每人砍一手柴，堆放在一起，作为胜利者的奖品，再抽签决定投叉的顺序，再在离叉5—10米的地方画一条线，远近大家共同决定。第一个人站在线外，拿起砍柴的镰刀，向叉投去，如果第一个人将叉投倒，并且三根杂木互相分开，没有相连，就算第一个人取胜，大家共同砍的这一堆柴，就归这个人。如果第一个人没有将三根杂木投倒，或者投倒而三根杂木没有互相分开，即后面的人继续投叉，再第二轮、第三轮，直至将叉投倒并分开为止。第一次完成后，用相同的方法，继续第二次、第三次……至多数人说不玩为止。这个游戏一般是男孩子玩，可锻炼孩子的目测力、判断力和手劲。

十六、板叉

两个人各持4根香棍或短杆，比赛时，都用力摔在石板上或者干净的地上，以形成的图案来分辨胜负。形成的图案是"××"，叫流旺，是最佳图案；形成的图案是"×||"或"|×|"，叫流八，为较好的图案；形成的图案是"||||"，均未相交，叫流跨。最终，流旺者胜或流八者胜，流跨者输。香棍或短杆归胜者。

十七、捉猪崽

一人将一手的五根手指头打乱，另一手握紧打乱的一手，只露出手指尖，让对方找出拇指，或食指，或中指，或无名指，或小指，如果找对了，就算对方赢，如果没找对，就算对方输。这个游戏一般要找的是食指、中指、无名指，因为这三根手指差不多大，难分辨些。

十八、皇帝棋

这个游戏三个人玩。每人找三粒小瓦片或小石子或小香棍，各自先想好出子的粒数：一粒，还是两粒，或是三粒，用一张手掌握住瓦片（或石子、香棍），再一起共同打开手掌，计算三个小玩伴的子的总粒数，如果总数是一、四、七粒，就齐说一粒一四七，或四粒一四七，或七粒一四七，起点是一

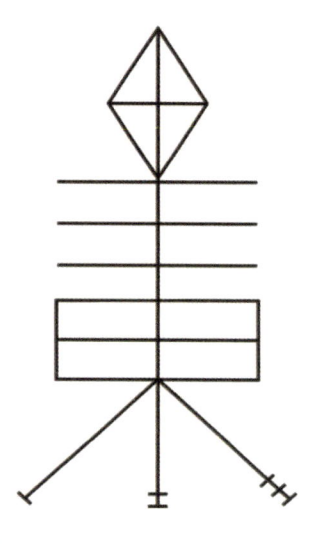

的就上前进一格；总数是二、五、八粒，就齐说二粒二五八，或五粒二五八，或八粒二五八，起点是二的就上前一格；总数是三、六、九粒，就齐说三粒三六九，或六粒三六九，或九粒三六九，起点是三的就上前一格。中途如果后面的遇到前面的，那前面那个小伙伴的子就退回起点，谁先到达顶尖，谁就胜利。这个小游戏，一般是男孩子玩，可锻炼少儿的预测力。

皇帝棋的另一个玩法是：三个人各持三子，三人同时出子，如一号出一粒子，二号出两粒子，三号即出三粒子，总数为六粒子，那就是三六九走一着，如此循环。如果前面有子挡路，那就把前面的子打下重走，叫打下茅屎。谁走得最快，谁就是皇帝。

十九、成三棋

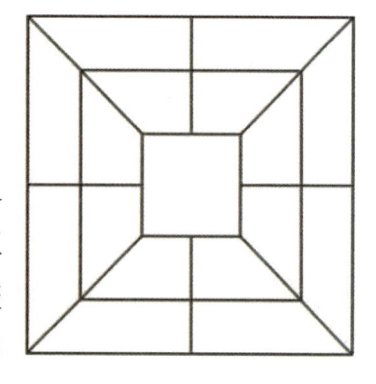

成三棋是一种较原始的下棋方法，少儿和成人均可玩耍。在河边码头或阶级、坪地上画一个成三棋盘（见图），也有些湾场，在人们经常休息、聚会的地方用石板或石墩，专门錾刻了成三棋盘。甲乙双方用不同颜色的小石子或瓦片做棋子（每人9粒）。按棋盘格轮流放棋子（一次放一粒），棋子放完后按线路走棋。当一方三粒棋子在一条线上就可吃对方一粒，把对方的棋子吃完则为优胜。成三棋虽然简单，但也有一定技巧，能锻炼人的智力。

二十、六子棋

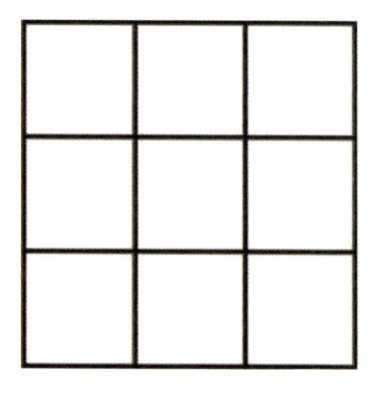

六子棋是一种较原始的下棋方法，一般是少儿玩耍。在河边码头或阶级、坪地上画一个六子棋盘，也有些湾场，在人们经常休息、聚会的地方用石板或石墩，专门錾刻了六子棋盘。甲乙双方用不同颜色的小石子或瓦片作棋子（每人6粒）。走棋方法是，棋子先向棋盘中间交叉且相邻的点走，当一方横向或纵向有两粒子时，而对方在这根横向或纵向只有一粒子时，就将对方的一粒子拿去，谁先剩下一粒子，谁就失败。当双方都剩下两粒，并且都不能把对方的子吃掉，双方就算和棋。六子棋虽然简单，但也有一定技巧，能锻炼少儿的智力。

二十一、庵寺棋

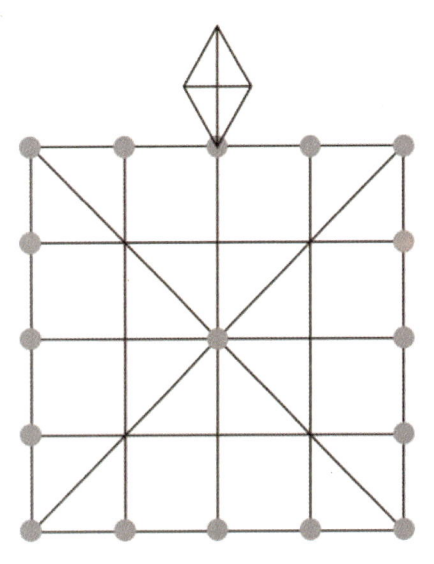

庵寺棋又叫庵子棋。下庵寺棋就是一方用一块大的瓦片放正中，对方用16粒小石子放四周，直到小石子把大的瓦片围上顶端的小棱形为胜。具体操作步骤是：下面一个五条线四格的正方形，四个角用斜线串联，正方形上面正中有个十字架，十字架外边四点用线连上。大瓦片放正中，小石子放四周。一方持大子先走，另一方持小石子后走，不管走直线、横线还是斜线，要对称均匀。大瓦片可以挑吃一担小石子，也许两粒，也许四粒。被吃后，小石子就越来越少了，但仍要想方设法去围大瓦片，直到把大瓦片围上顶层无路可走为胜。

第十五节 白沙方言

白沙方言，属西南官话，与耒阳西乡话一致，与四川话有较大的相似度。因为白沙人（乃至常宁人）的祖先主要来自江西，所以白沙方言源自江西话。江西话有很大的客家话成分，因此，白沙方言中又有部分客家话的词语。

一、人际称呼类

脑人嘎（nàng yín ga）——老人家
太人嘎（tài yín ga）——大人、成年人
男人嘎（nán yín gǎ）——男人
女人嘎（nǚ yín gǎ）——女人
太人子（tài yín zi）——父母亲
老娘（lào niáng）——指年老的妻子或者年长的妇人
嘎娘（gā niáng）——婆婆
嘎老子（gā lào zi）——公公
嗲嗲（diā diā）——爷爷
冷冷（nèn nen）——奶奶
牙、牙牙、牙老子（yá，yá ya，yá lǎo zi）——爸爸
嫁嫁（jiǎ jia）——妈妈
巴巴（bā ba）——伯伯
屘屘（音：满满）（mǎn mǎn）——叔叔
娘娘（niáng niang）——伯母
婶婶（xīn xin）——婶母
丈老子（qiǎng lǎo zi）——岳父
外外（wǎi wai）——外公、外婆
借借（jià jià）——姐姐
老老（lào lao）——弟弟

姑积（gū ji）——姑姑

姑牙（gū yǎ）——姑父

姨积（yí ji）——姨妈

姨牙（yí yǎ）——姨夫（父）

狼古子（láng gū zi）——女婿

妹积（měi ji）——女孩

乃积（lài ji）——男孩

细家伙、秧麻拐（xí jiā huò，yāng má guǎi）——小孩子

毛毛、嫩毛毛（máo mao，nèn máo mao）——出生不久的小孩

新妇（sēn fū）——儿媳妇

翁嘎（ěng gǎ）——人家、别人

亚哇子（yá wā zi）——爱吹牛之人

冇鼻子牛（mǎo pí zi niú）——狂羁之人

枪力子蛇（qiāng lì zi xiá）——心毒之人

你甲死脑合（ní jiā sī nǎo hé）——脑子不开窍之人

你甲木脑合（ní jiā mēng nǎo hé）——不太聪明之人

忘庵鬼（wáng ngàn guī）——不懂得感恩的人

猛懂古（mēng dōng gū）——霸蛮的人

豆崽鬼（tóu zēi guī）——幼儿

浪荡子（láng tāng zi）——不务正业的人

我人（è yín）——我们

二、招呼用语类

恰呱哒吗？（qiā gā da ma）——吃饭了吗？

恰呱点心哒吗？（qiā gā diān xin da ma）——吃晚饭了吗？

细恰细恰（xī qià xī qia）——慢慢吃

做嘛？（zū má）——干什么？

到耐里后？（dào nài lì hé）——到哪里去？（上片用语）

到里里喀？（dào lì li kèi）——到哪里去？（下片用语）

后一回（hòu yì huí）——去一次

你耐果早呀！（nī nài guō zāo a）——你怎么这么早呀！

耐个？（nài guó）——哪个？（上片用语）

里个？（lī guó）——哪个？（下片用语）

耐果快？（nài guō kuǎi）——哪有这么快呀？

麻溜呢！（mā liū ne）——快点来！

三、动植物类

吊崽（diǎo zei）——鸟儿

婆鸽子（pó guō zi）——鸽子

麻拐（má guāi）——青蛙

丫猪（yà jū）——野猪

眯崽（mī zei）——蚊子

饭眯（fán mī）——饭苍蝇

枪潭眯（qiāng tán mī）——苍蝇、屎苍蝇

秘毛（mí máo）——蜻蜓

罩鸡子（zào zī zī）——蝗虫

针针（jīn jīn）——黄花菜

枞树（cóng shù）——松树

荷折（huó jie）——薯粉条

苞谷（bāo gū）——玉米

瓮菜（óng cài）——空心菜、无心菜

酱瓜（jiàng guā）——菜瓜

许牯兜子（xù gū dōu zi）——公牛

霞（xiá）——蛇

鸡婆鱼（jī pó yú）——桂鱼

鸡子（jī zi）——鸡蛋

鸭子（ngā zi）——鸭蛋

辣子（lā zi）——辣椒

芋子（yú zi）——芋头

舌子（xiē zi）——舌头

牙子（ynɡá zi）——牙齿

四、地名方位类

学堂（xiū tǎnɡ）——学校

港子（ɡànɡ zi）——小溪、水圳

垒、垒垒（luī，luī lui）——小土包

躺（氹）（tànɡ）——低洼处、土坑、水坑

禾塘（ó tánɡ）——屋门口的土坪

吓禾塘（xiā ó tánɡ）——用石头或水泥或石灰铺成的晒谷坪

湖几桥（hú jǐ qiáo）——湖溪桥

曾嘎（zēnɡ ɡā）——曾家

西两（xī liānɡ）——西岭

两上（liānɡ xiànɡ）——岭上

两哈（liānɡ hǎ）——岭下

上百（xiánɡ bēi）——上面

哈百（hǎ bēi）——下面

边边挤（biān biān jī）——旁边

五、物件物语类

益头（yì tou）——太阳

月光（yuē ɡuānɡ）——月亮

箱子（xiānɡ zi）——星星

益冷省（yī lén xin）——白天

丫冷省（yá lén xin）——夜晚

天光（tiān ɡuānɡ）——天亮

丫瓜哒（yǎ ɡuā dā）——天黑了

今益（jīn yí）——今天

昨益（cuó yí）——昨天

前益（qián yí）——前天

喵益（miáng yí）——明天

填喵（tián miáng）——填命

搓布亚（cuō bū yǎ）——昨晚上

支嘎（zī gā）——指甲

嘎人（gà yín）——嫁人

嘎船（gà quán）——驾船

嘎上（gà xiang）——木架子上

韩心（hán sen）——心脏

擂渠（锤）（luí qū）——洗衣棒

许（xū）——水

奖许（jiàng xū）——井水

朗许（nàng xū）——冷水

耐许（lài xū）——热水

猪楼（jū lóu）——猪圈

茅室、字康（máo shi、zì kāng）——厕所

饭茶（fàn cá）——坛子菜

饺粑（jiáo bā）——米粑粑或薯粑粑

八嘎（bā gā）——薯螃蟹

冇得、冇有、冇以（máo dé、máo yōu、máo yī）——没有

冇力哒（máo lī da）——没力气了或指肚子饿了

冇钱哒（máo qián da）——没钱了

冇以后（máo yī hé）——没有去

冇以回（máo yī féi）——没有回

水瓜浑勾（xū guā fén gǒu）——水很浑浊

水揪枪勾（xū jiū qiāng gou）——水很清亮

好涨干（hǎo jiàng gān）——口渴得厉害

滚耐勾（gūn lài gōu）——水很热、烫手

落够子（luò gòu zi）——下雪

冰清勾（bēn qīng gōu）——很冷

冰朗勾（bēn lāng gōu）——不热，没有热感

冰够子清（bēn gòu zi qīng）——冰冷

墨黑勾（mēi hēi gōu）——很黑很暗

冷瘦够（lēn sòu gòu）——很干瘦

焦干够（jiāo gān gōu）——干瘦或水干了

厅胖够（tīng pàng gōu）——很胖

揪弯够（jiū luán gōu）——很圆

趴扁够（pā biān gōu）——很扁

蛮长够（mán qiáng gōu）——很长

蛮太够（mán tài gōu）——很大

冇长挤（máo qiáng ji）——短、没多长

冇太挤（máo tài ji）——小、没多大

嗲妈太挤（diā mā tài ji）——很小

稀里麻怪（xī lī má guài）——很怪、鬼灵精

炮仗（pào qiáng）——鞭炮

登板（dēn ban）——砧板

箭岸（眼）（jiàn ngan）——窗户

该基（gāi ji）——屋檐下的走廊

锁拾（suō shi）——钥匙

噼头（biā tou）——墙壁

老屋、千年屋、寿材（láo wū）——棺材

抖碗（dōu wān）——大碗

泥碗（ní wān）——小饭碗

欧子（ōu zi）——小酒杯

吓头、吓头古（xiā tóu，xiā tóu gu）——石头

果样子（guō yàng zi）——这个样子

冇名堂（máo mén táng）——没有什么用处、没有什么才能

冇合恰（máo huō qià）——没有什么规矩

恰子（qiā zi）——席子

抖子（dōu zi）——放干货的小罐子

风篷船（fēng péng quǎn）——帆船

虾螺崽（xiā luó zǎi）——螺蛳

产合（cān huò）——蚌

哈公（hā gōng）——虾子

八嘎（bá gā）——螃蟹

套鞋（tào hái）——雨靴

屋背（wū bēi）——屋顶

一恰（yī qiǎ）——尺

射（xié）——拾（数字语、下片用语）

嘎衣（gā yī）——棉衣

汗衣（hàn yī）——衬衫

口夹（kōu gā）——围在幼童脖子上接口水的布围脖

淤桶（yū tòng）——屎尿桶

淤勺（yū xió）——粪瓢

许桶（xù tòng）——水桶

退子（tuì zi）——袋子

斗平（dōu pén）——斗篷

吓浆（xiā jiāng）——水垢

絮被（xū pī）——棉被

枕脑（jīn náng）——枕头

钩刀（gōu dāo）——柴刀

担管（dán guān）——扁担

禾仟（ó qiān）——挑箩筐挑柴挑管草的圆木担管

管（guàn）——稻草

扫管（sǎo guān）——扫把

被合（pí hē）——被子

灿（cǎn）——碗柜

篙子（kāo zi）——竹篙

王桶（wáng tōng）——敞口大木桶，古老的稻谷脱粒工具

渊箕（yuān ji）——畚箕

操箕（cāo ji）——篾编的可盛蔬菜等物的工具

簸箕（bó ji）——篾片密织的圆形的晒东西的用品

拦盘（lán pan）——比簸箕大一倍的篾织圆形晒物用品

扎（zā）——白篾片稀织而成晒东西的用品

扎头（zā tóu）——木制的圆形的用来装剁辣椒等食物的用品
嗲箩（diā luó）——可以手提的小篾箩
麦港子（mēi gāng zi）——麦杆子
当锅（diàng guō）——鼎锅
缸落（gāng luō）——水缸
凳崽崽（dèng zei zei）——小板凳
薯崽崽（qú zái zai）——小红薯干
喵（miáng）——命、生命
拼喵、听喵（pīn miáng, tén miáng）——拼命
仿围（fàng wéi）——一人合抱
区火筒（qū huō tóng）——吹火筒
风恰（fēng qiā）——风车
许恰（xù qiā）——水车
鸡公车（jī gōng qiē）——手推车
下泥巴（xià ní bā）——稀泥
脑合（nāo he）——脑壳
门森（mén sēn）——额头
岸珠（ngàn jū）——眼睛
咀巴（jù ba）——嘴巴
哈巴（há ba）——下巴
涨根（jiàng gēn）——脖子
岸古（ngàn gǔ）——窟窿、岩洞

六、人事动作类

呢（le）——来，过来，即过来之意。
剁柴（duǒ cái）——砍柴
剁树（duǒ xǔ）——砍树
打恰脯（dà qiā pū）——光着上身
打寡罗（dà guà luó）——赤身裸体
打恰脚（dà qiā jió）——光着脚板

篙（敲）梨钻子（kāo lí zuān zi）——用手指敲脑壳

打甲拐巴（dà jiā guāi bā）——抽个耳光

打甲摆子（dà jiā bài zi）——做错了事

得你过甲年（dé nī guò jiā nián）——狠狠打骂一次

奋窖（fén gào）——睡觉

佐钱（zuō qián）——借钱

好六耍（hào liú suā）——好灵活

听盘秤（ten pán qín）——拖延时间

呱积勒（guā jī le）——后悔干了错事

岩长（ngái qiáng）——耽误时间

当（tiāng）——听

浪（lāng）——看、瞧

打一莽（dā yī máng）——去外面走走看看

块秧、恰秧（kuāi yāng，qiā yāng）——扯秧

恰草（qiā cāo）——扯草

恰布（qiā bú）——扯布

杀禾（sā ó）——割水稻

秧豆子、花生、萝卜（yāng tóu zi）——种豆子、花生、萝卜

点萝卜（diàn luō pū）——种萝卜

歪土（wēi tū）——挖土

歪田（wēi tián）——挖田

歪薯（wēi qú）——挖红薯

打袍瞧（dà páo qiáng）——游泳

谢眯子（qià mì zi）——潜泳

量恰（liáng qiā）——自由泳姿势

谢网（qiā wǎng）——织网

恰饭（qiā fán）——吃饭

恰酒（qiā jiù）——喝酒

恰茶（qiā chá）——喝茶

恰菜（qiā cài）——吃菜

恰东西（qiā dōng xī）——吃东西

恰具哒（qiā jù dɑ）——喝醉了

港话（gāng fá）——讲话

哇话（wá fá）——说话

香话（xiāng fá）——说话

走丫（夜）路（zōu yǎ lú）——走夜路

打潭煤（dā tán méi）——清除墙壁上的烟渍、烟尘

抖对（dōu duí）——在石舂里踏米粉

当气（diàng qí）——生气

当人（diàng yín）——用硬东西投掷去打人

当一渠（diàng yī qú）——用硬东西投掷一下

垒你（luī nī）——追你

肯紧（kēn jīn）——压紧、压实

篮呢（lān lěi）——拿来

丢瓜（diū guā）——丢掉

却瓜哒（qiū guā dā）——遗失了

走瓜哒（zōu guā dā）——走了

呢瓜哒（léi guā dā）——来了

后瓜哒（hǒu guā dā）——去了

得几哒（dé jī dā）——给他（她）了

恰瓜哒（qiā guā dā）——吃了

醒开（sèn kāi）——支开，叫人走开

业人（niē yín）——热、热人

朗人（nàng yín）——冷、冷人

额一口（éi yī kōu）——咬一口

袄一口（ào yī kōu）——咬一口

村一顿（cūn yī dùn）——骂一顿

袍东西（páo dōng xī）——油炸豆腐等食物

扎东西（zà dōng xī）——油炸鱼、肉等食物

扎哈呢（zā hā nēi）——摘下来

条哈呢（tiáo hā nei）——跳下来

跳上后（tiáo xiàng hòu）——跳上去

条哈积（tiáo hā ji）——跳几下

板高（bàn gāo）——摔跤

滴脚（tiā jió）——踢脚

搂脚（lóu jió）——绊脚

滴脚（diǎ jió）——提脚

掰脚（bāi jió）——拐脚

打掰掰脚（dā bāi bāi jió）——单脚跳行

打飞脚（dā fēi jió）——跑步

下高、下狠（xiā gāo，xiā hēn）——努力、拼搏之意

加巨（jiā jù）——卖力

奋力（fèn lì）——尽力、用力

占成（jiàn qín）——入股

呆人（dāi yín）——骗人

放当（fàng dàng）——订婚

打开场（dā kāi qiáng）——在红白喜事时，多人同奏唢呐、钹、铜锣等乐器，营造氛围

打栽斤（dà zāi jīn）——翻跟斗

栽树（zāi xú）——倒立

丫树（ngā xú）——栽树

丫菜（ngā cǎi）——栽菜

插薯（cā qú）——栽薯

下屋脚（xiǎ wú jiō）——打地基

起屋（qī wū）——建房

聋柴（lōng cái）——砍柴、捡柴

打包子（dā bāo zi）——办丧事

看牛（kàn niú）——放牛

放塘（fàng táng）——在塘里养鱼

恰猪草（qiā jū cāo）——扯猪草

氹（diǎng）——从远处把硬石块或泥块投进干凼里

打平伙（dā pén hé）——ＡＡ制聚餐

港古（gàng gù）——讲故事

焖神（mēi xín）——思考、考虑

剪脑（jiān nāng）——理发

起头（qī tóu）——起床

扎起（zā qǐ）——卷起

放嗲（fàng diā）——撒娇

糯鱼（luò yú）——用药毒杀鱼

躲磅（duō bǎng）——捉迷藏

窝屎（ō sǐ）——解大手，大便

下尿（xià niáo）——解小手，小便

稀下（xī xiá）——很稀、很烂

猜谜子（cāi mí zi）——猜谜语

tiā一脚（tiā yī jió）——踢一脚

打晕猪崽（dā yūn jū zāi）——打陀螺

告书（gào xū）——教书

告化子（gào huā zi）——叫花子

冇得告头（máo de gáo tou）——没有教养

冇得耍手（máo de suā xiū）——没有什么好玩的

区风（qū fēng）——吹风

区喇叭（qū lā ba）——吹喇叭

区狗油、海狗油（qū gōu yóu，hài gōu yóu）——讲大话空话

益头落两（yì tóu luò liàng）——太阳落山

（未完全收集）

第十六节　白沙俚语

（按汉语拼音中的英文字母顺序排列）

B

1. 把戏把戏，原是假的：指魔术都是骗人的。
2. 白沙豆腐嫩泱泱，白沙妹几水汪汪：指白沙豆腐好吃，姑娘长得漂亮。
3. 饱勾（的）不知道ð（饿）勾（的），有勾（的）不晓得冇勾（的）：即饱汉不知饿汉饥，喻不懂他人的难处。
4. 鼻涕流到口边上都不晓得恰（吃）瓜（掉）：嘲非分不受者。
5. 不选田，不选土，只选辫子齐屁股：指择偶标准，男人找对象，女人健康美丽最重要。

C

1. 陈谷子烂芝麻：喻陈年旧事或无关紧要的话或事。
2. 秤不离砣，公不离婆：指恩爱夫妻不能分开。
3. 吃不穷，穿不穷，不会打算一世穷：劝人节俭。
4. 吃屎冇人开茅池：骂贫而懒的人，也指不能结交朋友、讨人嫌的人。
5. 吃桐油呕生漆：喻得不偿失。
6. 糍粑做圆，好事做全：喻做人要好事做到底。

D

1. 打xiá（蛇）打七寸：喻做事要抓住要害。
2. 大河冇水小河干：指做事要团结，以集体利益为重。
3. 大路朝天，各走一边：①指人要安分守己。②分手后，互不相干。③喻指责对方多管闲事。
4. 大人朗（看、望、希望之意）莳田，细家伙朗过年：大人期望莳田有收获，小孩期望过年有美食吃、有新衣服穿。
5. 戴斗篷打伞：喻多此一举。

6. 读不完的书，杀不完的猪：言事情是做不完的。

7. 端块水豆腐kuā（撞）死：嘲无能之极。

8. 对面火烧山，管你（我）卵相干：言与你我无关，莫管闲事。

E

1. 屙尿莫朗（看）人，朗（看）人下不成：喻屙尿时有人关注则不能排泄，又喻做事不要瞻前顾后，要大胆去做。

2. 屙屎不擦屁股：喻做事不善后。

3. 屙屎不出pài（怪）挑粪箕的：喻做事不成功却无端责怪毫不相干的人。

4. 屙屎捡铜钱，打屁区（吹）得火燃：指人的运气非常好。

5. 屙屎离他三丈远：喻做事远离厌恶者。

6. 饿狗抢屎：喻哄抢。

F

1. 放牛有耍，放马有骑，放羊走烂脚板皮：喻所做的事比较辛苦。

2. 佛要金装，人要衣装：指佛靠金子装点，人靠衣饰打扮，喻形象之重要。

G

1. 高山打鼓，名声在外：自谦有名无实。

2. 告会（教会）了徒弟，饿死了师傅：喻教人学艺，结果被人超越。

3. 狗不恰狗骨头：喻同类不忍相残。

H

1. 好人命不长，坏人烂眼浆：喻好人没得到好报，恶人没得到惩处。

2. 好人做到底，送佛送到西：指办一件事要从头至尾做好。

3. 耗子挺（掉）进白米箩：喻偶然进入优裕环境、庆幸。

4. 黄泥落到裤裆里，不是屎来丫（也）是屎：指是非难辨。

J

1. 家有黄金，外有戥（děng）秤：劝人莫为富不仁。

2. 见人屙屎屁眼痒：喻见他人做事有利而急欲模仿。

3. 见人港（讲）人话，见鬼港（讲）鬼话：喻见风使舵。

4. 奖水（井水）打不干，力气用不尽：指做事不要吝惜自己的力气。

5. 姐姐做鞋，妹妹看样：指榜样的力量，劝人莫做坏榜样。

L

1. 癞蛤蟆打呵欠，好大的口气：指责某人夸大话。

2. 篮子diá（提）泥鳅，溜的溜，拿（爬）的拿（爬）：指队伍中的人以各种不同方式陆续脱队。

3. 懒人屎尿多：嘲找借口偷懒耍滑的人。

4. 懒人有懒福，懒人住瓦屋：喻指不劳而获。

5. 烂dún（伞）竖一角，烂船弯一湾：喻不三不四的人成群结队。

6. 俩呀（爷）崽比卵，都是差不多：指一个样。

7. 俩呀（爷）崽一条短裤：指非常穷。

M

1. 麻雀虽小肝胆俱全：喻功能齐全。

2. 马屎面上光，肚里一包糠：喻表面光鲜，没有一点真本领。

3. 满天麻雀崽，都想去捉到：指到处寻找利益。

4. 米筛夹籤箕，还是差不多几：指彼此相差不大，好坏差不多。

N

1. 男人断掌，黄金万两；女人断掌，麻线冇四两：看手相术语。

2. 牛屎堆太（大）不肥田：喻人虽高大却无能。

P

1. 朋友面前莫说假，堂客面前莫说真：喻朋友相交贵在真诚，夫妻之间却难得糊涂（不要较真）。

2. 碰到甲（个）财神菩萨：指遇事不顺。

3. 屁多冇病，口多冇命：喻祸从口出。

4. 屁股冇擦干净一身臭：喻不能按规矩严格要求自己。

Q

1. 欺山莫欺水：告诫人要慎于水。
2. 砌灰屋：谑他人为子娶妻。
3. 千年修来同船渡，万年修来共枕眠：喻夫妻之缘来之不易，应珍惜。
4. 前世冇做好事：指前世未行善，此生来受苦。
5. 强弱勾上死：指抓阄定胜负。
6. 抢人哭，冇àn（眼）露（泪）：指雇人做事不尽心。
7. 穷得冇屁打：言极穷。

R

1. 人细鬼大：指小孩精灵、心眼多。
2. 人心隔肚皮，饭甑隔木皮：指人心不通，难以相信。
3. 肉碗里倒鱼碗里：喻都是自家人，莫分彼此。

S

1. 三年冇开张，开张恰（吃）三年：指平时经营不好，偶尔有生意却利润很高。
2. 三年冇恰（吃）肉，也看到猪走路：喻某事虽不精通，但也略知一二。
3. 三十晚上的砧板：指一样东西个个都用得着，又指某个东西很抢手。
4. 色gà（架）子：骂男子耽于女色而消瘦者，又指好色之徒。
5. 上磨肩膀下磨脚：指农村人农闲时挑脚挣钱。
6. 生姜总冇得老姜辣：喻新手总赶不上老手。
7. 虱婆虱婆，三日做外婆：指虱子繁殖之快，喻事情来得太急。
8. 时来运转，讨个老婆还怀甲肚子来：喻运道好，一举两得。
9. 屎急wāi（挖）茅池：喻临事措手不及。
10. 世gāi（界）钱，世gāi（界）用：指挣了钱要舍得用，不要吝啬。
11. 手臂长，衣袖短：喻想得到却办不到。
12. 树大开叉，人多分家：喻家庭大了自然要分家。
13. 树怕三摇，女怕三撩：小树怕多次摇晃而难成活，女子怕多次挑逗而走歪路。

14. 树上老哇（鸦）叫，树下有蹊跷：南方人以乌鸦叫为不祥，喻有不祥之兆。

T

1. 踏鞋养千口，费力不养家：指有能力和无能力的区别。

2. 兔子的崽会爬山，耗子的崽会打洞：指动物都有种性，有遗传的天赋，喻家教不好。

3. 桐油罐子，洋油斗子：指学生、学徒学习成绩相当差。

W

1. wāng àn（黄眼）狗：指忘恩负义之人。

2. 王瓜茄子为崽死：喻上辈为下辈不遗余力。

3. 乌龟原是王八种：喻一路货色。

X

1. 席上教子，枕边教妻：受教对象不同，教育的场合也应不同。

2. xiá yà（蛇也）来，pēng yà（蜂也）来：指连续遭到打击。

3. 像甲（个）推谷笼：喻人的反应迟钝，教一步做一步，不能举一反三。

4. 笑假莫笑真，笑真就伤心：指开玩笑只能说不实之事，不能把既成事实当笑料。

5. 鞋不打脚，脚还打鞋：指己方没有责怪对方做错了事，而对方反过来责怪人。

6. xióng（鳙）鱼头，草鱼尾，鲢鱼肚皮鲤鱼嘴：这几种鱼各自最好吃之处。

7. xiù（家）鸡打起筒筒转，yà（野）鸡打起满天飞：喻亲疏不同，受责之后对人的依恋程度不同。

8. 雪狮子见不得太阳：喻阴暗之事不敢公开。

Y

1. yá（爷）娘有告（教）头，养崽上灶头：指家教缺失，子女行为多叛逆。

2. 阎王不要钱，鬼都怕：喻廉洁生威。

3. 阎王要你三更死，莫想留人到五更：喻人的生命都有定数。

4. 羊肉有恰（吃）惹身nāo（臑）：喻没有做成功这事，反而被这事惹上麻烦。

5. 痒处有抓到，痛处抓到了：喻当说的没说，忌讳的地方又说了。

6. 养崽不读书，等于养甲（个）猪：劝人从小要学习文化。

7. 养崽不知娘辛苦，养女才报父母恩：指一般而言，女儿比儿子孝顺。

8. 一代亲，二代表，三代了，四代屙尿瓢：血亲关系在第一代还比较亲密，第二代还是表亲有来往，第三代就不太来往，第四代就疏远了（可能会将尿屙在对方的水瓢里了）。

9. 一粒耗子屎，打外（坏）一锅汤：喻一人做错事，却毁坏了集体的声誉。

10. 一码归一码：喻事情一件件分清，不要混淆。

11. 艺多不养身，崽多不养yá（爷）：指手艺不在多，贵在专精；儿女不在多，贵在孝顺。

12. 有餐有饱，餐餐不饱：喻事先缺失，事后难以弥补。

13. 有恰（吃）有恰，烧炉火jià（烤）：不管其他事，大冷天先烤个火，喻不管三七二十一，先沾点光得点利再说。

14. 又做师公又做鬼：喻为人两面讨好。

Z

1. 崽哭三声，惊天动地；女哭三声，牛马放屁：喻重男轻女。

2. 崽卖牙（父亲）田，不知贵贱：指子孙糟蹋前辈遗产。喻不是自己的东西不知珍惜。

3. 崽太（大）牙（父亲）难做：指儿女长大后，父母对儿女打又打不得，骂又骂不得，左右为难。

4. 早哑（也）阳加洲，亚（夜）哑（也）阳加洲：古时白沙有衡连（衡阳至广东连州）盐道经过，阳加洲以北挑盐的人，必须到阳加洲才能落伙铺，不然第二天的路程又走不完。现喻做事莫急，反正早晚要做完的。

5. 站有站相，坐有坐相：指人的行为不规范。

6. 蒸不烂，煮不熟：喻人意志坚定。

7. 蒸酒打豆腐，称不得老师傅：指各种手艺都学无止境，任何时候都不能骄傲。

8. 只愁养，不愁长：指小孩出生后生长得蛮快。

9. 种像种，蔸像蔸，驼子养崽背哑（也）供（意为弯腰）：指万物有遗传，天性难改变。

10. 捉住是甲猫崽，放脱是甲猴子：责顽童语，指看管严的时候，还算乖巧，稍有松懈，就无法无天。

11. 自己屙屎自己恰（吃）：喻自己犯下的过错自己承担。

12. 走狗屎运：指人的运气好，来得容易。

13. 钻到钱àn（眼）里去了：指一心只图谋利。

14. 做官莫在前，做客莫在后：指做官不要出风头，做客来晚了就什么都吃不到了。喻做事的先后，要根据情况区别对待。

15. 做了婊子还要立牌坊：指人做了坏事，还要狡辩自己做得很对。

16. 做贼瞒不得地方，打屁瞒不得裤裆：喻做任何事情，都会有人知道，不要存侥幸心理，不要为非作歹。

（未完全收集）

第八章　民风民俗

　　白沙镇是因商业、矿业而兴起的千年古镇，是典型的移民乡镇。来自东南西北的外地人，把不同族群不同地域的风俗习惯，带到了这个地方。千百年的通婚、联谊、聚居，使不同的民风民俗在此同化、优化、简化，逐渐形成了具有白沙地域特色，并被白沙人代代传承的民风民俗。

第一节　白沙镇民间节日及习俗

正月十五·元宵节

元宵节又称上元节，正月十五元宵节，家家户户吃元宵。耍龙灯的队伍在正月十五日下午，敲锣打鼓沿白沙三洲走一圈，到河边点烛焚香谢龙，再把龙皮收藏。乡下的有些在本村塘边谢龙。有些家庭条件较好的，父母为小孩定做了牌灯或鱼、兔等动物灯，点上烛火，小孩在街道上、禾坪上、厅屋里耍灯嬉闹，并边走边唱"走元宵，闹元宵，走到明年正月后"。节日的重头戏是"闹花灯"。篾匠、木匠、纸扎等各显其才，制作简单一点的是篾扎八角灯、六角灯。每个角糊上不同颜色的薄纸，提手与灯座相连，活动的灯座可以拉出灯笼外点烛，小孩子提着灯笼满街去"闹"。复杂的花灯要两三个人配合操作才能"闹"起来。如"哪吒闹海""孙悟空闹天宫""仙女下凡""鲤鱼跳龙门"等。二更半时龙进街是元宵节之夜的高潮，龙头探进各家门店商铺，老板热情接待，放炮仗赏红包。

这时候，满街灯光璀璨夺目，喜气洋洋，"闹元宵"一直要玩到深夜。阳加洲的龙舞到街尾太码头"下海"，绣花龙退皮打包，稻草龙卸节焚化。

二月·忌节

农历二月初一，是"二月忌"节。这一天，石臼、磨盘响个不停，家家户户磨米粉做米粑。米粑捏成桂圆大小的颗粒，下锅煮熟，然后一粒一粒穿在竹枝条上。主人来到自家的田间地头，插上带粑的竹枝，烧纸点香，作揖叩拜，一边放声念唱："吊（白沙人对鸟的俗称）崽公，吊崽婆，上年莫恰我家麦，下年莫恰我家禾，年年喂你粑粑坨！"据传说，此法可以糊住吊崽嘴巴，保障庄稼不受雀害。仪式完毕，往回走时不得回头，以免影响吊崽食用，法术失灵。

"二月忌"节，大人小孩个个放量吃米粑，犹如正月十五吃元宵。

三月·清明节

无论离家有多远，清明节都会赶回家乡，挂坟祭祖，到列祖列宗坟头烧一些纸钱，点两支红烛，敬一炷香，用肉、鱼、鸡"三牲"及水果、饺粑等供奉，敬祖祭拜。坟头周围的乱草荆棘用锄头砍刀除去，尽量将泥土堆高。遇有挂野祖抢灵气的人插的"坟条子"要拔掉。给祖坟竖碑，建罗场，均在清明节期间进行。清明节期共十天，即节日的前三天后七天都可以挂坟。有些姓氏为了弘扬祖德，启迪后人，召集族人进行集体祭祖活动（古时候，一些家族有"清明会"组织专司此事），一般提前两个月制订实施方案，做好准备，并提前通知在外地的人。清明祭祖非常隆重，旌旗招展，锣鼓喧天，杀猪宰羊（猪头、羊用抬花抬作祭品），青壮年舞着龙灯。中午办酒，全族人团聚一堂，非常热闹。

三月阳春，草长莺飞，山花烂漫，趁着挂祖扫墓之便，踏青赏春亦在其中。

四月八·吃蛋节

"四月八，吃鸭鸭（鸭蛋）"，这个节日与现在流行的"三月三"吃地菜煮鸡蛋类似。农历四月八日清早，家里大人起床煮鸡蛋、鸭蛋，有的还会将蛋涂成紫红色。小孩子的脖子上，都会挂上一只用苎麻线编织的小兜兜，兜兜分裤衩兜和直兜两种。直兜里装一个鸡蛋或鸭蛋，"裤衩"兜里装两个，蛋的颜色和数量，随大人的喜好而定，没有固定模式。早餐时，桌上摆放盐蛋、淡蛋。家人随意，每人吃一个或数个均可。本地有谚语说："吃了四月八的蛋，田埂踩得烂。"据传说，四月八吃蛋，有滋阴润肺、强身健体的功效。

五月五·端午节

农历五月初五端午节，舂陵河里划龙船竞赛，家家吃粽子，流行已久。这一天，小孩子如同过年，穿戴一新，过去，书香门第还会给小孩子手中添一把白纸扇。年轻人要给分居的长辈和亲戚送"端节"，正在谈情论爱的，男方必须携礼去看望未来的"丈爷老子、丈母娘"。

端午当天，门口悬挂一束菖蒲和一束艾叶避邪，小孩脖子上挂一串蒜头，据说能解毒。中餐是端午节的高潮，全家人上席团聚，首先给小孩的额头和太阳穴涂点用烧酒搅拌的雄黄朱砂，然后大人会喝一点此混合物的烧酒驱邪。

六月·尝新节

白沙镇自古就有过尝新节这个习俗，日期在农历六月"小暑"与"大暑"之间，没有统一固定的日子。各湾场、街道根据最早一批稻谷成熟收割日而自行决定本地的节日。在尝新节的当天中午，人们把收获的新米，单独用碗蒸熟，再配肉、鱼、鸡"三牲"供奉祖宗，祭拜天地。礼毕，全家人围坐餐桌，家中长辈首先吃第一口新粮，然后大家依次品尝。稍停，主人拿碗挑一坨新米饭，夹些肉鱼，把碗放在地上喂狗。据传说，人们吃的稻谷，是狗祖先带来的，因此，人类不能忘记狗恩。

尝新节这一天，在异地工作的儿女和家人都要赶回家来团聚，共庆丰收。有些人家还会请自家的亲戚或未过门的儿媳一起来尝新。

七月十五·月半节

农历七月十五日中元节，在白沙、阳加乃至东路一带，称为月半节，从七月初七下午开始进入节日日程。过去，不满60岁早逝的新亡灵，需要家人提前供奉。正式接"公公婆婆"（又叫接老客），是在初十下午太阳落山之后，一直供奉到七月十五日为止。到七月十五日太阳落山后，又要放鞭炮烧纸钱烧衣包，恭送老客上路。

八月十五·中秋节

新中国成立前，阳加洲中秋节有个独特的习俗——划龙船。上下洲街各有一条，对河下家堡两条，四条龙船八月十五在舂陵河里竞赛。一舟冲过另一舟，并从他人船头绕180度，称"拔峦头"。为什么八月十五会赛龙舟呢？据老辈人传说：在很久以前，桂阳郡刘家五姊妹个个貌美如花，能歌善舞，她们乘船来阳加洲看愿戏。不料偶遇狂风暴雨，春陵河洪水猛涨，她们乘坐的船被恶浪掀翻，姐妹落水。常耒两岸的人闻讯下河救人，三个姐妹被常宁人救起，两个姐妹被耒阳人救走。五姊妹失散，这天刚好是八月十五日。姐妹互盼团聚，两岸渡船往来为其提供方便，但一直未果。之后，她们被称为"刘家五娘"。画像刻在候渡亭的石碑上，成为两岸摆渡的保护神。当年常耒两岸划船救人的场景，演变为八月十五日龙舟赛。

腊月廿四·过小年

腊月二十四过小年（又称扫尘节、祭灶节），各家各户搞卫生，大扫除是过小年的一项主要内容。据老辈人传说，家里人一年来有意或无意犯下的过错，"屋檐童子""土地爷爷""灶王菩萨"等诸神会把过错记载在屋内的某处。腊月二十四日之后，他们会核对抄实，上报天庭，启奏玉帝，或惩或罚。为此，人们赶在诸神行动之前，扫地、抹窗、擦壁、打坛墨（房梁上的灰尘、蛛网），清除凡人无法看见的过失记录。诸神按惯例上天呈报无据，只好以"清白无错"交差，凡人顺利过关，玉帝满意，赐福万民。

白沙镇一带曾经流行一句警告顽童的话："你再胡闹，老子今天就要得你过小年！""过小年"又成了挨打的代名词，小孩听了之后，即刻收敛。从现实生活上来说，腊月二十四距离大年除夕已近，家里干净整洁令人感觉焕然一新，同时采购回来的年货也便于存放，减少污染。从这天起，过年的氛围越来越浓，家家户户忙忙碌碌，准备过大年，迎新春。

腊月三十·过大年

白沙过年非常隆重，农历十二月十五日以后，市场就开始热闹起来了，老百姓开始购买过年物资。白沙周边十多里的人都来赶场，白沙老街天天挤得水泄不通，岔街、横巷、码头边到处是卖东西的摊担。河边渡口码头人满为患，争抢过渡。过年前，青年人要拿礼物（一般是2—3斤猪肉）到舅爷家和岳父家去"辞年"。

农历腊月最后一天（大月三十，小月廿九）更为热闹，称为过年，也是最忙碌的一天，要准备各种荤菜、蔬菜，进行洗切加工制作，准备好敬神用的

"三牲"即一块猪肉、一只鸡、一条鱼（一般是鲢鱼或鲤鱼）。中午12点左右，把准备好的"三牲"和三杯酒摆在神龛前，在神台上、土地神位前、大门口点上香烛，焚化纸钱，敬祀祖先、神灵，并燃放鞭炮。

过年这天的中餐要煮十碗荤菜，鸡、肉、鱼、酿豆腐等都配齐，菜馔丰盛。在厅屋里摆一桌酒席，长者上坐，全家人围席而坐（在外工作、务工、经商的家人，都要尽可能赶回家），称为团年。全家人欢欢喜喜频频举杯，畅谈一年来取得的成绩，尽情品尝丰盛的美食，叫做吃团年饭。

下午把屋场周围及室内打扫干净，门楣贴好春联，大门上贴两幅"门神"年画。

晚饭后，全家人围坐在火炉旁（或柴火灶）守岁，一边喝茶，一边商谈明年的打算。小孩洗"过年澡"，换上新衣服，新鞋帽，大人也准备好新衣服或较整洁的衣服正月初一穿。发给小孩每人一个红包放在衣兜里，称为"订岁钱"（又叫压岁钱），小孩欢欢喜喜去睡觉。主妇在柴火灶里放两根较粗的杂木柴，接火后用红火灰掩住，意思是保持旺盛的火迎接新年，预兆新年家业红红火火。大人守岁到亥时末（晚上11点前），燃放鞭炮"关财门"（把大门关上）。午夜零点开始，各家各户陆陆续续"开财门"（把大门打开），鞭炮声、礼炮声，响声不断。开财门时，在家里为主的先起床，洗漱后把"三牲"酒礼摆在厅屋中的方桌上，先在厅屋里放一封鞭炮，再把大门打开。再在神台上、土地神位前、大门口点上香烛，焚化纸钱，燃放鞭炮。开财门后，全家人陆续起床，洗漱毕，围坐在厅屋的方桌四周，长辈上坐。桌子上摆一个团盒，内装福圆、糖粒、花生、瓜子等（有些还摆两盘水果），燃放鞭炮，倒好烫温的湖之酒（不喝酒的用红糖开水），全家举杯相庆，互祝"新年快乐""身体健康""万事如意"等，称为"拿财"。

正月初一到十五为请春酒和拜年活动时期。初一早餐后，厅屋桌上摆好团盒、酒杯，准备客人来拜年时"拿财"，如大人带小孩来拜年，每个小孩要装一盘子的零食（盘子里盛花生、饼干、糖粒等）。白沙拜年很有讲究，俗话说"初一崽，初二郎，初三初四随便行"。如果儿子儿媳与父母分居的，正月初一，儿子儿媳首先拜父母的年，初二做女婿的携妻带小孩拜岳父、岳母的年。正月第一次出行，要讲究方向，如今年大利东西，首先就往东西方向的亲戚朋友家去拜年；如果今年大利南北，首先就往南北方向出行。过去拜年的礼物很简单，一般是一个糖包，内装半斤左右的红砂糖或饼干或干桂圆，糖包用粗厚的包装纸包成一个长方体，上面贴一张约1寸宽的大红纸，以图吉利。

正月初一上午，龙灯队（或狮灯队）到湾村、街道耍灯拜年，龙灯队都是双龙，狮灯队有单狮、双狮。龙灯（或狮灯）队首先在本湾走一圈，到各家大门口舞一下龙头（或狮子）表示拜年，各家各户燃放鞭炮表示接龙接福。然后再到街道上去，上片的龙灯队从上洲沿街往下走，下片的龙灯队从下洲沿街往上走。到各家大门口舞一下龙头或（狮子）表示拜年，发放一张拜年帖子，各家各户燃放鞭炮表示迎接。之后到较宽阔的地方进行耍灯舞龙表演，观众放鞭炮助兴，锣鼓喧天，非常热闹。耍灯毕按原路返回，各家用拜年帖子包个红包交给龙灯队。过年期间，有些湾村还会请戏班子唱戏，增加节日气氛。

白沙请春酒，一般都先预约日期，亲戚之间交叉安排。请春酒一般在正月初八前，有些客多的分两次、三次请，也有些分男客、女客请年饭，但必须在正月十五日之前完成。

第二节 白沙婚姻风俗

白沙婚姻风俗，既具有传统文化特征，又独具浓厚的地方特色。

一、订婚风俗

在新中国成立以前，白沙基本上是凭"父母之命，媒妁之言"来决定男女婚姻。男方父母物色到适合的姑娘，请媒人去说合。有些是媒人根据双方的家庭条件和男女青年个人情况，进行摸底配对。考虑门当户对，认为基本合适，媒人则到男方家进行说合，介绍女方情况。征得男方父母同意后，媒人再到女方家说合。女方父母经过了解和考虑后，认为可以结亲则回信给媒人。媒人再把女方的生庚日期告诉男方。男方父母找一位算命先生为男女合"八字"（即出生的年、月、日、时辰，因皆用两个字表示，共有八个字，俗称"八字"）。如两人的"八字"相合不相冲（相冲则罢），媒人则告诉女方，并征求意见，由女方提出有关要求。女方初步同意后，会约定时间，请自家的伯娘、婶婶、姑姑、姨叽（姨妈）、大嫂等成年女性亲戚，一起去男方家看看，名曰"看档"。目的是考察了解男方家庭情况。"看档"满意后，便可接受男女订婚。男方找一位择日先生，选定吉日准备订婚。媒人把订婚吉日告诉女方，并邀请女方全家和主要亲戚如期做客。男方提前将订婚吉日通知亲戚朋友。

订婚之日清晨，男方长辈虔备纸钱、香烛在中堂神龛前敬祀本宗历代先祖，在大门口敬祀天地神灵。早餐后，在中堂摆一连席（即两张方桌靠拢并列），铺上红毡毯，桌上放两个红色果盒（白沙人称"团盒"），团盒上摆放一块千年红布。

男方派一代表与媒人到女方家去接客。客人快到男方大门口时，燃放鞭炮，迎接贵客。客人进屋后，安排挂红道喜。订婚男女二人在上席居中就座（男左女右），安排女方长辈或为主的两人在上席就座，其余围席而坐。一般安排四轮敬酒，每敬一轮，男方陪客恭匾（致祝词），祝词一般为"良缘凤缔、佳偶天成、花好月圆、白头偕老"之类。敬第二轮酒时，男方一个福气较好（子女双全）的亲戚或族人为订婚男女挂红（即把摆放在团盒上的千年红布披在男女双方肩上），并祝贺。男方发给女方宾客每人一个红包。

酒宴毕，男方准备一座抬盒（又称"抬花"），下面一格放烧饼，中间一格放花生、瓜子，上面一格放送给女方的礼品（20世纪70年代前没有成衣店，都是布料），一般为四套衣服的布料，两双鞋袜，条件较好的有金耳环、金戒指、金手镯等。男方派人把抬盒送到女方家。

订婚，意味着这对男女确定了婚姻关系，之后双方有什么喜事或传统节日，可互相往来。

白沙订婚酒一般不接受客人的贺礼、礼金，凡是订婚所请的亲友，结婚办喜酒时一定请他们做客，并接受贺礼。

二、结婚喜庆风俗

男方打算什么时候办结婚喜宴，事先请一位择日先生把结婚日期定好，并用红纸书写结婚吉日，通过媒人向女方预告佳期。20世纪70年代前没有成套家具专卖店，置办家具嫁妆需要请木工师傅到家里加工或到家具厂预订，所以，一般要提前两至三个月把结婚日期通知女方，以便做准备。

结婚请客，由择日先生用红纸写好请柬（现在都用印刷好的请柬，只需填写姓名、日期、内容等），一般提前三至七天送发到被邀请人手里。凡是亲戚、家族、邻居和父母的朋友、同学等一律以父母的名义请，新郎、新娘的朋友、同学等则以新郎新娘的名义请。

结婚的头天下午，男方要过礼到女方家，需准备两座抬盒。一座抬盒放猪肉（一般60—80斤），也有的把猪肉折算成礼金。对女方的长辈亲戚按户头另送一块约3斤重的猪肉（俗称"过桌"），如爷爷奶奶、外公外婆、舅父、姑父、姨父、叔伯等每家一块猪肉。另备好一对鸡、一对鱼（俗称"离娘鸡""离娘鱼"）。另一座抬盒，下面一格放米（一般9—19斤），中间一格放花生、瓜子等，上面一格放女方的结婚服装、新鞋袜。另摆一块茶盘，内放给女方敬神用的"三牲"（鸡、肉、鱼）、纸钱、香烛、两瓶酒等。准备六个红包，即礼金、叩神礼、开脸礼（为女方化妆）、捡花礼、偿郎礼（拜草用）、花园礼（结婚先天〈前一天〉晚上招待来陪伴女方的朋友、伴娘用）。

白沙对结婚喜事非常重视,也办得非常隆重。结婚的先天,大门、客厅及各房门均贴好大红对联。大门正上方悬挂一个米筛,米筛上安放一面镜子、一把尺子、一把剪刀,这些都是用来辟邪的。

结婚喜日的先天晚上举行晚宴,酒席丰盛,十大碗菜。上席四个座位安排祖党、母党、媒人、亲爷(或家族长辈)就座。媒人上坐俗称"待媒"。女方家先天晚上要举行"伴嫁"仪式。办两桌酒席,邀请至亲和女友来家聚会,吃饭后,喝茶谈天陪伴新娘,畅诉往日友谊和离别之情,说到动情之处,大家都落泪痛哭,这种场面叫作"哭嫁"。有些做娘的因舍不得女儿,在先天晚上或第二天女儿出嫁时落泪痛哭,也称为"哭嫁"。

婚礼当天的清晨,男方家用香烛、纸钱在中堂神龛前敬祀历代先祖,在大门口敬祀天地神灵。

新中国成立前,有条件的人家,准备两乘轿子去迎接新娘。第一乘轿子,由一个福气较好的女性长辈带一个小男孩坐(称为"踩路"),第二乘轿子是花轿(新娘坐)。早餐后,组织迎亲队伍去迎亲。迎亲队伍的组成、排列如下:

1. 最前面的,一个放鞭炮,两个开锣(开锣的肩扛红色喜字旗,铜锣挂在旗杆上),两个吹喇叭的。

2. 亲娘、亲爷,媒人,男方代表,一对少男少女。

3. 两乘轿子("踩路"轿走前面)。

4. 搬运嫁妆人员。

5. 一套锣鼓响器。

到女方家时,鞭炮齐鸣,女方家安排男方迎亲人员挂红道喜。道喜后,帮忙人员则搬运嫁妆和过礼来的两座抬盒起程(抬盒内装放新郎的衣服、鞋袜和梳妆台上的用品)。再由亲娘陪伴新娘上轿(有些新娘用红盖头),踩路的人坐第一乘轿子走前面,第二乘是花轿。迎亲队伍启程后,男方代表陪同女方宾客启程。

男方请一位礼宾先生(一般由择日先生担任)主持婚礼仪式。在大门口并列摆放两张方桌,陈设"三牲"酒礼,放一块砧板,上置三把菜刀及盐茶米等。花轿到大门口停下,放鞭炮迎接,亲娘扶新娘下轿在大门口稍停,礼宾先生敬神后读"斩草文",杀雄鸡,撒盐茶米(称为"斩草")。新郎牵着新娘进屋,在中堂神龛前三鞠躬。

行礼毕，亲娘陪伴新娘进入洞房，新娘把房门拴住。礼宾先生陪伴新郎邀请新娘拜堂，新娘故意不开门，礼宾先生则唱打门歌：

- 关关雎鸠两边排，在河之洲引郎来；
  窈窕淑女房中坐，君子好逑把门开。

- 礼生引郎到房边，洞房里边是桃园；
  王母也要迎宾客，请你开门接状元。

- 一对银烛放毫光，好似梁鸿配孟光；
  门内是个神仙女，门外是个状元郎。

- 桃之夭夭花正开，其叶蓁蓁引郎来；
  之子于归房中坐，宜其佳人把门开。

- 快把桃园洞府开，月宫仙女下凡来；
  今日状元新及第，百年夫妻永和谐。

- 好年好月好吉良，好日好时好鸳鸯；
  好夫好妻好贵子，好男好女好成双。

- 好男好女好成双，好女今日配好郎；
  好日好时好交拜，好亲好眷好帮忙。

- 我引郎来趁时良，良时已到好拜堂；
  佳人才子两相会，日升月恒麟趾祥。

- 笙箫鼓乐引郎来，引得郎来门不开；
  请问淑女是何意，莫叫才郎眉不开。

- 引得新郎到洞房,紧闭房门不应当;
  淑女牙床锦被盖,新郎门外全身凉。

- 你要唱歌我又唱,多唱几首又何妨;
  只怕新人门外站,口虽不言心中慌。

- 贤良新娘好商量,劝你早早开洞房;
  时日如梭容易过,满堂宾客等得慌。

- 唱了一番又一番,唱得肚饥口又干;
  门内不知门外事,坐者容易站者难。

- 房中姐妹七枝花,听我唱歌笑哈哈;
  硬把房门紧紧闭,麻烦亲娘把门打。

- 房中姐妹闹沉沉,为何今日不打门;
  再请媒婆开玉锁,免得新人心不宁。

- 打门娘子笑呵呵,打开门来人又多;
  两边都是插花姐,不知哪个是嫦娥。

一般唱了几段打门歌后,亲娘就会把门打开,最多唱十几段就会打开房门。门开后,亲娘、新郎陪同新娘到正厅举行拜堂仪式。

礼宾先生主持婚礼:

1. 新婚拜堂仪式开始,鸣炮。
2. 奏喜乐。
3. 新郎新娘面向大门并立,一拜天地。
4. 新郎新娘面向神龛,新郎父母在神龛两侧就座。二拜祖宗、高堂。
5. 新郎新娘对立,新婚夫妇对拜。
6. 礼成,鸣炮,新郎送新娘入洞房。礼宾先生随同进入洞房,站在床前,手拿五粒红枣,往东撒一粒,并恭匾:"撒帐东,一朵金珠配芙蓉"。往南撒一粒红枣，并恭圆："撒帐南，一对鸳鸯齐下凡"。往西撒一粒红枣，并恭圆："撒帐西，一对凤凰枕上栖"。往北撒一粒红枣，并恭圆："撒帐北，琴瑟静和两相得"。再往中央撒一粒红枣，并恭圆："一粒红枣撒中央，一支文笔偷玉香；今晚洞房花烛夜，他年金玉庆满堂"。

拜堂礼成之后，用两张方桌摆一连席，新郎新娘上席居中就座（男左女右），送亲宾客长辈或为主的两人上席就座，其余上宾围坐挂红道喜，敬酒四轮并致祝辞。敬第二轮酒时，男方一个福气较好的长辈（子女双全）把放在果盒上的千年红布披在新郎新娘肩上，并恭圆。另发给每个上宾一个红包。

挂红道喜后，新娘到新房休息。亲爷、亲娘为新郎新娘铺床，并在枕头下放两个红包，以祈幸福美满，如意吉祥。

结婚喜宴，在厅屋上方并排摆两桌，上首四个席位，分别为上宾、祖党（新郎祖母娘家代表）、母党（新郎母亲娘家代表）、家族长辈各一个席位，其余上宾围坐，每桌安排一人陪席，负责端菜、敬酒、装饭等服务。除上首两席外，厅屋两边摆南北席，一般按年龄或辈分就座。结婚喜宴称为"正宴"，菜肴十分丰盛，杀猪宰羊，十碗见荤。酒水也多种多样，有本地酿制的茹米酒、高粱酒，也有瓶装白酒。随着社会的发展，现在还有啤酒、饮料、葡萄酒等。出肉时，会放鞭炮，名为"腰席"，新郎新娘向宾客表示感谢，新郎手拿酒瓶、端着酒杯从上席起逐桌敬酒，新娘则紧跟敬烟。新郎的父亲也逐桌劝酒、道谢。

有些还礼行交杯酒仪式，用茶盘端三样菜两杯酒到洞房（或客厅），礼宾先生主持，新郎新娘各端一杯酒，手臂相交饮酒，饮酒四杯，每饮一杯礼宾先生恭几句祝词。

酒宴毕，帮忙人员在大门口坪地摆一连席，上放菜肴酒杯。送亲宾客准备返回时，大家将为主的上宾拦住，重新敬酒，俗称"起马杯"。饮酒毕，由事先安排的几个帮忙的青年人举行拜草礼。一个人把草席摆在为主上宾的面前，两个人拖着新郎跪在草席上拜上宾。每拜一次，上宾就拿出一个红包，拿茶盘的人立即将红包接住。每走几步又来一次，反复几次后，上宾代表拿一块千年红布或一块新毛巾放到茶盘里，意思是到此为止，不要再拜了，帮忙人放鞭炮送客。

送走上宾后，亲娘领着新娘来到厨房，行谢厨礼。厨师先将一口铁锅放在灶上，内盛清水，新娘手拿竹刷（又称"选竹"），在锅内刷三下，厨师在一边致祝辞："选竹刷一下，新娘嫁了个好人家；选竹刷两下，早日生个胖娃娃；选竹刷三下，白头到老人财发。"新娘表示谢意，拿几枚硬币丢入锅内，并拿一个红包放灶台上作谢厨礼。

结婚当天晚上，新郎要好的朋友、同学、同事等前来闹洞房，说笑话、开玩笑，有的给新郎新娘打花脸，有的爱好文学便吟诗作对。总之，形式多样，气氛热烈，喜气洋洋。

结婚第二天，新婚夫妇手提礼品去岳父母家做客（俗称"回门"），女方家一般是结婚第二天中午做喜酒。

第三天，新郎到女方家请岳父母来家做客（俗称"看三"）。过去，女方父母在结婚当天一般不来送亲，要到第三天才到男方家做客。

三、移风易俗，形式多样的现代婚姻风俗

随着社会的发展，一些传统的婚姻风俗也在不断革新。新中国成立后，国家颁布的《婚姻法》提倡男女平等，婚姻自由。封建时代传承下来的"父母之命，媒妁之言"的婚姻模式被新时代的潮流冲破、取代。

新中国成立初期至20世纪80年代，逐步形成了"媒人介绍、父母参考、自己做主"的婚姻模式，花轿迎亲、拜堂仪式等都被取消。

20世纪80年代以后，随着改革开放的不断深化和人民文化素质的普遍提高，年轻人基本上是以他人介绍作为引线，自由恋爱。举办婚姻喜事的形式也更多样化。一部分人还是择定日期，邀请亲友，举办喜宴。礼节方面虽然沿袭了一些传统做法，但简化了许多。现在有条件的家庭操办婚事，用车队迎亲，在酒店举行隆重的婚庆活动。

第三节　白沙寿诞喜庆风俗

一、一周岁至五十岁生日的喜庆风俗

庆寿是民间一项重要的喜庆活动。白沙凡是满周岁或过"大生日"（指整十岁的生日，如十岁、二十岁等，以此类推）基本上会做生日酒宴，请亲朋好友来做客。

生日的先一天晚上举办酒席（俗称"宵夜"）。生日的当天清晨，主家在家先神龛前和大门口焚香化纸、燃放鞭炮，敬祀祖先、神灵。青年人逢大生日，宜点中号寿烛（俗称"字烛"），寿烛上的字一般是"生日快乐""吉祥如意"等。早晨8点左右，为寿星（过生日的人）挂红道喜，前来庆生的亲朋好友作陪。寿星是小孩和年轻人的，一般是挂照红（照红是把千年红布摆放在团盒上，红布不披到寿星肩上）。早餐吃面条（俗称"长寿面"），中餐为正宴，奉请所有宾客。酒宴散席后，发给每个客人一个礼品袋（俗称"捡茶"），内装烧饼、眉毛酥、糖果、水果等物。

白沙人为避讳"死"这个字眼，小孩子不过"十"岁生日，因为"十""死"音近。过了九岁直接过十一岁生日。因此，白沙人都有虚岁（跳了一年）和周岁（实际年龄）两个年龄。

二、六十岁以上寿诞的喜庆风俗

人满六十岁，称为满花甲，六十岁及以上的寿诞都称为大寿（意为高寿），所以其喜庆活动举办得较为隆重。所有的亲戚，关系较好的朋友、同事、街坊邻居等全部奉请。请客一般提前三天通知，路途较远的提前七天通知。

寿诞前一天上午，搞好卫生，摆好桌椅板凳，大门口贴好寿联；下午，客人陆续来到。女儿、女婿则要准备一座抬花，抬盒一般用三格，底层一格是烧

饼（一般100个），中间一格是花生、葵瓜子，上面一格是衣服（或布料）、鞋袜、鞭炮、礼炮等。另炒十个腊盘子（宵夜用），放中间一格。腊盘子一般是腊肉片、猪耳朵片、炒蛋片、干鱼仔、香肠片、油豆腐片、干牛肉片、腊肠子、猪肝片、香菇、木耳等。有些讲究的女儿、女婿，还会特制一面寿彩，寿彩上绣着"花甲重开""古稀齐眉""耄耋齐眉"等字样。送抬花、寿彩沿途放鞭炮，有些还请人敲锣打鼓，非常热闹。晚餐做宵夜宴，上首两张方桌并排摆好，祖党坐一席，母党坐二席，家族长辈坐三席，政界领导或其他亲戚年长者坐四席，其余人随意。宵夜后，有些还请戏班唱戏，非常热闹。

寿诞当日，清晨，主家在家先、土地神龛前和大门口焚香化纸，祷告神灵，燃放鞭炮，然后在神龛前点燃寿烛（俗称"龙烛"），长辈亲戚送的寿烛居中，其余依次排列。8点左右，在正厅上首用两张方桌摆连席，桌面上铺红毡毯，中间放两个果盒，上面放一块千年红布。寿星夫妇居中而坐（男左女右），两边坐年长者，其余围席而坐。一边一个招待员负责筛酒（即斟酒，一般是红葡萄酒或红黄色饮料）。酒敬一轮，大家举杯起立，年长者代表大家致祝辞。酒敬二轮，年长为主者拿千年红布披在寿星夫妇肩上（有些看八字后，只能挂照红），并恭匾，之后燃放鞭炮、礼炮。共敬酒四轮。挂红道喜后，早餐吃面条和生日蛋糕。

中午为正宴，一般有十碗菜，第六道菜出肉碗时，放鞭炮、礼炮（俗称"腰席"）。腰席后，寿星夫妇（年老或身体不便的寿星由儿、儿媳代替）手端酒杯，轮番到各席敬酒、散烟。散席时，发给每个客人一个礼品袋。随着时代发展，人们的物质生活水平不断提高，现在大多数主家改发小红包代替礼品袋。

七十岁或以上的寿诞，家庭条件较好或有一定名望的人，其女、婿、族人或关系密切的朋友、同事会提前订制木制横匾，黑底金字。一般是女儿、女婿送匾的居多。生日的前一天下午组织送匾。送匾队伍一般排列如下：

1. 放鞭炮
2. 两人各执一面寿字旗（方形，一般2尺4寸见方）
3. 两人吹喇叭，大锣大鼓
4. 抬盒
5. 木制寿匾（由四人抬）
6. 其他送匾人群

7. 锣鼓响器

送匾队伍到主家大门口时，暂时停止，由礼宾先生主持接匾仪式，朗读"迎匾文"。焚香化纸放鞭炮，礼毕，送匾人员把匾抬至正厅，主家安排人把匾挂好。

三、拜寿礼仪

凡是挂了寿匾的，早餐后举行拜寿仪式。厅堂正中挂一个大寿字，摆一张方桌，方桌两边各放一把椅子，礼宾先生站在一旁司仪。拜寿仪式一般为：

1. 礼行拜寿，鸣炮
2. 寿星夫妇就座（男左女右）
3. 奏大乐
4. 礼行拜寿，奏小乐（用笛子、胡琴奏乐）

①长男、长媳拜寿（跪拜，三叩首）

次男、次媳，三男、三媳……依次拜寿（跪拜，三叩首）

②长男、长媳向寿星夫妇敬寿酒、敬寿果

次男、次媳，三男、三媳……依次敬寿酒、敬寿果

③长婿、长女拜寿（跪拜，三叩首）

次婿、次女，三婿、三女……依次拜寿（跪拜，三叩首）

④长婿、长女向寿星夫妇敬寿酒、敬寿果

次婿、次女，三婿、三女……依次敬寿酒、敬寿果

⑤众孙、孙媳拜寿

⑥众孙女、孙婿拜寿

⑦众外甥、外甥媳拜寿

⑧众侄、侄媳拜寿

⑨众侄女、侄女婿拜寿

⑩其他人（如徒弟、学生等）拜寿

5. 礼成，鸣炮，奏大乐

随着时代进步、社会发展，白沙寿诞喜庆活动在基本保留传统风俗的基础上，也在不断革新，朝着更加高尚、文明、简化的方向发展。

第四节　白沙乔迁新居风俗

白沙人建了新房，或旧房子拆除重建后，搬入新房居住（俗称"进火"）时，一般都要举行进火仪式。白沙镇范围内进火风俗大同小异，因区域不同，具体做法稍有区别。

一、进火前的准备事项

新房子建好以后，主家打算在某年某月进火（一般在农历八月以后），事先找择日先生择定良辰吉日，确定某月某日某时进火。主家提前做准备，把新屋的环境卫生打扫干净，把原来的家具搬到新屋。如需置备新家具，1970年前都是请木工来家里做或到木工厂订制。1970年后有现成的家具售卖了，大都是买现成的家具。

主家在进火前3—7天告知亲戚、家族和关系较好的朋友、邻居。1970年前交通、通信都不便，相距较远的亲戚需提前写信告知。

乔迁新居的先天，请厨师进屋，准备菜馔。择日先生先天来写新居对联。1960年前大部分是土砖屋、抖墙屋、土木结构，一栋两层，山墙青瓦屋面，第一层为主房，第二层较矮作放杂物用。所以第一层每扇门都要贴大红对联，第二层不需贴。1970年后推广建红砖屋，1990年后都是砖混结构，楼层也增高了，一般2—3层，也有4—5层的。第一层每扇门和二、三层的住房都贴对联，有些在二、三层楼梯间入口处也贴一副对联。

先天晚上要办宴席（宵夜），请亲戚、族人、好友、邻居来做客，酒席丰盛，十样菜。

白沙有"接火"的风俗。事先物色一户福气较好的亲戚或族人（比新屋主人应年长一辈，如是平辈年龄应大于新屋主人），并提前和对方商量好。白沙进火的时辰在子时至卯时这个时间段，接火夫妇先天晚上就要到新屋去。主家准备好敬神用的"三牲"（鸡肉鱼）、酒水、纸钱、线香、蜡烛、盐茶米、鞭炮、挂红团盒等放在新屋里"接火"用。

进火先天晚餐后，主家准备一担箩筐，箩筐里放食油一瓶，食盐、酱油、茶叶等各一小包，米2—6斤，菜碗饭碗各八个，筷子八双，砧板一块、菜刀一把、小鼎锅（或锅子）一个，柴一小捆（用红纸条绕一圈以图吉祥）。1970年后逐步推广烧藕煤，如主家不是烧柴火，是烧藕煤或燃气，就要准备一个小型藕煤灶，进火前把火烧旺，随灶准备4—6个藕煤。

1960年前，有电筒的人很少，进火的时间又在晚上，路上行走不方便，所以主家要提前准备几个火把，用干小竹子（捶裂）、麻秆、杉木皮等扎成，以备进火时点燃路上用。点火把有两个原因：一是因为乔迁，在原住房点燃火把，寓意把火种接到新屋，薪火传承，世代兴隆；二是路上可以照明，方便行走。1980年后基本上不烧柴火了，改烧藕煤，就把藕煤灶烧旺，不用火把了，路上用电筒照明。

二、乔迁新居程序

进火吉时的前一刻钟在原住屋神台前、土地牌位前、大门口、厨房灶前点香烛、化纸钱，向家先、神灵禀告进火事宜，保佑大吉大利。吉时一到，将两个火把在柴火灶中点燃，燃放鞭炮启程。进火人数一般是双数，主家人员之外，另加2—3个送火人员。进火人员的排列为：

1. 一个送火人员走前面燃放鞭炮。
2. 一个拿火把的走第二。
3. 进火人家为主的男性挑箩筐（也可由送火人挑，快到新屋时再由主人挑）。
4. 进火主家人员。
5. 一个送火人员拿一个火把走最后。

（如路途稍远，则要准备几个备用火把）

快到新屋时，接火夫妇在新屋神台前、土地牌位前、大门口、厨房灶前点烛插香，焚化纸钱。进火人员快到大门口时，燃放鞭炮迎接，接火人手拿盐茶米从大门内往外撒出去，在大门口把箩担接过来直接挑到厨房里，把火把接住放入柴火灶内引燃柴火。如是藕煤灶，把过火藕煤灶里的红煤球夹放在厨房藕煤灶里。现在很多人家烧燃气，如是燃气灶，则把燃气开关拧开点火，灶上烧开水或煮东西就行了。

进火后，全家人在神台前肃立，行三鞠躬礼，礼毕在厅屋摆一联席（根据房子大小也可摆一张桌子），桌子上放一团盒，上盖一块千年红布。为主的夫妇坐上席（如为主的是中青年人，上有年老父母，上席让父母坐）。接火夫妇坐两旁主持挂红，其余人员围席而坐。酒至第二轮，燃放鞭炮，接火人手举酒杯恭匾，并拿贺火红包交给主人，其他在场亲戚也拿红包祝贺。

进火当天的早餐一般是三鲜粉或面条。早餐后，安排两人接待来宾和收贺礼，并有专人负责茶水。中餐为正宴，酒席十分丰盛，准备"十大荤"。坐席安排一般是一席祖党，二席母党，三席族党，四席建房施工负责人。如有上级领导或贵宾来贺火，坐席则酌情调整。宴席出肉时，燃放鞭炮、礼炮，主人从上席开始逐桌敬酒敬烟。吃完酒席后，当天下午亲戚朋友向主家告辞回家。

三、乔迁新居喜事中的几个具体事项

1. 进火先天晚餐后，主人家如在新房安排事情，最迟在晚上11点前要离开新房，因为超过晚上11点就算子时，属第二天的时间了。

2. 如主家暂时借或租别人的房子住，进火起程前，在大门外敬天地神灵，并叩请本宗家先就行了。

3. 如进火主家原住屋神台上有祖辈或父母遗像，应在进火前1—3天把遗像安放到新屋神台上或挂在神台旁墙壁上，否则要到进火满7天以后再安排此事。

4. 进火后，有些主人家讲究7天内不花钱的习俗。具体有两种做法，一是进火当天把必要的开支付出，以后7天内不付钱出去；二是主人家事先拿一些钱放代理人手中，进火当天由代理人付钱，主人7天内不用钱。也有些人不讲究这个风俗。

5. 随着社会发展，有些人在外地购置住房，如在本县城或相邻县城购房，进火便用汽车，不用火把或电筒了。进火启程要估计路途时间，必须在择定的吉时内进新居。如在外省或在很远的地方购房，进火时就不再回老家，在新房所在地按择定的吉日吉时进火就可以了。

6. 离家较远的亲戚，当天不能返回的，则安排在其他亲戚家或旅店住，如在新房住，则要住满7天，至少要住满3天才能走。

7. 其他具体事项根据情况按风俗常理处理。

（资料来源：罗育达）

第五节　白沙办理丧事风俗

白沙丧事办理风俗，具有浓厚的地方特色。

一、脚份风俗

白沙古镇一条绵长而弯曲的老街上，居住的街坊邻里，都是五门杂姓，起源于明清时期，来自江西、福建、湖北等省，以及衡南、桂阳、耒阳等地生意人和手艺人，他们在白沙定居后所繁衍的后裔。听老一辈讲，白沙是百家姓口岸，方圆几十里也唯有白沙是百日市场。在人丁兴旺时期，街坊邻里为了方便红白喜事的操办和公益事业管理，先辈们就在这条长街上，划分了很多段落分别管理，也就是现在白沙古街上称的"脚份"。

脚份一共分为八份，即：张家塘脚份、到塘里脚份、丁字街脚份、傅家巷脚份、中洲脚份、桥边脚份、万家巷脚份、兴隆脚份。这八个脚份大致划分的范围是这样的：从新湾里（原从半边街）至苏家井码头，为张家塘脚份；从丁字街南端往西至公路旁，为到塘里脚份；从到塘里东北端至井边街南端，为丁字街脚份；从井边街到傅家巷，为傅家巷脚份；从新码头至厚家桥，为中洲脚份；从水口山（即王家湾里）至米码头上三间房屋一条石路为界，为桥峰脚份（原桥边脚份，后来由于王家湾人口增加，加上又是一姓的，王家湾自行由湾村管理，改为从桥边的大樟树至米码头上三间房屋一条石路为界，为桥边脚份）；从米码头至顶峰码头，为万家巷脚份；从顶峰码头至兴隆庵码头，为兴隆脚份。一个脚份又分为上半脚与下半脚。现最大的脚份是张家塘脚份，最小的是中洲脚份。现只有万家巷脚份分了家，即从米码头至蟑蛛织网石路分为上半脚，蟑蛛织网石路至顶峰码头为下半脚。以上的脚份范围管理方式迄今保留原状。

每一个脚份，大家都推荐了几个热心人，负责脚份内的一些公益事业。他们会牵头组织街坊邻里出钱、出力，来维护本脚份内大小公共事务的运转，如街道路面维修、码头修建、水井管理、端午节划龙舟、过年舞龙灯等。每个脚份都有一套锣鼓响器、大旗，旗帜上绣有本脚份名号，还有一套白喜事的用具。这些公用品，脚份都有专人管理，有公共地方存放、保管。特别遇上白喜事，一个脚份范围的街坊邻里都要出钱烧纸恰酒，还要义务帮忙。脚份的负责人，按脚份上乡规民约的管理制度，将事务安排得井然有序，主家不需要操心劳力，只出钱办酒席和做孝子，一切劳心劳力的事都由脚份上安排。脚份上白喜事劳力的安排，年满18岁至50岁以下的健康男丁，为脚份上的主要劳力，25岁至60岁以下健康的妇女负责做些杂事。在这两个年龄段的人，由脚份上负责人登记名号，分成班次进行统一管理，每办一件喜事，都要出榜公布名单及班次，确保公平公正公开，以使街坊邻里和睦相处。

二、丧事风俗

白沙老年人逝世后，立即通知就近亲戚和脚份理事会派人前来帮忙。孝眷准备一口铁锅放在亡者床前，锅底铺一张白纸，上书"虔备钱财无数，故父（母）老大人（老孺人）×××查收，孝子×××、孝媳×××、孝女×××、孝婿×××……领同合家，×年×月×日谨具"。铁锅旁插三炷线香和两根蜡烛，放一碗清水，众孝子跪着，在锅内焚烧纸钱。隔一阵就烧一根苎麻（古时都是有孔铜钱，苎麻用来把铜钱串起来），纸钱烧好后，移放一旁冷却。

取水：准备到附近水井去打水（水给亡者抹澡用），放鞭炮的走前面，手提一个篮子，内装鞭炮、香、烛等；开锣的走第二；孝长子身披预备给亡者穿着的寿衣，走第三；后面是提水壶的和其他人员。到水井边后，在水井旁点香烛，敬水神，另将几枚硬币投入水井中（意为买水钱），然后用水壶在井中取水。

沐浴：取水返回后，将水倒入盆内，准备一块新毛巾。由直系亲属（如儿子、儿媳妇、女儿、女婿等）把亡者身上的衣服脱掉，用毛巾浸水拧干，在亡者额头上抹一下，胸腹部抹一下，两只手臂各抹一下，两条腿部各抹一下，背部抹一下，共抹七下（俗称"抹七下"），抹好后即可为亡者穿着寿衣。

穿寿衣：寿衣一般为三层，里面一件白色内衣，外穿一件双层长衫（里层为红色，外层为黑色）；寿裤也是三层。亡者头戴一顶皂色寿帽，脚穿黑色寿鞋（鞋底为白色，分布七个黑点，寓意脚踏北斗七星）。穿戴好后，用一张白纸遮盖亡者脸部。下垫一床白色兜被，上盖一床红色寿被。

亲戚乡邻把棺材移至中堂（亡者是男性的稍靠左，是女性的稍靠右），棺材放在两条长木凳上，内用粉煤或石灰粉垫底（也有用木炭粉的），底层上面用白纸铺好。由四人各执兜被一角将亡者遗体抬至孝堂，暂放地上（下垫草席，男左女右），称为"收尸"。约停十余分钟，再将遗体放置于棺材内。棺材上方四角垫少许纸钱，把棺材盖架搁在纸钱上面，并不完全合拢。棺材下面点一盏茶油灯（称为"长明灯"），用圆形麻篮罩住。灯是给亡者行走在黄泉路上照明所用。亡者入木后，孝子把亡者用的草席、稻草床垫等拿到山川边焚烧。

诸事处理妥善后，孝家立即请地理先生，选择盖棺、出殡、安葬日期、时辰。治丧时间一般为3—7天。日期确定后，由家族长者或理事会负责人员陪同孝子到亲戚朋友处上门下礼，并告知出殡安葬日期。亡者是男性，则先到本姓家族报孝行礼；亡者是女性，则先到外氏家（舅家）报孝行礼，然后再到其他亲戚、朋友、乡邻等家报孝行礼。路途较远的，在20世纪70年代用电报，现在用电话联系通知。也有少数孝家采用讣闻形式（即白喜事请柬），委派专人或邮寄发送到户。

三、丧礼程序

白沙丧礼带有浓厚的传统风俗和儒教文化，也带有一定的迷信色彩。

治丧期间，为了使灵堂不冷场，晚上请歌郎到灵堂坐夜和唱夜歌。唱夜歌班子一般3—4人，第一天晚上先焚香化纸，请祖师立歌堂，五隅安位，再开始唱歌。一面锣放在大鼓上，边敲边唱。唱歌内容以民间故事为主，自编自唱，也有用二胡伴奏的。最后一晚在快天亮时，行撤歌堂、送神礼仪。

孝家请文坛（即儒教）履行丧礼活动（俗称"做福事"），一般为2天，即出殡送葬的先一天和送葬当天。少数孝家也有做3天或4天福事的。乡村有些孝家请师公（道教支派）。白沙是以丧葬当天的中餐为正宴，中餐后再送葬。

文坛两天丧礼活动的一般程序：

1. 开鼓

2. 禀水望祭（即请师祖）

3. 三告：告家先、告土地、告灶王

4. 厨房攒灶、谢灶

5. 成服

6. 卧房招魂、请灵请魄

7. 五隅招魂

8. 郊外招魂

9. 打灯

10. 五隅插旗

11. 午奠

12. 拜十殿（安殿、拜殿、送殿）

13. 家奠

14. 炒粮、运粮

15. 写铭旌（铭旌是亡者的名、号、职务及封号，一般应是有一定职务或有一定影响的人物）

16. 朝奠

17. 五方插旗

18. 绕棺拜方

19. 开路

20. 盖棺

21. 开灵

22. 出柩

家奠是白沙丧礼中最重要的环节，是孝眷对亡者的追思与祭奠（相当于追悼会）。家奠文，对亡者一生的经历作简要回顾，对其艰苦成家立业、含辛茹苦抚育儿女的恩德及善良、正直的品德加以歌颂。家奠文包含着忠恕孝悌的儒家思想，起到了一个既祭奠父母，又教育后人的作用，也是传承孝道的一种好方式。

中餐后，开始送葬（如吊客送礼有抬花的，送葬途中，在交叉路口或人口集中的地方上路祭）。

如日子不就，当日不能安葬的，古时传统做法是把灵柩停放在坑边，用沙或土将四周掩藏（名叫浅葬）。现在因考虑劳力，减少麻烦，将灵柩放入坑内不动，到安葬之日再核正位置掩土。

送葬返回后，文坛礼行化灵、升龛和放境祭（普祀）。凡是新房子或其他原因，送葬后要礼行谢龙神（谢土）。

做两天福事也有游九曲黄河的。如做三天、四天福事的，即游九曲黄河、八卦图、过奈何桥、游洛书图等。有些立神主盒的要履行点主仪式，其丧礼更为热闹。

四、回孝

亡者是女性，外氏家送礼有抬花的，在送丧途中上路祭后，礼金如数退回，另加一些菜金（回孝办餐用）。第二天，孝家兄弟买肉、酒等到外氏家回孝，外氏家设酒宴招待。有些为了简便，外氏家不打算要孝家回孝，就会在送葬上路祭后和孝家说明。如亡者是男性，孝家和外氏家都注重情谊，也可以回孝。为了简便，也可以不回孝，双方说明就行了。

五、送葬队伍的一般排列顺序

1. 放鞭炮
2. 撒买路钱
3. 喇叭、大鼓大锣
4. 大旗
5. 花圈
6. 铜管乐队
7. 抬花
8. 军鼓或盘鼓队
9. 送葬孝眷
10. 铭旌（由长侄扛铭旌旗）
11. 灵柩
12. 外氏家披孝衫的晚辈（如内侄、内侄女等）
13. 铜管乐队

14. 外氏家请的军鼓队

15. 其他送葬人员

16. 文坛锣鼓响器

17. 放鞭炮

以上为一般的送葬队列，队伍可根据乐队的多少和其他具体情况灵活安排。

六、殡葬风俗改革

随着社会发展进步，人们文化素质普遍提高，思想也与时俱进。为了节约土地、森林资源，政府提倡殡葬风俗改革，改棺葬为火葬，实行火化，白沙现在有不少人积极响应。

第六节　白沙红白喜事座席安排

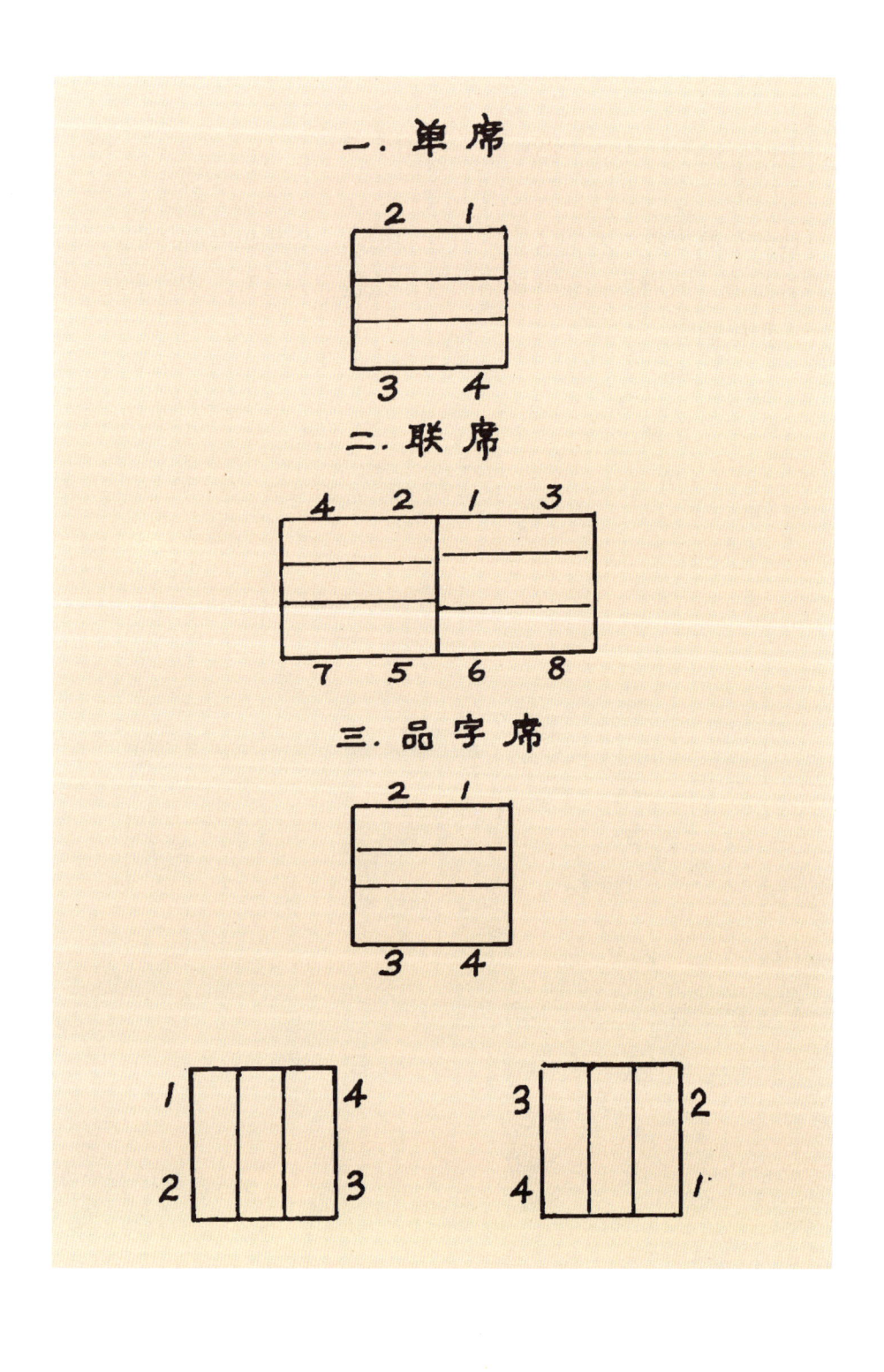

一. 单席

```
    2   1
  ┌─────────┐
  │         │
  │         │
  └─────────┘
    3   4
```

二. 联席

```
  4   2   1   3
  ┌─────┬─────┐
  │     │     │
  │     │     │
  └─────┴─────┘
  7   5   6   8
```

三. 品字席

```
    2   1
  ┌─────────┐
  │         │
  └─────────┘
    3   4
```

```
  1 ┌─┬─┬─┐ 4         3 ┌─┬─┬─┐ 2
    │ │ │ │             │ │ │ │
  2 └─┴─┴─┘ 3         4 └─┴─┴─┘ 1
```

四. 南北席

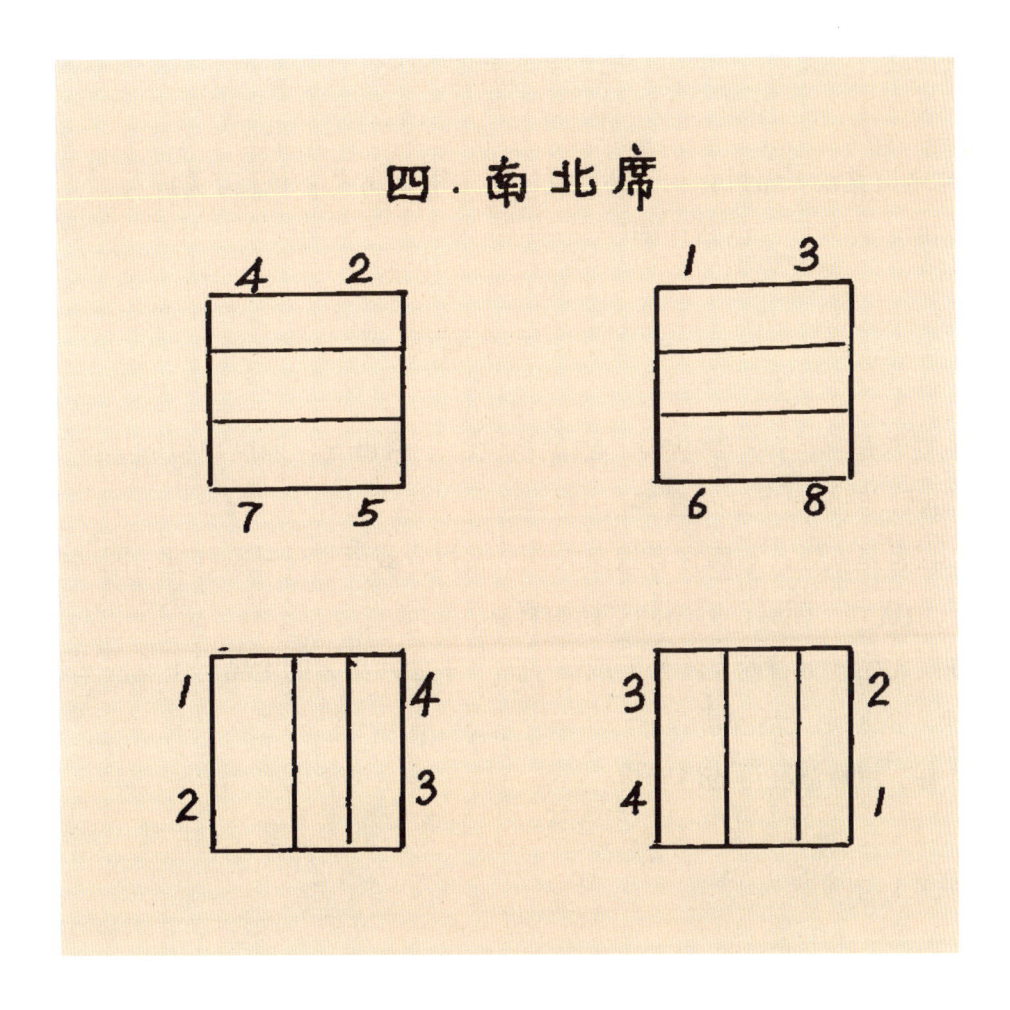

一、结婚喜宴

一席上宾，二席祖党，三席母党，四席族党。

朝席：其他贵宾或年长者。

侧席：来宾和陪客者。

二、庆寿宴

一席祖党，二席母党，三席族党，四席寿星（指60岁以上寿星，如60岁以下寿宴可安排年长亲戚或单位领导）。

朝席、侧席同"结婚喜宴"。

三、乔迁新居喜宴

一席祖党，二席母党，三席族党，四席领导或建房施工方负责人。

朝席、侧席同"结婚喜宴"。

四、丧事酒宴

1.亡者是男性：一席族党，二席祖党，三席母党，四席单位领导或其他贵宾。朝席、侧席同"结婚喜宴"。

2.亡者是女性：一席亡者娘家人，二席祖党或母党，三席族党，四席单位领导或其他贵宾。朝席、侧席同"结婚喜宴"。

3.南北席（上首两桌除外）或品字席（下面两桌）的上席，主家应本着"年长升上"的原则灵活安排。

4.有些特殊情况可酌情安排。

（上宾：指婚宴女方娘家送亲客人；祖党：祖母娘家人；母党：母亲娘家人；族党：本家族人）

第七节　产妇坐月子习俗

产妇"坐月子"由来已久,具体从何时起始,已无从查考,只是口口相传,代代相授,流传至今。

产妇生下小孩那刻起,即进入"坐月子"期。产妇在接生婆(护产婆)一番细致入微的护理后,首先会在产妇的头上裹一条围巾或套一个布帽,主要是为了护头保暖,防贼风入侵头部,以免引起头痛脑热等病症。此后,在产妇的卫生、饮食方面,护产婆也会千叮咛万嘱咐。"坐月子"的头10天,"月子婆"(产妇)饮食上,只能用红砂糖(或白糖)拌软米饭食,其间不能沾盐和荤腥。在这10天里,能沾点荤食的就是:在产后3天洗"毛毛"为幼儿取名时所用的那丁点儿"安名肉"(也就一点儿,一两都不到),听说吃多了容易引起产妇上火,那时幼儿一般都吃母乳,怕影响幼儿发育。十天后,有钱无钱人家的婆婆都会千方百计、想方设法弄来一两个猪蹄和少许大豆粉丝,炖成稀汤拌饭食,仅加一丝丝细盐(有点盐味儿)。其机理作用有二:一是逐步补充产妇体能;二是催乳下奶,方便育子。20天过后,家婆会准备红砂糖炒猪肚尖一小碟儿,让产妇慢慢嚼食,余下的部分,切片与一两片当归、天麻煎成淡淡的滋补药汤,供产妇不时饮用。到了快满月时,各方戚友陆陆续续提来活鸡、鲜蛋、猪肉、桂圆(福圆)、红枣等,产妇大补特补的时刻到了。家婆也热情地里外忙活,换着口味儿哄着,让产妇吃好、喝好、补好、心情好。这里也有两层意思:其一,家婆待媳好,在戚友面前得个好名声;其二,产妇"坐月子"期快满,又是一个好劳力。经过多日的调理,产妇羸弱的身体逐渐恢复,丰腴起来,脸色红润现着桃红色。幼儿也壮实了不少,脸部肉嘟嘟的越来越招人喜爱了。

一个月的"月子期",有三个禁忌是不能犯的:一是产妇在此期间不能沾冷水,以免染上风湿冷痛月子病;二是饮食上绝不允许食用"坛子菜"(腌制菜);三是决不能碰辣椒、生姜等辛辣刺激食物。

由于时代的不同,社会个体的千差万别,"坐月子"的内容也会不尽相同。

第八节　报三、打三朝、走满月风俗

　　白沙的生小孩"报三""打三朝"和"走满月"风俗具有鲜明的地方特色。

　　年轻人结婚以后，产妇怀孕期间，岳母就要准备好给婴儿穿的衣服及其他用品。产妇分娩后，由婆婆或其他亲人照顾，做女婿的立即准备一个细篾竹篮，篮内放两斤猪肉、两瓶酒、两斤面条、一束香葱和一封鞭炮，立即到岳母家去"报三"（又叫"报葱"），香葱寓意小孩聪明智慧。如果女婿因特殊情况未在家，也可由做奶奶的或满姑代替去"报三"。到岳母家大门口时，燃放鞭炮报喜。岳母立即准备一个团盒给女婿挂红道喜，煮一碗三鲜面招待。把事先准备好给婴儿穿的一身棉衣、两套外衣、两套里衣、两双鞋子、两双袜子、一条双层长布裙（包婴儿用），尿片（10块以上），两斤红糖，一斤粉丝等放入篮内，交给女婿（或其他"报三"人）即时返回。

　　小孩生下来第三天要做"三朝酒"，又称"打三朝"，根据情况也有满月后再做酒的（称"满月酒"）。提前邀请亲戚、朋友和关系较好的邻居。做外婆的要准备一份厚礼，给小孩穿的棉衣、风衣、外衣、里衣共10套，鞋袜各两双，8个口夹（用彩色布叠成缝制，给小孩围在脖子上接口水用）。有条件的还准备银质项圈、手环、一个狗头帽子，帽子前面嵌十八罗汉银质小牌（呈圆弧形），帽子后面嵌一块普通银质吊牌。还要准备100个烧饼、100个鸡蛋（蛋壳染上红色），10斤苞谷（掺一些黑豆用石灰水煮好）。用一座抬盒（抬花），底下一格放苞谷，第二格放9斤米和烧饼，上面一格放鸡蛋和衣服、鞋帽、口夹及其他用品。如不用抬盒，就要准备一担谷箩（称挑花），箩底下放苞谷、米、烧饼、鸡蛋等，箩上面放两个米筛（或团箱）盛放小孩的衣服、鞋帽、口夹等。

　　"三朝酒"非常热闹，特别是生第一个孩子最为隆重。孩子外公、外婆来到后，燃放鞭炮迎接，并摆一连席挂红道喜，外婆陪月婆子（产妇）抱婴儿上坐，恭贺道喜。

　　民间有"三朝取名"的风俗，乳名一般是做爸爸、妈妈的或做爷爷、奶奶的取。书名一般是做"三朝酒"这天，由做爸爸的或爷爷、外公取，有些人家为了取一个意义好又好听的名字，就请一个文化较高的先生取。取名时，要把小孩子抱到公厅屋或自家厅屋的神台前，先焚香敬先祖（俗称敬老爷），再把小孩安名，再禀告先祖，祈祷先祖保佑小孩平安成长。

三朝酒宴非常丰盛，菜肴十大荤。酒宴毕，发给每个客人一个小食品礼包（俗称捡茶），内装两个红鸡蛋、两个烧饼。

生第一个小孩，主家添一代新人，非常欢喜。在三朝酒宴的第二天，请街邻或湾里人来吃三朝茶，每人一碗米豆腐，并用坛子里的榨菜、萝卜、生姜等（俗称饭茶）招待客人，吃茶毕，发给每人一个小礼包（内装一饭碗煮好的苞谷、两个烧饼、两个鸡蛋，有的发一个烧饼、一个鸡蛋）。

随着时代进步，社会发展，通讯信息的发达，"报三"和"打三朝"的风俗也逐步改革。乡村现在还有少数人保留着传统做法，大部分人现在"报三"都是用电话告知岳母家，礼节也简化了许多，"报三"和"打三朝"给婴儿穿的衣服、鞋袜等都是从儿童服装店购买，不再手工制作。"打三朝"有些还买婴儿床、婴儿手推车等用品。但捡茶用的烧饼、鸡蛋大部分人仍然按传统风俗准备。

产妇生小孩满月后，做外婆的会派一个年轻人（通常是产妇的弟弟或妹妹）去接产妇夫妇带新生儿到外婆家做客，俗称"走满月"。产妇夫妇要准备两斤猪肉、一条鲜鱼、两瓶酒做接礼（接礼根据各人情况也不完全相同）。产妇夫妇及新生儿到外婆家门口时，外婆家会燃放鞭炮迎接。进屋后首先要举行的一个仪式是"挂红"。在正厅（厅屋）摆一联席，放一个果盒（即团盒），上面摆放一块千年红布。产妇夫妇抱婴儿坐上席，外公外婆等亲人陪同。外公外婆把事先准备好的红包给新生的外孙子（或外孙女），并恭匦祝贺。这天中餐，至少会办一桌酒席，女、婿、儿、媳等亲人欢聚一堂，举杯相贺。

有些人家在新生婴儿满月后再做"三朝酒"，外婆家则在做了"三朝酒"后，再择日"走满月"。

第九节　偷梁树、圆垛、上栋梁风俗

在20世纪90年代以前，白沙人建房，一般是一栋三间，中间一间为厅屋。规模较小的住家房，其厅屋只有一根栋梁树。

凡是湾村的公厅、祠堂或富裕人家的宅院，有一栋三间或一栋五间的，纵深有前后两进的，也有前后三进的。前后两进的，后一进厅屋为正厅，称为"高堂"。前后三进的以中间一进为正厅，称为"中堂"。

白沙民居建筑以砖木结构为主（改革开放之前也有土砖屋、抖墙屋）。屋顶采取硬山墙青瓦屋面。安放在正厅屋墙垛上的栋梁树一般是从人家山里"偷"来的，含有"借福发家"的意思。规模较大的宅院正厅的栋梁树有两根，一根方形的木梁安在下面，称"下梁"，一根圆形的栋梁（偷来的）安在方梁上面，称"上梁"。

墙体工程快完成时，请择日先生选定良辰吉日圆垛上栋梁。主家事先带人到就近山林里选择一棵长得茂盛、树干直壮的杉树作栋梁树。提前几天请人夜晚到山林里事先选好的树前，点上纸钱香烛敬祀山神土地，再把树砍倒，偷运回家。由木工师傅把栋梁做好，并做好一根方形的下梁。

如果山林主人发现有树被偷，树蔸前看到有香火灰，知道被人偷去做梁树，不但不气恼反而感到高兴，说明自家山林的风水好，有人选取栋梁树。如找到了建房的主人家，主家会客气相待，并奉送一个与栋梁树价值相等的红包。

按照择定的吉日时辰，主家准备好三牲酒礼，两只雄鸡。两个泥工师傅站在正厅屋垛的脚手架上，准备进行圆垛，木工师傅在地面准备祭栋。吉时一到，泥工把垛尖一块砖砌好（称为"圆垛"）。木工师傅把栋梁树横放在两个木马上，乡村建房一般是坐北向南，栋梁树按东头西尾的习俗横放。栋梁树中间位置包一块千年红布，寓意"世代兴隆"，红布两边用三个铜钱（或硬币）钉好，象征"三星高照"。再用三牲酒礼、纸钱香烛敬祀天地、鲁班祖师、本宅家先。焚香化纸后，燃放鞭炮，杀只大公鸡祭栋梁，先把鸡血滴在栋梁树头，并祝"先祭栋梁头，子子孙孙坐京朝"。再把鸡血滴在栋梁树尾上，并祝

"再祭栋梁尾，荣华富贵代代得"。祭栋梁后，站在屋上面的两个泥工用两根新棕绳先把方形梁拉上去安放在屋垛尖上，再把栋树拉上去安装在方形梁上面。用三牲酒礼敬祀天地、鲁班祖师、本宅家先，燃放鞭炮，杀鸡把鸡血滴在正厅两个垛尖上，并祝词"吉日良辰上栋梁，恭喜主家福满堂，鲁班祖师来保佑，吉星高照万代昌"。

圆垛、上栋梁非常热闹，主家邀请亲戚朋友来家作客，并准备酒宴（称圆垛酒），本村和附近的村民、邻居，不管大人小孩都来看热闹。泥工师傅敬神祭垛后，把主家事先准备好的花生、饼干、糖粒、薯片等从屋上面往地面人群中散发，花生饼干中还夹放有硬币或小额钱币，看热闹的人在地面哄抢，笑声喊声响成一片，喜气洋洋，非常热闹。人越多，主家越欢喜，吉兆新居兴旺发达。有些泥工师傅好兴，还会边散发东西边唱上梁赞歌，你唱一番，我唱一番，此起彼伏，更增添了一番喜气和热闹。

圆垛上梁礼毕，主家摆设丰盛的酒宴招待亲朋和建房工匠师傅。

改革开放后，大部分青壮劳力外出务工，白沙对建筑林木的种植（如杉树）基本放弃。随着社会发展，技术进步，从20世纪90年代开始，房屋屋面结构大部分采用钢筋混凝土，所以"偷梁树"的风俗随之淘汰。

第十节　剃头习俗

"剃头",白沙方言又叫"剃脑""剪脑""剪头";剃头匠,亦称"剃脑匠"。剃头匠在各类匠班中位置居后,遇到别的工匠在一起时,工具箱不可放于堂屋上方或东方。

一位真正的剃头匠,工具箱里首先会有一把土刀,土刀六寸长、一寸多宽、四厘厚,看似不起眼,却是剃头匠的身家。在过去的冶炼技术条件下,打一把土刀要付几把杀猪刀的钱,它的刀柄、刀身、刀刃、工料都异于普通刀具。其次,还有推子、剪子、篦梳、磨石、荡刀布等家什。磨石必须是质地细腻而坚实的釉磨石;荡刀布一般是三寸三分宽、六寸三分长自织的老土布,布面用磨石擦磨光滑。

剃头时,剃头师傅未打湿手,不可按剃头者的头,谓"五龙不下水,老龙不低头",对不同的剃头人,要从不同位置下剃头刀,有"左剃君王右剃臣,劈面一刀出家人(僧、道),后背剃的钉抓钉(手工业者)"之说。但也有固定的习俗,给活人剃脑从耳根处起刀,寓意耳根清净、不兜烦恼。剃死人头从脑门处起刀,寓意"开天门"。洗头时,剃头师傅会用双掌在水盆里按一下,一是试水温,二是向剃头者示意。

旧时剃头还捎带削面、篦头、掏耳、洗眼、放痧和推拿。

改革开放前,匠人大多是上门服务,与别的工匠不同的是,剃脑大部分是契约式的。一般规律性地承包几个村,几百口人,每隔十天上门一次,初一、十五等民间忌讳的日子除外。年底合并支付工钱,对当年生、死的"算来不算去",即年内死亡的免收,年内出生的男婴收全年工钱。不剃女人头,即使给女人剪个刘海、短发之类的也不收钱。成年人剃头每人一年一斗谷,或付相当的现金;小孩减半,一年一包,有时除议定的报酬外,一年还需招待剃头匠若干餐饭。但是,剃头匠给婴儿剃胎毛,给新郎官理发或给死人剃脑,则不在此列。

新生儿的胎发,白沙的老习俗是不满月不能剃(有些地方百日内是禁止剃去的),否则小儿就有夭折的危险。为什么要剃满月脑,据说因为新生儿的胎毛被羊水浸泡过，又有血污，有的还有一层黄黄的厚皮脂，剃了有利于毛发生长，可以冲邪转运。

白沙的风俗中，男孩子留旋毛，女孩留一撮桃形前庭刘海。一些地方喜欢在小男孩后脑上留一小撮毛不剃，长长了，便把这缕头发结成小辫子，俗称"八十辫"，又称"鬼见愁"。这是祝愿小孩成人、高寿之意，又包含着让灵魂长驻发间的意思，一直到男孩十二三岁时才剃掉。

剃好头之后，剃头匠便对主家说几句贺词，主家会立即奉上一个红包。一个红包按白沙的风俗就是半个工钱，过去多一点，为半桶谷，而且还要吃一餐饭。

给新郎倌剃头也有仪式。头发也称青丝，青丝谐音情思。按过去的传统，结婚当天或前一天，首先要做的是洗澡净身，然后新郎官要剃脑。剃头匠理发时会从新郎头上取下七根或十根头发，用红纸包起来交给其父母，并唱几句赞词。新郎家则请剃头匠吃红蛋面，并送给他一个红包。取下来的头发代表结婚时父母给予生命的见证物，被送到女方家，女方也取下相同数量的头发（一般男左女右），两簇头发用彩色的线结在一起，在婚礼的当天梳在新娘的盘头上，这便是"结发夫妻"的由来。夫妻结发，蕴含长久之意，是与子偕老的承诺。

剃死人脑，是一件十分庄重的事情。过去，有些人在生前声名显赫，死后家人也要让他体面入殓。这种仪式通常是师徒相辅完成。师傅先到门外对天拜三拜，回到屋内对死者鞠个躬，有的还要占卦，算一下时辰。一个死人脑要给一担谷的钱，所以过去大多是财主人家才会剃死人头。

20世纪80年代后，城镇理发店次第开业，新式发型盛行一时，吸引了大部分的年轻人。走村串户的剃头匠生意渐渐惨淡下来，有时一个月只能剃上十几个脑，最后只好坐在家中接待一些上了年纪的老客户。诸如洗眼、推拿之类的绝技，也因年老体衰、久未使用而荒疏了。

第十一节　白沙人日常生活中的传统文明礼仪

白沙镇是文明之乡，礼仪之镇。现将常用的传统文明礼仪列述如下：

一、说话

凡是家庭、宗族或邻居朋友商量事情，应由年长者或为首者首先发言。如果年长者或为首者让年轻人先讲，可以先发表意见。发言时，应言之有物、简明扼要，不要条理不清、颠来倒去，占用太多时间。别人发言时，要双目注视，认真倾听，不要心不在焉、漫不经心或随意插话甚至无礼打断。

与亲友、同事聊天闲谈时，不要只顾自己一个人夸夸其谈、喋喋不休，应给别人说话的机会。

二、行路

行走在公路上，应让年长者或长辈走中间或内侧，自己比年长者或长辈落后半个身位。行走在乡间小路上，同向而行时，空手者应礼让荷重者或挑担者，行人应礼让车辆；对面相遇时，年轻人应停步主动相让年长者或长辈，对带小孩的妇女也应相让。三人同行成单行，其中有老人时，老人走中间，应由一年轻人前行领路，如遇障碍（土坎或坑洼等）时，领路者应回顾提醒注意，另一个年轻人走后面，以利保护。

如果到陌生地方，方向不明、道路不熟时，需要问路，应礼貌询问，对年老者称"老人家"，对年长者称"老兄、师傅"，年龄相当者称"同志、师傅"等。

三、坐席

白沙有句口头语"年长升上",意思是坐席喝酒、吃饭,同桌中让年长者坐上席。如果是宗族,一般按字辈坐席,辈分大的坐上席,同辈则按年龄。

四、夹菜

开席上菜,一般是年长者先动筷子,年轻人才动筷子。夹菜时,应夹面对自己这边就近的菜,不能把筷子伸到碗对面夹菜,这是不礼貌的;也不能在一碗菜中又翻又挑、挑肥拣瘦,更属不礼貌行为。为他人布菜时,请用公筷。

五、筛酒(斟酒)

酒席中,一般由年轻人筛酒。老传统是用酒壶筛酒,筛酒人先朝自己的酒杯中滴少许酒,意思是恐酒壶嘴上有灰尘,先用少许酒冲洗。现在是用酒瓶筛酒,一般从上席开始筛酒,接着依次筛酒,自己的酒杯最后筛。

六、添饭(盛饭)

在酒席上,同桌的年轻人应主动为年老者添饭。添饭时,不管是木甑还是现在的电饭煲,应从一边往内添饭。直接从炊具中心添饭,这是不文明的。年轻人食量要大一些,为了让年轻人吃饱,年长者或当师傅的要吃慢一点,让年轻人吃饱先放碗,自己再放碗。这就是既尊老,又爱幼。

七、待客

亲戚、朋友来家做客或闲坐,主人应起身相迎并让座,切忌不理不睬、坐着不动。客人离开时,同辈亲戚或朋友应起身相送,至大门口道别。凡是长辈亲戚或老年客人,应送至大门前阶级或屋前禾坪。如果是贵客或多年未见的亲朋,应送至湾村路口。

如果客人是自己的晚辈,则可随意。

八、敬茶

来客时敬茶，先敬客人，再敬家人，最后给自己。夏天天热口渴，茶水可以斟满一点；冬天天寒易凉，茶水只能斟到大半杯，以便随时添加热茶水。

九、敬烟

人逢喜事，对人敬烟时，左手拿烟盒，右手从烟盒中取出两支烟，一支敬客人，一支是陪烟。敬第二个人时，从烟盒中又取出一支相敬，陪烟在手中不动，有多人在一起，应逐个敬烟。一盒烟散完了，在一起的人未敬完，应说明一句，再开启另一盒烟，继续敬烟，直到将全部人敬完。

第九章　慈善事业

白沙人的祖先，虽然是因经商办矿从四面八方跋山涉水来到白沙的，但在共同的创业兴业过程中，他们传承着中华民族正直善良、互帮互助、扶弱济困、热心公益的优良秉性，书写了白沙慈善事业可歌可泣的篇章。

第一节 扶危济困

讲义气，肯帮忙，扶贫济困，这是白沙人的优良传统。新中国成立之前，国家一穷二白，贫穷人多，有些特别困难或遭遇天灾人祸的人家，得不到政府的帮助。为了解决这些人家危难时的燃眉之急，帮助他们渡过难关，在白沙一些社会贤达的倡议下，各商行及个人踊跃捐资，白沙镇先后成立了七个慈善会。

一、育婴会

新中国成立前，因没有实行计划生育，加之医学落后无法进行节育措施，穷苦人家小孩多了，却又无能力抚养，就抛弃婴儿，任其自生自灭。

白沙镇一些人就捐资成立了育婴堂，收养部分弃婴，并鼓励大众收养，且有一定的奖励措施：凡收养弃婴的，抱小孩并有一个证明人到育婴堂的，就可领到二至三斗米（40—60斤）及棉布一丈余，鼓励收养人带好小孩。有些家境稍好的好心人就收养了弃婴。

二、七渡会

白沙位于春陵河边，两岸群众从事生产、商业活动及走亲访友，全靠乘渡船过河。为了解决渡河困难问题，白沙成立了七渡会，购置了七只渡船，安排八个人划船（其中一人可因事轮休），并解决八人的工资。这一义举解决了"隔河千里"的大难题，两岸群众无不拍手叫好，"义渡"这一优良传统一直沿袭至今。

三、寒衣会

有些人家人多劳少，家境十分困难，添置不起棉被和棉衣。只要找一位老人家或所在区域的负责人，同到寒衣会登记，便可发给一床棉被和一件棉衣。

四、义谷会

新中国成立前，农民非常贫穷，一年辛辛苦苦收割的谷子，还解决不了吃饭问题，每到青黄不接时，家中缺粮无米下锅，便只能忍饥挨饿。为了解决这一难题，白沙成立了义谷会。缺粮农户可到义谷会去借粮，在秋收还粮时，适当加收一点利谷。如有人证明借粮农户确实十分困难，还可减少或免收利谷，只还本谷。

五、棺木会

过去，有些穷苦人家，人多劳少，小孩未成年，老人去世了，无法置办棺木，即可找一个经手人说明情况，到棺木会领取一副薄棺木，安葬亲人。

六、茶亭会

为了方便过往行人，凡是有人长期在凉亭烧茶，解决过往行人喝水的，经当地人证明，每年可到茶亭会领取一些辛苦钱和茶叶钱。

七、檐灯会

以前没有电灯，也没有路灯，为了解决晚上照明问题，予行人方便，用桐油点灯放在灯笼里，挂在路口、村口。经手管理路灯的人，可按期到檐灯会领取一定的灯油钱。

此外，白沙解放前还有两件大的慈善之举。

一是设立"积谷仓"。中洲街上的民间中医王振宇为人谦和，心地善良，常常扶危济困。他独资在杜家坪李家湾里，捐建了一栋三扇二间的抖墙屋，取名积谷仓，专门用来堆放募捐而来的稻谷，可放7000—8000斤谷。每年青黄不接时，便开仓放粮，接济穷人。现在，当年的积谷仓虽已倒塌，但留下了一个叫"积谷仓"的地名，留下了一个美好的故事。

二是设立"万人坑"。民国年间，白沙下洲街刘明春乐为善事。新中国成立前，医药事业和医术不发达，小儿成活率低，每年出麻疹，小孩死亡率高，用箩筐挑到野外、扔到河里，情景凄惨。有时，野狗把婴尸拖到街上。刘明春见状不忍，在白沙下洲街（现在卫生院后面、分金炉前面）征地一块，个人独资挖一个大坑，用砖砌好，坑口直径2米，深约6米，坑里有排水系统，底部有一条暗沟将污水排入舂陵河。此处后来俗称"万人坑"，新中国成立前白沙的死婴，由白沙住八角亭的无子女户李三俅丢入坑中。此后，白沙的环境卫生得以改善，传染病的蔓延得到控制，刘明春为白沙人做了一件大好事。现在，医药事业和医术发达了，婴儿死亡率降低了，白沙的"万人坑"在20世纪末已填平了。

第二节 修路架桥

交通是国计民生的大事,是一个区域发展的重要组成部分,为了改善交通条件,促进乡村经济发展,使人们的生产、生活更为方便,自古至今,白沙镇涌现了许多热衷于公益事业的仁人志士。

一、徐显墀捐资筹款兴建"福荫桥"

鲇鱼塘徐家徐显墀(徐玉陔)于清宣统二年(1910)先自捐家财,后跑遍邻近四县,并到广东筹集资金,饱经艰辛,历时五载,在舂陵河上兴建起了荫田"福荫桥"。不料第二年舂陵河发大水,冲垮了桥。徐玉陔又日夜筹募,上至两广,旁及江西,捐集20余万元,于民国九年(1920)兴工重建,而他自己却因积劳成疾,未等重建竣工就去世了。

该桥重建后,百姓为了表达对徐显墀的谢意和敬意,集资在桥头建了一个祠堂,供奉与徐公本人等高的石像,又打造了一对石狮送到鲇鱼塘徐氏宗祠。这对石狮,至今仍昂首端坐在徐氏宗祠门前,守护着徐氏家园。

福荫桥

二、阳氏女修建"老女桥"

清道光年间（1821—1850），杜阳村蛇形岭下阳家湾，有一阳姓人家，家庭富足。其玄女喜静爱幽，好读《诗经》、佛文，长大后热衷佛理，立誓一生不嫁，遁身佛门。父母苦劝无果，见其意坚志诚，遂就其心愿，择地建庵。历经三年多，在今杜西村的一个山冲建起一座庵院，名碧玉庵，又名悲仁庵、龙华庵。阳氏女入庵住持，虔诚礼佛，香客络绎不绝。历经数十年，阳氏女用香客、善士捐献的功德钱，在离白沙古街下首1000米左右的程家溪流入舂陵河的汇口处，修建了一座石拱桥，人称"老女桥"。桥单拱，内径6米，桥面宽6.25米，长20米，桥高6米，桥面两边有青条石护栏。20世纪60年代以前，白沙往来阳加、荫田、县城的衡桂官道者，皆从此桥上通过。阳氏女的善行功德，被白沙人世代称颂。

该桥至今保存完好，仍在发挥作用。2015年，衡阳市人民政府将此桥挂牌为"衡阳市市级文物保护单位"。

三、曹正元捐建茶亭桥

官陂曹家曹正元是清末的富户，也是著名的慈善人士，勤俭持家，乐善好施。每年都要向宗族的义仓——积谷仓捐赠大量粮食。清道光年间（1821—1850），他还捐资修建了茶亭桥。该桥位于西岭清溪江入舂陵水口，为三拱石桥，由花岗岩石砌筑而成，桥全长50米，宽4.5米。此桥保存较为完整，至1999年还是衡头至央田的公路桥。因为近些年，货运、客运车辆大增，交通负荷大，为消除安全隐患，2000年，常宁市交通局将此石桥拆除，重建为钢筋水泥大桥。

四、王春荣承首用石板铺白沙街道

白沙古街原是沙砾街面，每逢下雨，街道泥泞，行走不便。民国十六年（1927），时任白沙团防局长的王春荣先生承首（牵头），推举几位社会、商会贤达组成一个修街会首。白沙各商行及社会人士踊跃捐资，当时白沙最大的商行"源泰和"的董事长兼总经理刘岳南积极支持，其商行为主要捐资单位。

后期工程丁字街至井边街及老街后面的人行道石板，主要由白沙大老板王悦和承担费用。石板等石材均采自嘉禾县。老街街道、巷道都用青石板铺面，并设置排水系统。河边码头也进行了整修、加固。所有工程历时三年（1927—1929）完成，从此，市场面貌焕然一新，白沙商贸更加繁荣。

五、钟贤林捐建"连心桥"

在茭河村肖家湾北边有一条水圳，叫肖家港子，北边有贺、邓两姓人居住，南边有钟、管两姓人居住。水圳两边人员往来，都靠水圳底部几块大石头垫脚而过。平时可通行，但遇到大雨或涨水时，水深流急，两边人便无法通过。如有急事，须绕几百米路才能到达对岸，十分不便。

时任常宁市劳动就业局局长的钟贤林，他的老家就在水圳南边的湾场里。1999年，有次回家探亲，正遇涨水，两边行人望水兴叹，心急如焚。钟局长当即决定捐资15000元，购买建桥材料修建桥梁。此议一出，两岸村民纷纷响应，自愿组织数十位劳力，于1999年12月清基动工。奋战二十余天，一座长21米、宽3米、高3.5米的钢筋水泥桥顺利竣工。

2001年元月1日，举行了通行典礼，大家给此桥取名"连心桥"，期盼湾里不同姓氏的人能从此更加连心和谐。

一个月后，钟贤林局长又捐资，在连心桥下游50米处肖家港子入河口修了一座2米宽、3米长的无名小桥，方便行人在河边做事，来往通行。

六、捐资修水泥路

2009年以后，出现了修乡村水泥公路的高峰期，不少乡亲慷慨解囊，捐资硬化道路。现将捐资5万元人民币以上者荣列如下：

曹运才：修官陂曹家村道募集资金近100万元；

王汉桃：修福坪公路、观音公路捐资约20万元；

管志平：修南马村道捐资10万元；

伍允祥：修伍家村道捐资5万元；

罗秋开：修石湾罗家村道捐资5万元。

第三节　奖教助学

一、泽秀奖励基金

泽秀奖励基金由茭河联校校友钟贤美倡议，钟贤美及故兄钟贤林之爱人李桂英、大姐钟贤凤、二姐钟贤莲、弟钟贤君共同出资设立，基金额度每年一万元。

（一）宗旨

泽秀奖励基金以张泽秀老孺人的名字命名，寓意选择优秀的师生予以奖励，润泽优秀人才，旨在鼓励茭河联校的教师爱岗敬业，在教育教学中取得优异成绩，鼓励茭河联校的学生，发愤读书，早日成才。感恩故父钟香金和故母张泽秀的养育之恩，振兴家乡教育，促进家乡发展。

（二）理事会成员

会　　长：钟贤凤

副会长：李桂英、钟贤莲、钟贤美、钟贤君

（三）奖项设置

1. 园丁奖：奖励茭河联校20%的教职工，每人奖励500—700元。

2. 新苗奖：以德智体全面发展为标准，奖励茭河联校5%的在校学生。

3. 希望奖：茭河联校在校学生，参加各种比赛，获常宁市一等奖及以上奖励级别的优秀成绩，每人次奖励500元。

4. 成才奖：茭河联校毕业的学生，考取重点本科大学（一本）的奖励1000元，考取一般本科大学（二本）的奖励800元。

（四）实施办法

每年由评审委员会评出获奖师生，把拟奖励名单在茭河联校公示三天，接受社会监督，再报理事会审定，学校设立"泽秀奖励基金档案"，作为校史资料保存。

（五）时间安排

泽秀奖励基金于农历戊子年（2008）十二月十八日（张泽秀老孺人八十诞

辰）设立，以后每年下学期期末评审，每年下学期茭河联校举行休学典礼时，由理事会派代表给受奖师生颁发奖金和获奖证书。

泽秀奖励基金成立后，已颁奖十四届，57位教师、340多名学生受到表彰和奖励，累计发放奖金14万余元。

二、富成教育基金

（一）简介

2012年，白沙镇中学校友王富成捐资100万元设立富成教育基金，每年至少把存款利息用于奖励，奖励资金额度每年不少于4.75万元。旨在鼓励坚守白沙这个偏远乡镇的教师爱岗敬业、乐教优教，鼓励学生勤奋学习、立志成才，感念母校的培养教育之恩，学成之后振兴家乡教育，促进家乡发展。

（二）组织机构

1. 第一届理事会

顾　问：钟贤美
　　　　袁立明
会　长：王富成
副会长：廖喜林
秘书长：资道武

2. 评审委员会

主　任：王富成
副主任：廖喜林
成　员：徐建雄、欧鹏奎、资道武、姚解东、董立军、邬金华、刘振军、郑兴

（三）奖项设置

1. 贡献奖：奖励初三、小六毕业会考中教学成绩显著的教师4—5名，每人奖励3000元。

2. 园丁奖：奖励肄业班教育教学成绩优异的教师12—15名，每人奖励1000元。

3. 新苗奖：奖励在白沙范围就读5—9年级学习优异、家境贫困的学生各5名，每人奖励300元。

4. 成才奖：①由白沙初中毕业，在应届中考中考入高中奥赛班的（全市前

200名），每人奖励1000元。②由白沙初中毕业，在应届高考中名列前2名而又就读大学的（考上全国十大名校的全部都奖励），每人奖励3000元。

（四）实施办法

每年由理事会、评审委员会根据各层次考试和比赛成绩评选考查对象，评出获奖者（获奖者要填写好富成教育奖励基金申请表），把拟奖名单在白沙新街、老街、各学校、各村村部等显眼处张榜公示七个工作日，接受社会监督，再报理事会审定。中心学校设立富成教育奖励基金会办公室，专门负责做好宣传、联络、协调等事务，收集整理保存好相关资料。

（五）时间安排

富成教育奖励基金于农历壬辰年（2012）九月初九设立，并于当年颁发了首届奖金和获奖证书，以后每年教师节理事会邀请各级党委、政府领导代表参加表彰大会，给受奖师生颁发奖金和获奖证书，并通过媒体向社会大力宣传。

三、汉桃教育基金

2013年，白沙镇西棉村（现杜西村）王汉桃（又名王增升），通过常宁市教育局设立汉桃教育基金，给当年考上大学的20名家庭较贫困的优秀学子每人发放5000元助学款，共计10万元。此后的数年间，在常宁、耒阳、桂阳等白沙邻近地区，他又陆续资助家庭经济困难的优秀大、中、小学生超百人，累计捐款80余万元。

四、清溪教育发展协会

阳加中学是一所已有60多年办学历史的农村中学，在其办学史上，有过辉煌岁月。学校人才辈出，积淀了浑厚的文化底蕴，曾在常宁教育界有着深远的影响，但后来由于教师流动率高，生源流失多，教育质量衰落快，陷入了恶性循环，校舍破败，桌椅残旧，萧条景象与往昔迥异，这些变化，早让阳加中学的校友们看在眼中，痛在心头。

2015年4月29日，徐满才、吴文明、曹运才、吴爱平四人相约去母校实地考察，第二天上午在常宁君逸大酒店召开座谈会，由参加考察的4人，加上徐国来、钟贤美一起，邀请副市长张昕、常宁二中易昕校长、阳加中学老校长吴洪

清溪教育发展协会部分成员与受奖师生合影

轩，老教师曾中和、蒋高善、刘俊勇、徐富章、唐冬联参加，一则共叙师生情谊，二则商助母校发展。

7月11日，由7名校友王济平、徐国来、曹运才、吴文明、钟贤美、徐满才（吴爱平请假）牵头，在衡阳市环保局会议室召开筹备会，共定协会名称为"清溪教育发展协会"，共推王济平为筹委会主任，徐国来、曹运才为副主任，会上还讨论和通过了协会章程和有关细则，并当场认捐资金104万元。

2015年9月10日，常宁清溪教育发展协会成立大会暨第一次会员代表大会在阳加中学召开，会上选举了王济平为会长，徐国来、王志斌为副会长，谢求富为秘书长，聘请吴洪轩为荣誉会长，黎才发、周法清、钟贤美、王国平、何志雄、雷金荣、张昕、易昕为协会顾问。同时还产生了第一届理事会和监事会，通过了协会章程和奖惩实施细则，决定每年教师节前后要在阳加中学举行励志颁奖大会，白沙镇党委和各村党支部每年都会派代表参加中学的颁奖大会。

截至目前，协会已发展会员170人，共捐款超过200万元，促进社会贤达一对一资助优秀贫困生25名。连续四届共颁发奖金50余万元，奖励优秀教师84人次，奖励优秀学生237人次，极大地调动了师生的教学热情，教育质量大幅提高，考取常宁一、二中的学生人数逐年上升，学校的综合排名，由原来的全市倒数进入偏远学校中属第一方阵。2017年下学期，蒋艳容同学获衡阳市化学奥赛一等奖、物理奥赛三等奖；2018年中考，该生以常宁市农村中学总分第一名的毕业成绩被衡铁一中录取。

协会从发起成立到发展壮大，得到了很多校友的大力支持。2015年7月24日，易昕为阳加中学捐赠教师办公桌椅30套、会议室专用设备30套。8月2日，周法清回母校，筹捐现款10万元。校友周求春为学校捐款安装路灯10盏；姚国利同志捐赠国画一幅；1998届校友捐赠电风扇120台、空调2台；2000届校友李佐立捐款5000元，校友蒋就善、曹柏花组织全班同学捐赠孔子圣像一座；1987届校友在蒋就善、李晓帆的策划下捐赠校训石碑一座，以激励母校师生奋发向上。

清溪教育发展协会还帮助阳加中学积极争取政府支持，短短几年内，学校的办学条件得到了很大的改善，兴建了学生食堂、教师公寓、多功能大楼，新建了男女公厕，改建了学校大门、操场，绿化美化了校园。

五、星光小学教师节慰问金

因近些年农民进城，农村学生也随之进城读书。很多村小因生源萎缩，不得不停办或撤并。但星光小学却一直坚守着，现在还有近百名学生。该校能保留，而且还办得比较红火的原因，一是该校是白沙镇阳加山下片离阳家完小最远的一个学校，有4公里距离。二是村两委、村民尤其是该村在外工作的乡贤特别尊师重教。近年来，该校校舍等办学设施多次更新改造，完善升级。更感人的是从2016年开始，每逢教师节，村里都会给村小的全体老师每人送上慰问金1000元，还购买书包、笔记本等学习资料，奖励给每个班级学习成绩排前五名的学生。每年总开支8000元。到2021年教师节止，已开支12万元。其中11万元是该村乡贤曹运才同志募集的，另有1万元是该村乡贤吴文明同志募集的。

六、交阳共建

2020年9月，上海交大三院（致远学院、密西根学院、巴黎卓越工程师学院）特邀组织员、关工委副主任王佩筠老师与丈夫陈志英先生，赴湖南看望曾就读于上海交大物理系的常宁市清溪教育发展协会副会长徐国来。徐国来向王佩筠老师讲述了他同几位阳加中学的校友筹集资金，在2015年成立常宁市清溪教育发展协会，并资助阳加中学优秀贫困学生的事情，王佩筠夫妇两人深受感动，当场表示支持并马上加入这项工作。

作为交大三院的特邀组织员，王佩筠老师将交大校友徐国来的感人故事介绍给了交大三院的领导和老师，交大三院的领导们高度重视，多次对工作开展作出具体指导和大力协调。王佩筠老师和交大校友们的情怀也感动了交大三院的师生，在三院的师生中激起了广泛的反响，并得到了他们的迅速响应。交大三院同时决定加入对阳加中学的援助项目，取交通大学和阳加中学的第一个字，将项目命名为"交阳共建"。

交大三院充分借鉴抗震救灾、抗疫斗争中的"一省包一市"的经验，充分发挥各学院的学科特点和资源优势，将交阳共建项目分为五个子项目：交阳讲坛、交阳支教、交阳牵手、交阳励学金、交阳调研。在交大三院、阳加中学、常宁清溪教育协会的共同努力下，2020年12月24日，"交阳共建"项目以上海交大和阳加中学两地线上线下结合的方式正式启动。2021年4月11日至12日，在

王佩筠老师的带领下，交大三院的教师代表团赴湖南省衡阳市进行实地调研考察，密西根学院党委书记杨明和副书记杨艳春参加了考察。此次考察，双方正式启动了"交阳励学金"子项目，确认了首批九位优秀贫困生的一对一资助关系，并与常宁市清溪教育发展协会的领导、阳加中学的老师更加具体地探讨"交阳共建"项目的实施方案细节。4月12日下午，"上海交通大学衡阳支教工作座谈会"召开，根据会议部署，在三方的共同努力下，克服了地域、时间、疫情等诸多挑战，五个子项目相继启动并取得扎实成效。

截至目前，交阳讲坛已开展三期，主题分别为科技、数学与写作。

交大三院对阳加中学的支教每年分为夏季与冬季两次进行。

交大三院学生党员根据阳加中学提供的自愿参加的学生名单一一结对牵手，在日常生活中通过书信等方式与阳加中学的学生进行沟通交流，交大三院本年度共有15位大学生与阳加中学的15位中学生进行一对一的信件往来。所有信件要求电子版留档并手写寄出，大约每月一次。

交阳励学金旨在发动交大的师生和校友，一对一资助阳加中学家庭经济困难且品学兼优的学子，帮助他们顺利完成中学学业。资助方式是资助每个学生每年3000元，直至学生高中毕业。至2021年，已经按照"一对一资助模式"资助20名学生。

在对阳加中学帮扶的同时，本项目发动上海交大学子来衡阳市开展实践调研活动。

七、白沙中学校友近年捐资助学光荣榜

1980级校友为母校捐三万元现金和两台室外音箱。

1984级校友为母校捐赠多媒体教学仪器，价值两万多元。

1985级校友为母校捐三万元用于改善办学条件。

1996届校友为母校捐赠校园监控系统，价值三万元。

校友徐圣成为母校捐建思源花池，花费近四万元。

校友李诗秀为母校捐赠课桌100套，价值两万多元。

第十章　知名人士

　　白沙，地处常宁、耒阳、桂阳、永兴四县（市）交界边陲，长期扼舂陵河水路运输之要冲。千百年来，人员、物资往来频繁，曾有"小香港"之称。

　　距政治统治力较强的大中城市相对偏远的地理环境，不同地域不同姓氏的文化理念相互碰撞的人文环境，矿业商业发展过程中难免产生的利益冲突，造就了白沙人特有的性格：吃得苦，霸得蛮，说话高声大嗓，快人快语，做事雷厉风行，不拘小节，直来直去，大气，大度，大方，大胆，正义感强，上进心强，敢闯敢干，敢斗敢拼，不服输、不怕事、不怕死。

　　白沙人常开玩笑自嘲说："我咯性格，怪是怪得恰到白沙河里勾许（的水）。"意思是：白沙河（舂陵河）里的水流湍急、奔放、勇往直前，所以，喝白沙河水长大的白沙人，性子直，性情急，不晓得拐弯抹角，不太会圆滑变通。

　　从古至今，性情勇猛、勇毅、刚强、刚烈的白沙人，在抵御日本等外敌侵略中，在反抗压迫剥削争取解放的斗争中，在开荒开矿征服大自然的开拓中，在经商办厂发财致富的拼搏中，在刻苦求学成才有为的奋斗中，在新中国各行各业的建设事业中，涌现了不少各个方面、各个领域的英雄模范、精英人才。他们用自己的血泪、汗水、才智乃至生命，创造了非凡的业绩，取得了骄人的成果或者很高的荣誉。他们为白沙人争气长脸，为白沙镇增光添彩。他们既是白沙的骄傲，也是白沙后辈人学习的榜样。

第一节 革命先烈简介

一、第一、二次国内革命战争时期

李成蹊（1900—1928），男，白沙镇阳加洲街上人，曾任常宁县农民协会副执行委员长，是革命烈士。

他1919年毕业于衡阳成章中学，后又就读于长沙。他积极参加五四爱国运动。1925年6月，加入中国共产党。1926年5月，他以省农运特派员身份回常宁协助李佳竹等筹建常宁县农民协会，并担任筹备主任。7月，李佳竹接任"常宁特支"书记。8月，他到瑶塘萧家组织成立瑶塘乡农民协会，并组织成立常宁县第二区农民协会。接着发动阳加洲、荫田、西岭和回水湾等地群众，组建农民协会。先后发展农会基层组织60余个，会员6000余人。1927年2月，常宁县农民协会正式成立，李成蹊当选为县农民协会副执行委员长。他号召各乡成立农会纠察队。有一次，他率领西岭各乡农民纠察队闯进县府科长徐习之家，强迫徐减租退押；又抓住大劣绅徐义明、徐文湘戴高帽子游乡走垌。3月17日，他又与吴谦等率农民纠察队7000余人涌进县团防局长萧宜春的老巢，搜查枪支，开仓济贫，吓得萧仓皇逃跑。6月6日，他从农会自卫军抽调3000余人围剿土豪陈俊明（外号陈大山王）之家，分了他家的浮财。马日事变后，李成蹊转入衡阳，从事地下革命活动。1928年8月被捕，旋即被衡阳清乡督办署杀害于衡阳演武坪。其家人从衡阳用竹排将其尸首运回阳加洲，安葬于张家园。1956年，常宁县人民委员会追认其为革命烈士。

周巽三（1893—1928），男，又名周锡光，学名周肇岐，字光楚，号巽三。出生于白沙镇阳加洲街上一个悬壶济世之家。中共党员，曾任常宁县农民协会秘书长，是革命烈士。

他自幼聪慧，考入长沙铁路学校，求学期间，受进步思想的影响，参与反帝反封建学潮运动。1926年回家与李成蹊创办阳加洲平民学校，向农民宣传进步思想。1926年6月，他协助李成蹊开展农民运动，深入阳加洲一带发动群众；9月，常宁县第九区农民协会在阳加洲成立，周巽三被选为执行委员长，并负责组建该区农民赤卫队；10月加入中国共产党。1927年2月，他与李成蹊深入北隆锡矿发动工人运动，开展罢工斗争，取得胜利，使工人月工资从15元增加到20元，并改善了劳动和福利条件；是月19日，常宁县农民协会成立，他担任秘书长，参与领导各区焚烧地主契据、镇压土豪劣绅等活动；4月，他组织东路农会会员数千人参加县农会捣毁团防局长萧宜春老巢的革命行动。马日事变后，反动军警进行血腥镇压。他奉令只身转移，改名周洛大，去攸县曾家山灰砂矿做工，继续从事地下革命活动。1928年5月22日，被攸县团防局逮捕，旋即解回常宁，被杀害于县城北门桥沙洲上。1956年，常宁县人民委员会追认其为革命烈士。

黄少车（1891—1927），男，白沙镇大路村羊牯塘人，中共党员。1926年，在耒阳长坪参加革命。1927年，担任常宁白沙乡农民协会委员长，同年被国民党清乡队杀害于白沙，时年36岁。1956年，常宁县人民委员会追认其为革命烈士。

王诗湘（1917—1940），男，1917年2月生，白沙镇上洲村苏家井人，中共党员，早年从事革命活动，担任白沙乡农民协会联络员。1939年，在桂阳野鹿滩被国民党抓捕。1940年，被杀害于常宁洄水湾，时年23岁。1951年，常宁县人民政府追认其为革命烈士。

二、抗日战争时期

李浠章（1904—1937），男，白沙镇杜阳村人，中共党员，早年参加农民协会，从事农民运动。1937年11月，他以国民革命军第六十七师三九七团九连上等兵的身份投身抗日战争，在江苏淞沪战役对日作战中阵亡，时年33岁。1985年3月，湖南省民政厅行文批复，追认其为革命烈士。

三、抗美援朝时期

王集勋（1933—1951），男，白沙下洲村王家湾人。1949年2月参加中国人民解放军。1950年，随部队抗美援朝，系中国人民志愿军八师三团战士。1951年9月，在朝鲜黄海道作战中牺牲，时年18岁。中国人民志愿军政治部为其颁发了烈士证书。

曹朝炽 男，原官陂曹家（今光荣村）人。1949年11月参加中国人民志愿军，在四〇八团工兵连任文化教员，后牺牲。1954年6月4日，中国人民志愿军四〇八团政治部特发函常宁县人民政府，认定曹朝炽为革命烈士。

曾庆松 男，原阳加乡一村人。1953年6月参加中国人民志愿军，在高级工兵学校任战士，后牺牲。1955年3月12日，中国人民志愿军高级工兵学校特致函常宁县人民政府，认定曾庆松为革命烈士。

四、社会主义革命和建设时期

刘光福（1934—1956），男，白沙镇杜阳村狗公塘人。1955年3月参军入伍，系中国人民解放军〇二二四部队二支队独立二分队战士。1956年9月2日，在江苏省新海连国防工程施工中不幸牺牲，时年22岁。1956年12月，华东军区第三野战军政治部追认其为革命烈士。

（以上人物资料源自常宁市党史办、档案馆）

第二节　英模人物简介

（按姓氏笔画排序，收录省级以上先模及其他方面英模）

王书通（1926—1969），男，白沙镇黄源村（原金招村）李家铺人，中共党员，湖南省劳动模范，革命烈士。

1954年在水口山矿务局当下井工人，1955—1956年在水口山有色地质217勘察队担任爆破工。1957—1958年调到郴州市桂阳县238地质勘察队工作。1959年调到湖南省地质勘查局冶金236地质勘查队担任工会书记、分队党委书记。工作积极上进，吃苦耐劳，发挥模范带头作用，1961—1966年，曾被授予"大庆王铁人式的标兵""湖南省劳动模范"等荣誉称号。

1969年7月在常德地区桃江县带领勘察小组进行地质勘察时，接上级通知有一颗炮没炸，要求王书通带领小组成员前往处理哑炮。当时天色已晚，大家开展勘察工作一天已疲惫不堪，他便叫其他同志回去休息，自己独自一人去处理这颗哑炮。处理哑炮过程中不幸发生意外，哑炮爆炸，光荣牺牲，时年43岁。湖南省236地质勘察队为王书通举行了隆重的追悼会，追认王书通为革命烈士。两日之后把王书通遗体运送回白沙老家，举办隆重的葬礼，方圆数里百姓都赶来为他送行。

王芳佑（1925—1978），男，原名王兴贵，白沙镇原南马村洞里王家人，抗美援朝的战斗英雄。

王芳佑因家里贫穷到湖南省桂阳县煤矿挖煤谋生，当时国民党四处抓壮丁，他被抓去当了壮丁而入伍。1948年参加东北战役，之后加入中国人民解放军。1949年参加广州战役。1950年底积极响应党的号召，保家卫国，王芳佑由人民解放军编入中国人民抗美援朝志愿军。在朝鲜战场上，王芳佑不怕牺牲，英勇杀敌，1951年立三等功两次，1953年立一等功一次，并获"战斗英雄"称号。

抗美援朝胜利后，王芳佑积极响应国家号召，1955年复员回家。回家后，当时家里连房子都没有，只住在一间小茅房里。后来娶妻生下五个儿女，全靠务农为生，日子过得艰难。日子再苦，王芳佑都没有以英雄自居，更没有伸手向国家要过救济。

文仰香（1934—2016），男，中共党员，小学文化。1955年开始担任原福坪大队会计、民兵营长等职。1967年开始担任大队党支部书记。曾被评为湖南省"农业学大寨"先进个人，多次出席省、地区、县相关表彰会。

在他任大队党支部书记期间，福坪大队成为湖南省"农业学大寨"的著名典型。1973年6月，中央党刊《红旗》杂志以"学大寨首先要学路线"为题，专门推介了福坪的典型事迹。时任湖南省委副书记王治国、苏钢及衡阳地委书记徐天贵等领导都到过福坪调研指导，省内有多个地区、县、公社的干部到过福坪大队参观学习。

邓述丰 女，1929年12月出生于白沙镇上洲居委会。新中国成立前的共产党地下情报员，为桂阳县和平解放作出过重要贡献。

1948年，她在白沙小学毕业后到桂阳县投靠在七属会馆行医的父亲邓继孝，希望继续求学。1948年8月，经地下共产党干部徐行、范卓介绍，邓述丰到党秘密设在临武县沙田乡肖家村的培养革命力量的"党校"——临武县简易师范学校读书。在这里，她接受革命思想的教育，学唱革命歌曲。

1949年7月毕业后，被分配到粤赣湘边区人民解放军游击司令部第五大队（队部设在郴县）任宣传员。不久，便被组织派回桂阳县，投身桂阳的解放斗争。

1949年，新中国诞生前的桂阳，国共两党斗争激烈，桂阳地下党的情报传递受阻。在这关键时刻，党组织安排邓述丰担任情报员，每天到黄腊塘、九王庙等联络点送情报。机智灵活、勇敢的邓述丰，在担任游击队情报员的那些日子里，从未被敌人察觉，十分顺利地获取和传递了情报，使我党在桂阳的革命斗争顺利有效开展。

桂阳解放后，时任桂阳县长的徐行对邓述丰说："桂阳缺老师，你到县蓉峰一完小去当老师吧。"邓述丰便去了蓉峰一完小（简称蓉一小）当老师，除了给小学生上文化课，还组织学生排演剧目。1952年，邓述丰又被派往常宁白沙搞土改工作，她白天忙土改，晚上还去夜校当扫盲老师。

邓述丰一家可谓满门忠烈，父亲与王淑兰、徐行等并肩作战；舅舅刘开林是红军战士，牺牲在长征路上；丈夫谭代龙（又名谭潜初）系湘南支队独立大队战士。

阳敦郊（1934—2000），男，原常宁市宜潭乡（现曲潭办事处）曹塘村人，中共党员。1969年4月至1977年3月，任白沙公社党委书记。他勤政廉洁，身先士卒，艰苦奋斗，带领白沙人民，兴修水利，开荒造田，兴办林场果园，为改变白沙生产生活条件作出了突出贡献。

阳敦郊出生于一个穷苦的农民家庭，从小就立下了要为穷人谋幸福的志向。1949年6月23日，不满15岁的他就成为当地地下党组织的通信员，冒着生命危险站岗放哨、贴标语、送书信。

1955—1965年，除在宇宙公社工作近半年外，其他近10年时间，阳敦郊都是在常宁团县委工作。他带领全县团员青年造林、修路、开荒造田、兴修水利。1964年，阳敦郊被选为全国第九次团代会代表。

从1965年起，阳敦郊同志开始担任农村基层领导干部。他始终认准一个道理：党叫干啥就干啥，千方百计把事干好！并且以"在行、听话、舍得、苦干"作为座右铭。

在担任白沙公社党委书记期间，他带领白沙广大干群，自力更生，艰苦奋斗。

一是大力开展水利设施建设。他发动干部群众兴修水塘、渠道，参与兴建欧阳海灌区大坝和常西干渠（左干渠），让灌区的水充分发挥兴农富民的作用。

二是轰轰烈烈开荒造田。他带领干部群众向荒山进军，向荒地要粮。奋战了三个秋冬，使白沙新增耕地面积2432亩。

三是培养了一个全国著名的"农业学大寨"好典型——福坪。从1970年起，阳敦郊亲自到该大队蹲点。带领干部群众修建水库山塘等水利设施，在石山、荒山上凿石造田，发展药材种植特色产业，修建盘山公路。1973年6月，中共中央党刊《红旗》杂志第六期以"学大寨首先要学路线"为题，向全国推介了福坪学大寨的成绩和经验。

四是1975年新建了公社办公大楼，结束了白沙公社（镇）党委政府组建以来以来20多年借用民房办公的历史。

在白沙工作8年多时间，阳敦郊同志既使白沙发生了巨大变化，又与白沙结下了深厚的感情。1977年4月，因工作需要阳敦郊调离白沙，全社干群闻讯纷纷前往公社驻地，向他道谢送行，不少人都流下了难分难舍的热泪。

肖功让（1922—2001），男，1922年5月出生于白沙中洲街。1941—1943年在黄埔军校一分校十八期特训班十四总队步科学习，毕业后在国民党青年军中担任排长、连长。在抗日战争中，肖功让多次参战，为抗日流血流汗。1946年随部队驻守台湾，后因对故土的眷恋，1947年毅然回大陆，从青岛登陆转回衡阳警备司令部。1949年8月其所在部队随程潜将军起义。解放后，一直定居在白沙。1989年4月，加入黄埔军校同学会，为常宁统战工作付出了一定的心血。常宁县统战部领导曾多次到白沙看望他。

吴圣周 男，1952年5月出生于杜阳村，省级优秀教师。

1972年在常宁六中高中毕业，1974年参加教育工作，在杜阳小学担任民办教师，并任该校负责人。他带领老师们狠抓教育质量，当时杜阳小学的学生参加白沙公社统考，期期考得好，年年获第一，因此常宁教育局将白沙公社重点村小定在杜阳小学。

在几十年教育工作中，吴圣周老师勤勤恳恳培育新一代，兢兢业业争当好园丁，多次被评为衡阳、常宁优秀教师。1993年教师节，吴圣周老师被评为湖南省优秀教师，并转为公办老师。1993年下期，撤杜阳、上洲、下洲、居民四所小学，合并为白沙镇中心小学。吴圣周老师调入白沙镇中心小学任教，一直到退休。

吴学维（1902—1941），男，字书纶，杜家坪（杜阳村）吴家湾人，是大革命时期八区三乡农民协会的委员长。

他七岁时入私塾，私塾先生能文能武又懂中医，所以，他一边学文化一边习武一边学中医。后来，他受新文化和进步思想的影响，同情穷人，对当时政府的所作所为恨之入骨，坚信只有共产党才能救中国。1926年学成回乡后，年仅16岁的他怀着救国救民的心，投身革命，参加农民协会，负责主持杜家坪（现在的杜家和杜阳村）这一带的农会工作，任委员长，经常召集农民协会会员在吴家湾公厅开会。在组织革命工作的同时，为百姓义务治病。

那时的社会，军阀混战，地痞横行，穷人无处安身，饱受欺凌。他好打抱不平，为穷人说话。有一次，他在邻近的李家湾（现在的杜西村一组）开展工作，看见游医李作阶（永兴人）正在给小孩放天花，他二话没说，冲上前去，狠狠地给那个游医打了几个耳光，叫他滚，否则要打断他的手脚。那个游医不敢吭声，灰溜溜地走了。

又有一次，他到白沙街上办事，看见一个恶霸欺负一个穷人，便急忙冲上去，飞起一脚将恶霸踢倒在地，顺手拖张案桌压住恶霸。从此，白沙那些恶霸欺压穷人的行为有所收敛。

1927年夏天，吴学维还和农协干部段基福一起，手持菜刀，搭人梯进入白沙团防局院内，英勇地救出了来白沙指导农民运动的永兴县工农革命军第一师负责人黄平。

赵镜 女，1957年出生于长沙，大学文化，曾在福坪当知青，是一个把福坪当作第二故乡来热爱的人，为福坪的教育、环保等事业作出了重要贡献。

1975年7月，刚刚高中毕业的赵镜，被其父亲和母亲，送到湖南的"大寨"——福坪村插队落户当知青，接受贫下中农的再教育，接受艰苦劳动的磨炼。不久，赵镜主动向大队提出，她要去麻石岭生产队养猪场养猪，接受更艰苦的锻炼。

麻石岭生产队的养猪场是一间只有一层的抖墙屋，屋后就是一排临时搭建的窝棚式猪舍。猪饲料主

重返福坪留影，右二为赵镜

要靠打猪草，十来头猪由两个女青年喂养，任务相当繁重。赵镜起初对猪草全然不识，常常弄错。但她虚心好学，边干边学，边学边认，很快就成了行家里手。猪养肥了，人却晒黑了，累瘦了。

1977年1月，赵镜光荣地加入了中国共产党，2月在常宁县团代会上她被推选为常宁团县委副书记。她上任不久，桐梓公社发生了10名女青年集体投塘自杀事件。赵镜主动向领导请缨要去桐梓公社蹲点。到桐梓后，她走村串户，和团员、青年广交朋友，促膝谈心，引导他们正确对待理想和前途，正确理解目前的困难和困惑，带领他们热爱生活，珍惜生命，为建设社会主义新农村奉献青春。

1980年2月，赵镜调到湖南省旅游局工作。1985年，28岁的赵镜和留美博士彭立新结婚，并辞去公职去美国伴读。

对于第二故乡——福坪，赵镜一直牵挂在心。2002年"五一"国际劳动节期间，她在回国探亲间隙，购买了两台电脑，重返福坪，送给福坪村小学师生。

由于20世纪八九十年代，福坪村成为私人乱采滥挖锡砂和烧砒灰的主要矿区、重灾区，环境遭到了毁灭性的破坏。对于福坪环境的恶化，赵镜十分痛心。此后她又两次来到福坪，进行调研，探讨对策。她一方面出钱资助村小学全部小学生（含幼儿园学生），让他们免费上学；另一方面，把当地环境调查报告送到了湖南省有关部门。由于她的呼吁和争取，近年来，各级政府对福坪村的环境治理和山水修复不断加大投入，已安排资金数千万元，福坪绿水青山的美丽容颜已基本恢复。

胡庆新 男，1950年1月出生于山东省淄博市桓台县唐山镇，中共党员，大学文化。1973年12月，自愿到白沙公社福坪大队插队落户，1977年被评为湖南省"农业学大寨"先进个人。

1973年6月，在看到《红旗》杂志介绍白沙公社福坪大队的成绩和经验后，胡庆新热血沸腾，决心到毛主席家乡湖南省去，和福坪大队的干部群众一起，学大寨，干事业，为山区人民奉献青春。同年12月，冒着严

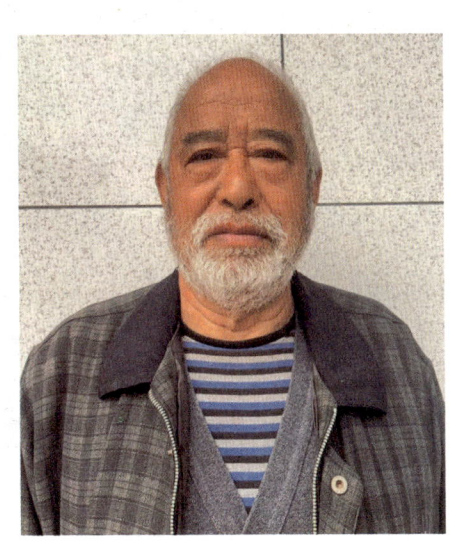

寒，胡庆新来到了福坪大队。

1974年底，胡庆新主动申请到麻石岭生产队蹲点，他不怕脏不怕累，事事抢着干，拼命干，他凿石造田，双手打出血泡也不在乎，并虚心向群众学习各种农业生产知识、技能，大家都很喜欢这个千里之外来的小伙子。

1975年7月，胡庆新光荣地加入了中国共产党。1976年1月当选为福坪大队党支部副书记，分管党群政法工作。1976年，他受邀出席湖南省上山下乡知识青年表彰大会。1977年1月，他又以湖南省"农业学大寨"先进个人的身份，出席了湖南省"农业学大寨"表彰大会。

胡庆新后任罗市乡乡长、春和乡乡长等职，撤区并乡后任庙前乡人大主席、政协主任。现为常宁市卫健局退休干部。

钟贤凤 女，1950年1月出生于荄河村肖家湾，中共党员，初中文化，湖南省烟草局干部，湖南省第三届党代会代表。

钟贤凤出身贫农家庭，1967年担任生产队妇女队长，1968年担任大队妇联主任兼团支部副书记，同年她加入中国共产党，并被选为白沙公社革委会副主任、党委委员。1969年被选为中共常宁县革委会委员、常委。1969年10月常宁县挑选139名优秀的女青年，组建湖南省唯一的一支女子民兵连赴怀化地区溆浦县修筑湘黔铁路（"三线"工程之一），她任女子连副指导员。1969年12月，她又被推选为湖南省学习毛主席著作积极分子，出席了湖南省学习毛主席著作积极分子表彰大会。1970年11月24日至12月4日，她以湖南省第三届党代会代表的身份参加了省党代会。

1971年她被常宁县委组织部招为正式国家干部，1971—1976年分别在蓬塘公社、阳加公社任党委委员、妇女主任。1976年她调到衡阳叉车厂任工会女工主任，1982年调任衡阳市飞龙公司招待所所长。1993年，她又随夫调到湖南省烟草局工作。

徐瑞东 男，1970年10月出生于白沙镇阳市街，现为常宁二中语文教师，曾获新疆维吾尔自治区颁发的"援疆优秀人才"光荣称号。

2012—2014年，徐瑞东赴新疆吐鲁番鄯善县二中支教。援疆期间，拍摄了大量的新疆图片，并坚持以QQ日志的形式分享30万字的援疆日记。其所拍的新疆风光人文图片多次获吐鲁番和新疆维吾尔自治区摄影奖，并有数幅作品入展国家级展出"神奇的沙漠——鄯善"摄影展。2014年，荣获自治区颁发的"援疆优秀人才"奖。2021年获衡阳市"优秀支教教师"荣誉称号。

黄少运 男，生于1958年2月，原杜家村六组人，中共党员，湖南省优秀教师。

1987年6月10日参加教育工作，直至2015年上学期一直在杜家小学任教，2015年下学期撤校后，调到白沙中心学校工作至2018年退休。在杜家小学任教期间，1988年下学期至2015年上学期一直担任小学校长一职并兼做财务、教务工作。工作勤勤恳恳，无私奉献，获得群众好评、组织肯定。1995年9月被评为"湖南省优秀教师"并记二等功，2009年9月被评为"衡阳市优秀教师"并记三等功，2010年4月被中共常宁市委评为"实践科学发展观"优秀共产党员，2016年当选为衡阳市第十一届党代表。

谢松柏（1922—2008），男，出生于白沙老街。他自幼聪明，喜欢读书。1944年毕业于中央航空学院无线电专业。毕业时，我国正处于抗日战争时期。他投笔从戎，毅然奔赴抗日前线，在昆明陈纳德将军率领的飞虎队服役。在抗日战场上，他机智勇敢，多次立下战功，荣获飞鹰金质奖章。抗战胜利后，调任国民党广州空军司令部无线电台台长，少校军衔。后又调任广州空军司令部通讯器材部部长。"文化大革命"期间，他被打成反革命分子、国民党特务，坐牢数年。1983年常宁县人民政府给他平反。

谭秋英 女，1948年7月出生于观音村，中师毕业。1972年2月参加教育工作。她几十年如一日，一直坚持在地处偏远高寒山区的观音小学任教。虽是山区，办学条件较差，但她的教学成绩在白沙镇一直名列前茅，她为山区教育贡献了毕生精力。1995年教师节时她被评为"湖南省优秀教师"并记二等功。

附：

一、健在的白沙籍抗美援朝老复员军人

封英才	43042519351010****	白沙镇上洲居委会上洲街
曹　林	43048219271229****	白沙镇星光村第五村民小组
曹星辉	43042519321222****	白沙镇星光村第八村民小组
王江成	43042519310926****	白沙镇金招村第四村民小组
王淑德	43048219310513****	白沙镇上洲村第二村民小组
张泽令	43048219321120****	白沙镇管钟村第二村民小组
曹朝任	43042519300105****	白沙镇星光村第五村民小组

二、健在的白沙籍对越自卫反击战参战人员

田解倈	43042519510810****	阳市村
曾凡凤	43042519640723****	管钟村二组
王四求	43042519470221****	云华村
曾夫训	43042519530523****	红卫村
谢扬银	43042519531007****	伍家村二组
蒋日成	43042519540501****	忠岭村
王勋开	43042519550805****	下洲村
蒋良祝	43042519551123****	井边村三组
管秀顺	43042519551213****	管钟村五组
钟贤君	43042519651026****	管钟村三组
段茂生	43042519551228****	杜阳村二组
黄扬池	43042519560325****	上洲村
李孝财	43042519560508****	阳市村
吕昌爱	43042519560612****	西棉村
王勋战	43042519561101****	下洲村一组
廖书周	43042519561129****	茅坪村五组
蔡满祥	43042519570417****	观音村
周厚云	43042519570613****	阳市村七组
李佐文	43042519570802****	杜阳村
李佐义	43042519570818****	杜阳村

续表

姓名	身份证号	住址
王满富	43042519570828****	荣华村
王集琪	43042519571007****	上洲村
廖书全	43042519580314****	茅坪村五组
吕昌荣	43042519580427****	杜家村
李尊跃	43042519580520****	金招村三组
李选祥	43042519581115****	茅坪村七组
林文华	43042519590903****	中洲居委会
李主红	43042519591208****	杜阳村
王国华	43042519600206****	阳市四组
李孝禹	43042519600722****	阳市村
董训保	43042519610827****	董家村
谢扬姣	43042519611201****	大路村
曾马成	43042519620108****	红卫村
王勋连	43042519620129****	下洲村
蔡春国	43042519620609****	杜家村
朱志发	43042519620801****	观音村
钟良付	43042519620830****	管钟村
邓向东	43042519620908****	南马村
蒋秋成	43042519620917****	井边村
曹石廷	43042519621013****	星光村
欧运富	43042519621024****	砂坪村
周德荣	43042519621128****	阳市村
伍玉卿	43042519621206****	上洲村
刘志文	43042519630107****	下洲村
黄明雄	43042519630225****	上洲村
曹华清	43042519640814****	星光四组
郑从华	43042519641224****	石湾村三组
王集刚	43042519650129****	上洲街
吴三运	43042519660302****	福坪村三组

续表

谢国平	43042519660427****	黄排村二组
曾卫平	43042519661213****	阳市村四组
李遵东	43042519671109****	阳市村四组
李冬富	43048219621221****	董湾村五组
欧秋保	43042519620820****	杜阳村四组
谢朝信	43042519621017****	大路村
曹生国	43042519651005****	星光村八组
廖代富	43042519630412****	西棉村
刘传绿	43042519650723****	阳市居委会
罗平安	43042519621019****	观音村
曾国赛	43042519681212****	徐州村

（未完全收集）

第三节　领导干部简介

（按姓氏笔画排序，收录副处级以上干部）

王飞　男，1972年3月生于白沙镇下洲村王家湾，中共党员，硕士研究生。先后就读于下洲小学、白沙中学、常宁二中。1995年7月中南大学工商管理专业本科毕业，2002年9月至2005年6月在中国人民公安大学攻读硕士研究生。2005年7月分配到湖南省公安厅工作，现任省公安厅督察总队副总队长。

王正明　男，曾用名王增友，1984年1月出生于白沙镇上洲村，中共党员，曾先后于上洲小学、白沙小学，常宁市第一中学实验班就读，2006年毕业于中南财经政法大学经济学系。2009年进入南京经济技术开发区管理委员会，曾任投资促进局科技创新部部长（2011年），2017年开始担任国家级南京新港高新技术产业园管理委员会副主任，并任中国人工智能产业发展联盟（AIIA）理事。

王成良　男，出生于1975年11月，白沙镇石湾村人。2002年毕业于上海理工大学，分配在上海技术物理研究所工作。2011年特招入伍，在武汉空军预警学院工作。2016年晋升大校军衔，现为武汉空军预警学院空天预警实验室主任。

王国平　男，1963年出生于阳加乡茅坪村（现白沙镇阳市村）。曾先后在茅坪小学、阳加中学、常宁一中、湖南省银行学校读书。

1983年7月分配到中国人民银行常宁县支行工作，1984年12月进入中国工商银行常宁县支行，历任信贷员、办公室主任、副行长、行长兼总支书记。2000年12月调入中国工商银行耒阳市支行任行长兼党总支书记，2002年7月任中国工

商银行衡阳市分行副行长、党委委员。2009年12月调入中国民生银行衡阳市分行任行长兼党委书记。2016年4月调入中国国储能源化工集团任副总裁，2017年7月与新能国际投资有限公司合资成立同梦汇（深圳）资本管理有限公司，现任董事长兼总经理。

1992年加入中国共产党，2006年评聘为高级会计师，2011年被评为"雁城十大精英人物"，2012年获评"湖南省杰出金融人物"。

王致斌 男，原名王致文，1972年10月生，阳加乡荣华村第五组（现白沙镇光荣村）人。曾先后在荣华小学、阳加中心小学、阳加中学、衡头中学、常宁县第一职业中学、湖南城建高等专科学校（现湖南城市学院）读书。

1994年6月分配到中建五局工作，1994年6月至2002年在中建五局武汉公司先后担任施工员、项目副经理、项目经理。2003年1月至2007年12月任中建五局武汉公司副总经理。2008年1月至2013年12月任中建五局宁波公司副总经理。2014年至今任中建五局浙江公司副总经理。是高级工程师，一级注册建造师。

王淑军 男，1969年6月出生于向阳村石湾王家，中共党员，正团级干部。

1987年11月应征入伍，先后任战士、排长、连指导员、连长等职。后调任湖南省道县人武部政委，2011年5月，任中共道县县委常委。2013年12月转业后，任韶关市纪委驻民政局纪检监察组长、民政局党组成员。2016年12月至今，任韶关市纪委驻国资委纪检监察组长、国资委党委委员。

在部队期间，多次参加抗洪抗冰救灾等危难险重的救援行动，曾分别于1993年、1996年、1997年、2003年各荣获三等功一次。任职道县人武部期间，所在单位先后被湖南省军区及永州军分区授予"先进党委""全面建设先进单位"等荣誉称号。

王淑辉 男，曾用名王有宝，1955年10月出生于向阳村石湾王家，中共党员，正处级干部。

先后就读于火石小学、白沙中学、常宁六中高中部。1973年12月在常宁县武装部应征入伍，1998年10月份从部队转业到广东省韶关市教育局工作，曾任韶关炮一师政治部正团级副主任及韶关市教育局党委副书记、副局长。

在部队期间，共荣获三等功4次。在地方工作期间，先后多次被省教育工委和韶关市委评为优秀党务工作者和优秀党员，2007年被教育部评为"关心下一代工作"先进个人。

尹国虎 男，1964年4月生于黄源村茭源，中共党员，大学文化，副团级干部。

1983年9月从常宁一中考入解放军军械工程学院，毕业后分配到广西军区炮兵团修理所任技术员。1987年12月调入广西边防5师15团修理所任技术员。1992年12月调入42军163师师部军械修理所任助理工程师。1994年受命组建163师装备部修理一连，代连长。1995年任163师广州军区军事大比武装备专业集训队队长。1996年任163师装备部修理营副营长，1999年任163师装备部中校副团职技术室主任，高级工程师，2006年初退役。

2015年成立常宁市有容生态农牧业专业合作社，承包黄源村山地380余亩，水田、鱼塘100余亩。投资200余万元发展规模种养业，目前，栽种油茶及养牛、养鱼、种菜，长期存栏牛50余头，聘用长期农民工10余人，每年还聘用季节工400余人。2017年当选为常宁市政协委员。2019年又成立宁燕农牧业专业合作社，承包杜西村山地1800余亩，计划投资600万元造林创业。

服役期间，1998年因工作突出荣立三等功一次。退役后，2017年被常宁市政协评为优秀政协委员，2019年被湖南省退役军人事务厅授予"湖南省模范退伍军人"光荣称号。

邓述湘（1933—2003），男，白沙居委会人。在白沙读完小学后和妹妹邓述丰投靠在桂阳县的父亲，到桂阳县读初中。1948年在桂阳一中初中毕业后留校任教。后又去郴州师范学校脱产进修学习，毕业后，又被郴州师范留校任教。之后又调到桂东县一中工作。1957年被错划成右派，1965年被下放到桂东农场劳动改造。1968年被开除公职回到老家白沙。1978年被平反恢复公职，安排到桂东县党史办工作。因工作突出，调到桂东县宣传部工作，后来又被选调到郴州地区党史办工作，直至退休。

左崇义（1933—2011），男，从白沙参军入伍的优秀军人，曾任中共中央候补委员、中国人民解放军少将、海军广州基地副司令员。

左崇义出生于衡南县鸡笼镇一个贫苦农民家庭。他出生后不久，做了一辈子长工的父亲因劳累过度而早逝。1945年，母亲在贫病交加中死去，留下他们兄妹三人，从此靠叔叔抚养。

童年的苦难，锻造了左崇义爱憎分明、勇敢顽强、奋发进取的性格。从他开始懂事时起，就耳闻目睹了日本帝国主义在衡阳胡作非为的暴行，激起他满腔仇恨。他几次想去寻找穷人的军队，都因年龄太小被叔叔拦住。

1953年4月，左崇义毅然报名从白沙参军（此时他投靠亲戚在常宁白沙当木工），同年11月以优异的成绩被选入南京海军预科学校学习。1954年毕业后被编入南海舰队一支队。1955年任混合舰一支队151舰班长。1956年加入中国共产党。1959年调任枪炮长，授少尉军衔。1961年后任230舰副枪炮长、172舰枪炮长（授中尉军衔）。1964年任151舰副舰长（授上尉军衔）。1966年任214舰舰长。1969年4月任护卫舰一大队参谋长。1969年10月任扫雷舰十大队队长。由于政治思想建设突出，军事技术过硬，1970年，《解放军画报》对其所在的大队作了系列报道，向全军推广其经验。

1974年1月，越南西贡当局悍然入侵中国领海，左崇义奉命出任389舰、396舰组成的扫雷艇编队指挥长，会同榆林基地派出的2艘猎潜艇火速赶赴西沙执行补给任务。1月19日凌晨5点多钟，在西沙附近海域遇上4艘敌舰分两队向他们包抄过来，他命令舰队也分成两队拦住敌舰，不让敌舰入侵中国领海。在敌我力量悬殊、敌舰首先开火的情况下，他坚定、沉着地指挥战士们奋起反击，击沉敌舰一艘，击伤3艘，歼敌百余人。他荣立二等功（一等战功）。1974年10月，升任海军广州基地副司令员（副军职）。

1977年8月，出席党的十一大，当选为中央候补委员。1982年9月，当选为党的十二大代表。1988年12月，被授予中国人民解放军少将军衔。

2011年5月30日，左崇义同志在广州因病逝世，享年78岁。

（资料源自《湖湘人物》）

伍尤君 男，1956年2月出生于原伍家村（现南陵村），中共党员，大专文化。1975年1月参加工作，任湖亭公社民政干事，1985年7月至1986年11月任水口山区团委书记，1986年12月至1990年12月任蓬塘乡党委副书记。1991年1月调入常宁市委统战部任纪检组长，1996年升为正科，2003年1月任常宁市民族宗教事务委员会主任、常宁市民族宗教事务局局长。2016年退休，享受副处级待遇。

任民宗委主任、民宗局局长期间，主持编撰了《常宁瑶族》《常宁宗教》两本书；帮助塔山乡、弥泉林场100余户瑶族同胞异地移民搬迁至常宁市罗桥镇，实现脱贫致富。支持修通了塔山—弥泉—庙前镇旅游公路，帮助塔山乡、弥泉林场解决交通闭塞、出入难的问题。

刘开云 男，1980年10月出生于白沙镇黄源村刘家湾，中共党员，湖南省委宣传部处级干部。

先后在南马小学、茭河小学、白沙中心小学、白沙镇中学、常宁市二中上学，1999年9月考取中南民族大学汉语言文学专业本科，2006年7月中南民族大学文艺学研究生毕业，获文艺学硕士学位。2006年8月通过公务员考试录用到中共湖南省委宣传部工作至今，2015年8月任文化艺术处副处长，2019年11月转任电影处副处长。

刘光华（1931—2015），男，出生于白沙镇上洲街，中共党员，正厅级干部。

他在白沙兴隆庵读完小学后考入广湘中学（耒阳）。中学毕业后，和同学邓大永，投靠南京警察局局长邓彝文（白沙人），在警察局当秘书。刘光华在学生时代就倾向革命，后在南京地下党领导人邓力群介绍下参加南京地下党活动，搜集情报，宣传我党政策。南京解放后，1948年5月，刘光华考入南京军政大学。1950年

站立者为刘光华

毕业后任云南省粮食厅军事协调员，"文化大革命"期间受到冲击。1978年平反后调任云南省粮食厅，历任劳资处处长、副厅长。1985年任云南省农工党主任委

员，后任云南省政协副秘书长。

刘明官（1934—2000），男，白沙镇上洲街傅家巷人，中共党员，正处级干部。

刘明官在白沙兴隆庵读完小学后，在白沙倒锡湖做工。1951年土改工作队一个姓李的负责人在北鑫领导工人工作时，发现刘明官年纪小、勤劳、灵活又有文化，便把他带到常宁县公安局当通信员，几年后调到衡阳专区当通信员。20世纪60年代他被安排到衡南县粮食局工作，70年代升任衡山县副县长，80年代任衡山县政协主席一职到退休。

阳忠恕（1928—2022），男，1928年7月出生于白沙下洲村，阳南山之子，曾任全国政协常委。

1947年秋考入震旦大学（今复旦大学）。1949年5月，父亲病逝后，辍学回衡阳，帮助兄长经营家中企业。曾任衡阳市鼎生物产公司经理。1953年，他积极说服其长兄及股东等投资方代理人，向政府申请公私合营。1954年4月，家中企业并入衡阳市企业公司，成为衡阳市最早、最大的公私合营企业。

他历任衡阳市公私合营企业公司科长、副经理，衡阳市工商联副主任委员，衡阳市废旧物资公司副经理，民建衡阳市主任委员，衡阳市第七届人大常委会副主任，湖南省政协第六届、第七届、第八届副主席，民建湖南省委第一届副主任委员、第二届主任委员，民建第四、第五届中央常委，是第六届全国政协委员，第七届全国政协常委。

李小华 男，1956年9月出生于阳加洲街上，中共党员。1964年在阳加完小读书，1966年失学在家，1968年跟随全家下放在阳市四队落户务农。1970年3月到阳加铁木社学锻工谋生，1978年1月招工，分配在原河洲供销社工作。1984年3月调县城关供销社任批发部主任，1986年1月任城关供销社理事会副主任，1987年1月任城关供销社理事会主任。1988年3月进县委党校学习，就读行政管理专业，获中专毕业文凭，亦转为国家干部。1992年调到泉峰园开发区城建开发总公司，任总经理，1997年任常宁市建设局副局长、副书记。2003年任常宁市政府办副主任兼城建投总经理。2016年9月退休，享受副处级干部待遇。

李孝猛 男，现任上海市市场监管局总经济师（副厅级干部）。1975年3月出生于白沙阳市村，1994年9月考入湖南师范大学中文系，1998年6月获文学学士学位，同年考入华东政法大学研究生院，先后获得法学硕士学位、法学博士学位，后在上海交通大学法学院博士后流动站工作。2008年参加工作，先后任上海市工商局企业监管处副处长、上海市工商局市场主体监管处副处长、上海市工商局静安分局副局长、上海市工商局直销处副处长（主持工作）、上海市工商局公平交易处处长、上海市工商局干部人事处处长、上海市市场监管局反垄断和价格监督检查办公室主任等职。

吴文明 男，1966年10月生，白沙镇光荣村人，1985年7月参加工作，1987年4月加入中国共产党，大学本科学历。现任常宁市人民政府党组成员、副县级干部，三级调研员。

1979—1982年在阳加中学初中第21班学习。1982—1985年在湖南三师第274班（美术班）学习。1985—1991年任中共常宁县委机要室机要员。1991—1993年任中共常宁县委机要室副科级机要员（1992年任县委驻三角塘镇社会主义教育工作队资料员）。1993年任中共常宁县委机要室副主任。1994—1995年任中共常宁县委机要室副主任、县委办公室代理行政组长。1996—1997年任中共常宁县委办公室副主任、正科级督查员、县委机关工会主席（1996年到广东省增城市仙村镇挂职锻炼。1997年任县委驻松柏镇党建工作队队长）。1997—2003年任中共常宁市委办公室副主任、正科级督查员、市委机关工会主席、党群系统政协联络组长。2003—2005年任常宁市政协党组成员、常委、办公室主任、机关党支部书记。2005—2013年任常宁市政府党组成员、副县级干部、常宁市政协党组成员、秘书长兼办公室主任、机关党支部书记。2013年任常宁市政府党组成员、副县级干部（2018—2019年主持城乡规划局工作）。中国共产党常宁市第九、十、十一、十二次党代会代表、副团长。政协常宁市第六届委员会委员，第七、八、九届委员会委员、常委。

林君 男，1974年9月出生于杜西村，中共党员，副团级干部。

1994年入伍，毕业于原第一军医大学，后进修于解放军后勤指挥学院临床医学专业，主治医师，原海南省军区75576部队医疗机构负责人。专业技术九级（副团），荣立三等功2次。2017年退役后，自主择业，开办保健诊所，现任海口市德信综合门诊部主任。

罗维芳 女，1957年2月出生于白沙镇下洲居委会，中共党员，副厅级干部。

她曾在白沙中学、阳加中学就读初中、高中。1975年3月，响应党的号召，到本公社杜阳大队插队落户当知青，后加入中国共产党，历任大队团支部书记、大队党支部委员、公社广播员。

1977年恢复高考后，罗维芳考入湖南中医学院（现湖南中医药大学）。毕业后，被分配到常宁卫校当老师。几年后，被提拔为常宁县中医院副院长，1984年底，又被提拔为常宁县计划生育委员会主任、党组书记。1989年11月至1995年5月，调任常宁县委组织部副部长兼直属机关党委书记。1995年5月，任县委常委、纪律检查委员会书记。2000年1月，改任中共常宁市委常委、市委副书记。2006年6月，升任中共常宁市委调研员（正处级）、市人大常委会党组副书记。2007年6月，担任中共衡阳市委组织部副部长、市老干局局长。2016年，享受副厅级退休待遇。

罗维芳巾帼不让须眉，担任常宁市纪委书记期间，常宁市被评为全国纪检工作百强县，并在全国表彰会上介绍经验；常宁市纪委领导班子被评为衡阳市十佳领导班子。她担任常宁市委副书记期间，主管教育工作，有多人考上清华、北大，其中一中王力同学成为湖南省高考理科状元，也产生过全国十佳乡村教师。主管城建时，主持了维修扩建西门桥等重要工程，始建旅游局，开创常宁旅游事业。担任衡阳市委组织部副部长期间，主管人才工作和老干部工作，单项工作多次拿下全国先进，衡阳市老干部局年年是全国红旗单位。

周维富 男，1927年11月出生于本县罗桥区车田乡马家桥大队新屋周家。20世纪80年代入赘到白沙镇下洲村王勋玉家，离休干部。

1947年4月，被国民党抓壮丁。1949年5月5日，加入中国人民解放军，担任卫生员、卫生指导员。1955年复员回家务农。1956年在家乡担任代课教师数月，同年6月由常宁县民政科安排到水口山贸易公司工作。1958年8月，因被人诬告说他打架伤人，被送劳教。1962年回家务农，后外出打工，被收容进常宁县白水岩园艺场。1979年11月，党和政府落实政策，恢复其公职，安排在西岭镇食品站任出纳员，1988年离休。

钟贤美 男，1962年5月出生于原管钟村肖家湾（现茭河村），中共党员，大学文化，三级调研员。

先后在茭河完小、白沙中学、阳加中学、常宁一中读书，1984年7月毕业于衡阳师专政教专业，后被分配到常宁二中工作。1990年8月被选调到常宁市教育局教研室工作，任教研室副主任兼中学政治教研员，1992年11月加入中国共产党。1994年12月调到中共常宁市委办工作，历任综合组副组长、综合组组长、政研室主任、610办主任、市委办副主任等职。2003年3月调任常宁市教育局党委书记、副局长。2015年11月经衡阳市委组织部批准，享受副处级待遇，调到常宁市人民政府协管文体卫等工作。2019年12月，兼任常宁市老干部（老年）大学临时党总支书记。2020年3月，任四级调研员。2021年11月，任三级调研员。

钟贤美勤政廉洁，责任心强，原则性强，所负责的各项工作均能取得好成绩，2015年，协助市委市政府有关领导推进创卫工作，短短半年常宁市成功创建为省级卫生城市。他多次受到嘉奖以上的表彰，其中，2001年、2002年荣立二等功，2005年获得"常宁市最受欢迎的领导干部"荣誉称号。

段仁友 男，1957年8月生于杜阳村，中共党员，副处级干部。

1975年9月参加工作，1978年9月加入中国共产党。1976年3月入伍，先后在南海舰队训练团、援外船大队11号艇、辅助船大队902船任轮机兵、副班长。1980年12月复员回核工业233厂工作，先后当过保卫干事、劳资干事、企管部主任、政工办主任、厂长助理兼财务部主任。2000年单位企事分离改革，到新成立的飞碟公司先后担任企管部主任、总经办主任。2006年6月回核工业研究所任劳资科长，2008年提为副处级领导，主管劳动人事管理和改革改制工作。2017年8月退休。

徐昭桥 男，1976年1月出生于毘帽峰村，中共党员，大学文化，四级调研员。

1996年参加工作，曾任小学教师，后调入衡阳市雁峰区政协。历任雁峰区党校副校长、区委织织部干部组长和衡阳市委组织部组织科副科长、基层办副主任、党教中心主任、干部一科科长等职，现任衡阳市委组织部四级调研员。是湖南省委宣传部聘请的湖南省骨干理论宣讲员。

曹廷优 男，1940年5月28日出生于官陂曹家（现白沙镇光荣村），中共党员，初中文化。

1959年元月应征入伍，在中国人民解放军炮一师44团服役，先后任战士、班长、排长、连副指导员、指导员。1960年10月加入中国共产党。在任班长期间荣立过三等功一次。1968年8月随炮团调陆军43军，任军炮团四连指导员。1969年7月调到广西边防独立团一营任指导员、副教导员。1973年7月调到广西宁明县爱店边防工作站任政委（正营职），1979年2月参加对越自卫反击战，后晋升为副团长。1982年12月转业到湖南省衡阳汽车配件厂，任分厂党支部书记，不久任总厂纪委副书记兼厂机关党支部书记。1991年任厂纪委书记。1998年8月退休。

曹运才 男，笔名衡江石。1968年1月出生于官陂曹家。先后在星光小学、阳加中学、常宁六中、常宁一中读书。1985年9月至1989年6月在兰州大学经济系读书。1989年7月至1995年12月在衡阳市商业技校教书。1996年1月至2006年6月在中共衡阳市委讲师团先后任副科长、科长、副主任。2006年6月至2011年6月，先后任中共雁峰区委常委、宣传部长、区委办主任。2011年6月至今任衡阳市生态环境局党组副书记、副局长。

1987年被常宁县人民政府评为"见义勇为"先进个人。1997年加入中国共产党。2004年获副教授职称，2008年被中共湖南省委讲师团聘为教授。2012年和2020年被衡阳师院聘为客座教授。

曹朝猛 男，1940年10月生于官陂曹家，中共党员。

1951年至1957年，先后在曹家小学、阳加完小、常宁六中读书。1958年1月至1958年4月，在曹家小学代课。1958年4月至1962年8月，在常宁重工业局工作。1962年8月至1995年11月，在衡阳市裕民煤矿工作。1995年11月，退休。

1971年5月加入中国共产党。1974年7月任副科长，1979年3月任正科长，1981年4月被任命为裕民煤矿副矿长，1987年3月被任命为裕民煤矿矿长，1988年12月被任命为裕民煤矿党委书记兼矿长。

曾祥虎 男，1959年11月生于白沙镇原沙坪村四组，中共党员，大学文化。1979年9月考入湖南省财会学校财政专业学习，1981年7月毕业后分配到中央企业水口山矿务局工作，先后担任财务科长、财务处长，2004年8月起担任湖南水口山集团有限公司党委委员、总会计师、副总经理等职务（行政副厅级）。在企业财务管理、税务管理等领域有较强的工作能力和较高的理论水平，有多篇论文在国家及省级刊物发表。

谢立荣 男，1954年7月出生于南陵村风刮台，中共党员，大学文化，正处级干部。

1974年考入衡阳铁路工程学校读书，毕业后分配至长沙铁路公安处工作，历任侦查员、主任科员、秘书、办公室副主任、主任，后调至长沙铁路总公

司，先后任政法委办公室副主任、主任。1994年至2001年任长沙铁路总公司政法、综治、维稳、路风建设办公室主任。2002年至2005年任长沙铁路总公司政法委副书记兼政法、综治、维稳、路风建设办公室主任（正处级）。2005年9月任长沙铁路生活段党委书记。2010年10月退休。

多次被评为湖南省、铁道部的优秀或先进政法、综治及思想政治工作者。

谢扬元 男，1932年10月出生于原黄排村（现黄源村）一贫困家庭，中共党员。读私塾两年后入白沙完小读书三个学期。1950年5月，加入新民主主义青年团，1954年，加入中国共产党。因表现突出，1966年被选为湖南省学习毛主席著作积极分子，并参加在长沙召开的全省学习毛主席著作积极分子表彰大会。

1950年10月1日，经荥源乡乡长屠家林推荐，谢扬元在常宁县粮食局参加工作，历任代征员、保管员、统计员、统计股股长。1956年3月调到常宁县委组织部任党总支干事、组织干事，1960年12月调任东方红公社党委副书记。1961年3月调任西岭公社党委书记。1977年12月，调任城关镇党委副书记、镇长。1984年2月，他主动要求到县工商行政管理局当协理员。1993年1月退休，享受副处级干部待遇。

他在西岭公社任党委书记期间，带领干部群众做了很多大事。一是大力重教办学。想方设法筹资新建扩建了西岭中学，新建了17所（共17个大队）大队小学。二是大力发展集体经济。开办了铜矿、木工厂、面粉厂，兴办了千亩林场、五百亩柑橘场，兴建了西岭水电站，解决了全公社的照明及生产用电问题。三是大力改善基础设施。开荒造田、移山造田一千多亩，改造低产田一千多亩。兴修农田灌溉渠道数条，长度达到十余公里。还修通了近百里的通村公路，实现了每个大队（村）通简易公路的奋斗目标，极大地改善了交通条件。

谢朝庆 男，又名谢朝卿，1926年出生于南陵村风刮台，师级干部。解放前，参加国民党青年军，屡立战功，多次提拔，任师政委。解放战争中，随部投诚到解放军38军,在后勤部门工作。离休后,在河北省高碑店居住。

谢朝录(1934—1997),男,系谢朝庆胞弟,南陵村人,正处级干部。衡阳市某工程学校毕业后,分配到北京市综合仪器厂,后调任湖北省襄樊市激光仪器厂厂长。

管志善,男,1965年10月出生于白沙镇原管钟村(现茭河村),中共党员,大专文化,现任常宁市委二级调研员。

管志善1986年参加工作后,历任白沙镇青年干事、秘书、副镇长、副书记等职;2001年调篷塘乡,历任副书记、政协主任、乡长等职;2008年调盐湖镇,历任镇长、党委书记;2015年调任常宁市烟办主任、党组书记;2017年调任常宁市老干局长、织织部副部长、两新工委书记。2022年起,历任市委三级调研员、二级调研员。

管志善对党忠诚,对工作认真负责,勇于创新,开拓进取,多次受到组织表彰。如,2010年,他被国务院授予第六次全国人口普查先进个人;2021年,他被评为衡阳市扫黑除恶专项斗争先进个人;2023年,他荣立常宁市三等功。其所负责的工作,屡创佳绩。如,2016年,常宁市被湖南省政府授予浓香型优质烤烟种植先进县的光荣称号;2021年,常宁市被湖南省评为脱贫攻坚驻村帮扶先进集体。

管品申 男,1976年6月出生于白沙镇黄排村(今黄源村),中共党员。1994年9月从常宁二中应届考入湘潭大学机械系学习。1998年6月大学毕业后,考入常宁市纪委工作,2008年由常宁市纪委考入衡阳市纪委工作,先后在衡阳市纪委案件审理室、党风廉政室等处室工作,曾担任第一纪检监察室副主任,2017年9月任衡阳市纪委政策法规室主任(副处级),现任衡阳市纪委党风廉政室主任。2009年获评"湖南省纪检监察审理工作先进个人"。

(未完全收集)

第四节　专技人才简介

（按姓氏笔画排序，收录博士、教授级专家及各方面的优秀人才）

王芳年（1929—2014），男，白沙镇原石湾村荷溪王氏人。曾获"常宁东路片汤头歌诀研究旗手"称号，担任乡镇医院院长数十年，是著名的老医师。

他3岁时父亲患疟疾去世，痛心不已，立志做一名治病救人的医生。1952年参加土改队，随后从医。

走上工作岗位后，他自学各种医学书籍，特别喜欢中医学，爱钻古典医学著作，拜名中医为师，学习望、闻、问、切秘诀，领悟辨证施治真经，践行君臣佐使处方，积累民间奇效验方，抽时间到常宁卫校、衡阳卫校进修。他擅长治疗肝硬化，有很多治愈肝硬化的病例。他曾在荫田医院、双安医院、阳加医院、白沙医院担任院长28年，多次被评为优秀乡镇医院院长。

王振宇（1903—1962），男，1903年7月出生于白沙中洲街。自幼勤奋好学，青年时期就从事中医，并以此为生。他擅长内科和妇科，是民国时期常宁东路两位著名的中医之一（还有一位是双安的尹文仲）。1953年与肖功旻、管世元等成立了白沙诊所（白沙医院的前身）。

王振宇为人谦和，心地善良，常常扶危帮困。他独自在杜家坪李家湾时，捐建了一栋抖墙屋，名为"积谷仓"。专门用来堆放募捐而来的稻谷，每年青黄不接时，便开仓放粮，接济穷人。

王琴书　男，祖籍白沙，王介湖长子，新中国成立后在新疆建设兵团工作，是农一师的高级畜牧师。

王集林 男，1966年7月出生于黄源村小李家铺湾里，现为中国书画院会员，湖南省艺术家协会会员，深圳市美术家协会会员，常宁市美术家协会副主席，中青年油画家。

王集林自幼习画，后拜常宁版画大师吴国威先生为师。1986年，经恩师吴国威举荐，他被破例招进常宁县文化馆工作。1987年，他考入中央美术学院进修，毕业后回到常宁文化馆，专攻绘画。2006年开始定居深圳，专攻油画创作。他的油画大概分为三大块：一为写生画，风景、人物；二为创作画，山歌、呐喊、民族风情；三为伟人肖像，有毛主席像、将军像、特色定制肖像画。

他的作品常在国内外巡展和参赛，获奖很多。如2011年油画作品《铸》获广东省第十一届美展入选奖，2011年油画作品《小镇一舟》获广东省第十一届美展铜奖。2012年油画作品《盼》在关山月美术馆展出（深圳市美协主办）。2017年油画作品《灶台》获广东省第十四届美展入选奖。2017年有多幅油画作品在美国圣地亚哥国际艺术展展出，其中油画作品《岁月记忆》获美国洛杉矶国际艺术交流展金奖。2021年5月，其油画作品"岁月系列"荣获澳大利亚书画精品展一等奖，被澳洲王子美术馆收藏。他还被澳洲王子美术馆聘请为客座教授。

王增英 女，1950年12月出生于白沙下洲居委会，曾任衡阳市工人文化宫文艺部部长，是多次获得国家、省、市级奖项的优秀戏剧老师。

王增英的生父王勋锡是白沙著名的民间艺人，新中国成立后，创办白沙金星剧团并担任团长。耳濡目染、受到良好的艺术熏陶的王增英，从小就爱好文艺，唱歌、跳舞都表现出良好的天赋和素养。

王增英14岁时，进入白沙垦荒队，15岁被选拔到常宁轻骑队（文艺宣传队）。轻骑队解散后，她作为唯一的女演员被选拔调入常宁歌舞剧团，1980年又被选调到衡阳市工人文化宫担任舞蹈老师，后担任文艺部部长至退休。

王增英被衡阳人誉为"小品大王"，多次获国家、省、市级奖项。1999年在新中国成立50周

年湖南省"工人之声"文艺调演中获优秀编导奖；同年，她导演的小品《桥》在全国职工戏剧小品大奖赛中获最佳导演奖；1997年，她创作的小品《人与人》在全国城市职工小品相声展演中获一等奖；同年，她导演的小品《灯》参加全国第二届职工小品展演获一等奖；2005年，她编导的《协管员的午餐》获湖南省道路交通安全宣传"五进"电视文艺调演一等奖；2013年，她编导的小品《扛》参加湖南省残联文艺调演获一等奖。

邓贵中 男，1993年8月生于白沙下洲村，中共党员，博士。

1999年9月起先后在白沙中心学校、常宁市合江中学、衡阳市八中就读。2011年9月，考入大连理工大学。

2015年9月，以优异成绩保送到上海交通大学读研，至博士毕业。师从美国国家可再生能源实验室海洋能研究组原组长李晔教授，主要研究方向为潮流能开发与海洋环流的相互作用。

邝才文 男，1956年8月出生于白沙上洲居委会。现为湖南省书法家协会会员、常宁市硬笔书法协会副主席、常宁市书法篆刻委员会副主任。

邝才文与书法结缘，还得追溯到少年时代的爱好和家学的影响。小学时母亲经常带他与弟弟去耒阳安和老屋场伯父和大爷王化隆家玩，一次他偶然发现，大爷家东西面斑驳的墙面上用毛笔写满了古诗词、歌赋。那飞舞灵动的线条出神入化，结体非常漂亮，他第一次感受到了书法的巨大魅力，完全被迷住了。后来伯父告诉他，原来大爷在国民党西安警备司令部任过少将参谋长，书法声名远播，曾受西安警备司令部之托，为蒋介石题写过生日贺匾，当时西安的很多商户匾牌都出自大爷之手。先辈的书艺造诣对他影响颇深，于是，从小学起他就开启了书法练习的历程。

随着他在书艺方面的不断追求和探索，赢得了不少荣誉：1985年荣获衡阳市首届职工书法大赛二等奖；2001年获湖南省书协举办的首届中国临书大赛三等奖；2002年获常德市"海峡两岸"书法大赛二等奖；2003年获湖南省书协举办的中国小字大赛优秀奖；2010—2018年在全国中小学生书画大赛中连续8年获得"优秀辅导老师"称号。

伍柯霖 男,1994年9月出生于南陵村伍家湾,中共党员,博士。

2009年中考他以常宁市第一名的成绩进入常宁市一中就读高中,2013年高考以常宁市理科第一名的成绩被浙江大学录取。2017年本科毕业后免试保送浙江大学直博研究生。2023年赴法国开展博士后科研工作。

参与研发的"一种基于振动信号联合谱相关系数分析的轴流风机状态识别方法",在2019年8月27日被国家知识产权局授予专利权。2019年参与一项国防重点科研项目,他为主要申请和研究人员。2020年他被浙大评为"学术新星"。

伍健全 男,原籍白沙镇伍家村,博士,现就职于华中科技大学,担任分析测试中心办公室主任,是全国高校分析测试中心研究会青年部委员。

2002年毕业于常宁市第一中学;2002—2006年就读于湖南师范大学化工学院;2007—2012年就读于武汉大学化学与分子科学学院材料物理与化学专业,硕博连读获博士学位;2012年至今,在华中科技大学分析测试中心工作,研究方向为多级孔材料的制备与应用研究、材料显微结构表征和材料分析检测新技术研究。

刘友仰(1938——2014),男,生于阳加洲街上,中共党员。20世纪80年代,曾被称为"常宁一支笔"。

他1958年从湖南一师毕业后,先后在阳加完小、荫田完小、常宁一中、县教育局、宣传部、党校、档案局、财政局等多个单位工作,曾任县档案局局长、财政局正科级副局长。在财政局工作期间,对白沙的建设非常支持,为家乡修路架桥、保护文物古建等作出了积极贡献。

他文学功底深厚,20世纪80年代,常宁县委书记的大会报告,他是主笔人员之一,曾被誉为"常宁一支笔"。退休后,他坚持学习和写作,《常宁楹联》《常宁诗词》《常宁宗教》等书刊收录了他不少作品。他还有一些诗文发表在国家、省、市级报刊上。

刘鸿志（1928—2008），男，白沙街上人。毕业于暨南大学。株洲工学院音乐系副教授，铁道部株洲铁路电机学校高级讲师，中国音乐家交响乐学会会员，株洲市管弦乐团第一任指挥。

创作的《歌唱我国第一台电力机车韶山号》，在北京第一届全国职工文艺会演中获一等奖；《机车城的保卫者——公安处之歌》获"中国潮金曲"大赛金马奖。指挥的世界名曲《蓝色的多瑙河》在"三热爱"合唱比赛中获一等奖。

关细林 男，1966年3月出生于白沙镇中洲街，中共党员，华中师范大学本科学历，经济师。1986年参加工作，现任中国农业银行湖南省分行办公室高级专员，中国农业银行作家协会会员。

曾任《湖南金融报》记者、驻衡阳记者站副站长，农行衡阳分行办公室副主任、党委办副主任、宣传部副部长、衡南县支行副行长。在《人民日报》《经济日报》《金融时报》等中央、省、市媒体发表上千篇文章，其中《吴行长查农资》被评为《农民日报》现场短新闻一等奖并入编中宣部新闻培训教材。

李廷银 男，1951年5月出生于白沙镇向阳村火石桥，中共党员，大学文化，副研究员。

1976年毕业于湖南医科大学（现中南大学）。曾任湖南医科大学公共卫生学院科研总支委员及第一支部书记，中共湖南医科大学直属肿瘤研究所党支部书记。

发表具有较高水平的科研论文30余篇，《山苍子芳香油对黄曲霉毒素B1降解作用》在储粮中应用，防霉效果显著，1981年获国家粮食部科学技术三等奖；《湖南省鼻咽癌病因综合考察》1987年获湖南省科学技术进步二等奖；1989年获湖南医科大学优秀教学成果奖，同年获湖南省医药卫生科技成果三等奖；《硕苞蔷薇果营养成分分析及其食用效果试验》的开发利用，1991年获湖南省林业科学技术进步三等奖等。

李国庆 男，1985年1月出生于原阳加公社阳加医院。1988年随父迁居到衡阳市南华大学（原衡阳医学院）校内居住。先后就读于衡阳市蒸湘区太平小区小学，衡阳市一中初中部、高中部；2003年至2007年就读于北京交通大学电子科学与技术专业；2007年至2012年，在北京中国科学院国家空间科学中心攻读博士研究生，于2010年加入中国共产党，并于2012年在中国科学院大学获工学博士学位。2012年至2014年，在国家空间中心担任助理研究员；2014年初，前往美国硅谷Hermes-Micro vision Ltd.公司担任高级图像算法工程师，从事高端电子显微镜的技术研发；2015年回国后在北京就职于中国科学院自动化研究所类脑智能研究中心；2017年被评为副研究员（副教授）、高级工程师。现主要从事国产高端电子显微镜在脑神经图谱连接组学中的应用研究。

李贵荣 男，1955年2月出生于原阳加公社。先后就读于阳加小学、常宁六中、常宁一中。1978—1982年就读于湖南师范大学化学专业。1982年分配到南华大学（原衡阳医学院）从事教学和科研工作。1998年加入中国共产党，1999年评为化学教授，2002年评为硕士研究生导师。承担湖南省自然科学基金和湖南省科技厅重点项目共2项，主持或参与国家级和省部级课题研究多项。在国内外期刊上正式发表论文50多篇。1997年获湖南省科技进步二等奖1项；参编全国高等教育规划教材8本；多次聘为湖南省高教系列和医药卫生系列高级职称评委；中国化学会和中华预防医学会会员，曾担任湖南省预防医学学会理事；所带教研究生的论文曾两次荣获湖南省优秀硕士论文奖，获得国家发明专利1项。2006年荣获"衡阳市模范党员"称号，2001年获得"衡阳市先进工作者（劳动模范级）""衡阳市优秀教师"和"衡阳市优秀专业技术人员"称号，并由衡阳市政府三次荣记三等功。

肖功旻（1916—1995），男，白沙下洲居委会人，是白沙有名的把式和中医师，力气过人，一只手可以耍起80斤重的大刀。正月里，他常带队去周边乡村耍狮灯、龙灯。有一次，他带队耍灯耍到三角塘街上，在那里被围攻，连狮子头都被抢走了。他被迫出手，一个人冲破围追堵截，打出三角塘街，抢回狮子头，从此声名大振。

肖功旻不仅是个有名的把式，还是一个出色的中医师，跟武打师傅学过治疗跌打损伤，为不少老百姓治疗过伤痛。新中国成立后，白沙成立联合医院请其加入。后又成立白沙医院，他是该院医生。他擅长用中草药治疗跌打损伤、无名肿毒以及儿科、妇科方面的疾病。

肖启丹 女，1986年8月生，原籍白沙下洲居委会，大专文化，是常宁的乒乓球高手。

她曾在湖南省欧亚乒乓球学校、湖南省体育运动学校学习，并在广东省高礼泽乒乓球俱乐部担任教练，现为常宁市宜城小学体育教师。

她乒乓球水平较高，多次获奖：2000年7月参加常宁市教育系统乒乓球比赛，荣获女子单打第一名，女子双打第二名；2002年参加衡阳市乒协乒乓球联赛，荣获女子单打第三名；2005年参加省体校乒乓球比赛，荣获女子单打第一名；2007年参加广东省交通建设集团乒乓球赛，荣获女子单打第一名，团体金牌；2015年参加常宁市首届"万象壹号杯"乒乓球赛，获女子单打第二名；2019年参加"健康湖南——幸福常宁"全民运动会暨"中国黄金"杯乒乓球赛，获女子单打第一名。

肖高平 男，1958年10月出生于白沙镇下洲居委会，是常宁著名的"乐器达人"。中共党员，大专文化，常宁市第五届、第六届政协委员，常宁市武术协会副会长，常宁市音乐协会、书法协会、象棋协会、京剧协会理事，衡阳市民间文艺家协会理事。1979年参加工作，曾任文化馆文化专干、文化局区镇文化站站长、常宁市招商局办公室主任及工会主席、常宁市商务和粮食局主任科员等职。

自幼爱好广泛，在读初高中时就是学校文艺宣传队的乐器骨干。考入常宁市文化馆后，自学了多种乐器和作曲。在衡阳市招商系统文艺演出中，演奏的二胡独奏曲《赛马》荣获二等奖，为常宁市老年大学夕阳红文艺队谱曲的表演唱《永远不忘党的恩》荣获市、省演出一等奖。业余时间培训乐器学员200多人。

他的中国象棋盲棋表演和器乐表演在常宁市广播电视新闻台播放。他在2015年5月常宁市总工会职工象棋大赛中荣获亚军。

张为栋 男，1999年6月出生于荥河村中洋坪，中国科学技术大学博士生。

其先后就读于荥河完小、白沙中学、常宁一中。2017年考入合肥工业大学化学工程与工艺专业，2021年本科毕业后保送到中国科学技术大学硕博连读。

张宗秋 男，1962年8月出生于白沙下洲居委会，中共党员，高中文化。他是湖南省美术家协会会员，湖南省版画家协会会员，中国工业版画院研究员，中国美术家学术研究会会员。

他自幼爱好美术，参加工作后刻苦自学，重点研习版画创作，成绩斐然：版画《彭大将军之一》，2011年7月获湖南省重大历史题材美术创作工程之"辉煌岁月·红色经典"庆祝中国共产党成立90周年银奖；版画《彭大将军之二》，2012年在湖南省美术馆展出，同年9月在中国北京军事博物馆展出，被彭德怀纪念馆收藏并获三等奖；版画《中国出了个毛泽东》，获2014年"伟大中国梦美丽中国行"全国名家书画大展金奖；版画《至圣先师——孔子》，获2014年12月"孔子文明艺术"名家书画作品特别奖。

吴圣云 男，1969年1月出生于杜阳村，常宁市非遗项目"吴氏疼痛穴位组合疗法"传承人。

其祖父吴学维创立"吴氏疼痛穴位组合疗法"，后传其父吴孔亮及其姑吴孔梅，现传至吴圣云。吴圣云在继承先辈医术的基础上，熟读家中医药藏书，反复研读《黄帝内经》等经典著作。近年，他又拜在国医大师邓铁涛门下学习，还耗时5年多在全国各地遍访名医，学习百家之长，重点研习针灸穴位治病医术，使家传的"吴氏疼痛穴位组合疗法"，得到了进一步完善和提升。经他治疗好的疼痛病人超过百人，不少外县外省的病人也慕名前来就诊。在治病救人的同时，他还带徒传艺，注重传承，力争把"吴氏疼痛穴位组合疗法"发扬光大，已带弟子10多位。2023年8月，"吴氏疼痛穴位组合疗法"被确定为常宁市非物质文化遗产项目，吴圣云为代表性传承人。

吴佑成 男，汉族，1956年1月出生于白沙镇阳市居委会，中共党员。湖南省民间文艺家协会会员、衡阳市民间文艺家协会会员、衡阳市诗词协会会员、常宁市民间文艺家协会理事、常宁市网络作家协会优秀会员（2020年度）、常宁市诗词协会会员、常宁市白沙镇地方史研究学会秘书长。

吴佑成从小酷爱文学，1981—1982年在长沙自学文艺创作。师从时任湖南省文联秘书长、民俗研究专家张劲松，1983年10月在省刊《湘江文学》发表作品。此后又得到衡阳市文联副主席、《南岳》杂志主编、著名作家唐延俦（笔名梅中泉）的教诲，先后在报纸杂志发表诗歌和小说。2015年9月结集出版《青涩之果》诗文选，同年参与常宁市地方史研究学会编辑并出版《常宁市地方史参考资料》第一辑，并参与再版《常宁县志（1990年版）》的修订工作。

近年活跃于网络文学空间，发表有诗歌《大中华的铿锵玫瑰》《女神，东方的女神》，以及民间故事《摘蜜桃的时候》《常宁人的月半节》等一批作品。

吴洪轩（1943—2021），男，生于光荣村官陂吴家，中共党员，中师学历，1987年被评为小学高级教师，1991年和1995年两次被授予"衡阳市先进教育工作者"光荣称号。

1966年7月参加教育工作，同年7月10日加入中国共产党。1970年到阳加中学任教，担任团总支书记兼教导工作。1972年1月，调双安公社大排中学任革委会主任职务。1974年10月调任荫田公社教育专干和中学校长职务。1977年上半年在衡阳地区行干班学习。1978年参加全县农业学大寨工作队，在西岭乡任工作队支委工作组长一年。1979年下学期，调任区办中学（阳加中学）支部书记、中学校长。在阳加从事教育工作19年，从1984年起，被选为常宁县第九届、第十届、第十一届人大

代表。

1991年下学期，调任荫田区学区主任。1994年被选为常宁县第七届党代会代表。1995年9月被聘为"常宁市清溪教育发展协会"荣誉会长，2017年9月又被聘为"常宁市白沙镇地方史研究学会"荣誉会长。

吴爱平 男，1967年11月出生于阳加洲下街，年幼时，母亲因病去世，家境贫寒。1979年入读阳加中学初二十班，1982年以优异成绩考入常宁二中。

1985年，吴爱平以湖南省高考理科第29名、衡阳市第2名的成绩，考入清华大学。

1996年，考取美国纽约州立大学并获全额奖学金，赴美留学。毕业后，先后在欧洲和美国，从事研发及管理工作。2004年，引荐北京的创新公司引进欧洲的现代通信网络的管理产品和技术，服务中国电信和中国网通公司。2011年，参与美国公司在北京的研发中心的初创工作。

邱兴豪 男，又名邱声豪，1958年1月出生于白沙镇傅家巷12号，中共党员，大专文化（自考）。原任常宁市人事局党组成员、工会主席（正科级干部），2018年退休。

国家八级二胡演奏员，是常宁著名的二胡演奏高手。邱兴豪9岁学拉二胡，初学时师从父亲邱德宝，后师从中央音乐学院二胡导师赵寒阳。

邱兴豪现任中国音乐家协会二胡学会会员、常宁市音乐家协会会员、常宁市原创音乐协会民乐队长兼二胡首席、常宁市花鼓戏剧团主胡、常宁市老干部（老年）大学二胡教师。在网上发表二胡独奏曲演奏视频及300首4—10级曲目的教学视频，如《二胡赛马》《二泉映月》《战马奔腾》《洪湖人民的心愿》《一枝花》等；另外还发表了大筒独奏视频，如《山乡邮递员》《板胡独奏》《红军哥哥回来了》。

邱显球（1930—2020），男，白沙著名的雕刻艺人。小学文化，从小聪明好学，刻苦钻研，每看到纸扎师傅在制作工艺品时，他就在旁仔细观看，揣摩工艺造型，对民间的木雕精品，如神堂、家具等经常仔细看，认真记，平时多画多练，经过长期自学，擅长纸扎工艺和木工雕画。纸扎工艺品有龙门、稻草营芯龙、龙头龙尾、走马灯、金童玉女等。木工雕刻制作有八仙、龙凤、神堂、花鸟等。另外还善于戏剧脸谱化妆和制作道具等。

沈华生 男，1975年4月出生于白沙镇上洲居委会，是常宁市观赏石协会首任会长。

1993年，沈华生高中毕业后到核工业部长沙233厂工作。因酷爱图书，1994年辞工自营书舍。1999年涉及石道，至今已收藏奇石上万方。2002年任衡阳市花木盆景奇石协会理事。2004年任湖南省花木盆景奇石协会副会长。同年携白沙本土彩硅石"远古岩画""蓬莱仙境"两方奇石首次参加国家级花博会（第二届中国花博会），拿下两个金奖，也是衡阳地区仅有的两个金奖。2007年加入中国观赏石协会。2007年任湖南省观赏石协会常务副会长。2017年筹建常宁市观赏石协会并任首届会长，同年，在常宁市政府广场上组织了首届全国性奇石展"常宁市首届奇石博览会"，有27个省市商户及游客到场参展和观赏，常宁奇石从此美名远扬。

罗育达 男，字松泉，1945年1月出生于白沙中洲居委会，中共党员，高中文化，助理工程师。1965年5月作为知青下放，1966年5月在常宁烟洲湖铜矿参加工作，后任企管所所长，是位自学成才的诗联书画爱好者。

从小爱好诗联书画，现是中国楹联学会会员，湖南省老年书画协会会员，衡阳市诗词、楹联学会会员，常宁市诗联协会副主席。诗联作品多次在国家、省、市级刊物上发表，书法作品在各级大赛中多次获奖并参展，其代表作有《罗育达诗联书画集》。

罗荣 男，1964年3月出生于白沙镇下洲居委会，曾任常宁市人民法院副院长，审判委员会委员，三级高级法官。衡阳市第十三届人大代表，常宁市第十届政协委员。

罗荣1970年入白沙完小读书，1976年6月考入常宁市少年文艺班，1979年12月招工到常宁县商业局服务公司照相馆担任摄影师，1988年考入常宁市人民法院，先后担任法警、书记员、助审员、审判员、副庭长、副院长。

罗荣刻苦钻研业务，工作精益求精。考入法院工作后，系统地学习了大量的法律专业知识，历经多岗位锻炼，工作成绩出色。2000年，荣获衡阳市"十大杰出青年法官"荣誉称号，2016年，荣立常宁市人民政府"三等功"，2019年，被最高人民法院授予"荣誉天平"奖章，2020年被衡阳市中级人民法院评为"扫黑除恶"先进个人。

工作虽然繁忙，但他从未丢掉对摄影艺术的追求，每年都要挤时间进行摄影创作，拍摄了大量的优秀摄影作品。他的摄影作品经常在国家级、省级新闻媒体、网络平台发表，并多次在国家、省、市级摄影展或摄影比赛中获奖。他是湖南省摄影家协会会员，衡阳市摄影家协会常务理事，常宁市摄影家协会第五届、六届主席，第七届荣誉主席。

郑超 女，1974年12月生于白沙镇井边村六组（今和谐村），2003年6月毕业于株洲师范学院。2013年加入湖南省作协，现在是中国当代作家协会会员、衡阳市楹联协会会员、常宁楹联协会副主席。

1994年开始在《对联》《星星》《少年文艺》《湖南教育》等刊物上发表诗歌、散文、小说等，其中少儿相声《成语接龙》入选湘教版小学六年级语文教材。先后出版诗集《我用嘶哑的喉咙歌唱》、散文集《爱与痛》。

2009年创办了神奇语言艺术学校。其简单而快乐的写作教学方式让孩子们受益良多。办学10年，先后培训上万人次，指导学生参加作文竞赛获奖3700人次，发表作品1200多篇。主编学生作品集《沙滩上的珍珠》《送你一支神笔》《妙笔生花》等，深受广大家长好评。

柏满富 男，柏玖明之子，笔名李柏，1975年7月出生于观坪村梽木山，中共党员，现为常宁市民政局干部。高级策划（咨询）师，获"中国优秀策划人"称号。湖南省雷锋精神研究会创始理事、湖南省楹联家协会会员、衡阳市作家协会会员、常宁市作家协会理事、中国企业文化促进会专家委员，多次获省级优秀论文奖，获常宁市人大常委会四十年征文优秀奖。

成功策划"给澳门小朋友的一封信"全国征文大赛、长沙市第34届和35届房交会、《长沙全景地图》、湖南美丽乡村影像地图系列等。在人民网、中国民政、《湖南日报》、《衡阳日报》、红网等报刊媒体发表作品500余篇，另有调研报告20多篇，出版专著两部。

贺才金 男，1929年出生，南陵村七组人，原白沙畜牧站退休兽医，是白沙著名的兽医、草药医生和武术传人。

他自小拜曹怡清（大路边人，草药医师、武术艺人）为师，经过刻苦研学，擅长使用中草药治疗无名肿毒和各种牛病。退休后，仍发挥余热用打火罐等传统医术为周边群众防病治病，上门求诊的人络绎不绝。武术方面，他擅长打十八罗汉、八仙飘海、大马步、小马步等拳术，数十年如一日坚持操练，年逾九旬，打起拳来仍虎虎生风，招招有力，吼声洪亮。

贺才春 女，1938年12月出生于白沙镇下洲街。少时曾就读于白沙完小。从小爱好文艺活动，后师从耒阳十里垌蒋善崽学戏，主攻旦角。

1953年常宁县金星花鼓剧团组建后，贺才春及蔡贤书、王勋银、王勋锡、朱春崽等白沙籍演员都成了该剧团的专职演员。1953—1956年期间，贺才春多次在全县的演出比赛中荣获第一名。

1956年，县金星花鼓戏剧团解散后，贺才春由于演技精湛，被永兴县剧团特邀加入永兴县剧团，成为该剧团的骨干演员。

1961年，贺才春回到白沙，就职于白沙手工业社。其间，原有白沙地方文艺爱好者重新组合，贺才春再次跻身其中，并利用业余时间与谢保发、王诗逊、王善、谭甲文、刘花凤、朱春崽等人合作，经常在白沙谢家祠堂（后为白沙大礼堂）的土戏台子上进行文艺演出。其主演的《辕门斩子》《刘海砍樵》等剧目深受白沙人喜爱。

贺尊渊（1950—1986），男，南陵村贺家湾人，是白沙方圆百里著名的中草药医生。

他医术精湛，擅长治疗无名肿毒、小儿疾病等杂症，为白沙沿河两岸无数患者解除了病痛。他不仅医术好，而且医德高尚，对于来求医的患者，他从来不会多收一分钱医药费，也不会因为病人家没有钱就不给予治疗或者不尽心治疗；对一些暂时不能付医药费的人，经常是记账，等人家有钱时送来就行，的确困难没送钱来，也不会去催讨；对有些经济特别困难的患者，往往直接免费治疗。因此，他深受群众尊敬，虽已故去多年，但只要讲起伍家山下的贺尊渊医师，人们无不交口称赞。

徐良平 男，1996年9月出生于白沙镇徐洲村，中共党员。先后在鲇鱼小学、双蹲小学、常宁八中、常宁二中读书，2015年考入中南大学。

2019年保研直接攻读矿业工程博士学位，研究方向为铁矿造块新理论与新工艺。参与项目有：低排放的高效低耗烧结关键技术及应用示范（国家重点研发计划专项基金）；超高料层双层烧结应用基础研究；承德建龙高钒钛烧结下产质量提升技术研究；优化高炉炉料结构降低铁水成本研究。

徐满才 男，生于1966年11月，白沙镇徐洲村人，博士，湖南师范大学教授。

他先后在鲇鱼小学、阳加中学、常宁二中读书，1985—1989年在南开大学化学系读本科，1989—1994年在南开大学高分子化学研究所读研究生，1994年获理学博士学位，同年进入湖南师大工作，1996年被评为副教授，2000年被评为教授。一直从事吸附分离功能高分子材料研究工作，发表百余篇研究论文，获授权7项中国发明专利和1项美国发明专利，曾担任罗门哈斯公司和陶氏化学公司等两家跨国化学工业公司资深科学家，多项成果在生产中获得应用。

郭东麒 男，1998年11月生于长沙，籍贯白沙镇茭河村中洋坪湾，北京大学和哈佛大学学生。

郭东麒在父母和老师的严格要求下，从小就养成了自觉学习、刻骨钻研的好习惯。2004年9月—2010年7月，就读于湖南第一师范第二附属小学，并以优异成绩考入长郡双语实验中学。

2010年9月—2013年7月，就读长郡双语实验中学。初中三年，以历次大小考试全科全A的优异成绩直升长郡中学本部。

2013年9月—2016年7月，就读长郡中学理科实验班。2016年高中毕业，获得"湖南省三好学生"光荣称号，连续两次获得全国奥林匹克数学竞赛一等奖，2016年以高考全省裸分第三名的优异成绩被北京大学录取。

2016年9月，进入北京大学元培学院学习，攻读金融工程和数学双学位。2018年下学期，到美国哈佛大学交换学习一个学期。在北大学习期间每个学年均获得一等奖学金，同时获得北京大学三好学生、优秀班干部等荣誉。

黄崇利 男，1971年9月出生于原砂坪村，中共党员，博士，海南大学经济学教授，工商管理、公共管理以及政治学理论硕士生导师。毕业于同济大学，获管理学博士学位。历任海南大学助教、讲师、副教授和教授、硕士生导师、系主任、应用科技学院副院长和高等教育研究所副所长。

主要参与研究或完成国家级自科项目"海洋自然保护区旅游生态补偿：适应性、运作机理与实现路径研究"（项目批准号：41661111），"动态不确定对抗环境下DDoS攻击鲁棒检测方法研究"（项目批准号：61363071）。在国内外重要学术期刊和国际学术会议上发表中英文学术论文30多篇，其中10多篇被EI、ISTP、CSSCI收录。被评为"海南省首届教育科研学术带头人"，获"海南省高校优秀科研成果专著"二、三等奖各一次。

曹仲林 男，1986年10月出生于光荣村，中国科学技术大学博士，深圳大学博士后研究人员。

先后就读于阳加中学、常宁一中、湖南师范大学。2012年6月，获湖南师范大学高分子化学与物理硕士学位。2016年9月，获中国科学技术大学高分子化学与物理博士学位。

曹林艳 女，1989年9月出生于光荣村，博士。2001—2004年，在阳加中学读书，2008年从湘南实验中学考入湖南师范大学生物科学基地班，2012年考入中国科技大学硕博连读。博士毕业后，到湖南科技学院化学与生物工程学院任教。

曹怡清（1894—1980），男，原大路村人，是白沙方圆百里有名的"把式"。年轻时曾去耒阳拜师学艺，后在大路边湾中开武馆授徒，十八般武艺，样样精通。他还擅长治疗跌打损伤、接骨，在常宁、耒阳、桂阳、永兴等县享有盛名，上门就医者众多。

曹春龙 男，1982年1月出生于耒阳市长坪乡一个叫黄石凹的小山村，四个月大时，随父母迁回祖籍地白沙镇石湾三组居住，清华大学学子。

他自幼喜欢读书，学习成绩优异。在2001年的高考中，以常宁市理科第一名、衡阳市理科第三名的佳绩，考入清华大学电子工程系，学习电子科学与技术专业。

从清华毕业后，曹春龙南下深圳，从事芯片的软件开发与技术管理工作，在炬力集成电路设计有限公司担任高级工程师和研发部经理。2016年起，与清华研究院的师兄携手，自主创业。

符云生 男，生于清朝光绪末年，衡南县鸡笼镇人，常宁县知名木艺师。

符云生自幼家中贫寒，十几岁跟族人师傅符泰亮学习木工手艺。1925年，符云生随师傅到白沙做木工，不久就崭露头角。先后参与了当地富豪王悦和、邓彝午的宅第营造。由此，符云生在白沙这个四县交界的地方名声大噪，各路大户、商贾纷纷预约上门做活，成了当地知名匠人。

白沙地处四县交界，水运交通便利，多种矿藏丰富，民国年间，民间开矿、办矿盛行一时。桂阳县靠白沙边界处有鸿泰、绿子坳信石（砒）矿、千甲窝砒厂、柏隆砒矿锡矿等。当时，冶炼技术落后，土法烧炼的矿产品只能算是半成品。这些矿产品要运往本省长沙、湖北武汉等地，要大量的信石桶包装。符云生和符方桃两人便瞅准机会，合伙在白沙江西会馆（万寿宫）开办了森茂木工厂，一边做家具生意，一边为当地矿山企业定制包装木桶，生意越做越大，符云生也成了当地小有名气的老板。

符云生为人忠厚，做生意很讲诚信。其招收的徒弟以衡南县鸡笼街老家的族人和亲戚为主。张长久是符云生的亲外甥，人也聪明伶俐，12岁就被符云生收为徒弟，后来，便成了符云生的嫡传弟子，木工手艺特别出色。

1956年，白沙手工业合作社成立，1958年，符云生加入了中国共产党。白沙手工业社存续期间，每一届他都是手工业社的理事、车间主任、支部委员。

1976年，符云生退休。1980年，逝世。

屠元珍 男，又名屠原祯，1962年12月出生于茭河村中洋坪湾里，是国内气体膜分离应用领域的知名专家。

1978年9月以常宁市中考第二名的成绩，从白沙中学考入常宁二中读高中。1980年，以常宁市高考理科状元、总分418分的成绩考上武汉大学化学系。1984年考取武汉大学化学系无机材料研究生，1987年被授予理学硕士学位。同年8月进入中科院大连化学物理研究所，从事催化研究。获科学院青年科学基金，作为主要研究人员完成的一氧化碳一步法合成二甲醚项目，完成了中试并通过了中科院和上海市科协组织的鉴定。1995年进入美国空气产品及化学品公司从事气体膜分离技术的应用推广工作。主持建成了世界上第一套煤直接液化装置关键工艺之一的高压膜分离提氢系统；建成了国内第一套一氧化碳膜分离纯化装置，国内第一套煤间接液化合成油的尾气氢回收装置等。

蒋良卫 男，1982年7月生于原阳加乡忠岭村。中共党员，博士，南华大学计算机学院软件工程系副主任。

1990年起，先后在忠岭村小学、阳加完小、阳加中学、常宁二中读书。2002年9月考入衡阳师范学院数学系学习。2006年9月至2008年7月，在华中科技大学数理统计学院攻读硕士研究生。2008年9月至2013年7月，在华中科技大学模式识别与人工智能研究生班攻读博士研究生。2013年7月至今，在南华大学工作，现任南华大学计算机学院软件工程系副主任。

主要从事计算机视觉、模式识别、图像处理等领域的研究。现主持湖南省自然科学基金青年项目1项、湖南省教育厅优秀青年项目1项、衡阳市科技局项目1项、南华大学博士科研启动基金项目及南华大学校级教改项目等。在各类期刊上发表论文10余篇，其中2篇被SCI收录，4篇被EI收录。

彭清镜（1936—2016），男，阳加街上人，中共党员，大专文化。原系常宁市农村经济经营管理局干部，在第四次全国人口普查工作中，因成绩优异，于1990年12月被评为国家级先进个人。

一生酷爱文学，1996年退休之后，陆续加入"中国毛泽东诗词研究会""中华诗词学会""湖南省诗词协会""湖南省老年人书法协会""湖南岳麓诗社""衡阳市诗词学会"等组织。著有《愚仆浪迹》和《清镜诗草》四集。

曾生尤 男，1962年11月出生于原阳加公社红卫大队鲇鱼塘曾家。留美博士，网络技术专家。

1970年起，先后就读于红卫小学、阳加中学初中部、高中部。1979年9月进入北京师范大学生物系学习，1983年7月获得理学学士学位。1983年9月至1986年7月在中国林业科学研究院和北京大学攻读硕士学位，毕业后在中国林科院工作。1988年1月赴美国缅因大学攻读博士学位，1992年5月获得博士学位，1992年6月至1995年9月在哈佛大学医学院教学医院从事博士后研究工作。1996至1998年，在麻省州立大学攻读计算机科学硕士学位，毕业后在多个公司从事软件开发工作。在专家审阅的科学杂志上发表植物科学和分子生物学文章6篇，拥有网络技术方面的专利6项，参与制定或执笔写作的互联网国际标准7项。

目前在美国麻省波士顿生活和工作。

曾时新 男，1982年4月出生于白沙镇红卫村（现阳兴村），留美博士。

先后就读于红卫小学、阳加中心学校、阳加中学初中部、常宁市二中高中部。2000年9月至2004年7月，就读于上海交通大学，并获取土木工程系学士学位。2006年赴美国阿拉巴马大学深造，取得土木工程博士学位，同时还取得计算机硕士学位。

2012年毕业后就职于一家美国公司担任软件工程师，从2016年至今，担任该公司领队软件工程师一职。

谢先雄 男，1989年3月生于白沙镇南陵村，博士。先后在常宁市第二中学、常宁市泉峰中学就读；2009年9月至2013年7月，在湖南农业大学东方科技学院就读本科；2013年9月至2016年7月，在湖南农业大学商学院读硕士；2016年9月至2019年12月，在西北农林科技大学经济管理学院读博士。

主持和参与多项课题，如主持湖南省研究生科研创新项目（项目号：CX2015B274），参与湖南省社科基金重点委托项目（项目号：14WTB38）、湖南省青年社会科学工作委员会项目（项目号：XSP2014005）、湖南省高校创新平台开放基金项目（项目号：14K049）、湖南省社科基金项目（项目号：14YBA208）。

谢细玲 女，1976年4月出生于白沙镇下洲村，高中文化，是常宁历史上第一位在马拉松比赛中获奖的女子，是常宁市马拉松协会的首任会长。

她从小爱运动，奔跑能力优于同龄人，她建立了常宁第一个跑步团队——常宁酷跑团，一年多时间，团员就发展到300多人。经常宁市民间组织管理局批准和衡阳市马拉松协会指导，在常宁市全民健身服务中心的支持下，2019年5月18日，常宁市马拉松协会正式成立，谢细玲被70多名会员推选为首任会长。在她的带动下，常宁市爱好跑步锻炼的人日益增多，常宁市马拉松协会会员已增至近300人。

谢细玲虽然跑步训练的时间还不长，但已经在很多赛事中取得了不俗的成绩，2018、2019、2020年常宁市三次元旦环城赛跑，她都是女子组冠军。在武汉马拉松比赛中，获得全国女子同龄组第一名；在张家界武陵源山地马拉松越野赛中，获得女子组第4名；在张家界天门山100公里越野赛中获女子组第6名；在2019年衡阳市级马拉松赛中获女子组亚军。

谢国成 又名谢国国，男，白沙"天兴楼"银饰品传人。

白沙是有色金属之乡，白沙的周围有桥下窿、棕树窿等铅锌窿，主要出产铅锌，也可炼银。白沙自古就有炼银的历史，在北宋时，白沙就有茭源银场，大多是官银。在民间也有许多炼银作坊，自然就有许多手工银首饰铺，天兴楼就是其中一家。晚清时期，在白沙下洲街米码头处，有一家老字号银铺天兴楼。天兴楼谢师傅打银饰品技艺精巧，天兴楼的银子首饰品质量信誉满白沙。人们只要置办银首饰品，都喜欢到天兴楼找谢师傅，所以，天兴楼的生意非常红火。后来，谢师傅把银匠手艺传给他的儿子谢玉金，他的儿子传给他的孙子谢文财和谢国荣，他孙子谢文财传给他的曾孙谢国国，至今已有四代人近150年的历史。

谢荷芳（1943—1985），男，白沙中洲街人，是白沙镇著名的画师。

他从小得遗传性风湿病，双下肢逐渐萎缩，到12岁时便不能行走了。后招入白沙绳缆厂工作。20岁左右时，跟白沙民间雕刻技师邱显球学雕印章。1962年，他在衡阳治病期间，结识了一个画画艺人。那人见他残疾，心生怜悯，便把绘画技艺传授给他，以便日后谋生。1963年，衡阳地区一位在白沙搞工作队的干部，也传授了不少绘画技巧给他。学习了一些绘画技能后，谢荷芳刻苦训练，反复练习，绘画技术不断提高，终成白沙著名的画师。此后20余年，他一直在白沙街上开绘画店，擅长画人像、动物炭精画和雕刻印章。白沙及周边村庄里老人家的遗像基本上是他画的，栩栩如生，广受好评。

管志铜 男，1946年11月出生于白沙下洲街，中共党员，现任常宁市京剧协会会长。

管志铜爱好唱戏。2004年，他出资20万元，成立白沙镇花鼓剧团，带领团员们多次参加市、县、镇三级多地会演，屡获佳绩。2011年他又牵头成立常宁市京剧协会，担任会长。2012年6月，他在第三届湖南省全民健身舞表演中荣获金奖。2013年，常宁京剧协会被评为衡阳市优秀文艺团体。

管志铜出身贫寒，父亲早逝，从小过着颠沛流离的生活。他经商办企业致

富后常常帮助困难群众，热心捐资建校修路架桥。在茭河完小搬迁、白沙街新建码头、塔山乡西江村修路、修阳市至井边公路、常宁建印山公园、白沙修上洲至湖溪桥公路、白沙至阳加公路改造的时候，他都有捐款。

管志铜的善举，得到党委政府和群众肯定。1976年，他被推荐为常宁市政协委员；2001年，他当选为常宁市人大代表；2006—2012年，他当选为衡阳市人大代表；2004年被评为湖南省学雷锋先进个人，并参加了全国军民学雷锋经验交流会。

廖福顺（1939—2023），男，1939年6月出生在大义山脉中一个叫廖家冲的山村里，是白沙著名的杂技艺人，"廖家乃叽"是其众人皆知的艺名。

他自幼家境贫寒，9岁时一个偶然的机会接触到杂戏，他就喜欢上了耍杂戏。为了学习杂戏，他走出大山，四处拜师学艺。他在20多岁时就能在白沙登台演出杂戏，到20世纪70年代，他已拉扯起一个在白沙很有名气的魔术表演团。他同师兄徐怀成、贺新生及师妹管志玉、王香如，带着徒弟王平平在白沙及周边地区演出。1984年，以廖福顺为团长的白沙杂技团参加常宁县组织的杂戏会演，获得一等奖，得奖金800元。

1985年5月31日，廖福顺的杂戏表演团获得常宁县颁发的"常宁县业余文艺演唱组织、民间艺人演出证"。艺术种类：杂耍、气功、武术。团队人数：男10人，女7人。团队负责人：廖福顺。

他们表演的节目精彩纷呈。主要是硬气功、武术类和小魔术，如打米花、剪彩带、拉彩旗、变鸽子、变扑克牌、锯人头等。

谭智威 男，1997年12月出生于原南马村一组（现向阳村南马片一组），北京大学学子。

他小时聪明伶俐，讨人喜欢，深得做乡村教师数十年的祖父谭咸勋的喜爱。受祖父的严格管教及家庭熏陶，入学后的小智威，积极上进，勤奋好学，每学期的成绩都名列前茅。在白沙镇读完小学后，因父母迁居耒阳，随之转学耒阳正源学校就读。正源学校师资力量雄厚，学习氛围好，更激发了他的学习热情，就这样，在正源初高中部学习的智威更加发愤，更加努力。古语云"不经寒冬十年苦，哪得蜡梅扑鼻香"。终于在2015年高考中以675分的成绩夺得耒阳市理科状元，被北京大学录取，入读北大物理系，同时获得正源学校文军奖学金8万元的特别奖。

入读北大后，谭智威依然不骄不躁，积极投入到紧张的大学学习生活中，毫不松懈。当听说笔者要采写他的事迹时，他谦虚地说："我还是学生，学习较忙，素材不多，简单点吧。"

魏忠勇 男，1962年4月出生于原管钟村四组，博士，国际知名的生物医药研发专家。

他曾就读于芰河小学、白沙中学和阳加中学。1979年进入湖南大学学习，于1983年获学士学位后，考入中国科学院研究生院读研。作为中国大陆首批硕博直读生，师从著名华裔科学家、时任加拿大麦吉尔大学副校长的陈德恒教授。1988年顺利获得博士学位后，在中国科学院进行研究工作，同时公派去加拿大进行博士后研究。目前，他担任康龙化成新药技术股份有限公司（Pharmaron Beijing Co., Ltd）药物研发副总裁。

近年来，魏忠勇曾先后担任过中国863计划项目负责人及浙江省科学技术奖生物医药及化学评审组副组长、浙江省"万人计划"创新人才及创业项目评审委员、福建省海纳百川高层次人才评审委员等。他获得过许多荣誉和奖励，例如，中国科学院自然科学二等奖、加拿大医学科学院PMAC-HRF/MRC研究员奖、北京市特聘专家、浙江省"千人计划"特聘专家、杭州市特聘专家、中关村高聚工程特聘专家等。

熊隆重 男，1972年11月出生于白沙镇下洲村，笔名白沙，青年诗人，词曲创作人，中国纪实文学研究会会员，东莞作家协会会员，东莞（塘厦）作词作曲家协会会员。

他先后就读于下洲小学、杜阳小学、白沙中学，1989年考入常宁六中，1990年转入常宁一中。1994年考入湖南省交通学校，1996年毕业后被分配至常宁市交通局84车队。1997年南下广东，辗转花都、广州、中山等地，先后做过统计员、业务员、材料员等。2003年经四川作家侯平章介绍入职东莞市公安局交警支队望牛墩中队，2006年进入东莞市公安局交警支队塘厦大队担任材料员，2009年转正为办事员至今。

读书期间，爱好文学。1994年发表散文《乡愁》；1995年发表诗歌《相思》；1997年发表作品《致友人》《坐在街头你是坐在荒原》等；2005年发表作品《忧郁孩子的归途》。2005—2006年期间，启用笔名白沙、湖南白沙。2008年发表作品《作家的责任》；2008年至今，先后有作品在《飞霞》《清远文学》《南飞燕》《羊台山》等报纸杂志发表。

2013年底，开始音乐词曲创作。作品《快餐人生》《亲爱的姐姐》先后登上中央电视台3D频道"精彩星之梦"栏目舞台。

（未完全收集）

第五节 创业典范简介

（按姓氏笔画排序）

王济平 男，1965年冬出生于白沙镇原茅坪村一组。硕士研究生，软件专家、高新技术企业家。

在茅坪小学、阳加中学、常宁二中、常宁一中读完小学、中学。1983年考入湘潭矿院（现为湖南科技大学）。1990年从中国矿业大学硕士研究生毕业后，被分配到北京四通集团工作。一年后，他主动申请到四通集团与广东中山市火炬开发区合资成立的中山四通机电有限公司工作。

1994年秋，他用6000元开始创业，创办了中山京通软件经营部，后改为广东京通资讯科技有限公司。短短5年，公司从创业时的几个人发展到50多人，有企业用户几千家，基本上占领了中山外资企业信息化市场。

2000年，他与朋友合伙投资500万元，创办上海东软软件公司。

2007年，他又创办京信数据科技有限公司，开展城市大数据的研发、建设、运营服务。采用北京、中山双总部运营模式，在广州、厦门、长沙、重庆、三亚、合肥等城市设有子公司或办事处。京信数据取得了多项发明专利和几百项软件著作权，成为国家级高新技术产业，为全国20多个城市提供数据服务。

2009年，他创办广东汇智产业园开发有限公司，主要进行现代服务类产业园建设、招商和运营管理。目前管理5个服务业园区，为园区1000多个企业提供服务。

2012—2016年，他当选为广东省中山市第十四届人大代表。

他热心支持家乡教育等民生事业，先后捐资近百万元。2015年他与阳加中学部分校友及社会贤达，募资150万元成立清溪教育发展协会，其中他个人捐资50万元，被推选为首任会长。

王悦和 又名王怡杰，生卒不详，男，因其创办的商号为悦和，白沙沿河两岸的人都叫他王悦和，是白沙街上著名的大财主。

他出生在白沙街河对面的耒阳市罗渡乡罗渡村冲头湾里。他二十多岁时从冲头湾里带三块床板、一床棉被和一些炊具来到白沙街上石禾塘租了一间屋，开始与街上一些穷人为伴当挑夫送货，挑米挑盐挑菜到泰兴窿、桥下窿。又做过水果生意，他从桂阳晢冲里买枣子、桃子、李子到白沙街上卖；还开过染坊，卖过豆芽。三十多岁开始杀猪卖肉。他待人有礼，贫富一视同仁，有钱无钱都能称肉回去，逐渐积累了人气，树立了商业信誉。

清朝时期，桂阳县朝下窿有一口矿的买办（即采购员）在王悦和的案桌上称肉。开始天天拿银元，后来矿里没有出矿石，老板亏了很多钱，买办就天天从王悦和案桌上赊肉。有一天，买办和往常一样，来到白沙街采购，因欠王悦和很多肉钱，矿上一时无力偿还，买办不好意思，红着脸对王悦和说："王老板，您太好了，您的肉钱我的老板无钱偿还，要您占成（入股）。"王悦和微笑着说："要得，要得，占成就占成。"王悦和把应付的肉钱当本钱，在这口矿占了成以后，这口矿不久打了旺火，出了好矿石。矿上老板也很讲信用，每月月底分红，安排人将王悦和的银元给他送上门。

王悦和在这口矿占成以后，就打旺火，当时在泰兴窿、朝下窿两个矿区传为佳话。后来，泰兴窿、朝下窿两个矿区凡是没有出矿石的矿都效仿这口矿的做法，只要老板对着窿口喊一句："本矿白沙街上王悦和占了成！"隔不久就出好矿石。因此每月月底送银元给王悦和的人多得很，据说当时王悦和堂屋里银元用箩筐装，把整个堂屋堆得满满的，令人惊奇。

王悦和发财后，购买了100多亩田，带领全家兄弟、侄子等一起致富。他自己在白沙上洲丁字街建了一幢雕梁画栋、中西结合、砖木结构的两层楼房，现在还保存完好，是白沙古街现存的最大气最豪华的民宅，现为衡阳市保护文物。王悦和发财不忘乡亲。他捐巨资将白沙后街、丁字街、井边街和中间塘全部用石板砌好。

王淑才（1935—1998），男，上洲村六组人，曾是白沙著名的"万元户"。

因其身高体瘦，当地人一般都称他为"王长子"。兄弟有三，排行老二，父亲早逝，全家母子五人艰难度日，无奈去广东一矿山当童工。在矿山多年，勤奋好学，练就打手锤点炮眼的本领，身手不凡。不幸在井下脚负重伤致残，被迫回乡务农，上山垦荒守厂，山上野猪很多，为避免野猪损坏庄稼，在一次装铳打野猪时，把手炸断，二度伤残。

虽说手脚双残，其人意志坚强。时逢改革开放，毅然重返广东矿山承包了老板煤窿，凭借办矿经验，在20世纪80年代初成为白沙首富，身家百万元以上，是当时常宁县政府首批表彰的"万元户"之一。20世纪90年代，为白沙办矿起了带头、示范作用。

他致富后，怀着感恩之心济困扶贫，积极为公益事业捐款。如白沙镇办公大楼、白沙医院门诊大楼、松柏大桥等项目的建设他都有赞助。

王富成 男，1973年9月生于下洲村王家湾，中共党员，大专文化。2009年，被衡阳市人民政府授予"衡阳市十大优秀农民"荣誉称号。

他家兄弟6个，他排第五，从小家庭相当困难，缺衣少吃，初中未读完便开始帮家里做事，培养了吃苦耐劳的精神。

王富成抓住白沙私人办矿的机遇走上致富之路。1991—2002年，他做矿山机械设备生意。2002年起，入股办矿、独立办矿，逐渐积累了数千万元的资金，现任常宁市忠家岭矿业有限公司董事长。

矿石属于不可再生资源，白沙矿产资源非常有限，他意识到办矿不是长久之计，必须转型发展。2010年开始，他便进军常宁市区房地产市场，与两位朋友一起成立常宁市凯旋房地产开发有限责任公司，他占股份50%，开发了凯旋名居、翰林华府等小区。近年他又入股常宁尚宇学校，为发展常宁教育作贡献。

致富后，王富成积极支持社会公益事业。2012年9月9日，他捐资100万元在母校白沙中学设立了"富成教育奖励基金"，每年用该基金产生的数万元利息，奖励白沙中学教育教学成绩突出的老师，奖励品学兼优的学生。另外，他还捐资近百万元，用于白沙敬老院、福坪公路、观音公路等建设项目。

王增升 男，又名王汉桃，1966年7月出生于原西棉村的一个叫排排岩的小山村，是白沙镇著名的矿产业老板。

他家有兄弟姐妹7人，少时的困苦不堪，在其幼小的心灵留下了深深的印迹。初长成人后立下宏愿：摆脱贫困。此后的他，东奔西跑，尝尽苦和艰，淘过砂，钻过煤窿，办过锡矿，拼搏多年，终于如愿。

在积累了一定的财富后，决心捐资助力那些因贫困而读不起书的优秀学生，遂于2013年通过常宁市教育局支持成立了"汉桃教育基金"。

"汉桃教育基金"成立首年，即在常宁市范围内资助了20名贫困生上大学，每人资助5000元，共计10万元。此后的数年间，在常宁、耒阳、桂阳等白沙邻近地区陆续助力优秀小、中、大学生完成学业超百人，累计捐款80余万元。

在助学之余，他还热心支持本地公益事业的发展，10余年来，他共计捐款30多万元。

王露宝 男，1958年3月出生于向阳村石湾王家，中共党员，现任广东省韶关市湖南常宁商会会长。

1978年12月，应征入伍。1980年加入中国共产党。1980年9月至1982年7月，就读于华南工学院建筑工程系。1989年9月至1991年7月，就读于南京工程兵工程学院电气工程系。

在部队期间，历任文书、班长、排长、参谋、技术员、工程师。1998年11月，以正营职干部转业。

2001年下海经商，是常宁市第三水泥厂、韶关市嘉晟建设工程有限公司的主要股东。2006年至今，独资经营韶关市鑫之宝印刷厂。

2020年3月，当选为韶关市湖南常宁商会首任会长。

邓彝午（1898—1962），男，学名正伦，号彝午，出生于上洲村一个有钱人家，1925年毕业于北京大学政治系，是白沙著名的大财主。

邓彝午主要靠在泰兴窿（今雷坪有色矿）、朝下窿（今临武县香花岭矿）参股办矿，还在广东连县开办了星兴公司，做矿产加工贸易生意。

20世纪30年代，邓彝午和哥哥邓正秀两兄弟在上洲村塘南岸买地4亩，合建了邓家大院。徽派建筑，青砖青瓦，雕梁画栋，是一个四合院整体，两扇大门朝白沙东南方向，东边归邓正秀一家居住，西边归邓彝午一家居住。邓家大院内有大小房屋36间，两层高，2个大厅屋，1个舂米屋，4个天井，5个厕所。新中国成立后，这里被政府没收成为白沙镇（公社）政府机关办公场地。除了邓家大院外，邓彝午还在耒阳、武汉等地置有房产。

新中国成立前，邓彝午闻风携全家老小，深夜坐船离开白沙到达衡阳，从衡阳坐火车到达广州，又从广州去了香港，后又从香港去了台湾。1962年邓彝午在台湾病逝。

伍允祥 又名伍明生，男，1956年8月出生于原伍家村，初中文化，是常宁市著名的房地产开发商。

他1972年招工到常宁县硫铁矿工作，1985年停薪留职做生意。他吃得苦，霸得蛮，敢闯敢干，不断尝试。先后到西岭、白沙河里淘洗锡砂。1986年做河卵石生意。1987年，开始在白沙当地烧炼金属砷，同时做金属砷生意。1987年下半年至1996年期间，白沙镇兴起开矿热，他又做起了矿山开采和矿石销售生意，曾在多个矿上占有股份。

1999年，水松地区淘金热兴起，他又转战水口山南阳村开办金矿。与此同时，创办了常宁市华兴矿业有限公司，抓住水口山矿务局需要大量矿石的机遇，一边开采金矿一边兼做铅锌矿石生意，其矿石生意一直做到2007年。

早在2004年，他就看准了房地产开发必然走旺的大趋势，在做矿石生意的同时，开始向房地产业进军。他买下了常宁搬运公司办公楼及厂房，拆除后独资开发建设商品房2000多平方米。后又购买了位于市中心的县生资公司青宜大厦（青阳路与王家园交叉处），开发建设成商住楼。

自2004年以来，他经过10多年的艰苦创业、苦心经营和财力积累，在常宁市房地产开发行业崭露头角，其创办的常宁市福兴投资置业有限公司，除前述开发建设的几处楼盘外，近年还开发建设了位于砚池山路的南庭悦府小区，建设规模10000多平方米，建设内容包括商业、住房和幼儿教育。如今，常宁规模最大、设施先进、可容纳750名儿童的全日制封闭式教学的美羊羊幼儿园已在该楼盘内启用。

伍允祥事业有成后不忘家乡建设，热心家乡公益事业。十几年来，家乡白沙修路架桥，他总是积极捐款捐物，为家乡的建设作出了较大贡献。

刘岳南 男，耒阳雅江人，在白沙经商，创办了新中国成立前白沙街上最大的综合商店——"源泰和"商号。

在白沙经商致富后，他又去上海、武汉、长沙、衡阳等城市设立"源泰和"连锁店。为了稳定顾客群，他还发行了只能在"源泰和"连锁店流通的"源泰和"货币。

他经商有道，诚信为本，乐善好施。别人米涨价，他却开仓放粮。闹饥荒时，还天天请人熬粥、施粥，白沙街上有育婴堂、寒衣会等慈善机构，他每年都要向这些机构捐钱捐物。

刘德云 男，本名刘德荣，又名刘白英，高中文化，1955年10月出生于白沙镇上洲街，是常宁市著名的家具、建材老板。

其父母是白沙手工业社工人（父早亡）。20世纪70年代进入白沙手工业社学钳工手艺，1980年后只身来到本县城关镇谋生，在县百货公司街沿边摆地摊修理手表。1986年转做沙发等家具生意。1996年，他看准建材市场兴旺的趋势，转做建材生意，生意越做越大。

刘德云致富不忘初心，为家乡的公益事业积极奉献。以家乡同乡联谊会的名义，慷慨解囊，资助寒门学子和受灾群众。

阳志荣 男，1972年9月出生于白沙镇杜阳村。先后在杜阳小学、白沙镇中学、常宁市第一职业中学就读。1994年，从湖南师范大学职业技术学院应用电子技术专业毕业后，分配至常宁市第一职业中学担任电子专业课教师。1995年南下广东寻找发展。1997年进入深圳粤海电讯有限公司，次年通过深圳市招调工考试。在粤海电讯工作期间，一直从事仪器设备计量校准维修等工作。2003年自己成立公司，从事精密测试仪器设备的销售、租赁及技术服务工作，经营至今。

阳南山（1869—1949），男，祖籍衡南，出生于白沙下洲村，是新中国成立之前白沙著名的大财主。

阳南山身材高大魁梧，身高1米9左右。善于经商，主要是做纺织品生意，从白沙收购棉花贩卖到长沙、武汉等地，再从长沙、武汉等地购入棉纱、棉布等到衡阳、白沙等地贩卖。另外，还做矿产品生意。他的继父叫王界仙，是白沙当时的乡长，与周边的矿老板关系好。他利用这些关系，基本垄断了泰兴隆（现桂阳县雷坪有色矿）等矿山的矿石生意，逐渐积累了万贯家财。在武汉、长沙、衡阳、白沙都置有房产，都开办了贸易公司。

阳南山发财不忘乡亲，生前做过不少善事。每年春夏之交青黄不接时，他常常把整船整船的小麦、蚕虫送给老百姓吃。白沙的棺木会等慈善组织也是由他牵头组建的。他家每年有几个月，要在街上熬粥，供过路百姓免费吃。

李主成 男，1962年9月出生于杜阳村，高中文化。现任深圳市常发木制品有限公司董事长，曾兼任广东省深圳市常宁商会常务副会长，现任顾问。

1981年招工到常宁县红旗煤矿，1998年调入常宁县龙王山金矿。他富于开拓精神，1991年，去了新疆寻求发展，1994年又南下深圳闯荡。1998年，他投资4万元创办深圳市森宏源木制品有限公司，主营包装木板、包装箱木条等，后来他吸收众多亲戚加盟，逐步发展成一个家族式股份制企业，生意越做越大。2006年公司更名为

深圳市常发木制品有限公司,并逐步走出深圳,在天津、安徽、广西等地兴办了7个木制品加工厂。

李主成热心慈善事业,汶川大地震及白沙老家修路、办学、建村部等都有捐款,总捐款已达几十万元。

李遵杰 男,1967年5月出生于白沙镇阳市村保安堂。电气类专家,现任广东英达思迅智能制造有限公司董事长。

李遵杰出身贫寒,1979年到阳加中学读初中,因家庭困难,一年后辍学,后在松柏学做鞭炮,在西岭等地挖、选锡砂。

1993年,他进入衡阳华南学校学习电工技术,3个月结业后取得电工证。从1993年开始在广东省中山市务工,先后辗转多个企业,主要从事电工、电器维修等。在工作中刻苦自学,努力钻研,逐步掌握了电脑绘图、柴油机、发电机、电梯、电力联网、自动化等一系列专业知识。

2007年,李遵杰创办了广东新亚洲智能科技有限公司,主要从事系统集成业务。2008年创办中山佳时光科技有限公司,开发出互动式电子白板用于教学。2016年创办中山英达思迅智能科技有限公司,主要从事智能制造MES系统开发、研究智能制造解决方案。现任广东英达思迅智能制造有限公司董事长,主要从事智能制造自动化与信息化研发及服务。该公司被评为"2020年度广东省版权兴业示范基地",并入选"2021年中山市创新标杆企业"。

李遵杰获得了很多发明专利。从2002年至今,已获得发明专利28项,并多次受到表彰奖励,如2009年荣获中山市科技进步一等奖,2010年荣获广东省科技进步三等奖,2015年、2016年均获得中山市科技进步二等奖,2019年获得一项国家级铜奖、一项省级二等奖。

罗军 男,1972年4月出生于白沙镇下洲居委会,现任常宁隆源科技有限公司董事长。

罗军1979年9月入白沙上洲村小学读书,后考入常宁一中读初中,初中毕业后考入衡阳市第一技工学校学习。1991年技校毕业后,分配到衡阳市松柏化肥厂工作。

1994年，罗军走上创业之路。1997年，他创办了深圳市通程货运公司。2005年，他又创办了深圳达源塑胶公司。后在常宁市招商引资政策的激励下，2018年，他在常宁市宜阳工业走廊，投资数千万元，创办了常宁市隆源科技有限公司。

钟宁 男，1969年1月出生于白沙下洲居委会，是常宁著名企业家。2016年，当选为常宁市人大代表。

1986年在常宁县物资局参加工作，后任常宁边贸公司经理。1992年下海经商。1996年至2007年，做矿石贸易，从陕西采购铅锌矿石卖到水口山矿务局。2007年开始进军房地产市场，成立常宁市财富房地产置业有限公司，参与了常宁城区中心农贸市场改扩工程和云景家园、财富大厦、凤凰城等房产项目的开发建设。

2004年开始创办好又多超市，后陆续在常宁城区开办好又多连锁超市6家，现有员工300多名。2011年在云景家园小区内，创办了常宁市示范性民办幼儿园——金鹰卡通幼儿园，每年入园幼儿超过400人。2020年，在常宁市三角塘镇长江村参与创办常宁市鼎立生态农业专业合作社，建立了一个万头猪场。

钟宁创业成功后，积极参与公益事业，10多年来在救灾、扶贫、敬老、修路等方面共捐款300多万元。

钟荣 男，1971年1月出生于白沙下洲居委会。先后在白沙小学、阳加中学、常宁二中读书。

1992年3月，在常宁县物资总公司参加工作。1993年，担任常宁县物资总公司白沙物资供应站站长兼大义山物资供应站站长。1995年，停薪留职下海经商。2007年1月，创办常宁市金旺有色金属有限责任公司。2007年9月，参与创办常宁市民爆器材专营有限责任公司，担任总经理。2014年，创办常宁市金旺环保科技开发有限责任公司，担任董事长。

2016年9月，获得湖南省公安厅颁发的"营业性爆破作业单位许可证"后，成立常宁市中盛爆破工程有限责任公司并担任公司法人代表。之后参与了一系列国家级、省级、市级重点工程项目建设。如国家重点工程项目湖北潜江—广东韶关的天然气管道工程（衡阳境内衡东段、衡南段）、常祁高速公路工程一标段（新河段），省级重点工程项目广济水库引水隧洞工程，市级重点工程项目常宁市新二中、常宁市新人民医院、常宁市青市车站等。

钟荣经商致富后，热心公益事业。2008年汶川大地震、阳加中学清溪教育奖励基金、白沙中学建设等都有捐款，总计已近10万元。

徐国来 男，1967年出生于白沙镇鲇鱼塘新屋徐家。小学就读于本村鲇鱼小学，在阳加中学完成初中学业后，考入常宁二中读高中。1985年，考入上海交通大学应用物理系应用物理专业读大学本科；1989年，在上海交通大学微电子技术研究所攻读半导体与微电子技术专业的硕士研究生，1992年取得硕士学位，此后一直在上海工作和生活。

1992—1994年，在上海长江计算机集团公司和其组建的上海浦东软件园发展公司担任项目经理；1994—1996年，在美国友邦保险公司（AIA）上海分公司从事营销和营销管理工作；1996—1997年，在英资怡和科技（上海）有限公司担任大客户部经理；1997—2011年，在IBM中国有限公司工作，先后担任销售经理、资深销售经理、区域总经理、销售总监；2011—2012年，在日本电器（NEC）中国公司担任华东解决方案事业部总经理；2012—2014年，在思爱普（SAP）中国公司担任销售总监；2014年12月，在山东省烟台市创建山东渤聚通云计算有限公司，并担任总裁。

郭谋成 男，1970年4月生于白沙镇茭河村中洋坪，营销经济师、国家注册投资咨询工程师，现任长沙市常宁商会会长。

常宁二中高中毕业后考入湖南医科大学学习临床医学。1993年大学毕业后，进入长沙中意集团股份公司工作，先后任职工医院医生、集团团委书记、办公室主任、组织部长等职。

2000年开始经商，在多个大型房地产企业以及投资公司任营销总监、投资发展中心总监、董事长助理、常务副总经理、总经理等职。

2011年，回家乡常宁投资南门湖华侨城，任项目总经理，同时任长沙市液化石油气发展有限责任公司董事长兼党委书记。2019年5月，创立湖南万每年投资有限公司。

郭阔 男，又名郭谋德，1976年9月生于白沙菱河村中洋坪，中共党员，工商管理硕士，现任湖南玖康生物科技有限公司总经理。

郭阔在用友网络股份有限公司工作近15年，先后任部门经理、部门总监、分公司总经理等职。2006年联合湖南大学工商管理学院教授及校友成立湖南天瑞联合投资管理有限公司，成为中南大学、湖南大学第一个成立的平台投资公司。2013年联合创业，成立湖南玖康生物科技有限公司。

曹华清 男，1972年8月出生于星光村第十组，创办了白沙镇面积最大的农业开发企业——常宁市国洪生态农业发展有限公司。

他1990年毕业于阳加中学，1993年毕业于常宁第一中学。1993年至1998年在广东省中山市广盛运动器材有限公司任技术专员及科长一职。1999年开始创业，1999年至2009年在中山市创办伟科电脑公司。2015年成立常宁市国洪生态农业发展有限公司，在白沙镇观坪村、和谐村承包土地1839亩，种植白芍、丹皮、尾参等中药材。

曹华清热心公益事业，积极为阳加中学清溪教育基金会、村修公路水塘等公益项目捐款。

蒋国明 男，1973年4月生，原阳加乡观音村（今观坪村）人。1988年毕业于阳加中学。1989—2003年，在衡阳市大义山有色金属矿经商。2003—2010年，在常宁、郴州、耒阳、桂阳等地从事矿产石（锡砂）收购。2010—2018年，在常宁市青阳中路经营常宁市大汉松骨健康养生会所。2012年，创办常宁市金马国明瓷泥加工厂。2018

年，在常宁市青阳北路经营常宁市都市风采足道健康养生会所。2019年，创办常宁市观坪建材有限公司。

蒋国明致富不忘回报桑梓，对家乡公益事业，无论是村公路的修建、村路灯的安装，还是村绿化的建设，都慷慨解囊。2015年当选为常宁市清溪教育发展协会理事，热心支持母校发展。

曾满顺 男，1968年12月出生于原阳加乡徐洲村，先后在鲇鱼小学、阳加中学、常宁二中读书。1990年，考入湖南省供销学校。毕业后，在湖南省土产总公司工作，先后任财务科副科长、科长。2001年1月至2010年12月，在审计署长沙特派办所属华信会计师事务所有限责任公司工作，任副所长。2010年3月至今，在湖南华信求是会计师事务所有限公司工作，任主任会计师、董事长。

曾繁强 男，1969年10月出生于白沙镇砂坪曾家，现任广东锦裕轩建设工程有限公司董事长，广东省中山市湖南常宁商会会长。

曾繁强出身贫寒，小时吃尽苦头。他出生仅8个月，父母即离异，由爷爷奶奶带大。12岁时，至亲的奶奶去世。因无人照顾，又没钱读书，13岁时他便开始四处漂泊，上广州、转江西，下河挑河沙，进窑挖煤渣，什么脏活累活都干。

成年后他开始组建施工团队，帮其他工地做事。几年后，他便开办了自己的建筑公司，在广东中山等地承揽基建工程。

2017年，他与其他常宁籍企业老板发起组建常宁商会，以期抱团发展。同年12月，中山市湖南常宁商会正式成立，他被推荐为首任会长。担任会长后，他组织座谈交流56次，调研企业252次，已促成中山与常宁两地经济文化交流数十次，达成经济成果上亿元。

2018年，曾繁强得知家乡常宁个别

乡村孩子上学困难，他立即召集商会募捐资金18.62万元，采购生活物资和学习用品，带领商会成员把物资一一送到学生手里。在曾繁强的建筑公司里务工的基本上是常宁籍农村青年，他特意在公司中设立专项教育基金，选送优秀青年进入中高职院校培训，目前已累计投入资金13.5万元。

管志平 男，1965年6月出生于向阳村南马石，中专文化。现任福州市湖南省商会会长、福建建邦伟业投资管理有限公司董事长。

管志平1981年在白沙中学毕业后随打工大军南下广东，次年转向福建南平，从此与福建结下不解之缘。1990年，创办他的第一家企业——福州超时代装饰装修工作部，后来逐步创办了福州汉唐装饰有限公司、福州前线健身连锁企业、福州建邦伟业投资管理有限公司、福州建邦贸易有限公司、福州建邦酒店投资管理有限公司、福州建邦置业有限公司等多家企业。

虽然远在福州创业，但他心中始终牵挂家乡，每次回老家，他都会提前准备一批福建土特产，如海鲜干货之类带回去分发给湾里的乡亲们，过年还给湾里的老人家派发红包，每人几百上千不等。2009年，他又捐资10万元和村民一道把湾里的沙石路建成且硬化，大大方便了村民的出行。

2013年，管志平发起筹建福州市湖南商会。他走访了在福州的所有湖南籍企业家、政府及单位人士、个体户。广泛宣传发动，沟通联谊。2013年10月27日，福州市湖南商会正式成立，管志平被推选为首任会长，共吸收会员企业117家。2015年12月10日，来闽出席2015年泛珠三角区域合作行政首长联席会议的时任湖南省省长杜家毫，在福州市会见了管志平等在闽湘籍知名人士及湘商代表，并同叙乡情，共谋发展。

（未完全收集）

第六节　其他方面人物简介

（按姓氏笔画排序）

王化隆（1901—1951），男，原籍白沙黄源村荄源湾。湖南省第三十中学毕业后考入黄埔军校第一期步兵科。参加过抗日战争，屡立战功，擢升国民党陆军政治部主任，后又任西安警备司令部少将参谋长，再后来任国民政府江西省铅山县县长。

王国经（1899—1984），男，白沙镇原西棉村五垒击鼓人，打虎英雄。

五垒击鼓这个小湾场四周大山环抱，树木茂密，翠竹修长，经常浓雾笼罩。在王国经生活的年代，山间羊肠小道上时常有蛇挡道，甚至大白天也有野猪、老虎出来伤人。

有一年，一只大老虎经常在五垒击鼓一带糟蹋庄稼，伤害村民，吓得村民大白天都不敢出门。王国经便组织青壮男丁捕杀这只老虎。大家看到凶猛的大老虎，都吓得纷纷往后躲，只有王国经沉着冷静，紧盯老虎，用鸟铳瞄准老虎打。受伤的老虎张开血盆大口向王国经猛扑过来，王国经左躲右闪，避开老虎攻击。等老虎猛威稍弱，他腾身一跃坐到老虎背上，揪住老虎长长的鬣鬃，迅速抽出佩刀跟老虎拼搏。在近一个小时的生死拼杀中，他几次险被老虎咬死，最终杀死了老虎。王国经只身杀死一只500来斤的大老虎的英勇事迹在白沙传开后，王国经被人们称为"白沙活武松""白沙打虎英雄"。

打虎英雄王国经还是一位民间医疗高手。白沙西边山岭上的新屋陈家、茅里堂、灯盏窝、麻石岭、毘帽峰一带经常有人被野猪、老虎咬伤，都是请王国经去治疗的。他尤其擅长治疗各种农药中毒，有药到见效的奇功。现绝技已传给他的儿子王成远，继续为患者造福。

王春荣（1880—1937），男，又名王贵赓，出生于上洲村到塘里，字赓武，白沙团防局首任局长，是白沙石板街的筹建人。

他早年参军，英勇善战，胆识过人，得以提拔。曾任清朝蓝翎把总，充广东水陆巡防各营教习哨官。民国时期历任广州督军府警卫连长、陆军营长、团副等职。曾积极参加国民革命和北伐战争，被授予三等勋章。

他对家乡白沙古镇的建设非常关心。民国十五年（1926）他回家探亲，看到白沙街上人多拥挤，市场繁荣，但街上是泥巴沙子街，高低不平，给过往行人带来不便。他便召集街上做生意的老板商议，号召他们捐钱买石材，把白沙街铺好。一个嘉禾船工向王春荣献计，说嘉禾有很多加工青石的作坊。王春荣便拍板，从嘉禾买石材，用船运到白沙来。凡是从嘉禾下来的船，每条船必须免费带两块石板到白沙，否则船不许在白沙码头拢岸。于是，白沙街上、河边到处贴有告示："各位老板、船工，凡是从嘉禾下来的船请为白沙街上带来两块石板，万分感谢！"船老板都十分支持，凡是从嘉禾过来的船每条船都带两块石板到白沙码头来。通过几个月的艰苦奋斗，白沙街上全部用石板砌好，石板街底下砌有下水道。河边也铺了一条石板路，便于拉纤搬运货物。石板全部铺好以后，白沙古街面貌焕然一新。

他为革命事业也作过贡献。1928年，共产党员黄克诚在领导永兴年关暴动后，被反动派追捕，曾在王春荣家躲藏数日。

王春荣于1937年病逝，葬在其祖籍地耒阳罗渡的冲头山南面。

王桂信（1888—1974），男，下洲村人，白沙街上有名的正义感强的人。他从小练武，个子高大，孔武有力，武艺高强，智勇双全，好打抱不平，深受百姓好评。一生以驾船、摆渡为生。据说，有一次对河的人装一船人来报复他，他临危不惧，持一根划船用的竹篙，大义凛然，站在河边，竟吓得他们一船人不敢拢岸。

王淑彪（1918—1951），男，1918年12月出生于下洲街管家码头边，本姓管，是老中医管世元的弟弟，16岁时过继到王书贯家，更名王淑彪。

考入黄埔军校十七期（在广西桂林）学习，毕业后在国民党部队任营长、无线电教官，抗日战争期间，随部参加过徐州会战等。

1949年随部队投诚，后回家务农。回到白沙后，王淑彪开荒种田，勤俭持家。新中国建立后，他还积极参加白沙的革命活动，担任过下洲村秘书。

在种田之余，脑瓜子灵活的王淑彪还做加工大米的生意。并与李朝金、唐典尧等人成立了名为"白沙工农商行"的民间组织（相当于现在的商会），目的是让白沙商人之间加强联系，互相学习，互相帮助。不料，遭人诬告说他成立反动组织。1950年10月，王淑彪以反革命罪被捕。1951年1月，经当时管辖白沙的衡头区公所批准，王淑彪在白沙被枪毙。

1983年6月，常宁县人民法院改判王淑彪无罪，并向其家人发放赔偿金400元。

邓彝文 生卒不详，男，出生于白沙镇上洲街一个富商家庭。新中国成立前，任南京市警察局长、南京警卫司令部主官。1949年南京解放时率部起义投诚，后定居湖南郴州市。落实起义投诚人员政策后，邓彝文任过郴州市政协委员。

李远秀 生卒不详，女，"一海酒铺"老板廖本卫的夫人。新中国成立前在白沙街上威望较高，被尊称"廖二娘"，是时任常宁团防局局长肖宜春的官娘。廖二娘心地善良，在大革命期间，多次出面营救农民运动骨干和革命党人，使不少人免于杀身之祸。

李育俊 男，上洲村人，黄埔军校毕业生。在国民党部队任职多年，后解甲归田。回到家乡，任过白沙团防局最后一任局长。1949年逃往台湾，在台湾逝世。在白沙娶一老婆，育一子叫李华林；后在台湾又娶一老婆，育两子一女。

李神姣（1919—2022），女，出生于现荫田镇喜石李家，21岁时嫁到现白沙镇阳兴村龙塘李家，是享受政府高龄津贴的百岁老人。她个子高挑、皮肤白皙，年轻时应该是个体健貌端的女人。

她几岁时母亲病逝，10多岁时父亲病逝，由后母带大，吃过很多苦。

嫁人后，生育过13胎，只成活了5胎（2儿3女）。目前，儿女各自成家，已是五代同堂的大家庭。

她丈夫已过世多年，现一个人居住在她与丈夫在20世纪80年代建的红砖瓦屋里，行走自如，偶尔拄杖，生活基本能自理，自己能洗脸、洗澡、洗衣，用电饭煲煮饭，菜由居住在附近的大儿子煮好送来。她每天基本吃两餐，偶尔也吃三餐，饭菜随意，并无特别，也常吃肥肉、鱼等。

20多年前,她因患白内障在常宁县城医院开过一次刀,现在偶尔头晕心悸,其他尚好,与人交谈,吐词清楚,只是有点耳背。

她长寿的秘诀可能主要是睡得多、睡眠好,晚上六、七点钟上床,早上八、九点钟才起床。

肖功池(1910—1994),男,白沙社区人。曾就读于民国时期的中央财校,毕业后,任职于广东省两广海丰盐务局,任过局长。新中国成立后,被解职,他回到白沙老家,靠做小买卖维持生活。

肖喜军 男,1978年10月生,白沙社区人,1998年9月参加工作,湖南大学法学专业毕业。现任湖南省公安厅经侦总队涉众型经济犯罪侦查支队副支队长。曾多次参与中央、省委交办的重特大经济犯罪案件的侦办,先后多次荣立个人二、三等功,2008年被推选为"北京奥运会火炬手",参加了奥运火炬在湖南的传递活动。

罗治民(1918—1995),男,号仁卿,1918年12月出生于白沙中洲街,曾在延安参加过革命工作。6岁时,父母相继病故,由祖母和婶娘抚养长大。1941年高中毕业后,随几个同学奔赴延安,寻求革命道路。后进入抗日军政大学学习,1943年抗大结业,分配到新四军当少校营长。但他从小身材消瘦,体弱多病,加之家里多次去信催逼,便于1944年回到家乡。湖南和平解放后,1950年被安排到桂阳县担任副县长,1951年因身体原因辞职回家。后来被安排在白沙手工业社工作。

贺洪钧(1928—1990)男,出生于白沙镇上洲街,中共党员,高小文化。新中国成立前后在桂阳雷坪洪泰公司做工,后转入桂阳雷坪铅锌矿工作,因表现突出,任副矿长。1958年调入桂阳县发电厂任副厂长。1966年调入桂阳帆运社(后为航运公司)任党支部书记。1974年1月,他在常宁白沙招收32名航运工人,为白沙知青和待业青年解决了就业难的大问题。几年后欧阳海大坝和亲仁大坝修成,航运受阻,航运公司解体。在贺洪钧同志的协调下,这些人员一部分安排在二建公司,一部分安排在机砖厂,一部分安排到粮食局,而且这些员工的家属也得到了妥善安排,贺洪钧受到大家一致好评。

1982年,贺洪钧调入桂阳二建公司任党支部书记,后调到桂阳建材管理站任站长。1986年调到桂阳县建委任副主任,1988年退休。

贺桂妹（1923—2023），女，出生于千原茅坪大队贺家湾，一岁丧父，两岁丧母，后无奈被人介绍到原红星大队忠家岭蒋苏凡家做童养媳。1941年与蒋苏凡的儿子蒋锦仁成婚，婚后育有四儿三女，现五代同堂，共有后嗣135人。

贺桂妹是白沙镇为数不多的百岁老人。

钟香主 男，1935年6月出生于茭河村中洋坪，中共党员，小学文化。1958年起先后在常宁县大义山地质队、衡阳市406地质队、云南省地质8队工作。1975年3月至1978年10月，作为地质专家参加云南省地质局援非工作组，被派往非洲坦桑尼亚帮助当地勘探铁矿。1999年，以六级技师职称退休。

徐秀崧（1860—1924），男，又名徐祥俊，字杰夫，学名人俊，号秀峰，别号昆园，家用名树坤，属显庆公后裔。经徐氏总谱五修资料考证，六修宗谱卷二第159页、187页、253页、254页及常宁县地方志档案局略有记载。先翁自幼聪颖，勤奋好学，曾求学于石鼓书院，学成后在洛宗书院进修，肄业回衡，擅诗赋、会文章，胸有丘壑、腹有良谋，曾任常宁县知事，后因晚清时局动荡，辗转于溆浦、衡阳等地。晚年积劳成疾，加之思乡心切，重回故里，逝后葬于耒阳西乡严国龙。

曹大定（1833—1892），男，官陂曹家人，因随唐训芳参加湘军，累功至副将衔。

曹大高（1837—1908），男，官陂曹家人，因随唐训芳参加湘军，累功至总兵衔，巡抚推补副将，赏戴花翎并授凌勇巴图鲁号。

曹义梓（1919—2004），男，清溪完小毕业后，先后任教于白沙完小和衡头完小。后辞去教职做贸易，年未三十即成富商，随即广置田产，至20世纪40年代末已拥有良田近千亩，是当时阳加片私人拥有田产最多的人。1946年担任保长。土改中被划为地主，并于1951年入狱，差点被枪毙。5年后出狱，回乡务农。20世纪70年代末被摘除地主帽子。

曹正元（1785—1843），男，字象乾，清常宁县斛林都（今白沙镇光荣村官陂曹家）人。

清道光年间，常宁县共分八都，斛林为其一，其管辖范围大致相当于今人口头之常宁东路。曹正元善于经营，远至武昌也有田产店铺。清道光以前，常宁东路士子读书，要么读私塾，要么远赴双蹲书院。为解此难，大学生曹正元牵头，与同湾大学生曹正身，多方劝赞，于民国十九年（1930年）在今荫田镇斛林清溪江与春陵河汇合处创建了清溪书院。并于书院旁修建了清溪桥，在桥北头修建茶亭茶屋。为了让书院有资金长期维持，曹正元还出重资捐田产为书院置义田，并亲自管理义田。逝后即就近葬于书院不远处，未归葬官陂曹家，今斛林村尚有曹正元墓。

曹正身（1789—1845），男，字日省，清代常宁县斛林都（今白沙镇光荣村）人。

据官陂曹氏族谱载，曹正身秉质清奇，经术湛深，援例捐得入国子监。性喜仗义疏财，诸如修建清溪桥、官陂石板路、曹氏一修族谱，皆为牵头人之一。尤好打抱不平。当时衡头有一个姓汪的，是一个有名的光棍，专门欺负老实人。一天，曹正身逮住了一个与汪同行的机会，假意讨好汪。同行既久，汪感身体发热，遂将随身所穿名贵毛皮大衣脱下。曹正身像个跟班一样顺手接住。二人继续前行，分手的时候，汪便向曹正身讨要大衣。哪知曹正身正言道：这件大衣是我家祖传之物，怎么能给你？二人争执不下，遂来到常宁县衙，请知县大人明断。知县要求二人各自拿出证据，证明归属。汪讲了几条证据，但都无法明确证明衣服是他的。轮到曹正身说话时，曹正身说道，他自小喜欢吸烟，有次不小心烟灰掉到大衣里面竟将大衣烫了一个小洞，因地方隐蔽，所以一直未补，请大人明察。知县仔细一看，大衣下摆里子果有一小孔，显然为烟灰所烫。遂将大衣判给曹正身，将汪杖责若干，赶出县衙。二人出衙同行不远，曹正身就向汪郑重道歉，连说是与朋友开个玩笑，并表示愿将大衣奉还。汪平日受捧成习，且大衣名贵，实在舍不得，于是就拿回了大衣。曹正身待汪拿走大衣，立即自伤并返回县衙击鼓鸣冤，状告汪不仅抢走大衣，还殴伤自己。县令当即派出捕快，将汪拘捕到廷，看到汪果然身穿大衣，不由分说，将汪再次杖打，并投入监狱关押。从此以后，斛林都百姓再不受汪氏之害。而且远近各湾到处流传："打流莫遇曹正身，曹正身恰你和衣吞。"

曹正球（1802—1866），男，官陂曹家人，清朝道光年间（1824—1851）考中武举人。

曹朝任 男，1930年出生，常宁县官陂曹家人，现属常宁市白沙镇光荣村第五组，中共党员。1950年12月19日入伍，入伍时名曹朝鹰。1957年2月17日从0159部队复员。

抗美援朝中随47军139师参战。曾参加顺安飞机场修建和三八线42号阵地守备战。在三八线42号阵地守备战中日夜蹲守在防空洞里。1951年获得抗美援朝纪念勋章。1953年秋季战争中参与打败美骑兵第一师王牌军的战斗，曾腿部中弹负伤。1953年3月3日，在江东加入中国共产主义青年团，1954年10月25日，加入中国共产党，1955年4月25日转正。回国后参加了部队文化补习和正规军事训练3年。在部队最高职务为副排长。复员回乡后当过短暂的白沙镇武装部长，后回本村先后任民兵营长、大队副书记、大队长20余年。

曾凡成 男，1949年5月出生于阳兴村曾家湾。2岁时一场疾病致使他一只眼睛永远看不见光明。曾就读于鲇鱼学堂和清溪学堂，高小文化。

1978年3月，召开了全国科学技术大会，全国上下迎来了尊重知识，尊重人才的春天，曾凡成也想成为有知识的人，于是，他向本湾场的高中生借阅初高中课本，开始自学。1979年8月，本村的曾生尤考上了北京师范大学，这更激发了曾凡成学习的欲望。一天，他去生产队会计家记工分，看到报纸上登载着哥德巴赫猜想还未解决的报道，于是，他悄悄地拿起报纸边走边看，回到家里，对报纸报道的哥德巴赫猜想的内容进行了认真的研读，立志要攻克这一科学难题，便开始想方设法购买大学数学系的各种教材及这方面的数学专著，并刻苦自学。从此，对哥德巴赫猜想的论证伴随他至今。

为了让更多人了解他的研究成果，曾凡成不断地参加各种有关数论的会议。2010年12月，第五届全国数论会议在广东肇庆学院召开，清华大学教授、博士生导师，我国著名数学家冯克勤出任大会主席，曾凡成向大会呈递了论文《关于偶数的哥德巴赫猜想一个最简单的证明》，引起了与会数论专家的关注。山东大学教授、博士生导师、数学学院院长刘建亚把他的这篇论文发表在2011年第11期《山东大学学报（理学版）》上，（全国唯一发表"哥猜"论文的学报），并说："对于曾凡成的研究成果，我现在无法证明是对还是错，但他这种30年如一日的执着精神，肯定是值得我们所有搞研究的人学习的。"2012年10月，曾凡成赴西安参加了第六届全国数论会议，并与刘建亚教授探讨了研究"哥猜"的方法，提出只要能证明$B_2(x)>0$，哥德巴赫猜想就成立了。2015年，华人数学家张益唐在清华大学演讲，曾凡成参加了这次会议，并拿了一篇1+1的论文给张益唐看。2016年4月，曾凡成参加了华人数学家丘成桐在清华大学的演讲会，并拿了一篇1+1的论文给丘成桐看，由于时间紧迫，丘成桐只是在曾凡成的论文外面签上了他的姓名"丘成桐"。2016年8月6日，第七届华人数学家大会在人民大会堂举行，曾凡成也参加了，他在会议前将论文《关于证明哥德巴赫猜想"1+1"成立的"真实面貌"与"主要结果"》放在丘成桐的座位上（就是他签名的那篇论文）；8月10日，在中关村数学所，曾凡成拿了一篇论文《"哥德巴赫猜想"与"等和素数定理"的提出》给一位华人数学家，这位华人数学家没有给他回音。2017年12月27—29日，"华人数学家国际联盟第一届年会"在广州中山大学举行，曾凡成参加了会议，并发表了意见。

曾凡成觉得他已彻底攻破了"（1+1）和（1+2）"以及"命题{1，2}"，始终坚信他的结论是正确的，只是等待时间的检验。

谢桂姣 女，1914年7月出生于现杜西村杜家坪，现有109岁了，是享受政府高龄津贴的长寿老人。

她父母早亡，12岁给人做童养媳，17岁改嫁到今黄源村刘家湾，育有1儿5女共6个子女，现儿孙四代同堂。

管世瑛 生卒不详，男，又名相桓，别名卓夫。下洲村管家台子人，生于清末。民国初任白沙团防局自卫队长。民国十二年（1923），率队投奔谭延闿部队任连长，后入汉口讲武堂学习。曾任国民党六〇师一九八旅二九五团团长、一九八旅少将旅长，后又入南京陆军大学高教班学习，复出任广州陆军分校大队长。军校迁广西宜山、贵州独山时，任总务处长，民国三十三年（1944）任军训部入伍生第五团团长。

（未完全收集）

第十一章　歌咏白沙

"你的爱就是一幅美丽的画卷，悄悄地收藏在你我心田，想你时呀读上她千遍万遍，一场场一幕幕就在昨天；你的爱就是一幅含羞的画卷，被你我珍藏在两颗心之间，想你时呀轻轻走进画里面，醒来后总留下苦苦思念；虽然说你离我越来越远，总想着有一天还能相见，滴滴泪水凝结成思念，茫茫夜空月圆人不见……"

这首名为《爱的画卷》的歌曲，充分表达了我们每个人对家乡的无比热爱和无尽思念。

第一节　你是动听的歌谣

梦回故乡

钟贤美 词
卢启明 曲

1=D 4/4 ♩=80　深情地

（乐谱略）

注：虽然离开老家几十年了，但做梦的场景基本上是在老家，因此特作此歌词。2020年10月，此歌由衡阳市雁歌合唱团，在情系鹭岛·舞动厦门全国文艺展演中演唱并荣获金奖。指挥易国璋，演唱关意林、苗静等。

想家乡

1=C 4/4 速度77，深情　　　　　　　　　　　　　　词曲：熊隆重

6 6 5 6 3 3　2 2 5 6 1 7 6 0　1 1 6 1 2 2　3 2 1 2 3 0
清清的小河水　淌过小　脚　丫　甜甜的大白虾　藏在石桥下

6 6 3 2 3 2　5　5 6 5 2 3 3　0　2 2 1 6 3 2
三月的柳絮飞　染　白了红砖青瓦　　九月的小迷藏

7　7 7 7 6 5　6 0　6 6 5 6 3 3　2 2 5 6 1 7 6 0
还　躲在吊脚楼　下　长长的石板胳　是否变　坑洼

1 1 6 1 2 2　3 2 1 2 3 0　6 6 6 3 2 3 2　5　5 6 5 2 3 0
熟悉的陌生人　是否常回家　白胡子的老爷爷　还　在　梦中啊

2 2 2 1 6 3 2　7　7 7 7 6 5　6 0　6 6 6　6 3 1 6
红过脸的小伙伴　已　经　各奔天　涯　生我养　我的地方
　　　　　　　　　　　　　　　　　　　　　　　生我养　我的地方

7　6 7 5 2 3 0　2 2 2　2 6 3 2　5 6 5 2 3 0
永　远　都是家　月缺月　圆的时候　总会想起她
永　远　都是家，乍暖还　寒的时候　总会想起她

6 6 6　6 3 1 6　1 6 6 3 2 0　5 5 5　5 3 5 6　5 6 2 1 6 0
无论经　过了多少　春秋和冬夏　抬头低　眉的瞬间　依然是牵挂
无论历　遍了多少　沧桑和变化　白发苍　苍的孩子　依然爱着她

5 5 5　5 3 5 6　5 6 2 1　6 - - - ‖
白发苍　苍的孩子　依然爱着　她

第二节 你是深情的诗篇

一、赞颂毘帽峰、静乐庵诗词楹联选登

（一）毘帽峰 净讷

兀兀孤峰顶，何年卓此中？
鬟同春树绿，光逼梵天红。
侍座驯云鸟，谈经泣草虫。
到来山已尽，独上万千重。

净讷：明代曹洞宗僧、衡州安仁人，俗姓王，号且拙。

（二）题常宁静乐诗词碑林 张春桂

半页丹青照古丘，铺玉镶金写春秋。
诗流雅韵巢书阁，笔走神龙舞画楼。

（三）毘帽峰 杨宝旺

拔地凌空一巨峰，山云绕庙入苍穹。
南天俯视千山绿，北地仰观万蕊红。
遥望舂陵飘玉带，近看松壑露娇容。
诗碑矗立添新景，善男信女唱古风。

（四）毘帽峰 曾咏归

孤峰盘古寺，默默寄春秋。
山气来南岭，行云去岳州。
乾坤皆过眼，日月自空流。
寂寂归何处，寰中且客游。

（五）秋登毘帽峰　刘社文

独奇毘帽傲苍穹，绝顶欣登气若虹。
南叠青山腾巨浪，东蜒碧水舞长龙。
高僧脚下行云白，古刹檐前落木红。
伫立瑶台欣放眼，诗情片片寄征鸿。

（六）晨钟暮鼓震山川　董三尧

韶光熠熠映峰峦，拔地石林吐紫烟。
静乐禅林今焕彩，晨钟暮鼓震山川。

（七）毘帽峰礼赞　曹廷杰

一峰高耸入牛斗，四面风光目底收。
放眼乾坤都到眼，抬头日月正当同。
春陵玉带飘银浪，大义山峦滚绿球。
地利天时皆占尽，人和共济创新优。

二、赞颂白沙诗词选登

（一）赞奇石　王椒梧

云端仙踪显，随风飘凡间。
江河深处觅，能赏缘不浅。

（二）福坪赏牡丹　徐玉申

春分朝雨雾茫茫，柳绿桃红满垄黄。
人把黄花比秀菊，立春过后梦重阳。

（三）忆兴隆庵　涂诗仁

遥想当年入泮时，门前依稀旧庵寺。
楼台凋零画梁破，僧尼散伙香火迟。
古樟遮天师厌惰，江风吹面生耻痴。
一代发小多才俊，始信三教儒道释。

（四）斜阳　吴佑成

白沙沙水流咏长，盐茶古道通南洋。
昨日繁华今何在，溜溜石阶话沧桑。
青楼女子红楼梦，朱唇黑足盈街巷。
商贾云集聚紫气，滔滔浪花涌船廊。
古时渔火照今时，春陵河水翻巨浪。
沉沙淘出千担金，一泓清水映斜阳。

（五）白沙古镇　曹国生

滔滔春水，碧波涟漪。阳春三月，风光旖旎。
白沙古镇，依山傍水。四县交界，常耒永桂。
青石古道，三华余里。恬静祥和，诗情画意。
烧饼豆腐，中国之最。欢迎品尝，美食美味。

（六）江城子·赞白沙业余京剧爱好者　谢盛荣

皓首聚会喜若狂，心扉旷，钟皮黄。高雅京韵，引胫任喧扬。不求显达登高枝，独神怡，桃源乡。漫漫历程回头望，几经霜，自难忘。荣辱得失，何须太计量，会当祥云伴夕阳。沐紫徽，福寿康。

（七）浪淘沙·白沙春陵河大桥　罗育达

一水峡湾流，两岸民忧。千年横渡靠扁舟。暴雨山洪浪滚滚，欲渡难求。仁政惠神州，大展鸿猷。砼桥飞架夙心酬。天堑通途人喜庆，德播千秋。

（八）白沙镇赋　吴洪轩　罗育达

湘南古墟，白沙新镇。居四县之通衢，控春水之中游。东临耒永，凤凰百鸟来仪[①]；南接郴邑，峻岭洪脉延伸；西连桂阳，群山逶迤腾浪；北贯衡岳，蒸湘浩气凌云。为湘南之要塞，乃荆楚之胜地。

远古洪荒，拓疆辟地，广袤田园，世代繁衍，悠悠岁月，逾千载矣。

六百里奔腾春水，穿峡北去，毓秀楚南，莽苍苍不尽绵长，造化垂青；千余年富庶白沙，史绍唐宋，流芳衡郴，沉甸甸无穷广博，兴市繁荣。地灵物阜，有色矿八宝之地；人杰镇旺，农商工百业之都。马鞍山、福坪山，山山藏宝；舂陵水、湖溪水，水水含金。

明洪武年间，聂官②沿湘江南下，见群山环绕宝地，兴土木以建市；民国初期，王公视古镇之旧貌，乃泥沙之道，承首运青石以铺街。千年古镇为三湘之胜地，五里长街乃四县之圩场。十七站码头沿岸排列，昼夜装卸；百余艘货船靠河分布，四季盈江。商贾云集，宾客咸临。繁荣长盛，享"小香港"之誉；兴隆永驻，得"赛郴州"之名。古镇发展，日新月异。街道三纵六横，店铺琳琅满目；交通一水一陆，车队飞驰如流。

美食特产，华夏扬名。无渣生姜，可口鲜嫩；针叶黄花，席上珍品；油麻酥月，炭烤烧饼；肉酿豆腐，黄牛佳羹；柑橘香甜，畅销内外；黄梨松脆，商贩盈门；奇石美玉，千状珑玲；有色矿产，铜锡金银；中医药材，白芍丹参；得天独厚，土肥水清。

清澈白沙水，耿直白沙人。地脉灵光，孕育重情好义之美德；高山流水，造就豪放耿直之天性。

峥嵘岁月，饱经沧桑；仁人志士，前赴后继。赵子龙威镇关口③，杜少陵诗韵舂陵。吴三桂湖溪下马④，郑平吏西麓监矿⑤。石达开欲图白沙，遭强阻而改道；茭源坪民团抗日，倭寇惧而退阵。徐玉陔筹募修筑福荫桥，王春荣组建团防卫乡亲。黄克诚黄平游击湘南，李成蹊周巽山血沃农运。……俱往矣，数风流人物层出不穷。

物华天宝，人杰地灵，山清水秀，霞蔚云蒸。毘帽峰矗立挺拔，正德帝游览赐名⑥；"果是名山"字字御书，日月当头朗朗乾坤。静乐庵香烟缭绕，廊立诗词碑林；徐家湾古香古色，厅房幽巷纵横。炼银厂遗址尚在，茭源街名贯古今。白水岩飞瀑直下，白沙街古色流韵。河畔桥庵相对，杜坪秋月辉映。龟山蛇山对峙，敲石悦耳钟亭⑦。十八罗汉盘坐⑧，百里西渠流金。奇山异景，叹为观止，宜居宜业，山河似锦。春时桃李争芳，果林流馨，山川田野，风和景明；夏季稻海翻浪，万木争荣，渔歌唱晚，浣女笑音；金秋茶花漫山，荷塘莲妍，橘黄梨鲜，丰歌阵阵；寒冬西岭雪霁，银装耀日，玉龙起伏，万象更新。真乃美不胜收，四季分明。

观发展新势，月异日新；望未来岁月，繁华似锦。昔日峥嵘，今朝兴隆，明天繁荣。古镇白沙，美哉！伟哉！赋以赞之。

注：

①凤凰百鸟来仪：白沙镇与耒阳市仁义乡罗渡村相邻，一水之隔，东岭有一山峰形似凤凰展翅，名曰"凤凰山"。

②聂官：明洪武年间（1368—1398），近卫大臣聂武纲奉皇命南巡，沿湘江经舂陵一路驾舟南来，行至白沙地段时，见舂陵河横贯平坦地域北去，周围高山环绕，中间如天然之城，是开府建衙之宝地，故大兴土木，沿河畔建堡开市。

③赵子龙威镇关口：白沙南麓与桂阳交界处，有一险峻山口，两边高山壁立，中间是深谷，陡壁仅有一条小路通过，名曰"关口"。相传三国时期，赵子龙曾在此守关。

④吴三桂湖溪下马：相传清朝平西王吴三桂曾经过湖溪冲，并在此下过马，故名"下马塘"。

⑤郑平吏西麓监矿：宋朝时期，白沙采矿业日盛，天禧年间，进士郑平受皇命为白沙矿业场监，管理白沙采矿冶炼事宜。

⑥正德帝游览赐名：明正德九年（1514），正德皇帝朱厚照游江南，沿舂陵河至阳加，仰望西面有一峰突起，直插云霄，峰顶有庙，山峰形状似帽，故赐名为"昆帽峰"，还御笔挥毫"果是名山"四字，刻于石门上框，并御书"乾坤都到眼，日月正当头"对联一副刻于石门两旁。

⑦敲石悦耳钟亭：位于白沙火石桥路旁，原有一座古亭，靠亭子南向排列四根石柱。石柱约两米高，每个石柱顶面放置一个特制的上尖下方、底部内凹的石钟，用石头敲击，发出不同音阶的悦耳响声，名为"响钟亭"，此亭于20世纪60年代拆除。

⑧十八罗汉盘坐：白沙马鞍岭山背有一块平坦地带，乱石丛生，其中有一处，十多块巨石矗立，形态各异，名为"十八罗汉"。

（九）阳嘉赋　周德武

壬辰清明，旧地重游，伤感。遂作斯赋。

上溯强秦，结族成村，散居野岭，生活艰辛。舂陵河边，风光迷人，鸟语花香，绿树成荫，弱柳扶风，美女柔情。蛮荒之地，月朗风清，神道意醉，人杰地灵。刀客阳嘉，一鸣惊人。灭莽复汉，天助神兵。"昆阳之战"，叱咤风云。衣锦还乡，小村振兴。店铺相连，商贾成群。小街汉立，失落于文。三街九巷，人文八景。龙头①望日，满眼乾坤。舂陵②映月，小舟怡情。白水③瀑布，彩虹空凌。张家园林，花托雅韵。江渚④白鹭，结队和鸣。六曲荷塘，垂柳通径。社戏渔火，交相辉映。濂溪说梦，凌云⑤钟声。亭台楼阁，铭刻多朝文明。屋檐翘角，展示一代古韵。时过境迁，老街低吟。三英祠堂醉"三英"⑥，春陵河水自多情。繁华街巷虽残破，闲花野草亦精神。

注：

①龙头：龙头峰（毘帽峰）。

②春陵：春陵河。

③白水：白水崖，有瀑布大约七八米高悬挂于崖石上，十分壮观。

④江渚：春陵河中阳加洲段有一小岛叫严家洲，洲上有一小村庄，风景优美。

⑤凌云：春陵河边曾有一座大型寺庙叫观音阁，阁内有一宫殿叫凌云宫。据传周敦颐夜宿观音阁，偶得一梦，耳闻凡尘仙乐"春陵散"，为曲谱作者凄美爱情所感动，捐资兴建并题字"凌云宫"。

⑥三英：指庞统、张飞、赵云。

（十）观音阁赋　周德武

一〇四四年三月三日，湖南桂阳县令周敦颐，微服常宁阳嘉洲观音阁。与阁主享"荷"论"道"，谈"易"听"曲"，十分惬意。子夜时分，偶得一梦，让他十分诧异。

观音阁上，单鹤悲鸣，箫声阵阵。大殿内外，灯烛通明。道场肃穆，祈福诵经。茫茫夜空，隐约传来，"思凡"琴声。如泣如诉，由远及近。"春陵散"曲，随之共鸣。义薄云天诺诺，弱柳扶风依依，仁如流水盈盈，志在高山巍巍。红尘玉箫，"思凡"天琴。春陵散曲，古朴清新。荡气回肠，意切情深。金莲照夜，焰小寒灯。凌凌谱曲，云云和声。千古难觅，绕梁知音。男欢女爱，私定终身。点化凡曲，黄杨厄运。三月三，蟠桃宴，仙乐起，醉神仙。红尘仙乐"春陵散"，偶闻诸神举杯赞，此曲只应天上有，何时流落到人间。瑶台震怒，天官巡案。曲终人尽。天上人间。

宾主同梦，背靠檄文。两文相照，落泪满襟。题"凌云宫"，拜"梦中人"。仙乐凡曲，凌凌云云。仰天长叹，何日重新。

注：一九六七年观音阁被拆，发现了被虫蛀的"春陵散"曲谱，但被一阵狂风刮入春陵河中。

（十一）上渡大桥赋　罗育达

春陵之水，源发蓝山，经嘉禾，傍新田，穿桂阳，沿常耒，由南向北，直汇湘江。五岭南来，云涌义山之色；三湘北去，风带回雁之声。远古舜帝南巡，驾崩苍梧，后闻九嶷大阜，有钟自春，觅之得韶乐遗器，自舂于陵，此河故名舂陵，又名芨河。

浩荡江水，穿峡绕谷。六百里芨河，碧波荡漾；千余座峻岭，逶迤嶙峋。滋润万物，造福百姓；毓秀湘南，钟灵衡郴。白沙古埠，物华地灵，处春水之中游，控要塞之重镇。八宝之地，得天独厚；鱼米之乡，土肥水清。始自东汉，先民定居拓荒，唐代史创矿业，宋时采选鼎盛；明代建街立市，清朝百业俱兴。东南西北，志士咸集；湘鄂赣粤，商贾垂青。沿河建铺，街道渐成，四县八乡，人流如潮，百日闹市，兴隆繁荣。数万聚居，友好为邻；两岸黎民，交往甚频。砍樵伐木，种养农耕，赶集买卖，访友探亲。然一水之隔，天然屏障；千百年来，木船渡人。两岸贤士，承首组建义渡；四周黎庶，捐资赞助善行。凌晨摆渡，日暮泊停，人流潮涌，七渡穿横。每逢佳节，渡口人挤为患；木船超载，倾覆时有发生。痛忆往昔，几多回渡河者葬身鱼腹，多少次赶集者落水丧生。每逢春夏暴雨，山洪肆虐，巨浪翻腾，有急事欲过河者，恳求船公扒渡，浪滔叶舟，恰似阴阳纸隔，水府悬命。纵观历史，多次洪水漫街，船可巷行，两岸百姓，望河兴叹，呼天不应。

近代交通发展，汽车货运，必须绕道大坝，颠簸数十里程。一水拦路，如隔千寻，隔河相呼，心急如焚。悠悠岁月，何时有桥相通？朗朗乾坤，造福芸芸众生。祈盼天堑通途，黎庶夙愿成真。

锤镰开新宇，天翻地覆；红旗迎旭日，河晏海清。特色理论造盛世，改革开放建奇勋。九州国泰民安，三湘凤翥龙腾。惠风和畅，白沙欣欣向荣；木船摆渡，发展严重受困。为圆百姓夙愿，各级政府，甚为关心，两岸群众，迫切呼应。岁在癸巳（2013年），设计立项，丙申动工（2016年），挖基铸礅。中途因故，施工暂停，克难排障，设计变更。庚子仲夏（2020年5月），大桥完成。建桥修路，历时五春。

一桥飞架，两岸欢欣。万代期盼，圆梦在今。仰三光共辉，而悟创新之略；溯千年古史，又续开拓之程。以路连桥，桥通世界；依水兴业，业济民生。桥为乡情纽带，连通两岸情怀；河为大地动脉，滋润万物欣荣。世代伟业，古今壮举，宁不纵笔而赋焉？

（十二）我爱你白沙　王淑辉

我爱你白沙，
亲爱的家乡，
因为你是我永远的牵挂！
水有源树有根，
白沙是我们生养的地方；
我们血脉相连，
哪怕走遍天涯。
虽然我出生在石湾王家，
你出生在曹家、曾家、董家，
他出生在谢家、刘家、吴家，
但是我们有一个共同的家，
她的名字叫"白沙"！

我爱你白沙，
亲爱的家乡，
因为你风景如画！
巍巍的大义山，
像父亲坚韧的脊梁，
不惧风霜雨雪，
永远挺拔！
悠悠的春陵河，
如慈祥的母亲，
柔柔美美，
哺育千户万家。
精美的古街古村，
似璀璨的明珠，
历经千年沧桑，
仍光芒焕发！

我爱你白沙，

亲爱的家乡，
因为你美食众多人吃人夸：
香喷喷的烧饼、眉毛酥，
嫩泱泱的水豆腐，
脆爽爽的黄豆芽；
酿豆腐料子扎实，
棋子肉入口即化；
焖缸酒红薯酒香气扑鼻，
还有外糯内鲜的肉包饺粑；
不打水的黄牛肉常宁著名，
更有无渣生姜名扬天下！

我爱你白沙，
亲爱的家乡，
因为你有悠久的文化！
兴隆庵、灵官庙、元帝庙等，
十余个佛教场所，
曾经香火旺盛，好多菩萨。
逢年过节，
唱愿戏、花鼓戏、汉剧、皮影戏，
舞龙、耍狮、划龙船，
还要接毘帽仙王、五娘菩萨。
男女老少，人山人海，
热热闹闹，场面宏大。

我爱你白沙，
亲爱的家乡，
请听我说些心里话：
虽然我已离开你的怀抱，
工作生活在异地他乡，
但对你的热爱和思念，

已在血液里融化。
衷心祝福你：
山清水秀人寿年丰，
重现昔日繁华！
真诚地期望：
一代代白沙人，
无论身在何处，
都要爱乡爱家。
更要为家乡的发展，
献计出力，
添砖加瓦！

三、楹联选登

（一）白沙镇部分姓氏郡名、楹联

1. 王姓

郡名：太原郡　三槐第　槐荫第　八大名家

楹联：

三槐世泽；
两晋家声。
槐堂世瑞；
珠树家珍。
竹山槐枝千秋茂；
祚公后裔万代兴。
荣簾树远，接底处槐香泽远；
层构翠高，飞依稀莺集声高。
槐室风光攸居徽福厦；
辋川气概叶吉颂安贞。

2. 谢姓

郡名：陈留郡　东山世家

楹联：
>鸟衣望族；
>凤羽名流。

3. 李姓

郡名：陇西郡　龙门第　青莲第　鸣凤世家　东阳第

楹联：
>派衍平泉门环别趣；
>辉联花萼庭有余香。
>西陇望族千秋盛；
>北海名流万代兴。
>勤俭家之本；
>诗书世有荣。

4. 徐姓

郡名：东海郡　龙凤世家

楹联：
>辉宏君偃，南州望重；
>咸隆麟第，东海名高。
>龙爱东海龙生子人财两盛；
>凤喜南州凤育儿富贵双全。

5. 罗姓

郡名：豫章郡　湘中琳琅

楹联：
>枝江源发远；
>耒水分流长。
>乌迹徵奇，藻思发琳琅之笔；
>钱江互瑞，倡言成吴越之功。

6. 曹姓

郡名：谯国郡　相国世家

楹联：

平阳世守三章约；
子建才高七步诗。

7. 吴姓

郡名：延陵郡

楹联：

巍巍毘帽峰，泽育儿孙发达；
浩浩春陵水，滋润家业兴隆。
延水长流，书香门第千秋旺；
陵田永茂，文裕村庄万代兴。

8. 董姓

郡名：陇西郡　三策第

楹联：

诗书继世；
忠孝传家。

9. 钟姓

郡名：颖川郡或颖川堂

楹联：

瑶阶其兰春风暖；
玉砌椿萱夜露香。

10. 曾姓

郡名：鲁国郡　忠恕世家

楹联：

得体绍千年前辈；
精勤侈万卷藏书。

11. 肖姓

郡名：河南郡　相国第

楹联：

>文著六朝；
>
>相传八叶。

12. 姚姓

郡名：吴兴第

楹联：

>燕喜新居，迎得春风栽玉树；
>
>莺迁乔木，蔚成大器建家邦。

（二）新联选登

1. 贺白沙中学综合大楼庆典　王成林

>峻巍南岭，钟灵毓秀孕精英，於中学为盛；
>
>浩荡春陵，琼浆润芳育俊杰，惟白沙有才。

2. 贺"富成教育奖励基金会"　王成林

>富泉水碧，润莘莘学子，帘窗十载驰锦绣；
>
>成玉质纯，辉美美校园，桃李千枝竞芬芳。

3. 下洲街龙泉水井　王集继

>龙吟虎跃，威震万重山岭；
>
>泉涌水滔，浪淘千古风流。

4. 白沙长冲林场　王尼书

>长征路上迈新步，广开绿化；
>
>冲岭场中展宏图，再立勋功。

5. 南马火石桥响钟亭　李显禄

响音回荡，清风送爽，凭君驻足不必挥扇；
钟律雅旋，香气润心，任客小憩何需望梅。

6. 白沙龙华庵（悲仁庵）　罗治国

龙海朝菩萨，有求必应；
华灯敬佛祖，无欲定灵。

7. 杜阳村村部大楼对联　吴圣周

杜府生辉气贯百川弘伟业，
阳民兴旺山摇南海册忠良。

8. 贺泽秀基金联　吴圣周

泽秀基金，滴滴甘露皆厚爱；
茭河联校，莘莘学子俱英才。

9. 白沙上渡大桥　罗育达

河流成障壑，望水隔离千里路；
天堑变通途，观桥连就两边情。

10. 赞白沙医院　胡云中

白衣天使医德美；
沙地杏林绿意浓。

11. 赞白沙学校　伍允湘

白鹭高飞毘帽，引园丁更添豪气；
沙鸥翔集春陵，携学子尽显风流。

12. 阳嘉中学　伍允湘

阳光照福地，毘帽峰边丽丽校园呈瑞气；
嘉霭拂星空，春陵水畔莘莘学子竞风流。

13. 白沙校名联　徐建雄

白芍春吐蕊，朵朵妖妍呈异彩；
沙场秋点兵，人人矫健竞风流。

14. 鲇鱼小学　徐贵才

鲇上徐洲，园丁传经典；
鱼游东海，桃李振家声。

15. 赞白沙镇　涂诗仁

携云岭之余势，东濯春江，西枕枯岭，南望郴桂，北听长衡，山清水秀，物华天宝贯三县；

沐千秋之遗风，农丰五谷，工多锡铜，商通四海，教案庠序，政顺民和，人杰地灵甲一方。

16. 赞毘帽峰　罗育达

近望毘峰卓立，直插蓝天，舞万里晴云，沐永恒日月，展义山洪脉，纳蒸湘浩气，胜景呈祥滋俊杰；

远观南岭逶迤，齐腾绿浪，衔九州秀色，熙长盛春秋，留明帝御书，牵春水碧波，梵音颂福佑黎民。

17. 白沙镇富成教育基金颁奖对联选登　资道武

①第一届颁奖对联

富泉叮咚润莘莘学子寒窗十载驰锦绣；
成玉璀璨耀菁菁校园桃李千枝竞芬芳。

②第五届颁奖对联

富泽百姓次次慷慨看满园桃李前途无量；
成语学子回回嘱托喜一代栋梁后继有人。

18. 白沙学校校门对联选登　资道武

①白沙镇中心小学
白浪千朵潮涌育苑飞跃征程追日月；
沙金万颗凝聚精华舒展慧智写春秋。

②阳嘉中学
阳光照福地毘帽峰下菁菁校园呈瑞气；
嘉风拂星空舂陵水畔莘莘学子竞风流。

③茭河完小
茭枝立黉门棵棵成国栋；
河舟扬学海叶叶为俊材。

19. 白沙地名趣联

（罗育达）白沙人抽白沙烟喝白沙酒；
（罗育达）元帝庙嵌元帝像传元帝经。

　　注：元帝庙位于毘帽峰顶。

（黄克含）湖溪水流湖溪涧通湖溪桥
（王意华）舂陵水流舂陵浪藏舂陵圭
（小　建）毘帽女登毘帽岭拜毘帽王
（黄少红）樟木，冲天，毘帽，三峰矗立云霄殿；
（黄少红）湖溪，老女，高登，数桥紧靠舂陵河。
（柏满富）儿辈贪玩，游金塘钻观音峒，洞天笑声远；
（柏满富）老人健体，踏炭山上毘帽峰，福地寿运高。

　　注：金塘、观音峒、炭山、毘帽峰均为白沙镇地名。

20. 白沙趣联

上联：（罗育达）白沙铜沙锡沙，沙沙是宝；
下联：（罗育达）鞍岭茅岭龟岭，岭岭皆金。
下联：（吴圣周）王府谢府吴府，府府欢歌。

注：鞍岭指马鞍岭，龟岭指乌龟岭，白沙西边一带高山称茅岭。

21. 白沙回文联　罗育达

白沙河里河沙白；
黄土地中地土黄。

22. 祝贺《古镇白沙》出版联（此联是中国楹联学会会员、湖南省对联文化传承人、衡阳市楹联协会常务理事唐天喜先生为祝贺《古镇白沙》出版特撰）

白笔因红霞出彩；
沙金共碧浪流光。

第三节　你是璀璨的华章

一、老街轶事

　　白沙老街，东边是河，西边是耕地、大山，沿舂陵河南北走向，蜿蜒两三里，从上游的段家屋场一直延伸到下游的白沙古井。街道宽不到三米，却一律青石板铺道。两隅店铺木质门板，一层、两层，鳞次栉比。其东边街的房屋多半是吊脚楼，几根木柱或者石柱从河道里竖起，于街平面处搭建住宅或店铺。

　　不知从何时起，白沙老街就是常耒永桂四县交界的商贸重镇、百日圩场。贸易类别涵盖日常生活所需、工农商学必备。每天早上，无论刮风下雨，还是朝阳普照，四面八方的人们就齐集于此，老山（大义山）上的山民挑来的是山货，带回去的是柴米油盐酱醋针头线脑等日常生活物资；河套两岸的人们带来的是蔬菜果品和手工作坊里加工的家庭用具，换回的是农家耕耘所需的犁耙锹锄等农具。过了晌午，圩场就散了，只有老街上的居民又忙着为明天备货，老街便成了一众小孩打闹嬉戏的场所。

　　安安从小就生活在老街，老街给她留下的记忆是从嗲嗲（爷爷）过世时才有的，然而，那些记忆却根植在心尖，融化在血液中。

　　"安安妹几，快起来啦，莫困达啦，你嗲嗲死呱哒啰。"五岁的安安被隔壁满香老娘的嚷嚷声吵醒。同一个房间嗲嗲奶奶的大床边围满了人，听到奶奶的号哭声，安安小床对面的木窗户已被推开，方方的窗洞外面也挤满了朝里看的脑袋。揉揉惺忪的眼睛，安安穿上花裤衩、的确良汗衫哧溜下床，在人堆外面站了一会儿，没人注意到这个瘦瘦小小的女孩。慢慢走到堂屋，屋里也好多人，有人在指挥打电报，搬东西，写大字……安安还不知道家里究竟发生了什么事，踮着脚到墙边的竹竿上扯了自己的小毛巾，到水缸处拿了把木瓢出了门。门外赶圩的人挑着一担担的白菜萝卜从家门口经过，也有担柴的挑夫边走边擦汗。

　　白沙老街分上中下三段，安安家是老街的下段，叫下洲街，老街最热闹、最宽敞的属中洲街，除了公家的肉食店，供销社、邮电局、药材公司，还有私家的家具、农具、百货、文具、南杂、果蔬、纸马坊，李老娘家的烧饼档，秋梅老娘（奶奶都是这样叫的）家的豆腐摊，一应俱全。整个街道两旁摆摊卖菜的，吆喝声此起彼伏，讨价还价喋喋不休，都在那一块。

安安要去河边舀水洗脸，去对河的码头就在中洲街与上洲街的接合部。她在拥挤的人群中穿行，谁也没有注意到她行色匆匆。娇小瘦弱的身子，让她犹如泥鳅般在熙熙攘攘的人群中毫无阻拦地就到了通往河边的码头。

从老街下到河边码头，要通过一溜50多级的条石阶梯。阶梯级差平缓，即便是小孩也不需费力就能顺利拾级而下和越级而上。像安安这样瘦弱的小女孩也能一蹦跳过两三级。河码头是弧长约四五米的半月形条石台阶，为了方便四季使用，还有几级石阶延伸到水里，若隐若现。

安安来到河边码头，清爽河风拂面而来，初升的朝阳在河面泛起粼粼光斑。今天没有涨水，河水在最下面那层阶梯荡漾，有几个勤快的妇女在河边搓洗衣服。安安下到河边，用瓢舀起一瓢水，里面竟然有几个小虾子弹跳，她把水倒掉，又到靠沙滩边舀了一瓢，涮了下嘴，用毛巾洗了把脸，就到沙滩边挖坑。河水轻轻荡上来，又把沙坑给填了。再挖一个，瞬间又被填了。她不甘心，继续挖，挖了填，填了挖，乐在其中！完全不知道家中刚刚发生的变故。她还不清楚嗲嗲死了的具体概念，更不清楚家中为何会有那么多人。

安安的爸爸妈妈在县城工作，她与姐姐平平、哥哥民民跟着嗲嗲和奶奶在白沙老街生活。嗲嗲是个和蔼的光头老人，平时爱喝点小酒，总爱与同街坊老欧头黏在一起，一杯小酒可以喝一整个下午，小酒就着俚语闲话，天南地北地瞎扯。嗲嗲个子不高，街上那些老娘儿们都叫嗲嗲"宝华矮子"；就连才10岁的安安的哥哥民民每次靠近嗲嗲后背时，都要用手与嗲嗲比下高矮，借此显示他的生长成就。

下午，安安在县城上班的爸爸妈妈赶回来了，长跪在安放了嗲嗲的棺材旁伤心地哭泣。看到父母哥姐们伤心的样子，安安才跟着哥哥姐姐也哭了一场，这才知道再也看不到嗲嗲了，再也不能听嗲嗲编瞎话讲故事了——在安安看来，嗲嗲讲的故事一点都不好听，也不可信，都是瞎编的。

听奶奶说，昨天晚上嗲嗲与老欧头喝多了几杯，夜里血压突然升上来，就过去了。那酒友老欧头也来悼念嗲嗲，在嗲嗲的棺椁前当着奶奶和我们一家人哭了好几回。

一连几天，家里人忙个不停，吹吹打打，演戏唱歌，摆酒请客，安安跟着爸妈和哥哥姐姐们，跪跪拜拜，围着几张桌子转来转去，每天天还没黑就趴在街边睡着了。出殡那天，安安跟在姐姐平平的后面，平平也就比安安大一岁多，上一年级了，比安安高半个头。妈妈给她们头上扎好白绢布，右手臂箍了黑袖巾，腰间绑了一根麻绳，在街上鱼贯而行，伙伴们都用异样的眼光看她们。哥哥民民可神气了，作为家里的长孙，他骑在嗲嗲的棺椁上，高高在上，不哭反笑，好不威风；爸爸托着嗲嗲的黑白相框走在出殡队伍前，妈妈带着安安与平平还有蹒跚学步的弟弟伟伟，拉着一根白麻绳与姑姑等亲眷们走在后面。送葬队伍从下洲街一直排到上洲街，看热闹的抵足伸颈，无论是店内的商贾还是讨价还价的采买都自觉让路，驻足围观。

安安最喜欢跟姐姐平平一块玩。姐姐平平胆大，带她去下洲街学校边割猪草。姐姐提大竹篮，安安提小篓子。一个下午，姐姐割了满满的一篮子，安安的小篮子才盖到底；傍晚时分，姐妹俩提着猪草到满香老娘那去卖。满香老娘养了七八头肥猪，自己打猪草供应不上嗷嗷待食的生猪，时常收购街上小孩儿割的猪草。猪草不值钱，一个下午的忙碌，姐妹俩才只卖了两三分钱。姐姐用钱买了一把白白的雪豆糖，分一些给安安，譬如有十粒，就给安安两粒。满香老娘清理完猪草后就骂姐姐"挌甲怂货，只顾自己吃！"甚至去奶奶那告状："你屋格甲平平，又在猪草里埋石头，哪格样丑啊。"

安安老实胆小，从不敢干这等事，满香老娘也表扬她乖巧。姐姐平平也不会作假，偶尔一次舞弊竟然还被抓了现行。一回到家就被奶奶一顿笤帚条子猛扑。安安从没挨过打，嗲嗲奶奶都说她老实。

姐姐还会跟街上的伙伴们去附近的山上砍柴。有一次，姐姐砍柴回家时迷了路，在山里原地转着圈圈，总也走不出那个地方。好在伙伴们发现了，大伙拿柴刀担杆乱砍乱砸大喊大叫，姐姐才走出来。回到家里，大人们都说姐姐遇上了"转路鬼"，所以总在原地打转转。那时，我们似懂非懂，长大了才知道大人说的"转路鬼"就是"鬼打墙"。

姐姐全身都是伤痕，据她自己说，是在树林里转来转去被荆棘划伤的。从此，奶奶再也不允许姐姐上山砍柴了。养猪的满香老娘却幸灾乐祸，说："这是报应！"

伙伴们对街上的白喜事既害怕又兴奋。对小孩子而言，看见死人是一件很恐怖的事情。认为人死了就变成了鬼。鬼是什么东西？谁也没看见，谁都说不清楚。当安安们不听话时，当孩儿们犯了错时，嗲嗲或奶奶就会恶狠狠地诅咒："鬼来捉你了！"当街上某人出现精神异常时，人们就会说："碰到甲鬼！"鬼缠身了。还有街坊平时讲的鬼故事，等等。这些就是依据：大凡鬼都是凶神恶煞，青面獠牙，来无影去无踪，专做坏事，而且还喜欢捉小孩子。捉去干吗呢？吃了？撕了玩？像孩儿们撕纸片一样撕了玩儿？那有什么意思？不明白。

很多时候，不明白的东西却更是神奇古怪，有些东西看不见摸不着才更恐怖。不知道它藏在何处，哪个角落，哪条僻静的小巷。但它却能时时刻刻不知不觉地出现在你的身后，将你捉了去，并将你变成跟它一样的孤魂野鬼。

白沙老街上死了人，家人们都会"当大事"，不仅灵堂门楣上要贴上"当大事"的横匾，心里更是当大事来办。白沙老街上的丧事十分讲究，大凡街上老了人，吹吹打打总要热闹五六天才送上山去下葬。那个唱皮影戏的钟老嗲跟着也忙碌起来，白天睡觉，晚上就到当大事的人家唱皮影戏。一张马蹄八仙大方桌往圩坪墙边一放，桌的四条腿各绑一根竹竿升上去，正对观众的一方竹竿子上安上用方框绷好的皮纸屏幕，另三方柱子用草席围起来，再在中间悬空挂一盏马灯，戏台就扎成了。至于唱的什么戏文，安安听不懂，只见那屏幕上鬼仔子窜来窜去，飞上飞下，鬼影憧憧；耍鬼仔子的人在里面抑扬顿挫、阴阳怪气、高一声低一声地说唱……整宿整宿地闹腾，连着几天，嗓子不干，喉咙不哑。有时候，皮影戏一连看了几天也乏味，主家便请了下洲街贺才春的金星花鼓剧团来唱戏。无论是唱戏还是耍皮影，每天晚上那条老街都人山人海，大人小孩拥挤在一堆，再小点的孩儿就骑在父亲或者嗲嗲的肩膀上，看着说着闹着，通宵达旦。

街上有了白喜事，小孩子就莫名地害怕，害怕鬼神，害怕刚死去的那个人变成鬼神来找自己，附在自己身上，然后自己也变成了鬼；兴奋的是有皮影戏、大戏看，热闹刺激，送葬时还可以去抬花圈祭幛。抬花圈祭幛（毛毯或布匹）能赚到一两毛钱。安安力气小，与姐姐平平两个人抬一张祭幛。抬到坟山上拿抬祭幛的杆子去管事那儿领赏钱。姐姐拿到钱，就去李老娘的烧饼店买一个烧饼分一半给安安吃，剩下的买些玻璃罐装的圆珠子糖，你一颗我一颗数着分了，各自揣在兜里慢慢吃。

在白沙老街最难忘的时日是夏天，老街的夏天最凉爽。

老街逼仄的街道每天只有个把小时被太阳直照，每当南风吹来，整条街道就是一个风洞，那风柔柔的，凉凉的，丝丝缕缕，在青石板上流，在人面上拂，令人神清气爽。圩市结束后，大人们在街边架一张小桌，摆几只茶盅，斟上那熬成了黑酱色的浓茶，几个人围坐在一起，慢慢地品，嗨嗨地谈；或者弄几个大杯，将白沙特有的红薯酒温的滚热滚热，就着那酒的冲劲，大口大口地喝上几杯解解乏。

伙伴们最期盼的是下午两三点，当河边吊楼的倒影快磕着河水的时候，大人们就会允许孩子们去河里"打泡翘"（游泳）了。这时，河面上立刻就像下水饺一般，全是人头，水花飞溅。

河边长大的孩子无论男女都会游。安安四五岁时，就跟着哥哥姐姐下河了。哥哥抱一个充满气的旧轮胎，奶奶卸下房中间的那块小门板丢到河水里给安安，几个人兴冲冲地跑下河。哥哥姐姐与大点的伙伴一下河就游到河中间去了。听他们说，河中间有块大石头，他们叫它"乌龟背"，因为形状像乌龟。他们游去对河的中途，都会在乌龟背上歇口气，再一口气游到对岸去。

对岸那边是耒阳罗渡，挨河边没有村子和集市，居住的人少，也没有沿河的吊楼，河滩比老街这边的河滩漂亮，河沙白白的，细细的，柔柔的，大家光着身子在河滩上追逐着打闹着，躺在沙滩上任人将自己埋进沙里，玩累了再一个猛子扎进水里，或者打一场水仗，叠一次罗汉顺风倒。

安安还很小，游不远，就只能在老街这河边，两手扒着漂浮在水里的门板，两脚像青蛙一般乱蹬，像鸭子一样扑通扑通乱拍，有时也试着离开门板，手脚乱舞地狗刨一气。游累了就到河滩上挖泉眼（沙坑），看"泉水（其实那是河水渗入）"慢慢涌进沙坑，将沙坑酿满，用小手掬一捧"泉水"美美地喝两口，清冽的"泉水"喝在嘴里，甜到心上；或坐在码头石阶上，看小鱼小虾沿自己大腿小腿转来转去。

游泳，似乎并不难，安安认为自己已经学会了，可以不要依托了，就把门板让给了更小的伙伴，自己浮在水面瞎扒。有一次，竟然迷迷糊糊地自己的头发就被揪了。听奶奶说，那一次，安安被洗衣服的女人揪着头发提上码头时，脸色乌青，嘴唇发紫，躺在码头的条石上好一会才哭出声来。幸亏被人发现得早提上了岸，不然就没了。

城门失火殃及池鱼，哥哥民民、姐姐平平免不了又遭奶奶一顿笤帚条子乱打:"不看好妹妹,只管自己玩。"民民被打两笤子嘻嘻哈哈就跑了;平平是头倔驴,不但不跑,还犟嘴:"她自己不拿着门板,把门板给别人,关我什么事,还打我,你咯甲坏老娘、丑老娘。"奶奶更气,又是几笤子下去。

去河里玩出事故,往往是逞能导致的。自以为是,才学就逞能的往往没有好下场。老街上五六岁的小孩被淹死的每年都有一两个。有一次姐姐平平也差点掉了命。

那是个冬天,她在几条船之间跳来跳去玩。几条船并排在水里,船与船之间看似距离并不大,但脚一蹬,脚下的船便向后漂去,瞬间两船的距离猛然增大,等发现跳不过去时,已经收不住脚了。姐姐平平就是这样"咕咚"一声掉到河里的。幸亏穿着厚厚的棉衣,没完全沉下去,被一个大人救上了岸。为此,奶奶还买了两斤猪肉送过去感谢人家。

农村的人朴实真诚,邻里之间,挨屋就院,互通有无,关系都很不错。一顿饭端着碗可以吃遍半条街,谁家里做了肉包粑粑,东家一碗西家一碗对门一碗要送好几户人家分享。安安奶奶从中洲街买一袋子烧饼,沿街一路走一路送,到下洲街的家中时只剩几个了。

家里客人多时,晚上,姐姐平平就会带安安去伙伴包生家睡觉。奶奶家上去几户就是包生家。包生家的房子特别长,像带子一样,走进去一间接一间,中间有一段暗黑的过道。

老街上的房子大都是这种构造。临街的是堂屋,家中如果做生意,就是店铺,木质门楼木质门板;不做生意的则是砖墙,中间开门,两边各开一个箭窗;堂屋的地上都会有个烧散煤的地炉子——早上主妇们用干柴引燃湿煤的味道整条街都能闻到;堂屋里都会有个水缸,缸上有木盖,缸中有木瓢;所有人家里的堂屋都会摆上一张木桌,大多数人家的木桌都是马蹄八仙桌,桌子周围摆着四条木条凳;靠里屋的墙上有神龛。从神龛侧边的门进去是一条幽深昏暗的过道,过道将几间卧房串在一起,像一根藤上结了几个方形的瓜。靠河边的吊脚楼后面的卧房都是木地板;最靠河边的房子的木地板上有个方形的洞口,洞口下有梯子,顺着木梯子就可以下到河床;每家的厕所就安装在这里。地上挖个大坑,埋进去一个大缸,缸上面架两块木板,周围或用木板,或用竹帘,最简单的方式是挂几张破草席遮挡视线,这就是厕所。也有在楼下放柴火储杂物的。所有的房屋几乎都是二层建筑,第二层大都是木质结构,用木梯上到二层。

安安家在街的西边，房前是街道，屋后是农田和土丘。也是二层结构的房子，也是从堂屋进去穿过幽暗的过道才能进到各个卧室。这样的房子采光只能靠前面的堂屋和后面的杂房，卧室潮湿、光线微弱，若是要寻找东西，即使白天也需要点灯照明。后面的杂房又是厕所，地上埋个缸架两块板，用来解大便；旁边再放个淤桶（尿桶）用来解小便。杂房里一年四季都是臭烘烘的，安安一般不进去。大小便分装有一个好处，因为一桶小便只卖几毛钱，一桶大粪则可以卖得更多毛票。那年月，大、小淤（大、小便）是上等的农肥，在农家就是宝贝。每天一大清早，市场还没开市，就会听到街上有收购大淤小淤的人不停地叫唤：大淤，小淤么！安安以及哥哥姐姐们每天就是听着这种声音起床并养成早起习惯的。

包生与安安的姐姐平平一般年龄，取了个男孩名，长得假小子模样，苹果头烧饼脸齐耳短发。包生的姐姐叫国秀，大大的眼睛长长的睫毛，白白的牙齿红红的嘴唇，特别好看。她们家也在西边街，家里房间特别多，又宽又大。进堂屋穿过幽幽的巷子，经过几间卧房，再过一个天井，后面才是厕所，厕所后面还有个猪栏，养着几头大肥猪。去她家睡觉时，安安与姐姐平平睡一床，国秀与包生睡一铺，都在一个房间里。晚上起夜，黑灯瞎火经过幽幽的长廊太吓人了，就叫上同屋的几个人一块。有一天黎明，平平突然大喊大叫起来："有鬼啊，有鬼啊！"大家都醒了，国秀年长点，拿起手电四下照："哪里有鬼？鬼在哪？"平平还在梦中，浑身哆哆嗦嗦，语意梦幻："我看见了，我看见了，一团火球，从走廊里头滚……滚过来，滚到外头……厅……厅屋克哒。"几个人又跟着去厅屋，哪有什么火球。大伙都笑说：平平鬼故事听多了。

的确，那时，兄弟姐妹们是听着鬼故事长大的。没有电视，没有电灯，每到晚上，后面的卧房黑咕隆咚，阴森森的，大人们不睡觉，小孩儿哪敢踏进后面半步。虽然上下眼皮早已经黏上，也只能强打精神跟大人们一块熬着，没事找事地缠着嗲嗲讲故事。嗲嗲就搜索枯肠寻一些鬼呀怪呀神呀妖呀之类的故事出来讲给大家听。越听越害怕，时不时还觉着背后的过道里会突然伸出一个头来。

老街上最会讲故事的当数演皮影戏的钟武豹老嗲。夏天的午间，钟老嗲摇着用布条滚了边的蒲扇在去往河边码头的石阶上一坐，一堆小伙伴就自动围了上去。码头的阶梯上凉风习习。钟老嗲讲"寇准丢鞋""武松打虎""罗通扫北""薛仁贵征东"，边讲边唱还边做手势，让人想起皮影戏中那红脸杀出黑脸杀进，想起黑魆魆的马仔背着黑魆魆的椅子。

在河边听钟老嗲讲故事的多半是男娃子，女娃们更爱听太奶奶细奶奶讲鬼。太奶奶细奶奶是一对住在安安家斜对面的七八十岁的姐妹俩，背都驼了，却十分健谈。太奶奶一天无数次过来安安家坐凳，跟奶奶唠闲话，或拿个竹筒来借一筒米，或端个竹笟箩借一筒黄豆子。太奶奶讲故事，总离不开白蛇青蛇，僵尸孤魂，因果报应一类的鬼片段。"我是死过几次的了。"安安对太奶奶死去又活回来的故事印象最深。太奶奶说，有一天，在床上睡觉听到有人在叫她的小名，她就顺着声音走啊走，一路上，看到很多挑夫从身边经过，却都是模模糊糊的，看不到脸，近不得身，走啊走，路越来越黑，越来越不平，前面总有一点亮光在引她过去，有个声音在叫她，好像走进了一个洞里，突然来了两个人，双脚没有着地，穿着一黑一白的汗衫，立在洞口，拿着大刀，不允许她进去，叫她回去。她就摸着黑跌跌撞撞往回走，突然摔了一跤，疼得她大叫一声，把棺材外的人吓傻了。后面人都笑说，太奶奶这一走就走到阎王殿里去了，前世好事做多了，阎王改判了，让她多活几年。

长大后才知道，钟老嗲讲的是书上有的，太奶奶讲的是书上无的，而且多半是根据地方上发生的离奇古怪事件现编现说的。

安安的嗲嗲去了另一个世界。后来，哥哥民民和姐姐平平也跟着爸爸妈妈去城里读书了，安安一个人留在白沙老街跟奶奶过。虽然仍可以听太奶奶、细奶奶讲鬼故事，偶尔，晚上仍可看钟老嗲耍皮影戏，但大多数时间只能围着自家奶奶转圈圈，一个人玩。

爸妈决定也带安安去县城上学。

离开老街的那天，安安在老街上走了个来回，从白沙井边走到段家屋场，又从段家屋场走回自己家。

（黄安民　文）

二、那山那水那时候

在春陵河中游的西岸，有一个千年古镇，那就是我可爱的家乡白沙镇。

20世纪60年代初，我出生于白沙镇肖家湾，家里兄弟姐妹五个，我排行老四。肖家湾总体呈"L"型,多数房屋坐东朝西,只有我家等3户人家是坐北朝南。湾场不大,20多户人家,100人左右。据说,以前是姓肖的人在此开了湾场,因此叫肖家湾,但现在没有一户姓肖,肖氏已不知所踪。现在的村民主要是姓钟、姓管,还有两户分别姓邓、姓贺。

湾场前面是开阔的白沙小平原,小平原的西侧是雄伟壮丽的大义山脉。它是南岭余脉,山脉南北走向,重峦叠嶂,连绵起伏。最高峰我们叫金牯岭(属桂阳县管辖,地图上名称是泗洲山,海拔1428米),小时候,冬春时节,我们每天都会被湾场正西面的这座积雪不化、特别打眼、特别高的金牯岭所吸引,我曾经多次梦想着去那座神秘的高山上看看。这个美好的愿望,近年终于实现了,是从桂阳县莲塘镇开车上去的。站在那高高的山顶上,可以俯瞰整个白沙小平原,蜿蜒北去的舂陵河以及沿河两岸阡陌纵横的大小湾场清晰可见。

改革开放之前,白沙人煮饭靠烧柴,不论农民还是街上的居民户,都是如此。哪怕经济稍宽裕的人家,也只有过年时才会买一点散煤用,那时候煤炭产量低,很难买得到。于是,上山弄柴(即砍柴、捡柴)便成了白沙人生活中一件很重要的事情。弄柴所上的山就是大义山,近则到白沙的福坪、西棉、忠岭、阳岐、观音等村的山中,远则要到桂阳县的辉山村,甚至到金牯岭山脚下。

我从六岁多就随父亲及湾里的人到大山里去弄柴,往往是天刚蒙蒙亮就要起床,吃些先天晚上蒸好的红薯,有时候裤兜里会带上点薯崽(干薯条)作干粮。穿着草鞋,扛着柴担管,腰上别着把勾刀(砍柴刀、有专门的别刀盒捆在腰上)。就这样,一行人有说有笑地朝大山走去。到了山中,有的砍柴(砍粗一点的杂树及树枝),有的杀茅柴(即把荆棘、小树、茅草一股脑砍伐,捆起挑回),有的到处寻找地上的干树枝,叫捡柴。我是喜欢捡柴,因为挑起来轻些,回家后又马上可以烧。

那时候,我们常常去弄柴的地方,福坪村及辉山村的土地坳、桃花冲、丝茅冲、三十六弯、五弟兄等山,来回的路程有一二十公里,往往是清早出发,要下午四点左右才能回到家里。几乎每次都饿肚子,秋天运气好时,可以在山里摘到蛙梨(即猕猴桃)、猪腰子等野果子充饥。但多数时候,只能沿途恰(喝)山泉水充饥,有时也会去偷挖山里人的红薯、凉薯、花生吃,甚至连人家的豆角也偷摘着吃。据说,有一次,大家在返回的途中,在一个石头坎下歇气（休息）时，湾里的一个叫头妹仉的女青年说："唉！乃（哪）个得（给）碗红薯皮子得我恰（吃），丫（也）好喽！"可见饿之极！此话后来作为挨饿之人的经典心声，流传至今。

除了去山里弄柴，每年的春季，二三月，我们还会去山里扯笋崽，即扯小竹笋。扯笋崽更要早起，去迟了，就被别人扯走了。去扯小笋的人，往往是女人、小孩。每人各背一个背篓，大半夜过后，就要出发，基本上是走到有小笋的山中时，天刚刚亮。我们穿着草鞋，在崎岖的山路上走着，有月亮时还好一点，没有时，往往高一脚低一脚，稍不留神就摔跤。那时电筒还是稀罕物，很少有人打电筒照明，但偶尔会有人弄个火把引路。

20世纪六七十年代，白沙有森工站，专门收购杉树、楠竹、把子（碗口粗的杂木）、杂柴供应给城市和煤矿使用。我们年纪稍大时，有时也会跟着大人去山中砍把子，偶尔也会偷砍桂阳人山中的杉树、楠竹，去森工站卖，弄几块零钱花。桂阳辉山村的人，如果看到我们扛着杉树、竹子，便会三五成群拿着鸟铳、勾刀来追赶我们，吓得我们往往丢下杉树、竹子，落荒而逃。

相比去山中弄柴，我更喜欢下河打泡翘、弄鱼。我家离舂陵河约80米远，这几十米，是一大片长着高大的樟树、柏树、槐树等树木的后垅山，这片后垅山有100多亩。我想祖辈栽下这些树木，目的应该既是为了湾后有靠的风水，也是为了固岸防风。这片树林中，最高大的是一棵原始柏树，在湾后的牛栏边，有两人合抱那么粗大，有50多米高，站在几里路外都能看到它，它像一个威严的将军，带着一群士兵（小树）护卫着肖家湾。可惜，这蔸古柏在1974年被生产队以80元的价格卖给了一个船老板。

屋后的河岸下有一眼冬暖夏凉的泉水，是全湾人的饮用水源，只要在家我就会去挑泉水，把家里的水缸灌满。河边还有一个青石板砌成的简易码头，全湾场的人都会在这里洗衣洗被，洗盆刷锅。每年农历三月起，我们男孩子便开始下到河里去打泡翘，要到十月才停止这种快乐的活动。特别是夏天，几乎每天要到河里打几个泡翘。打泡翘时，水性差点的就在码头边的土木滩上玩水；水性好的人，就会去五福庵河边的深水区玩。

那时候，除非涨洪水，其他时间里，舂陵河水总是清澈的，没有污染，水质很好。透亮到河滩或岸边一群群结队翻白游玩的选子鱼（一种小鱼）清晰可见。那时候，河里的鱼也比较多。夏天时，有人会在河里用炸药炸鱼，我们只要听到"轰隆"声响起,便会箭一般地飞奔而去,常常能捡到一些被炸晕的小鱼,运气好时也会捡到斤把重的大鱼。秋天枯水季节,河水少时,有时会有人在河里下药(不知是什么药)糯鱼(即毒鱼),河里便会漂浮起很多大大小小的鱼,我们也不清楚有无危害,就背着鱼篓,去河里捡死鱼,有时能捡到十来斤。捡回后,便剖了放柴火灶上烘烤成干鱼,再用辣椒炒着吃,也蛮香的。

那时候,空气质量非常好,天晴时,碧空如洗,蓝天白云。夏天的晚上,繁星满天,银河清晰。夏夜,蚊子也比较少,老人们摇着蒲扇乘凉,给小孩子们港古(讲故事),讲什么薛仁贵征东、梁山好汉等。小孩子们最怕听鬼故事,听了会毛骨悚然。那时候,没有空调,没有电风扇,怕热的青少年及部分成年男女,往往会卸下自家的门板,门板下放两条长凳,在屋前比较凉快的禾坪上,直接把门板当凉床,在门板上过夜。

那时候,小学、初中都是上午上四节课便放学。所以,星期一到星期六,我们是上午读书,下午就在家里做事、干农活,帮家里扯猪草、扯鱼草或者放牛、捡狗屎;星期天除非下雨,否则一定要去山中弄柴。

那时候,家家户户会养一两头猪,全部是用猪草、烂菜叶喂猪。要把这些洗了剁碎,煮潲给猪吃,这样喂出来的猪长得慢,往往要养一年才出栏,或卖或杀,肥头厚、口感好。过年前,湾场里总会有几户人家杀年猪。杀之前要先去大队(村)的秘书那里扯一张屠宰税票(5块钱),再请专门的屠夫来杀。杀了后,除留些自家过年外,其余都卖给湾场的人或亲朋好友,那时候的猪肉只要七角八分钱一斤,这个价格直到改革开放后才打破。

扯猪草是小孩子特别是女孩子最主要做的一件事。吃了中饭,全湾场的小孩子便会各挎一个竹篮,成群结队,嘻嘻哈哈地去田土间、河坎下,寻找猪能吃的几种草,如棉花草、灯笼草等。女孩子做事勤快,男孩子往往好耍、偷懒,因此,男孩子扯回的猪草常常比较少,回到家,便会被父母责怪甚至打骂。

湾里有几口鱼塘,如果谁家扯勾(抓阄)扯到放鱼塘,其家里的小孩还要天天去扯鱼草,放到塘里喂鱼。我家曾经就放过鱼塘,我也扯过鱼草。鱼草往往生长在水圳边,比如水嫩水嫩的鱼腥草……到年底,生产队(我湾场当时叫新坪大队第三生产队)会安排人到塘里捞鱼或干塘(即用水车车干塘水)捉鱼,来统一分给各家各户过年食用,大小搭配,按人口多少或按劳力多少或按全年一家人挣的工分多少来分配。

生产队有几头水牛，是用来犁田耙田的。有的年份是指定某户人家专门看牛（即养牛、喂牛），有的年份则是由几户人家轮流看牛。家里有看牛任务时，家里的小孩必须每天把牛牵到野外去让牛吃草，基本上早晨、下午各一次。我也看过牛，最喜欢把牛牵到河坎下去，牛悠闲地在河边吃草，只要不是很冷，我便会下河去打泡翘，和小伙伴们在河中打水仗、在河里的礁石缝中摸鱼。

　　捡狗屎，只有少数男孩子做过，一般是做事下狠（努力）的人家，才会安排小孩子去捡狗屎。狗屎比较肥田，牛屎不肥田，捡狗屎的目的是增加家里的土杂肥。捡狗屎只在清早，否则就被别人捡去了。因此，乡间曾流行一句口头禅："捡狗屎丫要起头起得早喽！"意思是，干什么事必须赶早，不能拖拉偷懒，否则一事无成。捡狗屎有专门的二齿耙，有小粪箕。要走小路边去寻找，捡回后，倒入家中茅坑里。我在10岁左右捡过几年狗屎，起初，怕脏，习惯后，便无所谓了。

　　那时候，我偶尔会挑着家里的花生、豆子、萝卜、白菜、辣椒等土特产，跟着湾场里的大人们，一起到白沙街及周边20公里左右的桂阳县桥市、耒阳县长坪、仁义等地去赶圩（即买卖东西）。那时候，白沙街上纯手工榨的米粉，没有添加任何配菜做臊子，叫光头粉，是7分钱一碗，绿豆冰棒是3分钱一根（支）。我卖完东西后，往往会买碗光头粉填填肚子，或买根绿豆冰棒消消暑，那满足感比如今吃一次大餐还带劲。

　　关于赶圩，我印象最深的是冬天去对河的耒阳县仁义圩卖干红薯藤。仁义圩周边农村养牛较多，冬天青草枯死了，必须用干红薯藤喂牛，所以干红薯藤行销。那时，我还只有15岁左右，挑着百来斤的干红薯藤，和大人们一起从李家铺坐渡船过河，再走上十来里到仁义圩。干红薯藤是3块钱100斤。我卖完后，会花一角钱买一个大大的糠饼来充饥，当午餐。

　　青少年时期，我生活在农村，除了帮家里做事，还恰（挣）过工分（那时候，是人民公社、集体化，为生产队出工，成人男子每天记8至10分，成年女子每天记5至8分；我初中毕业后，开始去生产队出工，起初记6分，后来记8分），帮生产队莳田、抓田、杀禾（割水稻）、打谷（用脚踩打谷机分离稻谷）、晒谷、翻薯藤（把生长着的红薯藤翻转，防止薯藤发根，以增加红薯产量）、挖红薯、挖花生、收豆子、收高粱、刨草、扯苎麻、摘黄花菜、摘棉花、摘茶籽等等。虽然做事不少，也比较累，但那时候，在"一不怕苦二不怕死""自力更生艰苦奋斗""多快好省地建设社会主义"等毛主席语录的鼓舞下，我们是快乐的、充实的，好像每天有干不完的活，也有使不完的劲。

在劳动后，在休息时，在下雨天，在月朗星稀的晚上，我们青少年往往会自娱自乐，比如下成三棋、皇帝棋、六子棋、跳梯房子、跳绳、踢正子、打晕猪崽（即打陀螺）、打子、旺叉、躲磅（即捉迷藏）等等，这些游戏是千百年来劳动人民智慧的结晶，给我们的童年、青少年时期留下了终生难忘的美好记忆。直到现在，我已是60多岁的人了，离开家乡也几十年了，还常常梦到，在老家的屋前屋后和小伙伴们玩起这些游戏仍其乐融融，回味无穷。

那时候，文化娱乐项目是很少的。没有电视，没有手机。有有线广播，但一个生产队不一定有一只广播喇叭。有收音机，但只是极少数人家才有。有电影看，是由公社电影队的放映员轮流到各大队各生产队放映，一个生产队一年可以轮到一两次。放电影都是露天的，就在晒谷的禾坪上，临时竖两根木柱，拉起银幕，架起放映机就放电影。放正式电影片子之前，几乎每次都会首先放毛主席接见外宾的纪录片。那时候放的电影，除了《红灯记》《沙家浜》《智取威虎山》等革命样板戏外，也放映《南征北战》《地道战》《英雄儿女》《奇袭白虎团》等战争片子。青少年时期在农村看的露天电影，我们最喜欢的是《刘三姐》和《三打白骨精》，只要听说哪个湾场放映这两部电影，我们往往成群结队，走上几里、十几里去看，乐此不疲。

那时候，闲暇时，我们这些好动的青少年还会想办法搞些体育活动。如在土禾坪上竖两个木篮球架，打篮球；卸下家里的两块门板拼在一起，用两条木凳架起，打乒乓球，乒乓球拍也是自己用木板裁制的；在屋后空地挖个简陋的沙坑，用来跳远；沙坑边竖起两根木柱，做一个简易的单杠，用来做引体向上；在后垄山中的樟树上，悬挂一根竹篙，用来做爬杆，练臂力；在禾坪上摆一张八仙桌，助跑一跃跳过桌子（白沙人叫梭桌子），或手撑桌子，依次跳过四个桌子角（叫梭角）；等等。这些活动，为我们艰苦的生活增添了许多的乐趣，也为我们一生的健康打下了良好的基础。

（钟贤美　文）

三、毘帽峰下花正红

山不在高，有仙则灵。

毘帽峰西枕莽莽大义山脉，东眺春陵水，孤峰独尊，山秀于峰，神仙必驻，又临常宁桂阳之界，山顶自然有古刹。这古刹相传建于元朝，再相传明正德皇帝下江南曾游于此。此寺曾经是铁瓦石墙，故又名铁瓦寺。其实也可称观的，因为庙里除了供奉如来、观音、弥勒等佛神，还供奉着太上老君，尤其有特色的是还供奉着当地的山神，曰：毘帽仙王。而且，每年的农历六月初一，能被山下的徐、曾、谢三大族礼遇下山接受祭祀的只有这仙王，大有地头蛇压强龙之嫌。

佛道共处，小神力压大佛，这铁瓦寺还真算佛道界的一个异类。接毘帽仙王，在当地绝对是盛况。农历六月初一那一天，徐、曾、谢中被轮到的一族，全族男丁统一服饰，锣鼓震天，旌旗招展，龙腾虎跃，浩浩荡荡上山，然后到寺里，风风光光地将仙王礼请上轿。仙王所到之处，受到人们焚香鸣炮，虔诚跪拜相迎之礼，一路喜庆热闹空前。当然，有接亦有送，歆享了一个月供奉的仙王被恭恭敬敬地送回山顶寺中，好在正殿的大神们是泥塑木雕的，不为所动。

山不在高，有花则名。

毘帽峰是不寂寞的，山是石山，典型的喀斯特地貌，但石间土壤却是肥沃的黄土。这土是最养人的，山中村落人丁兴旺。井边、忠岭、二峰、灯盏窝、炭山窝、燕子窝、观音等村就散落在山的周围，每一个村庄从其取名就知道与毘帽峰的神秘是呼应的。井边，因其村尾有神水而得名，此井水自岩壁中涌

出，酷暑不涸，甘冽爽口。炭山窝，曾经是茂密的森林，伐薪烧炭之处，如今森林没了，有的只是怒放的芍药与牡丹。燕子窝，虽在山中，却燕子翱翔聚集。观音洞，村中有观音庙，四季香火鼎盛，名声在外，而附近无闻。

最神奇的莫过于灯盏窝，相传这里是财神爷放灯盏的地方，自然这里的祖祖辈辈活得滋润无比，周边女人以嫁灯盏窝为荣，无他，地肥药材多，富耳。

自古，山里人总会向往平原，然而，昆帽峰上诸村人却有种优越感，因为这是一座宝山。独特的气候与地理条件，使这里成为丹皮、芍药、尾参等药材的福地。所以，自20世纪50年代起，以灯盏窝、井边、炭山窝为核心的这个地方成为湖南省的中药材基地。而且这里的生姜最为有名，无渣而清脆。

有药材的地方，必定是有灵气的。每年从三月起，鲜花开始艳漫山头地间。最先是粉红的牡丹，到四月，接力的就是芍药了。五一前后，白如玉的芍药肆无忌惮，一朵朵、一条条、一块块、一片片，从石头缝里，从村民的屋前，从山上的油茶树下，从石砌的梯田里，恣肆绽放，洋洋洒洒。

以前，山上与山下相通的是绵延的石板路。石板就取材于附近的山上，皆青石板块，经山里人代代踩踏，石面绿油油的，光滑照人。每到山头开阔处，都建有供休息的亭子，有森亭子、头码头亭子、二码头亭子……亭子皆青石结构，亭内也是以长条石为凳，凳面甚至还有石刻棋盘，不过，只是五子棋盘。小时候捡老山柴或杀茅草，这些亭子没少给我们清凉。每逢赶场，亭子里就热闹起来，也有小贩入驻其中"便民"服务。只是20世纪末乡村公路逐渐通了之后，那油光可鉴的青石板路渐渐很少人行，慢慢地淹没在荒草丛中，那些亭子也就破败了，有的只剩下矗立的石柱成为一个提醒后人的符号，证明这里曾经的繁闹。

路通了，"好事"的摄影人来了，他们是不允许如此美艳的风景被冷寂在山上的。每个摄影师身后又总簇拥着一大群美女帅哥。花开了，白沙本地人来了，常宁人来了，相邻的耒阳人来了，然后是衡阳的大队人马也来了，洋溢在花间的是一张张笑脸，昆帽峰已不再神秘了。无心插柳柳成荫，芍药的滞销反倒让其药用价值变为观赏价值。芍药年份越长，其根越多，花自然越密。每年的四五月间，整个昆帽山峦，每一个角角落落，每一处石块背后，也许就是一张张芍药仙子的笑脸。与花下拍照的人脸相映，还真分不清是花貌衬托了人颜，还是人颜带活了花貌。

（徐瑞东　文）

第四节 你是美丽的画卷

邝才文书法

李华林书法

邝才文书法

罗育达书法

乡音（剪纸）张宗秋　　　　　　宜水春晓（油套木刻）　张宗秋

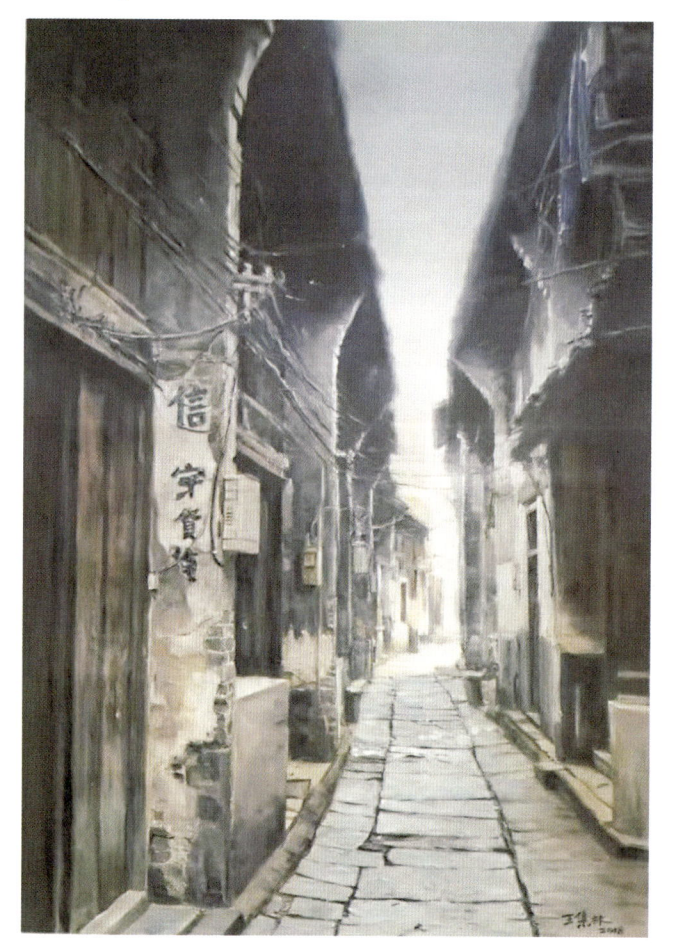

白沙古街（油画） 王集林

松下解惑（国画） 邝才文

母亲河（摄影） 罗荣

白沙古街（摄影） 罗荣

【白沙烧饼】

白沙烧饼（摄影） 罗荣

舂陵淌水（摄影） 徐瑞东

毘峰星雨(摄影) 徐瑞东

春到阳加(摄影) 徐瑞东

梦幻毘岭（摄影）　徐瑞东

诗意徐家（摄影）　徐瑞东

附 录

一、政治

（一）发生在白沙的古代战事

白沙镇自古是交通枢纽、边塞重镇。依傍古镇的舂陵河水道北可达湘江连长江，南可去桂阳、嘉禾、蓝山、新田、永兴等湘南诸县，穿越古镇的衡桂古官道，青石板铺造，北连湖南衡州，南通湖南桂阳州、直达广东连州。特殊的交通、地理位置，注定了白沙镇从古至今，在重要战事中，都会有它不可磨灭的身影。

北宋时桂阳蛮瑶叛乱，以桂阳监为中心，北蔓延至潭州，南蔓延至粤之连阳，西旁及广西，是宋代最大的一次瑶乱。《皇宋通鉴长编纪事本末》载："庆历三年九月丁丑，湖南转运言：桂阳监蛮猺内寇。蛮猺者居山谷间，其山自衡州常宁县属于桂阳，郴、连、贺、邵四州环行千余里，蛮居其中，不事赋役，谓之猺人。"北宋时桂阳监北西南面边界的广大山区分布有诸如：奖中、白水、太平、浮竹、钦景、石硍、华阴、水头、孤浆等多个峒。庆历桂阳监瑶乱历时五年，杀戮数万，使桂阳监及周边人口骤减，然终宋一朝都未能解决瑶乱问题，今白沙镇地处战乱之地，原居民死亡殆尽。

《同治常宁志》记："乃卫在衡州，而所在常宁，兵丁悉屯田于常宁者，盖洪武三年（1370）湖南大遭屠戮，调江西户口安插，……二十八年（1395）常宁、桂阳遭奉虎满之乱，屠戮又半，故有隙地以为屯，且以捍御猺人也。"明永乐年间（1403—1424），诏令瑶族地区设瑶总，常宁也不例外。明正德十二年（1517），常宁峒瑶酋王迁谏、李昌光等率众与临武、蓝山矿夫联合起事。

19世纪中叶，清朝在各地增赋添税，搜刮民财，道光十一年（1831）又下令"山田升科"，过去不纳税的瑶族山区也要征税，加上当地官府、地主霸占瑶民山林，逼使他们起而反抗。瑶民赵金龙于是年的十二月二十九日，以红布裹头为号，率先在两河口地方起义。桂阳、常宁等地瑶民亦踊跃响应，起义军曾攻占常宁、武冈、新宁等县城，势力扩大到整个湘南和广西省贺县、富川和广东省连南、连县等地。在此情况下，清廷于道光十二年（1832）三月再次征调湘、鄂、粤、桂、黔五省兵力，以户部尚书禧恩为督剿，镇压以赵金龙为首的瑶民起义。三月下旬，起义军被围困于常宁县的洋泉镇。经过20多天苦战，只有小部分人突围，赵金龙与大部分战士都壮烈牺牲。

此次战事，波及白沙境内大部。白沙镇上游老屋徐家族谱记载："道光十二年（1832），瑶匪滋害，合境出敌，他姓无不丧命，我族人等并无半点损伤。"老屋徐家凭借严密的堡垒式防御设计建筑，使族人得以幸存。

清咸丰元年（1851）五月，洪秀全率太平军至郴州，桂阳县绅曾麋集团英勇负隅于白沙。

清咸丰三年（1853），常宁天地会何禄、吴玉老十等在杉树起兵，四月，击败常宁知县祥麟、城守许得禄于杉树，乘胜进攻县城，阵斩城守许得禄、典史吴世昌。十一月，道州天地会何贱苟攻克常宁城，五峒是其据点之一。曾国藩《移驻衡州折》咸丰三年（1853）八月十三日奏："窃臣奉命查办土匪，惟衡、永、郴、桂尤为匪徒聚集之薮，拟驻扎衡州就近搜捕，曾于二月十二日奏明在案。数月之间，四属匪徒屡次滋扰，如常宁有白沙堡之案，衡山有草市之案，永兴有狮子寨之案……"《曾文正公年谱》记载："（正月）二十二日，耒阳、常宁报有匪徒啸聚白沙堡，扰及嘉禾境。公调派刘长佑、李辅朝带楚勇五百，王鑫带湘勇三百，二十五日启行进剿。未至，而常、耒之匪闻风先溃。"

《同治常宁县志》记载："咸丰间，土匪数起，（李邦迓）帮办团防，贼焚白沙市数百家而退。邦迓与其子元白亲上屋折木断火道，保全甚多。"

咸丰七年（1857）石达开率太平军自郴桂而来，耒、常团勇猬集于白沙，作顽拒之势。

（曾庆清　文）

（二）发生在白沙的革命斗争

1921年至1923年间，常宁一批在外读书的进步学生，在常宁县城、荫田墟、阳加洲、瑶塘等地举办平民学校，启发农民组织起来，同土豪劣绅作斗争。

1926年7月，中共常宁特别支部成立，书记詹少云到各地宣传革命道理；7

月下旬，县农民协会筹备处主任李成蹊接任中共常宁特支书记。1926年10月，李成蹊、肖震球、吴谦、周巽三到各乡组织农民打造梭镖、大刀、鸟铳，建立农民纠察队。10月初，李成蹊回到家乡阳加洲，与老乡周巽三成立了常宁县第九区农民协会。他从自己家里找出了钢铁之类的家什，架起炉台，带头制造梭镖。农会会员们在他的带领下每人制造梭镖一支。他还采纳了大家的建议，择了个大晴日，在阳家祠堂举行阳加农民协会纠察队成立典礼。1926年10月上旬，白沙成立第八区农民协会。由于当时白沙山区办矿的人多，李成蹊和周巽三发动工人进行罢工，争取改善工人的工作条件和福利待遇。

1913年，湘阴人郭子秩集资组建顺成矿业公司，在白沙大义山一带开采锡矿、砒砂矿。1915年初，顺成公司开始在白沙铜盆岭采炼锡、铜、砒等多种有色金属矿。1926年4月，因资本家横蛮扣秤、扣款，动辄打骂工人，北窿的广大窿工不堪其苦，周巽三带领窿工徐云芬、周厚先、周广才、夏云田、夏孝广等数十人，在附近农民百余人的支持下，与资本家进行了顽强斗争，并取得了胜利。1926年11月，中共常宁特支书记李成蹊赴北窿矿指导工人运动。北窿矿位于阳加、西岭两乡境内，采炼锡、铜、砒等多种有色金属产品，其附近有棕树窿、鼎新窿、椿树窿、穿眼背、倒锡湖、大兴窿等砂矿，在白沙老街的北边，统称北窿，共有2000多工人。在常宁特支及水口山矿工会的指导和帮助下，成立了北窿矿工会，会员2262名，委员长是曹冀聊。1927年2月，李成蹊和周巽三领导北窿矿工会发动工人进行罢工斗争，提出增加工资、改善工人的工作条件和提高福利待遇的要求。罢工中，周巽三曾被资本家秘密绑架，后被工人纠察队和山下援助的农民自卫军救出，工人纠察队和山下援助的农民自卫军守住各窿口，包围资本家住所和办公室，迫使资本家答复矿工会提出的条件，罢工斗争取得了胜利。

马日事变后，李成蹊被衡阳清乡督办署杀害于衡阳演武坪，周巽三被杀害于常宁县城北门桥的沙洲上。

1928年1月26日，常宁县和水口山矿的中共组织根据湘南特委指示，决定由宋乔生领导工农武装起义。3月8日、9日，萧震球、吴谦等率领常宁县的工农武装联合耒阳县起义武装2万多人，在白沙、衡头、荫田、烟洲、东江口、独石等处与常宁挨户团激战两昼夜，歼灭一批敌人。4月，宋乔生率部开赴耒阳县城，与朱德、陈毅的部队会师，改编为中国工农革命军第一师独立第三团。（摘自方富贵主编的《常宁军事志》）

1936年初，湘南特委委员——永兴人黄平，在白沙、水口山一带以社会职业作掩护，秘密开展活动，宣传发动工农群众参加武装斗争。

1948年6月24日，以谷子元为书记的湘南工委在耒阳大义乡成立"粤赣湘边区人民解放军湘南游击司令部"，谷子元为司令员兼政治委员，何大群为政治部主任。部队活动于湘南15个县市的广大地区，积极配合南下大军作战，为解放湘南大片土地作出了贡献。

1949年10月7日，在人民群众支援下，湘南游击队配合中国人民解放军第136师一举解放了耒阳县城，并将顽抗的敌保安团600余人消灭在桂阳、常宁交界的白沙地区。10月28日，活动在桂阳、常宁两县边界的桂阳县协和区武工队接受了时驻白沙镇的中国人民解放军495团的整编。

1949年10月12日常宁和平解放后，境内原国民党的残余部队、少数反动武装演变成土匪，盘踞山区，与人民为敌。以刘参、肖佑湘等为首的土匪在桂阳、常宁边境的桥市、野鹿滩、白沙一带抢劫杀人，为非作歹。1949年12月，驻扎在桂阳的中国人民解放军408团和时驻白沙镇的495团密切配合，周密部署，经过武装进剿和分化瓦解，至年底，境内土匪基本肃清。

1950年，常宁县委的干部都下到了各乡剿匪反霸。《常宁剿匪记》（崔一秀）中写道："一天，我和一位通讯员到白沙乡检查反霸工作。快要到达白沙乡时，在一个拐弯处，猛然碰见8个农民打扮的可疑人。湖南乡间的路是石板路，路很窄，我们和他们擦肩而过。当时通讯员带着卡宾枪和德国造二十响，我也带有一把加拿大手枪。刚拐过弯，通讯员说：'这些人是土匪化装的，我看到他们身上带有短枪。'我俩立即爬到山上，准备战斗。可是这几个人飞快地窜进灌木林不见了。""到了白沙乡，我们把这一情况报告了军分区。军分区发动群众检举揭发，很快找到了这股土匪踪迹，击毙的击毙，活捉的活捉。常宁县惯匪头子邓金苟也被我军在大义山一带活捉。至此，常宁和耒阳的土匪被我们全部清剿。"

（曾庆清　文）

（三）白沙农民协会简况

区、乡农会	会址	农会负责人 姓名	农会负责人 职务	成立时间
八区	火石桥李氏宗祠	李伯荣	委员长	1926年底
一乡	火石桥李氏宗祠	伍徽煌	委员长	1926年底
二乡	石湾	李定易	委员长	1926年底
三乡	杜家坪吴家公厅	吴学维	委员长	1926年底
四乡	伍家山	郑丁意	委员长	1926年底
九区	新屋徐家村公所	徐令卿	委员长	1926年底
一乡	茅坪李贯之家	李贯之	委员长	1926年底
二乡	新屋徐家村公所	徐祥明	委员长	1926年下半年
三乡	阳加洲福音堂	曾富生	委员长	1926年下半年
四乡	董家湾村公所	董唐诗	委员长	1926年下半年
五乡	曾家村公所	曾书生	委员长	1926年下半年
六乡	梽木山公厅	易昌柏	委员长	1926年下半年
七乡	老屋徐家村公所	徐显存	委员长	1926年下半年
八乡	官陂王家公厅	王廷鲲	委员长	1926年下半年
九乡	昆帽峰下静乐庵	蒋仁人	委员长	1926年下半年
十乡	唐氏家祠	唐礼杜	委员长	1926年下半年
十一乡	官陂曹家村公所	曹礼谅	委员长	1926年下半年

（曾庆清　制表）

（四）我的爷爷周巽三

周巽三，字光楚，号巽三，又名周锡光，学名周肇岐。1893年6月3日出生于常宁县阳加洲一个"悬壶济世"家庭。自幼聪颖好学，考入了长沙高等铁路学校。求学期间，受进步思想的影响，从一介书生，蜕变成了革命者。此前，他十分赞赏晚清中兴四大名臣之一的张之洞，中学为体，西学为用，发展军工重工业，推动晚清新政。后接受革命思想，信奉中国共产党的主张。毕业后，分配在株萍铁路上工作。不久，便回到了家乡，创办了阳加洲平民学校，自任校长。他向广大乡亲宣传救国救民的真理，分析国弱民穷的根源，讲清楚革命的道理。

1926年，大革命运动蓬勃发展。孙中山先生确立了"联俄、联共、扶助农工"三大政策，中国国民革命军从广东挥师北伐，胜利进军湖南。在农村，各地纷纷建立农民协会，农民运动如火如荼，穷乡僻壤不再沉寂。

同年，省农民协会特派员李成蹊回到常宁，领导开展农民运动，并回到了家乡阳加洲，以老家为据点，同周巽三一起到农家访贫问苦，扎根串联。共同的革命信念，将他们紧紧联系在一起。他们以孙中山三大政策为依据，获得了越来越多农民的支持。3月，在阳加洲成立了常宁县第九区农民协会，周巽三被选为第九区农民协会委员长。

农会成立的那一天，鞭炮齐鸣，锣鼓喧天，上千农民参加了大会。主席台正中悬挂孙中山画像，两旁悬挂着常宁县第九区农民协会的犁头旗。旗帜下，周巽三首先宣读孙中山遗嘱。接着代表农会向到会群众讲话，他号召农民们团结起来，投身革命，砸碎封建枷锁。带头高呼口号："打倒土豪劣绅！""打倒帝国主义！""打倒北洋军阀！"大长了泥脚杆子的志气，大灭了地主老财的威风。紧接着，周巽三组织到会群众到阳加洲街上游行，秩序井然，声势浩大。不少民众燃放鞭炮，庆贺有了主心骨。第九区农民协会的成立，成了当地民众的大喜事，人们奔走相告，纷纷要求加入农会。

1926年7月，经上级党组织批准，中国共产党常宁县特别支部在县城考棚成立，8月，周巽三光荣地加入了中国共产党。他确信，只有中国共产党是代表人民利益的，是中国革命的希望。服从党的领导，忠于革命事业，忠于党，成为他的行为准则。他领导的第九区农会，敢于为广大贫苦农民当家作主，对周边地域的影响越来越大，要求入会的人越来越多。同年9月，为了加强农会对敌斗争的力量，周巽三又组建了第九区农民赤卫队。

阳加洲附近的大义山中，锡、铜、砒等矿藏储量丰富，当时有棕树窿、鼎新窿、椿树窿、穿眼背、倒锡湖、大兴窿、桃花窿等大大小小的矿窿，人们习惯统称为北窿锡矿。当时最大的锡矿老板是衡阳成顺公司的黄真田（长沙人），此人心狠手辣，无恶不作，对工人敲骨吸髓。工人的收入本来就不高，他还巧立名目，变着法子克扣工人薪资，致使工人生活非常困难，矿区蕴藏着巨大的反抗怒火。为了点燃这支革命的火炬，李成蹊、周巽三经常深入矿区，宣传革命思想，了解工人疾苦。使大山深处的矿工，懂得了反抗阶级压迫和剥削的革命道理。不久，北窿锡矿爆发了大罢工。工人要求改善劳动福利，增加薪水。作为这次大罢工的组织者之一的周巽三，始终站在斗争的最前列，及时与阳加一带的民众联合起来，声援这场大罢工。并从第九区农民赤卫队抽派几十名赤卫队员，到北窿锡矿保护罢工斗争。黄真田见势不妙，急忙派人到常宁水口山矿务局，搬来一个排的矿警，企图用枪杆子逼迫工人复工，双方对峙几乎白热化，十分激烈。黄真田见一计不成又生一计，指使矿警秘密绑架工人，并抓走了周巽三。面对敌人威逼利诱，软硬兼施，周巽三义正辞严，大义凛然。"不满足工人正当要求，不会复工，赤卫队也不会撤！"赤卫队员包围了黄真田的办公室，要求释放周巽三。周巽三对着水口山的矿警大声说："我们都是阶级兄弟，如果你们的父母兄弟，在这样差的劳动条件下做事，薪资这样低，你们良心上能过得去吗？"矿警面面相觑，纷纷收起了枪。黄真田见势不妙，自知理亏，僵持下去对自己越来越不利，因此，无条件答应了工人要求。工人的薪资由原来的15块增加到20块，福利和劳动条件也有所改善，并释放了周巽三，工人们取得了罢工斗争的胜利。

农会的成立，北窿罢工的胜利，更加坚定了周巽三对党的信念，也丰富了他农运、工运的斗争经验。接着，他被党组织任命为常宁县农民协会秘书、组织部长，这为常宁30万农民求翻身、得解放注入了新的动力。他与县农会其他领导一道，为了党的事业，日夜奔忙，废寝忘食，领导各区农会，焚烧地主老财契据，镇压罪大恶极、民愤难平的土豪劣绅，没收其浮财，开仓放粮救济赤贫。

一天，老父亲将他拦下，语重心长地说："锡光，你已经是三个儿子的父亲了，不要不管家呀！我不知道你这样闹，究竟是为了什么？"

周巽三"扑通"一声跪在父亲跟前："父亲，请您原谅儿子，不能在您身边尽孝，但我在为天下的穷苦百姓尽孝！我跟着共产党，就是为了消灭人压迫人、人剥削人的社会，让劳苦大众都过上好日子。"

"你心太大了！"

"我相信共产党，因为我是共产党员。"

"我管不了共产党，但你是我的儿子！你自己选择的路，你好自为之！"

周巽三的妻子姚贱秀知道这件事后，语重心长地说："巽三，我没有文化，你父亲的话也有些道理，心太大了伤身体。兄弟有微言，好在分了家。我也不知道你做的事，是好还是坏。如果是坏事，又有那么多人拥护你。我清楚你，不会做错事。不过，你还是要防着身边的人害你，我搭了口信给衡头姚家，明天我就带着三个孩子回娘家去，姚太治会来接我们。"

"让您担心了，姚太治是个好老弟！"

1927年3月，全县各地农会相继行动，抓地主、斗豪绅、烧鸦片，十分火热。17日，阳加、白沙、西岭、荫田、龙门等地农民赤卫队7000多人，高举旗帜，挥舞大刀、梭镖、锄头，在李成蹊、吴谦、周巽三等人率领下，浩浩荡荡直奔龙门肖家村县团防局长肖宜春的老巢。他们涌入肖家大院，搜查枪支，开仓济贫。不可一世的肖宜春，被吓得带着百余人的队伍，仓皇逃进大义山。

"三一七"革命行动影响很大。周巽三回到家里，妻子将一套国民革命军的高级制服和一封信交给了他。他取出信笺，看完后，笑了笑，随手将一张"委任状"和那封信扔进火里烧了。妻子询问才知，原来是耒阳的谢吉石（国民党高级将领，又名谢义峰）写给他的信。

马日事变后，革命形势急转直下。反动势力乘机而起，一直躲在大义山的肖宜春伺机而动，下山了。他策动混在县农民自卫军中窃取中队长职务的原团防局分队长李炳辉反水，毁了县农会和县工会。6月9日，肖宜春带领反动武装占领了常宁县城。白色恐怖越来越严重，李成蹊跟衡阳党组织取得了联系后，带领部分农民自卫军联合水口山工人纠察队行至车江，准备进攻衡阳。由于意见不一，起兵未成，只好转入地下。肖宜春与水口山矿务局矿警队联合，对水口山工人运动进行疯狂镇压，不少共产党人和革命群众倒在敌人的屠刀下。一时间常宁上空乌云密布，农运工运陷入低潮。

面对白色恐怖，周巽三毫无惧色，为革命他几经险境。1927年2月，他在荫田地段春陵河两岸串联和组织农运工作时，曾遭到耒阳县一个姓肖的恶霸绑架，险遭暗算。耒阳县农会副委员长徐鹤闻讯后，立刻会同当地农会，积极组织力量将周巽三营救出来，护送回常宁，并互通常耒两县农会情况。

为了保存革命力量，上级指示周巽三去攸县大漠观曾家山灰砂矿，秘密发展党组织，并委任他为攸县地下党组织组长，改名为周洛大，等待时机，东山再起。

肖宜春为了扑灭革命火种，悬赏缉拿周巽三。1928年5月22日，由于叛徒出卖，周巽三被攸县团防局逮捕，7月2日押回常宁。

在狱中,敌人威逼利诱,严刑拷打,他咬紧牙关,怒视敌人,一言不发。到最后,敌人写好"自首书"要他签字,被他撕得粉碎。

其间,其妻弟姚太治带着变卖家产的钱,一直守在常宁县城,想救出周巽三,却未能如愿。姚太治最后一次探监,遇到了肖宜春,肖说:"你比周家兄弟仗义。可你救不了他了。"姚太治在牢房里,看到血迹斑斑、皮开肉绽的周巽三时,泣不成声。周巽三知道时日不多了,他说:"人迟早是要死的,为了自己的信念和理想而死,我不后悔!只是苦了你姐和三个孩子。"他把一张字条交给姚太治:"革命一定会成功,你把它交给共产党。永远不要放下枪!"

7月27日,周巽三被肖宜春枪杀于常宁县城北门桥头潭水河畔的沙洲上。临刑时,他对着敌人的枪口面不改色,大义凛然。慷慨激昂地高呼:"共产党万岁!""农民协会万岁!"周巽三牺牲时年仅35岁,其妻姚贱秀30岁,终身未再改嫁,含辛茹苦把三个孩子养大。新中国成立后,党和政府按月发给姚贱秀抚恤金,直至其1977年逝世。

(周德武 文)

(五)吴学维、段基福勇救黄平

黄平(1910—1959),原名景帆,永兴县三塘乡人,黄克诚的堂侄。1928年2月,黄平与黄克诚发动"板梁暴动",智擒宜章挨户团,组建永兴工农革命军第一师。后来,一直在湘粤边、湘南各县开展工运、农运,进行地下革命斗争。

新中国成立后,黄平历任永兴县县长、宜章县委书记、郴州地区行署专员等职。

1926年,白沙的八区九区各乡(现白沙镇范围)掀起了轰轰烈烈的农民运动,相继组建了农民协会。在这个革命热潮中,离白沙只有几十里路的永兴县工农革命军第一师的负责人黄平同志,多次来到白沙指导农民运动。

1927年5月21日,马日事变后,革命形势急转直下,反动势力乘机反扑。黄平等部分农民运动领导人被白沙团防局逮捕关押。为营救黄平,白沙的农运骨干们反复商量对策,最终决定派吴学维与段基福二人去执行营救任务。

吴学维(1902—1941)和段基福(1883—1973)都是白沙杜家坪人,二人都读过私塾,学过武术,身高体健,文武兼备,胆识过人。当时,吴学维是八区三乡农民协会的委员长,段基福是八区三乡农民协会纠察队长。

1927年夏天的一个深夜，吴学维、段基福二人持菜刀搭人梯，爬上了白沙团防局两米多高的围墙，跳入院内，成功地救出了黄平。但在逃出团防局的过程中，不幸被团防局值守人员发现，遭到追击。吴学维带着黄平艰难脱逃，未被追上。但负责断后的段基福却未能脱身，被团防局的打手们捉住，关入牢房后被打成残疾。放出来后腰一直无法直立，几乎是双手触地，佝偻着腰艰难慢行。所有了解这段历史的乡亲每当看到段基福从原本身高体壮的人变成了如今这个样子，都会谈起他与吴学维当年的英勇事迹，对他们心生敬意。

（采访对象：段茂春、吴圣云、李泽文，钟贤美、罗育达　文）

（六）日军在阳加洲的罪行考证

1944年6月28日，日军开始对衡阳城发起总攻。就在中路军猛攻衡阳城时，东路的日军第三、第十三师团连续攻占攸县、安仁、进抵耒阳。1944年7月14日子夜，日寇一队骑兵自荫田偷越烟洲，从南门头过张家巷到水口山铅锌矿。同日早晨，一股日寇取道耒阳仁义墟至堡下谭家，潜身于阳加下洲街口三圣祠对河的观音岭，阳加的祸劫由此开始。

国民党一个排驻扎在阳加洲，准备阻击企图越河入侵的敌寇。日寇的"三光"政策和在中国已经犯下的暴行，街邻早已耳闻。田土劳作歇工，店铺停业关门，街邻收拾财物，携带老小家眷，疏散到岭上亲戚朋友家避难去了。整个阳加洲沉浸在不安和惶恐的氛围之中。驻军傅排长一夜未眠，天蒙蒙亮他就起来了，他30多岁，身材高大，满脸胡子，目光如炬。舂陵河上晨风习习，空旷宽敞的河面微波荡漾，河水在朝霞的映照下泛着血色的光芒；鸟儿依旧像往常一样，在河岸的树枝、花间唱歌跳舞，四周呈现的是一片祥和与安宁。然而，傅排长却从空气中闻到了不一样的气味。他像猴子一样利索地爬上三圣祠后头一棵大树上，向对岸观察，河岸开阔地浅绿色的草坪和菜园一目了然，无人畜活动的迹象，观音岭是一片浓绿的枞树林，树梢有鸟惊飞。再往下看，在靠近严家洲东岸的高粱地里，有人影在往河岸猫腰潜行，傅排长的心一沉，"鬼子来袭了"，他自言自语。为了看得真切，他拨开树枝把头伸出去，就在这时，从观音岭射出来一颗子弹，打中傅排长的脑壳，傅排长从大树上掉下来，当场牺牲。枪声打破了舂陵河上空的宁静，驻军和乡丁周临光等，纷纷端着枪从街口冲出来，趴伏在三圣祠旁边的工事里，向对岸射击。潜伏在观音岭的日寇也露出了身影，他们匍匐着往河边靠近。这是鬼子的诱惑之计，为的是掩护另一股日寇。这股日寇穿过严家洲，从观音阁下面的浅滩悄悄登陆，刺杀了守卫在观音阁的哨兵，踏上了阳加洲的土地。潜伏在三圣祠与日寇隔河对射的国军和乡丁腹背受敌，仗着熟悉地理环境的优势，四下散开，消失在街巷深处。

  日寇从街口的三圣祠进了街，街道空荡寂静，没有人迹，两边的店铺多数大门紧锁，少数几个胆大没有撤离的居民受第一声枪响的惊吓，慌张逃离，店门洞开，柴火灶还在冒着炊烟。日寇一行九人，荷枪实弹，东张西望往上洲街走去，时不时有鬼子离队跨进店铺掳掠财物。走走停停的日寇经过中洲街，其中一个鬼子掉了队。突然，一个青年从暗处冲出来，将这个鬼子的背包夺走，箭般"射"进街边的店铺里。鬼子追进店铺，只见屋内黑暗，杀气重重，他不敢再寻，退出屋子归队。抢夺鬼子背包的青年躲在何承财家的豆腐坊，用做豆腐搅豆浆的木桶把自己罩住，躲过追击，这个青年叫刘友邦。与此同时，另一股日寇也从观音阁下面的浅滩登陆，他们来到黄岭上的制高点，对阳加洲周围进行观察。发现对面李家祖山一棵大树下有一人，鬼子一枪射去，子弹穿嘴而出，当即死亡。他就是在阳加洲做染布生意的方老板，因回去提水给老婆喝而遭枪杀，死后水壶还握在手里。周保生躲在株木皂茶山里，也被日寇发现，一枪击中大腿，伤口发炎难愈，一个月后大腿腐烂而亡。阳加上洲街口右边一片田垌的上方，有一个山包，山上长满了茶树和枞树，因为山包全是黄土，山名就叫黄岭上。山腰一条小路，延伸到茅坪谢家的田垌里，与阳加洲街口穿出来的石板路合二为一，通往荍源、白沙方向。两股日军在黄岭上会合，气势汹汹往白沙方向前进。

  时间过去数小时，这股日寇从高登桥方向返回阳加洲。他们把枪架在街后的戏台坪里，一窝蜂涌到街上抢劫。刘友邦来了，他冲进戏台坪，抱起一把机枪，拼命往糖糕磋子岭上飞跑。日寇发现后，远远追来，他跳进太灶塘，用荷叶把自己遮盖。追近的日军漫无目标放了几十枪离去，刘友邦竟然又躲过一劫。日寇在阳加洲大肆抢劫，砸门破窗，翻箱倒柜，抄家灭户。阳加洲这次究竟损失了多少财物，没有记载，无从考证。鬼子临走时，抓了周铭光几个人当挑夫，把搜罗来的财物细软掳走，还在街巷、水井撒放细菌病毒。此后不久，街上有不少的人染上痢疾霍乱，很多人死于非命，这其中就包括彭清镜先生的姐姐彭清凤。

  隔数日，文连长为痛失爱"将"咬牙发誓，血债必偿！他带领全连兵马，在耒阳湾头老屋场附近设伏，将在阳加沾血的这股日寇引入伏击圈，除少数几个逃脱外，其他十多个鬼子都被射杀，为傅排长和阳加洲报了大仇。

周氏家族本应与国民党当局有深仇大恨（1928年7月27日，共产党员周巽三，被国民党当局枪杀于常宁北门桥的沙洲上），但该家族胸怀大义，不计前嫌，将在阳加出师未捷身先死的国民党部队的傅排长，厚葬在枫笼山的翠柏之中。这位北方汉子长眠在阳加洲的土地上，接受周氏家族年年岁岁清明节虔诚的叩拜和祭奠。烈士的家在何处？故人可曾呼唤？周氏盼望有朝一日，傅排长能魂归故土，花缀枝头。

青山有幸埋忠骨，何须马革裹尸还！

注：在本文之前，由彭清镜先生撰写的《日寇在阳加洲的罪行》一文，于2006年9月发表在由中共常宁市委党史研究室编辑出版的《遭日寇蹂躏的常宁》一书里。彭先生在文中记述："驻军虽有一个排的兵力，但不堪一击，激战不到一个小时，只剩下傅排长"，之后，"日寇一名士兵从河岸爬到黄花菜地里，一枪将傅排长打死"。这个记述与本文采访考证略有不同。

参考资料：《抗日战争》王树增著；《遭日寇蹂躏的常宁》常宁市委党史研究室编；《常宁县志》1993年4月版。本文引用了彭清镜先生所写文章的部分句、段。

（刘传义 口述，吴佑成、吴世成 文）

（七）侵华日军攻到荚源后为何再不敢向前

为什么侵华日军打到了白沙荚源后再不敢向前？为掀开这一神秘面纱，采访组一行历时十个多月，通过翻看抗战日志，查阅档案史料，比对所存物证，聆听众多老人细说，发现原来白沙这个地方非同寻常，形似撮箕，状如一道天然屏障，日军侵略到此后，望而生畏，再不敢向前。

"日军怕衡阳，更怕白沙。"亲身经历过"走日本"的年近百岁的罗振球老人和88岁的王书华、年逾古稀的李显禄等先后在接受我们采访时说道。

那到底是怎么回事呢？翻看《衡阳抗战日志》，1944年8月29日，日军兵分三路围攻常宁，打算扩大战果，进军西南。当天傍晚，日第3师团步兵第34、68联队，第3炮兵队，第3工兵队，第3辎重队由耒阳开始进攻，当夜幕降临后，敌军在东岸以轻、重火力掩护其步兵分段渡河，遭到国民党守军95师的顽强反击。30日上午9时，中美联合空军从零陵机场飞临上空，对舂陵水畔日军的渡河点和地面部队进行轰炸。

8月30日上午，日军占领了荫田、衡头、阳加附近的高地，春陵水防线失守。日军3师68联队一个分队30多个日军从北面沿着高春桥计划攻向白沙，当步行到荍源时，日军小队长本川用望远镜朝前一看，发现前方的白沙四周地势复杂，沿河两岸水草齐人，河风一吹，草叶起伏不定，犹如人头攒动，抬眼环望，三面环山，山高坡陡，森林茂密，形状酷似一个倒U字形撮箕，便当即下令停止前行，担心万一中了埋伏，全军覆灭。中午时分，日军通过汉奸叫了一个要饭的人带路，一边探听情报，一边小心翼翼转移至荍源街上，看见能够吃的东西，一律抢走，还把门窗拆下来建工事、当柴烧，强迫几个老人为他们挑粮挑菜。中午，日军在荍源打伤百姓十余人，强奸妇女一人，在老百姓家中烧打砸抢家什无数。据老人们讲述，日军所到之处，翻箱倒柜，搜刮民财，杀鸡宰猪，行凶作恶。他们在荍源街大吃了一顿午饭后，还在老百姓家中的灶台子上、菜坛子内、床上被窝里拉屎屙尿，意欲让国军无吃受饿。当天下午三时许，一个叫尹生古的人到白沙团防局报信，白沙团防局局长邓继宇和散落的几名国军士兵，立即率领一队青壮年团防队员，打算和日军决一死战。他们带着几支枪和梭镖从白沙老街一路开枪，一路喊声不断，撤离到两边的高山上的当地老百姓也同时敲起锣鼓、脸盆，点燃火铳，一时沿河两岸响声震天，日军搞不清情况，见势不妙，趁着天色未黑，原路返回，逃离了距白沙古街仅三公里的荍源。

据说日军在此攻击无望，当天战况毫无进展，第3师团长山本三男对第68联队极为不满，决定绕开白沙，改道进攻，调第34师团主力及从归阳调第68师团的玉川支部，从东西北再次三面夹攻常宁。10月1日，日军发起总攻，常宁攻防失利直至沦陷。

据常宁史志记载，从8月底起至10月1日历时一个多月，常宁唯有白沙荍源以上村庄依靠地理位置这道天然屏障和百姓的聪明智慧，抵挡了日军的进攻践踏，确保了白沙绝大部分的人身和财产安全。

（关细林　文）

（八）阳加洲街上的儿童团

1949年10月1日，中华人民共和国成立，常宁县尚未解放，农历九月上旬，中国人民解放军一个排进驻阳加洲，驻扎在春陵河边罗甲凡家里。

马排长与原荍河乡第六保保长谢国钧等组建了儿童团，分为第五保、第六保两个儿童团，任命刘友仰为第五保儿童团团长，彭清镜为第六保儿童团团长。指示两个团长自制标有"儿童团长"字样的红袖筒戴于左臂。同时,给儿童团下达两项任务:第一,催耕催种,早晨六点去各家各户敲门催起床,不听者罚缴红缨枪(或梭镖)一支;第二,开展宣传教育活动,时间和地点听从解放军安排指挥。并且宣布儿童团五不准的纪律:不准打人、不准骂人、不准乱抓人、不准偷东西、不准打架闹事。

解放军组织儿童团搞宣传活动时,参与者穿着整齐,头系白毛巾,腰系红彩带,纵队两列,组成秧歌队,扭进各村。看热闹的村民纷纷围拢来。

儿童团在执行催耕催种的任务中,遵照马排长的指示,叫老百姓早点下地生产。头三天是试行阶段,不急不罚,从第四天起,对不听话的人坚决执行罚交梭镖一支的决定。三天过后,大多数人理解解放军的好心好意,听到敲门声就起床干活。也有少数人不听,不理睬儿童团这一套,任你怎么敲门叫喊就是不起来,看你们这帮细把戏能把我怎么样?儿童团将顽固分子登记在册,每天向解放军汇报,解放军对其发出书面通知,限令交罚。顽固派见解放军来真的了,只能乖乖地服从命令。这样给街上打铁的师傅带来了生意,不到10天,五保、六保两个儿童团30多名团员每人都有了一杆红缨枪。伪保长李隆家的老婆胆子大,不仅不接受处罚,而且骂儿童团是"小土匪、小走狗!"马排长听到汇报后火了,派两名战士将她捉来,给她戴上一顶高帽子,背上背个煤油桶,由另一人敲打,叫她说"大家莫像我,又懒又恶还骂人",牵她游街。从此以后,儿童团的声誉更高了,成了驻军的宣传员和阳加洲的小卫士。

(根据彭清镜先生遗留的资料综合整理,吴佑成 文)

(九)国民党飞机轰炸白沙

1950年3月的某天上午,有4架飞机从东往西,飞越白沙上空。

时年7岁的吴圣秀,家住杜阳村三百石(担)。当时,大人们都出外做事去了,她在家门口禾坪里玩耍,她看见4架飞机飞得很低,连飞机上的人都看得见了。吓得她连忙跑进屋内,接着便听到"轰""轰"两声巨响,把她的耳朵都差不多震聋了。

飞机飞远后,她胆颤心惊地走出屋外探查究竟,发现她家禾坪和屋侧边,各炸出一个很大的坑,起码有20来平方大,5米左右深。屋后面的猪栏中的一头大肥猪竟然被炸弹震死了。

老人们说,抗日战争、解放战争期间,都没有飞机轰炸过白沙,这次轰炸是第一次，目前为止也是唯一的一次。

我们分析，这4架飞机应该是国民党部队的战斗机。那时共产党政权虽然已经建立，常宁也已经解放，但广东、广西、云南、贵州、西藏等地还未解放。而且共产党部队，那时还基本上没有飞机；就算有，也不可能乱丢炸弹。

（钟贤美　文）

（十）阳加乡土地改革

1951年2月，常宁县委县人民政府遵照《中华人民共和国土地改革法》规定，领导全县农村开展土地改革运动，废除封建土地制度，没收和征收地主、富农的耕地和山林，分给无地和少地的农民。

1952年春，阳加乡的土地改革运动轰轰烈烈地开展起来了。一行八人的常宁县工作队进驻阳加乡政府，他们深入贫雇农之中。通过访贫问苦，掌握了大量的情况。通过宣传发动，把党的政策交给群众。贫雇农是土改的主力军，昔日被奴役的徐洪福、董武进、李生乃、候竹凡、董武和等农民，积极行动起来，在工作队的鼓励和支持下，他们挺身而出，站在土改斗争的最前列，揭露地主反动阶级剥削人民、压迫人民的罪行。

在试划阶级成份中，首先拿阳加洲的国民党元老李成廉开刀。在斗争大会上，农民诉苦伸冤，激情昂扬。李当过阳加乡的乡长，根据中央有关土改政策和镇反要求，李亦在被镇压之内。1952年5月1日，庆祝土改胜利大会在白沙王家垒召开，由第五区的区委书记周锡光主持大会。宣布镇压白沙乡地主恶霸王盖湖、阳加乡官僚地主李成廉，当念到陪斩的地主肖克克的名字时，肖吓得脸色苍白，一下软瘫在批斗台上，听到"暂不斩，以观后效"才缓过气来。阳加洲已故大地主曾万盛之妾曾三娘谢氏，心狠手毒，帮她做工干活的农民不仅拿不够工钱，上她家讨要时，她还唆使家人谩骂毒打。在斗争这个遗孀小妾时，遭她虐待过的农民以牙还牙，剥衣脱裤打得她皮开肉绽，血肉模糊。她三姨见她活罪难受，死罪难免，在送饭到牢房给她吃时，饭菜里下砒霜，将曾三娘毒死在牢房里。这次斗争大会威震敌

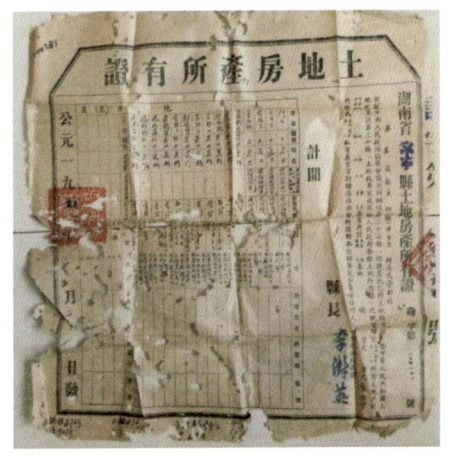

（1953年，县人民政府颁发给鲇鱼乡冲口村村民的"土地房产所有证"）

胆，强大的攻势令敌惶惶不可终日，之后，有伪保长、土恶霸、流氓三人畏罪自缢身亡。

划李成学的成份时，工作队感到棘手。他在长沙做生意得到土改划成份的一本小册子，土改时将政策读得滚瓜烂熟。农民和工作队硬要划他为地主成份，连续开三天会，未达到目的。他的理由是：第一没管义仓，第二没管祠堂、庙宇公厅，第三没有请长工、雇工，没有剥削。虽有良田十多亩，出租了大部分，但有一部分是自己耕作。自己耕牛、农具齐全，也参加劳动，只是农忙时，雇请了少量临时工，按政策算不上剥削，最后划为小土地出租成份。

在划彭清镜家的成份前，彭的母亲写信到学校要其速归，彭拿家书向班主任请假回家。继父黄志昌怕家里划为地主后连累自己，捲起行李过河去渡口等待消息。这天开始划彭家的成份，会场上，女工作队员小郭叫彭站起来自报名字自报成份，然后由群众评定。彭壮起胆子说："我叫彭清镜，母亲叫张季青，我三岁丧父，家有水田20亩，全部出租，是自家的生活主要来源。其中外乡田（田在外地）17亩。我现年16岁，在常宁中学35班读书，孤儿寡母，劳力缺乏，所有田都出租，有剥削现象，自报地主成份，请工作队和乡亲父老裁决。"彭话音刚落，缝衣师傅周宗科说："彭清镜所讲属实，孤儿寡母，缺劳力，按政策划不上地主，只能划小土地出租，请大家评议。"他的发言得到所有与会者认可，齐声喊："同意！"

经过翻天覆地的土地改革运动，阳加洲的地主恶霸被打倒了，徐洪福、李生乃、董武和等一批贫雇农分得了田土和农具。

到1952年5月土改基本结束。1953年，县人民政府给农民颁发"土地房产所有证"，1955年随着农业合作社发展，农民土地转为所属农业社管理。

1958年，土地全部为集体所有制，社员只对宅基地有所有权。

（根据彭清镜先生遗留的资料综合整理，吴佑成 文）

（十一）白沙最早的共产党基层组织

1952年，中共常宁县委派吴季瑜、吴开瑞两位干部到白沙，筹备成立白沙镇，其中吴开瑞是公安巡视员，也相当于是吴季瑜的警卫员。

经过他们的努力，1953年3月3日，白沙镇正式建立，中国共产党白沙镇委员会（白沙镇党委）同时成立。刘铭光任白沙镇党委书记，吴季瑜任白沙镇镇长，段富生任组织委员，秦良桂任宣传委员，周学文任秘书，肖连奎任共青团白沙镇委书记。

  当时，白沙镇本地人中，只有从部队退伍回来的下洲街人王勋富是共产党员。为了建立完善基层党组织，增强党的力量，加强党的领导，白沙镇党委和王勋富在白沙优秀基层干部中发展共产党员，1954年6月首先发展倪本子、李希英加入中国共产党；1954年10月，发展倪本发、倪本凤加入中国共产党；1955年6月发展李少桂、李代銮、张中云等9人加入中国共产党。这些共产党员的组织关系都直接放在白沙镇党委管理。

  1958年，白沙机械厂率先建立共产党党支部，黄景洪任党支部书记。白沙街上的共产党员的党组织关系，便转入白沙机械厂共产党支部管理。

  同期，随着人民公社的成立，各生产大队都建立了共产党支部。

  1964年，上洲、中洲、下洲居委会，联合成立基层共产党支部，首任党支部书记是徐麟祥。

（采访对象：管代喜、倪本发，钟贤美 文）

（十二）阳加乡第一个常年互助组

  土地改革后，党中央决定趁热打铁，开展农业社会主义改造。采取三个互相衔接的步骤，由低级到高级，逐步实现农业合作化。

  1954年，阳加乡党政领导遵照上级部署，通过宣传发动，以董武进牵头，吸收董武基、李先元、李先圣、李成亿、彭家友和彭清镜共7人，组建了阳加乡第一个常年互助组。董武进当组长，李先元当调工员，彭清镜当记工员。当时彭清镜刚离开学校，根本不懂农业技术，参加互助组也是向别人学习农业耕作的机会。彭清镜家有一亩二分田，1955年开春以后，依靠互助组的帮助，完成了犁田、耙田、浸种、育秧和莳插。夏季家家田里都要抗旱，彭清镜家没有水车，自己买了一把斛水抄，用三根竹竿扎一个三角叉，用棕绳一头将水抄拴在三角架下面，手握斛水抄柄尖端，一揪一揪从下到上把水斛进田里，这是一项非常艰苦的劳动。通过互助组全体组员辛勤的耕耘，加之有信用社的贷款支持，购买豆饼肥料，禾苗长势喜人。到了秋天，黄甸甸的谷子成熟了，全组获得大丰收。农民从互助组看到了合作化的力量和优越，阳加洲掀起了成立常年互助组的高潮。

（吴佑成 文）

(十三)白沙人民交爱国粮

1954年9月,彭清镜因家庭经济困难而辍学。经乡财粮干事董球武推荐,白沙粮库主任周学文来到彭清镜家,对彭说:"征粮入库即将开始,我库工作人手缺乏,经乡政府推荐,聘你为我库助征员,时间一个月,月薪60斤大米,吃住我们粮库负责,你的任务是过秤和开票。"彭爽快地应聘。

那时候,白沙粮库规模不大,粮库设在二圣祠庵子里,工作人员共3人,主任、会计、保管。这次聘助征员2人,另一个是白沙街上的杨启仁同志。当时,桂阳县桥市乡的野鹿滩、大路滩等地的征粮,也划在白沙粮库代收。土改后的农民,爱国热情高涨,交粮积极踊跃。每天上午八点开秤,直到下午六七点,还有人在排队待交。农民交的爱国公粮,都是"十粒五双"顶呱呱的优质稻谷,牙齿咬得喀喀梆响。收秤后,晚上还要汇总各村交粮进度表,杨启仁的算盘拨得又快算得又准,谓之"一盘清"。

(吴佑成 文)

(十四)1958年白沙大炼钢铁

"鼓足干劲,力争上游,多快好省地建设社会主义。"这是"大跃进"时最响亮的口号。在这种口号的感召下,1958年全国各地大炼钢铁。土法上马,全民炼钢炼铁,一时间举国上下掀起了建设社会主义的热潮。

白沙公社不甘落后,先是建炉一座,不久发现技术、质量、原料等各方面都存在问题。折腾了好一阵仍不能炼出钢铁来。然而迫于形势,仍继续大干快上,扩大建厂速度和规模,全公社集中成片大建炼钢炉。上片:万寿宫,为白沙居民和机关单位建炉一座,为上洲下洲农村建炉一座。下片:茭源(现在的牧场里),为公社主要炼钢基地,建炉2排,炉子10多座。白沙公社副书记廖常跃为炼钢业务、政治总负责人,指导白沙公社炼钢。两个片区互相协助,技术合作,原材料和人员统一安排。

1. **建炉砖石来源**:拆民房、庵庙,即拆王悦和宅子围墙及老百姓部分民房,元帝庙、灵官庙、兴隆庵等庵子庙。

2. **矿石来源**:乌龟岭、蛇形岭、黄沙窿、现天窿及后来的桎木山。后因钢铁质量不好,产量低,又把老百姓家里的鼎锅、锅子、农具等,凡是铁器都上交炼钢。昆帽峰元帝庙的铁瓦也拆除炼钢。最后,仍没能炼出钢来。

3. **燃料**:就是木炭,先砍兴隆庵、火石桥、伍家、大路边、乌龟岭、茭源、王家湾、林家的后龙山及风景林。好的樟树做风箱，其余的用来烧木炭。基本上有一人合抱以上，三五人合抱的大树都不少，主要有枫树、皂角树、柞树、板栗树、樟树，被砍古树上千棵。原料不足时，还砍了不少太平山、台子上、丝茅冲、桃花冲山上的杂木烧木炭。

4. 劳动力不成问题：全民炼钢，中小学生停课、商业停止营业，小手工业停工，工厂停产。木工做风箱，鸡公车日夜运输忙。农村社员全部出动炼钢，一切农作物耕作、收获暂停。稻子烂在田里，红薯烂在地里，茶子烂在山里……一切以钢为纲。干部带头，群众三班倒，路上到处是挑木炭、矿石的大人，扛柴禾背矿石的学生，鸡公车川流不息；村村点火，处处冒烟。乌龟岭、黄山窿、现天窿，山上开矿炮声隆隆，山道运矿车水马龙，山下炼钢浓烟滚滚。太平山、桃花冲、丝茅冲、台子上，挑木炭的络绎不绝，木炭窑随处可见。当时的政治宣传工作很到位，每天都有捷报传来，每天都有卫星发射，人们在"一大二公"的社会主义思想鼓舞下，个个欢声笑语，热火朝天，自觉劳动，不计报酬，毫无怨言。吃着大锅饭，人人都是主人翁。

直到1959年初，全民大炼钢铁无果而终。

（采访对象：王书华、贺尊洪、黄少红，黄克含　文）

（十五）白沙办公共食堂

白沙的公共食堂兴起于1958年夏秋，停止于1961年夏。

1958年5月，在党的八大二次会议之前，仅仅在少数地方出现了简易食堂和随营食堂。八大二次会议确立了"鼓足干劲、力争上游、多快好省地建设社会主义"的社会主义建设总路线。在总路线的指引下，农村的公共食堂迅速发展起来。1958年8月，北戴河会议通过了《关于在农村建立人民公社问题的决

议》，中央决定在农村普遍建立人民公社，在人民公社的内部成立公共食堂。同年的9月1日和4日，社会媒体相继作出回应，支持公共食堂，《红旗》杂志发表了《迎接人民公社化高潮》，《人民日报》发表社论，称颂公共食堂。9月10月间，全国很快就形成了以全民大炼钢铁为中心的"大跃进"和人民公社化高潮，农村食堂也就在这样的环境下一哄而起。10月25日的《人民日报》社论还将办好公共食堂提高到巩固人民公社之"关键"的高度。农村公共食堂如火如荼地发展起来。

白沙的公共食堂是怎么办的？那时，白沙实行白沙公社、大队、生产队三级管理制，每个生产队办一个公共食堂负责本队社员的吃饭。公共食堂的用房都是利用农民家的大厅堂，生产队只购买大口锅子、瓢、盆、蒸笼等炊具，一个食堂一般有2至3个炊事员（一般是妇女）、一个保管员、一个会计。每餐定量供应，男劳力每餐6两米，女劳力每餐4两米，小孩子每餐2两米（当时都是16两为1斤），每户按量把饭菜打回家里吃。除食堂做饭人员外，其余劳力都要去炼钢铁。

如白沙公社杜家大队第五生产队的集体食堂就是一个典型的例子。该生产队共计98人，男劳力、女劳力、小孩各占三分之一。食堂办在黄彝友家侧屋，粮食定量开始是每餐男劳力8两，女劳力7两，小孩4两（当时每斤为16两），吃奶娃每月8斤米。红薯搭配，5斤熟红薯折合大米1斤。粮食来源除自产外，不足部分由政府统购统销。食油定量，大人每年3斤茶油，小孩酌减。吃饭时由生产队长吹口哨通知。社员吃饭自带碗盆去食堂，食堂按定量称好饭菜，让社员带回家中就餐。

1957年粮食大丰收，1958年前期公共食堂办得可以，人们对公共食堂赞不绝口。当时的白渡乡（白沙镇的农村当时属白渡乡管理）书记袁金宝说："公共食堂真是好，农民吃饭不要钱；鼓足干劲搞生产，敞开肚皮吃饱饭"。劳力好坏不要紧同样有饭吃，粮食吃完国家供应，放开肚皮吃，社员认为这就是共产主义。于是，社员懒惰性滋生，满足感膨胀。1958年有些生产队红薯烂在土里，柑橘烂在树上，而食堂仓库空空。到1958年底，有些食堂就断粮了，出现了饥荒。

1959年到1961年，发生严重旱灾，造成三年自然灾害，国家粮食减产，有些地方甚至颗粒无收，粮食形势日趋紧张。公共食堂虽然采用"瓜菜代、二稀一干"等方法来节约用粮，但粮食仍然入不敷出，社员普遍反映吃不饱。为了解决这个难题，各个公共食堂几乎同时在"粮食增量法"上做起了文章。当时大力推广"双蒸法"：即将米干蒸半小时后分装入罐，加上凉水，1斤米加4斤水，用猛火蒸1小时，能使每斤米出饭5斤，比原来增加40%以上。但是，凡是食用过这种"增量法"煮出来的饭的人，都有一个共同的感觉，就是不经饿。食堂没油水，没得菜，一碗饭，一瓢辣椒盐水汤，吃了以后还是饥肠咕咕叫。加之食堂管理员、干部、炊事员尅扣社员口粮，有时还为吃饭打骂社员，扣押社员饭碗，社员经常挨饿。为了填饱肚子，许多人只能吃米糠、烂白菜、白菜根，甚至有些人上山挖野菜充饥，如葛根、榆钱子、艾叶、铲子草、野芹菜、苦株子、棕树籽、麻子叶等。最后发展到只要能吃的都拿来吃，有些人饿极了，强咽下米糠粑粑，屙不出屎，肚子痛得在地上打滚。个别胆大的社员饿得不得了，偷偷在家里煮点野菜吃，被干部知道了，没收铁锅炼钢铁，还要挨打受批斗。当时百姓有歌云："说可怜呀可怜，我还记得六零年；我在田里捡禾线，干部给我打两拳。"那时，物质稀缺，什么东西都凭票供应，社员也没有钱购买。

公共食堂管理不严，领导干部搞特殊化，吃饭不定量，甚至对有意见的社员扣饭碗，让其挨饿。饭菜质量差，大锅煮粥，粥里甚至有老鼠屎、羊粪蛋，食堂中毒事件也发生过。

社员吃不饱，出工不出力，也没得力，只好长期喝水充饥，得了水肿病和干瘦病，有的一家人都得了水肿病，最后都活活饿死了。个别苟且还有一口气的人，受不了那种凄苦最终寻了短见。社员们经常说，挨饿的滋味比挨打还难受。公共食堂那几年，由于出现大饥荒，营养不足，人口出生率很低，而饿死的人又不少。

1958年前期，社员对公共食堂喜欢有加，1958年底开始，社员就害怕食堂、恨透食堂，最后要求退出公共食堂。1961年夏天，中央了解到农村公共食堂的真实情况后，颁布了《农村人民公社工作条例》规定：社员的口粮一律分配到户，由社员自由支配。从此，公共食堂就在白沙消失。

（采访对象：吴圣周、黄克舍、谢扬凤、李肇富、管志铜、阳昌国、贺尊洪、李先俊、贺承全、黄少红，王成林文）

（十六）白沙青年垦荒队

1964年，全国开展了轰轰烈烈的社会主义教育运动（简称"社教"），并派了社教工作队进驻各个乡镇。

1965年3月，政府号召城镇待业知青上山下乡。经县领导研究决定，全县三个镇率先组织"知识青年上山下乡"（简称"下放"）。城关镇组织知青成立了"燕子窝茶场"，松柏镇组织知青成立了"青峰林场"，白沙镇组织知青成立了"青年垦荒队"。

社教工作队与白沙镇领导及时传达上级精神，并广泛宣传，居委会（当时白沙有上洲、中洲、下洲三个居委会）进行摸底后，立即召集下放对象开会，工作队派专人参加，进行宣传和动员。白沙待业青年积极响应国家号召，先后都报了名。

从茭源倒石湖往西，爬山约2公里有一块较平坦的荒山，岩石耸立其间，面积约300亩，工作队和公社领导经实地考察，确定此地为垦荒基地。

1965年5月10日上午，在白沙大礼堂召开了欢送会。第一批青年垦荒队员60多人，身背简朴行装从大礼堂出发，经下洲街再沿小路往福坪山区进发，因垦荒基地是一片荒山，一无所有，只能暂借福坪吴家湾农民的房子安身。1965年8月，第二批队员上山。两批队员合计105人。

"白沙青年垦荒队"当时的组织机构是：队长徐麟祥，副队长邓述仁，秘书王书忠，妇女主任雷维凤，会计谢扬冬。白沙公社管委会派彭良相同志到垦荒队蹲点。

上山初期，主要是搞基建。早餐后，步行约3里路到工地，人员分成两部分，一部分人斩荆棘，铲茅草，平整厂房地基；另一部分人到山里搬杉树，中餐在工地吃。队员们和泥木师傅经过两个多月的努力，建成了一栋十间的厂棚屋（木框架，篱笆墙，杉木皮屋顶）。靠东一间做厨房，第二、三间做食堂，其余七间做知青住房。还建置了一些简陋的配套设施（如养猪场、厕所、澡堂等）。

厂棚屋建成后，队员们全部搬到厂棚居住，开始开垦种地。劳力搭配组成三个班，以班为单位进行生产活动。另有一个饲养组，负责养猪、养羊。还派了几个人到耗子岩砍树锯板（有陈昌维、王巨亮、王金国、王淑轩等同志）。

垦荒队条件十分艰苦，每天从事繁重的体力劳动，生活水平也较差。20世纪60年代粮油实行定量供应，每餐都是南瓜、冬瓜、腌咸菜等，很少吃肉食荤菜。队员们没有一分钱零用钱，连理发都得向父母要钱。条件虽然艰苦，但队员们仍然保持着青年人的朝气，中途休息时唱唱歌、说说笑话；当思想有波动时，互相鼓励、互相安慰。每到晚上，队员们坐在屋前小溪旁，有的拉琴，有的唱歌，有的谈天说地，每个队员都憧憬着美好的未来，希望苦尽甘来，能有个好的前途。

荒地开垦出来后，逐步种上了小麦、红薯、蔬菜等。

1965年10月，白沙公社解决了每个队员200元的安置费，垦荒队105人合计发放安置费21000元。

从1966年5月起，部分人分批招工到企业或供销社工作。大部分未招工的队员仍坚持在山上垦荒种地。正常维持了两年左右，因有限的安置费早已用完，荒地里产出的一点收成根本无法维持基本生活，队员们只好陆续离队回家。凡是未招工的队员，于1969年第二次下放到农村插队落户（主要下放到龙门、西岭等地）。下放后，又陆续招了一些同志到企业工作。1979年，随着中央政策调整，凡是下放到农村未招工的，政府想办法安排，暂时未安排的下放知青全部返迁。

虽然条件艰苦，但这批青年人在艰苦的环境中获得了锻炼。她像一所劳动大学，磨炼了人的意志，锻炼了人的本领，使这批青年人养成了吃苦耐劳的作风。这批青年人在以后各自的工作岗位上大都能艰苦奋斗，在人生的道路上不畏艰难，自强不息，有所成就。

附：白沙青年垦荒队队员名单（105人）

徐麟祥 雷维凤 资凤英 邓述仁 洪义和 谭甲意 刘才虎 杨昌捷 邓仁仕 谢高凤
董金贞 罗四莲 谢桂英 管代凤 陈宗英 李国保 秦冬冬 王钜亮 廖代凤 肖高英
肖高贵 谢荷春 王集玉 陈玉娥 王增英 罗群玉 罗志超 谢扬冬 曾春玉 王金国
阳运声 王勋功 王金春 谢朝景 王书秋 李佐通 王书东 谢秋仔 陈昌维 徐仲华
陈昌鸿 倪南祥 江少春 吴艳金 封善妹 谢高容 周世桂 管志凤 管八玉 管志银
罗锡光 王诗瑞 王书忠 王集尧 王书顺 王书凤 王树生 李康顺 肖高圣 罗志超
肖高才 王淑轩 李元鸿 王集惠 王淑宜 王淑聪 杨梅林 谢立君 肖秋娥 欧明亮
谢高禹 肖高雄 刘松玉 谢立才 李运姣 李华林 沈红玉 周才祥 谢阶圣 罗育达

王勋章　房凤英　吴扬秀　邱友生　王集春　罗育锡　谢高生　陈昌华　李志华　谢运才
黄有莲　江孝玉　蔡贡桂　蔡巧云　黄克秀　黎家真　刘书平　李康仁　谢瑞阶　谢友崽
王淑兰　杨善林　姚希凤　谢阶元　王书著

（来源：白沙上山下乡青年安置费花名册　罗育达　文）

（十七）阳加农科所

1968年毛主席号召广大知识青年到农村去，接受贫下中农的再教育。1969—1975年，阳加居民适龄青年响应毛主席号召下乡。阳加居委会当时有30多户，近300人口。插队落户的有30多人，当年一部分年龄较大的知青已经结婚生子。

1976年初，以公社书记吴凌风同志为首的阳加公社党委为了加强对知青的管理，仿照县委办知青点的模式，决定成立阳加农科所，它是我县唯一一个县级以下公社办的知青点。公社把枞山岭上属于阳市大队、董家大队的田土划给农科所。把本公社内插队落户的未婚知青刘晓春、周德福、彭运财、李小平、周晓芬、谭书华、李满妹、李娥秀、李芬芳等人全部集中起来，成立阳加农科所。公社派宣委朱少姣同志专管，从基层抽调三位贫农出身，又有农业生产技术的干部来负责带这批知青。从茅坪大队抽调来的刘秋元任所长，从红卫大队抽调来的老曾任副所长，从上游大队抽调来的老徐任技术员。成立了农科所团支部，知青刘晓春任团支部书记。

人有了，地也有了，但当时划给农科所的只有几丘小田。公社又从各大队抽劳力在黄土坡上开梯田11亩，加上原划过来的水田，共有水田面积13亩，旱土面积8亩。几位老农租住在阳加洲街上刘传宦家，食堂也办在那里。没有房子，他们从山上捡来石头烧石灰，从公社五七厂买红砖、青瓦自己动手盖房子。建了10间红砖青瓦平房，面积150多平方米。另建了厨房、厕所。农科所有9位知青、3位农民干部，共12人，两人住一间。其他房间做储存室、农具室。新开的梯田很贫瘠，他们就到阳加街上居民家刨地皮、捡煤灰，到山上刨草皮、烧火土灰、杀青叶，从公社厕所挑大粪来改良。

经过半年的艰苦努力，农科所从无到有，初具规模。县知青办领导来检查工作，给予了高度评价。有几位知青因表现突出被评为先进个人，尤其是谭书华被评为常宁县知识青年上山下乡积极分子，1976年6月，他参加了在常宁县城召开的表彰大会。

在大家的齐心努力下，农科所粮食产量逐年提高。旱地种了生姜、黄花菜、红薯、凉薯等各种作物。大家白天一起出工，晚上一起学习、聊天，畅谈人生理想。直到这里的知青全部招工、招干安排了工作，阳加农科所才停办。其房子、土地后来用于安置严家洲搬迁过来的村民。

（刘晓春　文）

（十八）福坪大队知青林场

1970年起，白沙公社管委会响应"农业学大寨"的号召，支持地处高寒山区的福坪大队，战天斗地，改造山河，向荒山要粮。干部群众发扬"一不怕苦、二不怕死"的精神，在乱石堆中开凿出200来亩梯田。到1973年，福坪已经成为远近闻名的"农业学大寨"典型。

在这个过程中一些上山下乡的城镇知识青年，怀着满腔热情，意气风发，斗志昂扬地来到福坪大队插队落户，和群众一起劳动，接受贫下中农的再教育。据统计，在1974—1975年，就有20多名来自长沙市、衡阳市、常宁县城、白沙街上的知识青年下放到福坪。

福坪大队为了方便知青们劳动和生活，特意为他们在"千甲锅"半山腰上，用片石建了一栋两层楼的房子，挂牌成立"福坪大队知青林场"。知青们白天一起劳动，开荒种果树种药材，晚上一起学习。

这些知识青年，经过艰苦劳动的锻炼和"农业学大寨"运动的洗礼，成长很快，表现不俗。尤其是赵镜和胡庆新，成了当时省、地、县表彰的"农业学大寨"先进个人。

（钟贤美　文）

（十九）学大寨首先要学路线

湖南常宁县白沙公社福坪大队党支部

我们福坪大队处在"清明不断雪，谷雨不断霜"的山区。历年以种植丹皮、白芍等药材为主，粮食作物只有红薯和其他少量旱粮，长期粮食不能自给。近三年来，我们联系学大寨运动的实际，深入进行党的基本路线教育，提高了干部、群众的路线斗争觉悟，推动了农业学大寨运动的发展。现在，我们这个"山高石头多，自古以来不种禾"的地方，经过开山凿石，开出了水田二百零一亩，成功地插上了早、中稻和双季稻。去年，我们战胜了自然灾害，粮食亩产跨过《纲要》，总产量达到二十多万斤，比一九七〇年增加一点五倍。这几年药材种植面积也由原来的一百三十亩扩大到二百零四亩。农、林、牧、副、渔都有较大的发展，社会主义的集体经济越来越兴旺。

开始，我们对学大寨学什么，以及学大寨同执行党的基本路线的关系，认识不清。尽管在开田、改土方面下了不少工夫，结果成效不大，面貌也没有多大改变。为什么良好的愿望却得不到预想的结果？第二生产队的变化使我们得到了启示。这个队牢记毛主席关于"千万不要忘记阶级和阶级斗争"的教导，组织贫下中农和社员群众，联系实际，认真学习党的基本路线和毛主席关于《中国社会各阶级的分析》及有关阶级、阶级斗争的论述，狠抓阶级斗争，深入开展革命大批判，增强了大家的阶级斗争观念，激发了革命热情。一个冬春就凿石开田十六亩，开荒十五亩，还完成了一个水库的清基砌涵任务。联系第二生产队的前后变化，对照党的基本路线指出的"三个存在"、"四个要"，我们认识到，农业学大寨的过程，就是两个阶级、两条道路、两条路线斗争的过程。大寨的方向体现了我国农业发展的社会主义方向，在学大寨的过程中，一小撮阶级敌人必然要千方百计地进行破坏；几千年遗留下来的残存在人们头脑里的剥削阶级思想、私有观念也必然要顽强地表现出来，给农业学大寨带来干扰和阻力。因此，学大寨首先要学路线。只有用党的基本路线指导学大寨，通过学大寨落实党的基本路线，才能提高干部和社员群众的路线斗争觉悟，坚持社会主义方向，把学大寨运动引向深入。

有了这个认识以后，我们就比较注意引导群众用阶级分析的方法看待和处理学大寨过程中的各种问题。一九七〇年，我们在动员群众开渠引水，渠道通过三队的时候，突然刮起一股冷风，说什么"挖断了'龙脉'，猪要遭瘟，人要死光。"甚至还有人去公社要求改变渠道线路。针对这种情况，我们立即组织干部、社员学习党的基本路线，批判资产阶级唯心论，使大家认识到，鬼神论是剥削阶级欺骗和愚弄人民的鸦片。在旧社会，他们利用这种邪说麻醉人民，维护和巩固他们的反动统治。今天，一小撮阶级敌人又妄图利用它来扰乱人心，瓦解我们的斗志，破坏学大寨的群众运动，破坏无产阶级专政。如果我们对阶级敌人的阴谋丧失警惕，就会受骗上当。通过学习和批判，明辨了是非，大家说："我们要的是建设社会主义的'命脉'，决不许阶级敌人搞复辟资本主义的龙脉。"经过调查研究，我们发动群众，揪出了一个暗地煽阴风、点鬼火的富农分子，也进一步教育了群众。阶级斗争，一抓就灵。渠道从三队顺利通过了。大家说："贫下中农学大寨，敌人暗中搞破坏，阶级斗争不抓紧，大寨经验学不来。"

遵照毛主席关于"以粮为纲，全面发展"的方针，我们学习大寨精神开荒造田，发展粮食生产，可有的人却说什么"种一亩药材能值千多元，种粮不如种药强。"以粮为纲，还是以钱为纲，实质是个路线问题。于是我们及时举办学习班，组织大家反复学习党的基本路线，批判"金钱挂帅"、"自由种植"等谬论。大家认识到：发展社会主义农业，要看清方向道路，如果不管方向道路，钱多就大干，钱少就小干或不干，那就会削弱和破坏集体经济，背离党的基本路线，滑到资本主义的邪路上去。只有从党的基本路线规定的总目标和总任务出发，摆正国家、集体、个人三者之间的关系，正确处理积极发展粮食生产与因地制宜发展药材生产的关系，才能保证学大寨运动沿着正确的方向前进。认识提高以后，我们合理安排了粮、药生产，三年来，全大队在凿石开田的同时，还在乱石丛中新开了一百三十多亩旱地，把药材移上了山，面积比以前扩大，品种也比以前增多，药材获得了丰收，粮食做到了自给有余。

从开荒造田的实践中尝到了甜头以后，我们又遵照毛主席关于"向生产的深度和广度进军"的教导，组织群众制订了开发山区、建设山区、发展多种经营的计划。但是，有少数同志由于对多种经营与"金钱挂帅"的界限划得不够清楚，怕抓了多种经营，会滑到"金钱挂帅"的邪路上去。后来大家通过学习党的基本路线，认识到：在社会主义这个历史阶段中，无产阶级要战胜资产阶级，社会主义要战胜资本主义，不仅要有政治思想战线上的胜利，而且要有经济战线上的胜利。发展粮食生产和多种经营，繁荣社会主义经济，是实现基本路线所规定的总任务的一个方面。我们反对资本主义的"金钱挂帅"，但决不能够反对发展社会主义的多种经营。在毛主席革命路线指引下，按照社会主义计划经济的要求，因地制宜地发展多种经营，可以充分发挥人民公社的优越性，向生产的深度和广度进军，做到人尽其力，物尽其用，为国家多作贡献，不断壮大集体经济，增加社员收入，使国家、集体、个人都得到好处。这有利于加速社会主义建设，进一步巩固无产阶级专政。在统一认识的基础上，我们组织了三结合的规划小组，再次翻山越岭，调查研究。从调查中，我们看到了福坪这个地方发展农业和林、牧、副、渔的条件是很好的，各生产队都可以根据自己的条件，在发展药材生产和粮食生产的同时，积极发展多种经营。根据调查，进一步修订了发展规划，对农、林、牧、副、渔进行了全面布局。除合理作出粮、药生产计划外，还因地制宜安排了棉花、生姜、黄花、花生等作物。并且根据国家建设需要和当地特点，抓了杉树、南竹、油茶、油桐、茶叶、棕树等经济林木的生产。现在，我们大队的面貌正在发生变化。去年，我们除留足社员口粮、生产用粮外，第一次向国家交售了余粮，集体留储备粮七千多斤；生猪由原来的八十七头增加到二百二十头；茶油比一九七〇年增加五倍，卖给国家茶油三千四百斤，药材九千多斤。过去我们这里从来不养鱼、不喂羊，现在发展了渔业，喂养了山羊。还办起了林场、农副产品加工厂、榨油坊。

在学大寨的过程中，始终存在着是鼓足干劲，力争上游，还是墨守成规，因循守旧这样两种思想的斗争，这也是个路线问题。

第一生产队有一大片石山坡可以造田。但是这个地方一边是石山，一边是深坑，杂木丛生，野藤纵横。起初，这个队有的同志面对这种情况，摇头说：我们队小人少，力量单薄，小敲小打还差不多，搞这样的大工程奈不何。到底是大干还是小干，是在旧山河上修修补补过日子，还是努力逐步从根本上改变生产条件？我们组织干部、社员群众认真学习了党的鼓足干劲，力争上游，多快好省地建设社会主义的总路线，认识到，这条总路线是与党的基本路线紧密联系在一起的。我们要实现党的基本路线规定的任务，就要有一个很大的干劲，如果舍不得流大汗，出大力，就不能多快好省地建设社会主义、巩固无产阶级专政，就会背离党的基本路线。贫下中农说：舍不得下盐就晒不成酱，舍不得花大力气就改变不了穷面貌。大家学习毛主席关于"穷则思变，要干，要革命"的教导，发扬"一不怕苦，二不怕死"的革命精神，开山凿石，雨天架棚打炮眼，黑夜点着松枝垒石壋，冬天披一身冰雪，夏天流一身大汗，艰苦奋斗一年多，从麻石山上开田三十五亩。有个二亩一分面积的"民兵丘"，就打了七百三十二个炮眼，花了一千六百多个劳动日。在一队的影响和带动下，全大队男女老少齐上阵，十多处凿石开田工程都动了起来；经过几个冬春的奋战，开山造田二百多亩。实践使我们体会到，只有大干才能大变。要高速度发展社会主义农业，就必须用党的基本路线武装头脑，用社会主义建设总路线的精神指导学大寨，这样，才能做到正确地改造世界，革旧山河的命。

三年来，我们在农业学大寨的群众运动中取得了一些成绩。但是，我们还有不少薄弱环节，比如水利条件还不适应水田面积迅速扩大和发展双季稻的需要，在山区发展双季稻方面，还有很多问题没有过关，全面开发山区，建设新福坪的规划，也还有待进一步落实。面对新的形势和战斗任务，我们决心遵照毛主席关于"谦虚，谨慎，戒骄，戒躁"的教导，把已经取得的成绩作为继续革命的新起点，刻苦地学习马克思主义、列宁主义、毛泽东思想，深入进行路线教育，在学大寨的过程中作出新的成绩。

（此文曾刊载于《红旗》杂志一九七三年第6期上）

（二十）"三线"战场上的阳加民兵连

20世纪60年代初，国际政治风云突变。鉴于诸多不确定因素，毛泽东主席在1964年中央工作会议上，首次提出三线建设的战略构想：把全国划分为前线、中间地带和战略后方，分别简称一线、二线和三线。这次会议决定首先集中力量建设三线。三线建设从1964年开始，持续到1980年，投资高达2000亿元。在这16年中，几百万工人、农民、干部、知识分子、解放军战士，在祖国西部的深山峡谷、大漠荒野中，艰辛地建立起了1100多个大中型工矿企业、科研单位和大专院校。

1970年，国家修建湘黔（湖南至贵州）铁路，这是三线建设的重要工程。常宁县组建了三线建设兵团，邹祖谦任团长，刘仁登任政委，刘积初任施工指挥部部长。阳加公社成立了三线建设民兵连，连长是公社宣传委员朱少姣，有民兵30人，其中阳岐大队书记曹义调，忠岭大队书记董位山，红卫大队治安主任曾宪孝，阳市大队会计彭清镜应征入列。

1970年5月上旬的一天，阳加开赴"三线"战场的30名健儿，胸佩大红花，肩背行李，列队在公社前面的马路上，接受公社革委会主任李泽民的授旗仪式。前来送行的父老乡亲在公路两旁列成长队，敲锣打鼓，放鞭炮。朱少姣从李泽民手中接过"阳加民兵连"的队旗后，一声令下"出发"，"千里行军"迈出了第一步。经过22天的长途跋涉，行程1000公里，农历六月三日，终于抵达小江口公社堰上大队，大家在这里开始了紧张的"三线"建设工作。

荫田区民兵营的任务是劈山填沟，填方长300多米，高14米，移动土石7万多立方米。白天8个连全部出击，夜间轮流上阵。工地上夯歌声、竹板声、广播声响成一片。填方任务完成一半时，阳加民兵连又接受了补砌涵洞的新任务。天寒地冻，冰霜雨雪，民兵整天泡在泥水里工作，艰难可想而知。营部领导和铁二局施工员每天要做质量检查，达不到要求无条件返工。木工蒋伦善精心设计制作拱模，铁二局技术员验收装模后，伸出拇指连连夸他，他后为荣获"木工标兵"称号。董位山没有学过石雕工艺，只会打粗石，经过虚心学习和实践，他雕刻的几对涵洞石狮栩栩如生，他被评为"石雕标兵"。独领风骚的是"铁姑娘"打夯队，她们在白沙公社钟贤凤（女）的带领下，活跃在各填方工地，8人一组，石夯在"铁姑娘"手中如同流星上下飞舞。她们出现在哪里，哪里的民兵士气就热情高涨，干劲倍增。

民兵的生活艰苦，从家乡转到湘西的粮食指标和补助粮，在当地粮店购粮时，要搭配30%的红薯或干薯丝，晚餐均吃薯类，苦涩难咽。补助的伙食费只能买点白菜萝卜搭配，半个月吃一次猪肉，每次定量半斤。

半年难忘的艰苦岁月过去了，光荣的建设任务圆满完成。1971年正月初七，阳加民兵连告别湘西向家湾，凯旋回归。正月初九，阳加连30个民兵回到了离别半年的家乡，阳加乡革命委员会为光荣归来的民兵连接风洗尘，欢迎他们凯旋。

（根据彭清镜先生遗留的资料整理，吴佑成　文）

（二十一）白水岩"初心园"

初心园里寻找初心

"不忘初心、牢记使命"，是新时期党的建设之核心内容。中共常宁市民政局党委将白水岩园艺场更名白水岩初心园，打造初心小院、初心广场、初心湖、红色文化长廊、白水岩等景观，使之成为一个党建教育基地。

1.谋求人民解放、国家独立的初心

20世纪20年代，中国共产党在常宁建立了组织，领导了轰轰烈烈的工农革命运动。当时，常宁工农革命运动有水口山、常宁县城和舂陵河沿岸三个中心。白水岩初心园位于舂陵河沿岸中心，1926年在其周围建立了16个区、乡农民协会；李成蹊、周巽三在阳加洲创办过平民学校，宣传革命；1926年11月，常宁县北窿工会成立了，有会员2262名，其规模仅次于水口山矿工会。民国十七年（1928年）1月，朱德、陈毅领导了著名的年关暴动，3月，常宁工农武装参加湘南暴动。是月8日至9日，常宁县的工农武装联合耒阳县共产党员刘泰、刘霞、徐鹤等率领的起义武装2万多人，在白沙、衡头、荫田、烟洲、东江口、独石等处与常宁反动武装"挨户团"激战两昼夜，歼灭了大量敌人，打击

白水岩初心园

了敌人的嚣张气焰。抗日战争时期白沙人民进行了抗击日寇侵略的斗争，使白沙免遭日寇铁蹄的践踏。

2.谋求国家富强、人民富裕的初心

欧阳海灌区左干渠从白水岩初心园经过，它见证了当年农民群众在党的领导下大搞水利建设，自力更生，艰苦奋斗的过程。1969年3月，成立欧阳海水库常宁指挥部，9月，欧阳海灌区左干渠破土动工，1971年5月竣工通水。1971年10月，又扩大干渠流量。整个工程共移动土石318万立方米，砌石171万立方米，使用浆砌混凝土及钢筋混凝土共105万立方米。欧阳海灌区左干渠竣工后，上级拨的工程款还结余了20万元，这20万元成为常宁县另一大水利工程——亲仁河坝的启动资金。

初心园里践行初心

1.白水岩初心园辟有种植园、养殖园、颐养园，分为五大农业生产功能区，主要种植棉花、西瓜、柑橘和养殖香猪、黄牛、山鸡、鹅等。党员干部来到这里，可以下地劳动，体验劳动的艰辛。

2.白水岩初心园，设有"两个一百"（100个困难大学生、100个困难家庭）捐助项目。园内生产的所有物资均免费或优价提供给特困供养老人等民政对象，所有慈善爱心捐款用于资助"两个一百"，让特殊困难群体从中感受到党的温暖。

3.白水岩初心园内有欧阳海灌区左干渠，离白水岩初心园不远的福坪（现划归观坪村）为"农业学大寨"典型，还有大义山有色金属矿遗址。这些都是艰苦创业的好教材，党员干部可到实地参观体验。

4.离白水岩初心园不远处还有烟塘、官陂、新屋徐家、火石桥农民协会遗址群，党员干部可实地参观考察，了解农民运动，缅怀革命先烈。

5.白水岩初心园附近有茭源银场遗址，大义山中有铜盆岭、棕树窿、椿树窿、水碓下、倒锡湖、千甲锅等大量矿冶遗址群，党员干部可实地参观考察，了解大义山矿冶史，缅怀先民创业之艰难。

6.白水岩初心园内设有讲习所、多媒体教室，聘请了市委党校的专家教授为党员干部授课。

（滕健 文）

二、经济

（一）财政部工作组《对常宁县阳加乡土特产白芍产销情况的了解报告》

阳加乡今年产白芍甚丰，有的农民家白芍收入达数千万元（旧币，一万元等于新币一元，以下均同），成为邻近各县相互谈话的资料。我们工作组于十一月十日，到达阳加洲（阳加乡所属的土特产集散初级市场），对当地白芍等情况作了一般的了解，兹简要列述于后：

1.产地情况。该乡主要产地为忠家岭、斋公塘、灯盏窝三处，山岭所有土地都栽有白芍和丹皮。另该乡接壤的茭源乡所属麻石岭猫崽坪亦盛产白芍系草本植物，开花不结果，枝长约一公尺许，每株栽隔距离约2.5公尺，其空隙地则植其他农作物（如红薯萝卜豆子蔬菜等）。每年秋后花谢叶枯的痕迹露于土面时，须插标志，因为一老苗可分数株新植，秋后栽植，一般6—7年才能挖采一次，摘其根为白芍，挖株一般在小暑节后大暑节前（在这一时期挖采的280斤可制干白芍100斤，其他时期挖采的则需300—320斤制干白芍100斤）。该乡产白芍具有历史性，在国民党统治时期价格低，甚至诬为假药而被没收，农民曾亲废药材以做柴烧。解放后，农民仍存顾虑，不求增产，也未大量挖采。今年销路打开，价格连续上涨，十余年蕴藏在地下的白芍被大量挖采销售，据当地老农说："今年白芍产旺为百年来所未有"，据当地区乡政府共同进行产地登记的资料显示，农民自报产量达73214斤。

2.销地情况。根据阳加洲各土产号进销日记账分户统计，农民向本地土产商号出售白芍户数189户，销售总值达3.54亿元，又根据乡政府自产自销证明存根统计，白芍外销广东的中农3户，外销营业额3000万元，贫农14户，营业额8670万元。由于白芍价高畅销，又成为商贩投机所在。据了解，阳加洲土产行号今年都获了厚利。又如农民李占会家自己无白芍收入，但他在阳加洲做了1152万元营业额，并有农民以互助组名义专派2人往返广州经营白芍、丹皮、尾参等，其余组员则在农村大肆收购，不断组织外销并向乡政府冒领自产自销证明，偷漏临商税，已经离开了农村互助组生产互助的正常道路，向资本主义道路发展。

3.价格问题。据当地农民及商人反映，往年干白芍每百斤市价等于15担谷，1944年的价最高，也只卖到银圆65元/100市斤，今年连续上涨，最高价每担440万，销价550万元，今年白芍价格飞速上涨的原因，主要是广州销地价上涨，广州涨价原因不详。由于价格高又畅销，及白芍苗种不易得到，偷窃生苗自种和偷窃成品出售的事实已有发现。如贫农蒋贤皆家，九十月间被偷窃生白芍200多斤，生苗也被偷去部分，这种情况值得当地政府注意。

4.农民对白芍售价收入的处置。农民得到白芍出售的大宗收入后，据农民说，大多是添置衣服，购粮食，建房屋，还旧债。但农民顾虑大，尤其怕征公粮。忠家岭农民蒋相仁说："政府如果征我们的药材公粮，就是不合理。"农民不愿吐露真实情况，一时也无法作深入调查。据蒋相仁讲，他曾托朋友在衡头购谷11担，被当地政府查明扣留。再从当地合作社情况看，该社今年七、八月间，不到20天所有胶鞋230双全部卖光，八、九月间又进来500斤海带，不到40天全部卖光，这里也反映出土特产收入增加后，农民生活水平提高的部分情况。

1953年11月15日

（摘自《常宁地方史参考资料》第一辑，2015年8月出版）

（二）衡阳发现一处宋代冶炼炉遗迹

2017年5月30日，记者从湖南省文物考古研究所获悉，近日在衡阳常宁市白沙镇发现了宋代冶炼炉遗迹，有望揭开宋代文献中记载的常宁茭源银场的神秘面纱。

2017年5月，湖南省文物考古研究所牵头，联合中科院自然科学史研究所共同组织了矿冶考古工作队对常宁铁牯岭矿冶遗址开展调查。

铁牯岭遗址位于常宁市白沙镇金招村荄源的铁牯岭东部、南部缓坡上，东距春陵江约600米。调查发现在铁牯岭东部、南部缓坡上有大量冶炼渣分布，总面积达9万余平方米。

地表的炼渣堆积总体上是沿山坡倾斜堆积，在遗址的不同部位保存状况不同，有的是原生堆积，有的是被后期翻动扰乱堆积。在遗址西部靠近山顶的位置发现有矿石原料，颗粒度粒径大小相当，疑似原料经过了破碎。在遗址一断面处还发现了一条长2米、宽0.7米、残高0.3米的红烧土，推测为冶炼炉遗迹。

中科院自然科学史研究所对炉渣进行检测发现，炉渣里存在铁锌硫化物和铅锡硫化物，未发现金属颗粒，推测可能与炼铅有关。由于铅和银为伴生矿，铁牯岭冶炼出的金属铅中可能含银，可用灰吹法提银，这为进一步寻找宋代文献中记载的常宁荄源银场提供了重要线索。据介绍，此次调查为研究常宁市的矿冶历史提供了重要实物资料。

（潇湘晨报记者赵晶、实习生向紫鸣）

（三）春陵河"放排"

白沙处于山区，森林资源丰富，有各种树木100多种，以杉树、松树、楠竹为主，樟树、梓树、株树等次之。以前全靠人力在高山峻岭上伐木，用柴刀、斧头把树砍倒，再靠人力一根一根扛到河边堆放。野鹿滩和白沙街边是历史上两个木材集散地。

欧阳海灌区未修之前，野鹿滩沿河上去约5里处，有一段险要河道，乱石散布河谷，地势陡峭，水急浪大，掀起的巨浪有2米多高，河道主流最窄处仅3米宽。如有船只通过，要从当地请20多个纤夫拉纤，船覆人伤的事故时有发生。此处被称为"大滩"，当地人称这里为"大难"，后来，欧阳海灌区的拦河大坝就选址修建在这里。"树排"从这里通过非常困难，经验丰富的老排工必须在大滩以上河段把杉木或竹子扎成小排，放到野鹿滩再扎成大排。因此，野鹿滩以上的树木一般是一根一根放入河中，随水漂放。每一批树有2—3人作业，手拿竹篙，竹篙一端装有铁钩，如树木在河里搁浅，则用铁钩把树拖到水流中，逐段往下推移，这种随水放树的作业方式称为"赶羊"。

树木"赶羊"到野鹿滩，被拦住堆放在河畔，准备"扎排"。扎排前用薄篾织成竹缆绳，沿一个树墩盘好备用。排的最底层一般是杉木或楠竹，因杉木、楠竹的比重较轻，浮力大，其他杂木如松木、梓木等分量较重，则锯成2米一截，根据排的浮力情况，横放于排的上层。树排宽约3米，把杉树（或楠木）排列好，在树头、树中、树尾部各横一根树木，用竹缆把树一根根捆在横树上。第二节排的树搭在前节尾部的横树上，用竹缆捆牢。第二节排与第一节排扎法相同，一个排一般3—5节。排扎好后，在排头、排尾各装一根杉树作舵，浸水部分用一块长约2米，宽约0.3米的薄竹片扇叶固定在舵树上。舵树可随时调整木排方向。排的中部立一个人字厂棚，以便放排人员休息和存放食物等。

放排一般是在夏、秋两季，因夏秋晴天多，雨天少，而且气温较高，适合水上作业。"排"一旦启航就不能停，昼夜操作，如果碰到大风大雨天气，木排有被冲散的风险，则立即使"排"靠近河畔，暂停前进，用竹缆或铁丝把"排"牵住。风雨过后继续前进。以前曾流行一首歌谣："河里木排长又长，养女莫嫁放排郎，放排不分日和夜，不知哪天见龙王。"这首歌谣，生动地描写了放排人员的艰辛。

湖溪冲里的树木都是在春夏季涨水时"赶羊"到河边再"扎排"。白沙西边岭上的树木、楠竹都是靠人搬运到白沙河边再"扎排"，圆木杂木一般用船装运。

20世纪70年代以后城乡基本修通了公路，加之春陵河上修筑的欧阳海大坝和亲仁河坝阻断了水流，木材、楠竹便都由汽车外运了。"放排"这种传统的、最经济的竹木运输方式即行终止。

（罗育达　文）

（四）春陵漕帮

从桂阳县舍人渡至常宁水口山镇茭河口，为春陵水道。春陵水道古称春陵江，又叫春陵河、茭河、茭源河，是湘江的一大支流，源于蓝山县所城镇峡源村人形山黑冲。由西南向东北流，全长304公里。春陵江的漕运，始于汉晋，成于唐宋，盛于明清。

春陵江上游有四个有名的码头——桂阳柏家渡、黄土、上埠、何家渡，是桂阳唯一拥有漕船的地方。桂阳的漕船大多来自嘉禾，因此也称为嘉禾船，这四处码头都靠近嘉禾。

春陵江漕运为解决安史之乱后京畿地区的粮荒作出了重要贡献。《旧唐书》记载：安史之乱后，中原地区大饥，京师米价斗至一千，官厨无兼时之积，禁军乏食。时，御史刘晏上书宰相元载："潭、衡、桂阳必多积谷，关辅汲汲，只缘兵粮。漕引潇、湘、洞庭，万里几日，沦波卦席，西指长安。三秦之人，待此而饱；六军之众，待此而强。"舂陵江上游之嘉禾、蓝山、新田自古以来就是湖南粮食产区。

春陵江水道不仅有官府的漕运，也有民间商运。漕运繁忙时，因官船不够，便会租用商家的船只，沿春陵江水道运粮、盐、铁、银、铜等，至衡阳漕运司仓库，再转运朝廷。那时春陵江上的商船一般能装4—6吨货物。清中叶，春陵江漕运达到鼎盛。因春陵河上游水急河道较窄，为便于货船行驶，嘉禾船体较窄，两头尖翘，为便于停靠，白沙古镇河畔专建了一个嘉禾码头。如果他们的货物要运往衡阳、长沙等地，则在白沙换成大货船，以便增加货运量。衡阳城南湘江边上，有一个地方停满了来自桂阳及常宁白沙的船只，被称为"桂阳码头"，又称"白沙码头"。

春陵船工曾有《下长江船歌》：

观音滩、观音阁，上石窠、下石窠；
中庙、塘里鲤鱼多，箭石、脑崖快如梭。
欧公滩、点灯窝，书房脚下打个转；
等下大滩笑呵呵，不要笑，不要呵，门口还有两个乱石窠。
黄牛滩、樟木滩、牛角湾，到了白沙吃平安。
白沙开船阳加洲，衡头、荫田到烟洲；
雅江、黄石、独石、流水洲。
河口开船到月堡，新塘站、新塘埠、东阳渡、车江寺。
衡阳开船大石渡，樟木、七里问大浦。
萱洲、霞流站，宝米、雷家望衡山。
衡山开船到石湾，三樟圩、油麻田；
王十、挽洲、朱亭过，株洲、上湾对下湾。
转一个弯，到湘潭。
湘潭开船文昌阁，腰子岩岩打酒喝；
吃了酒，问昭山，泥鳅湾湾，巴鸡滩；
转一个弯，猴子石，请问长沙弯不弯？长沙不弯一站到通关。
城陵、磊石、矶下水，好过横河到武昌。

乾隆二十二年（1757），唯广州一地与外国通商，珠江口的外国商船日增，春陵江的漕运更加繁忙，南下嘉禾，接收从粤地来的洋货、食盐；北上衡阳、长沙换取生丝、茶叶。鸦片战争之后，大量洋货涌入，春陵江是南北漕运的必经通道。清末至民国年间，食盐、矿产、蓝靛、烟叶、煤油等过境贸易物资主要通过春陵江水路运输。抗日战争时期，春陵江漕运又达到了一个小小的高潮。

1966年10月在桂阳桥市乡大滩村开工建设欧阳海水库，1970年6月19日竣工，春陵江千年漕运史谢幕。

（彭国喜　文）

（五）挑南盐

中国自春秋时开始食盐官卖，不过那时还没有划界销售。唐末，为保证官卖收入，食盐流通被严格控制，严格划分销盐区域，实行销界政策，不得逾越。湖南属于长江流域，被划入两淮盐区，销售淮盐。淮盐颗粒色暗，又呈淡紫色，被称为紫盐。盐船从江苏两淮盐场装运启航，逆长江而上，溯湘江入衡阳，再由常宁今水口山镇茭河口转春陵河至烟洲、荫田、衡头、阳加、白沙。千里迢迢逆流而来的淮盐稀少，价格昂贵。

湘南与粤北唇齿相依，粤、淮盐区的界线一直模糊不清，食盐流通基本上处于自由贸易状态。只要身强力壮，凑一担盐钱，个个可以当盐商，赚盐钱。与淮盐相比，粤盐来得快，价格便宜。地方官府为了利益，也是睁只眼闭只眼。粤盐甚至利用湘粤交通便利的优势不断向湘中、湘北等淮盐销售区域渗透。"粤盐遍湖南，肩挑贩夫盖至数千、万人，皆越山岭辟榷税。"（《桂阳直隶州志》）

星子埠现称星子镇，位于广东省清远市连州市东北部，是广东的"北大门"，处于小北江的上游，作为粤北商埠，已有1400多年的历史。"星子埠的食盐来自海边的盐场，运至广州。再沿珠江转北江逆水行舟，过阳山至小北江上游，抵达星子埠。"（《蓉城》桂阳盐道专号）从星子埠经顺头岭道至桂阳，陆路二百四十里，粤盐全部由人力肩扛背负运至桂阳。"郴地南通交广，北达湖湘，为往来经商拨运之所。沿河一带，设立大店栈房十数间，客货自北至者，为拨夫、为雇骡；由南至者，为雇舡。他如盐贩运盐而来，广客买麻而去。六七月间收蔫，九十月间收茶、桐油。行旅客商络绎不绝，诚楚南一大冲会也。"（《嘉庆郴州总志》）除在桂阳本地销售之外，或从春陵江舍人渡上船，水路运往衡州等地。"湘潭及广州间，商务异常繁盛。交通皆以陆，劳动工人肩货往来于南风岭者，不下十万人。南风岭地处湘潭与广州之中央，为往来必经之孔道。道旁居民，咸藉肩挑背负以为生，安居乐业，各得其所。"（《西学东渐记》）或经香风铺运往常宁等地，有三个方向：一是经弥勒铺沿常桂大道往常宁县城；一是经五虎关、九龙关通往阳明山区；一是经香风驿道至阳加洲、央田等常宁东路乡镇。

　　常宁挑南盐的大抵是两类人：一类人家境较好，自带本钱，南盐挑回来自卖自售，利润颇丰；另一类人，大多是贫苦农民、无业者，没有本金，只得先到盐号借支，待盐挑回来，归老板所有，盐号老板按约定支付力资费，这类人挑盐叫挑脚。挑夫以湾场、家族、亲朋好友组成盐帮，挑一担南盐来回需要近一个月时间。"家里贫穷好困难，夫君外出挑南盐；走了三天当一七，走了一七如一年。白天想你恰（吃）不饱，晚上想你泪不干；床上眼泪洗得澡，地上泪水行得船。"（白沙境域的民谣）挑脚的人能力有个衡量，"一斤人压一斤担"，意思是：一个体重100斤的健康男子，可以负重100斤。扁担上挂着一串笋壳叶草鞋，布包里装着充饥的白沙烧饼、红薯干等，行走在弯弯曲曲的石板路上，为了保证有足够的体力将盐挑回家，每天行走30里左右便停脚"落歇火"，即在盐道边的圩场、店铺住宿。

　　"白沙的豆腐阳加洲的酒，央田的美女家家有。""衡头的萝卜阳加的姜，央田的美女用船装。"这些从挑南盐的脚夫口中流传下来的俚语，从侧面反映出了当时盐茶古道旁圩场的特色和繁华。

　　（本文写作过程中，采用了钟贤美、吴佑成《挑南盐——千年的古道，难解的宿命》，桂阳雷晓明《晓明说历史》专栏文章，桂阳曹剑风《煌煌古道，大地丰碑——骑田岭古道简述》等作品中的素材。　彭国喜　文）

（六）"早呀阳嘎（加）洲，亚（夜）呀阳嘎（加）洲"

　　常宁有民谚："早呀阳嘎（加）洲，亚（夜）呀阳嘎（加）洲"（意为早晚是这么回事或反正是这么回事）。据说，曾经有很长一段时期，无论是商旅、挑夫，还是仕宦，到阳加洲无论早晚，均会"落伙铺"投宿。为何如此？因为阳加洲是香风驿道西向的起点、东向的终点。

　　这个陆上通道最初因为乳香贸易而开，终点是泗洲山脚下的香风铺。商周之时，泗洲山盛产香茅，古称包茅，祭祀天地祖先时，用于缩酒。周时，楚国主包茅之贡，以香茅草献周天子。据传说，楚国贡献的香茅草，即采自泗洲山。《同治桂阳直隶州志》载："桂阳乳香，史称茶盐之外，香利溥博。"

乳香本为舶来品，为橄榄科植物乳香树及同属植物树皮渗出的树脂，经水蒸气蒸馏得到，为无色至苍黄色，具清甜膏香带淡淡的柠檬香，在古代是一种极其昂贵的香料，历来进口，国内不产。

产自古伊朗深山中的乳香，为何在泗洲山扎下了根？一是南宋时，赵构泥马渡江，很多北方的仕宦大官纷纷逃至南方的桂阳，如桂阳大族泗洲陈氏、北关刘氏都是此时南下桂阳的望族。这些望族南下时将消费乳香的习惯也带了过来；二是桂阳矿产量大，经济较发达，有条件消受乳香；三是桂阳为矿冶之地，在开采中很多民工一定程度地有一些创伤，急需用于外科跌打损伤，活血化瘀的药品。

乳香具有柠檬香，香茅草也有。衣冠刚南渡时，置身泗洲山的望族陈氏，带来的乳香用完后，香茅草成了替代品。当时，乳香自长江、湘江溯春陵水而来。从春陵水至泗洲山，最近的是从阳加洲颜家渡口上岸，经毗帽峰下，过青竹、五冲，至三渡岗、麻衣田、石马、西湖，越腊园口、天窗岩，至泗洲山脚下的香风镇，30里左右，刚好一天的脚程。至南宋淳熙十五年终因"诸路分卖乳香扰民，令止就榷货务招客算请"，停止了地方发卖香药，香风驿道就此中断。

明嘉靖三十四年（1555）朝廷在中原通岭南的湘南地区增辟了一条府级驿道，即衡州府经常宁，从阳加洲渡口上岸，沿古香风道至莲塘香风铺，往南经两路口、大湾村、泗洲寨、江背村、流渡墟、松木墟、敖泉墟、花园堡，过七拱桥，接白鸡岭、政明村邱家、仁义墟、乌桐铺，从桂阳北面荆山的接官亭进入桂阳州城，南抵临武，经顺天岭道至连州星子埠；东过郴州，通乐昌西河埠。香料贸易中断后，香风驿道成为常桂盐运专线。贫民负盐以为生者，近数万人，衡、湘奔走，不可胜数。

（彭国喜　文）

（七）外国人到白沙

白沙是常宁离县城最偏远的乡镇，离长沙、衡阳等大中城市更远，很难得有外国人到白沙来。偶有外国人在这样偏僻的乡村出现，老百姓特别是小孩子，十分兴奋，往往奔走相告，纷纷赶去看"洋人"（白沙人对外国人的俗称），看稀奇。

老辈们说，20世纪40年代，意大利人在常宁传教，在白沙建立了天主教堂。因此，曾经有一个意大利的传教士在白沙待过一阵子。这个传教士约40岁，是个男的，个子很高，约有一米九，黄色的卷头发，高高的鹰钩鼻。

这个人应该是夏天到白沙的，他把旅行用的睡网挂在兴隆庵后面的树山中，乘凉、睡觉。这种休息方式，白沙人是第一次见到，大家感到非常新奇。

我亲眼看到外国人到白沙，是1953年的夏天，那时我已有6岁多了。据说，这是3个苏联地质专家，两男一女，另有2个中国武装警卫陪同。他们一行5人骑着5匹马来到白沙，住在我家开的客栈里，马拴在我家吊楼底下。这几个外国人，一年之内先后几次来到白沙，他们在白沙的黄沙窿、水溪里、打牛窿、白沙子岭一带搞地质普查。

（黄克含　文）

（八）大义山有色矿

大义山有色矿坐落在白沙镇观坪村观音峒，它的前身叫棕树窿，东距阳加洲老街7公里，西与桂阳县桥市乡辉山村为邻。

棕树窿开矿于何年何月，已无从考证，据老辈人口口相传，已有数百年之久。民国之初，曾有德国人和当地富商合资采矿。据传窿口子打旺火时期，棕树窿、桃树窿、椿树窿连成"十里长街"，杉皮盖顶、木板为墙的铺子一家紧挨一家，南杂、百货、肉铺、酒店、妓院、药房一应俱全，吃喝玩乐衣食住行应有尽有，数千人聚集在这里生活，流动人口更是如过江之鲫，川流不息。开采出来的矿石有的就近在铜坪岭冶炼（铜坪岭现在还有遗存的冶炼炉灶），有的运到阳加洲街后的糖糕磴子岭冶炼，有的被专门运"碎子"（砂子）的大船，从阳加洲下河，运往水口山、衡阳等地冶炼加工。那时候，阳加洲一带包括附近的两（岭）上人，赤贫家庭的成年男子，不是在矿上做工，就是在挑"碎子"的路上。曾经流行一句夸赞董湾人的俗语："董家人，不要田，不要土，担担挑得二百五。"福兮祸所伏！有一年，一场瘟疫突然在这里降临，"十里长街"接二连三死亡数百人，剩下的人作鸟兽散，外面的人更是闻之色变，不敢近前。死亡的烟云席卷而来，炊烟息了，矿井放炮的隆隆声没了，昔日的矿场洞井，被污水和乱草杂树侵蚀淹灭！

1970年10月，棕树窿迎来了重生的机会。水滴下铜矿抽调第一批20多个人，由第一任矿长朱成云带领，来到观音峒棕树窿，开始筹建"衡阳地区大义山有色矿"，之后又上马数百人，棕树窿死而复生，寂静的山谷又热闹起来。20世纪70年代末，是大义山有色矿兴旺发达时期，全矿共有干部职工500多人，连续数年每年产铜、锡、金、银等有色金属1000多吨，年产值5000多万元，年上交国家利税400多万元，曾五次被评为湖南省冶金系统先进单位。观音峒几个湾场的用电，都是矿里免费输送，附近村庄的公益事业有求必应。白天矿部大食堂人声鼎沸，浓香四溢，村民和过客以在大食堂用过餐为荣；晚上的户外宽银幕电影，更是吸引了方圆数十里的村民前来观影。到了20世纪80年代末，矿产资源渐渐枯竭。1990年，矿部决定战略转移，抽出部分人力和物力，在常宁西岭乡坦家岭西头村购买土地建房，为安置职工打下基础。矿工陆陆续续搬下山来，在西岭河道里采砂淘金为生。1995年，大义山有色矿因"资源枯竭"宣布关闭。

（采访对象：原大义山有色矿职工王美幼，观坪村柏运生、满义相，原双蹲小学总务主任李遵章，吴佑成　文）

（九）白沙野生动物

据老辈人讲，明清时期白沙还是一片原始森林，山中有老虎、野猪、毒蛇等猛兽。山中砍树时，要多人鸣锣驱兽才敢砍树，怕野兽伤人。后来随着茭源银场的设立，白沙矿业商业的不断发展，人多了，人的活动范围不断扩大，野兽们只好退往更深的山林。新中国成立后，白沙山地中的西棉、福坪、忠岭、观音峒等地山高林密，环境保护好，未开发，山区覆盖广，时有老虎伤人吃人伤畜发生。20世纪50年代至60年代初，原西棉村五垒击鼓的王国经和儿子王成远，曾在笋山红薯岭打死一只500多斤的老虎，原西棉村新屋陈家的陈启遽、陈启连兄弟在桃花冲横冲里打死一只300多斤的老虎，茅家氹人蒋贤钢1958年在忠家岭对面山上打死一只500多斤的老虎。20世纪60年代初，常有老虎、山牛、野鹿晚上从山上下来，那时山上森林茂密，野果丰富，野生动物很多。

1958年大炼钢铁，近处山林、后圫山山林、风景林基本被砍伐殆尽。

20世纪70年代大搞农田建设，把白沙盆地的橘子山连蔸都基本挖了。

20世纪80年代白沙打窿，烧砒灰，山林尽毁，溪水干涸，空气、河水污染严重，野生动物也基本绝种。

近年来，习近平总书记提出"绿水青山就是金山银山"，国家大抓环境保护，人们的环保意识也进一步增强，制止了乱挖乱烧行为。原来被破坏的山体正在修复，有些山地植树初见成效，山上已是一片翠绿；春陵河水污染也得到了治理，河水逐渐变清。山上的野生动物野猪、獐、麂、兔，河中的野生鱼类，飞禽类野鸭、白鹭，近年也经常出现。

（黄克含　文）

（十）杜西村黄花梨采摘节

杜西村坐落在白沙镇政府西面，大义山东麓及山下。村内有座乌龟岭水库，欧阳海灌区左干渠从该村经过。这里水源充足，土地肥沃且富含微量元素，适合种植梨子、柑橘等水果。现种植有黄花梨40多亩。黄花梨产量高，个大味甜，水分充足。盛产期，本地往往销售不完，需运往阳加、西岭、荫田、田尾和常宁市区等地销售。滞销时，梨子山遍地都是掉落的梨子。杜西村党支部书记李庆林见村民的梨子销售是个大问题，看在眼里，急在心里。

2018年6月下旬，黄花梨快成熟了，李庆林同志与驻村扶贫工作队召开村两委会议专题研究本村黄花梨销售问题。通过讨论，大家一致同意搞个杜西村黄花梨采摘节的活动。

2018年7月18日，首届杜西村黄花梨采摘节开幕了。通过媒体宣传，耒阳、桂阳、常宁及郴州市区、衡阳市区的近500名游客前来杜西村观光采购黄花梨。这天，杜西村人山人海，村道变成了农贸市场。当天销售黄花梨200多公斤，价格为每斤3元。还带动了西瓜、玉米、花生、干笋、红薯淀粉、烧饼、眉毛酥、茶豆腐、菜籽油、红薯酒、土蜜糖等农副产品的销售，全天销售额达8万多元。

2019年7月27日，杜西村第二届黄花梨采摘节开幕。这次人气更加旺盛，销售黄花梨3000多公斤、黄牛肉200多公斤，加上其他农副产品销售，总额突破12万多元。2019年7月29日，《衡阳晚报》用了两版，图文并茂地介绍了白沙镇杜西村黄花梨采摘节的盛况。

2020年8月1日，杜西村第三届黄花梨采摘节开幕。此届节会由白沙镇人民政府主办，衡阳市自驾车旅游协会、杜西村村支两委和衡阳日报驻村扶贫工作队共同协办。客人们除了进园采摘黄花梨外，还大包小包买了花生、牛羊肉、黄花菜等土特产，满载而归。

（钟贤美、吴圣周　文）

三、社会

（一）官陂曹家的古老家风

建湾500年来，官陂曹家逐渐形成了"忠孝、和睦、勇毅、勤俭"八字家风。这八字家风至今仍悬挂于祠堂，激励着曹氏后人。

忠就是要把心放在中间，忠于国家，诚实守信。祖堂西侧有三进式院落，大门上书"忠信第"，至今仍清晰可辨。官陂曹家人爱国从不落后于人，抗美援朝时踊跃参军亲上战场者10余人。

孝就是孝顺父母，尊敬师长。500年来，官陂曹家从没有出现过不赡养父母的子孙。至亲兄弟姐妹之间，绝不可直呼大名。堂兄弟姐妹之间，原则上也不得直呼大名。曹家人晚辈对尊长更是不得直呼大名，血缘再远也得在名字之后加上"叔""公"等尊称。

和睦就是相互帮助，平等待人，共同致富。一家遭难，从来都是全湾相帮。直至今天，族中仍设有理事会，既协助村干部处理纠纷，也主持族中祭祀和监督湾里各种公共建设工程。不仅村小学设立有教育基金，族里有奖学基金，而且各房支皆设有基金，用于奖学和防备意外。族中的红白喜事，五服之内必须回来帮忙，五服之外只要主家相请，在外打工的再忙也会回来帮工。

官陂曹家的勇毅是出了名的。每逢春节清明，曹家文灯武灯齐上。所谓武灯就是组织武术队，一是舞龙，二是舞狮，三是表演拳术，四是跳桌子。不知是否出身军户的原因，500年来，曹家男丁人人都会几路拳脚。春节或清明时，拳脚、刀枪、棍叉，同样的套路，大家都来演练，比的就是谁练得精，练得稳、准、狠。

勤俭主要体现在坚决打击偷盗赌博恶习和集中力量办大事上。祖堂至今保留着民国八年（1919）所立的禁赌碑。碑文既规定了对赌彩头、掷骰子、掷三清等情形的罚款标准，也规定了举报者的奖励标准。

春陵河曾是从衡阳经连州至广州的重要通道。明清以来，沿着春陵河，从松柏出发，经烟洲、荫田、衡头、阳加、白沙，过桂阳直达连州建有陆上官道。经过曹家的这条官道至今还保存了约一公里的石板路，当地人称"太路"。官道青石板共三层，每块青石板长1米，宽0.4—0.5米，厚度约0.2米。曹氏宗祠至今保留着立于清道光十九年（1839）的三块石碑，清晰地记载了曹氏先祖群策群力，集资修建官道的经过和参与组织者、捐款者名单。

曹家人勤奋好学。曹家人特别尊敬读书人，尤其尊敬字写得好的人。虽然曹家一些优秀的书法作品在"文化大革命"期间被破坏，但至今仍保存下来的书法作品也不少，如祠堂大门上的"曹氏宗祠"四字、祖堂大门上的"相国世家"四字、忠信堂大门上的"忠信第"三字等。立于清道光年间为纪念修建湘粤官道的石碑，其中的序文是本湾曹大荣亲撰并书；立于清嘉庆年间为纪念修建曹氏宗祠的石碑，其中的序文是本湾曹正国亲撰并书，皆文字优美，书法灵动。

近年来，官陂曹家人继承先祖遗风，陆续集资修建了环湾公路、两个广场、进湾牌坊、仿古戏台，维修了祖堂、祠堂、水塘、学堂等。

（曹运才　文）

（二）姓氏源考

1.石湾王家及水口山、荄源王氏源考

石湾王家，始祖是基德公。基德公字祥麟，配龙氏，生子四：名兴一、兴二、兴三、兴四。

基德公祖籍江苏省苏州市昆山县雍里二都，后徙江西省吉安府泰和县鹅颈大洞。

兴一、兴二、兴三、兴四公均系宋末时参将、参军，在平定湖粤中立下奇功。宋末元初时，褚公不臣二君，兴一公便偕兴三、兴四公携家眷隐居于湖南桂阳之野鹿滩，其后裔陆续分徙至耒阳常宁等地。兴二公元朝初年避乱隐居桂阳之马桥头，其后裔徙于常宁之官陂等地。

白沙水口山（即下洲村王家湾）王氏，也是从桂阳县野鹿滩迁入的基德公后裔，已有500多年历史，现有300多人。2018年，族人齐心协力，将水口山（王家湾）祖厅按原风格进行了整修。原西棉村黄砂窿、排排岩王姓均是从水口山王家湾迁徙去的，近年，他们已全部搬迁下山，部分人居住在白沙街上。

石湾王家、水口山王氏及原西棉王氏民国十九年（1930）新订字辈：

淑集勋增钜，濠材灿埥钟；

江林辉地锡，泽植焕堂钦；

汾杰熙垂铎，沂梅煦执钧；

滋条熊域铄，湘楚照培绳。

甲戌年（1994）新增字辈：

润柳蒸封鳌，温棋燕至铿；

池槐煊境鉴，济树煜塔铭。

今黄源村茭源王氏，同样是基德公后裔，也是从桂阳县野鹿滩迁移过来的，其班辈与石湾王氏、水口山王氏一致。

（王淑洪、王增余　文）

2.白沙荷溪王姓

白沙荷溪王姓，始祖是绍冕太公。第一代王万韬公，至第19代王端在公，于清康熙四十四年（1705）从衡阳（今衡南县车江镇龙泉村荷叶坪）迁徙至白沙竹山湖（即今白沙洞里王家）定居，子孙繁衍，至今已到第29代，在白沙生息了300多年。现分布在白沙镇向阳村洞里王家、杜西村等地，人口有300多人，以向阳村洞里王家的王姓人口最多。

荷溪王姓老班字辈：

志定绍万载，邦永思卿德；

宗原仕伯正，文世大梦宁；

朝端启嘉庆，俊秀继芳诚；

一元馀（余）运会，安本乐宽平。

新增班字辈：

厚道传先训，显扬为国英；

昌隆才必贵，顺迪吉恒盈；

承祖联科第，崇儒启盛名；

楚南开泰景，远代信光亨。

（王成林　文）

3.白沙谢姓源考

白沙的大姓——谢姓，目前主要分布在南陵村、向阳村、上洲村、下洲村、杜西村、黄源村、阳市村等村。白沙谢姓目前已发展了23代，2000多人。

谢姓本源为神农氏，在周朝时期，神农氏第63世后裔申伯，因辅佐周朝兴盛有功被封为佐王，加封太师，之后被赐予谢姓。谢氏一族经过发展，在东晋时期尤为繁荣昌盛，至宋元朝的时候达到鼎盛，族人开始从河南迁徙到广西。申伯第77世后裔司岳公为躲避战乱迁徙到了湖南一带，经过辗转发展繁衍，司岳公后裔陆续南迁，分别迁至衡阳、耒阳。居住在耒阳一带的为致远公一系，其到耒阳罗渡（现仁义镇）定居后开辟了罗渡谢氏一族。到了明朝时期，致远公第5代子孙必昭公、必聪公、必俊公三位先祖后裔陆续迁徙到白沙，迄今数百年来，繁衍快速，人才鼎盛。

现白沙南陵村、上洲村、下洲村、黄源村、向阳村、杜西村谢氏族人大多为必昭公思惠房和思忠房后裔；阳市村谢氏族人大多为必俊公文贤房、文信房后裔；其中南陵村、黄源村等地还有部分谢氏族人为必聪公天杰房后裔。

谢氏老班辈排行：

仲昌必文惟，思廷友天才；

正道良世大，启承立朝阶（各房有改启承为允子者，又有改为济美者）；

高杨先德茂，芝兰玉树芳；

蕃宣钟岳秀，鸿业焕旗常。

（谢阳当、谢柠泽　文）

4.火石桥李氏溯源

据考，火石桥李姓发源于陇西郡李氏，始祖为李崇。李崇为李昙之子，是李利贞的第26世孙。其父李昙为秦朝御史大夫，崇为陇西房（即今甘肃东南部，陕西西部陇山之西）。自春秋、战国、秦汉直到唐朝，近千年间，传至李钦公共计35代。

湘南李氏的共同祖先为李晟公。他是钦公之子，生于唐玄宗开元十五年（727），是李利贞第60代世孙，丹阳房的始祖，也是李氏南迁的始祖，自李晟公始，经唐、五代、北宋至南宋末年淳祐、宝祐年间（1253—1258）计500多年，至桂阳筱塘李氏始祖季轩公（仁昭公），共繁衍22世。明成化年间（1465—1487），筱塘仁昭公之五世孙惟金公第三子友相公携子必选公迁徙至火石桥卜居。

据谱载：友相公之独子必选公生于明景泰六年（1455）。他从小聪明伶俐，成年后性格豁达，长于交际。配宁氏后生有文芳、文芬、文茂、文蓉四子，从此励精图治，艰苦创业，开拓土地，繁衍子孙，至清乾隆年间，在此已烟开20余户。此后，子孙发达，房房鼎盛，代代昌荣。时至今日，已有500多年历史，繁衍20多代200多人口。

（李玉铞　文）

5.白沙吴氏家族源流

常宁吴氏中，有田尾、大松柏、土桥、东塘、曲市富新、义田等六房，于1994年首倡合修族谱。《常宁吴氏首届合修族谱·首卷》于1996年底告成，汇编入谱达31000多人丁，在常宁姓氏人口中，吴氏已成为大族。

吴氏大松柏房，谱局名"至德堂"，是常宁整个东路吴姓人氏的总房称。它以荫田崇保吴氏为先祖。开基始祖义谦公迁来常宁时，初住地为松林山，后来便定名为"大松柏"。经过漫长的岁月，它的传承包括当地的扩展和先后派衍到白沙、西岭盐湖、荫田、常宁城关、衡阳市、耒阳市城区。

义谦公三子友谅公定居松林山后，生四子：添麟、添祥、添瑞、添福。因历史久远，麟、福二公失考，留在大松柏的仅有祥公房和瑞公房，两房后裔兴旺发达，星罗棋布。

定居白沙镇内的吴氏家族，初步查证为四地一房：四地即毘帽峰村冲口吴氏、炭山窝吴氏、灯盏窝吴氏、官陂吴氏，一房即白沙杜家坪、麻石岭吴氏。大松柏1994年五修族谱时，将其收族入修，谱内名为敬元房。

冲口吴氏源于大松柏鼻祖义谦公第4代添祥房，祖居松林山大湾。第16代吴孔微是冲口吴氏鼻祖，后裔吴孟江、孟泗、孟汉为开基始祖，至今26代，人丁昌盛。

炭山窝吴氏源流于大松柏鼻祖义谦公第4代添祥房，祖居松林山大湾。第21代吴洪近于清光绪十六年左右（1890）由莲花塘迁阳加炭山窝定居，至今近130年，班行至26代。

灯盏窝吴氏，源流于大松柏鼻祖吴义谦第4代添祥房。第16代以孔举为首，迁阳加灯盏窝定居，孔举为开基始祖，至今班行24代左右。

官陂吴氏，源流于大松柏义谦公第4代添瑞房。第13代世伸公于清康熙五十九年（1720）迁来梅陂塘西岸定居，名为官陂吴家，至今已有300年历史，人丁五百之多。吴世伸为官陂吴氏开基始祖，享年90岁，殁葬于大松柏月形山。

（吴洪轩　文）

6.白沙吴姓敬元公源流考

白沙镇观坪村麻石岭、杜阳村吴家湾、阳加洲街上和西岭吴家坪、马家湾均是敬元公后裔。麻石岭是恭宗房后裔，杜阳吴家湾、阳加洲街上和西岭吴家坪、马家湾是温宗房后裔。

敬元公是江西端州高安县方厢里人。明洪武初年（1368），敬元公官任永州郡，在永州繁衍后代。其后裔星罗棋布，永州、常宁、祁阳、衡阳、邵阳、宁远、耒阳、道县均有。

恭宗房始祖文玉公于清乾隆年间（1736—1795）携妻率二子世定、世干从永州来到常宁白沙麻石岭，在麻石岭建立基业，繁衍后代。耒阳小水铺吴氏是从麻石岭迁出的。现麻石岭吴氏人丁兴旺，总人口有300多人。

温宗房由本房先祖从永州迁至常宁西岭吴家坪。咸丰年间，第16代吴明富、吴明荣迁白沙杜家坪（即杜阳村），其厅屋中有一块木质大匾，上书"满庭澜惠"四个大字，此匾现保存完好。

现在恭宗房和温宗房共有600余人，真乃人兴财旺。

清光绪二十一年（1895）修谱班行：

宗祖福三元，永廷国九春；

晋文世德明，万代学孔圣。

邵阳、宁远、道县联合修谱，其班行：

孔圣诗书诵，中林俊秀才；

隆恩彰伟业，科第与宽推。

1994年常宁市吴姓联合修通谱，其班行：

培建奎冠，广迎巨亨；

日杲炫晃，轩宇凯京。

白沙镇和西岭镇吴家坪、马家湾敬元公后裔俊字辈后面就用常宁通谱班行，从炫字开始，以此类推。

西岭镇吴家坪吴氏是由白沙观坪村麻石岭吴家湾迁徙过去的。

白沙镇还有两支吴氏：其一，吴朝海于1949年由浙江省江山市迁湖南常宁白沙镇下洲街，在白沙以理发为业，在白沙娶妻生四男三女，现共有23人。其二，白沙上洲吴氏始祖吴邦治于清朝从江西省兴国县迁徙至桂阳州北乡绿紫坳；在距矿区1000米处的石墈下居住。现开支分派于桂阳、郴州、宜章、衡东、常宁白沙等地。目前，居住在常宁市区和白沙镇的共有100多人。

（吴圣周、吴佑成、吴国银　文）

7.白沙伍氏及伍家湾

白沙镇伍姓系由安成徙衡阳积善坊，再由衡阳积善坊徙耒阳，由耒阳徙常宁白沙镇南陵村伍家湾。从"人"字辈起，至今已有14代，280余年。字辈排行为人文太启，先声懋昭，徽猷允绍，经学……现有500余人。

白沙镇伍家湾坐落在大义山脉伍家山脚、舂陵河畔，是一个环境优美，坐北朝南的小村庄。

湾南正中有一条小圳，一年四季不干涸，流入舂陵河。小圳名叫一字圳，圳连三口水塘，分别是泉塘、伴塘、星塘，形如"品"字形分布，故伍家湾又叫一品湾。

湾北倚靠伍家山，山势呈半环形，护着整个村庄。山中有个虎歇丞，还有两口水塘，即殿塘、砖塘。

湾东是古老的舂陵河，河中有个滩头叫伍家滩，依滩旁有个沙洲坝，与沙洲坝相邻的是座团子山。伍家滩下有一处深水潭，叫伍家潭。

湾西有条沿大义山脉而来的小溪，灌溉着农田耕地。还有一条挑南盐的古道，现在那条古道已经改建为通往欧阳海灌区、桂阳县的公路了。

伍家湾整个村子，环境优美，自然条件得天独厚。

（伍尤君　文）

8.白沙罗氏源考

罗姓祖居江西，高祖罗彦，字俊英，生于东汉永元十年（98），东汉阳嘉二年（133）授浙江太守，中年迁居衡州。罗彦生二子，长子罗仁，次子罗义。罗仁生九子，其次子罗绥（约143年生），字景南，定居耒阳。

罗绥生五子，其长子罗含，字君章，住耒阳美兴乡栗梓村。罗含为衡公房世系开派始祖，共生有七子。

36世罗进，生于明永乐二十二年（1424）；罗进于明正统十三年（1448），偕弟罗连从耒阳美兴乡栗梓村迁居到白沙对河定居，以扒渡船为业，白沙对河（耒阳境地）故名罗渡。此地名沿用至今。明景泰年间（1450—1457），罗进、罗连兄弟领同全家搬至白沙街上，先小商小贩，后购买商铺。约清乾隆四十五年（1780），46世罗炎华领全家搬至石湾定居，开拓洪荒，繁衍子孙，渐成罗氏湾村。罗炎辉后裔一直在白沙街上经商，渐成规模。

罗含次子罗处严的一支后裔迁居衡南县茶市，后由罗兴芝约于1910年迁居常宁县白沙砂坪村。罗处严另一支后裔则于耒阳雅江桐子山定居，后由罗国助（字荣茂）约于1912年从耒阳桐子山迁居白沙街上，从事鞭炮制作行业。

常宁沙塘罗家村的罗姓，由罗楸招约于1929年迁居白沙荽源。

20世纪40年代，罗成章、罗成元兄弟随父从衡南县向阳桥来白沙做绳缆手艺，解放后加入白沙手工业社，并在白沙定居，现已发展有5代人。

自罗含开派，罗进、罗连兄弟迁居白沙至今已有570多年，世代繁衍，现至第54代。白沙罗氏已发展到600多人。

清嘉庆乙丑十年修谱制订的排辈：

炎基钟泽楸，煦埗锡湘琳；
光远铨源本，勋培禄浩荣；
煌堂钦淑集，炽地镜滋裙；
照垌铭深植，辉增锦汲新。

（罗育达　文）

9.白沙张氏源考

白沙张氏始祖为芝亮公，卜居在常宁白沙盘龙形，配彭氏生四个儿子，分别为兴芬、兴芳、兴英、兴芊。兴芬公居盘龙形张家园，现有后嗣40余人。兴芳公居庶棚里，后遭水灾，徙入今中洋坪，现有后嗣250多人。兴英公择居白沙镇张家塘，现有后嗣10多人。兴芊公情况不明，四修谱时，记载其葬于桂阳县栋上。

始祖芝亮公的祖父名祖开，字明贤，在江西行医为生，声名远播。择居江西南安府南康东江埠，其长子国安公于清乾隆年间（1736—1795）生下四子，名芝亮、芝光、芝星、芝仕。

始祖张芝亮公的远祖为张载公，南宋长安眉县人，38岁中进士，后擢升为崇文院校书。其后代善元公曾任宋翰林院编修，其游历到湖南耒阳时成婚，生下三个儿子，分别名叫义利、登明、永昌。

（张仁开　文）

10.阳加洲街上几大姓氏来源

阳加洲街上五门杂姓,在20世纪70年代有52个姓,现有刘、李、周、徐、曾五大姓。据老人介绍,迁居此地最早的是肖姓,但现在肖姓稀少。

根据李氏五修族谱(1995)记载,李氏先祖为李基,生于明正德八年(1513),原籍江西吉安府庐陵县金凤桥,在明嘉靖年间(1522—1566)迁至阳加洲,至今已历20代,480多年。班辈排行为盛、一、正、民、务、学、宗、孔、孟、先、成、家、遵、孝、友、佑、国等共20代,繁衍至今,有480余人。其中李孔发迁居井边村一组矮里坪,现有孔、孟、先、成、家、遵6代。

周氏续谱(1996年,六修)记载,周氏先祖周志元自清嘉庆年间(1796—1820)从衡阳鄨湖迁至阳加洲定居经商,至今已有200余年,现有人丁300余人。班辈排行为志、耀、祖、光、宗、德、承、先、世,共9代。

龙氏族谱(2012年,五修)记载,龙氏先祖龙惟和自明正统五年(1440),于江西吉安府庐陵县第六都高沙城迁至阳加洲,已有500余年,共有19代。班辈排行为惟、子、志、廷、楚、见、显、肖、世、应、朝、仁、义、继、述、佑、治、贵、贤,现有人丁130余人。

颜氏宗谱(2001年)记载,颜氏先祖颜思改于明正德年间(1506—1521)由耒阳迁至阳加洲,班辈排行为思、传、万、代、祖、宗、家、学、克、复,共10代。

(吴佑成、吴世成 文)

(三)民间故事

1.铁拐李挑山截河

相传,在很久很久以前,上界"八仙"之一的铁拐仙云游四海。一日,他来到白沙地界,见春陵河两岸土地肥沃,实为农耕之佳地,却被河水硬生生从中间流过,将大好田地一分为两垌。他遂生善念,意欲拦河于一方山脚下流淌,以方便此地人们耕作。于是,他连夜施法,从东边山岭,以铁拐为担,挑来两座石山。他挑着石山,一拐一拐地、慢悠悠地向河边走来。哪知突然一声鸡鸣,惊得他一晃腰,铁拐断裂,两头挑着的石山也随之落在河畔。铁拐仙一怵神,掐指一算,知道此乃天意,便不再强求。他驾起祥云,留下遗憾,怏怏不乐地返回了天庭。

现今留下的两座大小形状差不多的小石山,都在白沙对河的罗渡,一座在罗渡小冲湾前的田垌里，一座在郑家头湾的马路边。两座石山遥遥相对，四周为水稻田。

据说，两座石山之中至今还留有铁拐仙挑山时用铁拐穿孔的石洞口，只是，铁拐李的铁拐因为断裂了，如今只留下了半截长的铁拐了。

（李玉钿　文）

2.认本家

传说，白沙上洲村，有个姓王的叫王淑声，不得志时人们称他为"三不像"。后来，他寒窗苦读，一举高中，骑马坐轿，衣锦还乡，探亲归宁。路过衡州府时，下榻馆驿，他预备停留几天，先行拜访本地长官、乡梓，再回白沙。

当天下午就有人来认亲戚，还认的是家门本家。门房就问来人："你来认家门，你姓什么？"那人说："我姓汪。"门房就暗笑，说："你姓汪，我家老爷姓王，怎么认本家？"来人辩称："我姓汪，是水边王。"门房懒得跟他啰唆，吆喝着赶走了。

第二天，又有个人来认家门。门房问道："先生贵姓啊？"那人说："我姓黄，共由黄。"门房笑道："黄王差一截，你东扯葫芦西扯叶。"那人死乞白赖说："黄王两家姓，分姓不分音，五百年前一家亲。"门房不由分说，也赶走了。

第三天，又来一位认家门的。门房问："尊姓大名？"那人说："我姓匡。"门房讥讽道："你姓匡，我家老爷姓王，与你根本不沾边。"那人说："是不沾'边'啊，且听我慢慢道来。"门房气极而笑，两手合抱胸前："我倒要看你如何给我说出个子丑寅卯来。"那人不慌不忙说道："是这样的，我们原来有八大房，同住在一个大院。有一年连降大雨，山洪暴发，冲倒了半边院子，你家老爷那一房被洪水冲出来了，所以姓王；我家这一房还住在被冲倒了半边的院子里，所以姓匡。"门房说："那么说，没发山洪前，你们都姓'囯'（'国'的异体字）了？"那人哑口无言，被门房赶走。

第四天，门房正在打瞌睡，心想：今天应该安静了，不会再有乱七八糟的人来乱认亲戚了。谁知刚合眼，就听有人喊道："在下来给家门王老爷请安了，烦请通报。"门房气不打一处来，问道："'在下'，你姓什么？"那人说："在下姓田。"门房呵斥道："你姓田，我家老爷姓王，怎么认家门？"

那人说："这个很简单，在下去了两边脸不要，不也就姓王了吗？"门房怒道："你不要脸，我家老爷还要脸呢！赶紧滚！"说罢，将这人赶走了。

这正是：

> 老爷回乡来归宁，纷纷杂人认家门。
> 汪姓敢叫水边王，黄氏辩曰同音亲。
> 匡字胡说垮院半，田某公然无脸行。
> 趋炎附势在多有，从来利益动人心。

（李泽文　文）

3.罗真武传奇

罗真武，男，白沙中洲街人。清朝光绪年间出生于一个小商家庭，因病卒于民国末年，享年60多岁，是新中国成立前白沙著名的文武双全、有勇有谋的传奇人物。

聪颖好学，文武兼修

罗真武个子高挑，自幼聪颖好学，个性耿直，重情重义，全身洋溢着侠胆豪气。少年时期在白沙读了几年私塾，父母为了他有个好前程，19岁时送他去衡阳读私塾。衡阳私塾老师是江西人，对学生要求很严，每天早晨要背先天学过的课文，如背错或背不出，轻则罚站，重则用竹片抽打手掌。罗真武对这种教学方式非常不满，经常与老师软磨硬斗，使老师难堪，老师便记恨在心。有一次，他又和老师斗，私塾老师气愤难忍，喊几个学生把罗真武举起，从围墙上丢了出去。罗真武一气之下，不再学文，找到一家武馆开始学武。他生性聪明，领悟力强，加之自己勤学苦练，通过一年多的努力，掌握了中国传统武术"散打"的基本要领，达到了一定的境界。后又拜民间几位武术高手为师，博采众长，在原来的基础上精益求精，加之眼脑敏捷，手脚长，在格斗中能做到随心所欲，随机应变，终于成为湘南地区一位武术高手。

侠胆仗义，名扬桑梓

在衡阳学武期间，有一天罗真武在衡阳湘江边散步，见先锋码头有很多人在吵闹，夹有喊打声，他感到好奇，走近一看，河边停了十来艘货船。一打听，原来是船主卡压搬运工的工钱，搬运工不服与船老板争吵起来。船老板不但坚持自己的欺压做法，还唆使船工手拿舵柄要打搬运工。船老板人多势众，有一个搬运工被打倒在地。眼看搬运工挨打吃亏，罗真武非常气愤，纵身一跃，跳到搬运工身旁，随手接住了船工的舵柄，用力一挥，将船工甩到湘江河里。船老板见势不妙，立即向罗真武拱手说："这位壮士请住手，有事好商量。"罗真武正言厉色说："你们这些船老板只顾自己赚钱，连搬运工的血汗钱也要克扣，现在我要你做到两点，一是搬运工的工钱不得克扣，按时发放；二是被打伤的搬运工你要负责医药费和治伤期间的工钱，否则，我下次还会来找你。"船老板立即答应照办。七八个搬运工立即围过来，对罗真武千恩万谢，齐声道："感谢大好人！"

白沙是一个四县交界的乡镇集市，白沙老街挨家挨户都是商店，外面来往的人特别多。有一天，一个外来人潜入白沙一家商铺行窃，不料被发现，店主一喊"快来抓贼"，许多人立即将小偷围在街上，你一拳我一脚将小偷一顿猛打。小偷用手挡住胸部，遮盖头部，苦苦哀求。可是群众对盗贼恨之入骨，岂肯罢手，继续踢打。罗真武正在街上，听见喊打声立即过去，见此人呻吟哀求，如继续踢打，可能生命难保。这人衣着简陋，面无恶相，不像惯盗，更不像坏人，很可能是饥寒才起盗心。罗真武立即拨开众人说："此人交由我来处理。"罗真武一把将小偷抓住，小声对他说："你快走。"用力将小偷推出人群外，小偷隐痛仓皇逃走。

时隔一年，罗真武去衡阳拜会一个朋友，他在街上信步闲游，一个男子仔细朝他看了几眼，走到他面前双膝下跪，说："救命恩人在上，请受我一拜。"罗真武感到诧异："你是谁，为何见我下跪？"那人说："我是衡南人，一年前因老母患病无钱医治，我到耒阳煤矿做工，可是又拿不到工钱，不得已产生邪念到白沙行窃，当场被发现遭众人踢打，若不是恩人救我，我生命难保，今天有幸见到恩人，只有下跪叩谢！"罗真武恍然大悟，立即将他扶起。那男子说："我因家里穷，没什么答谢，今天请恩人到酒店喝一杯水酒。"说罢将罗真武请到一家酒店，炒了两个菜，频频敬酒，以表谢意。

以武会友，义字当先

白沙对河耒阳有一个姓谢的武把式，臂力过人，武功高强。久闻罗真武盛名，但未交过手，心中很是不服。有一天，谢把式特地办了一桌酒席，邀请罗真武和当地几个武术界朋友到他家做客，罗真武如期赴约，乘船过河到谢家后，被老谢迎入厅堂就座，其他几位朋友均已到齐。茶过三巡，谢把式起身拱手对罗真武说："真武先生，久闻你文武双全，今天特邀你来我家，一是交个朋友，二是想和你切磋武术，试一下手脚，请你赐教！我先立个规矩，如果我赢了，今天的酒席费用你承担；如果你赢了，今天的酒席我请客，并赠送你300块银圆，放鞭炮送你过河。这几位朋友做见证人，人倒地为输，不知你意下如何？"罗真武说："谢师傅，久闻你武功了得，能与你切磋武术是我的荣幸，俗话说客听主排，至于你我过手，请多多承让。"谢把式见罗真武已答应，非常高兴，说："那就这样吧，你我先试一下手脚，然后再入席饮酒。"说毕就站到厅屋中间，罗真武也起身走到厅屋中间来。谢把式抱着今天非胜不可的想法，来个先下手为强，罗真武刚站起，谢把式立即向前一步，抓紧罗真武的腰带，一下将罗真武举了起来，并走到天井边神气地说："真武先生，你说是倒厅屋里，还是倒天井里？"罗真武说："我已被你抓起举在空中，只随你了。"谢把式将手一缩，用力将罗真武往天井里甩出。说时迟，那时快，就在谢把式松手之际，罗真武以迅雷不及掩耳之势双手撑着他的肩膀，将谢把式往天井一推，双脚越过他的头顶平稳落地，谢把式倒在天井里狼狈不堪。罗真武先生立即将他扶起说："多有得罪，请见谅。"谢把式说："真武先生真是名不虚传，惭愧，惭愧，今后请多多指教！"老谢洗脸换衣后，安排罗真武坐上席，陪同饮酒。饮后，老谢准备一架抬盒，内放300块银圆送给罗真武，罗真武再三推辞，谢把式执意不肯，和其他几位朋友燃放鞭炮送罗真武过河回家。此后，罗、谢二人成为至交，在白沙周边传为佳话。

弘扬儒学，创办文坛

白沙是湘南一个重要的农贸集市，由于这一特殊环境，白沙人从商者多，对教育和文化事业较为淡薄。过去凡是白喜事，大多是请和尚（佛教）念经，或请师公（道教支派）操办丧礼。罗真武为了弘扬儒学文化，带动白沙文化事业的发展，在他40来岁时（民国中期），召集几个有文化的先生组建了"白沙文坛"。"文坛"以儒家思想为指导，宣传儒学文化，负责操办红白喜事的礼仪活动。罗真武通过朋友关系，从耒阳儒教班子引进了有关红白喜事礼仪活动的全套资料，并请衡阳春华剧团几个有名气的师傅为丧礼文本唱词谱曲，其中有花鼓戏曲牌、湘剧曲牌，还有高腔等，春华剧团师傅在白沙文坛谱曲和教唱为时一个月。白沙文坛的先生们在罗真武的带领下，通过几个月的学习和训练，基本掌握了念、唱、打、吹、拉、写等全套技能，每人各有所长。

白沙文坛成立后，镇区及邻近乡村凡是白喜事大多数是请文坛班子主持丧礼活动。在丧礼活动中贯穿着儒家思想，但也带有一些迷信色彩。从此以后，白沙读书的风气渐浓，白沙文坛对白沙文化、文艺事业的发展起到了一定的带动作用。

有些富裕人家的婚姻喜事，也请"白沙文坛"举办婚礼。从定吉日、写请柬、布置新房客厅到迎亲、拜堂、喜宴等一系列礼仪，都由文坛人士操办。

罗真武在白沙历史上是一个文武双全，有勇有谋的传奇人物。他晚年因视力欠佳，生活清苦，但从不叫穷，他的徒弟们经常资助他，他不但拒绝，还要训人。他的传奇故事在白沙一带流传。

（采访对象：罗振球、邱显球，罗育达 文）

4.在一船为一船

清朝道光年间（1821—1850），谢当朝从罗渡厂上搬到白沙街上居住。大概是道光八年（1828）的端午节，白沙和罗渡按照惯例进行扒（划）龙船比赛。

吃完中饭，白沙和罗渡年轻力壮的青年人都到两岸集合。白沙要挑选一个掌舵的人，大家你一言我一语。有的说上洲街有一个，有的说下洲街有一个。忽然，有个穿红衣服的年轻人走出来大声说："今年扒龙船，非得找谢当朝掌舵不可，他以前扒过多年的渡船。"他的话音刚落，大家异口同声表示赞同："对！找谢当朝来掌舵。"于是，立即派人把谢当朝找来了。

比赛开始了，龙船两边的桡子（桨）随着鼓点整齐地划着。河岸两边人山人海，鞭炮声噼里啪啦响个不停，助威的呐喊声此起彼伏。鼓点加快了，两条龙船像箭一样向前猛进。鼓点停了，舵一转，比赛结束了，白沙队获得了胜利。罗渡的人不服，因为是谢当朝在为白沙队掌舵，所以骂骂咧咧。两条船上的人吵起来了，开始还只是吵骂，接着就各自举起桡子，打起来了。龙船上喊杀连天，两岸助威声一浪高过一浪。在一阵混战中，白沙、罗渡双方均有人受伤。夕阳西下，双方龙船各自靠岸。

第二天，罗渡派了几十个人到白沙街上来，把谢当朝抓走了。回去后，审问谢当朝："谢当朝，你是罗渡厂上人，为什么帮白沙人掌舵？还掌得那么好？"谢当朝理直气壮地回答道："我谢当朝，在一船为一船！"罗渡那审问者被呛得哑口无言，便将谢当朝关了起来。

第三天，白沙团防局局长王春荣亲自带领团防局几十个人，持枪到罗渡小冲湾要人，罗渡不得不把谢当朝放出来。

从此,"在一船为一船"这句话就在白沙广泛流传开来,成了白沙的俗语。"在一船为一船",是做人的准则,也是做事务实的表现。人无论在什么地方,在什么单位上班或务工,都要做好自己的本职工作。

(吴圣周 文)

5.白沙有甲(个)猴子县

猴子冲是白沙镇石湾村的一个村民小组,属常宁市东南边陲。四周群山环绕,山中林木茂密,翠竹修长,空气清新,阳光充足,气候温和,宜居宜耕。不知从什么年代起,有100来个谢姓百姓在这里繁衍生息,他们都深居简出,自得其乐。

1944年,日军侵占湖南衡阳,眼看就要打到常宁。为了躲避日本侵略者,保存实力,当时的常宁县县长谢铁南于1945年1月将县政府搬迁到白沙的火石桥,后又迁至猴子冲,同年5月迁往庙前。

抗日战争胜利后,人们得知堂堂的常宁县县长不仅在深山猴子冲居住,而且还在猴子冲办过公,从此,就有了"猴子县"的说法。

(王成林 文)

6.乌龟岭、蛇形岭、麻蝈漏

从前,在白沙杜家坪(后来的杜家村、杜阳村)西面有三座山,即乌龟岭、蛇形岭、麻蝈(对青蛙、蛤蟆一类动物的俗称)漏。

传说有一天,一条很长的蛇肚子饿得咕噜咕噜叫,到处找东西吃。突然,蛇看见一只麻蝈跳来跳去,高兴极了,非常想吃这只麻蝈,但是,蛇已经饿得爬不动了,于是就想将麻蝈骗到跟前,方便自己一跃而就,便连忙向前打招呼:"麻蝈弟弟,你到哪儿去啊?"麻蝈停下来说:"蛇哥哥,我饿得一点力气都没有了,想找点东西吃。""你要吃的,到我身边来,我这里有很多吃的。"蛇半闭着眼睛说。"真的吗?"麻蝈天真地问。"真的,我从来不说谎的。"蛇一本正经地说。小麻蝈信以为真,一蹦一跳就向蛇这边来了。蛇见麻蝈渐渐靠近了,张开大口正准备猛扑过去,在这千钧一发之时,有只乌龟纵身一跃,跳到蛇面前,指着蛇骂道:"你这条懒蛇,自己不去找吃的,想吃麻蝈?要吃就吃我吧,不准动麻蝈一根毫毛!"蛇见乌龟气势汹汹地拦在前面，望而生畏，就假惺惺地对乌龟说："乌龟大哥，我是逗它玩的，我最喜欢麻蝈了，怎么会吃它呢？"不巧，一声巨响，一个天雷从天而落，将乌龟、蛇、麻蝈焚化，化成了三座山。

至今，这三座山依然如故。中间一座山，圆圆的就像一只乌龟趴伏在地，就叫乌龟岭；乌龟岭北面，有座不高但绵延很长的山，起伏形状像蛇，故叫蛇形岭；乌龟岭南面，是一座小山，恰似一只蹲坐着的麻蝈，因而唤作麻蝈漏。三座山因此得名，并成为永久性的地名。

（吴圣周　文）

7.三圣祠的趣联

东汉献帝建安十三年（208），徐庶进言，推荐庞统去辅佐刘备。刘备见庞统相貌丑陋，派其到耒阳当了一名县令。到任后，庞统心中不快，每天借酒消愁。到任三年从未升堂办案，积案如山。百姓怨声载道，状告庞统，刘备不得已派张飞前往督办。张飞以督办的口气说："庞统你积案太多，该当何罪？"庞统说："这有何难，三年积案只需三天。"张飞说："此话当真？军中无戏言！"一连三天，庞统审理完三年积案，百姓满意，张飞心悦诚服。

审案毕，庞统、张飞来到了美酒飘香的阳加洲。一进酒肆，就发现了赵子龙，张飞拱手向前问长问短，原来是应庞统之约而来。酒馆老板赶忙前来上茶，庞统立即介绍："好友，好好友，想好好友。"张飞呼叫："上酒，上上酒。"庞统端起酒杯："品上上酒。"子龙闻言："妙哉妙哉！"老板立即奉上文房四宝，由庞统持笔写了这副趣联，并将酒肆改为"三圣酒馆"。

明正德九年（1514），皇帝朱厚照到阳加洲，谒拜龙头峰上元帝庙（铁瓦寺）时，下榻三圣酒馆，将这副佳联变化了一下排列格式，成为一幅进退纵横、上下成联的趣联。三圣酒馆改名三圣祠。门前立碑上书：文官落轿，武将下马。三圣祠内设庞统、张飞、赵云雕像和对联。正德皇帝将格式重新排列的趣联悬挂两侧：

友　　　　　酒

好好好　　　上上上

好友友　　　上酒酒

友想好　　　酒品上

三圣祠南靠近张家坛头，东面是春陵河边大码头，西面是奠山，北临大桥边。20世纪50年代初，祠内还有塑像、碑文、祭坛，后被毁。

（周德武　文）

四、文化

（一）白沙端午节扒龙船

白沙位于春陵河畔，每年的端午节都组织扒龙船，这一风俗已沿袭几百年。

因为过去都是用木渡船充作龙舟进行比赛，所以龙舟就是龙船。时至今日，白沙人仍把龙舟叫做龙船。

龙船虽然不大，但是打造却是十分讲究，一般都会选择上好的材料。船的形状如龙——长、轻巧、两头翘、无桨桩。20世纪末开始从汨罗购买专制龙舟。一般以街坊、湾村为单位购置龙舟，并提前几天就开会筹备，确定参加人员并进行赛前训练。

端午节当天，春陵河两岸的男女老少，陆续到河边聚集。青年男女穿着节日的盛装，成双结对来到河边看扒龙船。沿河的码头上、河岸边、吊脚楼上，到处挤满了人。

下午3点，先由一位长者在河边焚香化纸，祭祀水府龙神，两岸龙船陆续下水，鞭炮齐鸣。所有龙船都先划到上洲河畔的苏家井边，每个选手都喝上几口井水。据说端午喝了苏家井的井水，能提神鼓劲，健身强体。选手们喝过水后上船，划起龙船。各队的龙船互相靠近，到达起点，基本并排后，便准备开始比赛。

比赛的龙船至少有2艘，有时多达6艘，一般是白沙与罗渡两队进行比赛，白沙龙船相互之间也进行比赛。

比赛时，只见锣鼓手

坐在龙船前端，一声声号子，一锤锤鼓点，时急时缓。选手们听令而动，挥桡划桨，动作整齐划一；招子手稳立船尾，眼观八方，把舵定航。熟悉比赛的人们，远远地听着那鼓点的节奏，便知赛事的进展。"咚咚咚咚锵"，那是河中闲游；"咚咚锵、咚咚锵"，便是初赛小试锋芒；如果听那锣鼓点子"咚锵、咚锵、咚锵"越来越急促，和着那两岸的呐喊声，定是决赛进入最后的冲刺了。

比赛一般从上游顺水往下划，拼比一段水程后，如有一方渐处落后，前船掌舵的人会立即把龙船掉转方向，这一轮的比赛则告结束，再准备进行第二轮的比赛。决赛是扒龙船最为激烈的时刻，当紧密的锣鼓声一响，两条龙船劈波斩浪，直飞目标。两岸数万观众，心都悬起，呐喊声、欢呼声、鞭炮声响成一片。

一般要到下午5点多钟，激烈的赛事才结束，龙船陆续靠岸。观众便燃放烟花爆竹，以示赞扬选手们的团结拼搏、奋勇争先的精神，并迎接他们的胜利归来。

白沙的端午节非常隆重，活动丰富多彩，既有悠久的历史传统，又有浓郁的地方特色。

2023年端午节白沙扒龙船是多年来最隆重的一次。由白沙镇水口山王家湾发起，上洲、兴隆庵、伍家、杜阳等湾村及河对岸的仁义镇罗渡、小成湾积极响应，很快筹资购买了13条龙舟（其中白沙镇这边8条，仁义镇那边5条）进行训练。后得到常宁市白沙镇与耒阳市仁义镇党委政府的支持，端午节当天下午，"舂陵河首届龙舟赛"正式启动，常宁市公安局、应急管理局等单位派人来到现场加强安保。

按规矩，每村族只选出一条龙舟参赛（每村族一般有2条龙舟），结果有6条龙舟参赛，赛手均统一着装，分3组进行比赛。

当天，两岸彩旗、气球飘扬，威风锣鼓队、腰鼓队助阵呐喊，鞭炮礼花放个不停。两岸观众至少有3万人，不少人是从衡阳市区、常宁市区、耒阳市区开车赶到现场观看的，河两岸公路边及白沙中学操场上停满了小车，盛况空前，场面十分壮观。

（罗育达　文）

（二）流行在白沙阳加一带的民谣情歌

1.阳加有座毘帽峰
阳加有座毘帽峰，一截耸在半空中；玉帝元帝同父母，元管人间玉管空。

2.鲇鱼积洲成险滩
观音阁下观音潭，一对鲇鱼游出玩；龙王罚它守潭口，鲇鱼积洲成险滩。

3.阳加洲人扒龙船
阳加洲人扒龙船，上扒八里到茭源；茭源妹子笑嘻嘻，脚履绣鞋穿花衣。

4.三岁孩童讨老婆
大河涨水酿小河，三岁孩童讨老婆；公鸡爬在鹅背上，有甲好事奈不何。

5.前世姻缘用线穿
男十三来女十三，请甲媒婆也十三；三人同路三十九，前世姻缘用线穿。

6.生活孤单好寂寞
十七十八冇老婆，生活孤单好寂寞；吃了多少冷茶饭，洗了多少冷水澡。

7.哪个妹仔不爱郎
太阳出来一点黄，牛婆带崽上山岗；哪头牛儿不吃草，哪个妹仔不爱郎？

8.恐怕哥哥会嫌弃
大雨不下小雨飞，细雨打湿情哥衣；心想脱衣给哥换，恐怕哥哥会嫌弃。

9.何必假装不说话
妹在园里摘黄瓜，哥在园外耍泥巴；想恰黄瓜进园来，何必假装不说话。

10.唱得鲤鱼跳上坡
白鹭展翅春陵河，有情男女唱山歌；唱得青山团团转，唱得鲤鱼跳上坡。

11.郎君赚钱上广东
白手起家家里空，郎君赚钱上广东；田土丢给娘爷管，老婆孤单在房中。

12.我盼郎君早点回
天上无雨干打雷，我盼郎君早点回；一壶米酒走了气，一块腊肉长了霉。

13.冇人架我连妹桥
隔河看见妹梳头，心想过河又无桥；条条大路有人修，冇人架我连妹桥。

14.夫君外出挑南盐
家里贫穷好困难，夫君外出挑南盐；走了三天当一七，走了一七如一年；白天想你恰不饱，晚上想你泪不干；床上泪水洗得澡，地下泪水行得船。

15.山顶望夫看得远
山顶望夫看得远，望见广东和四川；春陵河里涨大水，四川广东火烧天。

16.聪明伶俐人人夸
枫树叶子三个叉，聪明伶俐人人夸；男人聪明会读书，女子聪明会当家。

17.情妹梳头不用油
情妹梳头不用油，梳得秀发两边溜；后脑梳得盘龙结，前面梳得凤凰头。

18.一口牙齿白如霜
日头出山晒绣房，十八满姑下牙床；三寸金莲嫩如笋，一口牙齿白如霜。

19.走到山里鸟也爱
过路妹仔穿花鞋，不高不矮好人才；走到街上有人想，走到山里鸟也爱。

20.野花哪有家花香
北风冇得南风爽，野花哪有家花香；夫妻吵架不隔夜，婊子无情易反掌。

21.不当人参当燕窝
一条板凳四甲脚，我和情妹共凳坐；顺手给妹摸一下，不当人参当燕窝。

22.男人不知女人心
男人不知女人心，十个男人九粗心；鸟儿不知鱼在水，鱼儿不知鸟在林。

23.求妹唱歌真是难
求妹唱歌真是难，求一求二再求三；求官三次会下马，求仙三次会下凡。

24.妹盼郎君日夜忧
八月十五是中秋，鸿雁离伴去广州；双雁单飞声声叫，妹盼郎君日夜忧。

25.哥在河里架杉排
哥在河里架杉排,十天半月搭信来;房间莫乱让人进,踏凳莫摆别人鞋。

26.送郎送到槽门边
送郎送到槽门边,依偎难舍望青天;盼望老天下大雨,多留夫君住几天。

27.送郎送到五里亭
送郎送到五里亭,进了凉亭情难分;嘴里几多知心话,打甲波波肚里吞。

28.送郎送到十里坡
送郎送到十里坡,坡上分手好难过;祝君一路顺风去,金榜题名世代耀。

29.不知哪个是情哥
躲在树下看哥哥,山上采石人又多;眼睛望穿难辨认,不知哪个是情哥。

30.哥在峭壁打石头
哥在峭壁打石头,妹在山下把树摇;抛石落在树枝上,看妹抬头不抬头?

31.恨那天边一朵云
恨那天边一朵云,为何不替哥遮阴?高山脚下虽有井,远水难解口渴人。

32.桐子开花口朝天
桐子开花口朝天,别人妻子不要恋;多花银钱讨一个,石板架桥千百年。

33.丝茅架桥软绵绵
丝茅架桥软绵绵,丢了旧船划新船;你把旧船抛一边,看你新船划几年?

34.哪里烂来哪里丢
丝茅架桥心悠悠,我带情妹上连州;情妹好比草鞋样,哪里烂来哪里丢。

35.不怕大丘万丈长
垅里大丘宽又长,郎妹莳田排成行;放开喉咙唱山歌,不怕大丘万丈长。

36.拖条板凳堂中坐
拖条板凳堂中坐,怀抱崽崽见情哥;情哥情哥仔细看,你看崽崽像哪个?
一像情哥画眉眼,二像情哥脸皮薄,三像情哥鼻梁高,四像情哥嘴巴阔,
五像情哥撮钱手,六像情哥有酒窝,七像情哥豹子头,八像情哥老虎脚,
九像情哥爱风流,十像情哥手也多。

37.探妹歌
一转探妹在妹家,妹提茶壶筛杯茶;亲手递茶茶有味,清茶入口心都化。
二转探妹在花园,我与妹妹把花灌;满园鲜花千年香,我和妹妹爱万年。
三转来在五香台,胭脂香粉冇带来;情妹面如桃花色,天生丽质我怜爱。

四转来在妹绣房，妹在房里绣鸳鸯；心想停手陪郎耍，又怕恩爱不久长。
五转来在大河边，牵手嬉笑看龙船；旁人问我名和姓，答是山伯与英台。
六转来时热难当，拖条板凳去歇凉；一条凳子两人坐，天生一对凤和凰。
七转来在七箱台，哥做文章妹做鞋；文章做得龙摆尾，鞋子做得凤开怀。
八转来在八角亭，雷声轰轰雨淋淋；雷公打人要长眼，莫打鸳鸯两离分。
九转来时正重阳，满屋尽是桂花香；何得今年闰九月，过了重阳又重阳。
十转来时正立冬，妹妹门前放爆铳；日子选了初七八，花轿抬你拜祖宗。

（吴佑成　整理）

（三）对联故事

对联，以其悠久的历史、精练的语言、奇妙的魅力和高雅的情趣，成为具有中国特色和拥有广大读者的文学门类之一。

1.新中国成立前的一副挽联（吴圣周）

民国时期，白沙古镇大财主邓彝午娶了三个年轻漂亮的老婆，尤其是第三个老婆，名叫"金牙"。此女聪明伶俐，亭亭玉立，婀娜多姿，言谈举止引人注目，人见人爱。但天有不测风云，人有旦夕祸福，大约在1936年，金牙生病了。邓彝午想方设法为金牙治病。常宁、耒阳、永兴、桂阳及郴州、衡阳等地的名医都看过了，均无济于事。病情一天天加重，于当年秋天，金牙离开人世。邓彝午不知所措，搂着金牙号啕大哭，难舍难分，哭得死去活来。悲痛之中，邓彝午安排家人请来了十多名文人艺人，吹吹打打做了十多天道场。道场里，文人王笃诗（乳名王介湖）用"金牙"嵌名写了一副挽联，贴在孝堂门两侧。上联：金屋伤残，花落胭脂春早去。下联：牙床镜破，魂消锦帐梦来惊。

挽联既感怀了红颜的早逝，又表达了对逝者的思念。

2.婚联（吴圣周）

1945年，上洲到塘里的王尼书先生娶妻迎亲。那时候，新娘都要坐大花轿，吹吹打打，热闹非凡。新娘是金狗塘李主淮先生的妹妹。

王先生娶妻那天，吹吹打打抬大轿迎亲。王尼书先生的二叔王笃诗写了上联：槐荫喜纳谪仙女，贴在大轿的右边。大轿抬至金狗塘，金狗塘李家族人、亲朋好友都站在村口看热闹，李府见大轿左边贴了上联，就马上裁纸、磨墨。李府一个老先生看了上联，沉思片刻，挥笔写了下联：龙门欢配坦腹郎，贴在大轿的左边。对联贴好以后，送亲的上宾做好准备，走大轿后面，新娘高高兴兴坐大轿来到王先生家。

上联将新娘比喻天上的仙女下凡，下联则引用了"东床坦腹"的典故（东晋书法家王羲之）。

3."铁打铁"对"人望人"（李泽文）

清朝时期，衡阳"春和班"和"正声园"两个剧团，每年都要来白沙唱愿戏。白沙人很刁，专门找演员的弱点。如唱苦戏讨钱，演员手上戴金戒指，就要罚戏。取下戒指重唱，演员一登台，就叫停下，唱新戏。罚戏罚得演员叫苦连天，说是人太刁了，太精了。当时白沙上洲街有个涂金告，下洲街有个资金宝，罚戏是他俩人说了算。

有一年，春和班又来白沙唱愿戏，他们在戏台左侧贴了下联：台上是人，台下是人，锣鼓一响人望人。限白沙人三天之内对出上联，如对不上，今后再也不要罚戏了。两天过去了，还没有对上，急得白沙人直跺脚。第三天上午，上洲到塘里封家桥来到戏台边，见很多人围在对联边连连叹气，封家桥，说："这有何难？"他是铁匠出身，于是，他就以打铁为题对出上联：铁墩是铁，铁锤是铁，风箱一拉铁打铁。

上联一对出，春和班的全体演员都心悦诚服了，说："别小看这个小小的白沙，还是有人才！"

4.堂号对堂号（李泽文）

清朝时期，白沙有户李姓到谢姓家去提亲迎娶，发现谢姓大门上贴了副上联：东山栖凤荣宝树。要求李姓对出下联，否则不发亲。

幸好李姓也有人才。上联将新娘比作凤凰，而且"东山""宝树"都是谢姓郡望的堂号名。李姓人就以"龙"来对"凤"，写出下联：鹿洞游龙采青莲。正好"鹿洞""青莲"是李姓郡望的堂号名。下联既成，即刻发亲，李姓人家终于娶得佳人归。

5.摘茶籽巧对"嵌字联"（吴扬武）

时值寒露、霜降，有耒阳板冲湾人到白沙请一班人去帮摘茶籽。饭后休息时，白沙人提议要打牌。湾里的老人家说："我湾里农忙时不准打牌。"争议后，湾里一文人说："你们要在板冲打牌，就必须写出一副嵌字联，以板冲二字抬头，打牌二字落脚，写得出方可。"不一会儿，有个白沙人稍加思索，当即作好一副对联：

> 板有路，琴有弦，敲弹成声，切莫乱打；
>
> 冲出头，露出面，国法可变，何畏禁牌。

白沙人武能挑重担，文能吟诗作对。板冲人竖起了大拇指，十分钦佩。

6.外孙反难外公（吴扬武）

白沙下洲街谢海书，其外公在民国时期是教书先生。有一天，少年谢海书去探望外公。问好、闲话毕，谢海书甚觉无聊，时而起，时而坐，坐立不安。外公意有不满，随口吟一下联：

> 起不安，坐不安，起坐不安。

谢海书久得外公文学熏陶，文思泉涌，稍一思索，便对出上联：

> 吃难办，穿难办，吃穿难办。

谢海书兴致勃勃，随即又用拆字形式给外公出了副下联：

> 田木为果，夕夕为多，合拢为夥（"颗"的繁体字），果多果多。

外公苦思良久，终无言以对，此下联遂成绝对。

（罗育达　收集）

（四）白沙电影队

白沙镇电影队（最初叫白沙公社电影队），1971年元月成立，人员由白沙公社管理，业务由常宁县电影管理站指导。

一般情况下，每个生产队每月都要轮流放映一次电影，一般在空坪、晒谷坪等地方露天放映。放映员是余若夫、管代国。放映的影片有《地道战》《地雷战》《沙家浜》《董存瑞》《刘三姐》等；黄梅戏《天仙配》《梁山伯与祝英台》等；花鼓戏《打铜锣补锅》《刘海砍樵》等。

1983年，白沙镇建电影院（把公社大礼堂改建成电影院），放映员仍然是余若夫、管代国，观众每天买票看电影。同时，电影院负责在白沙镇辖区内的中小学校每月放一次教育题材的电影，按学生人头收费（优惠）。平常，农村红白喜事可以租放电影。

2000年起，白沙镇电影院由李玉钿、管志铜私人先后承包，电影院实行自负盈亏。

2007年开始，国家实施农村公益电影政策。国家出资扶持农村电影事业，农民免费观看电影，放映员余若夫拿财政工资。

随着电视的普及、宽带网络的发展，到2010年，观看电影的人越来越少，白沙镇电影队就自动解散了。

（王成林　文）

（五）中洋坪春节联欢会

中洋坪民风淳朴，湾风和谐上进。2018年、2019年大年初一，由村民自编、自导、自演的新春联欢会火热上演，为广大村民送上了一场文化盛宴。

戊戌狗年（2018年）大年初一上午8点，由村民张为华任总导演、总策划，村民踊跃参与的《中洋坪戊戌狗年春节联欢会》正式拉开序幕。在2个多小时的传统舞龙走巷后，小品、相声、歌唱、舞蹈、武术等39个文艺节目接连登台演出。联欢会持续了6个多小时，吸引了本村及周边村民上千人到场观看。联欢会现场笑声掌声不断，好评如潮，给当地农村春节活动注入了一股春风。

己亥猪年（2019年）延续上一年的春节联欢会，全民参与，主题为：团结、和谐、奋进。大年初一下午2点联欢会正式开始，30个节目均由本村村民自发组织表演。全部村民聚集在联欢会现场，其中拔河比赛更是将活动推向了高潮。

中央电视台等各级媒体对该村的农民春节联欢会进行了报道。

（张为华　图文）

（六）古匾牌、古神堂

石湾罗家古神堂

石湾王家公厅古联

阳加徐氏公厅古匾

阳加徐氏公厅古匾

到塘里王氏古匾

后 记

唐代诗人李白诗云:"举头望明月,低头思故乡。"当代诗人张伟新有诗云:"他乡纵有当头月,难比家山一盏灯。"可见,中国人的家乡观念多么重、多么浓。所以,中国人哪怕生活在万里之遥的异国他乡,总想百年之后叶落归根,回到祖国的怀抱。

我们白沙人的祖先,其实来自四面八方。但我们的先辈,已在白沙这块风水宝地上,辛勤耕耘了上千年,白沙已经成了我们新的共同的祖居地、祖籍地,共同的家乡,共同的家园。

因为多种原因,有些人不得不离开白沙,离开生养他的地方。而且,这一离开,对很多人来说就是永远,自己乃至子孙后代都不可能再回到白沙居住。从此,他乡成了家乡,家乡成了故乡,家乡成了老家。

为了留下一些关于白沙老家的美好记忆,让我们的子孙后代,勿忘祖先和故乡,使他们想家的时候有方向,有慰藉、有依托,白沙籍在常宁市区工作、生活的吴洪轩、钟贤美、罗育达、吴圣周等倡议,编写一部涵盖白沙历史渊源、风土人情、地貌物产、发展变化、知名人士等内容的图书,此倡议迅速得

到王济平、曹运才、吴佑成、黄克含、李玉钿等白沙老乡的响应。

为此，上述乡亲决定向常宁市民政局及其下属的常宁市民间组织管理局，申请成立常宁市白沙镇地方史研究学会，开展白沙地域文化的研究工作。

经过数月的筹备，2018年2月4日，常宁市白沙镇地方史研究学会成立暨第一次会员大会召开，大家一致表示编修白沙地方志，是传承古镇文明、弘扬地域文化、宣传美丽白沙的大好事、大实事，是千百年来白沙人的共同愿望，必须大力支持，必须写好、编好、印好。

会议选举产生了白沙地方史研究学会顾问、监事会、理事会。理事会通过选举，决定由吴洪轩担任学会的名誉会长，吴世成任会长，罗育达、王淑洪、吴圣周任副会长，吴佑成任秘书长。

学会理事会研究决定，成立白沙地方志编委会和编辑部，由吴洪轩任编委会主任，吴文明、钟贤美、曹运才为副主任。由钟贤美任总策划和编辑部主编，曹运才为副主编。

2018年3月起，钟贤美、曹运才分别带领上片（老白沙镇片）、下片（原阳加乡片）调研组，开展了近一年的调查研究。钟贤美率罗育达、吴圣周、黄克含、李玉钿、黄少红、王成林、伍允湘、王常平等人，曹运才率吴佑成、吴世成、曾庆清、徐瑞东、徐红艳、徐满才、徐国来、刘晓春、陈其礼、李遵章、李小华、郑超、郑德勋等人，以"历史沿革""灿烂文明""物华天宝""发

展成就""地灵人杰"五大板块为调研纲领，走遍了白沙的每个村每个湾场，走访近百名村组干部、知情老人，联系了数十位在外工作的杰出人士，并数次到常宁市档案馆查找相关资料，收集到了大量的第一手资料。

2019年，钟贤美、曹运才带领罗育达、吴佑成、曾庆清、李玉钿、王成林、黄克含、吴圣周、吴洪轩、徐瑞东、徐红艳、李遵章、刘晓春、郑德勋、伍允湘、李嗣宝、黄少红等人，按照分工合作的方法，开始了艰苦细致的文稿起草和资料整理工作。

2020年至2024年2月，钟贤美、罗育达、吴佑成三位承担了本书的编辑工作，对收集来的全部文稿、资料进行了反复的修改、补充和完善。在正式定稿之前，总共拿出了9个版本的征求意见稿。在编辑的过程中，他们数次回到白沙或在常宁市区，多次走访相关知情人士，对一些史实进行细致查证，对一些资料予以增补。

本书收录了大量照片和一些插图。书中的插图都是罗育达精心绘制的。照片主要由白沙老乡、常宁二中高中语文老师、援疆教师、常宁摄影家协会会员徐瑞东拍摄。白沙老乡、常宁市摄影家协会原主席罗荣同志，不仅拍摄、提供一些照片，而且对编入本书的全部照片，进行了认真的筛选审定。

众人拾柴火焰高。在本书的调研和写作过程中，钟贤美、曹运才牵头召开了写作提纲商讨会、征求意见会、素材研讨会、专题座谈会、工作调度会等多次会议，吴洪轩、吴文明、王济平、吴佑成、罗育达、关细林、李小华、黄克

含、吴圣周、李玉钿、王淑洪、王淑国、谢淑福、徐瑞东、资道武、王成林、伍允湘、黄少红、吴世成、陈其礼、王常平、郑超、郑德勋、李遵章、刘晓春、谢朝银、徐玉申、林文彪、徐建雄、蒋高贤、曹石林、曹廷杰、曾生录、毛百花、曹莉娜等分别参加了相关会议。

耄耋之年的邱显球、年近百岁的罗振球等老人,不厌其烦地接受我们的采访,并提供了许多珍贵的素材。尤其是邱显球老人,抱病手写了长篇回忆文章供我们参考。白沙地方史研究学会名誉会长、编委会主任吴洪轩,年届古稀,身体一直不太好,既积极参与采访,又亲自写了不少文章。可惜,邱显球、吴洪轩、罗振球三位老人,没能看到此书出版,便先后去世了,留下了永远的遗憾。

本书从酝酿、采访、写作、修改到出版,历经六年之久。在这六年之中,白沙镇党政主要负责人两次调整。但欧伯春、张涛、陈志刚等三任党委书记,吴煜斌、陈志刚、罗鹏志等三任镇长,都态度十分明确,予以积极支持。各村(社区)、镇直单位负责人也是如此,热情地为我们的采访提供帮助。

在写作过程中,常宁市融媒体中心主任方富贵、常宁市民政局党组书记彭国喜、常宁市史志办原主任谷子丰、常宁市财政局原党委书记刘东华、常宁市交通局副局长雷斌、常宁市档案馆副馆长詹岚君、常宁市文化馆原馆长吴益龙、常宁市委党校滕健老师、常宁市税务局摄影师郭兴成、常宁市水利局工会主席詹慧群、常宁市文物局李云霞和徐兴华、白沙镇医院退休医生吴尚文、白沙镇供销社退休干部黄运保、常宁市应急管理局退休干部谢艳飞等同志，为我们提供了文字或图片资料。常宁市委统战部阳青华同志几年间常常牺牲休息时间，为我们义务打印文稿。

本书清样出来后，我们在常宁、衡阳、长沙分别召开了征求意见会，有关专家、领导、编委会全体成员参加了会议。湖南省湖湘文化研究会周秋光会长，衡阳市地方志编纂室肖泓副主任，时任常宁市地方志编纂室主任吴豪及傅建平、阳芳、张泽湘等同志都对本书进行了认真审阅修改，提出了宝贵的修改意见。

本书编委会顾问王济平、王淑辉、刘开云、谷子丰、罗维芳、涂诗仁等十分关注本书的编修工作，仔细阅读了样书，也提出了不少修改建议。

本书编委会副主任吴文明、曹运才同志在收到本书清样后，对全书进行了通读，并对多处进行了修改、完善。

编修此书所需经费得到白沙籍热心人士支持。阳市村人、广东汇智产业园开发有限公司董事长王济平先生在修志动议之初就主动捐款5万元，作修志的调研经费。

在编修过程中，又陆续收到了一些人士的捐款。他们分别是：下洲村人、常宁忠家岭矿业公司董事长王富成，捐款5.5万元；杜阳村人、深圳市湖南常宁商会常务副会长、深圳市常发木制品有限公司董事长李主成，捐款3万元；白沙社区人、常宁好又多商贸公司董事长钟宁，捐款3万元；杜阳村人、深圳某精密

测试仪器销售公司董事长阳志荣，捐款1万元；茭河村人、医药化学专家魏忠勇，捐款1万元；南陵村人、常宁市著名的房地产老总伍允祥，捐款0.6万元；白沙社区人、常宁市著名的建材老板刘德云，捐款0.5万元；南陵村人、长沙铁路生活段原党委书记谢立荣，捐款0.2万元；茭河村人、气体膜分离专家屠元珍，捐款0.2万元。

我们还得到了一些机关单位的帮助：衡阳市财政局为出版本书拨款10万元，中共常宁市委宣传部拨款5万元，常宁市教育局捐款5万元，广东省韶关育威中等职业学校捐款4万元。

王淑洪同志自告奋勇，牵头去筹集本书的出版费用。谢淑福同志以一个会计师的身份，主动兼任白沙地方史研究学会的出纳（会计师王淑洪兼会计），为管理这些捐款付出了辛劳。白沙地方史研究学会理事会决定，如果所筹经费有结余，将转入白沙中学、阳加中学的教育奖励基金，用于奖励优秀教师、优秀学生。

在此，编辑部全体同志，向帮助、支持我们编修《古镇白沙》的各位领导、各位朋友、各位乡亲，表示衷心的感谢和崇高的敬意！

因为年代久远，有些方面的资料已经失传，无法收集。我们全体执笔人员都不是专业的文史工作者，难免观点失之偏颇。书中遗漏、错误之处，恳请各位读者批评指正并给予理解。

本书原拟定书名为《白沙镇志》，后因篇幅大大超过了国家有关乡镇地方志编书的要求，遵循地方志部门的意见，更名为《古镇白沙》，特此说明。

《古镇白沙》编辑部

2024年2月